Gestaltung und Einsatz von Datenbanksystemen

Springer
*Berlin
Heidelberg
New York
Hongkong
London
Mailand
Paris
Tokio*

Roland Gabriel · Heinz-Peter Röhrs

Gestaltung und Einsatz von Datenbanksystemen

Data Base Engineering und Datenbankarchitekturen

Unter Mitarbeit von
Carsten Dittmar, Peter Gluchowski und Jochen Müller

Mit 134 Abbildungen

Professor Dr. Roland Gabriel
Ruhr-Universität
Fakultät für Wirtschaftswissenschaft
Universitätsstraße 150
44801 Bochum
rgabriel@winf.ruhr-uni-bochum.de

Dr. Heinz-Peter Röhrs
Königstraße 108
41564 Kaarst
heinz-peter.roehrs@rz.fin-nrw.de

ISBN 3-540-44231-6 Springer-Verlag Berlin Heidelberg New York

Bibliografische Information Der Deutschen Bibliothek
Die Deutsche Bibliothek verzeichnet diese Publikation in der Deutschen Nationalbibliografie; detaillierte bibliografische Daten sind im Internet über <http://dnb.ddb.de> abrufbar.

Dieses Werk ist urheberrechtlich geschützt. Die dadurch begründeten Rechte, insbesondere die der Übersetzung, des Nachdrucks, des Vortrags, der Entnahme von Abbildungen und Tabellen, der Funksendung, der Mikroverfilmung oder der Vervielfältigung auf anderen Wegen und der Speicherung in Datenverarbeitungsanlagen, bleiben, auch bei nur auszugsweiser Verwertung, vorbehalten. Eine Vervielfältigung dieses Werkes oder von Teilen dieses Werkes ist auch im Einzelfall nur in den Grenzen der gesetzlichen Bestimmungen des Urheberrechtsgesetzes der Bundesrepublik Deutschland vom 9. September 1965 in der jeweils geltenden Fassung zulässig. Sie ist grundsätzlich vergütungspflichtig. Zuwiderhandlungen unterliegen den Strafbestimmungen des Urheberrechtsgesetzes.

Springer-Verlag Berlin Heidelberg New York
ein Unternehmen der BertelsmannSpringer Science+Business Media GmbH

http://www.springer.de

© Springer-Verlag Berlin Heidelberg 2003
Printed in Germany

Die Wiedergabe von Gebrauchsnamen, Handelsnamen, Warenbezeichnungen usw. in diesem Werk berechtigt auch ohne besondere Kennzeichnung nicht zu der Annahme, dass solche Namen im Sinne der Warenzeichen- und Markenschutz-Gesetzgebung als frei zu betrachten wären und daher von jedermann benutzt werden dürften.

Umschlaggestaltung: Design & Production GmbH, Heidelberg
SPIN 10889147   42/3130-5 4 3 2 1 0 – Gedruckt auf säurefreiem Papier

Vorwort

Datenbanksysteme gehören ohne Zweifel zu den wichtigsten Informatikbereichen in Theorie und Praxis. Schon seit über 30 Jahren setzt man sich intensiv mit dieser klassischen Domäne auseinander. Dabei verfolgt man das Ziel, große Datenbestände so zu speichern und zu verwalten, dass viele Benutzer zu jeder Zeit in effizienter Form auf die gewünschten Daten zugreifen können. Leistungsfähige weltweite Rechnernetze (z.B. das Internet) gewährleisten mittlerweile einen Zugriff von jedem Ort aus, so beispielsweise auch über mobile Kommunikationssysteme. Die Einsatzmöglichkeiten und Nutzungsformen erweitern sich ständig. So bilden Datenbanksysteme häufig die Kernsysteme in Anwendungssoftwaresystemen, die z.B. in betrieblichen Anwendungsbereichen als ERP-Systeme (Enterprise Resource Planning-Systeme) oder als Internet-Anwendungen im E-Commerce-Bereich genutzt werden. Neben den homogenen Datenbanksystemen, die z.B. als relationale oder objektorientierte Systeme eingesetzt werden, werden immer stärker heterogene oder auch multimediale Datenbanksysteme genutzt.

In einem ersten Band haben wir uns vor allem mit der Informationsstrukturierung und der Datenmodellierung auseinandergesetzt, die als Kernbereiche des Aufbaus von Datenbanksystemen anzusehen sind. Weiter haben wir die Grundlagen aufgearbeitet, d.h. insbesondere die Komponenten, das Architekturmodell eines Datenbanksystems und die Probleme der Datenintegrität.

Der vorliegende zweite Band behandelt in einem ersten Teil den gesamten Gestaltungsprozess, der die Planung, die Auswahl, die Entwicklung und den Einsatz eines Datenbanksystems umfasst. Im Rahmen des sogenannten Data Base Engineering spielen die Datenbanksystemsprachen (vor allem die Sprache SQL) und die CASE-Systeme eine wichtige Rolle. Im zweiten Teil werden moderne Datenbankkonzepte und -Architekturen vorgestellt, so vor allem die Datenbanken in verteilten Informationssystemen (z.B. Verteilte und Föderierte Datenbanksysteme), die Objektorientierten und die Analyseorientierten Datenbanken (z.B. Data Warehouse-Systeme).

Im Vordergrund stehen stets konkrete Anwendungsbeispiele, mit deren Hilfe die theoretischen Zusammenhänge erläutert werden. Jedes Kapitel schließt mit Übungsaufgaben und der Angabe ausgewählter Literaturquellen ab.

Das Buch wird vor allem den Studentinnen und Studenten der Wirtschaftsinformatik empfohlen, in deren Studium die Datenbanksysteme und insbesondere die Datenmodellierung eine bedeutende Rolle spielen. Den Praktikern soll das Werk zur besseren Durchführung ihrer Datenbank-Aufgaben und zur effizienten und wirtschaftlichen Lösung der Datenbank-Probleme dienen.

Die Autoren, die von der Hochschule und aus der Praxis kommen, möchten sich bei der Sekretärin des Lehrstuhls, Frau Susanne Schutta, recht herzlich bedanken. Sie hat zusammen mit den studentischen Hilfskräften des Lehrstuhls – hier ist vor allem Herr cand. rer. oec. Jörg Müller zu nennen – mit großem Fleiß für die Textverarbeitung und Erstellung der Grafiken die Verantwortung übernommen.

Bedanken möchten sich die Autoren auch bei den Herren Dr. Peter Gluchowski, Dr. Jochen Müller und Dipl.-Ökonom Carsten Dittmar, die wesentlich zum Gelingen des vorliegenden Buches beigetragen haben. Herr Dr. P. Gluchowski (Universität Düsseldorf) ist für das Kapitel 8 „Analyseorientierte Datenbanksysteme" mit verantwortlich, Herr Dr. J. Müller (Universität St. Gallen) für das Kapitel 3 „Werkzeuggestützte Entwicklung von Datenbanksystemen" und Herr Dipl.-Ökonom C. Dittmar (Universität Bochum) für die „Fallstudie zur Gestaltung eines Datenbanksystems" in Kapitel 4. Aufgrund ihrer großen Unterstützung sollen sie auch als Koautoren genannt werden.

Bochum und Kaarst,   Roland Gabriel
im Herbst 2002   Heinz-Peter Röhrs

Inhaltsverzeichnis

Vorwort .... **V**

0   Einleitung 1

**Teil A: Planung, Auswahl und Entwicklung
       von Datenbanksystemen;
       Nutzung von Datenbanksystemsprachen
       und -entwicklungssystemen** 7

**1   Data Base Engineering
    – Gestaltung und Einsatz von Datenbank-
    systemen** 11

    1.1 Grundlegende Überlegungen zur Gestaltung und zum
    Einsatz von Datenbanksystemen als Kernsysteme
    betrieblicher Informations- und Kommunikationssysteme
    bzw. von DV-Anwendungssystemen 12
        1.1.1 Software Engineering: Gestaltung und Einsatz
        von DV-Anwendungssystemen 12
        1.1.2 Betriebliche computergestützte Anwendungs-
        systeme 17

    1.2 Data Base Engineering: Gestaltungsansätze für die
    Planung, Auswahl, Entwicklung, Einführung und für
    den Einsatz von Datenbanksystemen 20
        1.2.1 Unterstützungssysteme zum Aufbau von Daten-
        banksystemen 21
        1.2.2 Phasenorientierte Entwicklung eines Datenbank-
        systems 22

1.2.3 Prototyporientierte Entwicklung eines Datenbanksystems 23
1.2.4 Objektorientierte Entwicklung eines Datenbanksystems 24
1.2.5 Nutzungsformen und Organisationskonzepte bei der Entwicklung eines Datenbanksystems 25
1.2.6 Partizipationskonzepte beim Data Base Engineering 26
1.2.7 Maßnahmen zur Datensicherung und zum Datenschutz 27
1.2.8 Zusammenfassung der Gestaltungsansätze im Rahmen des Data Base Engineering 28

1.3 Phasen des Gestaltungs- und Einsatzprozesses von Datenbanksystemen – ein Erklärungsmodell für das Data Base Engineering 30
1.3.1 Problemanalyse und Planung eines Datenbanksystems 30
1.3.2 Istanalyse, Anforderungsdefinition (Requirements Engineering) und Erstellung eines Fachkonzepts für ein Datenbanksystem 34
1.3.3 Auswahl eines Datenbankentwicklungssystems und seine Bereitstellung bzw. Beschaffung 35
1.3.4 Erstellung des Systemkonzepts für das zu entwickelnde Datenbanksystem 37
1.3.5 Implementierung und Testen des entwickelten Datenbanksystems 38
1.3.6 Integration und Einführung des erstellten Datenbanksystems 39
1.3.7 Einsatz des erstellten Datenbanksystems mit Wartung und Pflege 40

1.4 Zusammenfassung und kritische Betrachtung des Gestaltungs- und Einsatzprozesses eines Datenbanksystems 41

1.5 Übungsaufgaben zum Data Base Engineering 43

1.6 Literatur zu Kapitel 1 44

2 Datenbanksystemsprachen 47

2.1 Entwicklung der Programmiersprachen 48

2.2 Entwicklung der Datenbanksystemsprachen 52
    2.2.1 Datenbanksystemsprachen für netzwerkorientierte Datenbanksysteme 53
    2.2.2 Datenbanksystemsprachen für relationale Datenbanksysteme 57

2.3 Die Datenbanksystemsprache SQL 58
    2.3.1 Der Entwicklungs- und Normungsprozess von SQL 59
    2.3.2 SQL als Datenmanipulationssprache (DML) 64
        2.3.2.1 Auswertung der Daten (SELECT) 64
        2.3.2.2 Veränderung der Daten (DELETE, UPDATE, INSERT) 73
    2.3.3 SQL als Datendefinitionssprache (DDL) 78
        2.3.3.1 Umsetzung des Informationsstruktur-modells (ISM) bzw. des konzeptionellen Modells 79
        2.3.3.2 Zugriffsrechte auf die Daten 85
            2.3.3.2.1 Aufbau externer Schemata (VIEW) 86
            2.3.3.2.2 Vergabe von Zugriffsrechten (GRANT und REVOKE) 88

2.3.4 Embedded SQL 91

2.4 Zusammenfassung und Entwicklungstendenzen der
Datenbanksystemsprachen 94

2.5 Übungsaufgaben zu Datenbanksystemsprachen 98

2.6 Literatur zu Kapitel 2 99

3 Werkzeuggestützte Entwicklung von Datenbanksystemen (DB-CASE-Systeme) 103

3.1 Werkzeuge und Entwicklungsumgebungen für
Datenbanksysteme 103

3.2 Werkzeuge zur Unterstützung einzelner Phasen oder
Tätigkeiten 105
   3.2.1 Werkzeuge zur Datenmodellierung 105
   3.2.2 Werkzeuge zur Erstellung von Datenbank-
Benutzungsoberflächen 110

3.3 Integrierte Entwicklungsumgebungen für alle
Projektphasen 113
   3.3.1 Unterstützungsmöglichkeiten für die einzelnen
Phasen 114
      3.3.1.1 Problemanalyse und Planung 115
      3.3.1.2 Anforderungsanalyse und Erstellung eines
Fachkonzepts 116
      3.3.1.3 Auswahl eines Datenbanksystems bzw.
DB-Entwicklungssystems und seine Be-
reitstellung 117
      3.3.1.4 Erstellung eines Systemkonzepts 118
      3.3.1.5 Implementieren und Testen 119
      3.3.1.6 Integration, Einführung und Freigabe 119

3.3.1.7 Einsatz des Systems mit Wartung
und Pflege 120
3.3.2 Repositories als phasenübergreifende
Komponenten... 121
3.3.3 Projektmanagement zur Entwicklung eines
Datenbanksystems 122

3.4 Produktbeispiel: Oracle Designer 126
3.4.1 Einführung in das Softwareprodukt......................... 126
3.4.2 Systemarchitektur von Oracle Designer
– dargestellt am Anwendungsbeispiel 127
3.4.2.1 Repository.. 128
3.4.2.2 Werkzeuge zur Unterstützung grafischer
Modellierungsmethoden 132
3.4.2.3 Generator-Module................................... 135
3.4.3 Zusammenfassung und Bewertung des Produktes . 138

3.5 Übungsaufgaben zur werkzeuggestützten Entwicklung
von Datenbanksystemen 139

3.6 Literatur zu Kapitel 3 140

4 Fallstudie zur Gestaltung eines Datenbanksystems – das Datenbanksystem TOPBIKE 143

4.1 Problemanalyse und Planung des Datenbanksystems
TOPBIKE.. 144

4.2 Istanalyse und Anforderungsdefinition zur Erstellung
eines Fachkonzeptes für das Datenbanksystem
TOPBIKE.. 147
4.2.1 Fachabteilung Vertrieb 148
4.2.2 Fachabteilung Materialwirtschaft........................... 156

    4.2.3 Fachabteilung Produktion 160
    4.2.4 Fachabteilung Rechnungswesen 166

4.3 Auswahl und Beschaffung eines Datenbanksystems und eines Datenbankentwicklungssystems 173

4.4 Erstellung eines Systemkonzeptes für das Datenbanksystem TOPBIKE 174

4.5 Implementierung und Testen des Datenbanksystems TOPBIKE 181

4.6 Integration und Einführung des erstellten Datenbanksystems TOPBIKE 184

4.7 Einsatz des Datenbanksystems TOPBIKE mit Wartung und Pflege 185

4.8 Kritische Bewertung des Gestaltungsprozesses der Fallstudie und Ausblick 186

4.9 Übungsaufgaben zur Fallstudie 187

4.10 Literatur zu Kapitel 4 188

Teil B: Moderne Datenbank-Konzepte in der betrieblichen Praxis; Architekturen und Einsatzmöglichkeiten von Datenbanksystemen 189

5 Architekturen und Konzepte von Datenbanksystemen 191

5.1 Klassifikationsansätze für Architekturen und Konzepte von Datenbanksystemen 192

5.2 Konkrete Architekturen und Konzepte von Datenbanksystemen 198

    5.2.1 Einsatzformen und Anwendungsbereiche von Datenbanksystemen 198

        5.2.1.1 Grundlegende Einsatzformen von Datenbanksystemen 198

        5.2.1.2 Anwendungsbereiche von Datenbanksystemen 201

        5.2.1.3 Weitere Einsatzformen von Datenbanksystemen (Anwendungstypen) 203

    5.2.2 Organisationsformen von Datenbanksystemen 204

        5.2.2.1 Zentrale Datenbanksysteme (ZDBS) 205

        5.2.2.2 Verteilte Datenbanksysteme (VDBS) 206

        5.2.2.3 Föderierte Datenbanksysteme (FDBS) 207

        5.2.2.4 Multidatenbanksysteme (MDBS) 210

    5.2.3 Datenstrukturen und Modellierungsformen der Datenbank 212

        5.2.3.1 Daten- bzw. Informationsarten und -strukturen 212

        5.2.3.2 Aufbaustrukturen von Datenbanken und Datenmodellen 215

5.2.4 Nutzungsformen und Zugriffsarten auf die
Datenbank 217
  5.2.4.1 Abfragedatenbanksysteme 217
  5.2.4.2 Transaktionsdatenbanksysteme 217
  5.2.4.3 Analysedatenbanksysteme 218
  5.2.4.4 Aktive Datenbanksysteme 218
  5.2.4.5 Deduktive Datenbanksysteme 219
5.2.5 Einbindungsformen des Datenbanksystems in
ein DV-System 219

5.3 Zusammenfassung der Architekturen und Konzepte
von Datenbanksystemen 222

5.4 Übungsaufgaben zu den Architekturen und Konzepten
von Datenbanksystemen 227

5.5 Literatur zu Kapitel 5 228

6 Datenbanksysteme in verteilten Informationssystemen 229

6.1 Motivation für verteilte Informationssysteme 230

6.2 Vom zentralen zum nicht-zentralen Datenbanksystem 235
  6.2.1 Entwicklung der Informationssystem-
  architekturen 235
  6.2.2 Entwicklung der Datenbanksystemkommunikationsschnittstellen 242
  6.2.3 Nicht-zentrale Datenbanksysteme:
  Anforderungen und Typen 248

6.3 Multidatenbanksysteme (MDBS) 251
  6.3.1 Motivation für Multidatenbanksysteme 251
  6.3.2 Architekturkonzepte für Multidatenbanksysteme .. 252

6.3.3 Homogenisierung der Datenbanksysteme 258

6.4 Verteilte Datenbanksysteme (VDBS) 264
    6.4.1 Datenverteilungsschema 265
    6.4.2 Partitionierungsformen 267
    6.4.3 Verteilungskriterien 270
    6.4.4 Verteilte Transaktionen 272
        6.4.4.1 2-Phasen-Commit für verteilte Transaktionen 273
        6.4.4.2 Deadlocks beim VDBS 276
    6.4.5 Optimierung von Zugriffen 278

6.5 Föderierte Datenbanksysteme (FDBS) 279
    6.5.1 Architekturkonzept für Föderierte Datenbanksysteme 281
    6.5.2 Aufbau von Föderierungsdienstsystemen 282

6.6 Zusammenfassung und Nutzungstendenzen von Datenbanksystemen in verteilten Informationssystemen. 288

6.7 Übungsaufgaben zu Datenbanksystemen in verteilten Informationssystemen 291

6.8 Literatur zu Kapitel 6 293

7 Objektorientierte und Objekt-Relationale Datenbanksysteme 295

7.1 Objektorientierter Systemansatz 297
    7.1.1 Aufbau einer objektorientierten Datenbank 297
    7.1.2 Ein einführendes Beispiel zur Objektorientierung . 300
    7.1.3 Bedeutung der Objektorientierung in der Informatik 306

7.2 Objektorientierte Datenmodelle und Datenbanksprachen 308
    7.2.1 Das ODMG-Objektmodell 308
    7.2.2 Konzepte des Strukturteils des objektorientierten Datenmodells 311
    7.2.3 Konzepte des Operationenteils des objektorientierten Datenmodells (DB-Sprachen) ... 315
    7.2.4 Objektorientierte Entwicklung mit UML 316

7.3 Objektorientierte Datenbanksysteme (OODBS) 318
    7.3.1 Eigenschaften Objektorientierter Datenbanksysteme 318
    7.3.2 Kommerzielle Objektorientierte Datenbanksystem-Produkte 322

7.4 Objektorientiertes Data Base Engineering 324

7.5 Objekt-Relationale Datenbanksysteme (ORDBS) 328

7.6 Einsatz der Objektorientierten Datenbanksysteme 330

7.7 Übungsaufgaben zu den Objektorientierten und Objekt-Relationalen Datenbanksystemen 332

7.8 Literatur zu Kapitel 7 333

8 Analyseorientierte Datenbanksysteme 337

8.1 Beschreibung und Einordnung Analyseorientierter Datenbanksysteme (ADBS) 338

8.2 Konzepte für Analyseorientierte Datenbanksysteme 339
    8.2.1 Data Warehouse-Konzepte und Data Warehouse-Systeme (DWS) 340
    8.2.2 On-Line Analytical Processing (OLAP) 346

8.3 Architekturen und Komponenten Aanalyseorientierter
 Datenbanksysteme 350
 8.3.1 Referenzarchitektur für Analyseorientierte
  Datenbanksysteme 351
 8.3.2 Multidimensionale Datenbanken (MDB) 354
 8.3.3 Relationale OLAP-Architekturen (ROLAP) 357

8.4 Modellierung und Implementierung Analyseorientierter
 Datenbanksysteme 362
 8.4.1 Bestandteile multidimensionaler Datenstrukturen
  bzw. -modelle 363
 8.4.2 Allgemeine Richtlinien für die Gestaltung
  multidimensionaler Datenstrukturen bzw.
  -modelle 366
 8.4.3 Implementierung mit multidimensionalen
  Datenbanken 369
 8.4.4 Implementierung mit relationalen Datenbanken 371

8.5 Nutzung Analyseorientierter Datenbanksysteme 380
 8.5.1 Zugriffsmöglichkeiten durch den Endanwender 380
 8.5.2 Einsatzbereiche analyseorientierter Informations-
  systeme 383

8.6 Zusammenfassende Bewertung Analyseorientierter
 Datenbanksysteme und Ausblick 386

8.7 Übungsaufgaben zu Analyseorientierten Datenbank-
 systemen 388

8.8 Literatur zu Kapitel 8 389

9 Zusammenfassung und Ausblick 391

9.1 Teil A: Gestaltung von Datenbanksystemen und Datenbanksystemsprachen 391
9.1.1 Fazit Teil A 391
9.1.2 Trend Teil A 392

9.2 Teil B: Moderne Datenbankkonzepte 394
9.2.1 Fazit Teil B 394
9.2.2 Trend Teil B 396

9.3 Allgemeine Standortbestimmung zu Datenbanksystemen 396

9.4 Literatur zu Kapitel 9 398

Literaturverzeichnis 401

Abbildungsverzeichnis 413

0 Einleitung

Das vorliegende Lehrbuch zum Thema „Datenbanksysteme" setzt sich einerseits mit der Gestaltung von Datenbanksystemen (d.h. mit der Planung, der Auswahl und der Entwicklung geeigneter Datenbanksysteme) und andererseits mit modernen Datenbanksystemkonzepten und -architekturen auseinander. Beide Bereiche sind in der Datenbanksystemforschung und auch in der Praxis von großer Bedeutung und dürfen deshalb in einem Lehrbuch nicht fehlen.

Zwei wichtige Aspekte der Gestaltung von Datenbanksystemanwendungen wurden bereits in einem ersten Band ausführlich behandelt: die Informationsstrukturierung und die Datenmodellierung (Teil A des ersten Bandes). Sie stellen ohne Zweifel die Schwerpunkte bzw. Kernbereiche der Entwicklung von Datenbankanwendungssystemen dar und fördern das grundlegende Verständnis von Daten, Datenspeicherung und Datennutzung mit Hilfe von Datenbanksystemen. Aus diesem Grunde haben wir diese beiden Bereiche, die Strukturierung und die Modellierung von Daten, im ersten Band an den Anfang eines Lehrbuches gestellt. Diese beiden Aspekte werden nun in Teil A des vorliegenden Buches in einen umfangreichen Gestaltungsprozess integriert, der den gesamten Lebenszyklus eines Datenbankanwendungssystems betrachtet, d.h. seine Planung und Entwicklung, die Auswahl entsprechender Unterstützungssysteme (Datenbanksystemsprachen und -entwicklungssysteme) und die Einführung des Systems in eine betriebliche Organisation. Beim Aufbau eines Datenbanksystems spielen die Datenbanksystemsprachen und -entwicklungssysteme eine große Rolle (Problem der Auswahl), die auch hier ausführlich behandelt werden.

Der Teil B des vorliegenden Buches widmet sich den modernen Konzepten und Architekturen von Datenbanksystemen, die zurzeit in Theorie und Praxis intensiv diskutiert werden. Die Grundlagen hierfür wurden bereits in Teil B des ersten Bandes erörtert, der neben einer Einführung in die Technologien von Datenbanksystemen und in die elementare Datenorganisation den Aufbau und die Arbeitsweise der Systeme behandelt. Schwerpunkte des Teils B im vorliegenden Band sind die Datenbanksysteme in verteilten Informationssystemen bzw. in Rechnernetzen (Verteilte Datenbanksysteme, Föderierte Datenbanksysteme), die Objektorientierten Datenbanksysteme und die Analyseorientierten Datenbanksysteme. Schließlich werden weitere neue Datenbanksystemansätze und Entwicklungstendenzen vorgestellt.

Die folgende Abbildung 0.1 zeigt noch einmal zusammenfassend die Inhalte beider Bände, die als Teile I.A und I.B des ersten Bandes und als II.A und II.B des zweiten Bandes gekennzeichnet sind. Die einzelnen vier Teile in den beiden Bänden lassen sich unabhängig voneinander lesen und bearbeiten. Bei beiden

Bänden steht die Gestaltung von Datenbanksystemen im Vordergrund (jeweils in Teil A).

BAND I.A: Gestaltung

Informationsstrukturierung und Datenmodellierung als Kernbereich der Entwicklung bzw. der Gestaltung von Datenbanksystemen

- Strukturmodelle
- Datenmodelle
- Unternehmensdatenmodelle

BAND II.A: Gestaltung

Der gesamte Gestaltungsprozess eines Datenbanksystems und die Nutzung von Entwicklungssystemen

- Planung
- Auswahl
- Entwicklung
- (DB-Sprachen und CASE-Systeme)
- Einführung

BAND I.B: Grundlagen

Grundlagen der Datenbanksysteme

- Technologien
- Datenorganisation
- Aufbau (Komponenten) und Arbeitsweise
- Datenintegrität (Datensicherheit, Datenschutz)

BAND II.B: Konzepte

Moderne DB-Konzepte und -Architekturen in der betrieblichen Praxis

- Datenbanksysteme in verteilten Informationssystemen
- Objektorientierte Datenbanksysteme
- Analyseorientierte Datenbanksysteme
- Entwicklungstendenzen

Abb. 0.1: Inhalte der beiden Bände I und II

Die Lehrinhalte der zwei Bände mit ihren vier Teilen (vgl. Abb. 0.1) lassen sich durch folgende Fragen beschreiben, die sich auf die einzelnen Kapitel beziehen.

Im ersten Band werden in Teil A (I.A) wichtige Gestaltungsaspekte behandelt, die als Informationsstrukturierung und Datenmodellierung grundlegende Bereiche der

Einleitung 3

Entwicklung einer Datenbankanwendung innerhalb des gesamten Gestaltungsprozesses darstellen. Folgende Fragen werden in Teil I.A beantwortet:

- Wie lässt sich das Unternehmen als informationsverarbeitendes System darstellen und beschreiben, und wie lassen sich zur Durchführung betrieblicher Aufgaben computergestützte Anwendungssysteme, insbesondere Datenbanksysteme, einsetzen?

- Wie lassen sich Informationen strukturieren, d.h. wie lassen sich Informationsobjekte und -klassen mit ihren Verknüpfungen bilden, um letztlich ein Informations-, Funktions-, Kommunikations- bzw. Prozessstrukturmodell aufzubauen?

- Wie lässt sich ein konzeptionelles Datenmodell erstellen, das auf einem Relationenmodell bzw. auf einem Netzwerkmodell basiert, und wie lässt sich dabei ein Data Dictionary-System nutzen?

- Wie lässt sich ein Unternehmensmodell aufbauen?

Die Abbildung 0.1 zeigt, dass der Teil A des ersten Bandes wichtige Aspekte des Gestaltungsprozesses (Entwicklung eines Datenbanksystems) behandelt, der in Teil A des vorliegenden zweiten Bandes in ganzheitlicher Form (als Lebenszyklus) dargestellt wird.

Für den zweiten Teil des ersten Bandes (I.B), der sich mit den Grundlagen von Datenbanksystemen auseinandersetzt, gelten folgende Fragen:

- Was versteht man unter einem Datenbanksystem, welches sind seine charakteristischen Eigenschaften und Anforderungen, und wer benutzt ein Datenbanksystem?

- Wie lassen sich die Daten strukturieren und organisieren, welche Dateiorganisationsformen werden genutzt?

- Aus welchen Komponenten besteht ein Datenbanksystem und wie arbeiten diese? Welche Datenarchitekturen kennt man?

- Welche Probleme treten bei der Verletzung von Datenkonsistenz, Datensicherheit und Datenschutz auf und welche Maßnahmen zur Gewährleistung der Datenintegrität lassen sich ergreifen?

Für den ersten Teil des vorliegenden zweiten Bandes (II.A), der den gesamten Gestaltungsprozess betrachtet, lassen sich folgende Fragen formulieren:

- Wie lassen sich Datenbanksysteme gestalten, entsprechend einem systematischen Konzept, das die Planung, die Auswahl entsprechender Entwicklungssysteme, die Entwicklung (einschließlich Strukturierung und Modellierung) und die Einführung des Datenbanksystems in die betriebliche Praxis beinhaltet?

- Wie lassen sich Datenbanksystemsprachen und Datenbank-CASE-Systeme klassifizieren, bewerten und einsetzen?

Der zweite Teil des vorliegenden Bandes (II.B) stellt moderne Konzepte der Datenbanksysteme in der betrieblichen Praxis vor und versucht folgende Fragen zu beantworten:

- Wie lassen sich Datenbanksysteme klassifizieren und welche Einsatzmöglichkeiten bieten sie an?

- Welches sind die charakteristischen Eigenschaften von Datenbanksystemen in verteilten Informationssystemen (z.B. von Verteilten und Föderierten Datenbanksystemen), wie lassen sich diese beschreiben und in der betrieblichen Praxis einsetzen?

- Welches sind die charakteristischen Eigenschaften von Objektorientierten Datenbanksystemen, wie lassen sich diese beschreiben und in der betrieblichen Praxis einsetzen?

- Welches sind die charakteristischen Eigenschaften von Analyseorientierten Datenbanksystemen (z.B. Data Warehouse-Systemen), wie lassen sich diese beschreiben und in der betrieblichen Praxis einsetzen?

- Welche weiteren Datenbanksystemkonzepte bzw. -architekturen werden heute und in Zukunft eingesetzt und welche Vorteile bieten sie?

- Welche Entwicklungstendenzen der Datenbanksysteme lassen sich in Theorie und Praxis beobachten?

Zur besseren Erklärung der Untersuchungsgegenstände und ihrer Zusammenhänge wird auch hier wie im ersten Band ein verständliches Erklärungsbeispiel zugrunde gelegt. Es handelt sich hierbei um das bekannte VHS-Beispiel der Volkshochschule Kaarst-Korschenbroich. In der Fallstudie in Kapitel 4 und für analyseorientierte Systeme in Kapitel 8 werden bewusst abweichende Beispiele aus der betrieblichen Praxis ausgewählt.

Die vier Teile der beiden Bände beinhalten aus Entwickler- und Anwendersicht die wichtigsten Inhalte zum Thema „Datenbanksystem". Mächtige und benutzungsfreundliche Entwicklungssysteme unterstützen den Entwickler in wirksamer Form, so dass der Anwender als Endbenutzer immer häufiger seine Anwendungen selbst entwickelt, d.h. seine Anwendungsprobleme analysiert und strukturiert und die entsprechenden Datenmodelle aufbaut (vgl. Teil I.A). Darüber hinaus soll der Anwender auf jeden Fall bei der Gestaltung der Anwendungssysteme aktiv mitarbeiten, so dass auch Kenntnisse des Gestaltungsprozesses wichtig sind und sogar vorausgesetzt werden (vgl. Teil II.A). Neben dem Wissen über grundlegende Technologien (vgl. Teil I.B) soll der Anwender die wichtigsten Datenbanksystemkonzepte und –architekturen kennen (vgl. Teil II.B). Zielgruppe der beiden Bereiche sind somit primär die Anwender von Datenbanksystemen in der betrieblichen Praxis, die als Endbenutzer die Systeme mit unterschiedlichen Ansprüchen und für verschiedene Aufgaben einsetzen und auch mitgestalten.

Eine zielorientierte Ausbildung bezüglich der Gestaltung und des Einsatzes von Datenbanksystemen wird an den Universitäten und Fachhochschulen innerhalb der Wirtschaftsinformatik gewährleistet. Der Wirtschaftsinformatiker sollte somit Kenntnisse in allen vier Bereichen (entsprechend den vier Teilen der beiden Bände) aufweisen. Dies gilt immer auch für den DV-orientierten Mitarbeiter in den betrieblichen bzw. kaufmännischen Fachabteilungen, so z.B. für die Betriebswirte im Controlling und Rechnungswesen, in der Produktion, im Marketing und in der Organisation und Planung. Datenbanksysteme stehen in allen betrieblichen Bereichen im Mittelpunkt des DV-Einsatzes und müssen deshalb besonders beachtet werden. Sie bilden die Basis vieler Anwendungssysteme, so auch der bekannten Standardanwendungssysteme bzw. ERP-Systeme (Enterprise Resource Planning-Systeme).

Am Ende eines jeden Kapitels werden Übungsaufgaben gegeben, die zur Selbstkontrolle dienen. Ebenso ist für jedes Kapitel ein Literaturverzeichnis aufgestellt. Ein Gesamtliteraturverzeichnis befindet sich am Ende des Buches.

Teil A

**Planung, Auswahl und Entwicklung von Datenbanksystemen;
Nutzung von Datenbanksystemsprachen und -entwicklungssystemen**

Die Entwicklung und der Einsatz von Datenbanksystemanwendungen, d.h. von Softwaresystemen, die auf Datenbanksysteme zugreifen oder Datenbanken integrieren, spielen in der betrieblichen Praxis eine wichtige, fundamentale Rolle.[1] Datenbanksysteme sind aufgrund ihrer allgemeinen Struktur und Zugriffsmöglichkeiten unabhängig von konkreten Programmsystemen, so dass Programme aus unterschiedlichen Anwendungsbereichen auf sie zugreifen und die dort gespeicherten Daten nutzen können (Prinzip der Daten-Programm-Unabhängigkeit von Datenbanksystemen)[2]. Datenbanksysteme besitzen somit innerhalb betrieblicher computergestützter Informations- und Kommunikationssysteme eine hohe und zentrale Bedeutung. Es ist deshalb sehr wichtig, dass der Gestaltung und natürlich auch dem Einsatz von Datenbanksystemen eine große Aufmerksamkeit geschenkt wird.

Der Gestaltungs- und Einsatzprozess von Datenbanksystemen, im Folgenden als „Data Base Engineering" bezeichnet (analog zum Software Engineering), ist Gegenstand von Kapitel 1. Der Gestaltungsprozess beinhaltet die Planung, die Anforderungsdefinition, die Auswahl eines Systems, die Entwicklung der Datenbanksystemanwendung (den Aufbau der Datenbankstrukturen und -abläufe) und die Einführung eines Datenbanksystems. Durch den Einsatz sollen die Vorteile des Datenbanksystems genutzt werden. Der Einsatz enthält selbst noch Gestaltungsaspekte, wie vor allem die Wartung, Pflege und weitere Entwicklungsmöglichkeiten und soll deshalb besonders hervorgehoben werden.

Der Gestaltungs- und Einsatzprozess wird durch leistungsfähige Programmiersprachen und Entwicklungssysteme unterstützt, die speziell auf den Aufbau von Datenbanksystemen ausgerichtet sind und in vielfältiger Form von Datenbanksystemherstellern angeboten werden. Sie lassen sich beispielsweise in zwei Gruppen einteilen, die in den Kapiteln 2 und 3 behandelt werden, so die bekannte standardisierte Datenbanksystemsprache SQL[3] (Kapitel 2) und die anspruchsvollen Datenbank-CASE-Systeme[4], die eine komfortable Entwicklungsumgebung anbieten (Kapitel 3). Neben SQL werden somit weitere wichtige Entwicklungswerkzeuge beschrieben (so vor allem die Werkzeuge des Systems ORACLE[5]) und ihr Einsatznutzen diskutiert. Da die Auswahl eines Unterstützungssystems im Gestaltungsprozess eine wichtige Rolle spielt, sollen die Systeme hier näher beschrieben werden.

Im abschließenden Kapitel 4 dieses ersten Teils A soll eine Fallstudie den gesamten Gestaltungsprozess eines Datenbanksystems nochmals verdeutlichen. Anhand

---

[1] Vgl. z.B. Stümer (1999), S. 60.
[2] Vgl. Gabriel/Röhrs (1995), S. 199f.
[3] SQL: = Structured Query Language.
[4] CASE: = Computer Aided Software Engineering.
[5] System der Unternehmung ORACLE Corp.

eines anschaulichen Anwendungsbeispiels aus der betrieblichen Praxis sollen die Phasen des Data Base Engineering beschrieben, diskutiert und kritisch bewertet werden. In der Fallstudie wird das Datenbanksystem ACCESS der Firma Microsoft genutzt, zur Modellierung wird das Produkt ER/Studio verwendet.

1 Data Base Engineering
– Gestaltung und Einsatz von Datenbanksystemen

Unter Data Base Engineering verstehen wir den gesamten Gestaltungs- und Einsatzprozess eines Datenbanksystems. Analog dem Software Engineering betrachten wir beim Data Base Engineering den gesamten Lebenszyklus eines Datenbanksystems, ausgehend von der Idee und Planung, über Auswahl, Entwicklung (Aufbau), Einführung und Einsatz des Datenbanksystems bis hin zu seinem "Ende", d.h. beispielsweise bis zu seiner Ablösung durch ein Nachfolgesystem. In Abbildung 1.1 sind die einzelnen Phasen des Gestaltungsprozesses im Rahmen des Data Base Engineering aufgelistet (Planung, Entwicklung und Einsatz).

Data Base Engineering

- Planung einer Datenbank-Anwendung
- Auswahl der Entwicklungssysteme
- Entwicklung eines Datenbanksystems
    - Analyse und Strukturierung
    - Modellierung
- Implementierung und Testen eines Datenbanksystems
- Einführung und Integration des entwickelten Datenbanksystems
- Einsatz mit Wartung und Pflege des Datenbanksystems

Abb. 1.1:   Gestaltungs- und Einsatzprozess von Datenbanksystemen

In den nachfolgenden Abschnitten geht es um den gesamten Gestaltungs- und Einsatzprozess von Datenbanksystemen. Zunächst werden in Abschnitt 1.1 grundlegende Überlegungen vorgestellt, die u.a. die verwendeten Begriffe beschreiben und voneinander abgrenzen. Das Datenbanksystem wird hier als Teil eines betrieblichen Informations- und Kommunikationssystems (IuK-System) betrachtet bzw. als Teil eines DV-Anwendungssystems. Die verschiedenen Gestaltungsansätze des Data Base Engineering, das die Planung, die Auswahl, die Entwicklung, die Einführung und den Einsatz von Datenbanksystemen betrachtet, werden in Abschnitt 1.2 diskutiert. Zur besseren Beschreibung des Prozesses wird in Abschnitt 1.3 ein phasenorientiertes Gestaltungskonzept als Erklärungsmodell vorgestellt. Abschließend wird in Abschnitt 1.4 eine Zusammenfassung und kritische Betrachtung des Gestaltungs- bzw. Entwicklungsprozesses gegeben.

1.1 Grundlegende Überlegungen zur Gestaltung und zum Einsatz von Datenbanksystemen als Kernsysteme betrieblicher Informations- und Kommunikationssysteme bzw. von DV-Anwendungssystemen

Datenbanksysteme sind Teil eines betrieblichen Informations- und Kommunikationssystems bzw. eines DV-Anwendungssystems. Im Folgenden werden die grundlegenden Begriffe erörtert und eine Einordnung vorgenommen. Nach der kurzen Vorstellung des allgemeinen Software Engineering-Konzepts in Abschnitt 1.1.1 werden unterschiedliche DV-Anwendungssysteme in Abschnitt 1.1.2 beschrieben, bei denen i.d.R. ein Datenbanksystem im Mittelpunkt steht.

1.1.1 Software Engineering: Gestaltung und Einsatz von DV-Anwendungssystemen

Eine grundlegende Aufgabe der Wirtschaftsinformatik als eine "Angewandte Informatik" ist es, betriebliche Informations- und Kommunikationssysteme (IuK-Systeme) bzw. (computergestützte) Anwendungssysteme zu gestalten und einzusetzen. Ziel dieses Gestaltungs- und Einsatzprozesses von Anwendungssystemen ist es, die anstehenden betrieblichen Aufgaben mit Hilfe der eingerichteten Softwaresysteme auszuführen und die betrieblichen Probleme zu lösen. Die Aufgaben und Probleme in der betrieblichen Praxis sind von sehr unterschiedlicher Komplexität und Bedeutung.[6] So lassen sich beispielsweise relativ kleine, überschaubare Aufgaben (z.B. Aufbau einer Adressdatei für einige Großkunden der Unternehmung) und relativ umfangreiche, schwierige Problemstellungen unterscheiden

---

[6] Vgl. Gabriel (1992), S. 137ff.

(z.B. Aufbau eines Produktionsplanungs- und -steuerungssystems in einer Großunternehmung mit entsprechenden Schnittstellen zum Beschaffungs- und Absatzmarkt).

Die konzipierten und realisierten DV-Anwendungssysteme stellen wichtige Bestandteile betrieblicher Informations- und Kommunikationssysteme (IuK-Systeme) dar. Wir wollen im Folgenden IuK-Systeme stets als computergestützte sozio-technische Systeme verstehen, die aus Menschen (Angestellten einer Organisation), aus den Aufgaben- und Problemstellungen einer Organisation (z.B. einer Unternehmung oder einer öffentlichen Verwaltung) und aus den Datenverarbeitungstechnologien (IuK-Technologien) bestehen. Die IuK-Technologien weisen sowohl Hardwarekomponenten, so vor allem Zentraleinheiten, periphere Einheiten zur Ein- und Ausgabe und zur Speicherung von Information und Netzkomponenten, als auch Softwarekomponenten auf. Die Software ist Sammelbegriff für Systemsoftware (insbesondere das Betriebssystem), Programmiersprachen, Softwareentwicklungssysteme und Anwendungssoftware. Computergestützte IuK-Systeme sind als sozio-technische Systeme somit mehr als Hard- und Softwaresysteme bzw. -Technologien.[7] Die Komponenten eines IuK-Systems sind in der Abbildung 1.2 dargestellt, bei der der Mensch als Benutzer und Gestalter der computergestützten Systeme betrachtet wird. Seine primäre Aufgabe ist jedoch die Durchführung der betrieblichen Aufgaben und die Lösung der Probleme in einer Organisation.

Ein wichtiger Bestandteil computergestützter IuK-Systeme und vor allem der Anwendungssysteme sind die Datenbanksysteme, die spezielle Softwaresysteme darstellen.[8] In Datenbanksystemen lassen sich umfangreiche Datenbestände (Informationsbestände) langfristig speichern und verwalten. Ein Datenbanksystem besteht aus einer Datenbank, einem Datenbankverwaltungssystem und einer Kommunikationsschnittstelle (z.B. Benutzungsschnittstelle). Die gespeicherten Daten werden von Datenbankverwaltungssystemen (häufig auch als Datenbankmanagementsysteme bezeichnet) verwaltet und kontrolliert. Das Arbeiten mit einer Datenbank, in der die Datenbestände systematisch abgelegt sind, wird weitgehend durch Datenbanksystemsprachen über eine Kommunikationsschnittstelle gewährleistet.[9] Die Abbildung 1.3 zeigt die grundlegenden Komponenten eines Datenbanksystems.

---

[7] Vgl. grundlegende Begriffserklärungen in Gabriel/Röhrs (1995), S. 1ff.; ebenso in Gabriel/Begau u. a. (1994).
[8] Vgl. Pernul/Unland (2001).
[9] Vgl. Gabriel/Röhrs (1995), S. 189ff.; Stucky/Krieger (1990); Ferstl/Sinz (1993), S. 337ff.; Hansen/Neumann (2001), S. 989ff.; Schwarze (1997), S. 245ff.; Stahlknecht/Hasenkamp (2002), S. 162ff.; Zehnder (1998), S. 9ff.

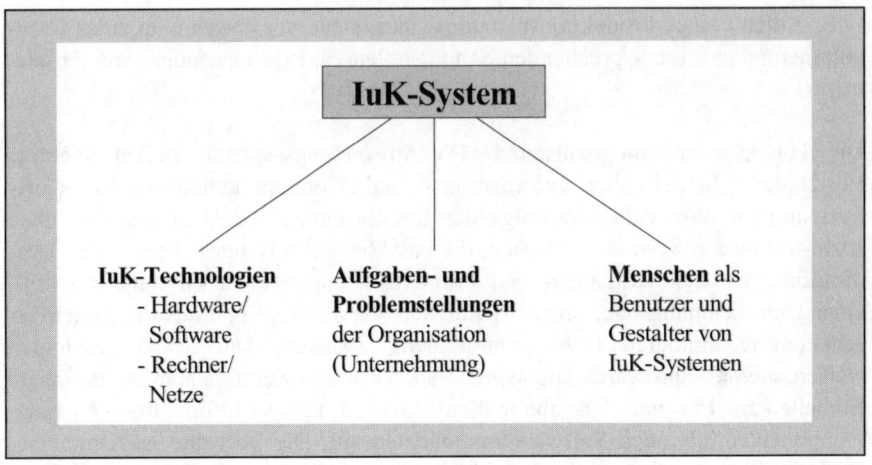

Abb. 1.2: Komponenten eines betrieblichen Informations- und Kommunikationssystems (IuK-System)

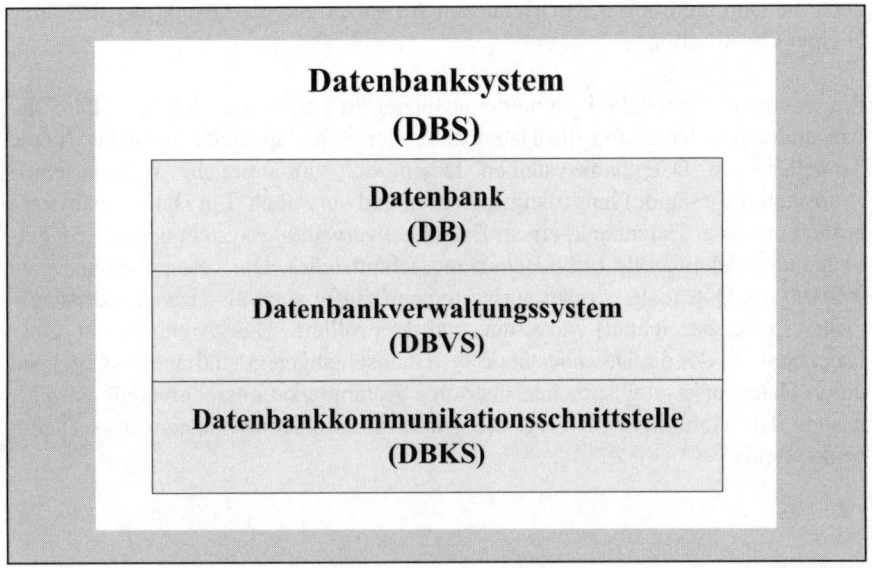

Abb. 1.3: Aufbau (Komponenten) eines Datenbanksystems

Um (computergestützte) IuK-Systeme erfolgreich in einer Unternehmung zu nutzen, müssen sie systematisch geplant, entwickelt bzw. aufgebaut und eingeführt werden. In diesem Planungs- und Entwicklungsprozess sind alle Systemkomponenten einzubeziehen, man spricht dabei von einem ganzheitlichen Gestaltungsansatz. In den letzten Jahrzehnten stand dabei häufig das Softwaresystem im Vordergrund, das mit Hilfe einer Programmiersprache entwickelt wurde. Hierbei entstand Ende der 60er Jahre als wichtiger Forschungsbereich der Informatik das Software Engineering, das versucht, den Prozess der Softwareentwicklung zu systematisieren, zu rationalisieren und auf hohem technischem Niveau zu gestalten.[10] Dabei werden Prinzipien beachtet und Methoden, Verfahrenstechniken und Werkzeuge (tools) eingesetzt, die möglichst in integrierter Form den gesamten Entwicklungsprozess begleiten (CASE-Systeme).[11] Der Software Engineering-Prozess orientiert sich häufig an dem Lebenszyklus des Softwareproduktes (software life cycle), so dass man von Entwicklungsphasen spricht. In der Literatur und in der Praxis werden zahlreiche Konzepte angeboten bzw. eingesetzt, die sich i.d.R. lediglich durch den Zerlegungsgrad ihrer Phasen und durch ihre Entwicklungsphilosophie unterscheiden, in ihrem logischen Ablauf jedoch meistens übereinstimmen. Eine bekannte und häufig genutzte Einteilung sieht folgende sieben Phasen des Gestaltungsprozesses vor, die sich auch als Arbeitsbereiche verstehen[12] und die insgesamt als Erklärungsmodell dienen (vgl. auch die vorstehende Abb. 1.1):

(1) Problemanalyse und Planung des zu erstellenden Softwaresystems

(2) Istanalyse, Anforderungsdefinition (Requirements Engineering) [13]
     und Erstellung eines Fachkonzepts

(3) Auswahl geeigneter IuK-Technologien, insbesondere Entwicklungssysteme (Programmiersprachen), und ihre Bereitstellung bzw. Beschaffung

(4) Erstellung eines Systemkonzepts (Strukturierung, Modellierung)[14]

(5) Implementierung und Testen des Softwaresystems

(6) Integration und Einführung des Softwaresystems

(7) Einsatz des Softwaresystems mit Wartung und Pflege.

---

[10] Vgl. Balzert (1998) und die Beiträge in Kurbel/Strunz (1990), S. 197-456.
[11] Vgl. Gabriel (1990); Balzert (2000) und Pomberger (1990); Pomberger/Blaschek (1993).
[12] Vgl. hierzu das Konzept bei Balzert (2000).
[13] Vgl. Mittermeir (1990); Pernul/Unland (2001), S. 15ff und S. 65ff.
[14] Vgl. Pernul/Unland (2001), S. 165ff.

Dieses Phasenschema zur Gestaltung von Softwaresystemen allgemeiner Art lässt sich auch auf den Aufbau von Datenbanksystemen übertragen, wobei spezielle Erfordernisse beachtet werden müssen. Dieser Datenbankgestaltungsansatz wird als "Data Base Engineering" bezeichnet (analog zum Software Engineering) und ist Gegenstand der nächsten beiden Abschnitte 1.2 und 1.3.

Da größere Entwicklungstätigkeiten als Projekt durchgeführt werden, spielt das Projektmanagement eine entscheidende Rolle. Der Projektleiter verfolgt das Ziel, ein Softwareprodukt hoher Qualität zu erstellen, so dass der spätere Einsatznutzen des Softwaresystems "optimiert" wird. Die Qualität des Softwareproduktes[15] und damit sein Einsatznutzen darf sich jedoch nicht nur an Leistungskriterien, wie z.B. Korrektheit, Robustheit, Ablaufgeschwindigkeit und Flexibilität orientieren, sondern muss auch unbedingt wirtschaftliche und benutzerorientierte Kriterien beachten. Auch beim Aufbau von Datenbanksystemen lassen sich die Vorteile des Projektmanagements nutzen, die sich durch eine systematische Planung, Steuerung und Kontrolle des Projekts auszeichnen. Die Qualitätssicherung und -förderung spielt hierbei eine wichtige Rolle.

Die Erkenntnisse des Software Engineering müssen einerseits auf die Gestaltung des gesamten IuK-Systems übertragen werden, andererseits aber auch bei der Gestaltung spezieller Softwaresysteme genutzt werden, wie vor allem für das hier zu behandelnde Datenbanksystem. Datenbanksysteme stellen häufig einen wichtigen Kernbereich computerunterstützter Anwendungssoftwaresysteme dar (im Rahmen umfangreicher Systementwicklungen) und stehen somit im Mittelpunkt der betrieblichen Anwendungsentwicklungen.[16] Dies gilt jedoch für eher datenorientierte betriebliche Aufgaben- und Problemstellungen, d.h. für Anwendungsbereiche, die durch das Vorhandensein und die Verarbeitung umfangreicher Datenbestände charakterisiert sind. Diese Eigenschaft besitzen viele betriebswirtschaftliche Aufgabenstellungen, die in unterschiedlichen Funktionsbereichen auftreten (so z.B. im Produktionsbereich, im Rechnungswesen, im Personalbereich, im Controlling und im Marketing), unabhängig von der Branche und der Größe der Unternehmung.[17] Moderne Gestaltungsansätze stellen geschlossene Prozesse in den Mittelpunkt ihrer Betrachtung (Gestaltung von Geschäftsprozessen)[18], wobei auch hier die Datenorientierung meistens im Vordergrund steht.

---

[15] Vgl. z.B. Wallmüller (1990).
[16] Vgl. z.B. Stümer (1999).
[17] Vgl. die Beiträge in Kurbel/Strunz (1990), S. 27-196.
[18] Vgl. Gluchowski/Gabriel/Chamoni (1997), S. 289ff.

1.1.2 Betriebliche computergestützte Anwendungssysteme

Betriebliche computergestützte Anwendungssysteme dienen zur Ausführung betrieblicher Aufgaben und zur Lösung betrieblicher Probleme. Sie lassen sich beispielsweise in folgende vier Klassen einteilen[19], die charakteristische Merkmale aufweisen, jedoch in der Praxis i.d.R. ineinander übergehen:

a) **Administrationssysteme** sind betriebliche Anwendungssysteme, die vor allem auf Massendaten zugreifen und dabei relativ einfache Verarbeitungsprozesse einsetzen (z.B. Anwendungssysteme in der Finanzbuchhaltung bzw. bei der Lohn- und Gehaltsabrechnung).

b) **Dispositionssysteme** sind Anwendungssysteme, die bereits anspruchsvollere Aufgaben als die von Administrationssystemen ausführen und gut strukturierte Probleme lösen (z.B. Anwendungssysteme für einfache Lagerhaltungs- und Produktionsplanungsaufgaben).

c) **Planungs- und Kontrollsysteme** sind Anwendungssysteme, die sich durch anspruchsvolle Planungsaufgaben auszeichnen und sich dabei auf Modelle und Methoden stützen (z.B. Anwendungssysteme zur Durchführung von Optimierungs- und Simulationsaufgaben) und die der Überwachung und der Kontrolle des betrieblichen Geschehens dienen.

d) **Managementunterstützungssysteme** (Management Support Systeme) sind Anwendungssysteme, die die Führungskräfte und Entscheidungsträger (Manager) bei ihren Arbeiten unterstützen[20].

Computergestützte Anwendungssysteme sind auf allen Hierarchiestufen in Unternehmungen zu finden, so dass neben einer horizontalen auch eine vertikale Integration der Systeme vorausgesetzt wird.[21] Eine große Bedeutung gewinnen in letzter Zeit immer mehr die Managementunterstützungssysteme bzw. Management Support Systeme (MSS), die z.B. in Form von MIS (Management Information System), EIS (Executive Information System) und DSS (Decision Support System) angeboten und eingesetzt werden.[22] Auch Data Warehouse-Konzepte, die eine besondere Form zur Managementunterstützung anbieten, werden immer häufiger in der Praxis umgesetzt.[23]

---

19 Vgl. Mertens (2001) und Mertens/Griese (2000); Gabriel u.a. (2001).
20 Vgl. Gluchowski/Gabriel/Chamoni (1997).
21 Vgl. Gabriel/Röhrs (1995), S. 174.
22 Vgl. Hichert/Moritz (1995); Krallmann/Papke/Rieger (1992); Vetschera (1995).
23 Vgl. Chamoni/Gluchowski (1999) und die Ausführungen in Kapitel 8.

Die Datenbanksysteme stellen bei all diesen Unterstützungssystemen bzw. Informationssystemen eine wichtige und notwendige Kernkomponente dar und müssen somit bei der Gestaltung und beim Einsatz mit hoher Priorität beachtet werden. Die folgende Abbildung 1.4 zeigt die betrieblichen Anwendungssysteme im Überblick und macht ihre Verbindung zu Datenbanksystemen deutlich. Viele Anwendungssysteme greifen direkt auf die Datenbank im Rahmen von Transaktionen zu, wie vor allem die Administrations- und Dispositionssysteme, die auch als „Transaktionsorientierte Systeme" bezeichnet werden. Planungs- und Kontrollsysteme bzw. Managementunterstützungssysteme benötigen die Datenbank für Analysezwecke („Analyseorientierte Systeme"). Dies gilt vor allem für Data Warehouse-Systeme, die spezielle Managementunterstützungssysteme darstellen und in der folgenden Abbildung 1.4 besonders hervorgehoben werden sollen.

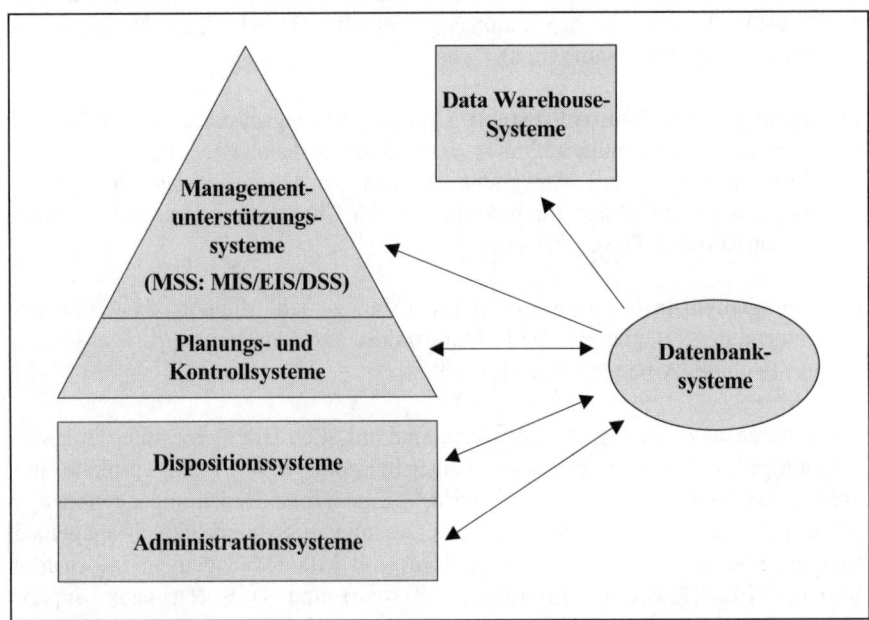

Abb. 1.4: Betriebliche Anwendungssysteme und Datenbanksysteme

Für alle betrieblichen Anwendungssysteme gilt, dass sie i.d.R. auf umfangreiche Datenbestände zugreifen. Das Vorhandensein leistungsfähiger Datenbanksysteme wird somit vorausgesetzt, und zwar sowohl für die Systeme, die überwiegend Massendaten verarbeiten und damit eher Ein-/Ausgabe-orientiert sind (so vor allem die Administrationssysteme), als auch für die Systeme, die überwiegend verarbeitungsorientiert sind, jedoch häufig auch auf einen großen Datenbestand zugreifen (z.B. Planungssysteme). Da Datenbanken universell genutzt werden sollen, ist die Erfüllung der Anforderungen wie Redundanzfreiheit, Datenintegrität und Daten-Programm-Unabhängigkeit eine notwendige Voraussetzung.[24]

Schwerpunkte der heutigen Forschung und Untersuchung in Unternehmungen sind die Analyse und die Gestaltungsansätze von Geschäftsprozessen im Sinne eines ganzheitlichen Gestaltungsansatzes.[25] "Die zugehörigen Modelle, Methoden und Tätigkeiten werden unter dem Begriff Geschäftsprozessmodellierung (business process modelling) zusammengefasst. Die Geschäftsprozessmodellierung ist wiederum Voraussetzung für eine Geschäftsprozess"optimierung" (business process redesign).[26] Die Analyse und die Gestaltung von Geschäftsprozessen werden unter dem Begriff "Business (Re) Engineering" diskutiert. Bei diesem Ansatz sollen Entscheidungen auf allen Ebenen der Gestaltung einer Unternehmung getroffen werden, und zwar auf der Ebene der Geschäftsstrategien, auf der Prozessebene und auf der Informationsebene.[27]

Der Ablauf von Geschäftsprozessen wird durch den Einsatz von IuK-Technologien hervorragend unterstützt; eine wichtige Rolle spielen auch hierbei die Datenbanksysteme. Leistungsfähige Konzepte zur Gestaltung von Geschäftsprozessen werden angeboten, so z.B. das ARIS-Konzept (Architektur integrierter Informationssysteme).[28] Das ARIS-Konzept stellt einen ganzheitlichen Beschreibungsansatz dar, der auch als Softwaresystem (ARIS-Toolset) verfügbar ist. Dieses enthält neben der Datensicht auch die Funktions-, Organisations- und Steuerungssicht und umfasst von der Problemanalyse über das Fachkonzept und DV(-System)-Konzept bis zur Implementierung und zum Testen alle Phasen des Life-Cycle-Prozesses eines Softwaresystems. Die vorhandenen Referenzmodelle lassen sich als Ausgangsmodelle für konkrete Anwendungen nutzen.[29] Ein Schwerpunkt liegt bei ARIS auf der Datensicht, d.h. bei der Gestaltung von integrierten Datenbanken. Im Folgenden werden wir uns ausschließlich mit Datenbanksystemen beschäftigen.

---

[24] Vgl. Gabriel/Röhrs (1995), S. 197ff.
[25] Vgl. Scheer (1998); Gabriel/Röhrs (1995), S. 172ff.
[26] Vgl. Ferstl/Sinz (1993), S. 589.
[27] Vgl. Österle (1995).
[28] Vgl. Scheer (1998).
[29] Vgl. hierzu auch Gabriel/Röhrs (1995), S. 176ff.

1.2 Data Base Engineering: Gestaltungsansätze für die Planung, Auswahl, Entwicklung, Einführung und für den Einsatz von Datenbanksystemen

Datenbanksysteme als Bestandteil eines betrieblichen Informations- und Kommunikationssystems sollen als spezielle Softwaresysteme nach den gleichen Prinzipien und Richtlinien aufgebaut und eingesetzt werden wie die für die allgemeinen Softwareprodukte, deren Entwicklung und Einsatz durch das Software Engineering unterstützt wird. Entsprechend lässt sich die systematische Gestaltung und der Einsatz von Datenbanksystemen als "Data Base Engineering" bezeichnen. Wir wollen im Folgenden den gesamten Data Base Engineering-Prozess betrachten, d.h. die Planung, die Entwicklung, die Einführung und den Einsatz von Datenbanksystemen in der betrieblichen Praxis und die Auswahl und Beschaffung der entsprechenden Unterstützungssysteme, wie z.B. Datenbanksystemsprachen und Datenbankentwicklungssysteme.[30] Die vielfältigen Gestaltungsmöglichkeiten von Anwendungssystemen, die auf Datenbanken zugreifen bzw. diese integrieren, wollen wir nun nicht mehr berücksichtigen. Im Folgenden ist also das Datenbanksystem Untersuchungs- und Gestaltungsobjekt, wobei die Datenbank selbst und ihre Kommunikationsschnittstelle im Vordergrund stehen. Dabei wollen wir jedoch nicht vergessen, dass das Datenbanksystem Teil eines sozio-technischen Informations- und Kommunikationssystems ist (wie im vorhergehenden Abschnitt 1.1 beschrieben), d.h. wir wollen bei den Gestaltungsaufgaben auch die Organisation mit ihren Menschen und Aufgaben einbeziehen (vgl. Abbildung 1.2).

Zunächst werden in Abschnitt 1.2.1 mögliche Unterstützungssysteme genannt, die bei der Entwicklung von Datenbanksystemen bereitgestellt (ausgewählt) werden müssen.[31] Es werden verschiedene Entwicklungsansätze erörtert, so der weit bekannte phasenorientierte Ansatz (in Abschnitt 1.2.2), der eher als Erklärungsansatz dient, weiterhin die modernen prototyporientierten (in Abschnitt 1.2.3) und objektorientierten Ansätze (in Abschnitt 1.2.4). Organisationskonzepte sind Gegenstand von Abschnitt 1.2.5; die Bedeutung der Partizipationskonzepte wird in Abschnitt 1.2.6 herausgestellt. Abschließend werden in Abschnitt 1.2.7 die Maßnahmen zur Datensicherung und zum Datenschutz diskutiert und eine Zusammenfassung der Gestaltungsansätze gegeben (Abschnitt 1.2.8).

---

[30] Vgl. hierzu auch Abb. 1.1.
[31] In Kapitel 2 und 3 werden die Datenbanksystemsprachen und -entwicklungssysteme ausführlicher vorgestellt.

1.2.1 Unterstützungssysteme zum Aufbau von Datenbanksystemen

Bei der Entwicklung von Softwaresystemen werden Programmiersprachen, Entwicklungswerkzeuge und -systeme (Tools und CASE-Systeme[32]) eingesetzt, die man käuflich erwerben kann. Ähnliches gilt für die Entwicklung von Datenbanksystemen. Auch hier werden leistungsfähige Datenbanksystemsprachen, Datenbankentwicklungswerkzeuge und -systeme (DB-Tools und DB-CASE-Systeme) von Softwareherstellern (Datenbanksystemherstellern) angeboten, die den Entwicklungs- und Einsatzprozess erfolgreich unterstützen sollen.[33] Da Datenbanksysteme spezielle Softwaresysteme darstellen, sind auch die Datenbanksystemsprachen, und -werkzeuge gezielt für ihren Aufbau und Einsatz ausgelegt. In der Regel kauft man bereits ein "vorgefertigtes Datenbanksystem", d.h. ein Softwaresystem mit festgelegten Datenmodellstrukturen und Ablauf- bzw. Bedienungsprozeduren, das alle Systemkomponenten enthält und lediglich noch mit den gegebenen und zu verarbeitenden Daten zu füllen ist, nachdem individuelle Strukturen und Abläufe definiert wurden.

Viele Hersteller bieten diese vorgefertigten Datenbanksysteme in vielfältiger Form am Markt an, so dass beim Nachfrager und Anwender dieser leistungsfähigen Systeme ein Auswahlproblem entsteht (ähnlich der Auswahl einer Programmiersprache). Die Wahl des Entwicklungssystems beeinflusst in starkem Maße den gesamten Entwicklungsprozess.

Ein Entwicklungssystem muss zum Aufbau bzw. zur Entwicklung eines Datenbanksystems verfügbar sein bzw. beschafft werden. Häufig ist ein geeignetes System bereits in der Unternehmung vorhanden, so dass dieses dann genutzt werden kann. Die Bereitstellung bzw. Beschaffung ist eine wichtige Tätigkeit innerhalb des Data Base Engineering, die später in Abschnitt 1.3.3 noch einmal besonders herausgestellt wird. Aufgrund der hohen Bedeutung werden Datenbanksystemsprachen in Kapitel 2 und die Entwicklungssysteme in Kapitel 3 in ausführlicher Form beschrieben. Zunächst sollen jedoch unterschiedliche Entwicklungsansätze von Datenbanksystemen diskutiert werden.

---

[32] CASE steht für Computer Aided Software Engineering.
[33] Vgl. Gabriel/Röhrs (1995), S. 262ff.

1.2.2 Phasenorientierte Entwicklung eines Datenbanksystems

Bei der Entwicklung eines Datenbanksystems und bei der Auswahl einer geeigneten Sprache oder Entwicklungsumgebung soll zunächst einmal der gesamte Gestaltungsprozess im Sinne eines Data Base Engineering diskutiert werden. In Anlehnung an den im vorhergehenden Abschnitt 1.1.1 vorgestellten Ablaufprozess von Softwaresystemen (im Rahmen eines Software Engineering) gehen wir von folgendem groben Entwicklungsprozess für ein Datenbanksystem aus,[34] der sich an seinem Lebenszyklus (life cycle) orientiert (vgl. auch den folgenden Abschnitt 1.3)

Nach Feststellung eines Bedarfs für ein Datenbanksystem wird das gegebene Problem analysiert, die Entwicklung und der Einsatz eines Datenbanksystems geplant und eine Anforderungsanalyse erstellt. Ziel ist die Erstellung eines Fach- bzw. Anwendungskonzepts, das noch unabhängig von dem einzusetzenden Datenmodell und dem auszuwählenden Entwicklungskonzept sein soll. Das möglichst ganzheitliche erste Anwendungs- bzw. Fachkonzept stellt ein Informations- und Kommunikationsstrukturmodell (IKSM) dar, mit dem wir uns bereits im ersten Band zum Thema Datenbanksysteme sehr ausführlich auseinandergesetzt haben.[35] Im Mittelpunkt des IKSM steht ohne Zweifel das Informationsstrukturmodell (ISM). Die Auswahl einer Datenbankentwicklungsumgebung und ihre Beschaffung einerseits und die Erstellung des Datenbanksystemkonzepts (des konzeptionellen Datenmodells) andererseits können parallel ablaufen (vorausgesetzt wird dabei die Festlegung der Implementierungsstrategie, d.h. vor allem die Festlegung des Datenmodelltyps).[36] Mit der konzeptionellen Datenmodellierung (insbesondere mit dem relationalen Datenmodell) haben wir uns auch schon eingehend im ersten Band auseinandergesetzt. [37]

Nach der Erstellung des Systemkonzepts und nach Auswahl und Verfügbarkeit einer Entwicklungsumgebung kann die konkrete Datenbank implementiert werden. Vorausgesetzt wird selbstverständlich ein entsprechend ausgelegtes Hardwaresystem, d.h. ein Rechnersystem mit den geforderten Leistungsmerkmalen, wie vor allem Verarbeitungsgeschwindigkeit, Speicherkapazität (z.B. Festplattenkapazitäten) und Dialogfähigkeit.

Vor der Freigabe für die betriebliche Nutzung muss das Datenbanksystem in die Einsatzumgebung integriert und eingeführt werden. Um bei der Nutzung einen

---

[34] Vgl. auch Gabriel/Röhrs (1995), S. 37.
[35] Vgl. Gabriel/Röhrs (1995). Kapitel 2.
[36] Vgl. Gabriel/Röhrs (1995), S. 36ff.
[37] Vgl. Gabriel/Röhrs (1995), Kapitel 3.

reibungslosen und erfolgreichen Ablauf zu gewährleisten, muss das Datenbanksystem gewartet und gepflegt werden.

Zur besseren Veranschaulichung und Erklärung des Gestaltungsprozesses wird im folgenden Abschnitt 1.3 der Datenbankentwicklungsprozess nach dem hier kurz beschriebenen Phasenkonzept vorgestellt (phasenorientierter Gestaltungsprozess).[38] Die einzelnen Phasen, die man auch als Arbeitsbereiche verstehen kann, werden zur Erklärung in linearer Form angeordnet. Im praktischen Ablauf sind selbstverständlich auch Rücksprünge und parallele Abläufe möglich, so dass sich evolutionäre Prozesse bilden können.

Weitere Gestaltungs- bzw. Entwicklungsansätze, wie sie in der Praxis ausgeführt werden, werden in Abschnitt 1.2.8 vorgestellt. Zunächst werden noch einzelne Aspekte der Gestaltung diskutiert.

1.2.3 Prototyporientierte Entwicklung eines Datenbanksystems

Ein weiterer wichtiger Entwicklungsansatz ist im prototyporientierten Gestaltungsprozess zu sehen.[39] Im Software Engineering unterscheidet man exploratives, experimentelles und evolutionäres Prototyping, die unterschiedliche Ziele verfolgen. Diese Prototyping-Ansätze lassen sich auch auf die Entwicklung von Datenbanksystemen übertragen.

Beim explorativen Prototyping ist es das Ziel, eine möglichst vollständige Anforderungsdefinition bzw. Systemspezifikation zu erstellen und damit den Entwicklern einen besseren Einblick in den Anwendungsbereich zu ermöglichen und mit den Anwendern bzw. Benutzern des zu erstellenden Systems, verschiedene Lösungsansätze zu diskutieren. Das explorative Prototyping ist somit eine Technik zur besseren Unterstützung der ersten Phasen des Entwicklungsprozesses, d.h. der Problemanalyse und der Anforderungsdefinition. Für die Entwicklung eines Datenbanksystems wäre somit die möglichst vollständige Beschreibung des Informationsstrukturmodells (bzw. des IKSM) das Ziel eines explorativen Prototypings.

Beim experimentellen Prototyping ist es das Ziel, eine möglichst vollständige Spezifikation der (software-)technischen Aspekte zu erhalten, d.h. des Softwaremodells, das als Grundlage der nachfolgenden Implementierung gilt. Das experimentelle Prototyping unterstützt somit den Entwickler beim Systementwurf,

---

[38] Zur weiteren Beschreibung und zu den Vor- und Nachteilen der klassischen Softwareentwicklung vgl. z.B. Pomberger (1990), S. 288ff.
[39] Vgl. Pomberger (1990), S. 225ff.

wobei mit den einzelnen Systemkomponenten experimentiert wird, so z.B. um ihre Funktionalität und ihr Zusammenspiel mit anderen Komponenten zu testen. Bei der Entwicklung eines Datenbanksystems stände also das Experimentieren mit dem konzeptionellen Datenmodell und seiner Schnittstellen im Mittelpunkt, bzw. das Umsetzen konzeptioneller Modelle in ein Datenbanksystem.

Das Ziel des evolutionären Prototypings "ist eine inkrementelle Systementwicklung, d.h. eine sukzessive Entwicklungsstrategie, bei der zunächst ein Prototyp für die von vornherein klaren Benutzeranforderungen erstellt wird."[40] Diese Vorgehensweise bietet sich vor allem für die Erstellung von Datenbanksystemen an, da hierbei sehr leistungsfähige Entwicklungswerkzeuge zur Verfügung stehen, die das sukzessive Vorgehen unterstützen.

Eine bekannte Ausprägung des Prototyping ist das schnelle Erstellen eines Prototypen (Rapid Prototyping). Prototypingorientierte Ansätze lassen sich mit lebenszyklusorientierten Ansätzen verbinden, so dass man die Vorteile beider Ansätze nutzen kann. Diese Vorgehensweise ist auch für die Entwicklung von Datenbanken sinnvoll, wie im nächsten Abschnitt 1.3 gezeigt wird.

1.2.4 Objektorientierte Entwicklung eines Datenbanksystems

Neben der Festlegung der Entwicklungsstrategie bzw. des Entwicklungsansatzes, ob eher einem phasenorientierten oder einem prototyporientierten Konzept gefolgt wird, oder einem Konzept, das vielfältige Varianten eines evolutionären Entwicklungsprozesses enthält, wird in letzter Zeit immer intensiver eine Diskussion auf der Datenmodellebene geführt. Im Mittelpunkt steht dabei der objektorientierte Entwicklungsansatz[41], der durch das Angebot objektorientierter Datenbanken und objektorientierter Sprachen und Entwicklungswerkzeuge gefördert wird.[42] Wegen ihrer großen Bedeutung werden die objektorientierten Datenbanksysteme ausführlich in Kapitel 7 behandelt.

---

[40] Vgl. Pomberger (1990), S. 227.
[41] Vgl. Meyer (1990); Rumbaugh u.a. (1993).
[42] Vgl. Heuer (1992); Schader (1997).

1.2.5 Nutzungsformen und Organisationskonzepte bei der Entwicklung eines Datenbanksystems

Grundlegend wichtig bei der Gestaltung eines Datenbanksystems ist vor allem die Festlegung der späteren Nutzungsformen und des Organisationskonzepts, die selbstverständlich durch das betriebliche Anwendungsfeld bestimmt werden. Fragen, die zu beantworten sind, lauten beispielsweise: "Wo fallen die Daten an?", "Wo werden die Daten gebraucht?", "Wer darf auf die Daten zugreifen?" und "Wo werden sie gepflegt?" Die Beantwortung der Fragen führt zu unterschiedlichen Nutzungsformen und Organisationskonzepten von Datenbanksystemen, die hier nur kurz im Überblick erläutert werden, da sie eingehend in Kapitel 5 beschrieben werden.

Zunächst unterscheidet man Architekturen für

a1) Datenbanksysteme in zentralen DV-Systemen und
a2) Datenbanksysteme in vernetzten DV- Systemen [43].

Datenbanksysteme in zentralen DV-Systemen liegen physisch an einem zentralen Ort vor, wo sie verwaltet und gehalten werden: Die Nutzung kann jedoch sowohl zentral als auch dezentral (von verschiedenen Orten) erfolgen. Wichtig ist, dass alle DB-Komponenten sich physisch auf einem Rechner (bzw. auf seinem externen Speicher) befinden. Bei den Datenbanksystemen in vernetzten bzw. in verteilten Systemen liegen beispielsweise die Komponenten eines Datenbanksystems an verschiedenen Orten, so vor allem die Datenbank selbst, die physisch auf mehrere Orte (Knoten eines Rechnernetzes) verteilt ist. Diese Systeme werden als „Verteilte Datenbanksysteme" bezeichnet. Möglich ist es auch, dass mehrere, unterschiedliche Datenbanksysteme in vernetzten DV-Systemen gegeben sind und auf verschiedenen Rechnern liegen, so in Form von Multidatenbanksystemen oder von Föderierten Datenbanksystemen.[44]

Eine weitere Organisationsform von Datenbanksystemen ist durch ihren Nutzungsbereich gegeben, und zwar als

b1) lokale Datenbanksysteme oder als
b2) weitausgelegte Datenbanksysteme.

Lokale Datenbanksysteme lassen sich nur in einem lokalen Bereich nutzen, der z.B. durch eine Organisationseinheit definiert ist, wie z.B. Unternehmung, Hauptabteilung oder Abteilung. Es kann sich hierbei sowohl um ein zentrales Datenbanksystem als auch um ein vernetztes bzw. verteiltes System handeln. Üblich für

---

[43] Vgl. Gabriel/Röhrs (1995), S. 277ff. und Kapitel 6.
[44] Vgl. die Ausführungen in Kapitel 5, Abschnitt 5.2.2 und in Kapitel 6.

den lokalen Bereich ist z.B. die Nutzung eines Datenbanksystems auf der Basis eines lokalen Netzes (Local Area Network/LAN). Weitausgelegte Datenbanksysteme sind nicht mehr lokal begrenzt, sie lassen sich aus jeder Entfernung über entsprechende Kommunikationssysteme nutzen, wie z.b. über weite Netze (Wide Area Network/WAN) oder gar über globale Netze (Global Area Network/GAN wie das Internet). Weite Netze können auch Schnittstellen zu lokalen Systemen aufweisen.

Ein weiteres Kriterium zur Klassifizierung von Datenbanksystemen wird durch ihre Zugangsmodalitäten beschrieben. Das Datenbanksystem kann entweder ein

c1) **frei zugängliches (offenes) System** sein oder
c2) **nur für einen bestimmten Benutzerkreis offen** sein, so z.B. für Mitarbeiter einer Unternehmung bzw. für bestimmte Abteilungen oder gar Personen **(geschlossenes System)**.

Über frei zugängliche (offene) Datenbanksysteme werden von Datenbankanbietern Informationen angeboten, für die man üblicherweise einen Preis zahlen muss (z.B. für Informationen in kommerziell angebotenen Online-Datenbanken). Viele Informationen sind auch unentgeltlich, so z.B. die vielfältigen Daten, die im World Wide Web (WWW) des Internet angeboten werden.

Weitere Klassifizierungskriterien stellen z.B. die Nutzungsformen von Datenbanksystemen dar. So lässt sich unterscheiden, ob man

d) das System **häufig** oder **nur gelegentlich** nutzt oder
e) das System für **einfache Anwendungen** (z.B. als Transaktions- oder Buchhaltungssystem) nutzt oder für **anspruchsvolle Aufgabenstellungen** (z.B. auf der Basis komplexer Auswertungs- bzw. Abfragefunktionen).

Die hier skizzierten unterschiedlichen Organisationskonzepte lassen sich nach Bedarf kombinieren, so dass bedarfsgerechte Anwendungen möglich sind. Eine ausführliche Beschreibung der möglichen Einsatz-, Nutzungs- und Organisationsformen von Datenbanksystemen, die letztlich ihre Architektur bestimmen, erfolgt in Kapitel 5.

1.2.6 Partizipationskonzepte beim Data Base Engineering

Wichtig ist es, dass bei der Gestaltung von Datenbanksystemen (wie auch bei jedem anderen Softwaresystem) die Benutzer in den Prozess mit einbezogen werden (Berücksichtigung der Partizipation). In der Literatur und in der Praxis werden zahlreiche partizipative Modelle vorgestellt, die unterschiedlich erfolgreich genutzt werden.[45] Die Partizipationsstrategie hat einen direkten Einfluss auf die Akzeptanz des Systems und damit auf den erfolgreichen Einsatz. Die Partizipation spielt vor allem bei der Gestaltung der Dialogschnittstelle von Datenbanksystemen eine große Rolle.

Die Beteiligung der Mitarbeiter soll bereits schon bei der Planung des Systems erfolgen. Während der Entwicklung sind vor allem die Phasen der Anforderungsanalyse und der Erstellung des Fachkonzepts zu beachten. Aber auch bei der Auswahl von Datenbanksystemen und Entwicklungswerkzeugen sind die späteren Benutzer zu beteiligen. Direkt angesprochen wird der Benutzer bei der personellen Integration des Datenbanksystems, wobei die Integrationsmaßnahmen den gesamten Gestaltungsprozess begleiten sollen (vgl. die Ausführungen im folgenden Abschnitt 1.3, in dem die einzelnen Phasen behandelt werden). Die Partizipationsstrategie wird auch beim Prototyping berücksichtigt, so vor allem beim explorativen Prototyping (vgl. Abschnitt 1.2.3).

Die Partizipation kann sehr unterschiedlich durchgeführt werden (nach verschiedenen Beteiligungsgraden). So reicht die Beteiligung von einer Information der Benutzer über die Mitarbeit und Diskussion bis hin zu einer Entscheidungsmöglichkeit der späteren Benutzer über konkrete Fragen der Gestaltung und des Einsatzes des konkreten Datenbanksystems in der betrieblichen Praxis.

1.2.7 Maßnahmen zur Datensicherung und zum Datenschutz

Ein wichtiger Aspekt bei der Gestaltung von Datenbanksystemen ist die Berücksichtigung von Datensicherungs- und von Datenschutzmaßnahmen.[46] Dies gilt vor allem bei den Datenbanksystemen, auf die viele Benutzer zugreifen und die als vernetzte Systeme gegeben sind (z.B. in Form Verteilter und Föderierter Datenbanksysteme). Diese Probleme, auf die hier nochmals besonders hingewiesen wird, wurden bereits ausführlich im ersten Band[47] behandelt.

Für die Reduzierung der zahlreichen Sicherheitsrisiken wie z.B. Diebstahl, unbefugter Zugriff, menschliche Fehler und Computerviren müssen geeignete Sicher-

---

[45] Vgl. Knittel (1995), S. 15ff.
[46] Vgl. Taday (1995).
[47] Vgl. Gabriel/Röhrs (1995), Kapitel 8.

heitsmaßnahmen getroffen werden.[48] Hier spielt die Kryptographie eine große Rolle, die geeignete Verschlüsselungstechniken anbietet.

Als Datenschutz bezeichnet man alle Maßnahmen zum Schutz der Rechte von Personen vor Verletzung der Vertraulichkeit. Zweck ist es zu verhindern, dass bei der Verarbeitung personenbezogener Daten schutzwürdige Belange der Bürger beeinträchtigt werden (Recht auf informationelle Selbstbestimmung).[49] Zur Gewährleistung des Datenschutzes gelten politisch-rechtliche, organisatorische und technische Maßnahmen.

1.2.8 Zusammenfassung der Gestaltungsansätze im Rahmen des Data Base Engineering

Zusammenfassend lässt sich festhalten, dass bei der Gestaltung von Datenbanksystemen möglichst ganzheitliche Ansätze zu beachten sind, die das Softwaresystem Datenbanksystem im Zusammenspiel mit den weiteren Komponenten des gesamten IuK-Systems betrachten, d.h. auch mit dem organisatorischen Umfeld. Gegenstand der Gestaltung von Datenbanksystemen ist die Datenbank als Datenspeicher und die Kommunikationsschnittstelle, vor allem die Benutzungsschnittstelle bzw. das Dialogsystem, die den Zugriff auf die Datenbank gewährleistet. Das Datenbankverwaltungssystem ist nicht Gegenstand einer Gestaltung; es wird bei der Gestaltung genutzt, übernimmt beim Einsatz die Verwaltung und Kontrolle der Datenbank und garantiert die konsistente Speicherung und den effizienten Zugriff auf die Daten.

Beim Aufbau des Datenbanksystems sind die Erkenntnisse des Software Engineering zu nutzen, wobei der phasen-orientierte Ansatz ein gutes Erklärungsmodell bietet. In einem evolutionären Gestaltungsprozess sollen prototyp-orientierte und partizipative Ansätze beachtet werden.

Große Einflüsse auf die Systementwicklung hat die Wahl des Datenmodells (z.B. relationales Modell oder objektorientiertes Modell) und das Organisationskonzept (z.B. zentrales Datenbanksystem oder verteiltes Datenbanksystem). Besonders zu beachtende Aspekte sind die der Datensicherheit und des Datenschutzes.

Aus dem phasenorientierten Ansatz, der auch als Wasserfallmodell bezeichnet wird, lassen sich weitere Ansätze ableiten, die in der Praxis erfolgreich bei der Softwareentwicklung genutzt werden, so z.B. das Spiralmodell und das V-Modell.

---

[48] Vgl. Hansen (1996), S. 442ff.
[49] Vgl. Taday (2000).

Das **Spiralmodell**[50] kann als Verfeinerung des Wasserfallmodells gesehen werden, bei dem sich in einem evolutionären Prozess die einzelnen Phasen systematisch wiederholen. Nach jedem Umlauf bzw. Zyklus in der Spirale wird ein Prototyp erstellt, der validiert wird. Bestandteil der Validierung ist es auch, den nächsten Zyklus zu planen und die Ressourcen festzulegen.

Das **V-Modell**[51] ist ein in der Praxis weit verbreitetes Vorgehenskonzept zur Entwicklung von Informationssystemen. Es wurde zum einheitlichen Standard für den gesamten öffentlichen Bereich (ursprünglich wurde es im Verteidigungsministerium entwickelt). Neben den eigentlichen Entwicklungsaktivitäten stehen beim V-Modell die Qualitätssicherung, die Konfigurationsverwaltung und das Projektmanagement mit im Vordergrund. Mit der Standardisierung wird u.a. ein einheitliches Vorgehen gewährleistet und eine verbesserte Kommunikation der Projektbeteiligten gefördert. Ziel ist das Erreichen einer höheren Produktqualität und eines Produktivitätsgewinns.

Das V-Modell lässt sich in die drei Ebenen Vorgehensweise (Was ist zu tun?), Methoden (Wie ist etwas zu tun?) und Werkzeuganforderungen (Womit ist etwas zu tun?) einteilen. Jede der drei Ebenen wird in die vier Tätigkeitsbereiche (Submodelle) Softwareerstellung, Qualitätssicherung, Konfigurationsmanagement und Projektmanagement gegliedert. Das V-Modell eignet sich wie das Spiralmodell sehr gut zum Aufbau von Datenbanksystemen.

Ziel des Datenbankentwicklungs- und -einsatzprozesses ist die Gestaltung eines Datenbanksystems, das sich durch eine hohe Qualität auszeichnet. Die Produktqualität führt zu einem Einsatznutzen, der sich sowohl durch technische Leistungskriterien als auch durch wirtschaftliche und benutzerorientierte Kriterien beschreiben lässt. Die Qualität des Endproduktes Datenbanksystem lässt sich jedoch nur durch einen systematischen Entwicklungs- und Einsatzprozess gewährleisten, bei dem Maßnahmen zur Qualitätssicherung[52] beachtet und realisiert werden. Im Folgenden soll der phasenorientierte Datenbankentwicklungsprozess als Erklärungsmodell ausführlicher mit seinen Phasen beschrieben werden.

---

[50] Vgl. z.B. Hansen (1996), S. 140ff.
[51] Vgl. z.B. Hansen (1996), S. 142ff.
[52] Vgl. Schmitz (1990); Wallmüller (1990).

1.3 Phasen des Gestaltungs- und Einsatzprozesses von Datenbanksystemen
– ein Erklärungsmodell für das Data Base Engineering

Zur weiteren, tieferen Erklärung des Gestaltungs- und Einsatzprozesses von Datenbanksystemen soll das phasenorientierte Konzept mit seinen einzelnen Phasen vorgestellt werden. Dabei orientieren wir uns an dem bereits vorgestellten Konzept in den vorhergehenden Abschnitten 1.1. und 1.2, wobei auch die dort diskutierten Varianten berücksichtigt werden (vgl. vor allem die sieben Phasen in Abschnitt 1.1.1). Die sieben Phasen werden in den folgenden Abschnitten 1.3.1 bis 1.3.7 auf das Data Base Engineering übertragen. Eine Zusammenfassung und eine kritische Betrachtung des Gestaltungsprozesses in Abschnitt 1.4 beenden das erste Kapitel.

1.3.1 Problemanalyse und Planung eines Datenbanksystems

Nach Feststellung eines Bedarfs für den Einsatz eines Datenbanksystems in einem Anwendungsbereich muss zunächst das gegebene Problem analysiert werden. Es handelt sich dabei grundsätzlich um ein eher datenorientiertes Problem, d.h. um einen Anwendungsbereich, der sich vor allem durch eine umfangreiche Datenmenge auszeichnet, die zu verwalten und zu verarbeiten ist. Bei größeren Problemstellungen, die beispielsweise einen gesamten Unternehmungsbereich (z.B. Vertriebs- oder Controllingbereich) umfassen, ist in einem ersten Schritt zunächst ein Planungsteam (Gruppe) zu bilden, das das Problem lokalisiert, abgrenzt und in einen Gesamtzusammenhang stellt. Dabei sind die grundlegenden Ziele des Einsatzes eines Datenbanksystems zu formulieren, die sich aus den strategischen Zielen der Unternehmungsführung und des Informationsmanagements ableiten lassen. Dieser Planungsgruppe können sowohl Mitarbeiter der Fach- und Informatikabteilungen angehören, als auch Führungspersonen. Es sollten auf jeden Fall Mitarbeiter mit Entscheidungskompetenz beteiligt sein.

Die Ausgangssituation kann sehr unterschiedlich sein. So kann z. B. bereits ein Datenbanksystem in dem ausgewählten Anwendungsbereich vorliegen, das ersetzt oder weiterentwickelt werden soll, oder es liegt ein konventionelles Informationssystem auf der Basis von Formularen, Akten und Aktenordnern bzw. Karteien vor, das in ein elektronisches DV-System umgesetzt werden soll. Schließlich ist es auch möglich, dass bisher keinerlei Informationen für das Problem systematisch aufbereitet wurden. Weiterhin können Wissen und Erfahrungen (Know How) in der Unternehmung bzw. in der Arbeitsgruppe bezüglich Datenbankentwicklung und -einsatz sehr unterschiedlich sein. So stellen sich bereits hier die ersten Fragen nach der Machbarkeit und der Durchführbarkeit des Vorhabens.

Letztlich hängt die Vorgehensweise in dieser ersten Phase der Analyse und Planung von den Zielen und Strategien der Unternehmungsführung ab, die grundsätzlich die Priorität des Vorhabens festlegt. Ziel dieser ersten Phase ist schließlich die Entscheidung über den Gestaltungsprozess, der bei größeren Vorhaben als Projekt zu planen ist. Notwendig hierfür ist die Erstellung einer Vorstudie für die Entwicklung eines Datenbanksystems, die folgende Schritte enthalten kann (bzw. soll, wenn auch mit unterschiedlicher Gewichtung):

(1) Erste (grobe) Problemanalyse

    a) Formulierung des grundlegenden Problems und Beschreibung des zu untersuchenden Anwendungsbereichs

    b) Formulierung der allgemeinen Ziele (strategische und operative), die mit dem Einsatz des Datenbanksystems erreicht werden sollen, und der Auswirkungen des Einsatzes (allgemeine, nachvollziehbare Vorteile und Chancen, ebenso aber auch die Nachteile und Risiken)

    c) Erste Überlegungen zur Machbarkeit (wirtschaftlich sinnvoll, technisch und personell machbar) des Vorhabens

Bei positiver Bewertung der ersten Problemanalyse, die vor allem die strategischen Überlegungen beachtet, können weitere konkretisierte Analysen in Schritt (2), die sich an der allgemeinen Zielformulierung in Schritt (1) orientieren, in einem evolutionären Prozess erfolgen.

(2) Weitere Stufen der Problemanalyse

    a) Detailliertere Analyse des anstehenden Problems und des gegebenen Anwendungsbereichs
       (Aufteilung und Abgrenzung des Problems; Analyse der Zusammenhänge mit dem Problemumfeld, der Problemgröße und der -komplexität)

    b) Detaillierte Zielformulierungen des Datenbankeinsatzes und ihrer Auswirkungen (eventuell für einzelne Teilbereiche, Festlegung von Prioritäten, Analyse der Zielkonflikte)

    c) Detaillierte Überlegungen zur Machbarkeit des Vorhabens

Werden die weiteren Analysen in Schritt (2), die häufiger durchlaufen werden können, immer noch überwiegend positiv bewertet, so können die ersten Planungen zur Vorgehensweise bei der Gestaltung eines Datenbanksystems in Schritt (3) erfolgen.

(3) Erste (grobe) Planung der Vorgehensweise beim Aufbau eines Datenbanksystems

   a) Planung der Einrichtung eines Projekts (Projektaufbauorganisation) und Formulierung des Projektauftrags (Projektziele)

   b) Konzeption des Ablaufs des Entwicklungsprozesses (Projektablauforganisation)

   c) Analyse der Kosten des Entwicklungsprozesses (Projektaufwandschätzung, Projektbudgetierung)

Nach einer ersten Planung der Vorgehensweise bei der Gestaltung eines Datenbanksystems (der Ablauf im Rahmen eines Projektes auf der Basis eines Projektmanagements wird hier vorausgesetzt) lässt sich mit Schritt (4) eine erste systematische Durchführbarkeitsanalyse realisieren, die sich vor allem auf die Ressourcen Technologie (Hardware und Software), Personal und Kosten konzentriert. Abschließend ist eine Entscheidung über die weitere Vorgehensweise zu fällen (Schritt 5). Der Vorgehensplan kann weiter detailliert und analysiert werden (Schritt 6), wonach weitere Durchführbarkeitsanalysen (Schritt 4) mit entsprechender Entscheidungsfällung (Schritt 5) folgen. Der Aufwand zur Entscheidungsfindung in dieser ersten Phase, der auch geplant und kontrolliert werden soll, hängt von der Bedeutung und Komplexität des geplanten Projekts ab.

(4) Analyse der Durchführbarkeit (feasibility study)

   a) Technische Durchführbarkeit (Vorhandensein von notwendigen technischen Ressourcen: Rechnersysteme, Datenbanksystemsprachen- und -entwicklungssysteme)

   b) Wirtschaftliche Durchführbarkeit (Kosten-Nutzen-Analyse)

(5) Entscheidung über die weitere Vorgehensweise (auf der Basis der Ergebnisse der Schritte (1) – (4), vor allem von Schritt (4))

Eine positive Entscheidung führt dann zu einer detaillierten Planung der Vorgehensweise.

(6) Detaillierte Planung der Vorgehensweise für folgende Punkte:

   a) Projektorganisation / -team / -auftrag

   b) Projektablauf / Zeitablauf (Kontrollmanagement)

   c) Projektressourcen (Unterstützungssysteme bzw. DV-Technologien)

   d) Projektbudget

Bei der Planung sollten weitere wichtige Punkte beachtet werden, die bereits im vorhergehenden Abschnitt angesprochen wurden und deshalb hier nur aufgelistet werden:

a) Strategischer Nutzen des Einsatzes eines Datenbanksystems

b) Organisation des Datenbanksystems
   - zentrales oder dezentrales/verteiltes System
   - lokales und/oder weitausgelegtes System

c) Benutzer des Datenbanksystems

d) Entwicklungsansatz bzw. -philosophie
   - phasenorientiert und/oder prototyporientiert
   - partizipative Möglichkeiten bei der Gestaltung (sehr wichtig!)
   - Typ des Datenmodells (z.B. relational oder objektorientiert)

e) Maßnahmen zur Gewährleistung der Datensicherheit und des Datenschutzes

f) Maßnahmen zur Qualitätssicherung und zur Qualitätssteigerung

g) Maßnahmen der Integration in das gesamte IuK-System der Organisation

Die Ergebnisse der ersten Arbeitsphase sollen systematisch dokumentiert werden, vor allem soll die Rechtfertigung des geplanten Entwicklungsprozesses begründet und der Projektauftrag mit seinen klaren Zielvorgaben definiert werden. Letztlich sollen die einzelnen Phasen bzw. Arbeitsbereiche des gesamten Entwicklungsprozesses durch eine Führungskraft geplant, gesteuert und kontrolliert werden. Diese Aufgabe erfüllt der Projektleiter. Das Projekt soll aber auch durch eine weitere projektexterne Kontrollinstanz begleitet werden.

Der Aufwand für die erste Phase (Vorstudie) muss selbstverständlich auch mit dem zu erwartenden Nutzen des Projekts verglichen werden. Da der gesamte Nutzen des Datenbanksystems in der frühen Phase noch relativ schlecht zu ermitteln ist, orientiert sich der geplante Aufwand in dieser Phase i.d.R. an der Bedeutung des Vorhabens. Der geleistete Aufwand der ersten Phase ist auch vom Wissensstand (Know How) in der Unternehmung abhängig. Als letzte Handlung in der ersten Phase steht die Freigabe des Projekts (oder ihre Verweigerung bzw. Zurückstellung). Der eigentliche Entwicklungsprozess beginnt mit der Projektarbeit in der nächsten Phase und schließt mit der Einführung und Freigabe des entwickelten Datenbanksystems für den praktischen Einsatz.

1.3.2 Istanalyse, Anforderungsdefinition (Requirements Engineering) und Erstellung eines Fachkonzepts für ein Datenbanksystem

Nachdem das Projekt, das in seiner Organisation sehr verschieden sein kann, eingerichtet und freigegeben ist, kann die Entwicklungsarbeit beginnen. Die Mitarbeiter des Projektes, für die der Projektleiter Verantwortung trägt, müssen sich zunächst einmal mit der Dokumentation der Problemanalyse und Planung (der ersten Phase) auseinandersetzen, um den Projektauftrag besser zu verstehen. I.d.R. haben jedoch bereits schon Projektmitarbeiter in der ersten Phase mitgearbeitet (häufig der Projektleiter), so dass ein reibungsloser Übergang gewährleistet ist.

Wichtige Tätigkeiten in dieser zweiten Phase liegen in der Analyse der Anforderungen an das zu erstellende (oder weiter zu entwickelnde) Datenbanksystem. Hierfür ist zunächst der Istzustand zu analysieren, um daraus in Zusammenarbeit mit den Benutzern die Anforderungen abzuleiten. Ziel ist die Erstellung eines Anwendungs- bzw. Fachkonzepts, das in Form eines Informations- und Kommunikationsstrukturmodells (IKSM) vorgelegt werden kann. [53]

Das IKSM stellt das Kernergebnis der Anforderungsanalyse dar, da es sich aus dem Informationsstrukturmodell (ISM), dem Funktionsstrukturmodell (FSM) und dem Kommunikations- (KSM) und dem Prozessstrukturmodell (PSM) zusammensetzt. Neben diesen fach- und anwendungsbezogenen Anforderungen sind weiterhin noch die benutzerbezogenen Anforderungen zu berücksichtigen, d.h. vor allem die Anforderungen an die Datenbankkommunikationsschnittstelle (Datenbanksystemsprache).

Weiterhin sollen hier bereits Anforderungen aufgestellt werden, die sich auf den Kauf eines Datenbanksystems beziehen und damit die Auswahl mitbestimmen (vgl. den folgenden Abschnitt 1.3.3). Hierzu zählen vor allem die organisatorischen und nutzungsbezogenen Anforderungen, ebenso die der Leistungsfähigkeit, der Zuverlässigkeit und der Sicherheit (Anforderungen an ein Datenmodell werden hier noch nicht berücksichtigt).[54]

Die einzelnen Anforderungen werden erhoben, gesammelt, definiert, klassifiziert und gruppiert. Sie müssen weiterhin ausgewertet und auf Konsistenz und Vollständigkeit hin überprüft werden. Die Ergebnisse dieser Phase werden dokumentiert (in Form eines Anforderungsdokuments, eines Pflichtenhefts oder einer Systemspezifikation) und als Strukturmodell (so z.B. als IKSM) präsentiert.

---

[53] Vgl. Gabriel/Röhrs (1995), Kapitel 2.
[54] Vgl. Pernul/Unland (2001), S. 15ff.

Das ausgearbeitete Anwendungs- bzw. Fachkonzept[55], hier in Form eines Informations- und Kommunikationsstrukturmodells (IKSM), gibt eine erste detaillierte Übersicht über das geplante Datenbanksystem. So lässt sich auch zu diesem Zeitpunkt eine bessere Analyse der Machbarkeit und der Durchführbarkeit des Projekts (feasibility study) realisieren. Im Vergleich mit der Durchführbarkeitsanalyse in der ersten Phase soll hier nochmals die technische, personelle und wirtschaftliche Durchführbarkeit kritisch analysiert werden. Aufgrund der zu diesem Zeitpunkt gegebenen besseren Informationslage werden hier wichtige Überlegungen zur weiteren Vorgehensweise aufgestellt, d.h. als Ergebnis soll möglichst eine Strategie für die beiden nächsten Arbeitsphasen festgelegt werden, die parallel ausgeführt werden können und die die weiteren Phasen entscheidend beeinflussen.

1.3.3 Auswahl eines Datenbankentwicklungssystems und seine Bereitstellung bzw. Beschaffung

Nach der Erstellung eines Fachkonzepts (vgl. Abschnitt 1.3.2) wird dieses in ein Systemkonzept umgewandelt, das dann in einem DV-System implementiert wird. Die Implementierung setzt jedoch das Vorhandensein einer Entwicklungssprache bzw. eines -systems voraus. Das Problem, das in dieser Phase behandelt wird, liegt in der Auswahl und Bereitstellung eines geeigneten Datenbankentwicklungssystems, das häufig auch als Datenbankmanagementsystem bzw. als Datenbanksystem bezeichnet wird, jedoch noch keine Problemdaten und -strukturen enthält. Ein wichtiger Bestandteil des Entwicklungssystems ist die Datenbanksystemsprache.

Die Ausgangssituation kann auch hier unterschiedlich sein. So kann entweder bereits ein geeignetes System vorhanden sein, oder es muss beschafft werden.

Am Markt für Informationstechnologien (IT-Markt) werden zahlreiche unterschiedliche Datenbanksysteme angeboten, die entsprechende Datenbanksystemsprachen, Datenbankentwicklungsumgebungen und/oder Datenbank-CASE-Systeme zum Aufbau einsetzbarer Datenbanksysteme enthalten. Da Kenntnisse hierüber sehr wichtig sind, werden diese in Kapitel 2 und 3 ausführlich beschrieben.

Grundsätzliche Überlegungen zur Auswahl und grundlegende Anforderungen an diese Systeme wurden bereits in den Ausführungen zur vorhergehenden Phase

---

[55] Vgl. Pernul/Unland (2001), S. 65ff.

diskutiert. Wichtige Kriterien zur Auswahl eines geeigneten Datenbanksystems[56] sind:

- Größe der zu erstellenden Datenbank
  (Umfang der Datenmenge des zu untersuchenden Problems)

- Struktur der zu verwaltenden Daten bzw. Informationen
  (Komplexität der Daten und ihrer Beziehungen)

- Nutzungsfunktionen der Daten (Zugriff- und Verarbeitungsfunktionen)

- Organisation des zu nutzenden DB-Systems
  - zentrales oder verteiltes Datenbanksystem
  - lokale oder weitausgelegte Nutzungsform (Rechnernetze)

- Nutzungsart des zu erstellenden DB-Systems
  - Single user- oder Multi user-System
  - häufige oder seltene Benutzung
  - viele oder wenige Benutzer
  - einfache oder komplexe Nutzungsform
    (Abfragen oder Anwendungsentwicklungen)

- Struktur des Datenmodells (in Abhängigkeit vom Systemkonzept, vgl. Abschnitt 1.3.4)
  - hierarchische Datenmodelle
  - netzwerkorientierte Modelle
  - relationale Modelle
  - objektorientierte Modelle

- Leistungsfähigkeit (Durchsatz, Antwortzeit, Verfügbarkeit) des DB-Systems

- Flexibilität und Benutzungsfreundlichkeit des DB-Systems
  (Dialogschnittstelle, Datenbanksystemsprachen)

- Zuverlässigkeit und Robustheit des Systems

- Portabilität und Kompatibilität des Systems

---

[56] Vgl. auch die Anforderungen an DB-Systeme bei Gabriel/Röhrs (1995), S. 197ff.

- Mächtigkeit der Entwicklungswerkzeuge bzw. des -systems

- Pflegbarkeit und Wartbarkeit des Systems, insbesondere Überwachungs- (Monitoring) und Verbesserungsmöglichkeiten (z.B. Tuning) im laufenden Betrieb

- Gewährleistung von Datensicherheits- und Datenschutzmaßnahmen

- Wirtschaftlichkeit (Kosten, Nutzen) des DB-Systems

- Vertragsgestaltung und Service (z.B. Schulungen, Unterstützungen bei der Gestaltung und beim Aufbau) des DB-Anbieters

- Verbreitungsgrad des Systems (Referenzkunden) und Bekanntheitsgrad des Anbieters

- Gewährleistung der Aktualisierung und der Weiterentwicklung des Datenbanksystems.

Die Auswahl eines Entwicklungssystems spielt im Beschaffungsprozess eine große Rolle, trotzdem sollten die weiteren Beschaffungsaktivitäten wie z.B. Informationsrecherche und Finanzierung nicht vernachlässigt werden.

1.3.4 Erstellung des Systemkonzepts für das zu entwickelnde Datenbanksystem

Bei der Erstellung des Systemkonzepts wird das Datenmodell auf der Basis des Fachkonzepts beschrieben, das als Grundlage der nachfolgenden Implementierung dient. Die Wahl des Datenmodells und die Auswahl des DB-Systems (vgl. Abschnitt 1.3.3) sind voneinander abhängig, denn beide Modelle müssen übereinstimmen (so z.B. ein relationales Modell sowohl als Datenmodell bei der Erstellung eines Systemkonzeptes als auch als gegebenes Modell im ausgewählten DB-System). Das Datenmodell spielt eine zentrale und wichtige Rolle im Entwicklungsprozess und wurde deshalb bereits eingehend im ersten Band behandelt [57].

Häufig entscheidet man sich bereits schon bei der Erstellung des Fachkonzepts für einen Modellierungsansatz, so in der betrieblichen Praxis zurzeit in der Regel für ein relationales Modell. Diese Entscheidung ist wichtig für die weitere Vorgehensweise, d.h. für die Auswahl eines DB-Systems (vgl. Abschnitt 1.3.3) und für die Datenmodellierung. Trifft man diese Entscheidung nicht vorab, so

---

[57] Vgl. Gabriel/Röhrs (1995), Kapitel 3 und Pernul/Unland (2001), S 165ff.

müssen die Aktivitäten der Datenbankauswahl und der Datenmodellierung abgestimmt werden.

Ziel der Erstellung des Systemkonzepts ist die Definition der gesamten Systemarchitektur eines Datenbanksystems entsprechend der Anforderungsanalyse bzw. der Systemspezifikation. Festgelegt wird das vollständige Datenmodell, seine Verarbeitungsmöglichkeiten durch das Funktionsmodell und der gesamte Arbeitsablauf in einem Kommunikations- und Prozessmodell (eventuell in einem Geschäftsprozess). Dabei werden auch die Datenbanksystemschnittstellen festgelegt, d.h. die Schnittstellen zu weiteren Anwendungssystemen (u.a. auch zu weiteren Datenbanksystemen) und vor allem zu den Benutzern des Datenbanksystems. Abschließend sollten (vor einer Implementierung) diese Systemkomponenten getestet werden. Die Ergebnisse werden, wie die in allen Phasen, systematisch aufbereitet und dokumentiert.

1.3.5 Implementierung und Testen des entwickelten Datenbanksystems

Ziel dieser Phase ist es, das in der Entwurfsphase definierte Datenmodell mit seiner gesamten Systemarchitektur (vgl. Abschnitt 1.3.4) mit Hilfe eines Datenbankentwicklungssystems bzw. einer -sprache (vgl. Abschnitt 1.3.3) so auf den Rechner zu übertragen, dass die gewünschten Aufgaben, die in der Anforderungsanalyse festgelegt wurden (vgl. Abschnitt 1.3.2) auf dem DV-System ausführbar sind. Das in Abschnitt 1.3.3 ausgewählte Entwicklungssystem und das in Abschnitt 1.3.4 konzipierte Datenmodell, die beide aufeinander abgestimmt sein müssen, werden mit der Implementierung zusammengebracht. Das Datenbankentwicklungssystem muss vorab auf dem DV-System installiert und getestet werden. Die beschriebenen logischen Konzepte werden mit Hilfe einer Datenbanksystemsprache (Datendefinitionssprache)[58] vollständig verfeinert, d.h. die Datenstrukturen, ihre Zugriffs- und Verarbeitungsoperationen und ihre Schnittstellen zu der Systemumgebung (z.B. zu weiteren Anwendungssystemen) werden in detaillierter Form codiert bzw. generiert und auf einen Rechner übertragen. Parallel hierzu wird die syntaktische und semantische Richtigkeit der einzelnen Systemkomponenten und ihres Zusammenspiels überprüft und getestet. Als Ergebnis dieser Arbeitsphase liegt ein vollständiges arbeitsfähiges bzw. lauffähiges Datenbanksystem auf einem Rechner vor, für das auch eine Dokumentation mit einem Testbericht erstellt wird.

---

[58] Vgl. Gabriel/Röhrs (1995), S. 262ff.

1.3.6 Integration und Einführung des erstellten Datenbanksystems

Nach Abschluss der Implementierungs- und Testphase kann das Datenbanksystem zur Benutzung freigegeben werden. Mit der Übergabe des entwickelten Produktes wird das Projekt abgeschlossen. Die Übergabe von der Entwicklung (Projekt) zum Betrieb (Einsatz) des Datenbanksystems sollte sich jedoch nicht auf einen Zeitpunkt beschränken, sondern sie sollte fließend vorgenommen werden, d.h. das Produkt sollte systematisch über die Zeit eingeführt und in seine neue Organisation integriert werden. Die Integration und Einführung sollte bereits in der ersten Phase geplant werden. Die Integration sollte in allen vorlaufenden Phasen berücksichtigt werden, da sie für den erfolgreichen Einsatz des Datenbanksystems sehr wichtig ist. Die Integration stellt somit eine projektbegleitende Aktivität dar, die auch noch während des Einsatzes zu beachten ist.

Zunächst ist die technische Integration zu planen, vorzubereiten, zu realisieren und zu kontrollieren. Sie hat die Aufgabe, das Datenbanksystem in die technische Systemumgebung (Hardware- und Softwaresystem) einzubinden, so dass die gewünschte Leistungsfähigkeit des gesamten technischen Systems erreicht wird. Die Integrationsaktivitäten lassen sich von Phase zu Phase verfeinern, sowohl in der Planung als auch in der Realisierung und Kontrolle.

Bei der personellen Integration sind die Benutzer mit dem Datenbanksystem vertraut zu machen. Hier ist es besonders wichtig, dass die späteren Benutzer bereits sehr früh in den gesamten Gestaltungs- bzw. Entwicklungsprozess mit einbezogen werden (Möglichkeiten der Partizipation). Dies gilt vor allem für die Planungs- und Anforderungsdefinitionsphase (z.B. im Rahmen eines explorativen Prototyping). Weiterhin ist der Benutzer zu schulen, damit die Akzeptanz gefördert wird. Die phasenbegleitende personelle Integration ist besonders wichtig und entscheidend für den Projekterfolg (vgl. Abschnitt 1.2.6).

Die organisatorische Integration schließlich hat das Ziel, das Datenbanksystem in die betriebliche Organisation einzubinden[59]. Das entwickelte Datenbanksystem kann nicht mehr als isoliertes System betrachtet werden, sondern ist ein Bestandteil eines betrieblichen IuK-Systems, in dem die betrieblichen Aufgaben erfüllt werden. Die Vorarbeiten hierfür liegen bereits in vorlaufenden Phasen im Rahmen einer Prozess- und Organisationsanalyse (z.B. im Sinne der Gestaltung von Geschäftsprozessen). Häufig scheitern Projekte an den Mängeln der organisatorischen Integration. Sie stellt hohe Anforderungen an die Systemgestalter und sollte mit großer Sorgfalt ausgeführt werden. Probleme der organisatorischen Integration treten nicht nur während des Entwicklungs- und Einführungsprozesses auf, sondern i.d.R. auch später während des Einsatzes des Datenbanksystems.

---

[59] Vgl. Krüger (1990).

Das erstellte Datenbanksystem soll erst dann freigegeben werden, wenn die Integrationsmaßnahmen und -anforderungen erfüllt sind. Nach der Freigabe wird das Datenbanksystem zu einem produktiven Anwendungssystem im betrieblichen Einsatz, das Nutzen hervorbringen soll.

1.3.7 Einsatz des erstellten Datenbanksystems mit Wartung und Pflege

Während des Einsatzes in der betrieblichen Praxis muss das Datenbanksystem, wie jedes andere Softwaresystem auch, gewartet und gepflegt werden. Ziel des Einsatzes ist es, dass mit Hilfe des computerunterstützten Anwendungssystems die betrieblichen Aufgaben ordnungsgemäß durchgeführt und die anstehenden Probleme gelöst werden. Durch den Einsatz des Datenbanksystems soll der Nutzen für eine Unternehmung erhöht werden, der durch Steigerung der Effektivität (Leistungsfähigkeit), der Effizienz (Wirtschaftlichkeit) und der Benutzungsfreundlichkeit erreicht werden kann.

Durch die Wartung des Datenbanksystems werden noch vorhandene Fehler, die während des Entwicklungsprozesses nicht erkannt wurden, beseitigt. Durch die Pflege werden neue Anforderungen an das System realisiert, d.h. Anpassungen an neue betriebliche Situationen (z.B. neue Funktionen) und Benutzeranforderungen (z.B. Änderung des Dialogablaufs). Für Wartung und Pflege sind die Anwendungsentwickler und der Datenbankadministrator verantwortlich[60]. Liegen größere Änderungswünsche vor, so spricht man von einer Weiterentwicklung, die man durch die Einrichtung eines neuen Projektes ausführen kann. Während des Einsatzes sollten auch stets die Qualität und die Wirtschaftlichkeit des Datenbanksystems beachtet werden.

Eine Änderung eines Datenbanksystems ist häufig auch durch die technologische Weiterentwicklung des Systems bedingt. So wird das kommerzielle System durch den Hersteller ständig verbessert, z.B. durch Erweiterung des Funktionsumfangs, durch benutzungsfreundlichere und schnellere Zugriffsmöglichkeiten oder durch bessere Einbindungsmöglichkeiten in Anwendungssysteme. Die Hersteller sind somit bestrebt, auch aus eigenem Gewinnstreben heraus, „neue" Produkte als Versionen oder Releases am Markt anzubieten. Auch Modellierungsansätze wie z.B. die Objektorientierung oder Architekturformen wie z.B. die Client-Server-Architektur versprechen neue Nutzungspotenziale, die der Anwender auch ausschöpfen möchte. Technologische Weiterentwicklungen führen somit auch wieder zu Weiterentwicklungen bei den Anwendungssystemen.

---

[60] Vgl. Gabriel/Röhrs (1995), S. 203ff.

1.4 Zusammenfassung und kritische Betrachtung des Gestaltungs- und Einsatzprozesses eines Datenbanksystems

Der gesamte Gestaltungs- und Einsatzprozess lässt sich zusammenfassend durch die Abbildung 1.5 verdeutlichen. Die sieben Phasen lassen sich den drei großen Bereichen der Gestaltung zuordnen, und zwar der Planung, der Entwicklung und dem Einsatz des Datenbanksystems. Der Einsatz des Systems lässt sich in die Gestaltung einordnen, da hier Wartungs- und Pflegeaktivitäten bzw. auch Wieterentwicklungen stattfinden. Häufig wird der Einsatzprozess, wie auch hier, besonders neben dem Gestaltungsprozess hervorgehoben.

Abschließend sei noch einmal darauf hingewiesen, dass der gesamte Entwicklungs- und Einsatzprozess (einschließlich Wartung und Pflege) dokumentiert werden muss. Man spricht hier von einer prozessbegleitenden bzw. integrierten Dokumentation. Stets sind auch die Qualitätssicherungsmaßnahmen zu beachten, um die Qualitätsziele zu erreichen. Ebenso sind Wirtschaftlichkeitsanalysen bzw. ein Projekt-Controlling während der gesamten Lebenszeit des DB-Projektes durchzuführen.

In der Praxis laufen die Projekte zur Gestaltung bzw. zum Aufbau von Datenbanksystemen sehr unterschiedlich ab, da viele Kriterien die Vorgehensweise bestimmen. Häufig wird bereits ein relationales Datenbanksystem vorgegeben, das damit den Modellierungsansatz bereits festlegt.

Wichtig für den erfolgreichen Projektablauf und Einsatz der Datenbank in der Unternehmung ist eine systematische Vorgehensweise, die logisch konsistent ist. Der hier vorgestellte Gestaltungsprozess, der grundlegende Arbeitsphasen beinhaltet, soll hierzu als Orientierung dienen. Neben der Datenmodellierung und der Implementierung, die meistens im Vordergrund der Projektarbeit stehen, soll noch einmal auf die Wichtigkeit der vorlaufenden Phasen der Analyse und der nachlaufenden Phase der Integration hingewiesen werden. Viele Unternehmungen haben als Anwender oder Berater, die sich auf den Datenbankbereich spezialisiert haben, große Erfahrungen in der Datenbanksystementwicklung und verfolgen ihr eigenes Entwicklungskonzept, das sie erfolgreich einsetzen. So hat sich z.B. im öffentlichen Bereich das V-Modell weitgehend durchgesetzt.[61]

---

[61] Vgl. die Beschreibungen zum V-Modell in Abschnitt 1.2.8.

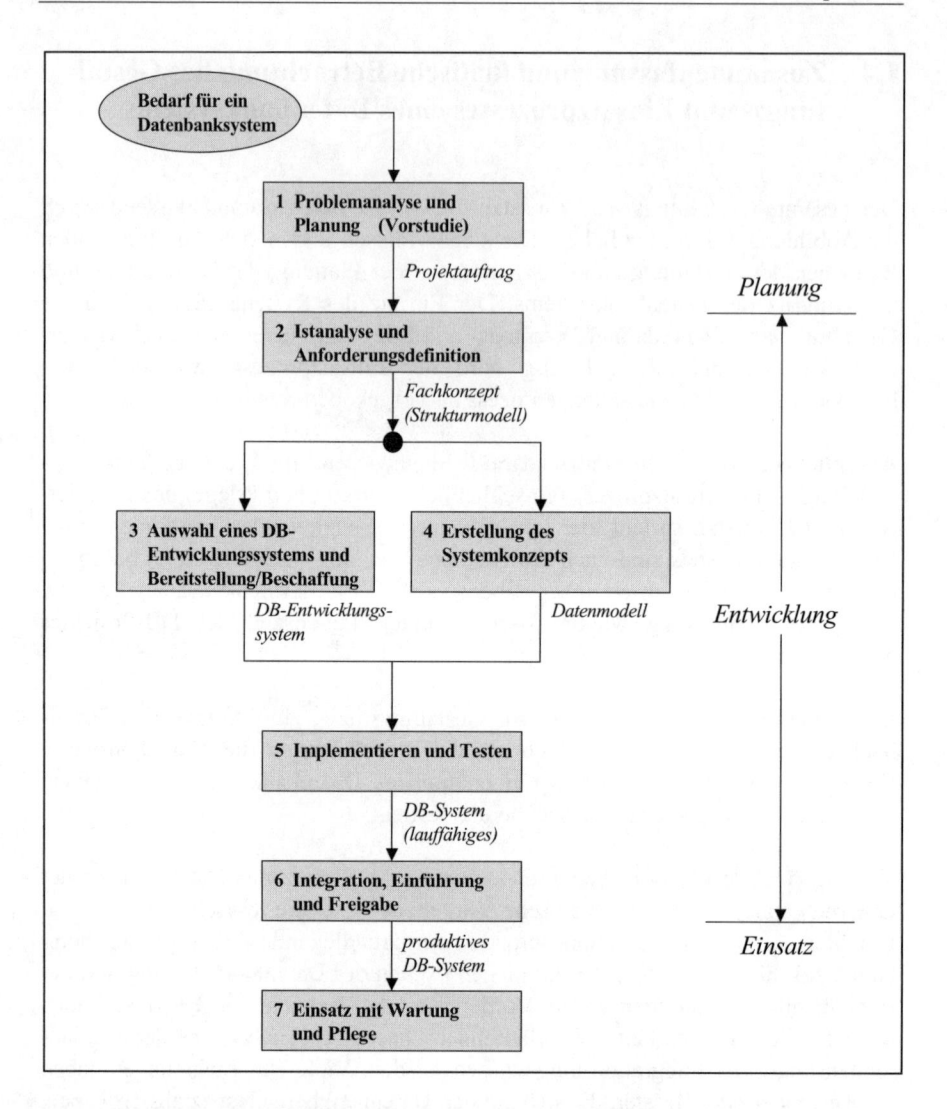

Abb. 1.5: Gestaltungs- und Einsatzprozess eines Datenbanksystems

1.5 Übungsaufgaben zum Data Base Engineering

Aufgabe 1-1: Welche Ziele verfolgt das Software Engineering bzw. das Data Base Engineering?

Aufgabe 1-2: Diskutieren Sie den Lebenszyklus eines Softwareproduktes. Inwieweit lässt sich ein Gestaltungsprozess mit dem Lebenszyklus verbinden?

Aufgabe 1-3: Was versteht man unter einem ganzheitlichen Gestaltungsansatz?

Aufgabe 1-4: Diskutieren Sie mögliche Einsatzformen von Datenbanksystemen bei Administrations- und Dispositionssystemen.

Aufgabe 1-5: Welche Aufgaben haben die Managementunterstützungssysteme? Welche Rolle spielen hierbei die Datenbanksysteme?

Aufgabe 1-6: Skizzieren Sie den phasenorientierten Entwicklungsansatz zum Aufbau von Datenbanksystemen.

Aufgabe 1-7: Vergleichen Sie die unterschiedlichen Prototyping-Ansätze und stellen Sie die charakteristischen Eigenschaften der drei bzw. vier Ansätze heraus.

Aufgabe 1-8: Beschreiben Sie einen konkreten Anwendungsfall, der ein Datenbanksystem in einem weltweit vernetzten System nutzt.

Aufgabe 1-9: Was versteht man unter Partizipation bei der Systemgestaltung? Welche Möglichkeiten zur Partizipation kennen Sie?

Aufgabe 1-10: Erläutern Sie die Anforderungsdefinition im Rahmen der Softwareentwicklung.

Aufgabe 1-11: Erstellen Sie einen Kriterienkatalog für die Auswahl eines Datenbanksystems.

Aufgabe 1-12: Diskutieren Sie die parallele Ausführung der beiden Phasen 3 (Auswahl eines DB-Entwicklungssystems) und 4 (Erstellung des Systemkonzepts).

Aufgabe 1-13: Erörtern Sie die Integration (vgl. Phase 6) als phasenübergreifende Tätigkeit.

Aufgabe 1-14: Diskutieren Sie den Qualitätsbegriff für die Gestaltung von Datenbanksystemen.

1.6 Literatur zu Kapitel 1

Balzert, H. (1998): Lehrbuch der Softwaretechnik, Software-Management, Software-Qualitätssicherung, Unternehmensmodellierung, Heidelberg, Berlin 1998.

Balzert, H. (2000): Lehrbuch der Softwaretechnik, Software-Entwicklung, 2. Auflage, Heidelberg, Berlin 2000.

Chamoni, P.; Gluchowski, P. (Hrsg.) (1999): Analytische Informationssysteme, Data Warehouse, On-Line Analytical Processing, Data Mining, 2. Auflage, Berlin u.a. 1999.

Ferstl, O. K.; Sinz, E. J. (1993): Grundlagen der Wirtschaftsinformatik, Band 1, München, Wien 1993.

Gabriel, R. (1990): Software Engineering, in: Kurbel, K.; Strunz, H. (Hrsg.): Handbuch der Wirtschaftsinformatik, Stuttgart 1990, S. 257-273.

Gabriel, R. (1992): Wissensbasierte Systeme in der betrieblichen Praxis, London u. a. 1992.

Gabriel, R.; Begau, K.; Knittel, F.; Taday, H. (1994): Büroinformations- und -kommunikationssysteme, Aufgaben, Systeme, Anwendungen, Heidelberg 1994.

Gabriel, R.; Röhrs, H.-P. (1995): Datenbanksysteme, Konzeptionelle Datenmodellierung und Datenbankarchitekturen, 2. Auflage, Berlin u.a. 1995.

Gabriel, R.; Knittel, F.; Taday, H.; Reif-Mosel, A.-K. (2002): Computergestützte Informations- und Kommunikationssysteme in der Unternehmung, Technologien, Anwendungen und Gestaltungskonzepte, Berlin u.a. 2002.

Gluchowski, P.; Gabriel, R.; Chamoni, P. (1997): Management Support Systeme, Computergestützte Informationssysteme für Führungskräfte und Entscheidungsträger, Berlin u.a. 1997.

Hansen, H. R. (1996): Wirtschaftsinformatik I, 7. Auflage, Stuttgart 1996.

Hansen, H. R.; Neumann, G. (2001): Wirtschaftsinformatik I, 8. Auflage, Stuttgart 2001.

Heuer, A. (1992): Objektorientierte Datenbanken, Bonn, München 1997.

Hichert, R.; Moritz, M. (1995): Management-Informationssysteme, 2. Auflage, Berlin u.a. 1995.

Knittel, F. (1995): Technikgestützte Kommunikation und Kooperation im Büro, Entwicklungshindernisse, Einsatzstrategien, Gestaltungskonzepte (Bochumer Beiträge zur Unternehmungsführung und Unternehmensforschung, Band 47), Wiesbaden 1995.

Krallmann, H.; Papke, J.; Rieger, B. (1992): Rechnergestützte Werkzeuge für das Management, Berlin u.a. 1992.

Krüger, W. (1990): Organisatorische Einführung von Anwendungssystemen, in: Kurbel, K.; Strunz, H. (Hrsg.): Handbuch der Wirtschaftsinformatik, Stuttgart 1990, S. 275-288.

Kurbel, K.; Strunz, H. (Hrsg.) (1990): Handbuch der Wirtschaftsinformatik, Stuttgart 1990.

Mertens, P. (1997): Integrierte Informationsverarbeitung 1, Administrations- und Dispositionssysteme in der Industrie, 11. Auflage, Wiesbaden 1997.

Mertens, P.; Griese, J. (1991): Integrierte Informationsverarbeitung 2; Planungs- und Kontrollsysteme in der Industrie, 6. Auflage, Wiesbaden 1991.

Meyer, B. (1990): Objektorientierte Softwareentwicklung, München 1990.

Mittermeir, R. T. (1990): Requirements Engineering, in: Kurbel, K.; Strunz, H. (Hrsg.) Handbuch der Wirtschaftsinformatik, Stuttgart 1990.

Österle, H. (1995): Business Engineering, Prozeß- und Systementwicklung, Berlin u.a. 1995.

Pernul, G.; Unland, R. (2001): Datenbanken in Unternehmen, Analyse, Modellbildung und Einsatz, München 2001.

Pomberger, G. (1990): Methodik der Softwareentwicklung, in: Kurbel, K.; Strunz, H. (Hrsg.): Handbuch der Wirtschaftsinformatik, Stuttgart 1990.

Pomberger, G.; Blaschek, G. (1993): Software Engineering, München, Wien 1993.

Rumbaugh, J.; Blaha, M.; Premerlain, W.; Eddy, F.; Lorensen, W. (1993): Objektorientiertes Modellieren und Entwerfen, München, Wien 1993.

Schader, M. (1997): Objektorientierte Datenbanken, Berlin u.a. 1997.

Scheer, A.-W. (1994): Wirtschaftsinformatik, Referenzmodelle für industrielle Geschäftsprozesse, 4. Auflage, Berlin u.a. 1994.

Scheer, A.-W. (1998a): ARIS – Vom Geschäftsprozeß zum Anwendungssystem, 3. Auflage, Berlin u.a. 1998.

Scheer, A.-W. (1998b): ARIS – Modellierungsmethoden, Metamodelle, Anwendungen, 3. Auflage, Berlin u.a. 1998.

Schmitz, P. (1990): Softwarequalitätssicherung, in: Kurbel, K.; Strunz, H. (Hrsg.): Handbuch der Wirtschaftsinformatik, Stuttgart 1990.

Schwarze, J. (1997): Einführung in die Wirtschaftsinformatik, 4. Auflage, Herne, Berlin, 1997.

Stahlknecht, P.; Hasenkamp, U. (2002): Einführung in die Wirtschaftsinformatik, 10. Auflage, Berlin u.a. 2002.

Stümer, G. (1999): Datenbanken IN oder OUT, in DVAG News 3/1999, S. 59ff.

Stucky, W.; Krieger, R. (1990): Datenbanksysteme, in: Kurbel, K.; Strunz, H. (Hrsg.): Handbuch der Wirtschaftsinformatik, Stuttgart 1990.

Taday, H. (1995): Informationelle Selbstbestimmung in modernen IuK-Systemen von Unternehmen und öffentlichen Organisationen, Frankfurt am Main 1996.

Taday, H. (2000): Persönlichkeitsrecht und Datenschutz, Lehrmaterialien im Studienfach Wirtschaftsinformatik 32/00, Bochum 2000.

Vetschera, R. (1995): Informationssysteme der Unternehmensführung, Berlin u.a. 1995.

Wallmüller, E. (1990): Software-Qualitätssicherung in der Praxis, München, Wien 1990.

Zehnder, C.-A. (1998): Informationssysteme und Datenbanken, 6. Auflage, Stuttgart 1998.

2 Datenbanksystemsprachen

Das Arbeiten mit einem Datenbanksystem über eine Benutzungsschnittstelle bzw. die Aufgaben der Datenbankkommunikationsschnittstelle (DBKS) sind bereits im ersten Band im Überblick behandelt worden.[62] Die Kommunikation eines Datenbanksystems mit Anwendungssystemen und mit Datenbankbenutzern vollzieht sich dabei grundsätzlich über eine oder mehrere Sprachen, die alle gemeinsam unter dem Sammelbegriff Datenbanksystemsprachen zusammengefasst und als Teilmenge der Programmiersprachen betrachtet werden können. Nachfolgend wird deshalb zunächst in Abschnitt 2.1 die allgemeine historische Entwicklung der Programmiersprachen skizziert. Dabei wird sich im Zusammenhang mit den Programmiersprachen der 4. Generation (engl.: 4th generation language, 4GL) bereits ein erster konkreter Bezug zu den Datenbanksystemen zeigen.

Abschnitt 2.2 widmet sich dann der Entwicklung der Datenbanksystemsprachen und zeigt an Beispielen die gegenseitigen Wechselwirkungen zwischen der technologischen Entwicklung, allgemeinen Programmiersprachen und Datenbanksystemsprachen auf. So entwickelten sich in praxisrelevanter Form zunächst die im Abschnitt 2.2.1 dargestellten Sprachmittel zur Verwendung der in diesem Zeitraum einzig einsatzrelevanten Datenbanksysteme nach dem hierarchischen bzw. Netzwerkmodell. Parallel dazu widmete sich die angewandte Forschung beispielsweise in Form von System R der Nutzbarmachung von Datenbanksystemen nach dem von Codd 1970 veröffentlichten Relationenmodell. Im Abschnitt 2.2.2 wird im Hinblick auf die noch folgende ausführliche SQL-Darstellung in Abschnitt 2.3 nur kurz auf die Entwicklung der zugehörigen Datenbanksystemsprachen – ausgehend von Relationenkalkül und Relationenalgebra – eingegangen.

Zwangsläufig ergeben sich im gesamten Abschnitt 2.2 hierbei die bereits skizzierten Kriterien zur Charakterisierung bzw. Klassifizierung von Datenbanksystemsprachen nach der Funktion in Datendefinitions- bzw. Datenmanipulationssprachen (engl.: Data Definiton Language, DDL bzw. Data Manipulation Language, DML).[63] So ergibt sich bei den Datenmanipulationssprachen eine Einteilung nach dem Grad der Abhängigkeit in selbständige und eingebettete sowie nach der Art der Problembeschreibung in prozedurale und deskriptive Sprachen. Nicht behandelt werden die lediglich für hierarchische und netzwerkorientierte Datenbanksysteme nach dem CODASYL-Modell bedeutsamen Beschreibungssprachen für die physische Ebene (das interne Modell). Neuere bzw. spezielle Datenbanksystemsprachen wie z.B. Sprachen für objektorientierte Datenbanken können sinnvoll

---

[62] Vgl. Gabriel/Röhrs (1995), Abschnitt 7.1.3.
[63] Vgl. Gabriel/Röhrs (1995), S. 262ff.

nur später im Zusammenhang mit den betroffenen Datenbanksystemkonzepten vorgestellt werden.[64]

Der Abschnitt 2.3 behandelt mit der Structured Query Language (SQL) in gebotener Ausführlichkeit die bedeutendste der Datenbanksystemsprachen, ohne jedoch den Anspruch eines Sprachkurses oder einer vollständigen Behandlung aller Sprachelemente erheben zu wollen. Hierzu sei auf die zahlreiche bereits erschienene Spezialliteratur[65] bzw. Kurse und Kursunterlagen diverser Anbieter, insbesondere nahezu aller Anbieter von relationalen Datenbanksystemen, verwiesen. Im Abschnitt 2.3.1 wird jedoch ausführlich auf die Entwicklung hin zu den ISO-Normen der Jahre 1986, 1989, 1992 und 1999 eingegangen. Die zum Verständnis der Sprache und zur Nutzung für die Lösung einfacher Aufgabenstellungen wesentlichen syntaktischen und semantischen Sprachkonstrukte werden auf der Basis der erweiterten Norm SQL_2 in den Abschnitten 2.3.1 bis 2.3.4 behandelt.[66] Dabei wird die Darstellung und Erläuterung der Sprachelemente durch Praxisbeispiele auf Basis einer Musterdatenbank abgerundet, die sich auf die bereits erarbeiteten Datenmodelle zur Volkshochschule Kaarst-Korschenbroich stützt.[67] Abgerundet wird das Thema der Datenbanksystemsprachen in Abschnitt 2.4 durch eine knappe Zusammenfassung und einen Ausblick auf die Entwicklungstendenzen der Datenbanksystemsprachen.

2.1 Entwicklung der Programmiersprachen

Zur Formulierung eines Problems in einer für einen Computer verständlichen Form dienen Programmiersprachen, die bedingt durch das jeweilige Einsatzgebiet unterschiedliche Eigenschaften besitzen. Die meisten Programmiersprachen lassen sich in Generationen einteilen.[68] Abbildung 2.1 gibt einen Überblick über die Generationeneinteilung sowie die Zuordnung wichtiger Programmiersprachen zur jeweiligen Generation.

---

[64] Vgl. die Ausführungen in Kapitel 7.
[65] Vgl. z.B. Zehnder (1998), S. 110ff.; Schicker (1997); Kleinschmidt/Rank (1997); Lusti (1997); Meier (1995); Heuer/Saake (2000) und Pernul/Unland (2001), S. 255ff. und S. 459ff.
[66] Vgl. ISO/IEC 9075 (1996).
[67] Vgl. die Beispiele in Gabriel/Röhrs (1995).
[68] Vgl. Hansen/Neumann (2001), S.934ff.; Stahlknecht/Hasenkamp (2002), S. 280ff.

Kapitel 2

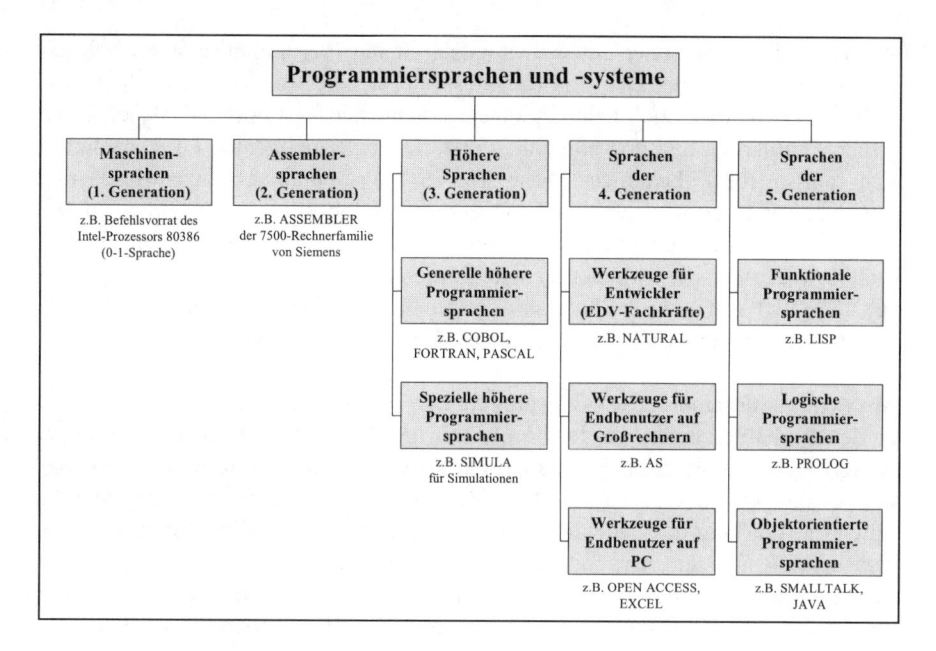

```
                    Programmiersprachen und -systeme
    ┌───────────────┬───────────────┬───────────────┬───────────────┐
 Maschinen-      Assembler-        Höhere         Sprachen        Sprachen
 sprachen        sprachen         Sprachen          der             der
(1. Generation) (2. Generation) (3. Generation)  4. Generation   5. Generation

z.B. Befehlsvorrat des  z.B. ASSEMBLER
Intel-Prozessors 80386  der 7500-Rechnerfamilie
(0-1-Sprache)           von Siemens

                                Generelle höhere   Werkzeuge für    Funktionale
                                Programmier-        Entwickler      Programmier-
                                sprachen          (EDV-Fachkräfte)  sprachen
                                z.B. COBOL,       z.B. NATURAL     z.B. LISP
                                FORTRAN, PASCAL

                                Spezielle höhere  Werkzeuge für    Logische
                                Programmier-      Endbenutzer auf  Programmier-
                                sprachen          Großrechnern     sprachen
                                z.B. SIMULA       z.B. AS          z.B. PROLOG
                                für Simulationen

                                                  Werkzeuge für    Objektorientierte
                                                  Endbenutzer auf  Programmier-
                                                  PC               sprachen
                                                  z.B. OPEN ACCESS, z.B. SMALLTALK,
                                                  EXCEL             JAVA
```

Abb. 2.1: Programmiersprachengenerationen

Die Programmiersprachen der ersten bis dritten Generation zeichnen sich durch mit jeder Generation größerer Entfernung zur Computerhardware ('Maschine') und größerer Nähe zum Problem aus. Die Sprachen der ersten und zweiten Generation werden als maschinenabhängige Sprachen, die der dritten Generation werden generell als maschinenunabhängige bzw. problemorientierte Programmiersprachen bezeichnet. Die Marktdominanz der Sprachen der 3. Generation und die gleichzeitige Verdrängung der Assemblersprachen begannen in der zweiten Hälfte der 60er Jahre. Maßgebliche Vertreter der Sprachen der 3. Generation waren damals die Sprachen FORTRAN, COBOL und ALGOL, später PL1, PASCAL, MODULA und C.

Notwendig für die Nutzung der Programmiersprachen der 3. Generation war die Fähigkeit zum algorithmischen Denken und zur Problemformulierung in prozeduraler Form.[69] Deshalb werden diese Sprachen später auch als prozedurale Sprachen bezeichnet, in Abgrenzung zu nichtprozeduralen Sprachen der 4. Generation (4GL). Mit den Mitteln der jeweiligen Programmiersprache galt es, den Lösungsweg als prozeduralen bzw. algorithmischen Ablauf zu codieren. Der Nutzerkreis dieser Programmiersprachen war somit fast ausnahmslos auf entsprechend ausgebildete Personen, d.h. Programmierer und Programmiererinnen, beschränkt.

---

[69] Vgl. Gabriel (1990), S. 269.

Auf Basis dieser Sprachen entstanden jedoch in den 70er und 80er Jahren zahlreiche umfassende, operative Informationssysteme, die zunächst ausschließlich, später überwiegend, auch heute zu einem erheblichen Teil noch im Stapelbetrieb ('Batch') ablaufen und erst allmählich erste Dialogkomponenten i.d.R. nachträglich 'aufgepfropft' bekamen. Diese nahezu vollständige rechenzentrums- und stapelverarbeitungsorientierte Datenverarbeitungswelt spiegelt sich auch in der zeitgleichen Entwicklung von Datenbanksystemen und Datenbanksystemsprachen wider, was auch die Ergebnisse der Conference on Data System Languages (CODASYL) Anfang der 70er Jahre zeigen. Eine konkrete Ausprägung für die Programmiersprache COBOL wird in Abschnitt 2.2.1 behandelt.

Mit dem Vordringen der DV-Leistung an den Arbeitsplatz (Personal Computing) in den Fachabteilungen wurde die ohnehin große Nachfrage nach Leistungserweiterungen, insbesondere aber auch nach Ad-hoc-Informationen weiter belebt, die personellen Ressourcen der DV-Abteilungen jedoch waren mitunter zu 80% durch die Wartung der laufenden Informationssysteme gebunden. So entwickelte sich ein sogenannter 'Anwendungsstau' von vielfach mehr als einem Jahr.[70] In dieser Situation wurden die Programmiersprachen der 4. Generation als Chance empfunden, den Anwendungsstau abzubauen, da sie zum einen die Produktivität der Anwendungsprogrammierung erhöhen[71] und zum anderen Endbenutzern in den Fachabteilungen als auch für sie ohne Einschaltung der DV-Abteilung nutzbares Programmierwerkzeug dienen (Individuelle Datenverarbeitung).

Eine der dafür wesentlichen, von Sprachen vorheriger Generationen abweichenden Eigenschaften der Programmiersprachen der 4. Generation ist die Deskriptivität. Die z.T. sehr mächtigen Befehle erlauben es, nicht mehr den aufwändigen, ausführlichen Weg zum Ziel, sondern das Ziel selbst zu beschreiben. Man spricht deshalb auch von deskriptiven bzw. non-prozeduralen Sprachen. Abbildung 2.2 stellt die prozedurale der deskriptiven Vorgehensweise anhand eines kleinen Alltagsbeispiels plakativ gegenüber.[72]

Die prozedurale Umsetzung erfolgt aufgrund der schrittweisen Vorgehensbeschreibung – trotz zumeist relativ hohem Bedarf an Hardwareressourcen – für den Nutzer transparent und gut nachvollziehbar. Entwickelt haben sich die Sprachen der 4. Generation (4GL) üblicherweise aus endbenutzergeeigneten Funktionen in Datenbankkommunikationsschnittstellen. Anfangs also als Query-Sprachen (Abfragesprachen) vornehmlich für Abfragen und Auswertungen der Datenban-

---

[70] Vgl. Hansen (1996), S. 850.
[71] Friedrichs et al. sprechen von einer deutlichen Reduzierung des Programmieraufwandes, da praktische Erfahrungen gezeigt haben, daß sich ein Verhältnis von 1:10 (gemessen in Lines of Code) im Vergleich zu COBOL-Programmierung ergeben kann. Vgl. Friedrichs et al. (1986), S. 159.
[72] In Anlehnung an Stahlknecht/Hasenkamp (1999), S. 98.

ken gestaltet, wurde der Leistungsumfang sukzessive um insbesondere für den Programmierer wichtige, vielfach wiederum prozedurale Elemente erweitert.[73]

Prozedurale Vorgehensbeschreibung	**Deskriptive Vorgehensbeschreibung**
(1) Prüfe, ob noch mindestens eine nicht bereits befragte Person im Raum ist.	Schreibe die Namen aller Personen in diesem Raum auf, die älter als 27 Jahre sind.
(2) Falls nein, Ende der Prozedur	
(3) Falls ja, frage die nächste noch nicht befragte Person nach ihrem Alter.	
(4) Ist sie älter als 27 Jahre, so schreibe ihren Namen auf.	
(5) Mache weiter bei (1).	

Abb. 2.2: Alltagsbeispiel zur Gegenüberstellung von prozeduraler und deskriptiver Problembeschreibung

Die Sprachen der 4. Generation verfügen i.d.R. – im Gegensatz zu Sprachen früherer Generationen – über integrierte, einfach erlernbare und dennoch umfassende Funktionen zur Nutzung von Datenbanksystemen.[74] Mit der Verbreitung dieser Programmiersprachen wuchs somit zwangsläufig auch die Verwendung von Datenbanksystemen. Die grundsätzliche Verfügbarkeit eines Datenbanksystems in einer Unternehmung führt insbesondere umgekehrt zur Entwicklung von Ad-hoc-Anwendungen mit 4. Generationssprachen. Dennoch haben sich die Mitte der 80er Jahre von gewisser Euphorie begleiteten Visionen, für alle zukünftigen

---

[73] Vgl. Friedrichs et al. (1986), S. 12f. So war es beispielsweise möglich, das umfassende und stapelverarbeitungsorientierte Anwendungssystem zur Festsetzung der Kraftfahrzeugsteuer in Nordrhein-Westfalen weitestgehend mit NATURAL, einer 4GL der Software AG, zu entwickeln und seit Jahren erfolgreich zu betreiben.

[74] Zum diesbezüglichen Funktionsumfang vgl. z.B. Friedrichs et al. (1986), Abschnitt 3.3.2 und 3.3.3.

Problemlösungen ausschließlich Sprachen der 4. Generation zu verwenden, nicht bestätigt, denn es hat sich herausgestellt, dass sich nur etwa drei Viertel der kommerziellen Anwendungen mit Systemen der vierten Generation gut lösen lassen.[75] Eine weitergehende Verbreitung insbesondere für unternehmungskritische Anwendungen wird außerdem durch mangelnde Standardisierung[76] und weitgehende Herstellerabhängigkeit behindert.

Von den wegen des späten kommerziellen Nutzungsbeginns in die 5. Generation eingeordneten Programmiersprachen kann aus heutiger Sicht lediglich für die objektorientierten Sprachen eine dauerhaft große Verbreitung festgestellt werden. Man nutzt heute auch nicht mehr den Begriff der Sprache der 5. Generation, der zunächst für die Sprachen der Künstlichen Intelligenz (KI-Sprachen, wie z.B. PROLOG und LISP) geschaffen wurde. Im Zusammenhang mit dem objektorientierten Paradigma zur Entwicklung von Informationssystemen und der verstärkten kommerziellen Nutzung des Internet haben diese Sprachen, vor allem JAVA, sich schon jetzt einen großen Markt erobert. Diese Entwicklung dürfte sich progressiv fortsetzen, je mehr nachweisbare Erfolge mit der Objektorientierung in großen kommerziellen Softwareprojekten erzielt werden. Zudem sind hier zumindest – im Gegensatz zu den 4GL – Standardisierungsbemühungen zu verzeichnen, und eine Herstellerbindung ist somit nur für einen Teil dieser Sprachen zu berücksichtigen.[77]

2.2 Entwicklung der Datenbanksystemsprachen

Ein Datenbanksystem (DBS) besteht aus den drei Komponenten Datenbank (DB), Datenbankverwaltungssystem (DBVS) und Datenbankkommunikationsschnittstelle (DBKS), deren Aufgaben an anderer Stelle ausführlich behandelt werden.[78] Danach sind zur Kommunikation mit einem Datenbanksystem Sprachmittel notwendig, die sich nach dem Zweck in Datenbeschreibungs- und Datenmanipulationsfunktionen ein- und ggf. auch eigenen Sprachen zuordnen lassen. Eine Datenbeschreibungssprache (Data Definition Language – DDL) wird definiert als eine Sprache, die zur logischen und physischen Datenbankbeschreibung verwendet wird, unabhängig davon, ob sie eine eigenständige Sprache, Teil einer allgemeinen Datenbanksystemsprache oder in einem Data Dictionary System einge-

---

[75] Vgl. Hansen (1996) S. 851.
[76] Eine Ausnahme bildet hier die Sprache SQL, auf die in Kapitel 3 ausführlich eingegangen wird.
[77] Vgl. die Ausführungen zu den objektorientierten Sprachen in Kapitel 7.
[78] Vgl. Gabriel/Röhrs (1995).

bettet ist.[79] Auf die logische Datenbankbeschreibung bezieht sich die Datenmanipulationssprache (Data Manipulation Language – DML) mit den grundlegenden Funktionen zum lesenden, ändernden oder löschenden Zugriff auf gespeicherte Daten.[80] Datenbeschreibung und -manipulation sind – unabhängig von den Grundfunktionen – selbstverständlich bezogen auf das vom jeweiligen Datenbanksystem unterstützte Datenmodell.

Deshalb wollen wir zunächst im folgenden Abschnitt 2.2.1 die Sprachmittel betrachten, die für netzwerkorientierte Datenbanksysteme entstanden sind. Abschnitt 2.2.2 geht dann allgemein auf Datenbanksystemsprachen für das Relationenmodell bzw. relationale Datenbanksysteme ein. Auf die Besonderheit in der Kommunikation mit weder netzwerkorientierten noch relationalen Datenbanksystemen, die deshalb auch mit dem Sammelbegriff "Non-Standard-Datenbanksysteme" bezeichnet werden, wird in Teil B im Zusammenhang mit der Vorstellung derartiger Systeme eingegangen. So werden z.B. in Kapitel 7 die objektorientierten Datenbanksystemsprachen vorgestellt.

2.2.1 Datenbanksystemsprachen für netzwerkorientierte Datenbanksysteme

Die ersten Datenbanksysteme, allen voran das Mitte der 60er Jahre entwickelte IMS der Firma IBM, dienten primär gleichsam als intelligenter Ersatz selbstverwalteter konventioneller Dateien in operativen, stapelverarbeitenden Informationssystemen. Mit dem Stapelbetrieb einher ging i.d.R. auch eine sortierte Verarbeitung und damit eine Durchsatzmaximierung, was die nahezu 20 Jahre währende Marktführerschaft netzwerkartiger Datenbanksysteme bewirkte.[81]

Für die Entwicklung der damaligen Informationssysteme wurden Assemblersprachen und zunehmend prozedurale Programmiersprachen der 3. Generation eingesetzt, für deren Nutzung wiederum entsprechend geschultes Programmierpersonal erforderlich ist. Für die Datenbankkommunikationsschnittstelle der damaligen Datenbanksysteme hieß dies, dass sie sich zwangsläufig gestalterisch an den Fähigkeiten und Anforderungen der Anwendungsprogrammierer orientierte. Diese wiederum waren es gewohnt, die Aufbauvorschrift für die in Dateien abzulegenden Datenobjekte[82] in ihren Programmen zu beschreiben. Eine mögliche Satzbe-

---

[79] Vgl. Schreier (1995), S. 116.
[80] Vgl. Gabriel/Röhrs (1995), S. 263.
[81] Vgl. hierbei auch die Ausführungen in Abschnitt 5.2 bei Gabriel/Röhrs (1995).
[82] Vgl. Gabriel/Röhrs (1995), Abschnitt 3.2.

schreibung für Angaben zu den VHS-Dozenten in der Sprache COBOL beispielsweise zeigt die Abbildung 2.3, die eine hierarchische Struktur vorgibt.[83]

```
01            Dozentensatz
   02            Namensangaben
      03            Anredeschlüssel   PIC  9.
      03            Titelschlüssel    PIC  9.
      03            Nachname          PIC  9.
      03            Vorname           PIC  9.
   02            Anschrift
      03            Straße            PIC  X(40).
      03            Hausnummer        PIC  X(10).
      03            Postleitzahl      PIC  9(5).
      03            Ort               PIC  X(30).
   02            Fachbereichsnummer   PIC  9.
   02            Einstellungsdatum
      03            Tag               PIC  99.
      03            Monat             PIC  99.
      03            Jahr              PIC  9(4).
   02            Fachgebiete          PIC  X(3) OCCURS 10.
```

Abb. 2.3:   Dozentensatzbeschreibung in COBOL

Der Dozentensatz gliedert sich auf der zweiten Ebene in die fünf Datenfelder Namensangaben, Anschrift, Fachbereichsnummer, Einstellungsdatum und Fachgebiete, die teilweise auf der dritten Ebene weiter beschrieben und durch die erlaubten Zeichen (PIC) definiert werden.

Bei Einsatz eines Datenbanksystems galt es nun, die Beschreibung zentral dort auch abzulegen, aber auf gewohnte Art und Weise gestalten zu lassen, was auch die entsprechende Schema-Darstellung in der von CODASYL vorgegebenen Form zeigt (vgl. Abbildung 2.4).

---

[83] Vgl. z.B. Habib (1986) und Habib (1988).

```
SCHEMA NAME IS VHS-Datenbank.
RECORD NAME IS Dozenten;
        DUPLICATES ARE NOT ALLOWED
        FOR Doz-Nr IN Dozenten.
Doz-Nr;             TYPE IS CHARACTER 3.
Anredeschluessel;   TYPE IS FIXED DECIMAL 1.
Titelschlüssel;     TYPE IS FIXED DECIMAL 1.
Nachname;           TYPE IS CHARACTER 30.
Vorname;            TYPE IS CHARACTER 30.
Strasse;            TYPE IS CHARACTER 40.
Hausnummer;         TYPE IS CHARACTER 10.
Postleitzahl;       TYPE IS FIXED DECIMAL 5.
Ort;                TYPE IS CHARACTER 30.
Einstellungsdatum;  TYPE IS CHARACTER 8.
Fachgebiet;         TYPE IS CHARACTER 3 OCCURS 10 TIMES.

RECORD NAME IS Fachbereiche;
        DUPLICATES ARE NOT ALLOWED
        FOR Fb-NR IN Fachbereiche
Fb-Nr;              TYPE IS CHARACTER 1;
                    CHECK IS 1 TO 9.
Bezeichnung;        TYPE IS CHARACTER 30.
        SET NAME IS FB-DOZ;
        OWNER IS Fachbereiche;
        MEMBER IS Dozenten;
        INSERTION IS AUTOMATIC;
        RETENTION IS MANDATORY.
```

Abb. 2.4: CODASYL-Datenbankschemabeschreibung (für die Angaben zu VHS-Dozenten und Fachbereichen aus Abb. 2.3)

Alle Befehle zur Beschreibung der Datenbank wurden in der sogenannten Datendefinitionssprache (DDL) zusammengefasst. Genutzt wurde die DDL dann üblicherweise von der Datenbankadministration, einer zentralen Organisationseinheit mit Zuständigkeit für alle in der Unternehmung eingesetzten Datenbanksysteme.[84] Ausgangspunkt für die Datenbankdefinition und damit die Nutzung der DDL ist heute das konzeptionelle Datenmodell, entstanden seinerseits heute zumeist auf Basis des Informationsstrukturmodels (ISM) als semantisches Datenmodell.[85]

---

[84] Vgl. Gabriel/Röhrs (1995), Abschnitt 5.4.
[85] Das erste maßgebliche semantische Datenmodell wurde 1976 von Chen beschrieben; vgl. Chen (1976).

Dabei soll natürlich die DDL auch Möglichkeiten bieten, Angaben zur Gewährleistung der Datenkonsistenz zu machen, die sich bereits während der ISM-Entwicklung ergeben haben. Im Bereich der Abbildung 2.4 sorgt die Klausel "DUPLICATES ARE NOT ALLOWED" für die semantisch korrekte Umsetzung der identifizierenden Merkmalsklassen Dozentennummer bzw. Fachbereichsnummer. Die zulässigen Werte der Fachbereichsnummern sind ferner durch die CHECK-Klausel festgelegt. Darüber hinaus gibt das SET FB-DOZ die 1:N-Verknüpfung zwischen den IOKs (Informationsobjektklassen) FACHBEREICHE und DOZENTEN wieder. Durch die Klauseln "INSERTION IS AUTOMATIC" und "RETENTION IS MANDATORY" wird ausgedrückt, dass es keine Dozenten geben darf, die keinem Fachbereich zugeordnet sind, d.h. der Bindungsgrad "fest" aus dem ISM findet seinen Niederschlag auch im Datenbankschema. Allgemein sorgt die TYPE-Klausel für Wertebereichseinschränkungen bei allen Datenfeldern, wie sie für die Programmiersprache COBOL üblich sind. Wegen der abnehmenden Bedeutung des CODASYL-Modells wird auf die Behandlung externer und interner Schemata hier genauso verzichtet wie auf andere, durchaus vorhandene Möglichkeiten zur Festlegung der Zugriffsrechte.[86]

Die ersten – und auch die meisten – Datenmanipulationssprachen (DMLs) für netzwerkorientierte Datenbanksysteme waren – wie die DDLs – auf die Verwendung durch ausgebildete Programmierkräfte ausgerichtet. Zwangsläufig basierten sie damit auf den zeitgemäßen prozeduralen Programmiersprachen der 3. Generation wie z.B. COBOL. Der Anschluss und die Nutzung eines von einem Datenbanksystem verwalteten Datenbestandes vollzog sich innerhalb des 3GL-Programms z.B. durch Versorgung und Aufruf einer vom Datenbanksystemhersteller zur Verfügung gestellten "CALL-Schnittstelle". In dem zugehörigen Kommunikationsbereich sind u.a. Speicherbereiche für jeden Satztyp, den das Anwendungsprogramm anspricht, sowie Status-Informationen z.B. über den Ausgang einer auszuführenden Operation enthalten. Jeder Satz, den ein Anwendungsprogramm aus der Datenbank liest, wird vom Datenbankverwaltungssystem (DBVS) im Kommunikationsbereich zur Weiterverarbeitung abgelegt. Jeder Satz, der neu in der Datenbank zu speichern ist, muss vom Anwendungsprogramm im Kommunikationsbereich eingestellt werden und wird nach entsprechender Aufforderung durch das DBVS "abgeholt" und in die Datenbank übernommen.[87]

---

[86] Ausführliche Darstellungen finden sich z.B. bei Wiederhold (1981), S. 82ff. und Mayr et. al. (1987), S. 536ff. und S. 549ff.
[87] Vgl. Schlageter/Stucky (1983), S. 94.

2.2.2 Datenbanksystemsprachen für relationale Datenbanksysteme

Die ersten produktiv eingesetzten Datenbanksysteme (vgl. Abschnitt 2.1) folgten nicht dem von Codd 1970 veröffentlichten Relationenmodell,[88] das über längere Zeit als "Schreibtischentwicklung" sogar leicht diskreditiert worden war.[89] Gleichwohl wurde schon kurz nach der Veröffentlichung des Relationenmodells von Codd auch über eine Vielzahl von Datenmanipulationssprachen zur Nutzung derartiger Datenbanken in der Literatur berichtet. So stehen bei Wedekind schon 1974 in einer tabellarischen Übersicht zu Datenmanipulationssprachen acht nichtrelationalen sechzehn relationale Ansätze gegenüber.[90] Zu einer nennenswerten Verbreitung ist es unter dem damaligen Namen für keine der genannten Sprachen gekommen. Aus der Sprache SEQUEL (Structured English Query Language), vorgestellt 1974 im Rahmen eines ACM-Workshops,[91] entwickelte sich jedoch später mit SQL (Structured Query Language) *die* Datenbanksystemsprache schlechthin.[92]

Ganz allgemein kann man sagen, dass mit Relationenmodell und entsprechender Sprache die Bindung an den Programmierer zwecks Datenbanknutzung abnehmen sollte und auch tatsächlich abnimmt. Das drückt sich beispielsweise dadurch aus, dass außer der Erweiterung von Programmiersprachen der 3. Generation um die Fähigkeit zur Nutzung einer relationalen Datenbank, wie z.B. in PASCAL/R und MODULA/R,[93] eine große Anzahl selbständiger DMLs entworfen wurde. Im Vordergrund stand bei den selbständigen DMLs zunächst auch die Abfrage bzw. Auswertung relationaler Datenbanken, d.h. wiederum die Beschreibung von Ergebnissen (deskriptiver Ansatz) oder die Beschreibung des Weges (prozeduraler Ansatz).

Die Grundlage für alle relationalen DMLs schuf wiederum Codd, als er bereits 1971 erneut mit präziser mathematischer Fundierung aus dem Aussagenkalkül den Relationenkalkül[94] abgeleitet und auf der Mengenalgebra die Relationenalgebra aufgebaut hat. Dabei steht der Relationenkalkül wie die darauf basierenden Sprachen wie z.B. die Sprache Alpha[95] für Selbständigkeit und Deskriptivität. Damit wiederum ist zwar potenziell ein anderer Benutzerkreis als bei eingebetteten und

---

[88] Vgl. Codd (1970).
[89] Vgl. Gabriel/Röhrs (1995), Abschnitt 3.2.
[90] Vgl. Wedekind (1974), S. 114.
[91] Vgl. Chamberlin/Boyce (1974).
[92] Vgl. die ausführliche Darstellung von SQL in Abschnitt 2.3.
[93] Vgl. Zehnder (1989), S. 130ff.
[94] Vgl. Codd (1971).
[95] Vgl. Wedekind (1974), S. 143ff.; Schlageter/Stucky (1983), S. 142ff.

prozeduralen Sprachen, nämlich auch die große Gruppe der nicht-programmierenden Benutzer, angesprochen. Erforderlich ist jedoch die Fähigkeit, mit Quantoren umgehen zu können. Auf Alpha und den gesamten Komplex der relationenkalkülorientierten Sprachen wollen wir deshalb hier auch genauso wenig weiter eingehen, wie auf die bereits 1971 von Codd vorgestellte selbständige, aber eher prozedurale Relationenalgebra als relationenspezifische Erweiterung der Mengenalgebra, deren Basisoperationen PROJECT, JOIN und RESTRICT bereits im Zusammenhang mit der Behandlung des Relationenmodells vorgestellt wurden.[96] Gleichwohl müssen sich alle Datenmanipulationssprachen am Leistungsvermögen von Relationenkalkül und Relationenalgebra messen lassen, mit deren Mächtigkeit sich letztlich alle semantisch sinnvollen Auswertungen gestalten lassen. Verfügt eine Datenmanipulationssprache über äquivalente Möglichkeiten zur Bearbeitung vorhandener relationaler Datenbanken, so darf sie als relational vollständig bezeichnet werden. Dieses Prädikat verlieh Wedekind bereits 1974 einer Datenmanipulationssprache namens SEQUEL und prognostizierte ihr für die weitere Entwicklung im Markt der Datenbanksystemsprachen eine große Zukunft, da sie außerdem leicht erlernbar und weitgehend mathematikfrei in der Darstellung sei.[97] Für SEQUEL wurde 1976 die kürzere Bezeichnung SQL eingeführt.[98] Auf diese seit Jahren bedeutendste Datenbanksystemsprache überhaupt wird im folgendem Abschnitt entsprechend ausführlich eingegangen.

2.3 Die Datenbanksystemsprache SQL

SQL (Structured Query Language) ist die einzige weltweit genormte Datenbanksystemsprache für relationale Datenbanksysteme. 1990 bereits wird in der Literatur SQL als "selbstverständliches Rüstzeug zumindest der jüngeren Generation der Programmierer"[99] bezeichnet. In der 3. Auflage des von Mertens et. al. Herausgegebenen Lexikons der Wirtschaftsinformatik ist SQL sogar ein eigener Beitrag gewidmet.[100] SQL wird seit über 20 Jahren von immer mehr, heute von nahezu allen Herstellern von Datenbanksystemen angeboten. Die "Wurzeln" von SQL reichen zurück bis in die frühen 70er Jahre. In den 80er Jahren wurde SQL zunächst zum De-facto-Standard und 1986 wurde eine kleine Teilmenge des heutigen SQL erstmals von ANSI (American National Standardization Institute) und

---

[96] Vgl. Codd (1972) und die Kurzdarstellung wichtiger Relationenalgebra-Operationen in Gabriel/Röhrs (1995), Abschnitt 3.2.
[97] Vgl. Wedekind (1974), S. 166.
[98] Vgl. Chamberlin (1976).
[99] Vgl. Frickel (1990), S. 411.
[100] Vgl. Teschke (1995), S. 377f.

ISO (International Standardization Organization) genormt. Vorgeschichte, Entwicklung und Normungsprozess von SQL ist der Abschnitt 2.3.1 gewidmet.

SQL kann aus vielen allgemeinen Programmiersprachen ab der 3. Generation heraus über eine entsprechende Schnittstelle genutzt werden. Derartige Schnittstellen existieren beispielsweise für PASCAL, C, COBOL und PROGRESS, die damit als sogenannte Wirtssprachen für das eingebettete (embedded) SQL fungieren, das wir in Abschnitt 2.3.4 darstellen.

SQL wendet sich in der eingebetteten Form (embedded SQL) an die programmierenden Datenbankbenutzer, als selbständige Sprache jedoch auch an einen größeren Benutzerkreis. SQL bietet Möglichkeiten zur Nutzung einer vorhandenen Datenbank (DML-Funktionen), aber auch zum Aufbau bzw. zur Pflege einer Datenbank (DDL-Funktionen). Alle Funktionen sind so ausgelegt, dass sie – insbesondere für die Lösung einfacher, individueller Problemstellungen – auch von nicht als Programmierer ausgebildeten Personen verwendbar sind. Da bei einigen DDL-Funktionalitäten Kenntnisse insbesondere der DML-Anweisung SELECT erforderlich sind, werden wir SQL als DML in Abschnitt 2.3.2 und damit vor SQL als DDL in Abschnitt 2.3.3 behandeln.

2.3.1 Der Entwicklungs- und Normungsprozess von SQL

Unter dem Namen *S*tructured *E*nglish *Que*ry *L*anguage, abgekürzt SEQUEL, haben Chamberlin und Boyce 1974 auf einem ACM-Workshop (ACM: Association for Computing Machinery) eine von seinerzeit zahlreichen Datenmanipulationssprachen, wie der Name schon sagt, konzentriert auf die Auswertung von Datenbanken, vorgestellt.[101] Dabei handelte es sich um eine vereinfachte Variante der bereits 1973, ebenfalls von diesen beiden Autoren vorgestellten Sprache SQUARE (*S*pecifying *Q*ueries *A*s *R*elational *E*xpressions).[102]

Bei beiden Sprachen steht im Mittelpunkt der Versuch, sie einem möglichst großen Benutzerkreis für Datenbankanwendungen zugänglich zu machen, indem insbesondere weitestgehend auf mathematische Darstellungen z.B. in Form von Quantoren beim Relationenkalkül, verzichtet wird. Dafür gehen die Autoren davon aus, dass jeder Mensch üblicherweise bei einer Suche in einer zweidimensionalen Tabelle im Prinzip gleich vorgeht, d.h. er durchläuft die Spalte mit den Werten, auf die sich der Suchbegriff bezieht, solange, bis der Wert mit dem Suchbegriff übereinstimmt, zieht dann die erwünschte Information quasi in Form einer

---

[101] Vgl. Chamberlin/Boyce (1974).
[102] Vgl. Boyce/Chamberlin (1973).

Abbildung aus der betroffenen Tabellenzeile und setzt den Suchprozess fort, bis die gesamte Tabelle abgearbeitet ist.

Konkret könnte das bezogen auf die Dozententabelle unserer Beispiel-VHS bedeuten, dass die Spalte mit dem Attribut (der Spaltenüberschrift) Ort nach dem Vorkommen des Suchbegriffs "Kaarst" vollständig durchsucht wird und bei jedem Treffer der Nachname des betroffenen Dozenten ausgegeben wird. Die SQUARE-Formulierung dazu in Abbildung 2.5 oben zeigt noch immer einen gewissen mathematischen Formalismus. Daher schlägt schon Wedekind[103] eine in derselben Abbildung in der Mitte verwendete umgangsprachliche Variante für mathematikunkundige Leser vor. In SEQUEL schließlich hat man sich dann für die der strukturierten Programmierung entlehnte Blockstruktur entschieden, die zunächst im unteren Teil von Abbildung 2.5 zur Lösung derselben Aufgabenstellung verwendet wurde.

SQUARE	Nachname ^{Dozenten} Ort $^{('Kaarst')}$
SQUARE-Variante	**FIND** Nachname **OF** Dozenten **WHERE** Ort **IS** 'Kaarst'
SEQUEL	**SELECT** Nachname **FROM** Dozenten **WHERE** Ort **IS** 'Kaarst'

Abb. 2.5: Abfragevergleich in SQUARE, einer SQUARE-Variante und SEQUEL

Noch deutlicher jedoch wird dies in der in Abbildung 2.6 dargestellten Lösung für die Aufgabenstellung, die Bezeichnungen der Fachbereiche auszugeben, in denen Dozenten aus Kaarst beschäftigt sind.

Dabei wird zunächst der untergeordnete Block bearbeitet, d.h. es werden aus der Dozentenrelation alle Fachbereichsnummern der Kaarster Dozenten herausgesucht. Sie bilden die Vergleichsmenge für die WHERE-Bedingung des übergeordneten Blocks, in dem jetzt für jeden vom untergeordneten Block als Ergebnis gelieferten Fachbereich die Fachbereichsbezeichnung ausgegeben wird.

---

[103] Vgl. Wedekind (1974), S. 164.

```
SELECT      Fachbereichsbezeichnung
FROM        Fachbereiche
WHERE       Fb_Nr IN

            SELECT    Fachbereichsnummer
            FROM      Dozenten
            WHERE     Ort IS 'Karst'
```

Abb. 2.6:   SEQUEL-Beispiel

1976 stellte Chamberlin dann die zweite Version von SEQUEL vor, die von da an nur noch SQL als Abkürzung für Structured Query Language genannt wird.[104] Nun enthält die Sprache zusätzlich zu Auswertungsoptionen auch Möglichkeiten zur Veränderung von Datenbankinhalten. Sie bleibt Gegenstand zahlreicher Forschungs- und Entwicklungsarbeiten und entsprechender Veröffentlichungen. Im Zusammenhang mit der System R-Entwicklung bei IBM wurde auch SQL dort versuchsweise implementiert. Dabei erhielt es bereits neben Datenmanipulations- auch Datendefinitionsbefehle. Parallel dazu arbeiteten auch andere Firmen, an erster Stelle die Firma ORACLE, an einer SQL-Implementierung. Binnen einiger Jahre entwickelte sich die Sprache in zahlreichen Dialekten weiter und wird für zahlreiche Datenbanksysteme zur Hauptschnittstelle. Nach der ersten Normung durch ANSI/ISO 1986 für eine kleine Untermenge der zahlreichen SQL-Imementierungen wuchs im Zusammenhang mit einem weitgehenden Trend nach offenen herstellerunabhängigen Systemen die Nachfrage nach SQL durch die Kunden der Datenbanksystemanbieter. So mussten auch Datenbanksystemanbieter wie z.B. die Firma Progress innerhalb ihrer maßgeschneiderten eigenen 4GL SQL-Anweisungen zulassen.[105] Die Firma Software AG wiederum schuf für ihr gar nicht nur relationales Datenbanksystem ADABAS eine SQL-Variante, die auch den Zugriff auf nicht-elementare Attributwerte, sogenannte multiple Felder oder Periodengruppen, einschloss, wobei jedoch die Datenablage dem SQL-Nutzer nicht bekannt sein musste. Ihm erscheint die Datenbank rein relational.[106]

Tatsächlich mussten sich die verschiedenen SQL-Implementierungen in wesentlichen Punkten unterscheiden, da der Normungsumfang 1986 für einen produktiven Einsatz von SQL auch für unternehmungskritische Informationssysteme selbstverständlich noch nicht ausreichen konnte. Geht man von der damaligen SQL-

---

[104] Vgl. Chamberlin (1976).
[105] Vgl. Progress Software Corporation (1994).
[106] Vgl. Software AG (1997).

Implementierung der Firma IBM für das System R aus, so bildet SQL/86 (X.3 135-1986, ISO 9075: 1986) eine echte Untermenge. Der 1986 standardisierte Sprachumfang besaß erhebliche Schwächen.[107] Er erlaubte z.B. eine nur unzureichende Umsetzung insbesondere der integritätsfördernden Festlegungen aus dem Informationsstruktur- bzw. Relationenmodell. So können den Attributen keine Gültigkeitsbereiche (domains) zugeordnet und keine Bindungsgrade von Verknüpfungen in Form von Fremdschlüsseln spezifiziert werden.

Auch die Norm des Jahres 1989 (SQL/89 (X.3 135-1989, ISO 9075:1989)), die später auch die Bezeichnung SQL_1 erhielt, deckte wiederum nicht alle Wünsche und Notwendigkeiten ab. Als voll kompatible Obermenge ersetzte sie SQL/86 und erforderte aus sich heraus keine Änderung existierender Programme. Zu den Wirtssprachen COBOL, FORTRAN, PASCAL und PL/1 kamen jetzt C und ADA hinzu. Mit den Integritätserweiterungen waren immerhin die Eindeutigkeit von Attributwerten und die Prüfung auf Einhaltung attributspezifischer Bedingungen und Aufgaben zur referenziellen Integrität zugelassen. Für die Validierung verantwortlich ist in den USA das National Institute of Standards and Technology (NIST), das immerhin bis 1995 für SQL_1 elf Produkte auf 52 verschiedenen Plattformen validiert hat.[108] Doch der Eindruck, die Auswahl eines konkreten Datenbanksystems sei nunmehr relativ unwichtig, da Anwendungen in SQL ja in andere Umgebungen mit anderen Datenbanksystemen ohne Änderung portierbar seien, täuscht. Schließlich ist der SQL_1-Standard aus dem SQL/86-Standard und der theoretischen Vereinheitlichung verschiedenartiger Implementierungen der Datenbanksystemanbieter hervorgegangen, die erst sukzessive auch in der Praxis umgesetzt und nach wie vor durch herstellerspezifische Erweiterungen ergänzt wurden. Die umfassende Nutzung der Leistungsangebote eines SQL-Anbieters hat damit zwangsläufig die mitunter erhebliche Überarbeitung der Programme bei Anbieterwechsel zur Folge.

Der nur drei Jahre später von der ISO veröffentlichte und unter SQL_2 bekannt gewordene Standard war mit 579 Seiten nahezu fünf Mal umfangreicher als sein Vorgänger aus dem Jahr 1989. Deshalb wurde er zwecks Handhabbarkeit für die Implementierung und Validierung und gleichzeitig zur bessereren Transparanz für die Kunden in ein Entry Level, ein Intermediate Level und ein Full Level eingeteilt. Mattos[109] sprach 1995 von immerhin bereits sieben Produkten auf zwölf verschiedenen Plattformen, die eine Validierung für den Entry Level bei der NIST erreicht haben, darunter so bekannte Datenbanksystemanbieter wie die Firmen Oracle, Informix, Sybase und die Software AG.

---

[107] Vgl. Frickel (1990), S. 408.
[108] Vgl. Mattos (1995).
[109] Vgl. Mattos (1995).

Bei SQL_2 sind nur in vergleichsweise geringem Umfang bereits von anderen Herstellern implementierte Funktionen eingeflossen. Der immense Umfang dieses Standards rührt zu einem erheblichen Teil daher, dass zahlreiche in der Praxis noch nicht vorhandene Sprachelemente spezifiziert wurden. Teschke nennt als Beispiel für SQL_2 Neuerungen u.a. das Domain-Konzept, neue Datentypen, die Möglichkeiten zur Änderung von Relationsbeschreibungen und das dynamische SQL.[110] Die Sprachmittelbeschreibung der Abschnitte 2.3.2 und 2.3.3 basiert auf SQL_2 unter Berücksichtigung der 1996 veröffentlichten Korrekturen bzw. Ergänzungen.[111]

Zeitlich parallel erfolgt die Erarbeitung des nachfolgenden SQL_3-Standards, der u.a. komplexe Datenstrukturen, abstrakte Datentypen, beliebig komplexe Datenbankprozeduren ("Stored Procedures") und ereignisgesteuerte Datenmanipulationen ("Trigger") beinhalten sollte.[112] Der Umfang des Entwurfs lag 1995 bereits bei über 1000 Seiten und damit ca. doppelt so hoch wie bei SQL_2.[113] Um eine nachträgliche Ebenenbildung wie bei SQL_2 entbehrlich zu machen, wurde der neue Standard von vornherein in auch einzeln bearbeitbare Dokumente aufgeteilt.[114] Begonnen wurde bereits während der Abschlussarbeiten zum 92er Standard. Um eine Veröffentlichung als ANSI-Standard noch 1999 zu ermöglichen, wurden einzelne, aus dieser Sicht kritische Teile, wie z.B. die Objekt-Identifikation, auf die Planungsliste für SQL_4 verschoben. Alle Konzepte, die Syntax und Semantik aller Elemente von SQL_3 sind im Teil SQL/Foundation zusammengefasst.[115] Teil 1, das SQL/Framework, enthält alle zum so definierten SQL-Kern gehörigen Funktionen und damit die Basis für alle Hersteller, die ihr Produkt später validieren lassen möchten. Die Neuerungen selbst zielen u.a. auf die Erweiterung von SQL um die aus vollständigen Programmiersprachen bekannten Kontrollstrukturen Sequenz, Verzweigung und Schleife. Mit Hilfe dieser Kontrollstrukturen wird SQL selbst zu einer vollständigen Programmiersprache, und die so spezifizierbaren Prozeduren sind dann außerdem in der Datenbank selbst speicherbar.[116] Ein weiterer wichtiger Schritt zur Unterstützung komplexer Strukturen stellt die Erweiterung der Standard-Datentypen um Bit, Large Object, Collection, List, Array und die Möglichkeit zur Definition eigener Datentypen dar.

---

[110] Vgl. Teschke (1995), S. 378.
[111] Vgl. ISO 9075 (1997) und ISO/IEC (1996).
[112] Vgl. Teschke (1995), S. 378.
[113] Vgl. Eisele (1995).
[114] Einen Überblick dazu und zum jeweiligen Entwicklungsstand gibt in kompakter Form Eisele in den Datenbank-Fokus-Ausgaben 2/1995, 11/1996 und 3/1998.
[115] ISO 9075-2 (1999).
[116] ISO 9075-4 (1999).

Damit sollte es dann gelingen, z.B. geographische Karten mit entsprechender Verknüpfung zu den zugehörigen strukturierten Daten in einer Datenbank über SQL zu verwalten und zu bearbeiten. Etliche der SQL_3-Elemente sind jedoch erneut bereits vorab – und erneut unterschiedlich – von DBS-Anbietern implementiert und in aktuellen Versionen des DBS bei Kunden im Einsatz. Eine volle Nutzbarkeit der SQL_3-Standards im Sinne portabler Software ist daher – wenn überhaupt – erst in einigen Jahren zu erwarten.[117]

2.3.2 SQL als Datenmanipulationssprache (DML)

Die ursprüngliche Aufgabe einer DML (Data Manipulation Language) war das Ad-hoc-Auswerten einer vorhandenen Datenbank. Dafür muss die DML der Relationenalgebra bzw. dem Relationenkalkül wirkungsmäßig gleichwertige Sprachmittel zur Verfügung stellen. Bei SQL gibt es hierfür den relativ komplexen SELECT-Befehl sowie in SQL_2 zahlreiche Kombinationsmöglichkeiten für SELECT-Befehle. Syntax und Semantik des SELECT-Befehls, seiner Komponenten und Kombinationsmöglichkeiten behandeln wir ausführlich in folgendem Abschnitt 2.3.2.1. Daran schließt sich in Abschnitt 2.3.2.2 die Darstellung der drei relativ einfachen Datenmanipulationsbefehle INSERT, DELETE und UPDATE an.

2.3.2.1 Auswertung der Daten (SELECT)

Die Grundidee für Auswertungen in SQL entspricht einer Abbildung, bei der ausgehend von einer Relation als Definitionsbereich ("FROM"), ggf. eingeschränkt durch eine Suchbedingung ("WHERE"), die Zuordnungsvorschrift gleich den Wertebereich der Abbildung aufspannt ("SELECT").[118] Wie bei der Relationenalgebra ist das Ergebnis der Ausführung einer SELECT-Anweisung, d.h. der Wertebereich der Abbildung, grundsätzlich eine Relation. Somit ist auch intuitiv vorstellbar, dass die Relation, die das Ergebnis eines SELECT-Befehls ist, gleichzeitig Basis für den Definitionsbereich eines anderen SELECT-Befehls sein kann (Schachtelung) oder aber durch einen geeigneten und zulässigen Operator mit einer anderen Relation, die ihrerseits auch Ergebnis eines SELECT-Befehls sein kann, verknüpft werden kann (Verknüpfung). Diese beiden prinzipiellen

---

[117] Den jeweils aktuellen Normierungsstand kann man über Internet bei der Schweizer ISO-Zentrale unter der Adresse www.iso.ch mit Hilfe der dort angebotenen Suchmaschine unter Angabe der ISO-Nummer 9075 einsehen. Einige der aktuell dort aufgeführten Dokumente sind im Literaturverzeichnis dieses Kapitels aufgeführt.

[118] Vgl. Schlageter/Stucky (1983), S. 148ff.

Kapitel 2 65

Möglichkeiten zur Kombination von SELECT-Befehlen, die Schachtelung und die Verknüpfung, sind schematisch in Abbildung 2.7 dargestellt.

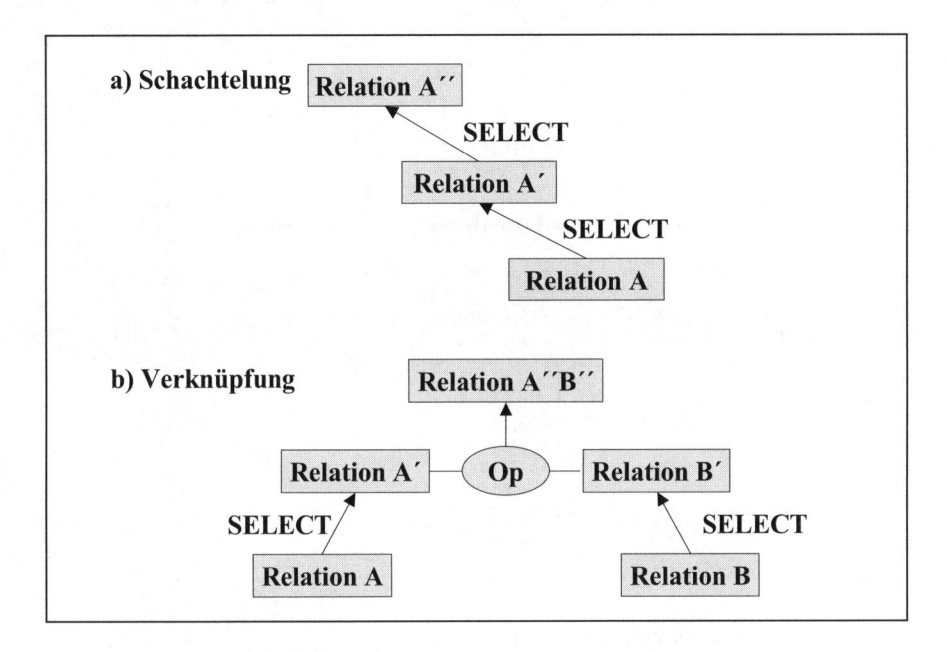

Abb. 2.7: Schematische Darstellung der Kombinationsmöglichkeiten von SELECT-Anweisungen

Vor der Erläuterung der beiden Kombinationsmöglichkeiten anhand konkreter Beispiele muss jedoch zunächst die SELECT-Anweisung mit den wichtigsten Komponenten betrachtet werden. Das dazu gegenüber der vollständigen Syntax im offiziellen Standard etwas vereinfacht dargestellte Syntaxdiagramm der SELECT-Anweisung in Abbildung 2.8 zeigt sechs Komponenten.

Mit der SELECT-Komponente wird die Attributliste für die Ergebnisrelation festgelegt. Auf die Möglichkeit, die Attribute aus komplexeren Ausdrücken zu gewinnen und skalare bzw. Statistikfunktionen zu verwenden, wollen wir an dieser Stelle lediglich hinweisen.[119] Mit der Angabe "ALL" wird erreicht, dass entgegen der Festlegung im Relationenmodell alle n-Tupel, d.h. ggf. auch n-Tupel gleichen Inhalts, in das Ergebnis einfließen. Die Angabe "DISTINCT" führt zur korrekten Einhaltung der Forderung des Relationenmodells, dass in Relationen keine zwei

---

[119] Vgl. hierzu auch Schicker (1997), S. 95ff.

n-Tupel identisch sein dürfen. Bei Verzicht auf die explizite Angabe von "ALL" oder "DISTINCT" wird "ALL" unterstellt.

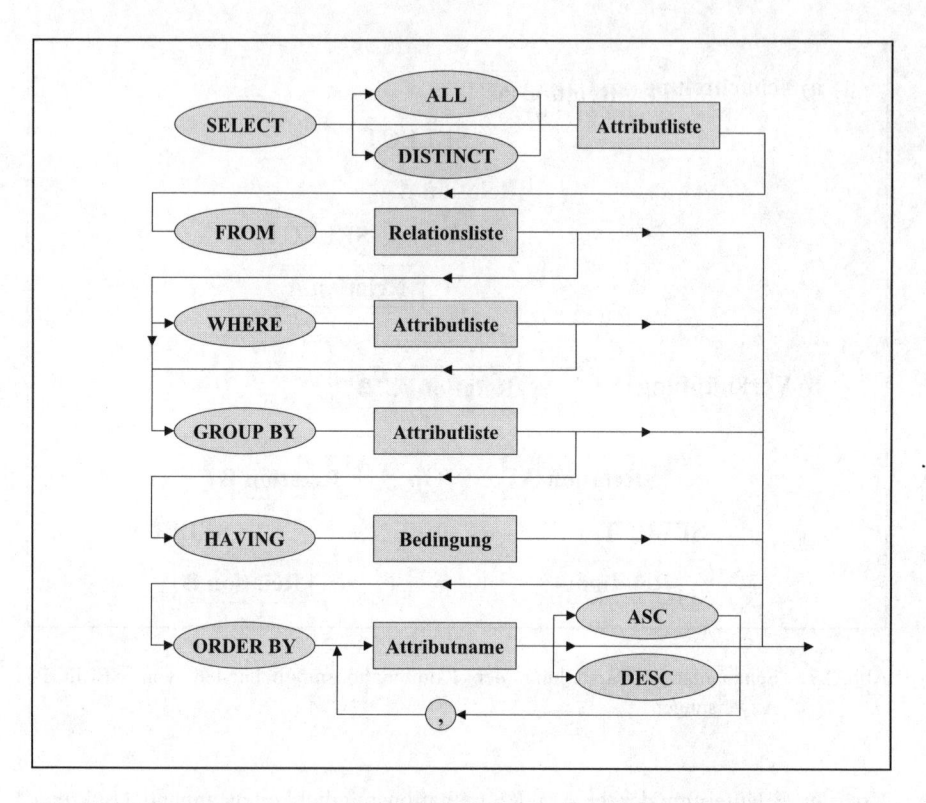

Abb. 2.8: Syntaxdiagramm der SELECT-Anweisung

Die FROM-Komponente dient zur Spezifikation des Definitionsbereichs. In der Relationsliste können dazu im Prinzip beliebig viele Relationen – durch Komma oder einen in SQL_2 zugelassenen Verknüpfungsoperator getrennt – angegeben werden (vgl. Abbildung 2.9). Durch Komma getrennte Relationen werden mittels Kreuzprodukt verknüpft.

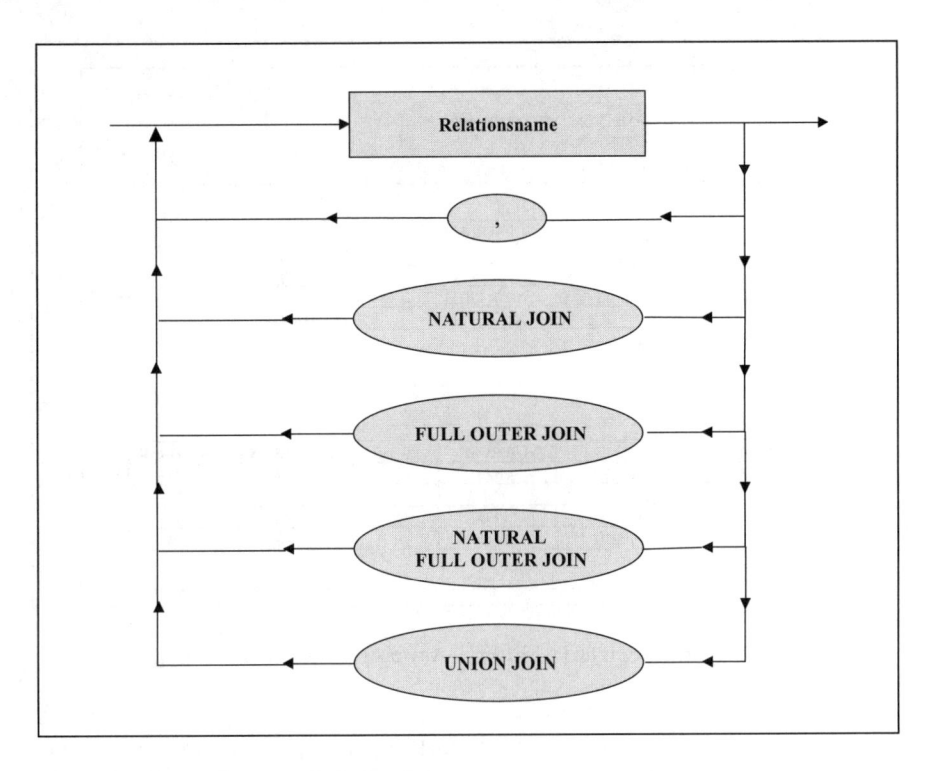

Abb. 2.9: Syntaxdiagramm Relationsliste

Auf der Basis der Relation bzw. Ergebnisrelation, die durch die FROM-Komponente gegeben ist, wirkt die SELECT-Komponente grundsätzlich wie eine Projektion in der Relationenalgebra bezogen auf die Attributliste. Ein Beispiel für eine derartige, recht einfache Ausprägung einer SELECT-Anweisung und deren Wirkung zeigt Abbildung 2.10.

```
SELECT      NAME, VORNAME, HONORAR
FROM        DOZENTEN.
```

NAME	VORNAME	HONORAR
LUSTIG	WILLI	28
HURTIG	ANNE	18
FLOTT	FRED	26
RASCH	ILSE	18

⇧

DOZENTEN

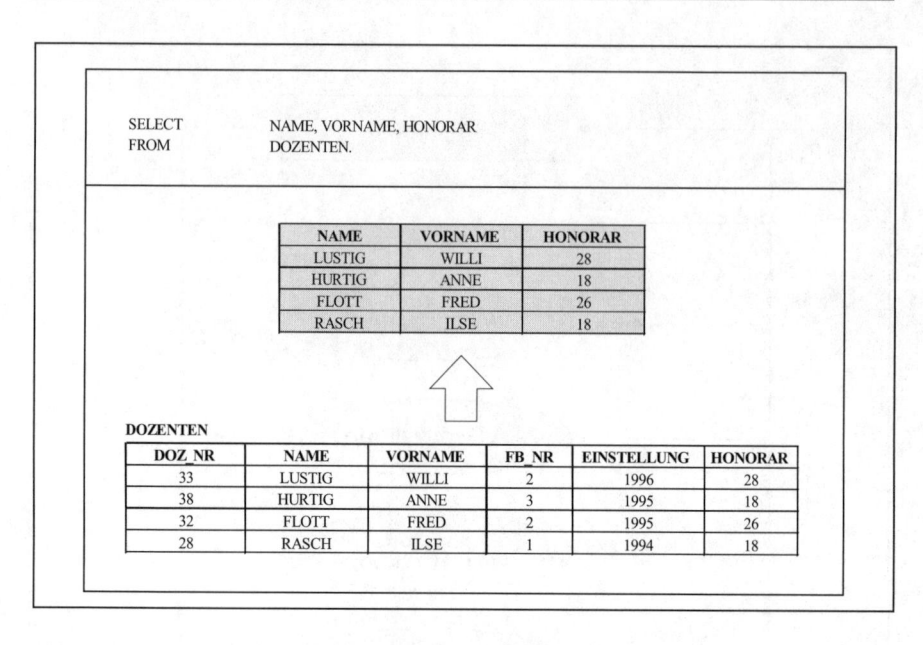

DOZ_NR	NAME	VORNAME	FB_NR	EINSTELLUNG	HONORAR
33	LUSTIG	WILLI	2	1996	28
38	HURTIG	ANNE	3	1995	18
32	FLOTT	FRED	2	1995	26
28	RASCH	ILSE	1	1994	18

Abb. 2.10: Beispiel für eine einfache SELECT-Anweisung und deren Wirkung

Die Verwendung der SELECT- und FROM-Komponenten ist zwingend erforderlich, um eine syntaktisch vollständige SELECT-Anweisung zu formulieren. Zumeist gehört jedoch auch die optionale, jedoch recht wirkungsvolle WHERE-Komponente dazu. Die WHERE-Komponente enthält eine Suchbedingung, die wie eine Restriktion der Relationenalgebra wirkt. Im Beispiel der Abbildung 2.10 würde die Ergänzung "WHERE HONORAR > 20" dazu führen, dass der SELECT-Komponente lediglich die n-Tupel der Dozentenrelation zur Verfügung stehen, die die Suchbedingung "Honorar > 20" erfüllen. Die Mächtigkeit der Ergebnisrelation im Beispiel reduziert sich damit von vier auf zwei, da nur für zwei Dozenten ein Honorar über 20 gespeichert ist. Innerhalb der Suchbedingung sind jedoch durchaus komplexere Ausdrücke unter Nutzung von einem oder mehreren der mehr als 15 in SQL_2 dafür zugelassenen Operatoren möglich. Weitere mächtige Funktionen für die WHERE-Komponente ergeben sich aus der Schachtelungsmöglichkeit (vgl. Abbildung 2.7) sowie für die SELECT-Anweisung insgesamt durch Nutzung statistischer Funktionen und durch das Zeichen "*". Das Zeichen "*" kann anstelle mancher konkreter Angabe, z.B. eines Attributes, genutzt werden und bewirkt dann, dass keine Auswahl getroffen wird und somit z.B. alle Attribute in die Ergebnisrelation einfließen, wie das Beispiel in Abbildung 2.11 zeigt.

```
SELECT      *
FROM        DOZENTEN
WHERE       FB_NR = 2.
```

DOZ_NR	NAME	VORNAME	FB_NR	EINSTELLUNG	HONORAR
33	LUSTIG	WILLI	2	1996	28
32	FLOTT	FRED	2	1995	26

⇑

DOZENTEN

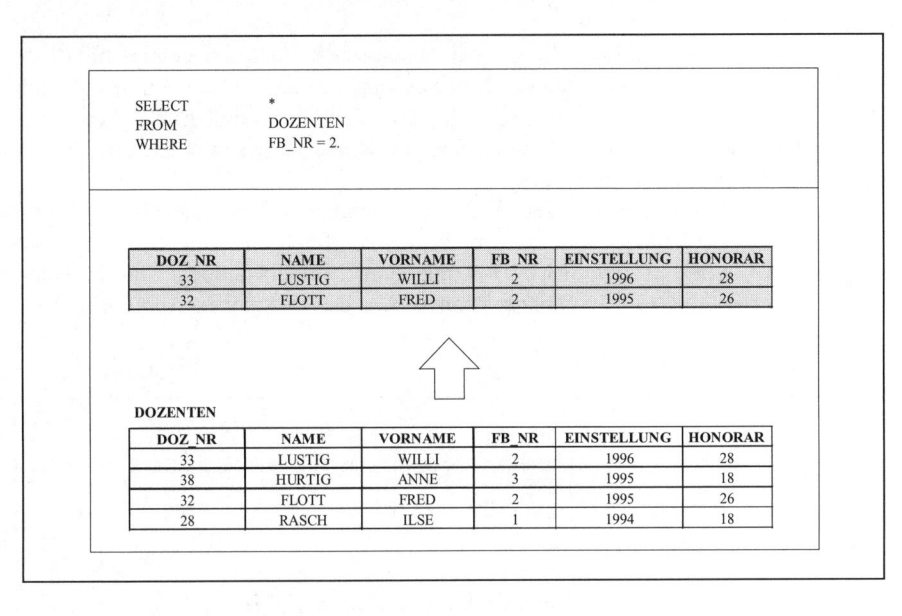

DOZ_NR	NAME	VORNAME	FB_NR	EINSTELLUNG	HONORAR
33	LUSTIG	WILLI	2	1996	28
38	HURTIG	ANNE	3	1995	18
32	FLOTT	FRED	2	1995	26
28	RASCH	ILSE	1	1994	18

Abb. 2.11: Beispielhafte Nutzung des "*" bei der SELECT-Anweisung und dessen Wirkung

```
SELECT      KURS_NR
FROM        KURSE
WHERE       TEILNEHMERANZAHL = MIN (TEILNEHMERANZAHL).
```

KURS_NR
4220
4226

⇑

KURSE

KURS_NR	BEZEICHNUNG	DOZ_NR	TEILNEHMERZAHL
4219	GITARRE I	41	3
4220	GITARRE II	41	2
4221	GITARRE III	27	12
4226	GITARRENKREIS	41	2

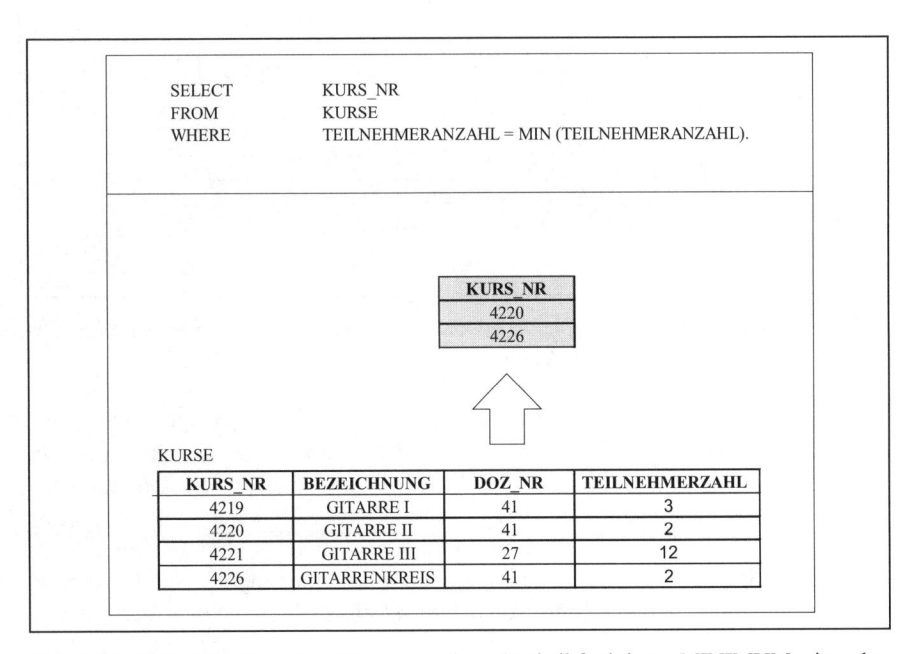

Abb. 2.12: Beispiel für die Nutzung der Statistikfunktion MINIMUM in der WHERE-Komponente der SELECT-Anweisung und deren Wirkung

Ein Beispiel für die Verwendung einer statistischen Funktion zeigt Abbildung 2.12. Hier wird die Bestimmung des Minimus bezogen auf die Teilnehmerzahl der Kurse benutzt, um die Kursnummer der zu einem bestimmten Zeitpunkt des Anmeldeverfahrens am schlechtesten belegten Kurse herauszufinden und darauf ggf. Werbemaßnahmen aufzubauen.

Als Ergänzung oder anstelle der WHERE-Komponente kann die GROUP-BY-Komponente verwendet werden. Im Ergebnis ähnelt sie der Wirkung der DISTINCT-Angabe in der SELECT-Komponente, erlaubt jedoch eine Verwendung in Verbindung mit Statistikfunktionen, wie das Beispiel in Abbildung 2.13 zeigt.

```
SELECT      TEILNEHMERANZAHL, COUNT (*) AS HÄUFIGKEIT
FROM        KURSE
GROUP BY    TEILNEHMERANZAHL.
```

TEILNEHMERANZAHL	HÄUFIGKEIT
2	3
3	1
12	1

KURSE

KURS NR	BEZEICHNUNG	DOZ NR	TEILNEHMERANZAHL
4219	GITARRE I	25	3
4220	GITARRE II	41	2
4221	GITARRE III	27	12
4226	GITARRENKREIS	41	2
4224	GITARRE IV	25	5
4228	GITARRENKREIS	27	2

Abb. 2.13: Beispiel für die GROUP-BY-Komponente in Verbindung mit der SELECT-Anweisung und deren Wirkung

Die COUNT-Funktion wirkt hier als Zähler für die durch GROUP-BY "verdichteten" einzelnen Vorkommen je Gruppierungswert. Ergänzt werden kann die GROUP-BY-Komponente noch durch die HAVING-Komponente, die wiederum ausschließlich in dieser Kombination zulässig ist. Die HAVING-Komponente wirkt mit Hilfe der enthaltenen Bedingung als Einschränkung der durch Gruppierung ermittelten Ergebnismenge. Auch hier ist eine wirkungsvolle Verwendung

Kapitel 2 71

primär in Zusammenhang mit Statistikfunktionen zu sehen.[120] Unabhängig vom Aufbau einer SELECT-Anweisung im Übrigen können durch die ORDER-BY-Komponente die n-Tupel der Ergebnisrelation in eine zweckmäßige Reihenfolge gebracht werden. Wie schon das Syntaxdiagramm in Abbildung 2.8 zeigt, kann dabei für jedes bei der Sortierung berücksichtigte Attribut individuell festgelegt werden, ob auf- oder absteigend sortiert werden soll. Fehlt die konkrete Festlegung, so wird aufsteigend sortiert. Abbildung 2.14 zeigt die Wirkung einer ORDER-BY-Komponente durch entsprechende Ergänzungen der SELECT-Anweisung aus Abbildung 2.10.

```
SELECT      HONORAR, NAME, VORNAME
FROM        DOZENTEN
ORDER BY    HONORAR DESC, NAME ASC
```

HONORAR	NAME	VORNAME
28	LUSTIG	WILLI
26	FLOTT	FRED
18	HURTIG	ANNE
18	RASCH	ILSE

⇑

DOZENTEN

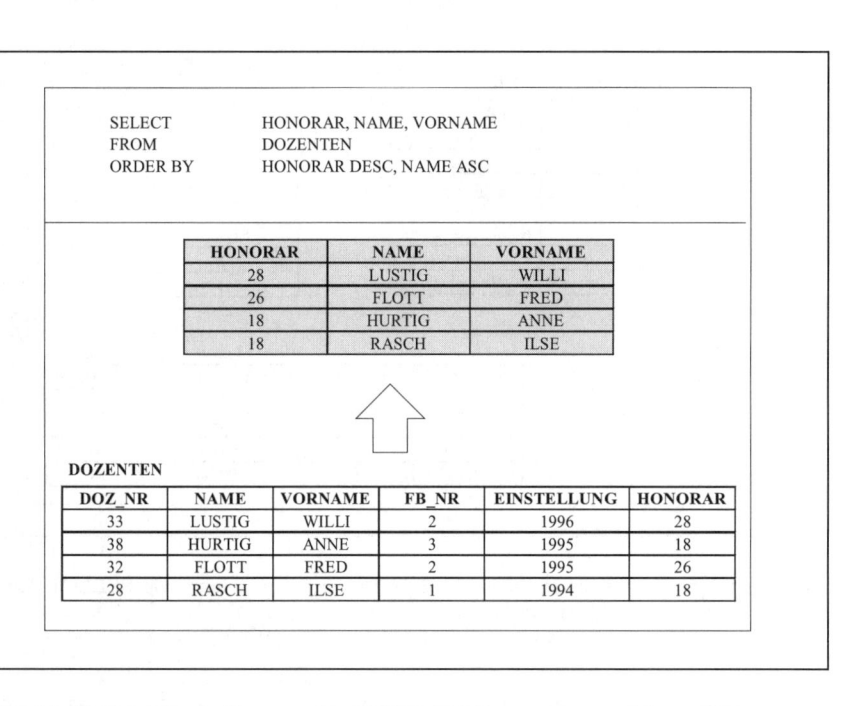

DOZ_NR	NAME	VORNAME	FB_NR	EINSTELLUNG	HONORAR
33	LUSTIG	WILLI	2	1996	28
38	HURTIG	ANNE	3	1995	18
32	FLOTT	FRED	2	1995	26
28	RASCH	ILSE	1	1994	18

Abb. 2.14: Beispiel für die Nutzung der ORDER-BY-Komponente und deren Wirkung

Mit dem nunmehr vorhandenen Wissen über die Komponenten der SELECT-Anweisung wollen wir nun am Beispiel nochmal auf die in Abbildung 2.7 skizzierten Kombinationsmöglichkeiten von SELECT-Anweisungen eingehen. In Abbildung 2.15 ist dazu eine Schachtelung dargestellt, mit deren Ausführung die Bezeichnungen aller Fachbereiche ermittelt werden, die noch mindestens einen Dozenten mit einem Honorar unter 20 DM beschäftigen.

---

[120] Beispiele hierzu vgl. z.B. Schicker (1997), S. 107ff.

```
SELECT      FB_NAME
FROM        FACHBEREICHE
WHERE       FB_NR IN

            SELECT      FB_NR
            FROM        DOZENTEN
            WHERE       HONORAR<20.
```

FB_NAME
Sprache
Politik

FACHBEREICHE

FB_NR	FB_NAME
1	Politik
2	Familie
3	Sprache
4	Kunst
5	Naturwissenschaft
6	Sport
7	Wirtschaft

FB_NR
3
1

DOZENTEN

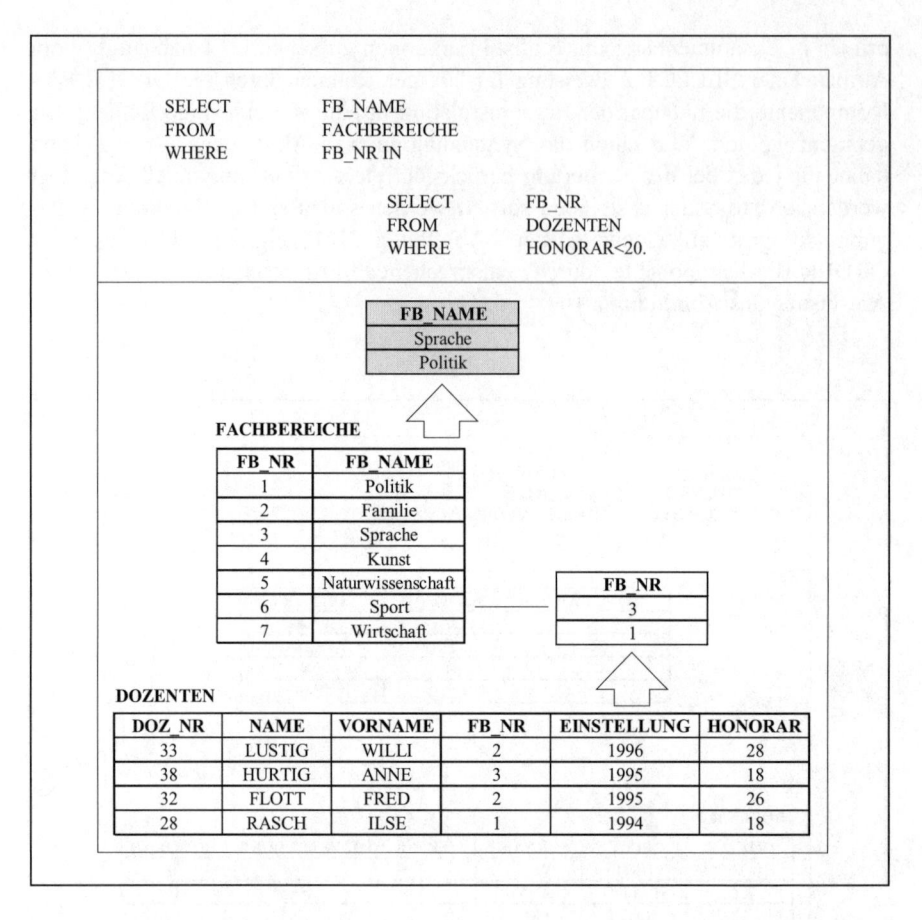

DOZ_NR	NAME	VORNAME	FB_NR	EINSTELLUNG	HONORAR
33	LUSTIG	WILLI	2	1996	28
38	HURTIG	ANNE	3	1995	18
32	FLOTT	FRED	2	1995	26
28	RASCH	ILSE	1	1994	18

Abb. 2.15: Beispiel für die in Abb. 2.7(a) skizzierte Schachtelung von SELECT-Anweisungen und deren Wirkung

Für die Verknüpfung zweier Relationen stehen in SQL_2 die in Abb. 2.9 aufgelisteten Operatoren zur Verfügung. Exemplarisch zeigt Abb. 2.16 die Verwendung eines NATURAL JOIN, die im vorliegenden Fall dazu führt, dass im Ergebnis nur die Dozenten vorkommen können, die mindestens einen Kurs anbieten. Sollen alle Dozenten im Ergebnis vorkommen, so ist dazu ein OUTER JOIN zu verwenden.[121]

---

[121] Vgl. zur weiteren Verwendung von Relationenverknüpfungen z.B. Schicker (1997), S. 108ff.

```
SELECT      DOZ_NR, COUNT (*) AS KURSANZAHL
FROM        DOZENTEN NATURAL JOIN KURSE
GROUP BY    DOZ_NR
ORDERED BY  KURSANZAHL DESC.
```

DOZ_NR	KURSANZAHL
41	3
27	1

⇧

DOZENTEN

DOZ_NR	NAME	VORNAME	TELEFONNUMMER	FB_BR
25	GOTTSCHALK	LUTZ	123	4
41	MÖRSDORF	ELVIRA	888	4
27	WEISS	WOLFGANG	30204	4

KURSE

KURS_NR	BEZEICHNUNG	DOZ_NR	TEILNEHMERANZAHL
4219	GITARRE I	41	3
4220	GITARRE II	41	2
4221	GITARRE III	27	12
4226	GITARRENKREIS	41	2

Abb. 2.16: Beispiel für eine in Abb. 2.7(b) skizzierte Relationenverknüpfung und deren Wirkung

2.3.2.2 Veränderung der Daten (DELETE, UPDATE, INSERT)

Im vorigen Abschnitt haben wir gesehen, wie mit der SELECT-Anweisung ein existierender Datenbestand auf einfache oder auch vielfältige und komplexe Art und Weise ausgewertet werden kann. Damit ist die relationale Vollständigkeit in SQL in Bezug auf die Möglichkeiten der Relationenalgebra und die Leistungsfähigkeit als Query-Sprache gezeigt[122]. Darüber hinaus ist jedoch mit Sprachmitteln von SQL auch die Veränderung einer Datenbank, also das Löschen vorhandener Tabellenzeilen, die Aktualisierung gespeicherter Daten und die Einfügung neuer Tabellenzeilen möglich. Zur Löschung von Tabellenzeilen dient die DELETE-Anweisung, deren Syntax in Abbildung 2.17 dargestellt ist.

---

[122] Vgl. hierzu auch Schicker (1997), S. 115ff.

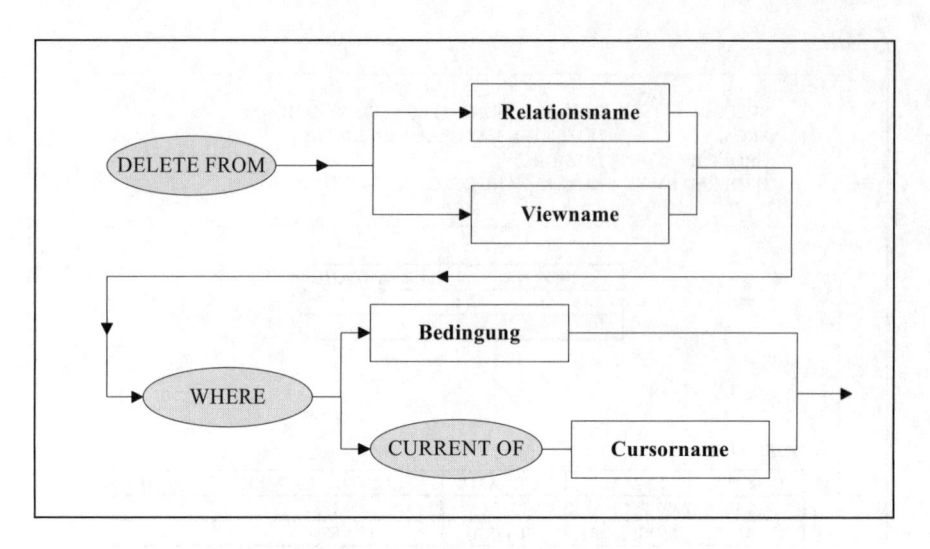

Abb. 2.17: Syntaxdiagramm DELETE-Anweisung

```
DELETE FROM KURSE
WHERE TEILNEHMERANZAHL < 10
```

KURS_NR	BEZEICHNUNG	DOZ-NR	TEILNEHMERANZAHL
5231	SENIORENTANZ	97	10
5233	TANZZIRKEL	97	14
5180	GYMNASTIK	63	12
5235	TANZZIRKEL	98	13

KURSE

KURS_NR	BEZEICHNUNG	DOZ-NR	TEILNEHMERANZAHL
5231	SENIORENTANZ	97	10
5193	AEROBIC	63	8
5233	TANZZIRKEL	97	14
5230	TANZEN I	44	5
5180	GYMNASTIK	63	12
5235	TANZZIRKEL	98	13

Abb. 2.18: Beispiel für die DELETE-Anweisung und deren Wirkung

Kapitel 2   75

Die Wirkung einer Löschanweisung kann bei geeigneter WHERE-Bedingung auf ein n-Tupel beschränkt werden, sich jedoch auch auf mehrere n-Tupel zugleich beziehen. Die Löschung aller Kurse, deren Mindestteilnehmerzahl von 10 nicht erreicht wurde, zeigt Abbildung 2.18.

Die Variante "CURRENT OF Cursorname" ist ausschließlich für Embedded SQL von Bedeutung und wird deshalb hier nicht behandelt. Das gilt auch für die UPDATE-Anweisung und deren Syntaxdiagramm (vgl. Abbildung 2.19).

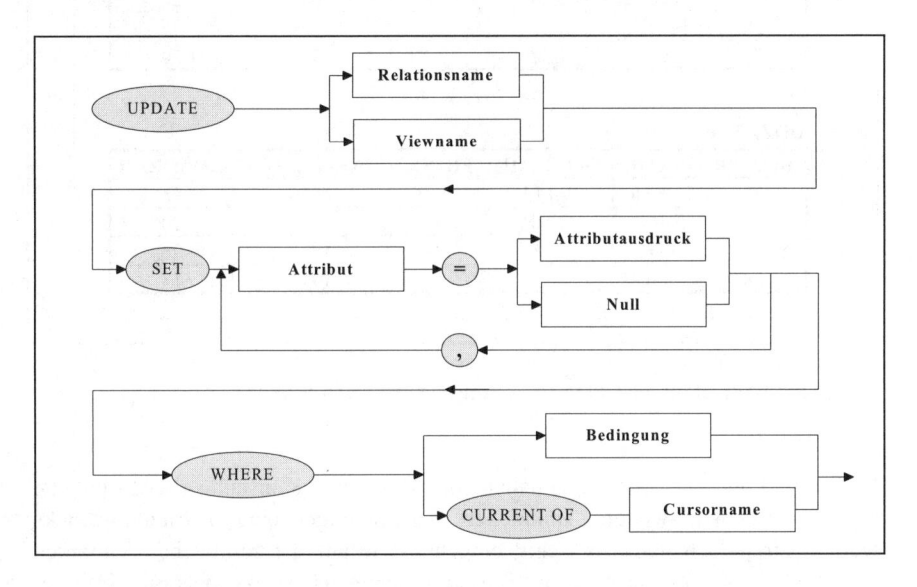

Abb. 2.19: Syntaxdiagramm UPDATE-Anweisung

Analog zur DELETE-Anweisung werden die zur Aktualisierung vorgesehenen n-Tupel also anhand einer WHERE-Bedingung ausgewählt. Mit Hilfe der SET-Komponente können dann einem oder mehreren Attributen durch den Attributausdruck neue Werte zugewiesen oder durch die NULL-Angabe der vorhandene Wert gelöscht werden. Ein Beispiel für die Verwendung der UPDATE-Anweisung zur Anpassung der Dozentenhonorare an das neue Mindesthonorar von 20 zeigt Abbildung 2.20.

```
UPDATE    DOZENTEN
SET       HONORAR=20
WHERE     HONORAR < 20
```

DOZ-NR	NAME	VORNAME	FB_NR	EINSTELLUNG	HONORAR
33	LUSTIG	WILLI	2	1996	28
38	HURTIG	ANNE	3	1995	20
32	FLOTT	FRED	2	1995	26
28	RASCH	ILSE	1	1994	20

⇑

DOZENTEN

DOZ-NR	NAME	VORNAME	FB_NR	EINSTELLUNG	HONORAR
33	LUSTIG	WILLI	2	1996	28
38	HURTIG	ANNE	3	1995	20
32	FLOTT	FRED	2	1995	26
28	RASCH	ILSE	1	1994	18

Abb. 2.20: Beispiel für die UPDATE-Anweisung und deren Wirkung

Im Beispiel der Abbildung 2.20 haben wir es mit einer Konstante als Attributausdruck zu tun. Auf weitere, komplexere Ausprägungen eines Attributausdrucks wollen wir jedoch genauso wenig eingehen wie auf die zahlreichen Varianten eines Relationenausdrucks bei der Einfügung eines neuen n-Tupels mit Hilfe der INSERT-Anweisung (vgl. Abbildung 2.21). Der interessierte Leser sei auf diverse Herstellerliteratur und die exakten Festlegungen im SQL_92-Standard verwiesen.[123]

Eine relativ elementare Nutzung der INSERT-Anweisung zur Aufnahme eines neuen Dozenten in die Dozentendatei zeigt Abbildung 2.22.

---

[123] Vgl. DIN 66315 (1993).

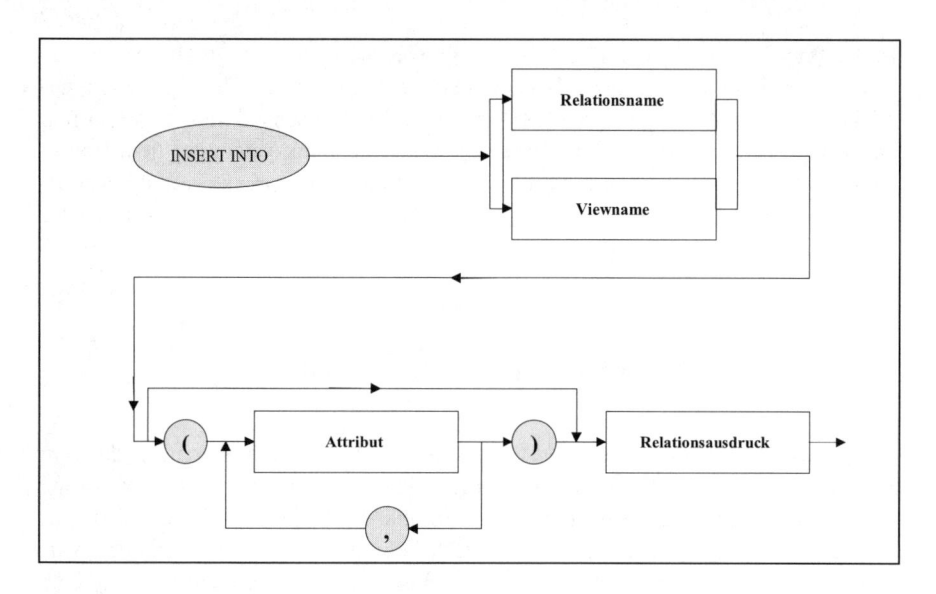

Abb. 2.21: Syntaxdiagramm INSERT-Anweisung

```
INSERT INTO DOZENTEN   (DOZ_NR, NAME, VORNAME, FB_NR,
EINSTELLUNG, HONORAR)
VALUES  (90, 'WEISE', 'HEINZ ', '2 ', 1999, 20)
```

DOZ-NR	NAME	VORNAME	FB_NR	EINSTELLUNG	HONORAR
33	LUSTIG	WILLI	2	1996	28
38	HURTIG	ANNE	3	1995	20
32	FLOTT	FRED	2	1995	26
28	RASCH	ILSE	1	1994	20
90	WEISE	HEINZ	2	1999	20

DOZENTEN

DOZ-NR	NAME	VORNAME	FB_NR	EINSTELLUNG	HONORAR
33	LUSTIG	WILLI	2	1996	28
38	HURTIG	ANNE	3	1995	20
32	FLOTT	FRED	2	1995	26
28	RASCH	ILSE	1	1994	20

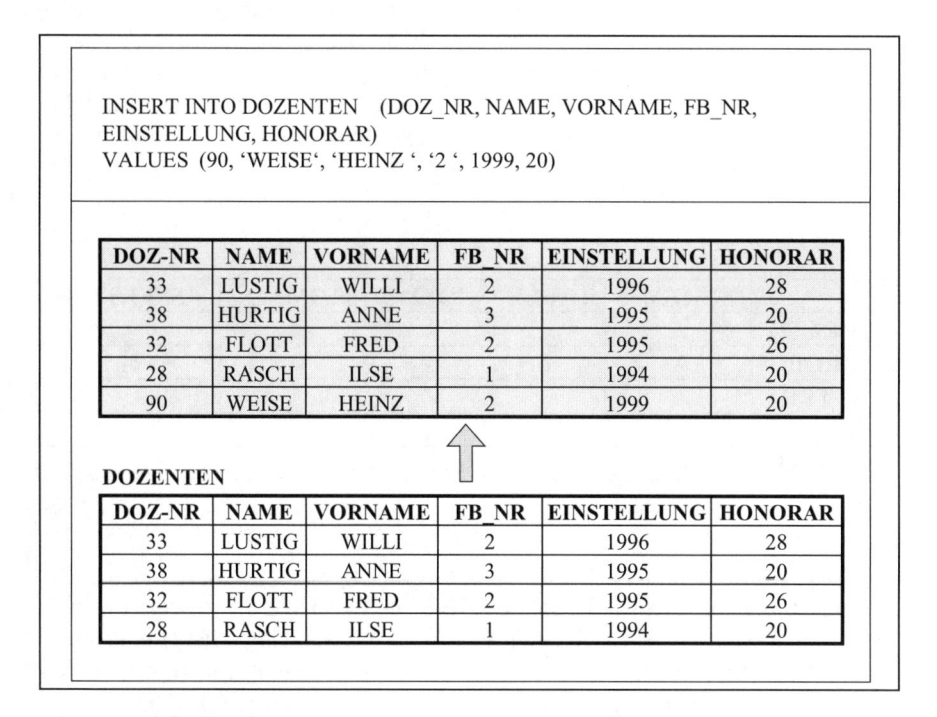

Abb. 2.22: Beispiel für die INSERT-Anweisung und deren Wirkung

In der Praxis werden jedoch heute derartige Geschäftsvorfälle wie die Aufnahme eines neuen Dozenten bei der VHS datenbankmäßig über eine Dialogmaske abgewickelt. Die bei Eintragung bereits durch die Oberflächensoftware vorgeprüften Daten zum neuen Dozenten werden dann dem Datenbanksystem auf dem Datenbankserver zur Aktualisierung der Datenbank aufbereitet, z.B. in Form einer fertigen INSERT-Anweisung, weitergegeben. Der Endbenutzer benötigt also zur Aktualisierung keine SQL-Kenntnisse.

2.3.3 SQL als Datendefinitionssprache (DDL)

SQL wendet sich in der eingebetteten Form (embedded SQL, mehr dazu in Abschnitt 2.3.4) an die programmierenden Datenbankbenutzer, als selbständige Sprache auch an einen größeren Benutzerkreis. SQL bietet Möglichkeiten zur Nutzung einer vorhandenen Datenbank (DML-Funktionen), aber auch zum Aufbau bzw. zur Pflege einer Datenbank (DDL-Funktionen). Alle Funktionen sind so ausgelegt, dass sie – insbesondere für die Lösung einfacher, individueller Problemstellungen – auch von nicht als Programmierer ausgebildeten Personen verwendbar sind. Für eine integrierte Informationsverarbeitung in Unternehmungen auf der Basis möglichst eines unternehmungsweiten, zumindest jedoch eines projektspezifischen Datenmodells sollten jedoch die DDL-Funktionen primär ausschließlich von der Datenbankadministration ausgeübt werden, die damit auch einziger Eigentümer der Datenbank ist. Die in SQL_2 verfügbaren DDL-Befehle und die Objekttypen, auf die sie gerichtet sein können, sind in Abbildung 2.23 kompakt zusammengefasst.

	SCHEMA	TABLE	VIEW	DOMAIN	ASSERTION
CREATE	X	x	x	x	X
DROP	X	x	x	x	X
ALTER		x		x	
GRANT		x	x	x	
REVOKE		x	x	x	

Abb. 2.23: DDL-Befehlsübersicht in SQL_2

Die beiden grau unterlegten Befehle GRANT und REVOKE dienen dem Eigentümer eines Rechtes an einer Relation (TABLE), einer Sicht (VIEW) oder eines Attributtyps (DOMAIN) dazu, anderen Personen dieses Recht zu übertragen (GRANT) oder nach erfolgter Übertragung wieder zu entziehen (REVOKE). Die ebenfalls grau unterlegte VIEW dient vornehmlich dazu, Benutzern oder Benutzergruppen lediglich einen ihrer Rolle gemäßen Ausschnitte der Datenbank zur Nutzung anzubieten. Einzelheiten zu VIEW, GRANT und REVOKE werden wir im Abschnitt 2.3.3.2 behandeln. Auf das konzeptionelle Modell, dessen Umsetzung in Datenbankstrukturen und die Gewährleistung von Maßnahmen zur Erhaltung der Datenkonsistenz zielt die CREATE-Anweisung in Kombination mit einer Relation (TABLE), einem allgemeingültigen DOMAIN-Attributstyp und einer Konsistenzbedingung (ASSERTION). Diese Befehle dienen also zur Umsetzung eines Informationsstrukturmodells oder eines daraus ausgewählten Teilmodells und werden konsequenterweise gleich im nächsten Abschnitt detailliert betrachtet, zusammen mit einigen abrundenden Hinweisen zu den für Anpassungen der Relationen, Attributstypen und Konsistenzbedingungen vorgesehenen Befehlen ALTER und DROP.

2.3.3.1 Umsetzung des Informationsstrukturmodells (ISM) bzw. des konzeptionellen Modells

Eine Datenbank wird gemäß SQL_2 bestimmt durch einen Katalog. Der Katalog ist seinem Eigentümer zugeordnet, und dieser besitzt dementsprechend alle Rechte daran. Die nächste Ordnungsstufe innerhalb eines Katalogs sind Schemata. Dabei ist in jedem Katalog ein Schema von vornherein vorgegeben. Es heißt "Information-Schema" und dient zur Information über den Katalog selbst. Enthalten sind im Information-Schema systemgeführte und für DBS-Nutzer nicht unmittelbar veränderbare Relationen zu u.a. allen Schemata, allen Tabellen, allen Sichten, allen Bedingungen.[124] Der Kataloginhaber sollte nun – abhängig natürlich vom umzusetzenden semantischen Datenmodell bzw. von der Komplexität des abzubildenden Realitätsausschnitts – ein oder mehrere Schemata anlegen, die dann wiederum zur Sammlung logisch zusammengehöriger Tabellen dienen. Innerhalb jedes Schemas müssen dann die gewählten Namen, z.B. für Tabellen, eindeutig sein, d.h. eine gleiche Tabellenbezeichnung ist innerhalb einer Datenbank schemaübergreifend durchaus möglich, wobei durch Voranstellung des Schemanamens für Eindeutigkeit gesorgt werden muss.

Zu einer DDL für eine Datenbank nach dem Relationenmodell gehört natürlich in erster Linie die Möglichkeit, Tabellen für Relationen anzulegen, d.h. die Tabellen zu benennen und für jedes Attribut dessen Namen festzulegen sowie aus dem ISM oder dem betroffenen Realitätsausschnitt erkennbare Angaben zur Datenkonsistenz in die Datenbank zu übernehmen. Dazu bietet SQL in seinem DDL-Teil schon immer den CREATE TABLE-Befehl, mit SQL_2 angereichert um verschiedene Möglichkeiten, auf die Datenkonsistenz positiv einzuwirken (vgl. Abbildung 2.24).

---

[124] Eine tabellarische Aufstellung zum "Information-Schema" findet sich z.B. bei Schicker (1997), S. 167.

Jeder Name in SQL, also auch jeder Relationsname und jeder Attributname, hat mit einem Buchstaben zu beginnen und besteht im Anschluss daran aus einer beliebigen Folge von Buchstaben, Ziffern und dem Sonderzeichen Unterstrich ("_").

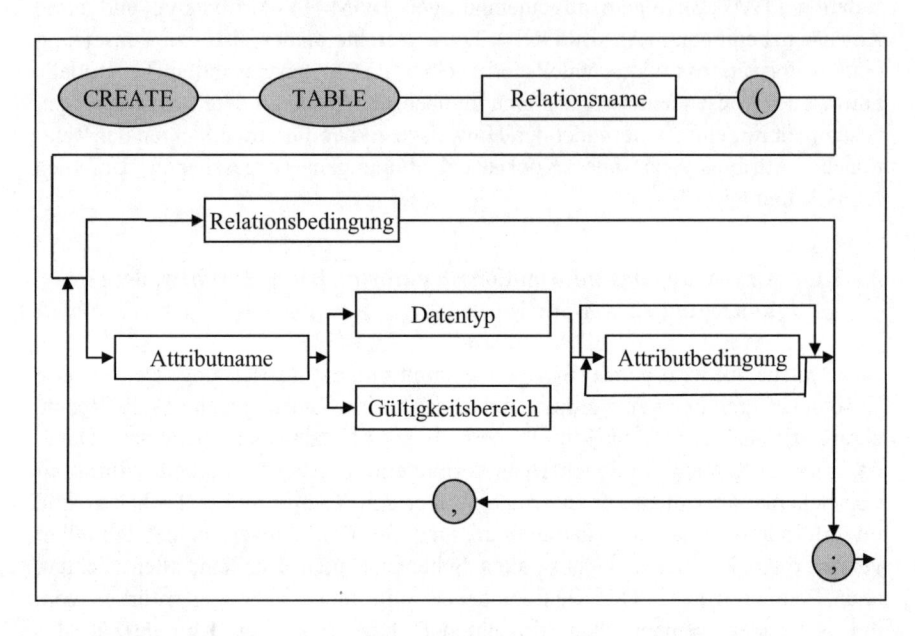

Abb. 2.24: Syntaxdiagramm CREATE TABLE -Anweisung

Jede SQL-Version bietet eine Anzahl von zulässigen, standardmäßig im Sprachumfang enthaltenen Attributtypen an. Für SQL_2 sind einige davon in der Aufzählung in Abbildung 2.25 aufgeführt, bei der konkreten Nutzung muss jedoch die individuelle SQL-Implementierung beachtet werden.[125] SQL_2 bietet jedoch zusätzlich die Option, mittels CREATE DOMAIN-Befehl einen allgemeinen Gültigkeitsbereich bzw. Wertebereich für einen allgemeinen Attributtyp zu definieren.[126] Somit kann über die SQL-Standardtypen hinaus einem Attribut jeder beliebige durch eine CREATE DOMAIN-Anweisung festgelegte Gültigkeitsbereich als Attributtyp zugewiesen werden.

Für unser VHS-Beispiel kann somit die Menge der als Seminarorte maximal in Frage kommenden Ortsbezeichnungen in Form der Ortsteilnamen der beiden betroffenen Kommunen Kaarst und Korschenbroich als Gültigkeitbereich festge-

---

[125] Vgl. z.B. Cironne (1993), S. 33ff. oder Bartels (1998), S. 64ff.
[126] Vgl. Gabriel/Röhrs (1995), Abschnitt 3.2.

legt werden. Wie Abbildung 2.26 zeigt, ist dazu innerhalb des CREATE DOMAIN-Befehls außer dem Typ für den Gültigkeitsbereich durch die integrierte CHECK-Klausel[127] die konkrete Einschränkung der Strings auf die Ortsteilnamen erfolgt. Außerdem zeigt die Abbildung in einem weiteren Beispiel für die Verwendung des CREATE DOMAIN-Befehls die Spezifikation der gültigen Fachbereichsnummern (1 bis 9). VALUE dient jeweils als Platzhalter für die in der konkreten Datenbankdefinition vorkommenden Attribute mit entsprechender Zuweisung zum Ortsteil_Typ bzw. Fb_Nr_Typ.

```
INTEGER
SMALLINT
NUMERIC
CHARACTER
DATE
TIME
```

Abb. 2.25: Auswahl von Standardtypen in SQL_2

```
CREATE DOMAIN Ortsteil_Typ AS CHARACTER ( )
    CHECK (VALUE IN ('Kaarst', 'Holzbüttgen', 'Büttgen', 'Vorst',
           'Driesch', 'Korschenbroich', 'Kleinenbroich', 'Herrenshoff',
           'Raderbroich', 'Liedberg', 'Glehn'));

CREATE DOMAIN Fb_Nr_Typ AS SMALLINT
    CHECK (VALUE BETWEEN 1 AND 9);
```

Abb. 2.26: Beispiele für die Nutzung der DOMAIN-Vereinbarung

Da die CHECK-Klausel auch innerhalb einer Relation zur Gewährleistung der Konsistenz erlaubt ist, "lohnt" sich eine DOMAIN-Vereinbarung mit entsprechender Prüfbedingung insbesondere dann, wenn der vereinbarte Attributtyp tatsächlich in mehreren Relationen verwendet wird.

---

[127] Mehr dazu im Zusammenhang mit der Gesamtbetrachtung der Konsistenz in SQL.

In Abbildung 2.27 ist beispielhaft die Nutzung des CREATE TABLE-Befehls zum Anlegen der Dozentenrelation dargestellt.

Für die Postleitzahl wird hier in Form einer sogenannten Attributbedingung sichergestellt, dass der VHS-Satzung entsprechend Dozenten aus dem Nahbereich einzusetzen sind.

Entsprechende Zugriffsrechte[128] unterstellt, wird auch der vereinbarte Gültigkeitsbereich für die Nummern der Fachbereiche sogleich verwendet. Desgleichen werden hier vordefinierte Typen für den Anredeschlüssel (z.B. 1 für Herrn, 2 für Frau ...) und den Titelschlüssel (1 für Dr., 2 für Prof., ...) genutzt, die beispielsweise auch in der Teilnehmerrelation, der Lieferantenrelation (für Lehrmittel, allg. Sachmittel o.ä.) und der Medienrelation (mit Angaben zu Medienvertretern, beispielsweise bei der Ortspresse) nutzbar sind. Außerdem fungieren die Fachbereichsnummer, der Anredeschlüssel bzw. der Typschlüssel als Fremdschlüssel für die Fachbereichs-, Anrede- bzw. Titelrelation. Die Abhängigkeit zwischen der Dozentenrelation und jeder dieser drei Relationen wird durch die REFERENCES-Klausel beschrieben.

CREATE TABLE Dozenten (		
Doz_Nr	SMALLINT	PRIMARY KEY,
Anredeschlüssel	Anredeschlüssel_Typ,	NOT NULL,
	REFERENCES Anreden (Anr_Nr)	
	ON UPDATE CASCADE	
	ON DELETE NO ACTION,	
Titelschlüssel	Titelschlüssel_Typ,	
	REFERENCES Titel (Tit_Nr)	
	ON UPDATE CASCADE	
	ON DELETE SET NULL,	
Nachname	CHARACTER (30)	NOT NULL,
Vorname	CHARACTER (30)	NOT NULL,
Straße	CHARACTER (40),	
Hausnummer	CHARACTER (10)	NOT NULL,
Postleitzahl	SMALLINT	CHECK
		(41000 < Postleitzahl < 42000),
Ort	CHARACTER (30)	NOT NULL,
Fachbereichsnummer	Fb_Nr_Typ	NOT NULL,
	REFERENCES Fachbereiche (Fb_Nr)	
	ON UPDATE CASCADE	
	ON DELETE NO ACTION,	
Einstellungsdatum	Dates	NOT NULL)

Abb. 2.27: Beispiel für eine Tabellenvereinbarung für die Dozentenrelation

---

[128] Die Zugriffsrechte werden detailliert im folgenden Abschnitt behandelt.

Die allgemeine Form der REFERENCES-Klausel zeigt die Abbildung 2.28.

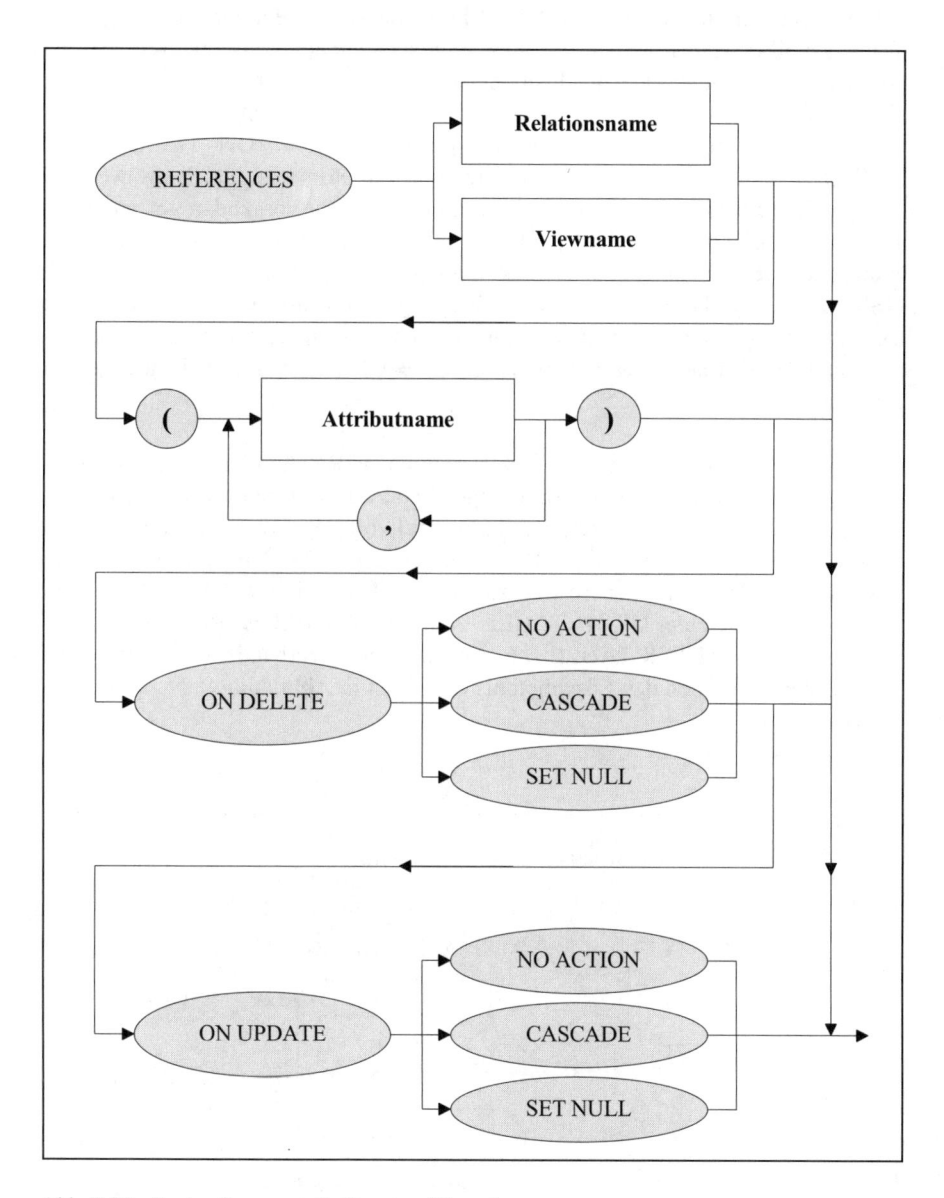

Abb. 2.28: Syntaxdiagramm References-Klausel

Danach können differenzierte Konsequenzen bei Veränderung bzw. Löschung eines referenzierten Primärschlüsselwertes z.B. auf den Fremdschlüsssel oder die gesamte Verarbeitung festgelegt werden. Im Beispiel der Abbildung 2.27 wird für Veränderungen jeweils deren automatischer Nachvollzug in den entsprechenden Fremdschlüsseln vereinbart (ON UPDATE CASCADE). Bei der Löschung eines Primärschlüsselwertes jedoch gibt es unterschiedliche Konsequenzen. So ist implizit die Löschung einer Fachbereichsnummer in der Fachbereichsrelation nur dann zulässig, wenn keine "Verweise" darauf in Form eines entsprechenden Wertes beim Fremdschlüssel FB_NR mehr existieren (ON DELETE NO ACTION). Fällt hingegen in der Titelrelation ein Primärschlüsselwert weg, so werden die referenzierten Fremdschlüsselwerte als nicht vorhanden gekennzeichnet (ON DELETE SET NULL). Die Angaben sind dabei bereits auf den Bindungsgrad der entsprechenden Verknüpfungen im Informationsstrukturmodell (ISM) zurückzuführen, ist doch dort festgelegt, dass ein Dozent immer genau einem Fachbereich zugeordnet sein muss (Bindungsgrad fest) und dass es selbstverständlich auch Dozenten geben kann, die keinen Titel besitzen (Bindungsgrad optional).

Eine einmal für die Datenbank in SQL beschriebene Relation kann natürlich auch später entbehrlich werden oder Änderungen bedürfen, weil relevante Veränderungen im abgebildeten Realitätsausschnitt nachvollzogen werden müssen, um Funktionsfähigkeit und vor allem Konsistenz im Sinne von Übereinstimmung der gespeicherten Daten mit der Realität zu erhalten. Hierzu bietet SQL_2 die korrespondierenden Befehle DROP TABLE zum Entfernen einer Relation aus der Datenbank bzw. ALTER TABLE zum Abändern einer vorhandenen Relation. Die Syntax aller Varianten des Löschbefehls DROP ist in Abbildung 2.29 zusammengefasst.

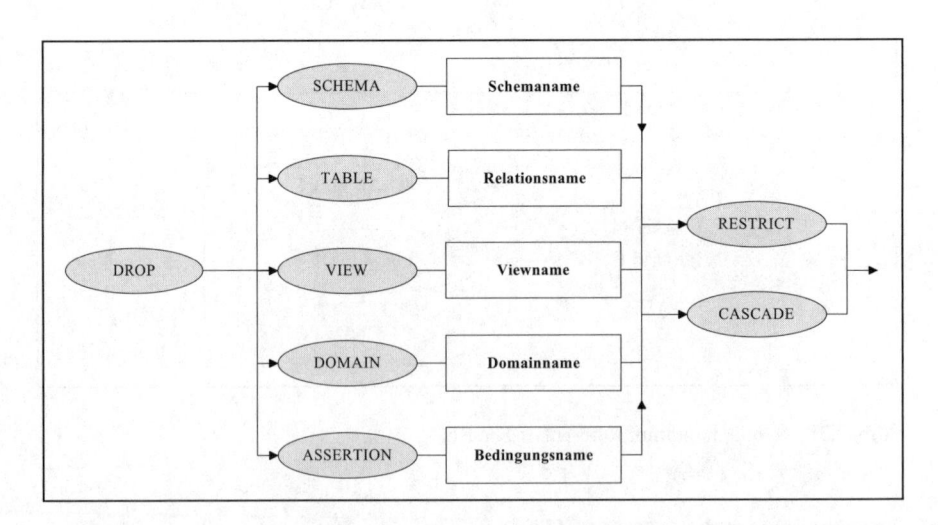

Abb. 2.29: Syntaxdiagramm DROP-Anweisung

Bezogen auf eine Relation gibt es demnach lediglich zu entscheiden, wie bei ggf. noch vorhandenen Verweisen auf die zu löschende Relation zu verfahren ist. Die Alternative CASCADE führt analog zur Wirkung bei der REFERENCES-Klausel zur Löschung auch der Elemente, von denen die zu löschende Relation referenziert wird. Die Alternative RESTRICT entspricht in der Wirkung der NO ACTION-Angabe in der REFERENCES-Klausel.

Abbildung 2.30 zeigt, dass von einer Veränderung einer existierenden Relation entweder ein ausgewähltes Attribut oder eine Konsistenzbedingung betroffen ist. In beiden Fällen geht es konkret um das Hinzufügen oder Löschen entweder eines Attributs oder einer Bedingung.

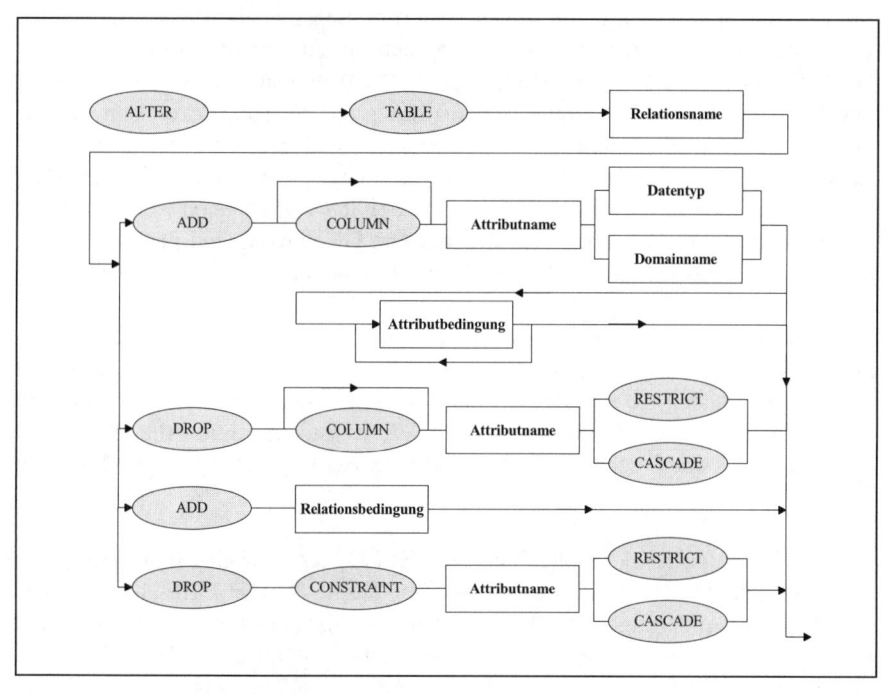

Abb. 2.30: Syntaxdiagramm ALTER TABLE-Anweisung

2.3.3.2 Zugriffsrechte auf die Daten

Zugriffsrechte dienen zur datenbankseitigen Umsetzung realer Zuständigkeiten, wie sie sich beispielsweise aus einem Aufbauorganisations- bzw. Geschäftsverteilungsplan der betroffenen Organisationseinheiten ergeben. Besonders zu berücksichtigen sind darüber hinaus gesetzliche Regelungen, vornehmlich der

Datenschutzgesetze des Bundes und der Länder.[129] Primär verantwortlich für die Vergabe dieser Rechte ist systemseits die Datenbankadministration, deren Angehörige Erst-Rechte zur Nutzung der Datenbank einräumen (müssen), die dann von entsprechend befugten Benutzern im Rahmen der ihnen von der Datenbankadministration eingeräumten Erst-Rechte an einzelne Benutzer oder Benutzergruppen weitergegeben werden können.

2.3.3.2.1 Aufbau externer Schemata (VIEW)

Eine bereits im ANSI-SPARC-3-Schema-Modell vorgesehene Möglichkeit zur Gewährleistung individueller oder gruppenindividueller Rechte sind externe Schemata.[130] In SQL_2 wird ein solches externes Schema als VIEW bezeichnet, womit zugleich ausgedrückt wird, dass es sich um eine Sicht auf die Datenbank handelt, was jedoch für den Benutzer einer VIEW transparent ist. Das heißt für den Benutzer wirkt die Summe seiner VIEWs so, als handele es sich um die vollständige Datenbank und jeweils um entsprechend angelegte Relationen. Tatsächlich jedoch wird dem Benutzer bei Verwendung seiner VIEW eine temporäre, virtuelle Relation durch Auswertung der tatsächlich vorhandenen Relationen erst erzeugt und als solche nicht persistent gemacht. Gleichwohl sind für die Nutzung von VIEWs prinzipiell alle DML-Befehle (vgl. Abschnitt 2.2.3.2) zugelassen.[131]

Als Sprachmittel für die VIEW selbst bietet SQL_2 – wie Abbildung 2.23 schon zeigt – Möglichkeiten zur Einrichtung (CREATE) und Löschung (DROP) sowie zur Rechtevergabe, wie sie allgemein im folgenden Abschnitt 2.3.3.2.2 behandelt werden. Die Syntax zur Löschung einer VIEW ist bereits in Abbildung 2.29 dargestellt, das entsprechende Syntaxdiagramm zur Einrichtung zeigt Abbildung 2.31.

Damit wird aufgrund der Beliebigkeit der SELECT-Anweisung eine VIEW aus ein oder mehreren Relationen abgeleitet. Der Zusatz "WITH CHECK OPTION" bewirkt, dass Änderungen des VIEW-Inhalts vom Datenbankverwaltungssystem (DBVS) nur zugelassen werden, wenn sie der Bedingung in der WHERE-Komponente der SELECT-Anweisung genügen. Abbildung 2.32 zeigt die Einrichtung einer VIEW, die für den öffentlichen Zugang auf VHS-Informationen ein Dozentenverzeichnis ohne schutzwürdige Daten wie z.B. das Honorar und das Geburtsdatum aufbaut. Die GROUP-BY-Komponente führt darüber hinaus zu einer benutzungsfreundlichen, namensorientierten Aufbereitung.

---

[129] Vgl. Gabriel/Röhrs (1995), Abschnitt 8.3; Taday (2000).
[130] Vgl. Gabriel/Röhrs (1995), Abschnitt 7.3.
[131] Zu den Ausnahmen vgl. z.B. Schicker (1997), S. 158ff.

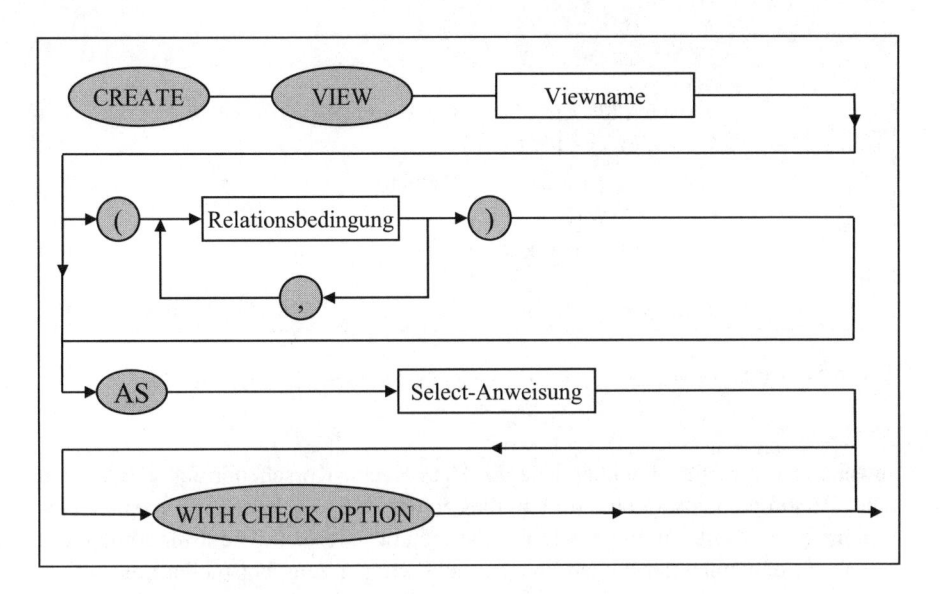

Abb. 2.31: Syntaxdiagramm CREATE VIEW-Anweisung

```
CREATE VIEW    Dozentenverzeichnis
  AS SELECT    Nachname, Vorname, Ort, Telefon
       FROM    Dozenten
   GROUP BY    Nachname,Vorname
```

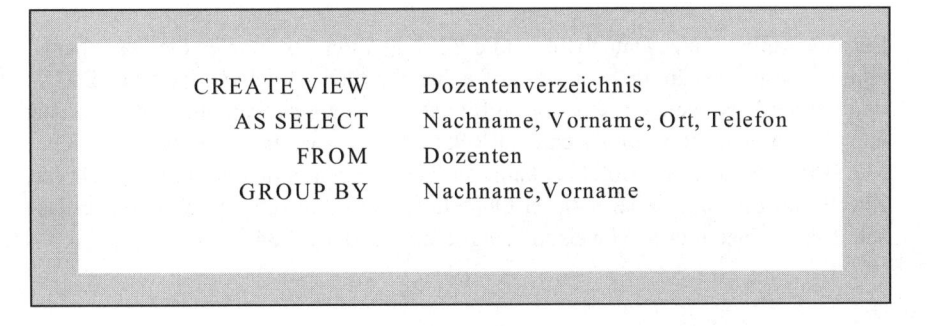

Abb. 2.32: VIEW-Einrichtung für ein öffentlich zugängliches Dozentenverzeichnis

```
CREATE VIEW      Dozenten_FB_Gruppe_A
  AS SELECT      *
       FROM      Dozenten
      WHERE      FB_NR<5
WITH CHECK OPTION.
```

Abb. 2.33: VIEW-Einrichtung für die Dozenten der Fachbereichsgruppe A

Jeweils vier bzw. fünf Fachbereiche der VHS Kaarst-Korschenbroich werden von einer Person gemeinsam betreut. Um dies zu unterstützen, kann die Dozentenrelation in zwei diesbezügliche VIEWs "aufgeteilt" werden. Die Einrichtung der VIEW für den einen der beiden Fachbereichsbetreuer zeigt beispielhaft die Abbildung 2.33. Durch die CHECK-Option wird z.B. verhindert, dass versehentlich ein Dozent einem Fachbereich des anderen Fachbereichsbetreuers zugeordnet wird.

2.3.3.2.2 Vergabe von Zugriffsrechten (GRANT und REVOKE)

Für den Aufbau einer Datenbank und die Pflege ihrer Struktur ist die Datenbankadministration zuständig. Nur sie darf daher die DDL-Befehle CREATE, DROP und ALTER verwenden. Zwangsläufig ist die Datenbankadministration damit auch Eigentümer aller eingerichteten Relationen, Views und Gültigkeitsbereiche. Mit Hilfe des GRANT-Befehles kann die Datenbankadministration lediglich den Zugriff auf die Dateninhalte dieser Objekte für einzelne oder alle Benutzer zulassen. Den Aufbau dieser Anweisung zeigt die Abbildung 2.34.

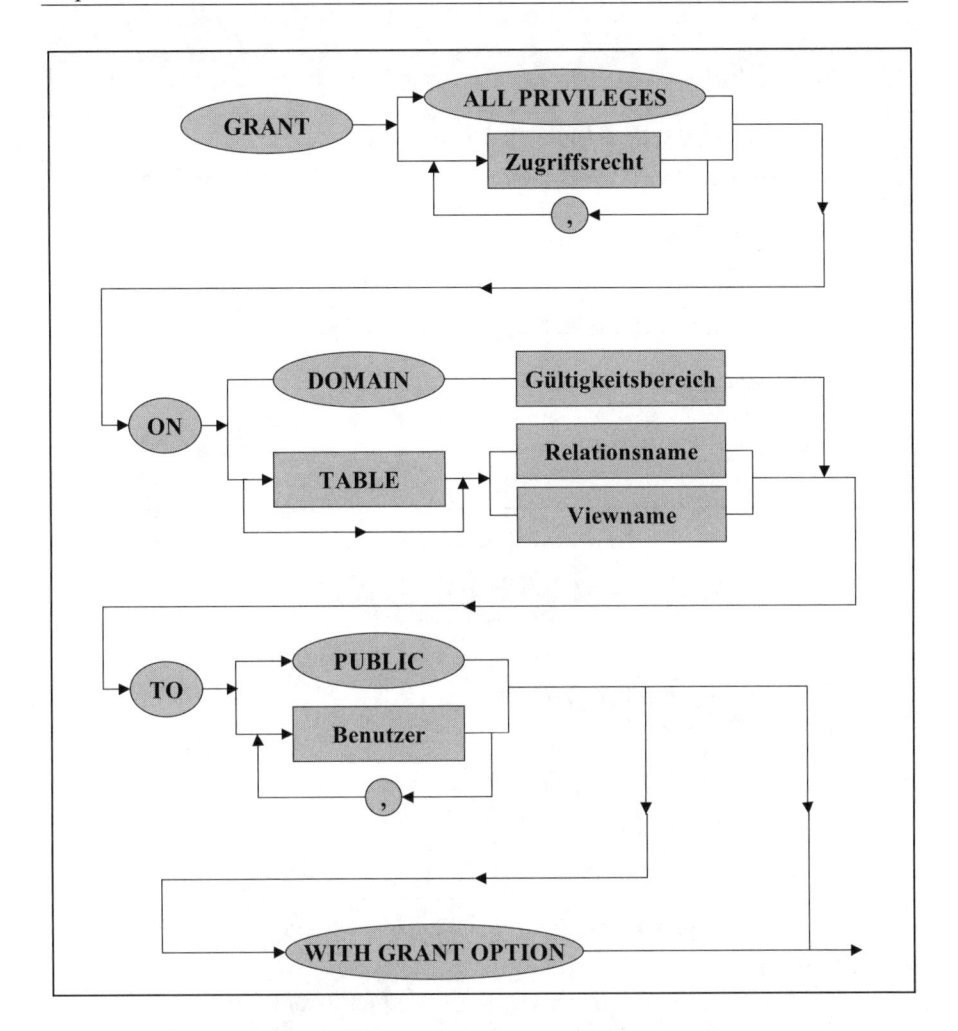

Abb. 2.34: Syntax-Diagramm GRANT-Anweisung

Die vergebbaren Rechte korrespondieren weitgehend mit den DML-Anweisungen (vgl. Abschnitt 2.3.2), ergänzt u.a. um die Möglichkeiten, das Ändern oder Einfügen auf einzelne Attribute einer Relation zu begrenzen und einen definierten Gültigkeitsbereich zu benutzen. Die Klausel "WITH GRANT OPTION" erlaubt dem künftigen Rechtebesitzer, diese oder einzelne dieser Rechte seinerseits weiterzugeben. Im Beispiel der Abbildung 2.35 wird das Recht zum Lesen und Ändern eines Dozentenhonorars dem VHS-Leiter zugewiesen, der es gezielt beispielsweise bei längerer persönlicher Abwesenheit seinem Vertreter, dann jedoch z.B. ohne erneute Weitergabe-Option, übertragen kann. Nach seiner Rückkehr kann er dem Vertreter das Recht, ggf. teilweise, wieder entziehen.

GRANT SELECT, UPDATE (HONORAR)
ON Dozenten TO VHS-Leiter

WITH GRANT OPTION

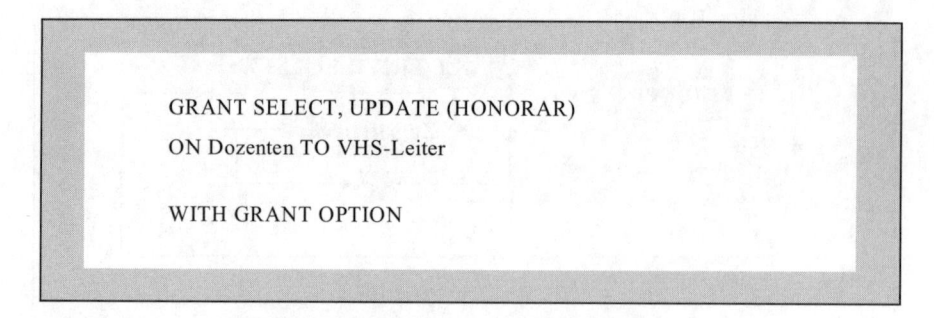

Abb. 2.35: Beispiel GRANT-Anweisung

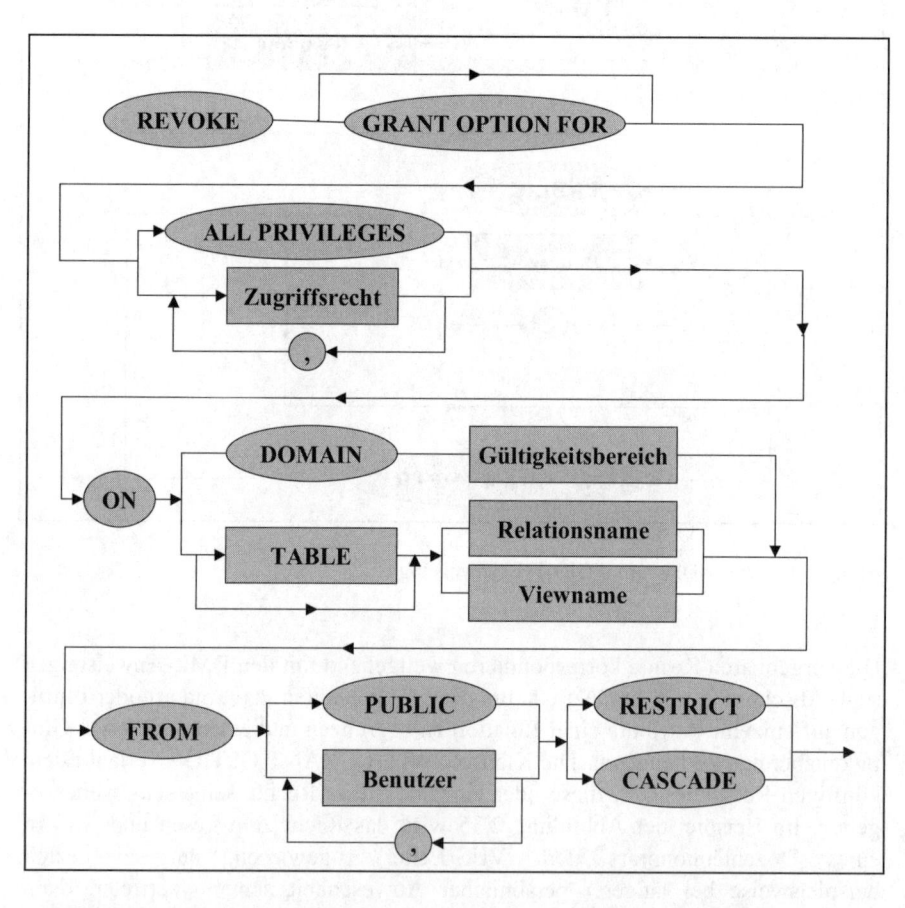

Abb. 2.36: Syntaxdiagramm REVOKE-Anweisung

Dazu dient allgemein die REVOKE-Anweisung, deren Aufbau in Abbildung 2.36 dargestellt ist.

Die REVOKE-Anweisung erlaubt als Pendent zur GRANT-Anweisung den globalen oder selektierten Entzug zuvor mittels GRANT übertragener Zugriffsrechte. Dabei muss in SQL_2 bewusst das Verhalten des DBVS für den Fall festgelegt werden, dass vom REVOKE-Befehl betroffene Rechte von einem betroffenen Benutzer seinerseits bereits anderen weitergegeben wurden. Bei der Angabe CASCADE werden die Rechte auch allen indirekt, d.h. durch Weitergabe betroffenen Benutzern mit entzogen, bei RESTRICT wird der REVOKE-Befehl gar nicht ausgeführt.

2.3.4 Embedded SQL

SQL bietet als selbständige Sprache – auch interessierten Programmierlaien – je nach Rechtevergabe die Möglichkeit, Datenbanken aufzubauen, deren Strukturen zu pflegen, die Datenbank mit Daten zu füllen, in der Datenbank gespeicherte Daten zu lesen, zu ändern und zu löschen. SQL arbeitet dabei (vgl. Abschnitte 2.3.2 und 2.3.3) im Quellcode grundsätzlich mit Konstanten oder parametrischen Konstanten, denen zur Laufzeit im Dialog der jeweils aktuelle Parameterwert übergeben wird. SQL arbeitet dabei außerdem grundsätzlich tabellenorientiert, d.h. das Ergebnis einer Datenbankabfrage ist wiederum eine Tabelle, die jedoch ggf. nur aus einem n-Tupel, also einer Tabellenzeile besteht. Die Ergebnisse der SQL-Abfragen werden standardmäßig am Bildschirm angezeigt. SQL_2 verfügt nicht über die Kontrollstrukturen wie Verzweigung und Schleife, die zur Entwicklung von Programmen für komplexe Aufgabenstellungen zwingend erforderlich und daher in allen vollständigen Programmiersprachen (vgl. Abschnitt 2.1) auch enthalten sind.

Um nun im Rahmen komplexer Programme gleichwohl standardisiert auf relationale Datenbanken zugreifen zu können, können die Programmierer zahlreicher vollständiger Programmiersprachen die eingebettete Form von SQL, das sogenannte Embedded SQL (ESQL)[132] nutzen, denn die meisten Datenbanksystemhersteller bieten eine ESQL-Schnittstelle in Form eines Precompilers an. Die genutzte Programmiersprache, zumeist aus der 3. Generation, wird in diesem Zusammenhang als Wirtssprache (host language) bezeichnet. Überall wo Wirtssprachen-Anweisungen zugelassen sind, können jetzt auch ESQL-Anweisungen stehen. Jede SQL-Anweisung, die in der bisher vorgestellten selbständigen Form, also interaktiv, genutzt werden kann, ist grundsätzlich auch in ESQL zugelassen. Für die Verbindung zwischen Wirtssprache und SQL sind

---

[132] Vgl. Kleinschmidt/Rank (1997), S. 135ff.

jedoch insbesondere drei Besonderheiten zu beachten: Variablen zum Austausch von Daten in beiden Richtungen, Statusinformation über den Erfolg oder Misserfolg von ESQL-Anweisungen und ein Cursor-Konzept zur Verknüpfung des mengenorientierten SQL mit der satzorientierten Wirtssprache.

Überall dort, wo in selbständigen SQL-Anweisungen Konstante vorkommen können, sind in ESQL Variable möglich zum Datenaustausch mit der Wirtssprache. In Anlehnung an die englischsprachige Wirtssprachenbezeichnung werden sie auch in der deutschsprachigen Literatur als Host-Variable bezeichnet. Zur Unterscheidung gegenüber SQL-Namen werden Host-Variable mit einem ":" als Präfix versehen. Um sie dem Precompiler bekannt zu machen, ist jede Host-Variable vor der erstmaligen Verwendung zu deklarieren. Ein Beispiel für eine derartige Deklaration und die Nutzung der Host-Variablen zeigt die Abbildung 2.37. Das dort dargestellte PASCAL-Programm dient dazu, Kurse aus dem VHS-Semesterangebot zu löschen, die – beispielsweise wegen zu geringer Teilnehmerzahl – nicht stattfinden.

```
program Kurs_stornierung;
begin
exec SQL begin declare section
var stornonummer: integer;
exec SQL end declare section;

exec SQL connect vhs_db;
stornonummer: = 0;
while stornonummer < 9999
begin
writeln ('bitte Stornonummer eingeben, bei 9999 Ende
der Bearbeitung').
readln (stornonummer);
if stornonummer < 9999
then
begin
exec SQL
delete from Kurse
where Kursnummer =: stornonummer;
end;
exec SQL commit work release;
end.
```

Abb. 2.37: Programmbeispiel Embedded SQL

Im Beispielprogramm der Abbildung 2.37 sind keinerlei Vorkehrungen getroffen, um bei Stornierungsversuchen für Kursnummern, die in der Datenbank gar nicht geführt werden, definiert zu reagieren. SQL_2 bietet als Grundlage derartiger Reaktionen durch das Wirtsprogramm eine gestufte Statusangabe mit der Bezeichnung SQLSTATE. Im Standard sind zu SQLSTATE 30 Fehlerklassen mit maximal 20 Unterklassen je Klasse tabellarisch aufgeführt.

Zusätzlich ergibt sich ein großes Fehlerklassenreservoir zur implementierungsabhängigen Nutzung durch den jeweiligen Precompiler-Lieferanten[133]. Aus Kompatibilitätsgründen weiter unterstützt wird außerdem die aus SQL_1 bekannte Integer-Variable namens SQLCODE, die bei erfolgreicher Beendigung eines SQL-Aufrufs den Wert 0, bei nicht vorhandenen Daten den Wert 100 und in Fehlerfällen implementierungsabhängig negative Werte aufweist[134].

Wird mit Hilfe der SELECT-Anweisung eine Ergebnisrelation erzeugt, so kann bei garantierter Mächtigkeit 1, d.h. einer Rückgabe genau eines n-Tupels an das aufrufende Wirtsprogramm, eine Variante der bisher bekannten SELECT-Anweisung mit einer zusätzlichen INTO-Komponente genutzt werden. Spezifiziert wird in der INTO-Komponente je Attribut in der SELECT-Attributliste eine vordefinierte Host-Variable zwecks Weiternutzung der aus der Datenbank gelesenen Attributwerte im Wirtsprogramm.

Werden als Ergebnis einer Datenbankabfrage jedoch Relationen mit beliebiger Mächtigkeit erwartet, so ist das CURSOR-Konzept von SQL_2 zu nutzen und auf die INTO-Komponente zu verzichten. Logisch steht dann ein Zeiger zur Verfügung, der jeweils genau ein n-Tupel der Ergebnisrelation adressiert. Das Wirtsprogramm kann die Attributwerte dieser n-Tupel in eigene Variablen übernehmen, weiterverarbeiten und danach den Zeiger auf das logisch und physikalisch folgende n-Tupel setzen lassen. Durch regelmäßige Prüfung der Statusinformation in SQLSTATE oder SQLCODE kann sodann eine gezielte Endebearbeitung stattfinden, wenn die Ergebnisrelation vollständig abgearbeitet ist.[135]

Embedded SQL ist bereits Teil des SQL_1-Standards aus den 80er Jahren. In die Wirtssprache integriert werden – wie oben beschrieben – fertige SQL-Anweisungen, die zur Laufzeit Steuerungs- und Nutzdaten mit der Wirtssprache austauschen können. Diese Einbettungsform wird mit dem SQL_2-Standard, d.h. ab 1992, als statisch bezeichnet und damit von dynamischem SQL abgegrenzt. Bei dynamischem SQL kann jede SQL-Anweisung unter der Regie des Wirtssprachenprogramms zur Laufzeit erst gestaltet, übersetzt und – ggf. mehrfach – ausgeführt werden. Dynamisches SQL wird benötigt, wenn z.B. Relationen, Attribute,

---

[133] Detailinformationen hierzu sind in ISO/IEC 9075, 1992 (E), S. 533ff. enthalten.
[134] Vgl. ISO / IEC 9075; 1992 (E), S. 527.
[135] Zum CURSOR-Konzept vgl. Schicker (1997), S. 255ff.

Suchbedingungen erst zur Laufzeit bekannt sind.[136] Darüber hinaus kann es aus Zweckmäßigkeitsgründen verwendet werden, wenn die Anzahl statistischer SQL-Anweisungen und insbesondere von deren Varianten zu unübersichtlichen, schwer wartbaren Programmen führt. "Bezahlt" werden muss die zusätzliche Flexibilität bei dynamischem SQL mit dem Compilieraufwand zur Laufzeit, der sich zwangsläufig nachteilig auf die Performance der Anwendung auswirkt. Zu Einzelheiten der dynamischen SQL-Implementierung ist die Nutzung der jeweiligen DBS-Herstellerliteratur erforderlich[137].

2.4 Zusammenfassung und Entwicklungstendenzen der Datenbanksystemsprachen

Eine Datenbanksystemsprache stellt als Teil der Datenbankkommunikationsschnittstelle (DBKS) Funktionen für Beschreibung und/oder Nutzung einer Datenbank zur Verfügung. Sie orientiert sich damit zwangsläufig auf der einen Seite am Datenmodell des betroffenen Datenbanksystems und auf der anderen Seite an Fähigkeiten und Anforderungen der Datenbanksystem- und damit auch Sprach-Benutzer. Historisch bedeutete dies zunächst eine Dominanz der am CODASYL-Modell orientierten, prozeduralen und in Wirtssprachen eingebetteten Datenbanksystemsprachen. Mit dem wachsenden, heute überwältigenden Marktanteil von relationalen Datenbanksystemen einher ging die Verbreitung von Sprachen mit deskriptiven Optionen, die häufig mit relativ geringem Lernaufwand in selbständiger Form nutzbar oder in mächtigen Programmiersprachen der 4. Generation (4GL) integriert waren.

Die zunehmende Nachfrage nach offenen Systemen und nach einer einheitlichen, schichtenorientierten Softwarearchitektur beschränkte die proprietären 4. Generationssprachen auf einen heute schon geringen, künftig nurmehr nischenhaften Marktanteil. Gleichzeitig wurde – u.a. dadurch und durch den Standardisierungsprozess begünstigt – SQL zu *der* Datenbanksystemsprache der späten 80er und 90er Jahre. Wie Abschnitt 2.3 zeigt, sind die Grundfunktionalitäten von SQL insbesondere in Form der selbständigen, interaktiven Datenbanksystemsprache leicht verständlich und erlernbar. Für den programmierenden SQL-Benutzer steht zudem SQL in der eingebetteten Form für zahlreiche Programmiersprachen zur Verfügung. Dabei ist es für den Nutzer, der mit der Wahl von SQL auch die Portabilität seiner Programme in andere Umgebungen und insbesondere die wahlweise Verwendung von Datenbanksystemen verschiedener Hersteller anstrebt,

---

[136] Vgl. Mattos (1995), S. 91ff.
[137] Vgl. z.B.Software AG (1997), S. 69ff.

von herausragender Bedeutung, sich auf standardisierte Sprachelemente zu beschränken. Tatsächlich bietet das von den Datenbanksystemherstellern angebotene SQL heute durchweg den – allerdings nur weitgehend auch einheitlich implementierten – Umfang von SQL_1 und dessen Weiterführung im Entry Level von SQL_2. Anstelle der konsequenten aber zeitaufwändigen Implementierung des Intermediate und Full Level von SQL_2 haben die Hersteller vor allem aus Marketinggesichtspunkten SQL-Erweiterungen realisiert und ihren Kunden angeboten, die erst mit SQL_3, d.h. seit 1999, als Standard spezifiziert sind. Ein eklatantes Beispiel hierfür ist die Erweiterung von SQL zu einer eigenen prozeduralen Programmiersprache mit z.B. den üblichen Kontrollstrukturen durch die Firma Oracle.[138] Benutzerdefinierbare Datentypen, Routinen und Zugriffspfade, Kollektionstypen und Row-Typen bietet im Vorgriff auf SQL_3 der Informix Universal Server.[139] Dabei wurde in Kauf genommen, dass der später verabschiedete Standard von der vorweg genommenen Implementierung abweicht.

SQL_3 wiederum versucht, den Technologie- und Paradigmenentwicklungen im allgemeinen Umfeld der Datenbanksysteme Rechnung zu tragen, die natürlich auch erhebliche Anforderungen an Datenbanksysteme mit sich bringen. Auf die wichtigsten Entwicklungen wird später der jeweiligen Bedeutung angemessen eingegangen. Erst in Verbindung mit der Behandlung und Darstellung der jeweiligen Konzepte ist dann auch die Betrachtung der Auswirkungen auf die jeweilige Datenbankkommunikationsschnittstelle bzw. vorhandene Datenbanksystemsprachen sinnvoll. Deshalb sollen hier nachfolgend die Tendenzen im Wesentlichen nur genannt werden.

Allgemeine Portabilitätsziele und die Nutzung von Datenbanksystemen in verteilten Informationssystemen haben die Entwicklung standardisierter Schnittstellen unterhalb von SQL bzw. einer Datenbanksystemsprache allgemein begünstigt, die aus Benutzersicht auch als virtuelle Datenbankschnittstelle bezeichnet wird.[140] Als konkretes Beispiel führen sie dann den von Microsoft entwickelten "Industriestandard" ODBC (Open Data Base Connectivity) an, dessen Treiberprogramme die Zugriffe für nahezu beliebige SQL-fähige Datenbanksysteme auf den verschiedensten Betriebssystem- oder Hardwareplattformen gewährleisten. Ein wichtiges neueres Konzept bietet unter dem Namen OLE-DB (*O*bject *L*inking and *E*mbedding-*D*ata *B*ase) ein in Verbindung mit komponentenbasierter Software nutzbares Datenzugriffsmodul[141].

---

[138] Eine ausführliche Beschreibung dieser PL/SQL genannten SQL-Variante findet sich bei Kleinschmidt/ Rank (1997), Kapitel 6.
[139] Vgl. Rahm (1999), S. 6-24ff.
[140] Vgl. Stahlknecht/Hasenkamp (1999), S. 214.
[141] Eine Übersicht zur dynamischen Entwicklung bei Schnittstellen zum Zugriff auf Datenbanksysteme geben Nußdorfer/Bauer (1998), S. 52ff.

Details zu Datenbankzugriffschnittstellen werden jedoch besser in Verbindung mit Verteilten Datenbanksystemen (VDBS) behandelt.[142] Bei einem VDBS ist – wie bei einem klassischen DBS – logisch ein Datenbankverwaltungssystem für die Verwaltung von logisch einer Datenbank verantwortlich. Erforderlich sind hier geeignete Sprachmittel zur Spezifikation des konzeptionellen Schemas als Zusammenfassung lokaler konzeptioneller Schemata bzw. zum Entwurf der Verteilung des konzeptionellen Schemas auf lokale Schemata. Liegt ein Verbund grundsätzlich autonomer Datenbanksysteme vor, so spricht man bei dieser Architektur auch von einem Multidatenbanksystem bzw. von einem föderierten Datenbanksystem[143]. Für die Nutzung von Multidatenbanksystemen wird eine Sprache benötigt, die es z.B. erlaubt, in einer Abfrage auf mehrere Datenbanken gleichzeitig zuzugreifen. Hierzu stellt Conrad mit MSQL und SchemaSQL zwei Ansätze vor, die auf unterschiedliche Art und Weise notwendige Erweiterungen von SQL bieten[144]. Dabei wird jedoch grundsätzlich für jedes beteiligte Datenbanksystem das Relationenmodell unterstellt.

Tatsächlich jedoch ergeben sich durch die zunehmende Verbreitung des objektorientierten Paradigmas zur Entwicklung von Informationssystemen auch erhebliche Auswirkungen auf die effiziente Ablage und Verwaltung der Objekte in Datenbanken. Sowohl eigene zu diesem Zweck entwickelte und seit einigen Jahren auch marktgängige Objektorientierte Datenbanksysteme (OODBS) als auch die Erweiterung relationaler zu sogenannten objektrelationalen Datenbanksystemen können hier nicht ausführlich betrachtet werden. Daher soll auch auf z.B. die von der ODMG bereits 1993 als Standard empfohlene Abfragesprache OQL (Object Query Language)[145], die objektorientierten Konzepte in SQL_3[146] und insbesondere JDBC, die Zugriffschnittstelle der objektorientierten Programmiersprache Java zu Datenbanksystemen[147], an dieser Stelle nur hingewiesen werden. In den Kapiteln 6 und 7 gehen wir ausführlicher darauf ein.

Die technologische Entwicklung mit fortschreitender Digitalisierung im allgemeinen führt grundsätzlich zu einer immer größeren, exponenziell wachsenden Menge der zu speichernden und zu verwaltenden Informationen, wobei deren Komplexität sich in rasantem Tempo von relativ einfach strukturierten Daten zu äußerst komplexen Multimedia-Datentypen wie Audio, Video, 2-D, 3-D entwickelt[148]. Selbstverständlich ist hier auch ein großer Einfluss der Internet-

---

[142] Vgl. Abschnitt 6.2.2 in Teil B.
[143] Eine präzise Begriffsabgrenzung dazu gibt es in Conrad (1997), S. 38ff. sowie in den Kapiteln 5 und 6.
[144] Vgl. Conrad (1997), Abschnitt 7.1.
[145] Vgl. Vossen (2000), Kap. 13.
[146] Einige Beispiele dazu finden sich z.B. bei Rahm (1999) Kapitel 6.
[147] Vgl. Hamilton, G. et. al. (1998).
[148] Vgl. z.B. Pliegl (1998), S. 12ff.

Technologie zu beobachten. Im Bereich der Datenbanksystemsprachen wird dem z.B. in SQL_3 Rechnung getragen.

Ein anderer Ansatz setzt auf die Extensible Markup Language (XML) als offener Industriestandard zur Beschreibung von Dokumenten als auch zur Definition von Datenbankinformationen, die über das Internet bereitgestellt werden[149]. Mit der wachsenden Bedeutung von Informationen bzw. deren schneller und gezielter Verfügbarkeit aus einer wiederum schnell wachsenden Informationsmenge wird auch der Einsatz von z.B. Data Warehouse-Lösungen für die meisten Unternehmungen zwingend erforderlich. Damit einher gehen verstärkte Untersuchungen, Konzepte und Realisierungen aus dem Gesamtbereich der multidimensionalen Informationssysteme[150]. Dabei werden dann in erforderlichem Umfang auch die Implikationen auf modellbildende und multidimensionale Datenbanken nutzende Sprachmittel behandelt.

---

[149] Vgl. Harbarth (1998), S. 17ff.; Krause (1999).
[150] Vgl. Gluchowski/Gabriel/Chamoni (1997) und Kapitel 8.

2.5 Übungsaufgaben zu Datenbanksystemsprachen

Aufgabe 2-1: Was sind Datenbanksystemsprachen? Ordnen Sie die Datenbanksystemsprachen in die Programmiersprachen und Programmiersprachengenerationen ein.

Aufgabe 2-2: Diskutieren Sie die Vor- und Nachteile selbständiger und eingebetteter Datenmanipulationssprachen.

Aufgabe 2-3: Skizzieren Sie den Entwicklungs- und Normungsprozess von SQL.

Aufgabe 2-4: Zeigen Sie allgemein und anhand eines selbstgewählten Beispiels, wie die PROJECT-Operation der Relationenalgebra in SQL umgesetzt ist.

Aufgabe 2-5: Erläutern Sie, wie die externen Schemata des 3-Ebenen-Modells der ANSI in SQL spezifiziert werden können.

Aufgabe 2-6: Im Informationsstrukturmodell (ISM) werden bereits konsistenzfördernde Festlegungen getroffen. Überlegen Sie, ob und ggf. wie diese in SQL implementiert werden können.

Aufgabe 2-7: Erläutern Sie, ob und welche ggf. unterschiedlichen Auswirkungen auf die Performance einer Anwendung durch deskriptive oder prozedurale Programmierung entstehen.

Aufgabe 2-8: Formulieren Sie die SQL-Anweisung zum Anlegen der Kurs-Relation aus Abbildung 2.13.

Aufgabe 2-9: Leiten Sie aus der in Abbildung 2.27 dargestellten Tabellenvereinbarung für die Dozentenrelation das zugrundeliegende ISM ab.

Aufgabe 2-10: Nehmen Sie Stellung zu der Aussage, dass seit der Veröffentlichung des SQL_3-Standards Ende 1999 eine Beschäftigung mit früheren Standards wie beispielsweise SQL_2 in der betrieblichen Praxis nicht mehr erforderlich ist.

Aufgabe 2-11: Erläutern Sie die Wirkung eines CREATE INDEX-Statements und begründen Sie dessen Wegfall in SQL_3.

Aufgabe 2-12: Diskutieren Sie die möglichen Entwicklungstendenzen der Datenbanksystemsprachen.

2.6 Literatur zu Kapitel 2

Bartels, U. (1998): Herstellerspezifische SQL-Varianten – Zwischen Norm und Wirklichkeit, in: Datenbank Fokus, 6 1998, S. 64-74.

Boyce, R. F.; Chamberlin, D. D. (1973): Using a structured English query language as a data definition facility, IBM Res. Rep. RJ1318, San José 1973.

Chamberlin, D. D. (1976): SEQUEL 2: A unified approach to data definition, manipulation and control, in: IBM Journal Research Development, 20 (1976), S. 560-575.

Chamberlin, D. D.; Boyce, R. F. (1974): SEQUEL: A Structured English Query Language, in: Proc. ACM-SIGFIDET Workshop on Data Description, Access and Control, Ann Arbor, Mai 1974.

Chen, P. P. (1976): The Entity-Relationship-Model – Toward a Unified View of Data, in: ACM TODS, Vol 1, No. 1, 1976, S. 9-36.

Cironne, B. (1993): Kompatibilität ist ein sehr relativer Begriff, in: Computerwoche 49/93, S. 33-36.

Codd, E. F. (1970): A Relational Model of Data for Large Shared Data Banks, in: CACM 13, Nummer 6, Juni 1970, S. 377-387.

Codd, E. F. (1971): A data sublanguage founded on the relational calculus, in: Proceedings 1971 ACM-SIGFIDET Workshop on Data Description, Access and control, New York 1971, S. 35-68.

Codd, E. F. (1972): Further normalization of the data base relational model, in: Rustin, R. (Hrsg.): Data Base Systems, New York 1972, S. 33-64.

Conrad, S. (1997): Föderierte Datenbanksysteme, Berlin u.a. 1997.

DIN 66315 (1993): Datenbanksprache SQL – identisch mit ISO/IEC 9075: 1992, August 1993.

Eisele, R. (1995): Neues von SQL: SQL goes Object-Oriented, in: Datenbank Fokus, 2 1995, S. 50-64.

Eisele, R. (1996): Der Stand der Standardisierung von SQL3 – Bei OO ist noch viel zu tun, in: Datenbank Fokus 11 1996, S. 52-57.

Eisele, R. (1998): SQL zwischen Norm und Wirklichkeit – Ist SQL3 mehr als ein Papiertiger?, in: Datenbank Fokus 03 1998, S. 50-58.

Frickel, J. (1990): Wie nützlich ist der SQL-Standard?, in: Automatisierungstechnische Praxis atp 32 (1990) 8, S. 408-411.

Friedrichs, K.; Quiel, G.; Werner, G. (1986): Sprachen der 4. Generation: für wen, für was?, Köln 1986.

Gabriel, R. (1990): Software Engineering in: Kurbel, K.; Strunz, H. (Hrsg.): Handbuch der Wirtschaftsinformatik, Stuttgart 1990, S. 257-273.

Gabriel, R.; Röhrs, H.-P. (1995): Datenbanksysteme, Konzeptionelle Datenmodellierung und Datenbankarchitekturen, 2. Auflage, Berlin u.a. 1995.

Gluchowski, P.; Gabriel, R.; Chamoni, P. (1997): Management Support Systeme, Berlin u.a. 1997.

Habib, R. (1986): COBOL für PC`s, Vaterstetten bei München 1986.

Habib, R. (1988): COBOL/2 Workbench, 2. Auflage, Vaterstetten bei München 1988.

Hamilton, G.; Caltell, R.; Fisher, M. (1998): JDBC ^{TM} Datenbankzugriff mit Java ^{TM}, 1. Auflage, Bonn 1998.

Hansen, H. R. (1996): Wirtschaftsinformatik 1, 7. Auflage, Stuttgart 1996.

Hansen, H. R.; Neumann, G. (2001): Wirtschaftsinformatik I, 8. Auflage, Stuttgart 2001.

Harbarth, J. (1998): Hybrides XML verbindet Tabelle und Objekte, in: Computerwoche 47/98, S. 17-18.

Heuer, A.; Saake, G. (2000): Datenbanken, Konzepte und Sprachen, 2. Auflage, Bonn 2000.

ISO 9075-1 (1999): SQL-Part 1: Foundation.

ISO 9075-2 (1999): SQL-Part 2: Framework.

ISO 9075-3 (1999): SQL-Part 3: Call level Untoface.

ISO 9075-4 (1999): SQL-Part 4: Persistant Stored Moduls.

ISO 9075-5 (1999): SQL-Part 5: Hostlanguage Bindings.

ISO/IEC (1996): International Standard ISO/IEC 9075: 1992: Information technology Database languages – SQL; Technical Corrigendum 1, 1996.

Kleinschmidt, P.; Rank, C. (1997): Relationale Datenbanksysteme, Berlin u.a. 1997.

Krause, R. (1999): XML stellt Branche vor neue Herausforderungen, in : Computerwoche 43/99, S. 74f.

Lusti, M. (1997): Dateien und Datenbanken, 3. Auflage, Berlin, Heidelberg 1997.

Mattos, N. (1995): SQL: Ein Überblick über SQL – 92 und den zukünftigen SQL3 Standard, Begleitunterlage zu Tutorium 2 bei den Datenbank-Tutorientagen 1995 der Deutschen Informatik-Akademie, Bonn 1995.

Mayr, H. C.; Dittrich, K. R.; Lockemann, P. C. (1987): Datenbankentwurf, in: Lockemann, P.C.; Schmidt, J.W. (Hrsg.): Datenbank-Handbuch, Berlin u.a. 1987.

Meier, A. (1995): Relationale Datenbanken, 3. Auflage, Berlin, Heidelberg 1998.

Nußdorfer, R.; Bauer, R. (1998): ODBC und viel mehr, in: Datenbank Fokus 12, 1998, S. 52-56.

Pernul, G.; Unland, R. (2001): Datenbanken in Unternehmen, Analyse, Modellbeziehung und Einsatz, München 2001.

Pliegl, W. (1998): Vom Datengrab zum Medien-Management, in: Informix Magazin 4/98, S. 12-14.

Progress Software Corporation (1994): SQL Guide and Reference, September 1994.

Rahm, E. (1999): Datenbanksysteme II, Folien zur Vorlesung an der Universität Leipzig im Sommersemester 1999.

Schicker, F. (1997): Datenbanken und SQL, Stuttgart 1996.

Schlageter, G.; **Stucky, W. (1983):** Datenbanksysteme: Konzepte und Modelle, Stuttgart 1983.

Schreier, U. (1995): Datenbeschreibungssprache, in: Mertens, P. et al. (Hrsg): Lexikon der Wirtschaftsinformatik, 3. Auflage, Berlin u.a. (1995), S. 116.

Software AG (1997): ADABAS SQL Server Version 1.4, Programmers Guide (ESQ 142-020ALL), Darmstadt, März 1997.

Stahlknecht, P.; **Hasenkamp, U. (1999):** Einführung in die Wirtschaftsinformatik, 9. Auflage, Berlin u.a. 1999.

Stahlknecht, P.; **Hasenkamp, U. (2002):** Einführung in die Wirtschaftsinformatik, 10. Auflage, Berlin u.a. 2002.

Taday, H. (2000): Persönlichkeitsrecht und Datenschutz, 2. Auflage, Lehrmaterialien im Studienfach Wirtschaftsinformatik 32/00 der Ruhr-Universität Bochum, Bochum 2000.

Teschke, M. (1995): SQL, in: Mertens et al. (Hrsg.): Lexikon der Wirtschaftsinformatik, 3. Auflage, Berlin u.a. 1995, S. 377f.

Vossen, G. (2000): Datenmodelle, Datenbanksprachen und Datenbankmanagementsysteme, 4. Auflage, München, Wien 2000.

Wedekind, H. (1974): Datenbanksysteme I, Zürich 1974.

Wiederhold, G. (1981): Datenbanken: Analyse – Design – Erfahrungen, Bd. 2, München 1981.

Zehnder, C.A. (1998): Informationssysteme und Datenbanken, 6. Auflage, Stuttgart 1998.

3 Werkzeuggestützte Entwicklung von Datenbanksystemen (DB-CASE-Systeme)

Im vorhergehenden Kapitel sind Datenbanksystemsprachen beschrieben worden, mit deren Hilfe die Strukturen des (relationalen) Datenmodells im Ziel-Datenbanksystem implementiert werden können. Damit können diese Sprachen, und zwar im Wesentlichen die Sprachelemente, die der Datendefinition dienen (DDL), in Analogie zu Programmiersprachen im Rahmen der Implementierungsphase im Data Base Engineering-Prozess eingesetzt werden.

Eine Unterstützung der Entwicklung durch Werkzeuge bzw. durch computergestützte Systeme (Computer Aided Software Engineering: CASE), wie sie am Markt in unterschiedlichen Leistungsumfängen angeboten werden, bietet sich jedoch auch für die vorhergehenden Phasen in diesem Prozess an.

In diesem dritten Kapitel werden zunächst in Abschnitt 3.1 die wesentlichen Begriffe in bezug auf die Anwendung von Softwareentwicklungswerkzeugen im Datenbankumfeld umrissen. Sodann werden in Abschnitt 3.2 Werkzeuge (Tools) beschrieben, die einzelne Phasen oder typische Tätigkeiten des Entwicklungsprozesses unterstützen können, ohne dass sie eine integrierende Gesamtbetrachtung des Projektes gewährleisten. Abschnitt 3.3 erörtert die Nutzenpotenziale und Unterstützungsmöglichkeiten, die für eine integrierte CASE-Umgebung in diesem Zusammenhang gegeben sind. Schließlich wird in Abschnitt 3.4 mit Oracle Designer ein konkretes Produkt der zuletzt genannten Kategorie vorgestellt und der Leistungsumfang und die Funktionalität dieses Produktes beschrieben.

3.1 Werkzeuge und Entwicklungsumgebungen für Datenbanksysteme

Im Zusammenhang mit der Produktion materieller Güter werden unter Werkzeugen allgemein technische Mittel zur Bearbeitung von Arbeitsgegenständen verstanden. Überträgt man diese Definition auf den Bereich der Produktion immaterieller Güter wie Software, so werden auch die Werkzeuge zur Bearbeitung des Arbeitsgegenstandes Software in immaterieller Form, also selbst als Software vorliegen. Diese Software-Werkzeuge unterstützen die Anwendung der Prinzipien, Methoden und Verfahren des Software Engineering. Dabei besteht an dieser Stelle kein prinzipieller Unterschied zwischen der Erstellung datenbankorientierter und „konventioneller" Anwendungen. Allerdings ist bei datenbankorientierten Programmen die Trennung zwischen der Datenhaltung und den Verarbeitungsprogrammen, die auf die Daten zugreifen, vorzunehmen. Für die spezifischen Aufgaben, die im Rahmen der Entwicklung der Datenmodelle und Strukturen für das zu verwendende Datenbanksystem anfallen, können die allgemeinen Vorgehensmodelle aus dem Software Engineering entsprechend erweitert werden. Ein phasenorientierter Ansatz liegt mit dem Konzept des Database Engineering vor.[151]

Zur erfolgreichen Entwicklung umfangreicher Software (wie etwa Datenbanksystemen) ist die Verwendung von Werkzeugen zur Unterstützung der Entwickler nahezu unerlässlich. Diese können in den einzelnen Entwicklungsphasen der Bewältigung der anfallenden Aufgaben dienen und so den Entwicklungsprozess beschleunigen, den Entwickler von Routineaufgaben befreien und so Ressourcen für anspruchsvollere Tätigkeiten freisetzen, oder auch durch automatisierte Verfahren und Konsistenzprüfungen die Qualität der Arbeitsergebnisse erhöhen.

Ist allerdings die Kommunikation zwischen den in den verschiedenen Phasen der Entwicklung[152] eingesetzten Werkzeugen nicht gewährleistet, können die Ergebnisse nicht durch das System übergeben werden. Zudem muss der Entwickler sich mit der Bedienung mehrerer verschiedener Werkzeuge mit möglicherweise stark unterschiedlicher Benutzungsoberfläche auseinandersetzen. So kann sich die Verwendung einzelner Werkzeuge auch produktivitätshemmend auswirken, wenn diese nicht in eine Entwicklungsumgebung integriert sind.

Zur Überwindung derartiger Probleme wurden Anstrengungen unternommen, verschiedene Methoden und die sie unterstützenden Werkzeuge zu einem Gesamtsystem zu integrieren. Für derartige integrierte Umgebungen zur rechnergestützten Softwareerstellung wurden eine Reihe von Bezeichnungen geprägt,[153] wie z.B.:

- SEES (Software Engineering Environment System),[154]

- SEU (Software-Entwicklungsumgebung),[155]

- SLCSE (Software Life Cycle Support Environment).[156]

Im Folgenden sollen diese Systeme unter dem Begriff CASE (Computer Aided Software Engineering) zusammengefasst werden. Dienen sie speziell zur Entwick-

---

[151] Vgl. die Ausführungen in Kapitel 1.
[152] Vgl. Kapitel 1, insbesondere Abschnitt 1.3.
[153] Vgl. Chroust (1992), S. 220.
[154] Vgl. Balzert (1989), S. 87.
[155] Vgl. Österle (1990), S. 358.
[156] Vgl. Chroust (1992), S. 220.

lung von datenbankorientierten Anwendungen, spricht man von DB-CASE-Systemen.

In den weiteren Abschnitten werden zunächst Werkzeuge diskutiert, die der isolierten Unterstützung einzelner Aspekte im Entwicklungsprozess dienen. Danach wird auf Nutzungspotenziale eingegangen, die ein integriertes DB-CASE-System im Rahmen des Entwicklungsprozesses entfalten kann. Abschließend wird ein konkretes Produkt mit seinen Leistungsmerkmalen beschrieben.

3.2 Werkzeuge zur Unterstützung einzelner Phasen oder Tätigkeiten

Der Funktionsumfang der am Markt angebotenen Werkzeuge lässt es nicht immer zu, diese einzelnen Phasen im Entwicklungsprozess zuzuordnen, da vielfach sowohl Modellierungs- als auch Implementierungstätigkeiten unterstützt werden. Exemplarisch werden im Folgenden Werkzeuge beschrieben, die der Erstellung und Umsetzung der Datenmodelle (Abschnitt 3.2.1) und dem Aufbau von Benutzungsoberflächen für die Endanwender des Zielsystems (Abschnitt 3.2.2) dienen.

3.2.1 Werkzeuge zur Datenmodellierung

Der Kernprozess bei der Entwicklung von Anwendungen, die auf relationalen Datenstrukturen basieren, liegt in der Modellierung. Aus den Strukturen, die über den relevanten Problemausschnitt in der realen Welt zu finden sind, wird über verschiedenen Entwicklungs- und Abstraktionsschritte hinweg ein relationales Datenmodell entwickelt.[157]

Dieser Modellierungsprozess ist in erster Linie eine intellektuelle Leistung, die Kenntnisse über die zu verwendenden Modellierungstechniken ebenso voraussetzt wie Kenntnisse über den zu modellierenden Problembereich und Abstraktionsvermögen. Software-Werkzeuge können hier zwar weder die Ist-Aufnahme der Realität noch deren Interpretation leisten,[158] jedoch die Dokumentation, Strukturierung und Abbildung der erkannten Sachverhalte unterstützen. Darüber hinaus bieten sie die Möglichkeit, die Transformation der erarbeiteten Modelle auf im

---

[157] Vgl. die Ausführungen zur Modellierung in Gabriel/Röhrs (1995), Kapitel 2 und 3.
[158] Abgesehen sei hier von automatisierten Verfahren zur Analyse und Modifikation bereits bestehender Strukturen („Re-Engineering").

Entwicklungsprozess nachgelagerte Abstraktionsstufen zumindest teilweise automatisiert durchzuführen.

Im Rahmen der semantischen Datenmodellierung zum Aufbau eines abstrakten Abbildes der modellierten Realität wird vielfach die Entity-Relationship-Methode[159] eingesetzt, deren Modelle (ER-Modelle) eindeutig aus Informationsstrukturmodellen (ISM) ableitbar sind.[160] Prinzipiell entspricht ein Entitätstyp im ER-Modell einer Informationsobjektklasse, ein Relationstyp einer Verknüpfungsklasse und ein Attribut einer Merkmalsklasse. Wie ein ISM zeichnet sich auch das ER-Modell durch verhältnismäßig einfache Grundstruktur mit nur wenigen Elementen, aus denen die Modelle aufgebaut werden können, aus. Darüber hinaus lassen sich die Modelle durch einfache Transformationsregeln gut in relationale Datenbankstrukturen überführen.

Software-Werkzeuge, die die Entity-Relationship-Modellierung[161] unterstützen können, sind seit längerer Zeit auf dem Markt und haben einen breiten Funktionsumfang erreicht. Grundsätzlich werden in einem Entity-Relationship-Modell grafische Techniken benutzt, die durch weitere zu dokumentierende Sachverhalte ergänzt werden. Entsprechend verfügen Werkzeuge zunächst über eine grafische Komponente, die ein Zeichnen der ER-Modelle in einer der gängigen Notationsformen erlaubt. Die einfachste Variante solcher Tools besteht schlicht aus einer Bibliothek vorgefertigter Symbole, die in ein Grafikprogramm eingebunden werden können und so das schnelle Erstellen von grafischen ER-Modellen erlaubt.

Verbreitet sind Programmpakete mit einem wesentlich breiteren Funktionsumfang, bei denen das Zeichenwerkzeug eher die Benutzungsschnittstelle als die Kernfunktionalität darstellt. Hier ist den beim Zeichnen verwendeten Symbolen der ER-Notation zusätzlich durch die Programmlogik auch die Bedeutung dieser Symbole im Modellierungsprozess hinterlegt, so dass weitergehende Arbeiten unterstützt werden. Damit ist das grafische Modell im Entwicklungsverlauf nur noch eine von verschiedenen Sichten auf das entwickelte Datenmodell. Insbesondere bieten diese Werkzeuge auch die Möglichkeit, Metadaten anzulegen, die sich in den grafischen Modellen nicht oder nicht in befriedigender Form abbilden lassen. Hierzu zählen beispielsweise:

- beschreibende Angaben über Strukturelemente wie Entitätstypen und Relationstypen, in denen sich etwa die Verknüpfung zu geschäftsorientierten Definitionen oder zu den beteiligten Prozessen dokumentieren lässt;

---

[159] Vgl. Gabriel/Röhrs (1995), Kapitel 3.
[160] Vgl. zu Informationsstrukturmodellen Gabriel/Röhrs (1995), Abschnitt 3.3.1.1.
[161] Vgl. hierzu Gabriel/Röhrs (1995), Kapitel 3 und Hansen/Neumann (2001); Kleinschmidt/Rank (1997); Meier (1995); Chen/Knöll (1991) und Kähler (1990).

Kapitel 3   107

- Definitionen der Attribute, mit Beschreibung, eindeutigem Namen, Datentyp, Integritätsregeln usw.;

- Definitionen der Schlüsselwerte, die die Eindeutigkeit der Entitäten sicherstellen.

Abb. 3. zeigt ein Beispiel für einen Ausschnitt aus einem mit einem solchen Tool[162] erstelltes Datenmodell, in Abb. 3.2 ist exemplarisch eine Dialogbox zur Eingabe weiterer Metadaten wiedergegeben.

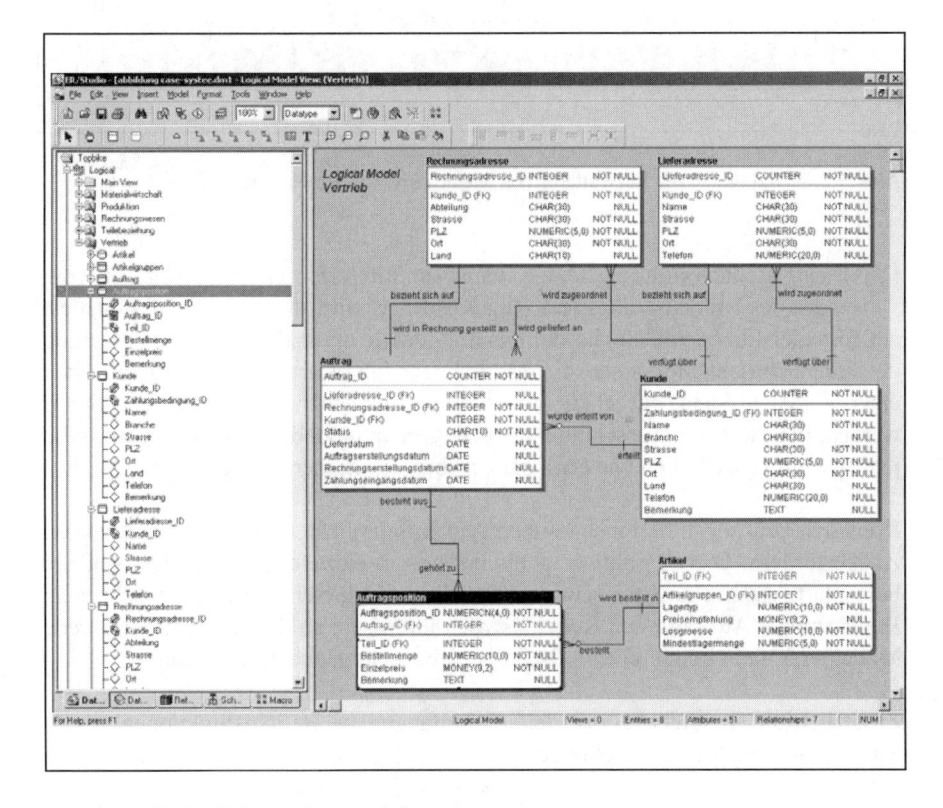

Abb. 3.1: Entity Relationship-Modell

---

[162] Es handelt sich hierbei um das Produkt ER/Studio der Firma Embarcadero Technologies in der Version 5.1.

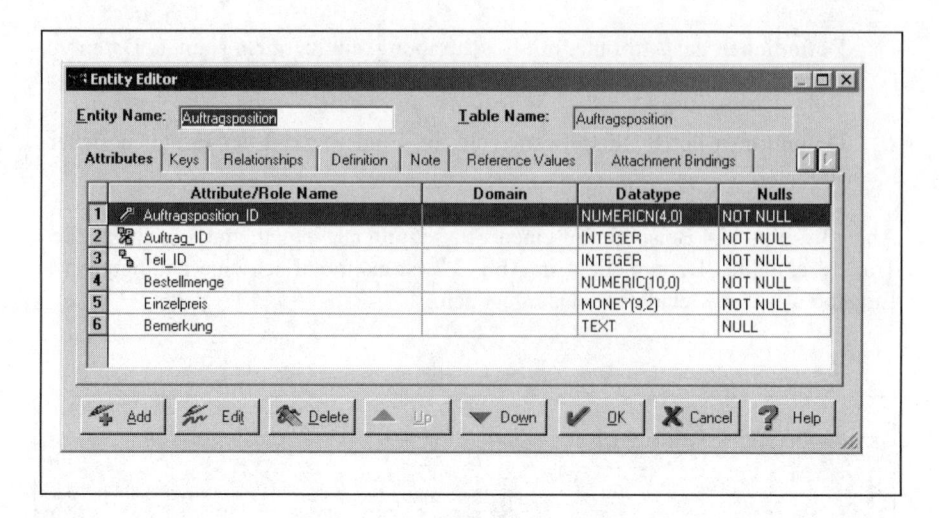

	Attribute/Role Name	Domain	Datatype	Nulls
1	Auftragsposition_ID		NUMERICN(4,0)	NOT NULL
2	Auftrag_ID		INTEGER	NOT NULL
3	Teil_ID		INTEGER	NOT NULL
4	Bestellmenge		NUMERIC(10,0)	NOT NULL
5	Einzelpreis		MONEY(9,2)	NOT NULL
6	Bemerkung		TEXT	NULL

Abb. 3.2: Dialogbox zur Verwaltung von Metadaten bzgl. eines Entity

Durch eine Benutzerführung, die systematisch alle erforderlichen Angaben vom Anwender des Modellierungswerkzeuges abfragt, wird die Erstellung zumindest auf formaler Ebene vollständig definierter Modelle unterstützt. Zur Verbesserung der Übersichtlichkeit können die Modelle modularisiert werden, indem neben einer globalen Sicht mit allen modellierten Elementen Detailsichten definiert werden, die zwar nur Ausschnitte aus dem Gesamtmodell wiedergeben, für diese jedoch auch Einzelheiten wie etwa die Attributdefinitionen darstellen.

Konsistenzprüfungsfunktionen können syntaktische Fehler und fehlende Angaben zutage fördern. Diese Funktion ist als bedeutsam einzuschätzen, da ER-Modelle bei nicht trivialen Projekten sehr schnell sehr umfangreich werden, d.h. sehr viele Entitätstypen, Attribute und Relationstypen umfassen, so dass auch für erfahrene Modellierer nicht immer eine vollständige Übersicht gegeben sein kann.

Zusätzlich bieten solche Tools vielfach umfangreiche Berichtsfunktionen an. So lassen sich vielfältige Darstellungen zu den verschiedenen Modellierungsaspekten erzeugen, also etwa Listen der Entitätstypen, Attribute oder Relationstypen mit den zu diesen Elementen jeweils bereits erfassten Informationen.[163] Diese Berichte entfalten doppelten Nutzen: Einerseits dienen sie im Rahmen des Entwicklungsprozesses als wertvolle Gesprächsgrundlage und Projektdokumentation, andererseits können sie auch in späteren Entwicklungs- und Nutzungsphasen zur Übersicht über die aufgenommenen Daten- und Problemstrukturen dienen und die Modelle in der Unternehmung dokumentieren.

---

[163] So bietet etwa das Produkt „ER/Studio" verschiedene Berichte an, die durch umfangreiche Parametereingaben individuell gestaltet werden können.

Mit der beschriebenen Funktionalität ist eine wertvolle Unterstützung im Rahmen der Anforderungsanalyse und der Erstellung der fachkonzeptbezogenen Datenmodelle (semantische Datenmodelle) gegeben. Die Modelle können systematisch und mit guter Software-Unterstützung erstellt und über die verschiedenen Darstellungsformen wie ER-Diagramme und Berichte visualisiert werden.

Auch bei der Erstellung des Systemkonzepts können diese Werkzeuge behilflich sein. Sie bieten die Möglichkeit, aus dem semantischen Modell ein logisches Modell abzuleiten. Dies wird spezifisch für die marktgängigen Datenbanksysteme erstellt, indem zunächst automatisiert anhand einfacher Transformationsregeln aus dem ER-Modell ein relationales Modell erstellt wird. So wird etwa zu jedem Entitätstyp eine Tabelle erzeugt, welche die Attribute des ER-Modells sowie zusätzlich notwendige Fremdschlüssel als Spalten aufweist. Auch die Benennung der Datenbankobjekte wird aus den im ER-Modell vergebenen Bezeichnern abgeleitet, wobei der Benutzer hierfür üblicherweise Regeln (z.B. Präfixe, Namenslängen usw.) festlegen kann. Zur Verfeinerung dieses generierten Systemkonzepts können zusätzlich für die verschiedenen Datenbankobjekte weitere Parameter gesetzt werden, die ihren Niederschlag später in den implementierten logischen und internen Datenmodellen finden. So kann etwa, in Abhängigkeit vom verwendeten Datenbanksystem, der physische Speicherort der Tabellen festgelegt werden.[164]

Auch die Implementierungsphase im Datenbankentwicklungsprozess wird durch solche Tools unterstützt: Aus den Modellen lässt sich SQL-Code erzeugen, in dem sich die zuvor gesetzten Definitionen über die Modellobjekte widerspiegeln. Dieser SQL-Code kann dann manuell nachbearbeitet werden, bevor er der Erstellung der Strukturen im Ziel-Datenbanksystem dient. Alternativ ist auch ein direktes Ausführen der SQL-Anweisungen über Schnittstellen in den Modellierungswerkzeugen möglich.

Zusammenfassend können diese Tools eine umfassende Unterstützung bei der Modellierung und Implementierung der Strukturen eines Datenbanksystems bieten. Da die Datenmodellierung im Rahmen des Data Base Engineering als Kernprozess zu klassifizieren ist, kommt entsprechend auch dieser Unterstützungsmöglichkeit eine große Bedeutung zu. Mit den Fachkonzept-, Systemkonzept- und Implementierungsfunktionen wird ein großer Teil des Phasenmodells in bezug auf die Modellierung abgedeckt, und durch die umfassende Dokumentationsfunktionalität ist auch eine Unterstützung bei der späteren Wartung und Pflege der erstellten Anwendungen gegeben. Trotz des breiten Funktionsumfangs sind diese Programme aber verhältnismäßig leicht zu bedienen, was sicher auch darauf

---

[164] Dies geschieht z.B. bei Oracle-Datenbanken über die Definition des zu verwendenden „Tablespaces".

zurückzuführen ist, dass im Regelfall die Entity-Relationship-Methode verwendet wird, die als anerkannt leicht erlernbar gilt.[165]

Trotz dieser Vorzüge darf aber nicht verkannt werden, dass mit derartigen Werkzeugen nur eine Aufgabe bzw. Arbeitsphase im Entwicklungsprozess – die Datenmodellierung – unterstützt wird. Zwar handelt es sich hierbei um eine bedeutsame Teilaufgabe, andere Modellierungsaspekte, wie die Prozess- und Funktionsmodellierung werden jedoch ebenso wenig abgedeckt wie Aufgaben des Projektmanagements. Für diese Bereiche müssen separate Werkzeuge verwendet werden, was Abstimmungsprobleme aufwirft: Eine werkzeugübergreifende Entwicklungsdatenbank wäre zwar aufgrund der Verzahnung der angesprochenen Teilmodelle sinnvoll, erscheint jedoch bei der Verwendung verschiedener, nicht aufeinander abgestimmter Werkzeuge kaum realisierbar, auch wenn in letzter Zeit verstärkte Anstrengungen in Richtung einer Integration solcher Daten unternommen werden.[166] Neben die technischen Probleme bei der Verwendung heterogener, einzelner Modellierungswerkzeuge treten auch wirtschaftliche Fragen: So ist zu klären, ob nicht die Gesamtkosten für den Einsatz mehrerer Werkzeuge für die verschiedenen Modellierungsaspekte höher sind als beim Einsatz integrierter Systeme. Neben den Preisen für die Tools müssen dabei auch Kosten für die Qualifizierung der Mitarbeiter und solche zur Überwindung der beschriebenen Heterogenität mit in die Betrachtung einfließen.

Integrierte Entwicklungsumgebungen, die den gesamten Prozess abdecken können, erscheinen daher als attraktive Alternative und werden in einem späteren Abschnitt noch näher diskutiert.

3.2.2 Werkzeuge zur Erstellung von Datenbank-Benutzungsoberflächen

Die zuvor besprochenen Aspekte der Modellierung können immer nur einen Teilaspekt im Rahmen des Aufbaus eines datenbankbasierten Anwendungssystems bilden. Große Bedeutung kommt auch der Entwicklung angemessener Anwendungsprogramme zu, die die betrieblichen Funktionen und Prozesse widerspiegeln und die Schnittstelle des Endbenutzers zum Datenbanksystem bilden.

Aufgrund der Unabhängigkeit zwischen Datenbanksystemen als Datenhaltungskomponente und den auf sie zugreifenden Anwendungsprogrammen können vielfältige Softwareentwicklungswerkzeuge eingesetzt werden. Eine methodische

---

[165] Vgl. z.B. Hansen/Neumann (2001), S. 1066ff.; Meier (1995) und Kähler (1990).

[166] Ansätze und erste Normierungeentwürfe sind beispielsweise von dem herstellerübergreifenden Gremium „Object Management Group" veröffentlicht worden.

Basis bildet hierbei das Software Engineering, das mit ingenieurmäßigen Konzepten Vorgehensweisen und Techniken zur systematischen Entwicklung von Software liefert.[167]

Spezielle Werkzeuge zur Gestaltung grafischer Benutzungsoberflächen werden für die meisten kommerziellen Datenbanksysteme angeboten. Diese sind sehr problemadäquat auf den teilautomatisierten Aufbau solcher Frontends ausgelegt, dafür andererseits aber in der Funktionsmächtigkeit eher eingeschränkt, so dass sie für Softwareentwicklungsprojekte, die sich nicht auf Datenbank-Frontends beschränken, ungeeignet erscheinen.

Im Folgenden sollen die Konzepte solcher auch als Masken- oder Formulargeneratoren bezeichneten Werkzeuge beschrieben werden.

Das Ziel eines Datenbanksystem-Frontends besteht darin, unter Beachtung weiterer Software-Qualitätsrichtlinien[168] eine benutzungsfreundliche Schnittstelle zum Wiedergewinnen, Einfügen, Bearbeiten und Löschen von Daten, die in der Datenbank gespeichert sind, zu schaffen. Hierfür sind als Kernelemente notwendig:

- Formulare oder Masken, in denen die gerade bearbeiteten Daten in problemadäquater Aufbereitung dargestellt werden können;

- Bedienelemente wie z.B. Fenster, Buttons, Rollbalken und Menüs, die der Benutzer nach den bekannten Konzepten grafischer Benutzungsoberflächen zur Programmsteuerung verwendet, sowie

- Funktionen zur Umsetzung der Benutzeraktionen in die Datenbanksprache (typischerweise SQL[169]), über die das Frontend mit der Datenbank über die Kommunikationsschnittstellen verbunden ist.

Um solche Datenbank-Frontends zu erstellen, sind zunächst seitens der Entwickler genaue Vorstellungen darüber erforderlich, welche betrieblichen Funktionen und Prozesse abzubilden und welche Objekte aus dem Datenmodell dazu erforderlich sind. Damit liegen also auch den Frontends die im Data Base Engineering erstellten Modelle als Basis für die zu erstellenden Programmfunktionen zugrunde.

Werkzeuge zur Entwicklung von Datenbank-Benutzungsoberflächen können die beschriebene Modellierungsarbeit nicht unterstützen. Es handelt sich um reine

---

[167] Eine Einführung in das Software Engineering bietet z.B. Balzert (2000). Er bietet eine umfassende Darstellung über moderne Konzepte des Software Engineering.
[168] Vgl. Balzert (1998).
[169] Vgl. die Ausführungen in Kapitel 2.

Implementierungswerkzeuge, die üblicherweise auf deskriptiven Programmiermethoden beruhen.

Das Grundkonzept dieser Tools basiert darauf, dass einzelne Programmobjekte direkten Bezug zu Objekten in der Datenbank haben. So wird etwa eine Maske immer entworfen, um darin Daten einer (oder mehrerer) Datenbanktabellen zu bearbeiten. Wird nun im Rahmen der Entwicklung einer solchen Maske spezifiziert, auf welches Datenbankobjekt sie sich bezieht, kann das Entwicklungstool mit Hilfe der im Datenbanksystem über dieses Objekt hinterlegten Metadaten weitgehend automatisiert Benutzungsoberflächen erzeugen, die ohne „manuelles" Programmieren bereits einen Standard-Funktionsumfang aufweisen. Automatisch generiert werden können so beispielsweise:

- Die grafische Darstellung der Maske auf dem Bildschirm, etwa mit passenden Feldbreiten, Datentypen und Beschriftungen der einzelnen Felder. Hierzu werden vom Generator die im Data Dictionary[170] des Datenbanksystems enthaltenen Tabellendefinitionen mit den Angaben über die einzelnen Spalten ausgewertet.

- Programmlogik zur Navigation in den Datenbeständen und zum Bearbeiten (Ansehen, Anlegen, Ändern, Löschen) der Daten, indem die Steuerelemente der grafischen Oberfläche mit den notwendigen Funktionen versehen hinterlegt werden.

- Programmfunktionen, welche anhand der Schlüsseldefinitionen im Datenbanksystem (z.B. SQL-References-Klausel) die Synchronisation der Anzeige von Daten aus verschiedenen Tabellen durchführen, um so im Datenbanksystem normalisierte, aber sachlogisch zusammengehörende Daten dem Benutzer komfortabel anzeigen zu können.

- Prüffunktionen zur Wahrung der Datenintegrität, die im Data Dictionary des Datenbanksystems hinterlegte Regeln (Constraints) auswerten und in Programmlogik im Frontendprogramm umsetzen. So werden etwa Funktionen generiert, die automatisch Plausibilitätsprüfungen in bezug auf referenzielle Integrität vornehmen, und vom Benutzer vorgenommene Eingaben bereits auf Client-Ebene zurückweisen, sofern diese nicht den im Datenbanksystem definierten Integritätsregeln entsprechen.

So lassen sich mit Hilfe der beschriebenen Generatorfunktionen schnell Benutzungsoberflächen erstellen, die eine breite Basisfunktionalität aufweisen, jedoch wohl in fast jedem Fall noch für die konkrete Problemstellung angepasst und erweitert werden müssen.

---

[170] Vgl. hierzu die Ausführungen in Gabriel/Röhrs (1995), S. 158ff.

Dies geschieht durch manuelle Programmierarbeit, wobei üblicherweise drei verschiedene Konzepte zum Einsatz kommen: Die grafische Gestaltung der Programme geschieht mit Hilfe eines Layout-Editors, wo die einzelnen Elemente ähnlich wie mit einem Zeichenprogramm im Programmfenster angeordnet werden können. Darüber hinaus wird jedes einzelne Element im Programm über Objekteigenschaften definiert, die angepasst werden können, indem in einer objektspezifischen Eigenschaftsliste (Properties) die gewünschten Ausprägungen der Eigenschaften ausgewählt werden können. Schließlich werden Programmfunktionen, deren Funktionalität über das mit diesen deskriptiven Methoden erreichbare hinausgeht, mit einer prozeduralen Sprache implementiert.[171]

Insgesamt ermöglichen diese Werkzeuge die problemspezifische Gestaltung von Datenbank-Benutzungsoberflächen. Allerdings muss nochmals betont werden, dass es sich um reine Implementierungswerkzeuge handelt, die das Vorliegen fertiger Programmentwürfe voraussetzen. Schnittstellen zu passenden Entwurfswerkzeugen sind nicht erkennbar und offensichtlich nicht Bestandteil des Produktkonzepts. Dagegen existieren enge Verknüpfungen zu den Datenbankstrukturen, die ausgewertet werden können und der automatischen Ableitung der benötigten Grundfunktionen dienen.

3.3 Integrierte Entwicklungsumgebungen für alle Projektphasen

Im vorhergehenden Abschnitt wurden Entwicklungswerkzeuge beschrieben, die einzelne Phasen oder Tätigkeiten im Entwicklungsprozess unterstützen können. Eine isolierte Nutzung einzelner Tools erscheint jedoch für größere Projekte nicht immer als zweckmäßig, da die Phasen und Tätigkeiten im Entwicklungsprozess stark miteinander verzahnt sind und aufeinander aufbauen. Eine integrierte Entwicklungsumgebung, die verschiedene Werkzeuge für die einzelnen Tätigkeiten anbietet, gleichzeitig aber über eine zentrale Datenbasis verfügt, die die Ergebnisse der einzelnen Arbeitsschritte auch für nachfolgende Entwicklungsschritte verfügbar macht, erscheint hier erfolgversprechender. Auf diese Weise lässt sich das mehrfache Eingeben von Daten zu einem Sachverhalt vermeiden. Darüber hinaus entsteht idealerweise im Laufe des Prozesses eine konsistente und vollständige Entwicklungsdatenbank (Repository).

---

[171] Beispielsweise wird bei Produkten von Oracle die Sprache PL/SQL verwendet, die SQL um prozedurale Kontrollstrukturen in einer PASCAL-ähnlichen Syntax erweitert.

Wir greifen zunächst unser Data Base Engineering-Vorgehensmodell aus dem ersten Kapitel wieder auf.[172] Es orientiert sich an den bekannten allgemeinen Software Engineering-Phasenmodellen und spezifiziert diese für datenbankorientierte Projekte. Zusammenfassend läuft der Entwicklungsprozess in folgenden Phasen ab:

1. Problemanalyse und Planung
2. Istanalyse und Anforderungsdefinition
3. Auswahl eines DB-Entwicklungssystems und seine Bereitstellung bzw. Beschaffung
4. Erstellung des Systemkonzepts
5. Implementieren und Testen
6. Integration, Einführung und Freigabe
7. Einsatz mit Wartung und Pflege

In den folgenden Ausführungen des Abschnittes 3.3.1 werden für die einzelnen Phasen Unterstützungspotenziale beschrieben, die eine integrierte Entwicklungsumgebung bei den phasentypischen Tätigkeiten liefern kann. Danach wird in Abschnitt 3.3.2 ein Blick auf phasenübergreifende Module einer integrierten Entwicklungsumgebung geworfen und herausgestellt, inwieweit diese Komponenten im Verlaufe des Entwicklungsprozesses Nutzen entfalten können. Das Projektmanagement als begleitende Aufgabe wird in Abschnitt 3.3.3 beschrieben.

3.3.1 Unterstützungsmöglichkeiten für die einzelnen Phasen

In jeder Phase des Entwicklungsprozesses sind charakteristische Aufgaben durchzuführen, die sich in unterschiedlicher Weise durch Softwarewerkzeuge unterstützen lassen. Nachvollziehbar ist, dass eine Unterstützbarkeit je eher gegeben ist, umso mehr Ergebnisse vorhergehender Phasen durch definierbare Regeln transformiert werden können. Tätigkeiten, die sich auf die Erhebung von betrieblichen Abläufen und Ist-Zuständen beziehen, erscheinen dagegen weniger einfach automatisierbar, so dass potenziell mit zunehmendem Projektfortschritt auch der Grad der Unterstützung durch die Software steigt.

---

[172] Vgl. die Ausführungen in Kapitel 1 und insbesondere die Abbildung 1.5.

3.3.1.1 Problemanalyse und Planung

Bevor mit der detaillierten Entwicklung eines datenbankbasierten Anwendungssystems begonnen werden kann, muss zunächst im Rahmen der Problemanalyse und Projektplanung der grobe Entwicklungsrahmen abgesteckt werden. Hierzu zählt neben einer ersten Definition der abzubildenden Anwendung auch eine Untersuchung über die ökonomische, personelle und technische Durchführbarkeit des geplanten Projekts.

Die Definition der abzubildenden Anwendung geht einher mit einer ersten, groben Ist-Aufnahme bestehender betrieblicher Strukturen, Funktionen und Prozesse. Daraus lassen sich gegebenenfalls Modifikationen ableiten, die in einem Soll-Konzept für den organisatorischen Rahmen für die geplante Software münden. Eine Software-Unterstützung für diese Aufgaben ist nur begrenzt vorstellbar. Die Aufnahme eines Ist-Zustandes und dessen abstrahierende, strukturierte Darstellung ist in erster Linie eine intellektuelle Leistung, die sich kaum automatisieren lässt. Hilfe kann geboten werden durch Dokumentationswerkzeuge, mit denen die erhobenen Informationen komfortabel und strukturiert erfasst werden können. Eine sinnvolle Benutzerführung vermag darüber hinaus die vollständige und systematische Erhebung und Erfassung des Ist-Zustandes zu fördern. Visualisieren lassen sich Aufbau- und Ablaufstrukturen zudem durch Werkzeuge zur Geschäftsprozessmodellierung, deren Ergebnisdiagramme auch Ansatzpunkte für organisatorische Veränderungen (Business Process Reengineering), die mit der Einführung einer neuen Software einhergehen sollen, liefern können.[173]

Die ökonomische Durchführbarkeit des Projekts lässt sich (zumindest in Ansätzen) anhand einer Wirtschaftlichkeitsrechnung bestimmen, die die durch die Entwicklung und den Betrieb der projektierten Software entstehenden Kosten dem zu erwartenden Nutzen gegenüberstellt. Werkzeuge können hier dazu dienen, die Nutzung von Modellen zur Aufwandsschätzung in der Softwareentwicklung[174] zu unterstützen, um so anfallende Entwicklungskosten und erforderliche personelle Ressourcen prognostizieren zu können. Darüber hinaus können durch Kalkulationsmodelle Szenarien unterschiedlicher Kosten- und Nutzengrößen aufgebaut und bewertetet werden. Da jedoch Fragen der Wirtschaftlichkeitsrechnung in der Informationsverarbeitung insgesamt nur schwer quantifizierbar sind, nicht quantifizierbare Aspekte zu berücksichtigen sind und große Prognoseunsicherheiten auftreten,[175] erscheint es illusorisch, innerhalb einer Softwareentwicklungsumge-

---

[173] Als Beispiel sei das Produkt „Aris-Toolset" (IDS Scheer AG) genannt.
[174] Vgl. Balzert (1998), S. 56ff.
[175] Vgl. Schumann (2001), S. 504f.

bung eine geschlossene, vollständig computergestützte Rechnung durchzuführen. Allenfalls können Einzelaspekte berücksichtigt werden.[176]

Eine Untersuchung über die personelle Durchführbarkeit des geplanten Projekts erfordert die Bewertung verfügbarer hausinterner Personalkapazitäten und deren Qualifikationen sowie gegebenenfalls hinzuzuziehender unternehmungsexterner Projektmitarbeiter oder Berater. Hier sind Schnittpunkte zu den zuvor diskutierten Fragen der Aufwandsschätzung gegeben. Eine eigenständige, durchgreifende Unterstützung dieser Projektaufgabe durch Softwarewerkzeuge erscheint darüber hinaus nicht gegeben.

Die technische Durchführbarkeit eines Entwicklungsprojekts ist eng mit den bereits genannten Aspekten verknüpft. Aus dem Ergebnis der Aufwandschätzung lassen sich auch Rückschlüsse auf die zu erwartende Komplexität des Problems ziehen, so dass gegebenenfalls von vielleicht überzogenen Vorstellungen hinsichtlich des angestrebten Funktionsumfangs abgerückt werden kann.

Als Ergebnis dieser Phase entstehen Dokumente wie ein erstes Pflichtenheft, Beschreibungen der wesentlichen Funktionen und Konzepte sowie ein Projektplan. Unterstützung liefern die bereits angesprochenen Dokumentationswerkzeuge, ein Dokumentenmanagement(system) oder auch ein Workflowsystem kann zu einer effizienten Nutzung und Verteilung dieser Dokumente beitragen.

3.3.1.2 Anforderungsanalyse und Erstellung eines Fachkonzepts

Im Rahmen der Anforderungsanalyse und Fachkonzepterstellung muss zunächst detailliert der Ist-Zustand analysiert werden, um auf dieser Basis ein Anwendungs- bzw. -Fachkonzept zu erstellen. Dabei sollten gegebenenfalls aus der Ist-Analyse und den Ergebnissen der vorhergehenden Phase abgeleitete Ansätze für eine Veränderung des organisatorischen Umfeldes mit einfließen.

Die Kernaufgabe bei der Erstellung der genannten Konzepte besteht in der Modellierung, d.h. im Aufbau abstrakter und strukturierter Modelle über den relevanten Problembereich. Zu modellieren sind (bei einer datenorientierten Betrachtungsweise, wie wir sie hier verfolgen) insbesondere Datenstrukturen, aber auch Funktionen und Prozesse.

Damit lassen sich an dieser Stelle im Entwicklungsprozess vielfältige Modellierungstools einsetzen, mit denen die beschriebenen Modellierungsgegenstände anhand der üblichen Methoden beschrieben werden können. So kommen etwa

---

[176] Für den öffentlichen Dienst in Deutschland gibt es mit der „IT-WIBE" einen Quasi-Standard, der zumindest formale Vollständigkeit gewährleistet. Vgl. hierzu Bundesministerium des Innern (1997).

Datenmodellierungswerkzeuge zum Einsatz, die das Erstellen von Entity-Relationship-Modellen ermöglichen. Da die Merkmale dieser Werkzeuge oben bereits in Abschnitt 3.2.1 beschrieben wurden, sollen sie hier nicht mehr näher erörtert werden.

Bereits in der Vorphase erstellte Modelle können dabei im Sinne eines Top-Down-Ansatzes hier weiter vervollständigt und verfeinert werden. Integrationseffekte ergeben sich aus den Berührungspunkten, die die einzelnen Modelle zueinander haben. So sind etwa Daten- und Funktionsmodelle dergestalt verknüpft, dass einerseits alle modellierten Datenobjekte auch Funktionen zugeordnet werden können, und andererseits Funktionen typischerweise auch lesend oder schreibend auf Daten zugreifen, die in den Datenmodellen abgebildet sind. Greifen die verschiedenen Modellierungswerkzeuge also auf eine gemeinsame Datenbasis zu, so lassen sich diese Zusammenhänge abbilden.

Als Ergebnis dieser Phase entstehen umfangreiche Dokumente, die als Anforderungs- oder Fachkonzept die Modelle beinhalten und beschreiben. Diese sind Grundlage für die weiteren Phasen, dienen aber darüber hinaus auch zum Festhalten des Projektfortschritts und zur Diskussion mit nicht unmittelbar am Projekt beteiligten Personen im Unternehmen. Eine Unterstützung bei der Erstellung dieser Dokumente ist durch Reportgeneratormodule in der CASE-Umgebung[177] gegeben, die zielgruppenspezifisch Informationen aus den in den einzelnen Modellierungsschritten erarbeiteten Strukturen ableitet und zu einem komfortabel lesbaren Dokument zusammenführt. Auch die Verteilung der Dokumente lässt sich automatisieren, hier kommen neben den althergebrachten Papierdokumenten bzw. entsprechenden, per E-Mail zu verteilenden Dateien, auch Web-basierte Formate in Betracht, so dass von den Interessenten entsprechende HTML-Dokumente abgerufen werden können.

3.3.1.3 Auswahl eines Datenbanksystems bzw. DB-Entwicklungssystems und seine Bereitstellung

Datenbankgestützte Anwendungsprogramme basieren in der Regel auf bereits vorliegenden Standardsoftwareprodukten, die die Basisfunktionalität des Datenbanksystems bereitstellen. Hier sind verschiedene Produkte auf dem Markt, die sich grundlegend konzeptionell oder auch durch einzelne Leistungsmerkmale und natürlich den Preis unterscheiden.

Der Auswahlprozess erfordert konkrete Vorstellungen über den erforderlichen Funktions- und Leistungsumfang, die idealerweise im Rahmen der vorhergehenden Phasen gewonnen wurden. Dann lassen sich Scoring-Modelle bilden, die problemspezifisch die Bedeutung der einzelnen Kriterien gewichten. Den einzel-

---

[177] Vgl. die Ausführungen in Abschnitt 3.1.

nen zur Wahl stehenden Produkten können dann für die Kriterien Bewertungen zugeordnet werden, so dass ein Bild über die Gesamteignung der Produkte entsteht und eine Auswahl getroffen werden kann.

Je nach Komplexität des Scoring-Modells kann es lohnenswert erscheinen, dies durch eine Software zu unterstützen, indem es etwa in einer Tabellenkalkulation abgebildet wird. Die Kernaufgabe in dieser Phase besteht jedoch in der Bildung des Kriterienkataloges, in der Bewertung der Kriterien und in der Beurteilung der Produkte anhand der Kriterien. Diese Aufgaben sind im Wesentlichen durch ein Sammeln und Bewerten von Informationen aus verschiedenen Quellen gekennzeichnet und beinhalten somit wenig strukturierte, intellektuell geprägte Tätigkeiten. Dies legt den Schluss nahe, dass die Bewertungstätigkeit selbst schlecht unterstützbar ist, zumal sie nur schlecht verallgemeinert werden kann. Die Dokumentation der erzielten Ergebnisse dagegen kann wiederum softwaregestützt erfolgen, auch hier verspricht ein leistungsfähiges Dokumentationssystem Nutzen.

3.3.1.4 Erstellung eines Systemkonzepts

Bei der Erstellung des Systemkonzepts werden die zuvor erstellten, in Abschnitt 3.3.1.2 beschriebenen abstrakten Modelle, insbesondere das (semantische) Datenmodell, als Basis für die nachfolgende Implementierung konkretisiert. Dabei kommen die Systemstrukturen des zuvor auszuwählenden konkreten Datenbanksystemprodukts (vgl. Abschnitt 3.3.1.3) zum Einsatz. In diesem Rahmen wird die gesamte Architektur des zu entwickelnden Systems festgelegt und in Daten-, Funktions- und Prozessmodellen beschrieben.

Diese Modelle sind dadurch gekennzeichnet, dass sie sich häufig durch verhältnismäßig einfache Transformationsregeln aus den abstrakteren Modellen der vorhergehenden Phase ableiten lassen. Hier können CASE-Umgebungen daher durch Generatorfunktionen sehr gut eingesetzt werden und etwa aus Informationsstrukturmodellen, die als Entity-Relationship-Modelle vorliegen, relationale Datenmodelle abgeleitet werden. Durch die Integration der verschiedenen Modelle können darüber hinaus automatisierte Konsistenztests durchgeführt werden. Im Idealfall werden darüber hinaus Veränderungen an einem der Modelle, die Rückwirkungen auf die anderen Modelle haben, dort entsprechend umgesetzt oder zumindest dem Anwender berichtet.

Auch in dieser Phase werden die Arbeitsergebnisse systematisch aufbereitet und dokumentiert, so dass die bereits beschriebenen Reportingfunktionen auch hier nützlich sein können.

3.3.1.5 Implementieren und Testen

In der Implementierungsphase werden die zuvor erzeugten systemnahen Modelle weiter konkretisiert, indem sie auf den Zielrechner übertragen werden und dort ein lauffähiges System aufgebaut wird. Auch hier können Generatormodule in der CASE-Umgebung wertvolle Dienste leisten, wie beispielsweise:

- das Generieren von SQL-Scripten aus dem zuvor erzeugten Datenmodell, mit denen die Datenstrukturen mit ihren Tabellen, Views, Indices, den Informationen für die physische Datenspeicherung usw. auf dem Zieldatenbanksystem angelegt werden können;

- das Generieren von Programmcode aus den Funktionsmodellen, so dass zumindest ein Grundgerüst für die Anwendungsprogramme und Benutzungsoberflächen entsteht;

- das Generieren der Strukturen für das Berichtswesen der Anwendung (Reporting), so dass die einzelnen Berichte nicht mehr einzeln „von Hand" definiert werden müssen.

Sicherlich können die beschriebenen Generatorfunktionen keine vollständig fertigen Programmstrukturen liefern, sie stellen jedoch eine wertvolle Basis dar, die für das Fertigstellen eine wesentlich höhere Produktivität verspricht als ein manuelles Implementieren anhand der Modelle.

Schließlich ist die erstellte Anwendung umfangreichen Tests zu unterziehen. Auch hierfür sind Softwaresysteme verfügbar, die sich als Module in eine CASE-Umgebung einbetten lassen. Diese können Musterdaten in den passenden Strukturen generieren, die dann als Grundlage für Last- und Konsistenztests dienen können.

Auch in dieser Phase ist das Erstellen umfangreicher Dokumentation notwendig. Hier reicht die Spanne von Protokollen über Implementierung und Tests bis hin zur computergestützten Erstellung der Programmdokumentation und des Hilfesystems. So kann beispielsweise aus den semantischen Datenmodellen eine endbenutzergeeignete, hypertextbasierte Beschreibung der einzelnen Datenbankobjekte und der zugrundeliegenden Geschäftsregeln erzeugt werden. Dies setzt allerdings voraus, dass im Rahmen der Datenmodellierung die notwendigen Beschreibungen auch entsprechend sorgfältig erfasst und formuliert wurden.

3.3.1.6 Integration, Einführung und Freigabe

Nach der Fertigstellung des Softwareproduktes, die mit den an die Implementierung anschließenden Tests vollzogen ist, bleibt als vorerst letzte Phase im Entwicklungsprozess die Integration des Produkts in die Systemumgebung und in den organisatorischen Gesamtzusammenhang der Unternehmung.

In dieser Phase werden also primär bereits erarbeitete Strukturen umgesetzt, so dass Aufgaben, die mit Modellierungs- oder Generatorwerkzeugen zu unterstützen wären, kaum anfallen. Hier verbleiben allenfalls Aufgaben, die einem gegebenenfalls erforderlichen Import alter Datenbestände in das neue System zuzurechnen sind, wobei es sich dabei eher um Probleme handelt, die aufgrund heterogener Systemlandschaften sehr individuellen, schlecht durch vorgefertigte Werkzeuge unterstützbaren Charakters sind.

Aus diesem Grund erscheint eine Unterstützung durch Werkzeuge in erster Linie im Rahmen der Projektdokumentation zweckmäßig. Auch hier kann wieder auf bereits in den Vorphasen erarbeitete Dokumente zurückgegriffen werden, die sich so ohne Medien- und Strukturbrüche weiterverwenden und ergänzen lassen. Darüber hinaus kann durch eine gezielte Gestaltung der unterstützenden Werkzeuge die vollständige und systematische Erstellung der erforderlichen Dokumente gefördert werden, indem der Nutzer aufgefordert wird, sich diesen Dingen zu widmen.

Die Einführung einer Software ist im Regelfall auch mit der Unterweisung bzw. Schulung der Nutzer verbunden. In diesem Zusammenhang kann zur Unterstützung wiederum auf Arbeitsergebnisse der vorhergehenden Phasen zurückgegriffen werden, etwa indem erarbeitete betriebswirtschaftliche Definitionen, die der neuen Software zugrunde liegen, aufgegriffen und dem Benutzerkreis erläutert werden. Darüber hinaus können Testdaten, die im Rahmen der Funktionsprüfungen generiert wurden, als „Spieldaten" im Rahmen von Softwareschulungen dienen.

Insgesamt erscheint jedoch erkennbar, dass die Nutzenpotenziale, die mit dem Einsatz von Entwicklungsumgebungen verbunden sind, eher in den mittleren Entwicklungsphasen des Software Engineering-Prozesses liegen. Dort lassen sich systematisch die Modellierungsaufgaben sowie die Transformation der entstandenen Modelle in ausführbare Programme unterstützen, während in der hier beschriebenen und in der folgenden, letzten Phase eher beschränkte Einsatzmöglichkeiten gegeben sind.

3.3.1.7 Einsatz des Systems mit Wartung und Pflege

Mit der Einführung des entwickelten Systems ist das Entwicklungsprojekt zunächst abgeschlossen. Die im CASE-System hinterlegten Angaben können weiterhin zu Dokumentationszwecken genutzt werden, darüber hinaus entfaltet es im Rahmen des Einsatzes des fertigen Systems nur wenig Nutzen, da es sich eben um ein Entwicklungstool handelt, das vom fertigen System völlig getrennt wird, spätestens, wenn letzteres auf die produktive Hardwareumgebung übernommen wird.

Zwei Aspekte, die eine Nutzung von CASE-Systemen auch im Rahmen fertig entwickelter Systeme sinnvoll erscheinen lassen, sollen kurz beschrieben werden. So können Reverse-Engineering-Funktionen dazu dienen, aus bestehenden Systemen innerhalb gewisser Grenzen die zugrundeliegenden Modelle abzuleiten (sofern diese nicht vorliegen). Dies erscheint dann interessant, wenn ältere, schlecht dokumentierte Software zu modifizieren ist und dafür zunächst die Strukturen analysiert werden müssen.

Daneben wird ein Softwareprodukt nur selten ohne Wartungs- und Pflegemaßnahmen über längere Zeit eingesetzt werden können. Auch im Rahmen dieser Tätigkeiten können die beschriebenen Werkzeuge wieder eingesetzt werden. Im Idealfall ergibt es sich so, dass Änderungen nur auf den oberen, semantischen Modellebenen durchgeführt werden müssen und die nachgelagerten Strukturen automatisiert angepasst werden. So weitreichende Funktionen sollten jedoch nicht überschätzt werden, da sicherlich immer Nacharbeiten an den generierten Strukturen erforderlich sind, die eine automatisierte Softwarepflege erschweren.

Der wohl wesentliche Nutzen im Rahmen dieser Phase dürfte darin liegen, dass – wie beschrieben – bei der Softwareentwicklung mit CASE-Systemen vollständig und sauber dokumentierte Systeme entstehen, die auch die spätere Wartung und Pflege wesentlich erleichtern.

3.3.2 Repositories als phasenübergreifende Komponenten

In den vorangegangenen Abschnitten wurden Methoden und Verfahren erläutert, die im Rahmen des Entwicklungsprozesses die Erstellung der verschiedenen Modelle auf semantischer und logischer Ebene wie auch deren Implementierung unterstützen. Mit diesen Modellen entstehen Metadaten, also Daten über die abzuspeichernden Problemdaten, die (zumindest teilweise) später im fertigen Datenbanksystem im Data Dictionary vorgehalten werden.[178] Dieses dient als zentrales Verwaltungswerkzeug und als Schnittstelle zwischen den Metadaten und den Anwendungsdaten.[179] Somit handelt es sich beim Data Dictionary also um einen Teil des Datenbankverwaltungssystems des fertig entwickelten Datenbanksystems.

---

[178] Vgl. zum Data Dictionary auch Gabriel/Röhrs (1995), Abschnitt 3.4.
[179] Vgl. Eicker (1991), S. 3.

Davon zu trennen ist eine Entwicklungsdatenbank, die im Verlaufe des Data Base Engineering-Prozesses der Dokumentation aller Entwicklungsschritte dient. Im Repository werden also alle Metadaten, die im Entwicklungsprozess erarbeitet werden, abgelegt. Dies betrifft Daten über die Datenmodelle, die später auch Eingang in das Data Dictionary finden, und alle anderen Projektdaten, etwa über Geschäftsregeln, die Funktions- und Prozessmodelle. Darüber hinaus finden auch Daten über die zu entwickelnden Anwendungsprogramme und das Projektmanagement des Entwicklungsprojekts Eingang ins Repository.

Erst diese zentrale Datenbank über das Entwicklungsprojekt bildet die Basis für die Integration der verschiedenen Werkzeuge. Analog zur Nutzung einer zentralen, unternehmungsweiten Datenbank für die Problemdaten, die zu konsistenten Arbeitsergebnissen im Rahmen operativer und analytischer Tätigkeiten führt, werden hier alle Projektdaten über das Entwicklungsprojekt integriert und (möglichst) konsistent gespeichert und über geeignete Mehrbenutzerfunktionen allen Anwendern im Projekt zugänglich gemacht. Auf diese Weise können auch mehrere Entwickler gleichzeitig an der selben Problemstellung arbeiten.

3.3.3 Projektmanagement zur Entwicklung eines Datenbanksystems

Das Projektmanagement dient allgemein zur Planung, Steuerung, Kontrolle und Verwaltung von Projekten. Projekte sind besondere Aufgaben, die keine operativen und Routinetätigkeiten darstellen, sondern besonders hervorgehoben und definiert sind, um ein bestimmtes Arbeitsziel zu erreichen. Sie sind i.d.R. durch eine gewisse Komplexität gekennzeichnet und verlangen einen besonderen Einsatz und Aufwand. Ein Projekt ist vor allem durch eine vorab festgelegte (geplante) Laufzeit mit einem Startzeitpunkt und einem Endzeitpunkt gekennzeichnet.[180] Zur Durchführung eines Projektes muss dieses in seinem Aufbau und Ablauf organisiert werden, d.h. vor allem das Projektteam wird zusammengestellt und die Arbeitsweise festgelegt. Wichtig ist es auch, dass eine erste Kosten-Nutzen-Analyse durchgeführt und ein Projektbudget bereitgestellt wird.

Die Entwicklung eines Datenbanksystems wird i.d.R. in Form eines Projekts durchgeführt, da es sich hier auch um eine besondere Aufgabe mit einem klar definierten Ziel handelt. Das Projekt bezieht sich auf den gesamten Data Base Engineering-Prozess, der eine gewisse Problemkomplexität z.B. in Abhängigkeit vom Problemumfang aufweist. Der gesamte Entwicklungsprozess lässt sich mit Hilfe computergestützter Projektmanagementsysteme planen, steuern, kontrollieren und verwalten. Neben einfachen Balkendiagramm-Methoden wird vor allem

---

[180] Vgl. z.B. Janko (2001); Litke (1996).

die Netzplantechnik[181] eingesetzt, die unterschiedliche Methoden anbietet.[182] Beim Projektmanagement geht es um folgende vier Aufgabenbereiche, die am Beispiel der Planung einer DB-Entwicklung erörtert werden sollen:

1) **Strukturplanung**

Die einzelnen Aktivitäten der DB-Entwicklung, die sich den einzelnen Projektphasen zuordnen lassen, werden definiert. Dabei müssen auch die logischen Anordnungsbeziehungen der einzelnen Aktivitäten festgelegt werden, d.h. die Aktivitäten müssen in einer zeitlichen Reihenfolge geordnet werden (Vorgänger-Nachfolger-Beziehungen). So muss beispielsweise bei der DB-Modellierung ein ER-Modell aufgebaut sein, bevor dieser Anwendungsbereich in Relationen umgesetzt wird. Die Aktivitäten lassen sich grob definieren, aber auch sehr detailliert darstellen.

2) **Zeitplanung**

Nach der Festlegung der Aktivitäten und ihrer Ablaufstrukturen werden die Zeiten der einzelnen Aktivitäten festegelegt. Hier kann es sich beispielsweise um Erfahrungswerte handeln, die aus anderen Projekten gegeben sind. So dauert z.B. die Erstellung eines ER-Modells für einen umfangreichen Anwendungsbereich 5 Wochen. Nach der Festlegung der Zeitdauer der einzelnen Aktivitäten lässt sich die Gesamtdauer des gesamten Projekts berechnen, wobei auch die frühesten und spätesten Zeiten (Zeitpunkte) der einzelnen Aktivitäten abgeleitet werden. Hieraus lassen sich auch Projektzeiten und der kritische Pfad bzw. kritische Pfade berechnen. Kritische Aktivitäten (Aktivitäten des kritischen Pfades), die keinen Puffer besitzen (Pufferzeiten gleich Null), müssen besonders beachtet werden, da Änderungen ihrer Bearbeitungsdauer direkte Auswirkungen auf die Gesamtprojektzeit haben.

3) **Kapazitätsplanung**

Die einzelnen Aktivitäten benötigen Ressourcen, so vor allem Personen und Betriebsmittel. Zur Erstellung eines ER-Modells werden z.B. Personen mit entsprechendem Wissen eingesetzt, aber auch Softwaresysteme (Werkzeuge) und Hardware müssen vorhanden sein. Benötigen verschiedene Aktivitäten, die zur gleichen Zeit ablaufen, dieselben Ressourcen, so entstehen Kapazitätsengpässe. Eine Lösungsmöglichkeit bietet die sequentielle Anordnung (Reihung) der Aktivitäten, so dass die knappen Ressourcen nacheinander eingesetzt werden. So lassen sich beispielsweise die Personen eines Entwicklungsteams zunächst zehn Tage für den Aufbau eines ER-Modells einsetzen, anschließend zwei Tage für das Testen eines bereits implementierten Teilbereichs. Weitere Lösungsmöglichkeiten bietet im Beispiel auch die Neuein-

---

[181] Vgl. z.B. Zimmermann (1971); Neumann (1987).
[182] So z.B. die Methoden CPM, MPM und PERT. Vgl. Zimmermann (1971).

stellung von Personal, die jedoch i.d.R. nicht kurzfristig erfolgen kann, oder das Outsourcen der Arbeit.

4) Kostenplanung

Für eine wirtschaftliche Durchführung des Projektes ist eine Kostenplanung notwendig. Bei der Durchführung der Aktivitäten entstehen Kosten, die vorab geplant werden müssen. Nur so lässt sich ein Projektbudget festlegen, das stets überwacht werden muss (Projektcontrolling). Treten Kostenabweichungen auf, so müssen diese stets begründet werden. Abweichungen können unterschiedliche Ursachen haben, die z.B. durch Projektverzögerungen oder durch Preissteigerungen entstehen können. Im Beispielprojekt können z.B. durch die Komplexität des Anwendungsbereichs Probleme bei der ER-Modellierung auftreten, die zu längerer Aktivitätsdauer und zu zeitlichen Verzögerungen führen können. Aber auch die Verteuerung der Entwicklungswerkzeuge und der benötigten Hardware führen zu nicht vorhersehbaren Kostensteigerungen, die den Ablauf des Projekts stören können.

Zur Durchführung des Projekts bedient man sich der Netzplantechnik, die leistungsfähige Methoden bereitstellt. Eine bekannte Technik ist die CPM-Methode (Critical Path Method), die auch bei der obigen Erklärung zugrunde gelegt wurde. Ein CPM-Netzplan für eine DB-Entwicklung ist als Beispiel in der folgenden Abbildung 3.3 gegeben.[183]

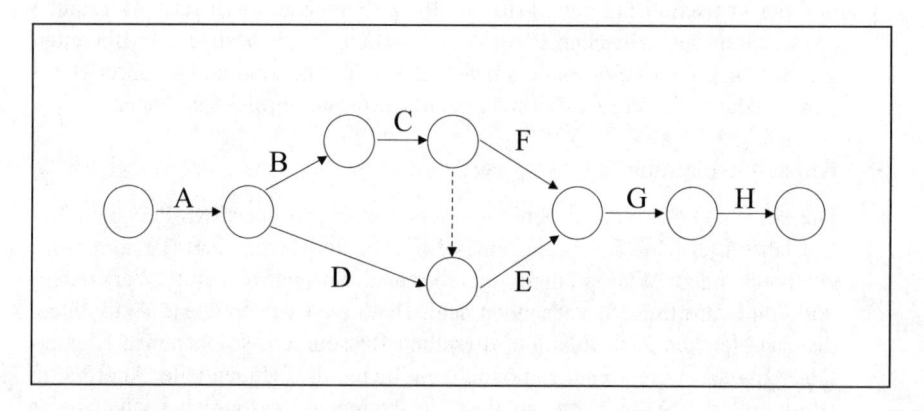

Abb. 3.3: CPM-Netzplan zur Erstellung eines Datenbanksystems

---

[183] Vgl. hierzu die Phasen des DB-Engineering in Kapitel 1.

Die acht Aktivitäten A bis H haben folgende Bedeutung:

- A: Problemanalyse und Planung des Datenbanksystems
- B: Istanalyse
- C: Anforderungsdefinition
- D: Analyse der kommerziell vohandenden Datenbanksysteme
- E: Auswahl eines geeigneten DB-Systems
- F: Erstellung des Fachkonzepts
- G: Erstellung des Systemkonzepts
- H: Implementieren und Testen

Das Projekt startet also mit der Aktivität A, der Problemanalyse und Planung des Datenbanksystems und endet mit der Aktivität H, dem Implementieren und Testen des Systems. Die Aktivitäten B und D bzw. C und D können parallel ablaufen. Die Aktivität E kann erst dann beginnen, wenn die Aktivitäten C und D abgeschlossen sind (die gestrichelte Linie stellt eine Scheinaktivität dar, die den logischen Ablauf des Projekts regelt). Die Aktivität G kann erst dann starten, wenn die Aktivitäten F und E abgeschlossen sind. Nach der Aktivität G folgt die abschließende Aktivität H.

Die Aktivitäten lassen sich nun mit Zeiten belegen, so dass z.B. die Gesamtlaufzeit des Projekts und die frühesten und spätesten Zeiten der einzelnen Aktivitäten berechnet werden können. Haben beispielsweise alle acht Aktivitäten die gleiche Zeitdauer von 5 Tagen, so dauert das Gesamtprojekt 30 Tage. Der kritische Pfad läuft über die beiden Aktivitätenfolgen A-B-C-F-G-H und A-B-C-E-G-H. Pufferzeiten sind bei der Aktivität D gegeben, die als einzige Aktivität nicht auf einem kritischen Pfad liegt.

Zu einem Projektmanagement gehört auch die Verwaltung des Projektes. Bei der Entwicklung eines Datenbanksystems werden die entstehenden Dokumente und Programmversionen gespeichert und verwaltet. Wichtig ist eine für das gesamte Projekt gültige gemeinsame Datenbasis. Das Projektmanagementsystem regelt hierbei die Zugriffsrechte der Projektmitarbeiter, es unterstützt die gesamte Projektarbeit, die in ihrer Gesamtheit dokumentiert wird. Erfolgreiche Projektarbeit setzt den Einsatz effizienter Projektmanagementwerkzeuge voraus. Die Entwicklung eines Datenbanksystems im Rahmen eines Data Base Engineering-

Prozesses lässt sich hervorragend durch Projektmanagementsysteme unterstützen, die auch kommerziell angeboten werden.[184]

3.4 Produktbeispiel: Oracle Designer

In diesem Abschnitt wird überblicksartig am Beispiel des Produktes Oracle Designer[185] der Methodenumfang und das grundsätzliche Arbeiten mit einer integrierten, alle Phasen des Entwicklungsprozesses unterstützenden Entwicklungsumgebung gezeigt.

Nach einer kurzen Einordnung des Produktes und der Herstellerfirma Oracle in Abschnitt 3.4.1 werden in Abschnitt 3.4.2 die einzelnen Komponenten skizziert. Anhand eines kleinen Beispiels werden der Phasendurchlauf, die jeweils verwendeten Werkzeuge und deren Zusammenspiel demonstriert. Abschließend wird in Abschnitt 3.4.3 eine Bewertung des Systemprodukts gegeben.

3.4.1 Einführung in das Softwareprodukt

Oracle zählt zu den weltweit größten Softwarefirmen und ist insbesondere durch das gleichnamige relationale Datenbanksystem bekannt und erfolgreich geworden. Es ist eines der bedeutendsten Produkte dieser Art am Markt.[186] In den derzeit aktuellen Versionen 8i und 9i wird es als Produkt positioniert, das neben den klassischen relationalen Strukturen auch Konzepte unterstützt, die der Objektorientierung und Multidimensionalen Datenbanken entstammen.[187] Neben dem Datenbanksystem bietet Oracle u.a. verschiedene Entwicklungsumgebungen zum Aufbau von Anwendungssystemen auf Datenbankbasis und ein ERP-System an,

---

[184] So wird für kleinere Projekte das Softwaresystem PROJECT von Microsoft angeboten (MS-PROJECT).

[185] Es handelt sich hierbei um ein Produkt der Unternehmung Oracle, vgl. z.B. Hansen/Neumann (2001), S. 1073 und S. 1089ff.

[186] Mit leichten Schwankungen je nach Untersuchungsmethode und -zeitraum wird für Oracle-Datenbanksoftware in den Jahren 1998 bis 2000 ein Marktanteil von ca. 30 % ausgewiesen, ähnliche Werte erreicht IBM mit DB/2. Der verbleibende Anteil verteilt sich auf eine Vielzahl weiterer Anbieter. Solche Zahlen werden regelmäßig z.B. von der Marktforschungsunternehmung Gardner Dataquest erhoben und veröffentlicht.

[187] Diese Systeme werden später in Kapitel 7 und 8 behandelt.

das als Wettbewerber zu der Unternehmung SAP mit ihrem Produkt R/3 positioniert wird.

Mit Oracle Designer bietet der Hersteller ein Produkt an, das den gesamten Entwicklungsprozess datenbankgestützter Anwendungen bis zur Implementierung unterstützen soll, und zwar sowohl server-seitig für die Strukturen des Datenbanksystems als auch client-seitig für Anwendungsprogramme, die auf diese Datenbank zugreifen sollen. Der Hersteller betont, dass sich diese Entwicklungsumgebung nicht nur für den Aufbau Oracle-basierter Anwendungssysteme eignet, vielmehr lassen sich auch Strukturen für andere Datenbanksysteme modellieren und implementieren.

3.4.2 Systemarchitektur von Oracle Designer – dargestellt am Anwendungsbeispiel

In erster Näherung lassen sich drei wesentliche Komponententypen dieser Entwicklungsumgebung unterscheiden:

- Das Repository dient als Entwicklungsdatenbank als zentrale Verwaltungsinstanz für alle in den Projekten erarbeiteten Sachverhalte,

- Modellierungswerkzeuge erlauben den Aufbau von semantischen Modellen, welche die relevanten Prozesse, Datenflüsse, Daten- und Funktionsstrukturen in grafischer Form beschreiben,

- Generatoren unterstützen das Implementieren der erarbeiteten Modelle.

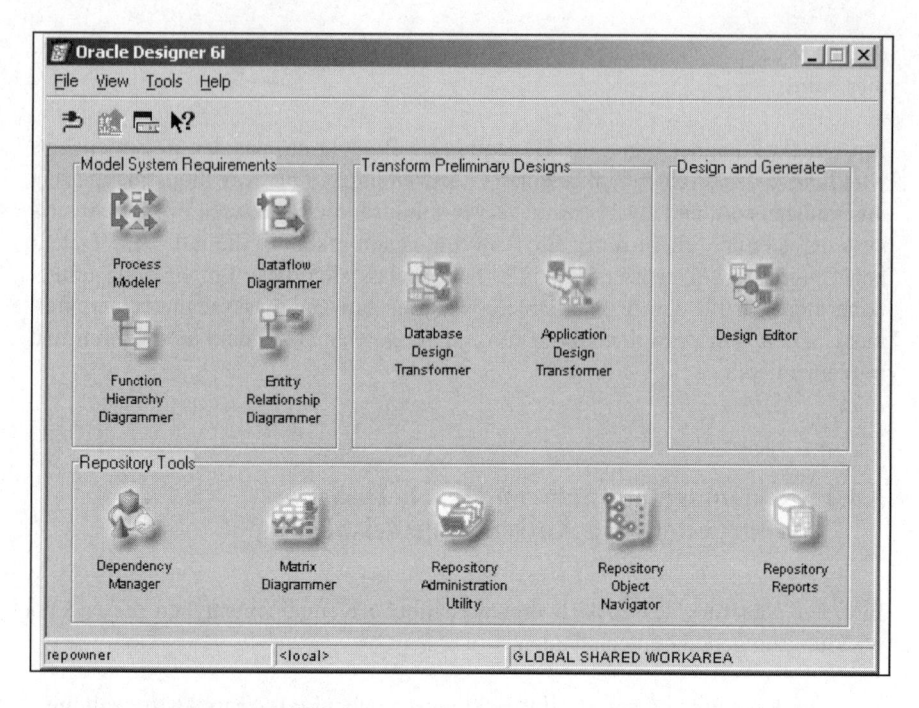

Abb. 3.4: Designer-Startbildschirm

Diese Komponenten werden im Folgenden überblicksartig vorgestellt. Eine durchgängige Benutzungsschnittstelle ist mit dem „Front Panel" gegeben, das beim Starten der Entwicklungsumgebung aufgerufen wird und den Zugang zu allen wesentlichen Modulen bildet. Dieser Startbildschirm ist in Abb. 3.4 wiedergegeben.

3.4.2.1 Repository

Zentraler Speicherort für alle Projektinformationen ist ein Repository, das selbst als eine Datenbank mit dem Oracle-RDBMS[188] als Trägersystem realisiert ist. Die grundlegenden, hardware- und betriebssystemnahen Funktionen werden vom Trägersystem bereitgestellt. Daher gelten Eigenschaften des Datenbanksystems wie Mehrbenutzerfähigkeit, Transaktionskontrollen und Unterstützung heterogener Netzwerke auch hier. Die Verwaltung von Benutzer- und Zugangsrechten wird ebenfalls teilweise vom Trägersystem übernommen. Diese Eigenschaften sind wichtig, da Softwareentwicklung bei größeren Projekten in der Regel im Team

---

[188] RDBMS: Relationales DatenBankManagementSystem

durchgeführt wird und eine effiziente Teamarbeit nur mit einer gemeinsamen Entwicklungsdatenbank möglich ist.[189]

Im Repository werden alle im Projekt erarbeiteten Daten über die Struktur des zu erstellenden Systems abgespeichert. Daneben verfügt es über grundlegende Projektmanagementfunktionen, welche die Definition von Projekten und die Verwaltung von Daten über die Projekte und spezielle Zugriffsrechte der Mitarbeiter zulassen. Hier ist auch eine Versionskontrolle für die Projekte integriert. Eintragungen in das Repository werden auf zwei Wegen vorgenommen. Zum einen hat die Arbeit mit den im Folgenden beschriebenen Modellierungswerkzeugen immer auch Auswirkungen auf die Entwicklungsdatenbank, d.h. alle Objekte der erzeugten Modelle und deren Eigenschaften werden im Repository abgelegt. Zum anderen ist das Repository auch mit einer eigenen Benutzungsoberfläche (Repository Object Navigator) ausgestattet. Hier können für alle Objekte, die im Repository hinterlegt sind, Eigenschaften definiert bzw. verändert werden. Darüber hinaus können im Rahmen der Möglichkeiten, die das Metadatenmodell vorgibt, auch neue Objekte angelegt und bearbeitet werden. Für die Eingabe nicht oder in der jeweiligen Arbeitsphase noch nicht strukturierbarer Informationen stehen in vielen Masken Felder zur freien Eingabe von Texten zur Verfügung. Abb. 3.5 zeigt das Aussehen des Objekt-Navigators und die Eingabemaske für Eigenschaften eines Objekts vom Typ „Entity".

Zu Dokumentations- und Kontrollzwecken bietet das Repository eine große Anzahl vordefinierter Auswertungen an. Darin werden Daten aus dem Repository jeweils unter einem bestimmten Aspekt selektiert und vom System vor dem Ausdruck so aufbereitet, dass übersichtliche Dokumente entstehen. Teilweise entstehen aus den formalisiert eingegebenen Daten durch die Aufbereitung Dokumente, die sich durch ihren Aufbau in ganzen Sätzen fast wie natürlichsprachliche Texte lesen lassen. Die folgende Abb. 3.6 zeigt als Beispiel einen Ausschnitt aus einem Bericht, der die im Datenmodell beschriebenen Entitäten und ihre Beziehungen dokumentiert. Hier ist erkennbar, wie die Objekteigenschaften in den Berichten dokumentiert werden.

---

[189] Vgl. Hesse (1991), S. 86.

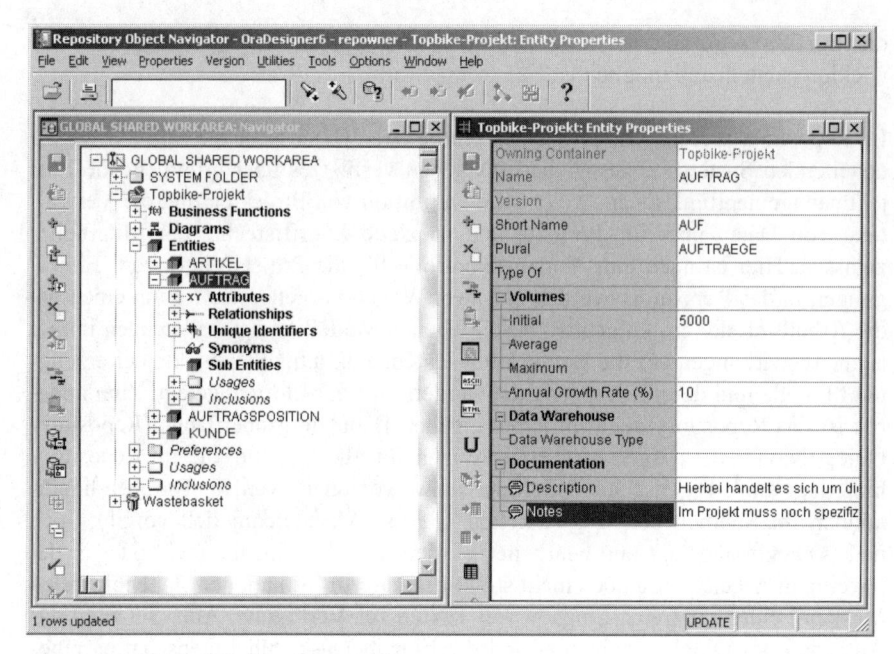

Abb. 3.5: Objektdefinition im Repository

```
                        Entity Model Reference

Container :   Topbike-Projekt     Version :
Entity Name : AUFTRAG
Short Name  : AUF
Synonyms :
Ent Desc :    Hierbei handelt es sich um die Entität zum Speichern der Auftrags-
              Kopfdaten.
Summary

Attributes

  * AUF_NR..................................... (AUFTRAG)
  * DATUM...................................... (AUFTRAG)
  * LIEFERBED.................................. (AUFTRAG)
                   o - Optional      * - Mandatory

Relationships

  AUFTRAG                      Must be hat   one or more AUFTRAGSPOSITIONS
  AUFTRAG                      Must be gehoert zu  one and only one KUNDE

  Details
  Defined Attributes for Entity :   Topbike-Projekt/AUFTRAG

  Attribute Name          Optional Domain     Format         Default Value

  AUF_NR                  False               NUMBER

  DATUM                   False               DATE

  LIEFERBED               False               NUMBER


  Used by Business Functions
  Used by Business Units
  Volumetric Information of Entity :   Topbike-Projekt/AUFTRAG
                  Initial: 5000
                  Average:
                  Maximum:
         Annual Growth (%): 10

  Notes and Other Text
  Im Projekt muss noch spezifiziert werden, ob auch Anfragen
  hier erfasst werden.
```

Abb. 3.6:   Beispiel für einen Bericht aus dem Repository

Die gesamte Struktur des Repositories lässt sich, analog zu den Beschreibungen der Projekte, in einem Daten- und Funktionenmodell abbilden. Dieses Modell wird Metamodell genannt und bildet alle Datenstrukturen und Funktionen des Repositories ab.

3.4.2.2 Werkzeuge zur Unterstützung grafischer Modellierungsmethoden

Auf die Daten im zentralen Repository können auch die anderen Werkzeuge der Oracle Designer-Produktsuite zugreifen. Insbesondere werden Modellierungswerkzeuge bereitgestellt, mit denen Geschäftsprozesse (Process Modeler), Datenflüsse (Dataflow Diagrammer), Funktionsstrukturen (Function Hierarchy Diagrammer) sowie Datenmodelle in Entity-Relationship-Form (Entity Relationship Diagrammer) abgebildet werden können.

Die Grafikwerkzeuge sind nicht nur mit allgemeinen Editorfunktionen, die ein komfortables Zeichnen am Bildschirm ermöglichen, ausgestattet. Stattdessen werden darüber hinaus die bei den einzelnen Diagrammtechniken verwendeten Symbole in ihrer Bedeutung vom System interpretiert und die so grafisch am Bildschirm eingegebenen Informationen in das Repository eingefügt. Entsprechend entstehen durch das Erstellen der Diagramme Repository-Objekte und -Eigenschaften, die sich aus den Diagrammen und den dort vorgenommenen Beschriftungen ergeben. Darüber hinaus kann der Benutzer über Dialogboxen zusätzliche Informationen zu den Objekten in das Repository schreiben, die über die Darstellungskraft der grafischen Methode hinausgehen. Die so erzeugten Inhalte des Repositorys werden in den späteren Phasen im Entwicklungsprozess genutzt, um relationale Datenbankstrukturen (auf der Basis der Datenmodelle) und Anwendungsprogramme (auf der Basis der Funktionsstrukturen und Datenflüsse) automatisiert zu entwerfen.

Im Folgenden zeigen wir die Anwendung dieses Konzepts am Beispiel der Datenmodellierung und entwickeln das Entity-Relationship-Diagramm der Auftragsverwaltung, die bereits im vorhergehenden Abschnitt 3.2.1 gezeigt wurde.

Zunächst werden die als erforderlich identifizierten Entitäten und ihre Beziehungen angelegt. Hierzu wird das Grafiksymbol für eine Entität ausgewählt und auf der Zeichenfläche platziert. Es erscheint ein Dialog, in dem das Objekt benannt werden muss (Abb. 3.7). Damit werden gleichzeitig die ersten Eintragungen zu diesem Entity im Repository generiert.

Kapitel 3   133

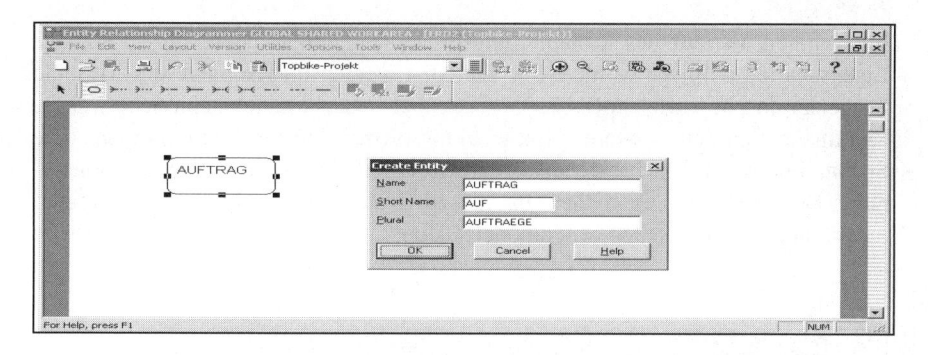

Abb. 3.7: Definition eines Entity

In analoger Weise werden die übrigen Entitäten sowie die Beziehungen angelegt. Das Zeichenwerkzeug stellt für die verschiedenen Beziehungstypen und Kardinalitäten jeweils entsprechende Symbole zur Verfügung. Abb. 3.8 zeigt das kleine Beispielmodell, wie es mit dem Entity-Relationship-Diagrammer angelegt wurde. Erkennbar sind die vier Entities sowie die Beziehungen unterschiedlicher Kardinalität. Aus der Linienart der Beziehungssymbole geht zudem hervor, ob es sich um eine zwingende oder eine optionale Beziehung handelt. So muss im Beispiel etwa ein Auftrag immer mit mindestens einer Auftragsposition versehen sein, während Kunden durchaus auch ohne zugehörige Aufträge existieren können. Umgekehrt ist hier festgelegt, dass jeder Auftrag immer zu genau einem Kunden gehören muss.

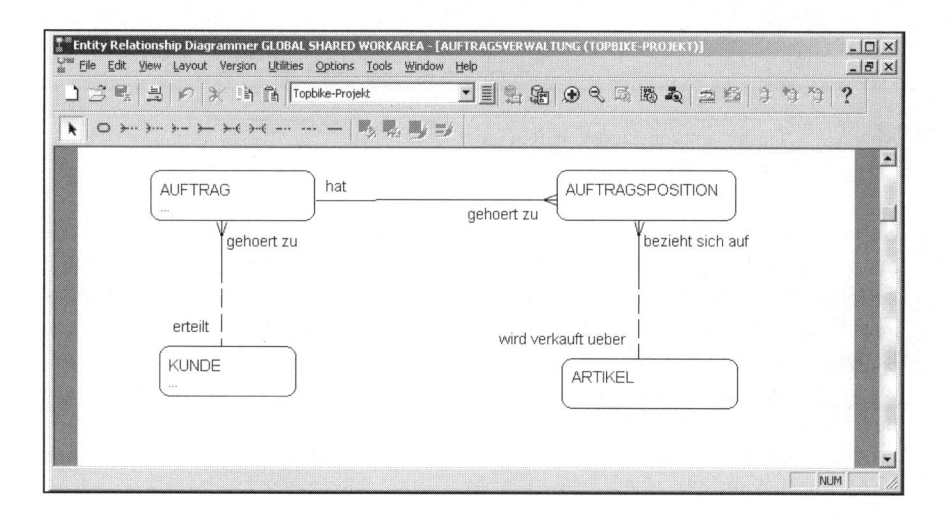

Abb. 3.8: Das vollständige E/R-Diagramm

Im weiteren Verlauf des Modellierungsprozesses können zahlreiche zusätzliche Eigenschaften definiert werden. Für Entitäten werden insbesondere die Attribute festgelegt und beschrieben (Abb. 3.9). Darüber hinaus können zahlreiche weitere Merkmale für den weiteren Entwicklungsprozess festgehalten werden. Die Spanne reicht von beschreibenden Texten, die lediglich in die später zu generierende Dokumentation einfließen, bis hin zu Größen, die Einfluss auf die Implementierung des physischen Datenmodells haben.

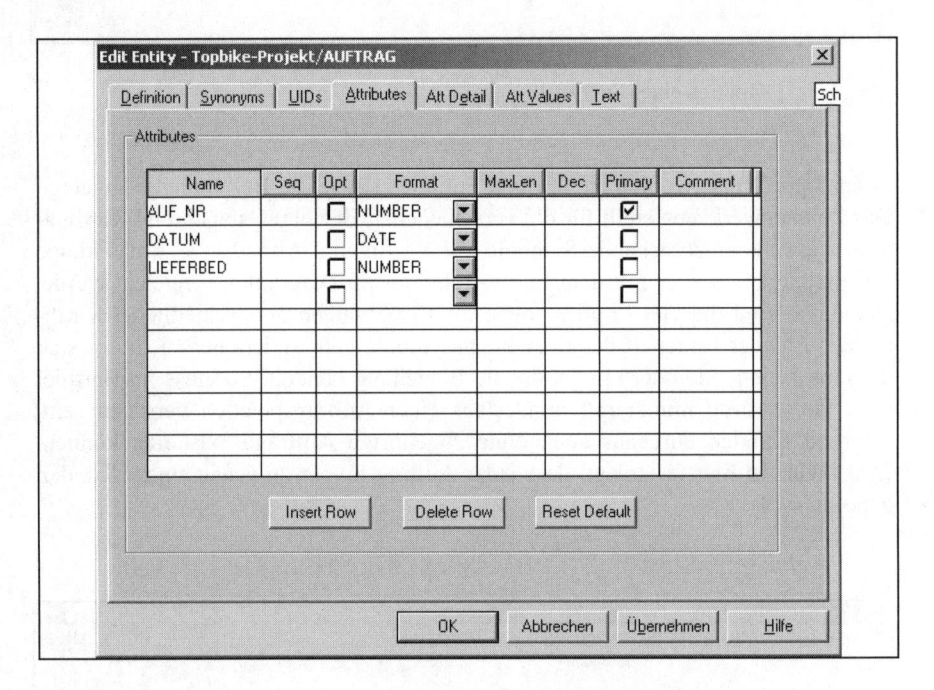

Abb. 3.9: Definition von Eigenschaften eines Entity-Typs

Neben dieser Nutzung des Grafiktools als Eingabeoberfläche des Repository können umgekehrt auch im Repository bereits enthaltene Informationen komfortabel zu Grafiken aufbereitet werden. Dazu werden aus den CASE-Dictionary-Einträgen die entsprechenden Symbole und Beschriftungen generiert und müssen vom Bediener nur noch angeordnet werden. Diese Vorgehensweise bietet sich an, wenn von erfahrenen Systementwicklern die direkte Eingabe in das Dictionary bevorzugt wird, die Informationen aber zur Dokumentation oder als Diskussionsgrundlage übersichtlich und leichter verständlich strukturiert wieder ausgegeben werden sollen.

3.4.2.3 Generator-Module

Auf der Basis der mit den grafischen Methoden erzeugten semantischen Modelle werden in einem ersten Schritt mit Hilfe von Generatoren („Database Design Transformer" bzw. „Application Design Transformer") logische Modelle der Datenbank und der Anwendungsprogramme erzeugt. Im Folgenden wird wiederum in erster Linie das datenbankorientierte Vorgehen und weniger das Erstellen der Anwendungsprogramme betrachtet.

Zur Transformation semantischer Datenmodelle in Entity-Relationship-Form sind aufgrund der guten Kompatibilität der jeweiligen Schemaobjekte relativ einfache Regeln gegeben. Daher lässt sich aus einem semantischen Modell über standardisierte Einstellungen ein Datenbankdesign als logisches Modell ableiten, wobei Vorgaben etwa über Benennungskonventionen für Datenbankobjekte (z.B. Tabellennamen) und über die Repräsentation von Beziehungen Schlüsselfelder verwendet werden. So entsteht ein erster Entwurf des logischen Datenmodells, wobei über Transformationsprotokolle erkennbar ist, welche Objekte erzeugt wurden.

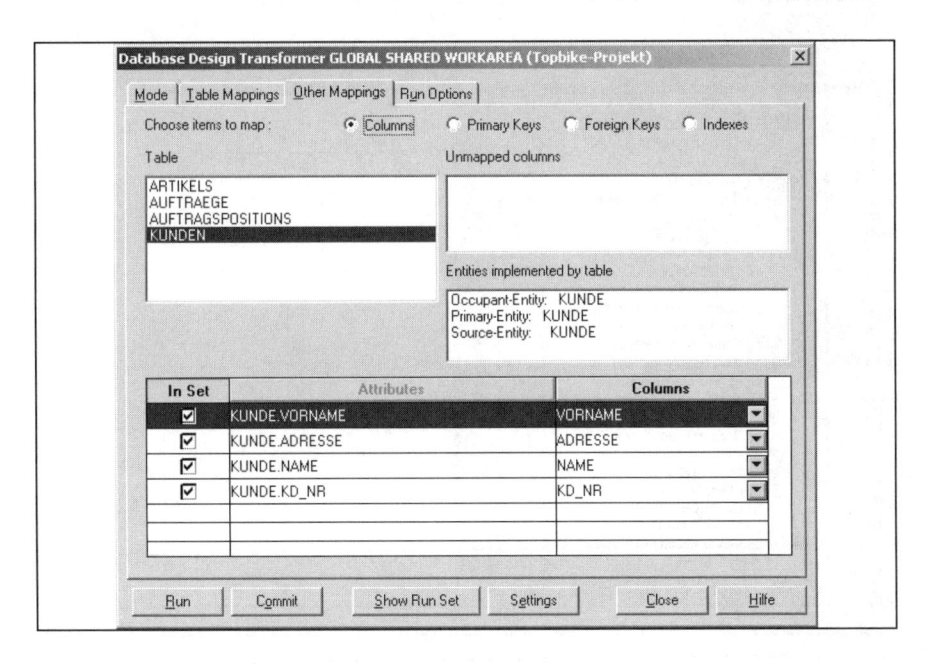

Abb. 3.10: Customizing der Transformationsregeln vom semantischen zum logischen Datenmodell

Soll von den Standard-Transformationsregeln abgewichen werden, so lassen sich die notwendigen Einstellungen in entsprechenden Dialogen vornehmen, um so das logische Datenmodell bereits in diesem Entwicklungsschritt zu beeinflussen. Abb. 3.10 zeigt ein Beispiel.

Die maschinelle Erzeugung des Standard-Datenbankdesigns wird in einem Report dokumentiert. Elemente, die vom System als zweifelhaft oder falsch erkannt werden, sind in diesem Report mit Hinweisen gekennzeichnet, so dass dem Bediener für die Kontrolle und Verbesserung des maschinellen Entwurfs ein hilfreiches Dokument zur Verfügung steht. Das generierte logische Datenmodell kann dann mit Hilfe eines weiteren spezialisierten Werkzeuges angepasst werden, wobei auch hier neben den bereits aus der Repository-Benutzungsoberfläche bekannten Dialogboxen Diagramme verwendet werden können, die automatisiert aus den Modelldefinitionen abgeleitet werden und zur Visualisierung der Strukturen dienen. Abb. 3.11 zeigt ein Beispiel.

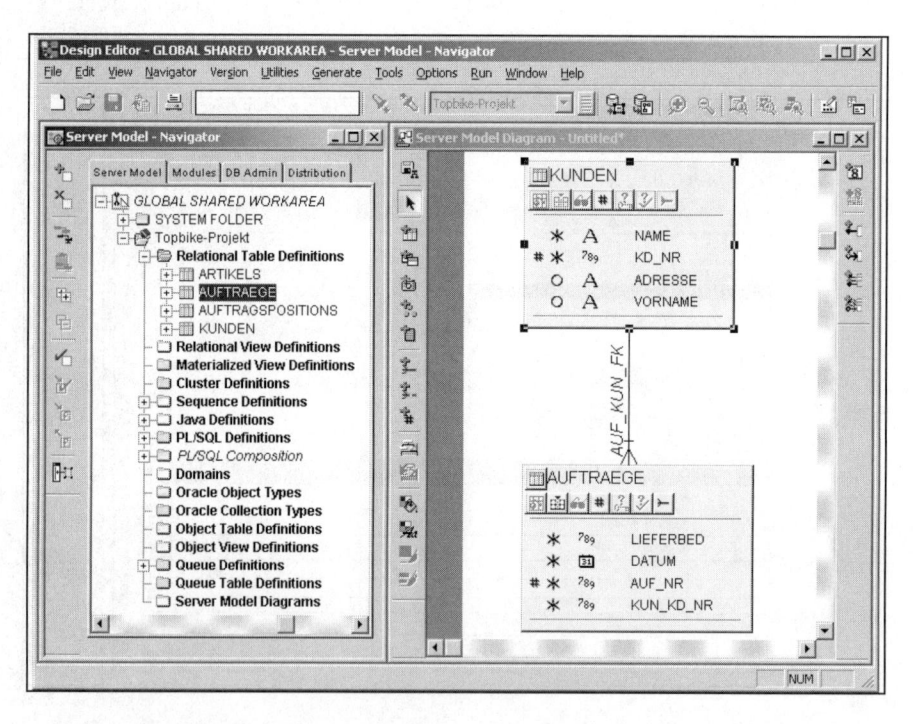

Abb. 3.11: Visualisierung des logischen Datenmodells

Im letzten Entwicklungsschritt lässt sich mit Hilfe eines weiteren Generators ein SQL-Script generieren, das die zuvor definierten logischen Strukturen implementiert. Dabei ist ein hohes Maß an Unabhängigkeit zwischen dem Generator sowie allen vorgelagerten Werkzeugen und der Datenbank gegeben, denn neben versionsspezifischen SQL-Varianten für das Oracle-Datenbanksystem lassen sich als Zielsprache auch Dialekte anderer marktrelevanter Produkte und das genormte Standard-SQL auswählen. Abb. 3.12 zeigt einen Ausschnitt aus dem SQL-Script für das oben dargestellte logische Datenmodell.

Der Zwischenschritt des Generierens, Speicherns und Ausführens des SQL-Scripts lässt sich einsparen, indem direkt vom Generatormodul aus die Strukturen durch einen Datenbankzugriff implementiert werden. Dann entfällt allerdings naturgemäß die Möglichkeit zur Kontrolle und ggf. Modifikation der Scripte durch den Benutzer.

```
-- Generated for Oracle 8.1 by Server Generator 6.5.40.3.0

PROMPT Creating Table 'AUFTRAEGE'
CREATE TABLE AUFTRAEGE
 (LIEFERBED NUMBER NOT NULL
 ,DATUM DATE NOT NULL
 ,AUF_NR NUMBER NOT NULL
 ,KUN_KD_NR NUMBER NOT NULL)
/
PROMPT Creating Table 'KUNDEN'
CREATE TABLE KUNDEN
 (NAME VARCHAR2(240) NOT NULL
 ,KD_NR NUMBER NOT NULL
 ,ADRESSE VARCHAR2(240)
 ,VORNAME VARCHAR2(240))
/
PROMPT Creating Primary Key on 'AUFTRAEGE'
ALTER TABLE AUFTRAEGE
 ADD (CONSTRAINT AUF_PK PRIMARY KEY
  (AUF_NR))
/
PROMPT Creating Primary Key on 'KUNDEN'
ALTER TABLE KUNDEN
 ADD (CONSTRAINT KUN_PK PRIMARY KEY
  (KD_NR))
/
PROMPT Creating Foreign Key on 'AUFTRAEGE'
ALTER TABLE AUFTRAEGE ADD (CONSTRAINT
 AUF_KUN_FK FOREIGN KEY
  (KUN_KD_NR) REFERENCES KUNDEN
```

Abb. 3.12: Generiertes SQL-Script

In analoger Weise lassen sich mit Hilfe der Funktions- und Datenflussmodelle auch Anwendungsprogramme generieren, die z.B. auf den Oracle-Werkzeugen Forms und Reports basieren und zumindest die grundsätzlichen Funktionen in einem vorgegebenen Layout bereitstellen.

Neben den genannten Implementierungsfunktionen im eigentlichen Sinne stehen Funktionen zur Verfügung, die die Implementierung außerhalb des betrachteten

CASE-Systems erleichtern sollen. Hier sind in erster Linie wieder eine Reihe von Dokumentationsfunktionen zu nennen, welche die Daten aus dem Repository unter Implementierungsgesichtspunkten aufbereiten.

3.4.3 Zusammenfassung und Bewertung des Produktes

In den vorhergehenden Abschnitten wurde mit Oracle Designer ein Werkzeug skizziert, das über alle Entwicklungsphasen hinweg für die verschiedenen Entwicklungsgegenstände eines datenbankbasierten Informationssystems (Datenstrukturen, Funktionen, Datenflüsse) Entwicklungs- und Modellierungsmethoden bereitstellt und den Übergang zwischen den Phasen im Entwicklungsprozess durch Generatoren unterstützt.

Hier ist ein wesentlicher Unterschied zu isolierten Werkzeugen erkennbar, die nur einzelne Phasen oder Modellierungsgegenstände unterstützen und damit keine integrierte Betrachtung des Gesamtprojektes ermöglichen. Bei Oracle Designer handelt es sich um ein mächtiges Werkzeug. Um es effizient und effektiv zu nutzen, muss der Anwender bzw. Entwickler gute Produkt- und Modellierungskenntnisse besitzen. Gezielte Schulungen sind Voraussetzungen für den erfolgreichen Einsatz in der betrieblichen Praxis.

Kapitel 3   139

3.5 Übungsaufgaben zur werkzeuggestützten Entwicklung von Datenbanksystemen

Aufgabe 3-1:   Diskutieren Sie die Einsatzmöglichkeiten von Werkzeugen zur Datenmodellierung.

Aufgabe 3-2:   Was versteht man unter Metadaten bei den Werkzeugen?

Aufgabe 3-3:   Erörtern Sie die Nutzungsmöglichkeiten der Werkzeuge zur Erstellung von Datenbank-Benutzungsoberflächen.

Aufgabe 3-4:   Beschreiben Sie die Anforderungen an integrierte Entwicklungsumgebungen, die alle Projektphasen unterstützen sollen.

Aufgabe 3-5:   Diskutieren Sie die Vor- bzw. Nachteile der Werkzeuge, die einzelne Phasen unterstützen.

Aufgabe 3-6:   Welche computergestützten Methoden bieten sich für die Auswahl von Datenbanksystemen bzw. Datenbankentwicklungssystemen an?

Aufgabe 3-7:   Wie lässt sich die Phase des Einsatzes mit Wartung und Pflege durch Werkzeuge unterstützen?

Aufgabe 3-8:   Was versteht man unter einem DB-Repository?

Aufgabe 3-9:   Beschreiben Sie die wichtigsten Aufgaben des Projektmanagements bei der DB-Entwicklung.

Aufgabe 3-10: Für das in der Abbildung 3.3 gegebene Projekt sind folgende Zeiten der Aktivitäten vorgegeben (in Tagen):

A:3, B:2, C:1, D:2, F:3, E:5, G:4 und H:5

Berechnen Sie die Gesamtprojektzeit und die frühesten und spätesten Zeitpunkte der einzelnen Aktivitäten. Ermitteln Sie den kritischen Pfad und erklären Sie die Zusammenhänge.

Aufgabe 3-11: Skizzieren Sie die drei wichtigsten Komponenten des Softwareproduktes Oracle Designer.

Aufgabe 3-12: Welche Vorteile bieten grafische Modellierungsmethoden?

Aufgabe 3-13: Skizzieren Sie den Entwicklungsprozess mit dem Datenbankprodukt Oracle Designer.

3.6 Literatur zu Kapitel 3

Balzert, H. (1989): Anforderungen an Software Engineering Environment Systeme. In: Balzert, Helmut (Hrsg.): CASE: Systeme und Werkzeuge, Mannheim 1989, S. 87-98.

Balzert, H. (1998): Lehrbuch der Softwaretechnik, Software-Management, Software-Qualitätssicherung, Unternehmensmodellierung, Heidelberg, Berlin 1998.

Balzert, H. (2000): Lehrbuch der Software-Technik: Software-Entwicklung, 2. Auflage, Heidelberg et al. 2000.

Bundesministerium des Innern (1997): IT-WiBe: Empfehlung zur Durchführung von Wirtschaftlichkeitsbetrachtungen beim Einsatz der IT in der Bundesverwaltung, Bundesministerium des Innern, Schriftenreihe der Koordinierungs- und Beratungsstelle der Bundesregierung für Informationstechnik in der Bundesverwaltung, Band 26, Bonn 1997.

Chen, P. P. S.; Knöll, H.-D. (1991): Der Entity-Relationship-Ansatz zum logischen Systementwurf, Mannheim 1991.

Chroust, G. (1992): Modelle der Software-Entwicklung, München, Wien 1992.

Eicker, S. (1991): Anforderungen an ein zentrales Metadatenbanksystem. In: Handbuch der modernen Datenverarbeitung, Heft 161 (1991), S. 10-25.

Gabriel, R.; Röhrs, H.-P. (1995): Datenbanksysteme: Konzeptionelle Datenmodellierung und Datenbankarchitekturen, 2. Auflage, Berlin et al. 1995.

Hansen, H.-K.; Neumann, G. (2001): Wirtschaftsinformatik I, 8. Auflage, Stuttgart 2001.

Hesse, T. (1991): Anwendungsentwicklung im Zeichen des Repository Managers: Einflüsse auf Datenmanagement und Methoden. In: Handbuch der modernen Datenverarbeitung, Heft 161 (1991), S. 85-91.

Janko, W. (2001): Projektplanungs- und -steuerungssystem, in: Mertens, P. (Hrsg.): Lexikon der Wirtschaftsinformatik, Berlin, Heidelberg, New York 2001, S. 385-386.

Kleinschmidt, P.; Rank, C. (1997): Relationale Datenbanksysteme, Eine praktische Einführung, Berlin, Heidelberg, New York 1997.

Köhler, W.-M. (1990): SQL, Bearbeitung relationaler Datenbanken, Braunschweig 1990.

Litke, H.-D. (1996): DV-Projektmanagement, Wien 1996.

Meier, A. (1995): Relationale Datenbanken, Eine Einführung für die Praxis, 2. Auflage, Berlin, Heidelberg, New York 1995.

Neumann, K. (1987): Netzplantechnik, in: Gal, T. (Hrsg.): Grundlagen des Operations Research, Band 2, Berlin, Heidelberg, New York 1987.

Österle, H. (1990): Computer aided software engineering – Von Programmiersprachen zu Softwareentwicklungsumgebungen. In: Kurbel, K.; Strunz, H. (Hrsg.): Handbuch der Wirtschaftsinformatik, Stuttgart 1990, S. 345-361.

Pomberger, G. (1987): Softwaretechnik und Modula 2, 2. Auflage, München 1987.

Schumann, M. (2001): Wirtschaftlichkeitsrechung in der Informationsverarbeitung, in: Mertens, P. (Hrsg.): Lexikon der Wirtschaftsinformatik, 4. Auflage, Berlin et al. 2001, S. 504-505.

Zimmermann, H.-J. (1971): Netzplantechnik, Berlin, New York 1971.

4 Fallstudie zur Gestaltung eines Datenbanksystems
– das Datenbanksystem TOPBIKE

In der folgenden Fallstudie wird für eine Beispiel-Unternehmung, die TOPBIKE GmbH, der Gestaltungsprozess eines Datenbanksystems beschrieben, wie er in Kapitel 1 in allgemeiner Form vorgestellt wurde. Die folgenden Abschnitte 4.1 bis 4.7 orientieren sich an den sieben Phasen des Erklärungsmodells für das Data Base Engineering[190]. Der abschließende Abschnitt 4.8 gibt für das gegebene Beispiel eine kritische Betrachtung des durchgeführten Gestaltungsprozesses und einen Ausblick auf zukünftige Einsatzmöglichkeiten des Datenbanksystems in der Unternehmung TOPBIKE.

Bei der TOPBIKE GmbH handelt es sich um eine mittelständische Unternehmung, die sich mit der Produktion und dem Vertrieb von Fahrrädern beschäftigt. Dabei produziert die Unternehmung selbst keinerlei Teile, sondern kauft alle notwendigen Komponenten bzw. Einzelteile bei verschiedenen Lieferanten ein. Die Kernkompetenz der Unternehmung liegt in der spezifischen Montage dieser Einzelteile zu Zielgruppen-gerechten Endprodukten. Zu den Kunden der Unternehmung zählen insbesondere große Warenhausketten und Versandhäuser. Darüber hinaus werden auch kleinere Einzelhandelsgeschäfte bedient, die sich zumeist auf spezielle Marktsegmente im Fahrradbereich spezialisiert haben. In Zukunft ist auch ein Vertrieb auf der Basis des Electronic Commerce (E-Commerce)[191] über das Internet geplant.

Zur besseren Durchführung der Beschaffung, der Produktion und des Vertriebs fällt die Unternehmungsleitung die strategische Entscheidung, das bestehende alte Informationssystem, das auf einer konventionellen Dateiorganisation basiert, durch ein modernes Datenbanksystem zu ersetzen. Auch die alten Anwendungssysteme, die überwiegend COBOL-Programme darstellen, sollen durch moderne Standardsoftwareprodukte abgelöst werden. Im Mittelpunkt der zu behandelnden Fallstudie steht jedoch die Gestaltung eines Datenbanksystems, im Folgenden „TOPBIKE" genannt, das neu aufgebaut wird. Von der Nutzung eines Datenbanksystems verspricht sich die Unternehmungsleitung zunächst große Vorteile im operativen Geschäft, das zusätzlich durch den Einsatz von Standardsoftware unterstützt werden soll. Das Datenbanksystem wird später auch eine hervorra-

---

[190] Vgl. die Beschreibung der Phasen in Kapitel 1, Abschnitt 1.3.
[191] Vgl. z.B. Gersch (2000); Merz (1999).

gende Basis für ein analyseorientiertes Informationssystem[192] darstellen, das neue Leistungspotenziale und Chancen im globalen Wettbewerb bietet.

4.1 Problemanalyse und Planung des Datenbanksystems TOPBIKE

Nachdem der Bedarf für ein Datenbanksystem, das den gesamten Beschaffungs-, Produktions- und Vertriebsprozess der Unternehmung TOPBIKE abdecken soll, im Rahmen einer strategischen Informationssystemplanung durch die Geschäftsführung festgestellt wurde, soll zunächst der gesamte Problembereich in grober Form analysiert und ein Projektplan mit einer ersten Aufwands- und Nutzenschätzung erarbeitet werden. Umgehend wird durch die Unternehmungsführung eine Planungsgruppe auf Managementebene eingesetzt, die eine grundlegende Problemanalyse bzw. Vorstudie und einen Vorgehensplan aufstellen soll. Diese Gruppe besteht aus den vier Hauptabteilungsleitern, d.h. aus den Leitern der Abteilungen Materialwirtschaft, Produktion, Vertrieb und Rechnungswesen. Der Leiter des Rechnungswesens leitet auch die vorhandene kleine EDV-Abteilung, die in das Rechnungswesen eingeordnet ist (vgl. hierzu das Organigramm in Abb. 4.1). Ziel der Gruppe ist die Erstellung eines Projektplans mit entsprechender Rechtfertigung und Wirtschaftlichkeitsanalyse, der der Geschäftsführung zur Entscheidung vorzulegen ist.

Sehr schnell einigt man sich in dieser Planungsgruppe, das alte Informationssystem, das große Mängel aufweist, durch ein modernes Datenbanksystem zu ersetzen. Nach Rücksprache mit der Geschäftsführung sollen für das Vorhaben auch Investitionen in Hard- und Software getätigt werden. Da der Aufbau eines Datenbanksystems als Projekt in eigener Verantwortung durchgeführt werden soll, sollen zwei fachkompetente Mitarbeiter bzw. Mitarbeiterinnen neu eingestellt werden, die später auch für die Wartung und Pflege des Systems im Einsatz verantwortlich sind und die Endbenutzer in den Fachabteilungen betreuen sollen. Wichtig ist es in dieser Situation, dass eine klare Zielvorstellung für das zu entwickelnde System besteht und dass die Unternehmungsführung das Projekt mit hoher Priorität unterstützt.

Im Folgenden soll die Unternehmung bzw. der Anwendungsbereich kurz vorgestellt werden, für den ein neues Informationssystem aufgebaut wird.

---

[192] Analyseorientierte Informationssysteme werden in Kapitel 8 ausführlich beschrieben.

Im Vertriebsprogramm der TOPBIKE GmbH finden sich unterschiedliche Fahrrad-Baureihen, die das gesamte Spektrum des Massenmarktes abdecken, z.B. stabile Kinderräder, klassische Hollandräder für Damen und Herren und sportliche Alltagsräder (City-Bikes). Neuerdings werden, dem Zeitgeist folgend, mit der Baureihe „Öko" auch hochwertige Räder für den umweltbewussten „Besserverdiener" und mit der Baureihe „Tour" hochpreisige Rennräder offeriert. Weiterhin bietet man im boomenden Marktsegment der Mountainbikes (MTB) Räder sowohl für Einsteiger als auch für professionelle Fahrer an.

Aufgrund der enormen Absatzsteigerungen soll der Bereich der professionellen Porträder (Straßenrennräder und MTB) in den nächsten Jahren forciert werden. Um den Bekanntheitsgrad der Marke „TOPBIKE" zu steigern, hat man gemeinsam mit der Telekommunikationsgesellschaft „TeKo" und dem Unternehmen „Power" aus dem Pharmabereich einen „Rennstall" gegründet, der demnächst an den bekannten Straßenklassikern in Europa teilnehmen wird. Im MTB-Bereich wurden Verträge mit mehreren Fahrern im Worldcup abgeschlossen.

Alle relevanten Aufgabenbereiche, die bei diesem Unternehmensgegenstand anfallen, werden intern abgewickelt (vgl. das Organigramm in Abb. 4.1). Dazu gehören in der Materialwirtschaft der termingerechte Einkauf benötigter Vormaterialien sowie deren Lagerung und Verwaltung. Bei den Vormaterialien handelt es sich um Fahrradteile, die alle standardisiert sind, wie z.B. Lenkstangen, Gabeln, Räder, Reifen oder Ketten. In der Produktion werden aus den Vormaterialien bzw. Einsatzstoffen Fahrräder als Endprodukte auf Lager oder auf Bestellung gefertigt. Vorab wurden bereits die zugehörigen Konstruktionstätigkeiten für die einzelnen Fahrradtypen durchgeführt sowie alle Maßnahmen zur Qualitätssicherung geleistet. Zum Aufgabenbereich des Vertriebs zählt neben der Verarbeitung eingehender Anfragen und Aufträge auch das Marketing. Die Großkundenbetreuung im Warenhaus- und Versandhausbereich erfolgt durch ein Key-Account Management. Das Rechnungswesen wickelt alle Tätigkeiten ab, die zum Finanzwesen zu zählen sind. Insbesondere gehört dazu eine Kostenträgerstückrechnung (Kalkulation), die auf Basis einer Kostenstellenrechnung durchgeführt wird. Neben dem Controlling ist in der Abteilung Rechnungswesen auch die zentrale Datenverarbeitung (EDV) angesiedelt, die zurzeit einen sogenannten Abteilungsrechner zur Durchführung ihrer Aufgaben einsetzt. Über eine Neustrukturierung und Einordnung der Datenverarbeitung in die Organisationsstruktur der Unternehmung soll später entschieden werden.

Entsprechend dieser Aufgabenteilung weist die organisatorische Struktur der TOPBIKE GmbH die vier Hauptabteilungen Materialwirtschaft, Produktion, Vertrieb und Rechnungswesen auf. Das Organigramm in Abb. 4.1 gibt einen Überblick über die Struktur der Modellunternehmung, deren Geschäftsführung aus einem technischen und einem kaufmännischen Leiter besteht.

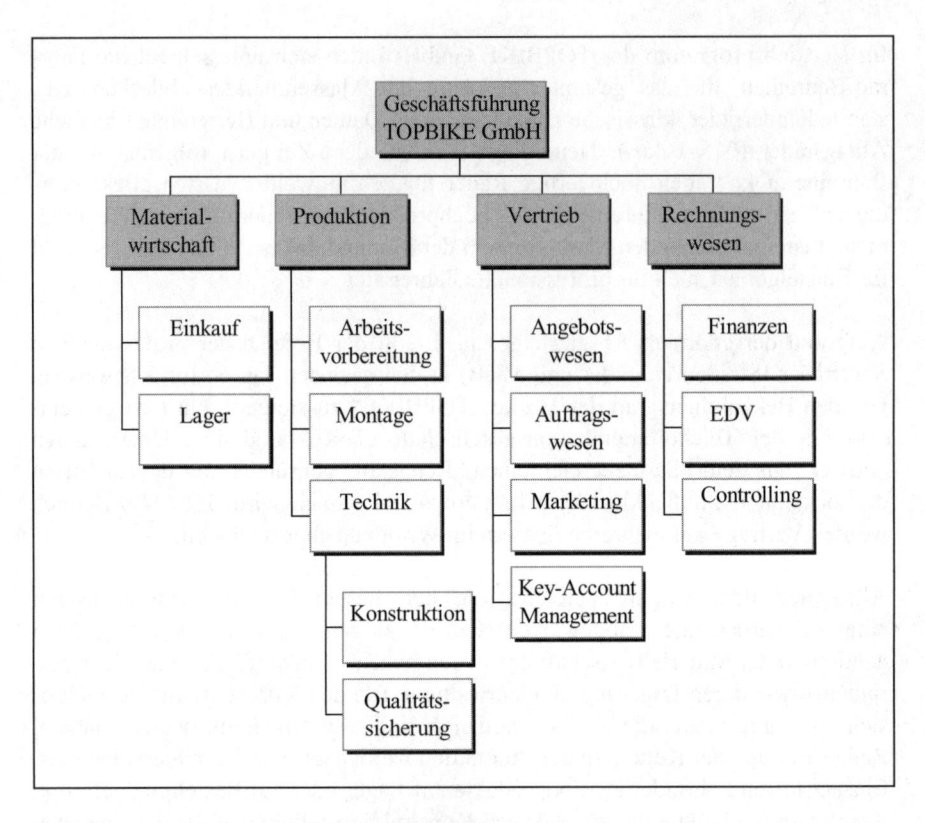

Abb. 4.1: Organigramm der TOPBIKE GmbH

Das Ziel des Aufbaus eines Datenbanksystems wird noch einmal von der Planungsgruppe in einem Bericht zur Vorlage bei der Geschäftsführung besonders hervorgehoben. Das anstehende Projekt wird vor allem durch den enormen Wettbewerbsdruck in der Branche und durch Kostenvorteile begründet. Nach Einstellung von zwei neuen Mitarbeitern, einem erfahrenen Wirtschaftsinformatiker, der bereits drei Jahre in einer Unternehmungsberatung tätig war, und einer Absolventin des Studiengangs Betriebswirtschaftslehre mit Schwerpunkt Wirtschaftsinformatik, wird das Projekt definiert, für das der Leiter der Abteilung EDV die Verantwortung übernimmt. Dem Projektteam gehören neben dem Projektleiter und den zwei neu eingestellten Mitarbeitern jeweils zwei Mitarbeiter aus den Hauptabteilungen Materialwirtschaft, Produktion und Vertrieb an. Aus der Hauptabteilung Rechnungswesen wird zusätzlich noch jeweils ein Mitarbeiter aus den Abteilungen Finanzen und Controlling dem Team angehören. Insgesamt sind somit elf Personen in der Projektgruppe tätig. Unterstützt wird das Vorhaben durch ein Projektmanagementsystem, mit dem vor allem die Termin- und Kostenplanung durchgeführt wird.

Die Gestaltung des Datenbanksystems soll sich auf einen phasenorientierten Entwicklungsprozess stützen, wie er in einem Data Base Engineering[193] vorgeschlagen wird. Ziel ist die Erstellung eines zentralisierten Datenbanksystems, das in ein Client-Server-Konzept eingebettet wird, d.h. die Benutzer der Fachabteilungen können von ihren vernetzten Arbeitsplätzen aus mit der Datenbank arbeiten, die in einem Server zentral gepflegt und gewartet wird. Beim Aufbau des Systems sollen auch die späteren Endbenutzer, vor allem bei der Definition der Anforderungen beteiligt werden. Das Partizipationskonzept soll auch Schulungsmaßnahmen für die Endbenutzer und die Datenbankadministratoren enthalten. Schließlich legt die Planungsgruppe fest, dass sowohl Datensicherungs- und Datenschutzmaßnahmen als auch Qualitätssicherungsmaßnahmen berücksichtigt werden müssen, die umgehend definiert werden.

Der vorgelegte Antrag der Planungsgruppe, der sich auf eine Durchführbarkeitsstudie stützt, wird mit einer Kostenschätzung, die vor allem Personal-, Hard- und Softwarekosten enthält, und einer Nutzenanalyse des Einsatzes des zu entwickelnden Datenbanksystems von der Geschäftsführung angenommen, so dass das Projekt umgehend starten kann. Das genehmigte Projekt bezieht sich auf einen Zeitraum von sechs Monaten.

4.2 Istanalyse und Anforderungsdefinition zur Erstellung eines Fachkonzeptes für das Datenbanksystem TOPBIKE

Das Projektteam startet zu dem geplanten Termin und beginnt seine Aufgabe mit einer detaillierten Istanalyse und der Erstellung einer Anforderungsdefinition, nachdem noch einmal die Ziele des Projekts und der einzelnen Projektphasen im Projektteam diskutiert werden und der Projektplan mit Hilfe eines computergestützten Projektmanagementsystems vorgestellt wird.

Die folgenden Beschreibungen der relevanten Ist-Prozesse in den vier Fachabteilungen sowie die daraus resultierenden Anforderungen an ein Informationssystem (Soll-Konzept) helfen, ein entsprechendes Fachkonzept für das zu erstellende Datenbanksystem zu formulieren. Die Erstellung eines Fachkonzepts im Rahmen einer Strukturmodellierung[194] – erstellt werden soll ein Informations- und Kommunikationsstrukturmodell (IKSM) – soll auch Bestandteil der hier vorliegenden zweiten Gestaltungsphase sein. Sie ist unabhängig von dem später einzusetzenden Datenbanksystem, das in der folgenden dritten Phase ausgewählt

---

[193] Vgl. die Ausführungen in Kapitel 1, Abschnitt 1.3.
[194] Vgl. Gabriel/Röhrs (1995), S. 43ff.

wird. Das hier aufgestellte Fachkonzept wird danach in der vierten Phase mit Hilfe geeigneter Werkzeuge in ein Systemkonzept umgesetzt und anschließend in der fünften Phase implementiert. Das IKSM, das sich auf Informationen (im Informationsstrukturmodell (ISM)), Funktionen (im Funktionsstrukturmodell (FSM)) und Prozesse (im Prozessstrukturmodell (PSM)) bezieht, bildet das Ergebnis der Anforderungsanalyse und stellt im Gestaltungsprozess einen wichtigen Meilenstein dar. Zum erfolgreichen Aufbau der Strukturmodelle werden computergestützte Werkzeuge angeboten, von denen eines auch bereits in dieser zweiten Phase genutzt wird.

In den folgenden Ausführungen der vier Abschnitte 4.2.1 bis 4.2.4 werden die vier Fachabteilungen Vertrieb, Materialwirtschaft, Produktion und Rechnungswesen ausführlich beschrieben sowie Anforderungen an das zu erstellende System für die einzelnen Fachbereiche aufgestellt und Strukturmodelle mit Hilfe des ausgewählten Werkzeugs entwickelt. Dabei beschränken wir uns auf das Informationsstrukturmodell (ISM), das als Basis für den Aufbau des Datenbanksystems dient.

4.2.1 Fachabteilung Vertrieb

Die Geschäftsleitung legt großen Wert auf die Abbildung aller für die Fachabteilung Vertrieb relevanten Daten in dem geplanten System, da diese Daten als wesentlicher Wettbewerbsfaktor in Zeiten hohen Konkurrenzdrucks gesehen werden und helfen sollen, ein größeres Maß an Kundenorientierung als bisher zu ermöglichen. Der Ausbau des Systems zu einem umfassenden Customer Relationship Management (CRM)-System auf Basis der hier zu entwickelnden Datenstrukturen stellt ein weiteres zukünftiges Projektvorhaben der TOPBIKE GmbH dar. Es ist geplant, dass die Key-Accounter, die speziellen Kunden zugeteilt sind, alle notwendigen Informationen zum Kundengeschäft im aktuell geplanten System auf einen Blick abrufen können. So sollen z.B. für die (überwiegend als Filialbetriebe strukturierten) Kunden auch abweichende Rechnungs- und Lieferadressen sowie Namen und Adressen der dort mit dem Einkauf betrauten Personen geführt werden können. Weiterhin sollen die jeweiligen Zahlungsbedingungen, die je nach Dauer der Kundenbeziehung individuell festgelegt werden, angezeigt werden.

Im Vertriebsbereich sind zunächst Anfragen und Aufträge in geeigneter Weise zu verwalten. Der entsprechende Geschäftsprozess stellt sich wie folgt dar:

- Ein Kunde fragt an, ob und zu welchem Preis eine bestimmte Anzahl von Fahrrädern zu liefern ist. Falls der Kunde keinen Überblick über das aktuelle Sortiment der Firma TOPBIKE hat, wird ein Außendienstmitarbeiter darüber informiert, der dann entsprechende Maßnahmen einleitet. Die Anfrage kann sich gleichzeitig auf unterschiedliche Fahrradtypen beziehen. Auf der Basis dieser Anfrage wird ein Angebot erstellt. Bei diesem ersten Angebot werden die Preise entsprechend der internen Preisempfehlung pro Artikel gesetzt. Wird vom Kunden das Angebot akzeptiert, erfolgt seinerseits ein Auftrag. Im nächsten Schritt fertigt die TOPBIKE GmbH eine Auftragsbestätigung an. Gleichzeitig wird eine Auslieferungsanweisung an das Lager gedruckt und an die Hauptabteilung Materialwirtschaft weitergeleitet. Lehnt der Kunde das Angebot ab, werden womöglich in neuen Verhandlungsrunden die Preise in Abstimmung mit dem Rechnungswesen neu kalkuliert und weitere Angebote erstellt. Nur in Sonderfällen ist dabei ein Angebot unterhalb der Selbstkosten erlaubt.

- Für eine DV-Unterstützung lassen sich daraus unterschiedliche Anforderungen ableiten:
Es muss eine Möglichkeit gegeben sein, Angebote und Aufträge getrennt zu erfassen und dauerhaft in einem System zu speichern. Aufgrund der Nähe zu den Einzelhändlern bzw. Kunden soll im Vertriebsbereich auch die Kundenverwaltung erfolgen, d.h. dass die relevanten Daten hier anzulegen, zu modifizieren und zu löschen sind. Mit der Pflege der allgemeinen Kundeninformationen verknüpft sind auch Angaben über Lieferadressen, Rechnungsadressen, Zahlungsbedingungen und Ansprechpartner. Eng mit der Angebots- und Auftragsverwaltung gekoppelt sind unterschiedliche Berichte, die am Bildschirm dargestellt werden und im Bedarfsfall auch ausdruckbar sein sollen. Neben den bereits angeführten Angebotsdokumenten, Auftragsbestätigungen und Auslieferungsanweisungen gehören dazu auch Angebots- und Auftragsbestandslisten sowie monatliche Erlösübersichten je Kunde, die als Basis weiterer Marketingaktivitäten dienen.

Für den Vertriebsbereich wird aufgrund der aufgestellten Anforderungen des oben beschriebenen Prozessmodells das folgende Informationsstrukturmodell (ISM) als Fachkonzept erstellt. In einem ersten Schritt identifizieren die Projektmitglieder die Informationsobjekte, die im Vertriebsbereich relevant sind. Aus der beschriebenen Istanalyse der bestehenden Abläufe werden die relevanten Informationsobjekte als beschreibbare und differenzierbare Wahrnehmungen oder Vorstellungen von Personen abgeleitet und zu entsprechenden Informationsobjektklassen zusammengefasst.[195]

Die zentralen Informationsobjekte im Vertrieb sind einerseits die einzelnen Kunden, die in der Informationsobjektklasse KUNDE gebündelt werden, und andererseits die verschiedenen Fahrräder, die das Produktangebot der TOPBIKE GmbH repräsentieren und in der Informationsobjektklasse ARTIKEL zusammengefasst werden. Zu jedem einzelnen Kunden gehört jeweils eine Gruppe von Ansprech-

---

[195] Vgl. Gabriel/Röhrs (1995), S. 46ff.

partnern innerhalb der Kundenunternehmung. Gegen eine Integration der Informationen über die Ansprechpartner als weitere Merkmalsklassen in der Informationsobjektklasse KUNDE spricht eine Regel[196]: Bei der Integration würden die Merkmalsklassen, die Informationen über die Kunden liefern, nur von einem Teil der zusammengesetzten, identifizierenden Merkmalsklassenkombination abhängen, die sowohl den Kunden als auch den jeweiligen Ansprechpartner bestimmen. Da ein Kunde mehrere Ansprechpartner für die Unternehmung TOPBIKE GmbH haben kann, bietet es sich somit an, eine eigene Informationsobjektklasse K_ANSPRECHPARTNER zu definieren, die die Informationen über die einzelnen Informationsobjekte ANSPRECHPARTNER in den entsprechenden Merkmalsklassen sammelt. Mit der gleichen Argumentation werden die Informationsobjektklassen LIEFERADRESSE und RECHNUNGSADRESSE gebildet, die jeweils Informationen zu den verschiedenen belieferbaren Filialen des Kunden bzw. zu den Adressen aufnehmen, zu denen nach erfolgtem Auftrag eine entsprechende Rechnung versendet wird.

Durch ein Angebot der Firma TOPBIKE GmbH bzw. durch einen Auftrag an die TOPBIKE GmbH werden einzelne Informationsobjekte aus der Informationsobjektklasse ARTIKEL mit einem Angebotsempfänger bzw. einem Auftraggeber (in diesem Fall ein Informationsobjekt aus der Informationsobjektklasse KUNDE) verbunden. Dafür werden die beiden neuen Informationsobjektklassen ANGEBOT und AUFTRAG eingeführt. Diese Informationsobjektklassen nehmen jedoch nur die Informationen zu den Angebots- bzw. Auftragsköpfen auf. Die Informationen zu den einzelnen Positionen des Angebots bzw. des Auftrages, also z.B. die Mengenangaben oder die jeweils ausgehandelten Einzelpreise, werden wiederum aufgrund der oben genannten Regel in den gesonderten Informationsobjektklassen ANGEBOTSPOSITION bzw. AUFTRAGSPOSITION aufgenommen. Die Trennung zwischen Angebot und Auftrag durch zwei verschiedene Informationsobjektklassen bewirkt, dass später gesonderte Auswertungen durchgeführt werden können, die Aufschluss darüber geben, welche Angebote mit welchen Angebotspositionen später zu Aufträgen geführt haben, und welche Angebote abgelehnt wurden. Würden sowohl Angebote als auch Aufträge in einer gemeinsamen Informationsobjektklasse abgelegt, die über eine Merkmalsklasse den Status Angebot oder Auftrag zuordnet, wäre die nachträgliche Analyse der Angebote nur mit einem erheblichen Mehraufwand möglich, da die Informationen eines Angebots nach einem Statuswechsel in einem Auftrag aufgehen. Bei der Erstellung des Funktionsstrukturmodells (FSM) muss jedoch bei der gewählten Abbildung der Informationsobjekte berücksichtigt werden, dass die entsprechenden Informationen aus den betroffenen Informationsobjektklassen ANGEBOT und ANGEBOTSPOSITION bei Angebotsannahme durch den Kunden in die Informationsobjektklassen AUFTRAG und AUFTRAGSPOSITION übernommen werden.

---

[196] Vgl. die Regel IOK-DR.3 in Gabriel/Röhrs (1995), S. 78f.

Neben den schon eingeführten Informationsobjektklassen KUNDE, K_ANSPRECHPARTNER, LIEFERADRESSE, RECHNUNGSADRESSE, ANGEBOT, ANGEBOTSPOSITION, AUFTRAG, AUFTRAGSPOSITION und ARTIKEL werden noch die einzelnen Klassen von Zahlungsbedingungen bzgl. Rabattsätzen und Zahlungszielen in der Informationsobjektklasse ZAHLUNGSBEDINGUNG und die Informationen zu der Gruppierung der einzelnen Artikel in der Informationsobjektklasse ARTIKELGRUPPEN abgelegt. Damit sind die relevanten Informationsobjekte und deren Klassen für den Vertriebsbereich durch die Projektgruppe festgestellt.

In einem zweiten Schritt werden für die gefundenen Informationsobjektklassen die zugehörigen Merkmalsklassen festgelegt. Dabei unterscheidet man zwischen identifizierenden und nur charakterisierenden Merkmalsklassen. Dieser Vorgang soll am Beispiel der Informationsobjektklasse KUNDE aufgezeigt werden. Zur eindeutigen Identifikation wird eine künstliche, identifizierende Merkmalsklasse KUNDEN_ID eingeführt. In der Merkmalsklasse NAME wird der vollständige Name der Unternehmung inklusive der entsprechenden Zusätze zur Rechtsform gespeichert. Um den Kunden näher zu beschreiben, werden in der Merkmalsklasse BRANCHE entsprechende Angaben verwaltet, die darüber Aufschluss geben, ob es sich z.B. um eine Unternehmung aus der Warenhausbranche, dem Bereich des Versandhandels oder aus dem Bereich der Sportfachgeschäfte handelt. Weiterhin werden zur Aufnahme der Adresse die Merkmalsklassen STRASSE/POSTFACH, PLZ, ORT und LAND sowie TELEFON bestimmt. Die Merkmalsklasse TELEFON soll die Telefonnummer der Telefonzentrale der Kundenunternehmung aufnehmen. Die konkreten Telefonnummern bzw. entsprechende Durchwahlnummern der verschiedenen Ansprechpartner werden jedoch dem konkreten Informationsobjekt ANSPRECHPARTNER zugeordnet. Die Merkmalsklasse BEMERKUNG erlaubt die Aufnahme von individuellen Texten zum Kunden, z.B. um Kollegen auf Besonderheiten des Kunden aufmerksam zu machen. Es ergibt sich folgender Aufbau der Informationsobjektklasse KUNDE:

KUNDE (KUNDE_ID, NAME, BRANCHE, STRASSE/POSTFACH, PLZ,
       ORT, LAND, TELEFON, BEMERKUNG)

Auf eine Erläuterung sämtlicher Merkmalsklassen der verschiedenen Informationsobjektklassen wird an dieser Stelle verzichtet. Durch die Verwendung von sprechenden Bezeichnern ist eine eindeutige Interpretation auch so gewährleistet. Die entsprechenden Merkmalsklassen sind in der Abb. 4.2 wiedergegeben, die das Informationsstrukturmodell (ISM) für den Vertriebsbereich darstellt.

In einem dritten Schritt müssen die erkannten Informationsobjektklassen durch relevante Beziehungen (Verknüpfungen) in Bezug zueinander gebracht werden.[197] Ein Kunde hat entsprechend seiner Ablauf- und Aufbauorganisation Ansprechpartner abgestellt, die den Bestell- und Belieferungsprozess in Zusammenarbeit mit den entsprechenden Key-Accountern der TOPBIKE GmbH betreuen. Dabei können verschiedene Ansprechpartner beim Kunden vorhanden sein, die z.B. unterschiedliche Regionen betreuen. Da gegebenenfalls bei einem Neukunden erst ein gewisser Zeitraum verstreicht, bis ein konkreter Ansprechpartner genannt werden kann, dennoch aber die juristische Person der Kundenunternehmung an sich z.B. für Marketingmaßnahmen zur Verfügung stehen sollte, entscheidet sich die Projektgruppe, eine optionale 1:N-Verknüpfung zwischen den Informationsobjektklassen KUNDE und K_ANSPRECHPARTNER einzuführen. Eine analoge Argumentation legt auch der optionalen 1:N-Verknüpfung zwischen den Informationsobjektklassen KUNDE und LIEFERADRESSE zugrunde. So verfügt z.B. ein Warenhaus-Konzern über Warenhäuser und Läger in unterschiedlichen Städten.

Auf eine Beschreibung der weiteren Verknüpfungen wird an dieser Stelle verzichtet. Die übrigen Verknüpfungen sind in der Abb. 4.3 dargestellt. Das Datenmodell basiert hierbei auf der Prämisse, dass ein Auftrag nur auf eine Lieferadresse zu beziehen ist. Unter Umständen muss ein Großauftrag entsprechend aufgeteilt werden. Das Informationsstrukturmodell, das bei der datenorientierten Vorgehensweise des Data Base Engineering im Vordergrund steht, ist somit für den Vertriebsbereich erstellt. Der erfahrene Wirtschaftsinformatiker im Projekt weist darauf hin, dass in der Praxis das Informationsstrukturmodell häufig durch den Einsatz des Entity-Relationship-Modells (ER-Modell) bzw. einer Variante seiner vielfältigen Erweiterungen dargestellt wird und dass am Markt diverse Werkzeuge angeboten werden, die diesen Modellierungsansatz unterstützen.[198] Die Projektgruppe entscheidet, dem Rat des ehemaligen Unternehmensberaters zu folgen und die Ergebnisse der Informationsstrukturierung der Projektphase der Istanalyse und Anforderungsdefinition mit Hilfe eines entsprechenden Tools abzubilden. Sie wählt das Produkt ER/Studio der Firma Embarcadero Technologies aus, da es relativ einfach zu nutzen ist und zudem den Kostenvorstellungen entspricht.

Um die Darstellungen in den folgenden Abbildungen interpretieren zu können, wird an dieser Stelle eine kurze Einführung in die verwendete Notation des ausgewählten Produkts ER/Studio gegeben.[199]

Das Werkzeug unterstützt u.a. die Information Engineering (IE)-Notation nach James Martin („Krähenfuß-Notation"), die spezielle Symbole zur Abbildung der

---

[197] Vgl. Gabriel/Röhrs (1995), S. 61ff.
[198] Vgl. die Ausführungen in Kapitel 3.
[199] Vgl. Embarcadero Technologies (1998), S. 89ff.

relevanten Beziehungen verwendet.[200] Wird zwischen den einzelnen Entities[201] eine 1:N-Verknüpfung angelegt, muss man zwischen dem Parent-Entity und dem Child-Entity unterscheiden. Das Start-Entity, von dem aus die Beziehung gezeichnet wird, bezeichnet man als Parent-Entity. Das Ziel-Entity, auf das die Beziehung wirkt, heißt Child-Entity. In diesem Zusammenhang ist zwischen identifizierenden und nicht-identifizierenden Beziehungen zu differenzieren. Bei den identifizierenden Beziehungen wird die identifizierende Merkmalsklasse bzw. Merkmalsklassenkombination des Parent-Entity zum Bestandteil der identifizierenden Merkmalsklassenkombination des Child-Entity. Dies signalisiert, dass die Informationen des Child-Entity nur im Zusammenhang mit den Informationen des Parent-Entity zu identifizieren und zweckmäßig zu interpretieren sind. Eine alleinige Verwendung der Informationen des Child-Entity macht keinen Sinn. Häufig wird in diesem Zusammenhang auch von einem abhängigen Entity gesprochen. Ein Beispiel dafür aus der vorgestellten Fallstudie ist die Verknüpfung der Informationsobjektklassen AUFTRAG und AUFTRAGSPOSITION. Einzelne Auftragspositionen sind nur im Zusammenhang mit den Daten aus dem Auftragskopf (Informationsobjektklasse AUFTRAG) interpretierbar. Eine nicht-identifizierende Beziehung liegt vor, wenn die identifizierende Merkmalsklasse bzw. Merkmalsklassenkombination des Parent-Entity nur Bestandteil der allgemeinen, charakterisierenden Merkmalsklassen des Child-Entity wird. Somit können die Informationen des Child-Entity auch unabhängig vom Parent-Entity benutzt werden. Ein entsprechendes Beispiel bildet die Verknüpfung zwischen den Informationsobjektklassen KUNDE und ZAHLUNGSBEDINGUNG.

Die Abb. 4.2 gibt einen Überblick über die verwendete Notation für den Fall der identifizierenden Beziehung. Zur Kennzeichnung der Abhängigkeit des Child-Entity werden abgerundete Ecken verwendet. Falls Informationsobjekte des Parent-Entity existieren, die nicht mit Informationsobjekten des Child-Entity verknüpft sind, handelt es sich um eine optionale Verknüpfung. Im Falle einer festen Verknüpfung muss jedes Informationsobjekt des Parent-Entity mit mindestens einem Informationsobjekt des Child-Entity in Beziehung stehen.[202] Die Notation der Kardinalitäten bei nicht-identifizierenden Beziehungen ergibt sich analog.

---

[200] Eine Einführung in die Information Engineering (IE)-Notation bietet Martin (1993), S. 375ff. Vgl. auch Finkelstein (1989), S. 43ff.; Barker (1989), S. 3-1ff.
[201] Häufig wird zwischen den Begriffen Entity-Typ als Darstellung einer Informationsobjektklasse und Entity als Repräsentant für ein einziges Informationsobjekt aus einer IOK unterschieden. Da jedoch in der Praxis die beiden Begriffe zumeist synonym verwendet werden, soll auch hier unter einem Entity die Zusammenfassung gleichartiger Informationsobjekte zu einer Informationsobjektklasse verstanden werden.
[202] Vgl. Gabriel/Röhrs (1995), S. 66ff.

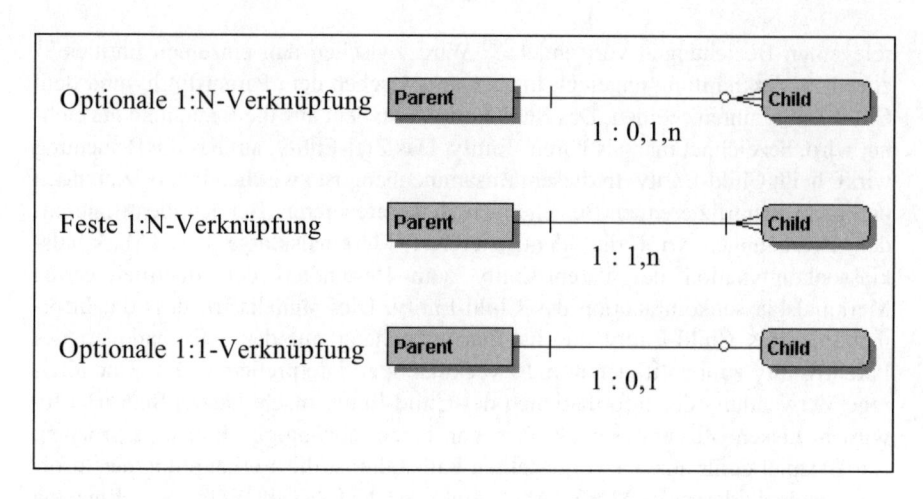

Optionale 1:N-Verknüpfung	Parent ⊢———o⊰ Child	
	1 : 0,1,n	
Feste 1:N-Verknüpfung	Parent ⊢———⊰ Child	
	1 : 1,n	
Optionale 1:1-Verknüpfung	Parent ⊢———o— Child	
	1 : 0,1	

Abb. 4.2: Notation bei identifizierenden Beziehungen nach der IE-Notation

Die folgende Abb. 4.3 zeigt das entsprechende Datenmodell des Vertriebsbereichs, das mit dem Werkzeug ER/Studio erstellt wurde. Innerhalb der Informationsobjektklassen, die als Rechteck symbolisiert werden, sind die identifizierenden Merkmalsklassen im ersten Bereich über dem Strich vermerkt, nur charakterisierende Merkmalsklassen werden unter dem Strich eingetragen. Auf eine Bezeichnung der Verknüpfungen zwischen den Informationsobjektklassen wurde zugunsten einer besseren Übersichtlichkeit der Darstellung verzichtet.

Von der Darstellung der weiteren Modelle des Informations- und Kommunikationsstrukturmodells (IKSM) wird an dieser Stelle abgesehen, da das abgebildete Informationsstrukturmodell und dessen Beschreibung den wichtigsten Bestandteil des Pflichtenheftes zum Aufbau eines Datenbanksystems bildet.

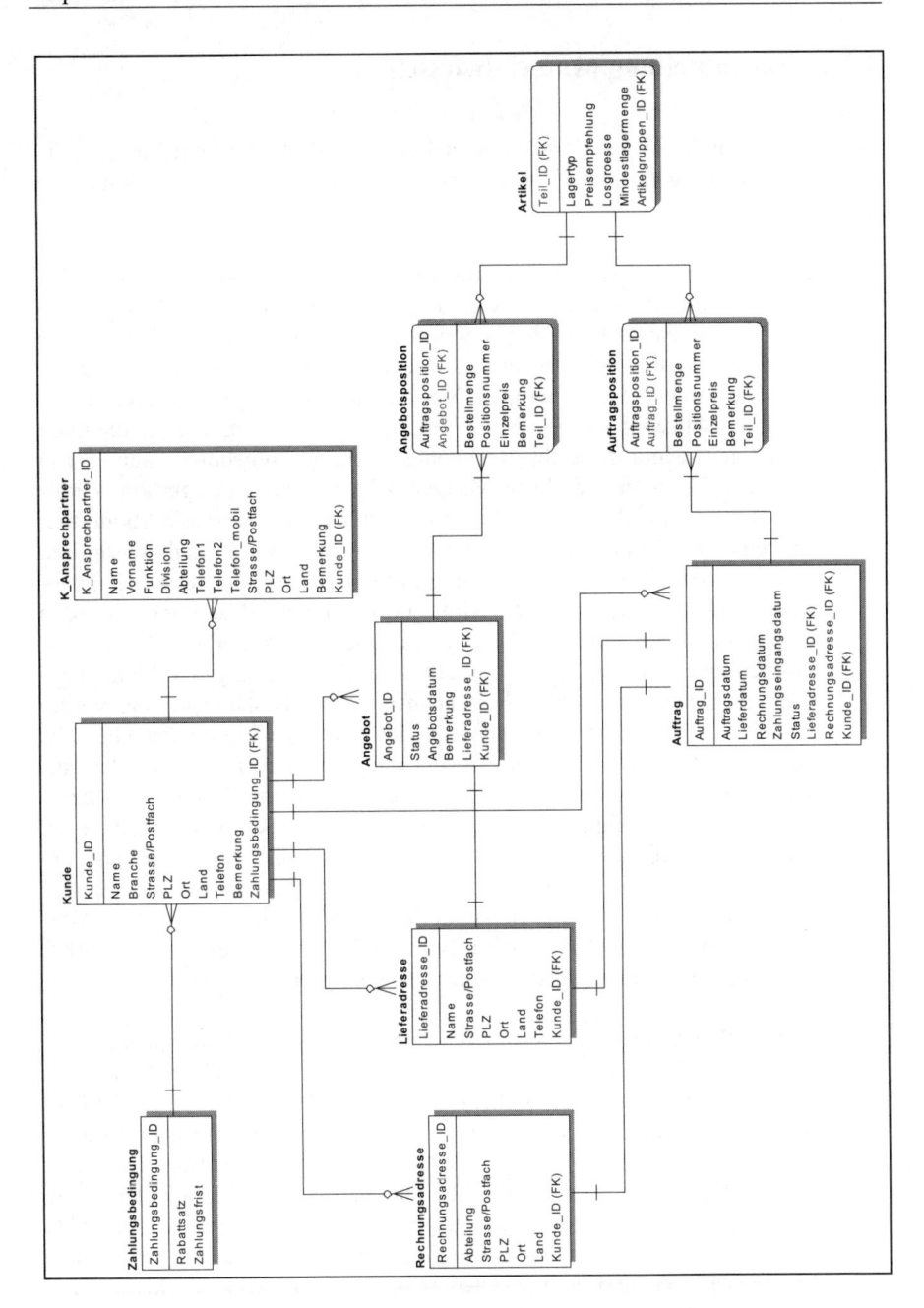

Abb. 4.3: Informationsstrukturmodell für den Vertriebsbereich in der IE-Notation

4.2.2 Fachabteilung Materialwirtschaft

Durch die Aktivitäten des Vertriebsbereichs ist als nächste Hauptabteilung die Materialwirtschaft gefordert. Hier setzen sich die angestoßenen Vorgänge wie folgt fort:

- Die eingegangene Auslieferungsanweisung aus dem Vertrieb führt zunächst zu einer Artikel-Bestandsprüfung im Lager. Hierbei ist festzustellen, ob ausreichend viele Fahrräder in den benötigten Varianten vorrätig sind. Falls dies der Fall ist, werden entsprechende Auslagerungsanweisungen an die Lagermitarbeiter sowie die benötigten Versandpapiere wie z.B. Lieferscheine erstellt. Gleichzeitig ist eine Mitteilung an die Rechnungswesen-Abteilung anzufertigen, damit diese die Rechnungserstellung vornehmen kann. Wenn dagegen nicht die erforderliche Menge an Fahrrädern im Lager zur Verfügung steht, was bei den Standardfahrrädern durch einen gewissen Mindestbestand eigentlich immer der Fall sein sollte, muss ein Produktionsauftrag durch eine Artikel-Bedarfsanforderung initiiert werden, die an die Hauptabteilung Produktion weitergeleitet wird. Für individuelle Bestellungen werden stets die benötigten Teile nach Bedarf zusammengesetzt. Auf der Basis dieser Anforderung erstellt die Produktionsabteilung im Gegenzug eine Materialanforderung. Ebenso wie oben muss auch hier eine Bestandsprüfung vorgenommen werden, die bei Vorhandensein der benötigten Materialien ebenfalls zu einer Auslagerungsanweisung an die Lagermitarbeiter führt. Ist das entsprechende Material dagegen nicht im Lager, muss eine Beschaffung dieser Güter bei einem geeigneten Lieferanten erfolgen. Auch hier gilt, dass ein gewisser Mindestbestand an Materialen grundsätzlich vorgehalten wird, um die Lieferzeiten für Fahrräder möglichst minimal zu halten. Aus diesem Grund soll eine Bestellung auch dann erfolgen, wenn eine vorgegebene Mindestlagermenge unterschritten wird. Bestellte Materialien, die der TOPBIKE GmbH geliefert werden, müssen in das Lager eingestellt werden.

- Für eine DV-Unterstützung resultieren daraus folgende Anforderungen:
Für die Verwaltung und Pflege von Lagerbeständen bzw. -plätzen des Hochregallagers sind geeignete Möglichkeiten vorzusehen. Dabei ist zu berücksichtigen, dass nicht alle Lagerplätze im Hochregal die gleiche Lagerkapazität besitzen. Daher werden die einzelnen Lagerplätze jeweils Lagergrößentypen zugeordnet. Zudem soll eine automatische Verfügbarkeitsprüfung unter Berücksichtigung der Mindestlagermengen hinsichtlich der Produkte (Fahrräder) und Materialien gewährleistet sein. Bestellungen bei Lieferanten müssen anzulegen und zu verwalten sein. Diese Bestellungen können aus Materialanforderungen der Produktion und aus Unterschreitungen von Mindestlagermengen resultieren. In die Zuständigkeit der Materialwirtschaft fällt auch die Erfassung und Pflege von Materialien. Auch hier muss natürlich der entsprechende Lagertyp berücksichtigt werden. Überdies soll die Lieferantenverwaltung hier erfolgen. Diese umfasst neben den allgemeinen

Lieferanteninformationen auch die Daten zu Ansprechpartnern sowie zum Lieferprogramm des Lieferanten mit entsprechenden Informationen. Unterschiedliche Dokumente sind zu erstellen. Neben den bereits angeführten Auslagerungsanweisungen, Artikel-Bedarfsanforderungen, Mitteilungen für die Rechnungserstellung sowie Bestellungen sind dies insbesondere Lagerlisten (Was wird wo gelagert?). Weiterführende Statistiken hinsichtlich der Lagerumschlagshäufigkeit, Lagerauslastung und offener Bestellungen werden vom Leiter der Materialwirtschaft gefordert. Aus diesem Grund muss ein Lagerjournal geführt werden, das alle Zu- und Abgänge des Lagers mit ihren zeitlichen Angaben aufnimmt.

Aus der beschriebenen Istanalyse der Prozesse und der gestellten Anforderungen entwickelt die Projektgruppe das folgende Informationsstrukturmodell für den Materialbereich. Das zentrale Informationsobjekt ist das einzelne Material, beispielsweise eine genau spezifizierte Schraubenart oder ein Fahrradrahmen aus einem bestimmten Grundstoff (z.B. Aluminium oder Stahl) in einer gewissen Größe. Die Verwaltung der Materialien erfolgt in der Informationsobjektklasse MATERIAL. Die Materialien bestellt die Firma TOPBIKE GmbH bei bestimmten Lieferanten, die in der Informationsobjektklasse LIEFERANTEN gespeichert werden. Die Projektgruppe modelliert die Informationen, die zu einem Bestellvorgang gehören, analog zu der oben beschriebenen Abbildung von Angeboten und Aufträgen in den Informationsobjektklassen BESTELLUNG und BESTELLPOSITION. Da auch bei den Lieferanten gegebenenfalls mehrere Ansprechpartner existieren, werden die entsprechenden Informationen in einer gesonderten Informationsobjektklasse L_ANSPRECHPARTNER abgelegt. Um die Anzahl der Schnittstellen zwischen den verschiedenen Bereichen zu reduzieren und eine deutliche Trennung der Verantwortungsbereiche zu gewährleisten, entscheiden sich die Projektmitglieder gegen ein denkbares Rollenkonzept, bei dem die Kunden- und Lieferantenansprechpartner in einer einzigen Informationsobjektklasse zusammengefasst werden.[203]

Eigenständige Informationsobjekte bilden die einzelnen Plätze innerhalb des Hochregallagers, die zur Informationsobjektklasse LAGERPOSITION generalisiert werden. Das Lager besteht aus vielen Regalreihen (Merkmalsklasse REGALNUMMER), die sich aus verschiedenen vertikalen Regaleinheiten (Merkmalsklasse REGALEINHEIT) zusammensetzen. Diese Regaleinheiten werden in verschiedene, von oben nach unten durchnummerierte Regalfächer unterteilt (Merkmalsklasse REGALFACH). Entsprechend ihrer Größe werden sie den Lagertypen zugeordnet (Merkmalsklasse LAGERTYP). Die Merkmalsklasse LAGERTYP ordnet eine Kennzahl zur Kategorisierung zu. Darüber hinaus wird die Informationsobjektklasse LAGERJOURNAL benötigt, die jede Ein- bzw. Auslagerung als einzelnes Informationsobjekt betrachtet.

---

[203] Zum Rollenkonzept vgl. Gabriel/Röhrs (1995), S. 70ff.

Nachdem die Merkmalsklassen der verschiedenen Informationsobjektklassen abgeleitet sind, ergibt eine Analyse der relevanten Beziehungen, dass zwischen den einzelnen Lieferanten und den diversen Materialien eine M:N-Verknüpfung besteht. Schließlich verfügen die verschiedenen Lieferanten über unterschiedliche, nicht disjunkte Sortimentsmengen, so dass nur gewisse Materialien bei einzelnen Lieferanten bestellt werden können, einzelne Materialien jedoch gegebenenfalls bei vielen Lieferanten zum Sortiment gehören. Die beschriebene Verknüpfung wird somit in zwei 1:N-Verknüpfungen aufgebrochen. Zwischen die Informationsobjektklassen LIEFERANT und MATERIAL wird die Informationsobjektklasse LIEFERSPEKTRUM gesetzt. Diese eingefügte Klasse bildet nicht nur durch die Aufnahme der beiden identifizierenden Merkmalsklassen die Beziehung selbst ab, sondern ermöglicht außerdem die Angabe von weiteren relevanten Informationen, wie z.B. Preisangaben oder Bestellnummern der jeweiligen Material/Lieferant-Kombination.

Aus Platzgründen und um eine hohe Flexibilität der Produktion zu gewährleisten, werden nur Materialien und Endprodukte, also Artikel, im Lager vorgehalten. Somit erhalten die Informationsobjektklassen ARTIKEL und MATERIAL die Merkmalsklasse LAGERTYP, die über eine Kennzahl Aufschluss darüber gibt, wie groß die entsprechenden Teile bzw. die Aufbewahrungsbehältnisse sind, um die Teile den unterschiedlich großen Lagerplätzen innerhalb des Hochregallagers zuzuordnen.

Das komplette Informationsstrukturmodell des Materialbereichs wird in Abb. 4.4 zusammengefasst. Die Abbildung visualisiert auch die optionale 1:N-Verknüpfung zwischen den Informationsobjektklassen ARTIKEL bzw. MATERIAL und LAGERPOSITION, die gewährleistet, dass in einem Lagerplatz immer nur ein Teil gelagert werden kann, aber dass ein Teil auch in mehreren Lagerplätzen abgelegt wird, sofern ein Lagerplatz für die eingelagerte Menge nicht ausreicht. Auf die Besonderheit, dass sowohl die Informationsobjekte ARTIKEL als auch die Informationsobjekte MATERIAL über die Merkmalsklasse TEIL_ID identifiziert werden, geht der folgende Abschnitt über die Modellierung des Produktionsbereichs ein.

Kapitel 4   159

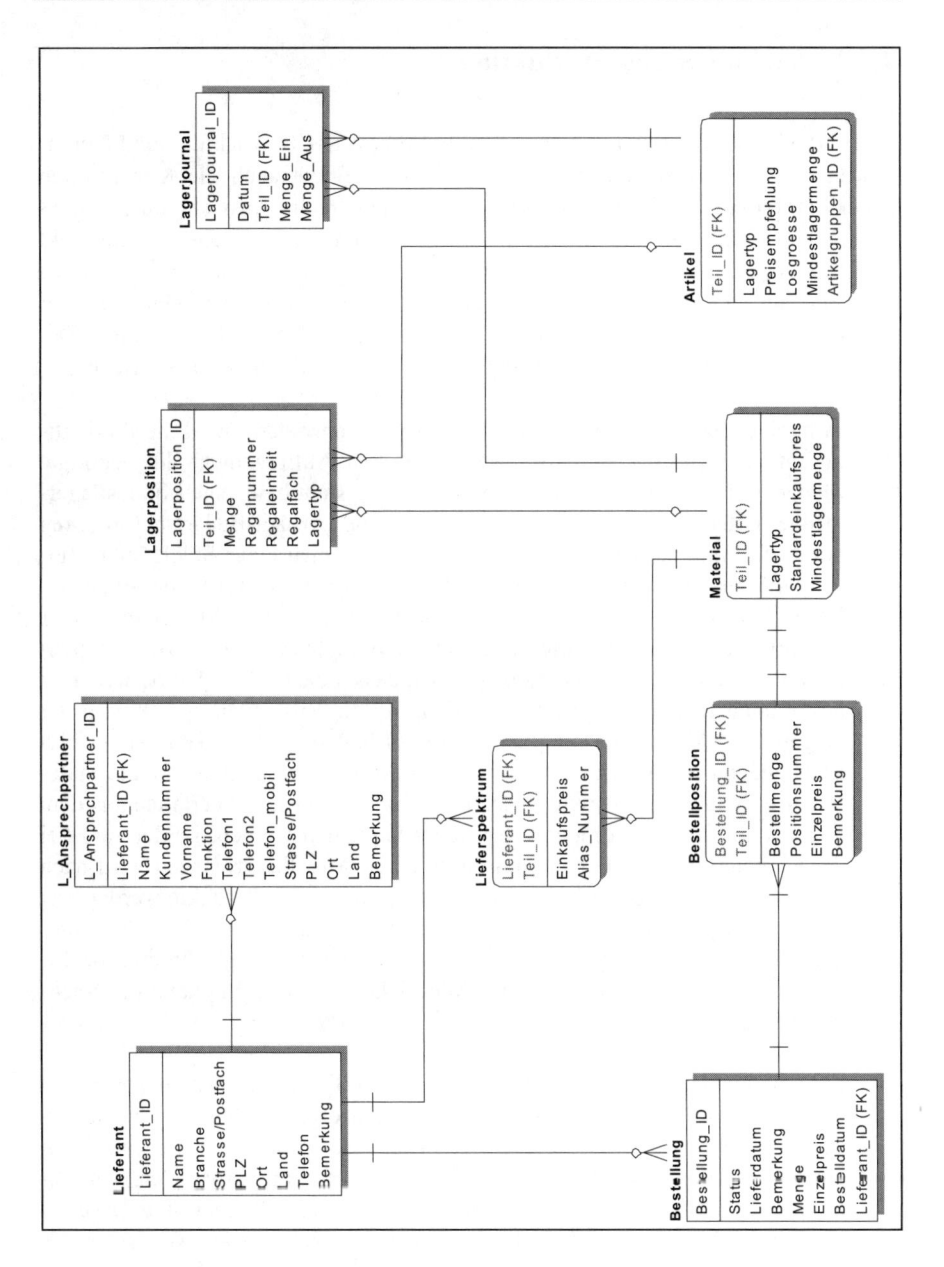

Abb. 4.4:   Informationsstrukturmodell für den Materialbereich in der IE-Notation

4.2.3 Fachabteilung Produktion

In der Produktionsabteilung ist der gesamte Prozess der Entwicklung und Durchführung der Fahrradherstellung angesiedelt. Hier findet auch die Konstruktion neuer Fahrradvarianten statt. Zur Konstruktion gehört die Auswahl entsprechender Bauteile, die von Lieferanten bezogen werden oder als Zwischenprodukt selbst hergestellt werden. Der „Bauplan" eines Fahrrades wird in einer Stückliste abgelegt, aus der die benötigten Einzelteile (die als Zwischenprodukte möglicherweise wiederum in Einzelteile aufgelöst werden können) hervorgehen. Der Geschäftsprozess im Bereich der Produktion wird folgendermaßen beschrieben.

- In ihrer Kernkompetenz, der Herstellung von Fahrrädern, wird die Produktionsabteilung aktiv, wenn für einen konkreten Auftrag nicht die benötigte Menge an Fahrrädern auf Lager zur Verfügung steht bzw. eine Mindestlagermenge unterschritten wird und deshalb eine Artikel-Bedarfsanforderung durch die Materialwirtschaft erfolgt ist. Im Rahmen einer Stücklistenauflösung müssen dabei zunächst die zur Produktion der angeforderten Stückzahlen an Fahrrädern benötigten Mengen an Elementarteilen (Materialien) über die diversen Zwischenstufen (Zwischenprodukte wie z.B. Baugruppen) errechnet werden. Zu beachten ist hierbei, dass die einzelnen Fahrradtypen in bestimmten Losgrößen gefertigt werden, um die Rüstzeiten und -kosten der eingesetzten Maschinen möglichst klein zu halten. Auf dieser Basis erfolgt anschließend eine Bedarfsanforderung für diese Materialien, die an die Materialwirtschaft geschickt wird. Nach der Lieferung dieser Materialien aus dem Lager kann mit der Fertigung der Räder begonnen werden. Leider sind bei der Montage Fehler nie ganz auszuschließen. Aus diesem Grund wird nach der Fertigung eine Qualitätskontrolle durchgeführt. Die Produkte werden erst dann ins Lager gebracht, wenn das gesamte Produktionslos ohne Beanstandung ist. Die aufgetretenen Mängel werden zunächst pro Produktionslos erfasst, bevor eine Nachbesserungs-Materialanforderung und dann die Nachbesserung erfolgen kann.

- Für eine DV-Unterstützung resultieren daraus folgende Anforderungen:
Die Abteilung „Konstruktion" wird durch ein eigenes CAD-System unterstützt. Zunächst muss in der Produktion fast die komplette Teileverwaltung geleistet werden (bis auf die von der Materialwirtschaft verwalteten Materialien). Erforderlich sind Möglichkeiten zum Anlegen, Pflegen und Löschen von (End-) Artikeln und Zwischenprodukten. Im Rahmen der Artikelverwaltung müssen die Artikel auch einer passenden Artikelgruppe zugeordnet werden, die z.B. Informationen zur Markenbezeichnung umfasst. Zudem sind für die Konstruktion Mechanismen zum Aufbau von Stücklisten vorzusehen. Damit muss insbesondere die Frage „Welche Teile benötigt man zur Fertigung von Teil XY?" zu beantworten sein. Auch Produktionsaufträge gehören zum Verantwortungsbereich der Produktion und sind daher hier zu

organisieren. Weiterhin ist für den Aufgabenkomplex Qualitätssicherung eine Option zur Dokumentation der aufgetretenen Mängel vorzusehen. Es müssen also zum einen die Mängeltypen verwaltet werden. Dazu gehören Informationen, welche Kostenstelle in welcher Zeit und unter Einsatz von welchen Standard-Nachbesserungsmaterialkosten die Mängel beseitigt. Zum anderen muss den konkreten Produktionsaufträgen die Anzahl der Räder zugeordnet werden, die von den verschiedenen Mängeltypen betroffen sind. Auch im Produktionsbereich müssen verschiedene Dokumente angefertigt werden. Zunächst sind dies die Materialanforderungen ans Lager, die entweder aus Produktionsaufträgen oder aus Nachbesserungsaufträgen resultieren. Das Management interessiert vor allem perioden- und artikelbezogene Qualitätsstatistiken. Zudem werden übersichtliche Stücklisten bis auf Materialebene gefordert, um den Bauplan einer Fahrradvariante nachzuvollziehen.

Für die Fachabteilung Produktion wird am Anschluss an die Prozessanalyse und Anforderungsdefinition das folgende Informationsstrukturmodell erstellt. Eine Besonderheit des vom Projektteam zu entwickelnden Informationsstrukturmodells ergibt sich aus der Verwaltung der Materialien, der Zwischenprodukte und der daraus zu fertigenden Artikel. Das Projektteam legt folgende Definition fest: Materialien bilden den elementaren, sächlichen Input des Produktionsprozesses ab. Sie sind nicht weiter zerlegbar. Verschiedene Materialien werden dann zu Zwischenprodukten zusammengesetzt. Gegebenenfalls existiert eine Hierarchie von Zwischenprodukten, die jeweils mit Hilfe von weiteren Materialien zusammengesetzt werden. Auf der höchsten Ebene entsteht durch die Kombination von Zwischenprodukten und Materialien das gesamte Fahrrad, also ein auslieferbarer Artikel.

Die Projektmitglieder haben sich das Ziel gesetzt, für diesen Zusammenhang eine möglichst flexible Modellabbildung zu entwickeln, die eine unbegrenzte Anzahl von Hierarchieebenen zur Abbildung eines Bauplans (Stückliste) zulässt. Verschiedene Alternativen werden ausgearbeitet und bewertet. Man entscheidet sich schließlich für die Verwendung eines sog. Subtype-Clusters. Darunter versteht man eine hierarchische Gruppe von Informationsobjekten, für die eine bestimmte Informationsmenge gleich ist, die sich jedoch durch gewisse Informationen unterscheiden. Durch die Bildung von separaten Informationsobjektklassen (Subentitäten) wird die allgemeine Informationsobjektklasse (Superentität) spezialisiert. Aus der Sicht der späteren Generalisierung muss ein Hinweis innerhalb der Superentität vorhanden sein, mit dem festgelegt werden kann, um welche Subentität es sich beim konkreten Informationsobjekt handelt (Diskriminator). Zwischen der Superentität und den jeweiligen Subentitäten besteht aufgrund der geschilderten Informationsabhängigkeit eine identifizierende Beziehung.

Bei der TOPBIKE GmbH definiert man als Superentität die allgemeine Informationsobjektklasse TEIL, die vollständig durch die drei Subentitäten der Informationsobjektklassen MATERIAL, ZWISCHENPRODUKT und ARTIKEL spezialisiert ist. Als Diskriminator wird die Merkmalsklasse TYP eingeführt. Zwischen der Superentität TEIL und den drei Subentitäten bestehen 1:1-Beziehungen, die einseitig optional sind, da z.B. jedes Material ein Teil ist, jedoch nicht umgekehrt jedes Teil ein Material sein muss. Bei Verwendung der IE-Notation ergibt sich das in der Abb. 4.5 dargestellte Modell.

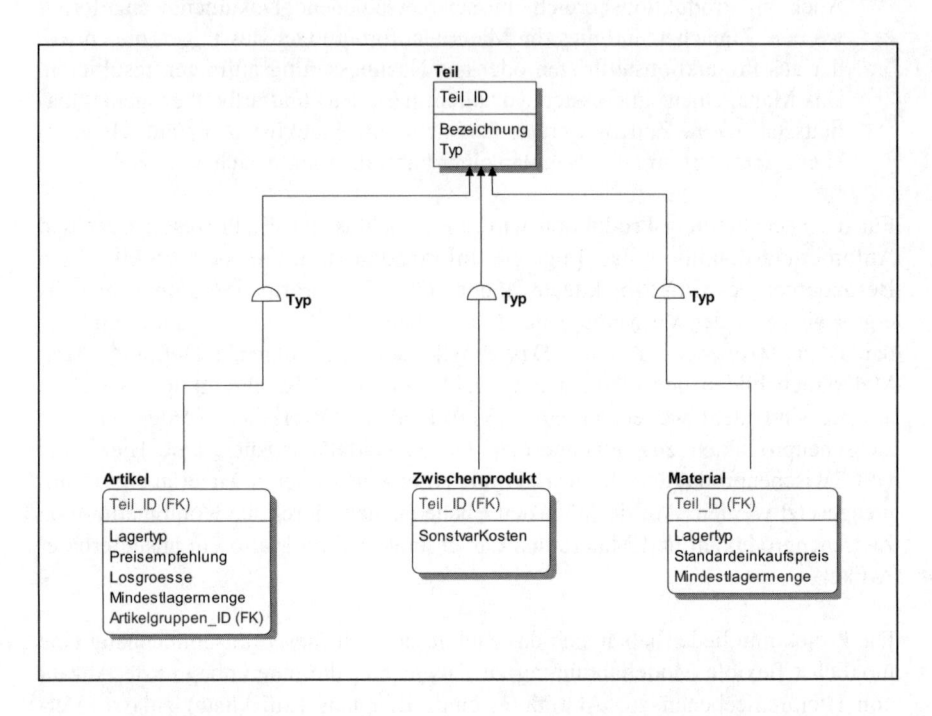

Abb. 4.5: Subtype-Cluster zur Abbildung der Materialien, Zwischenprodukte und Artikel in der IE-Notation

Der Vorteil dieses Ansatzes liegt darin, dass nun sämtliche Teile, die bei der Produktion zum Einsatz kommen, in der Informationsobjektklasse TEIL enthalten sind. Bei der Anlage von Stücklisten für einzelne Artikel ist eine beliebig häufige Kombination von Teilen möglich, unabhängig davon, ob es sich um Materialien oder Zwischenprodukte handelt. Neben den allgemeinen Merkmalsklassen wie TEIL_ID, BEZEICHNUNG und TYP sind die spezifischen Merkmalsklassen direkt den Subentitäten zugeordnet.

Um eine mehrstufige, hierarchische Stückliste als Bauplan eines Fahrrads anzulegen, muss man nun an die Informationsobjektklasse TEIL eine rekursive M:N-Verknüpfung ansetzen, so dass untergeordnete Teile mehreren übergeordneten

Teilen zugeordnet werden können. Die Aufspaltung der M:N-Verknüpfung in zwei 1:N-Verknüpfungen führt zu der Informationsobjektklasse STÜCKLISTE, in der jeweils als Informationsobjekt eine Input/Output-Beziehung zwischen Teilen sowie der zugehörigen Mengenangabe abgelegt wird. Abb. 4.6 verdeutlicht diesen Zusammenhang, wobei explizit die Rollennamen der identifizierenden Merkmalsklassen TEIL_ID im oberen Bereich der Entitätendarstellung angegeben sind.

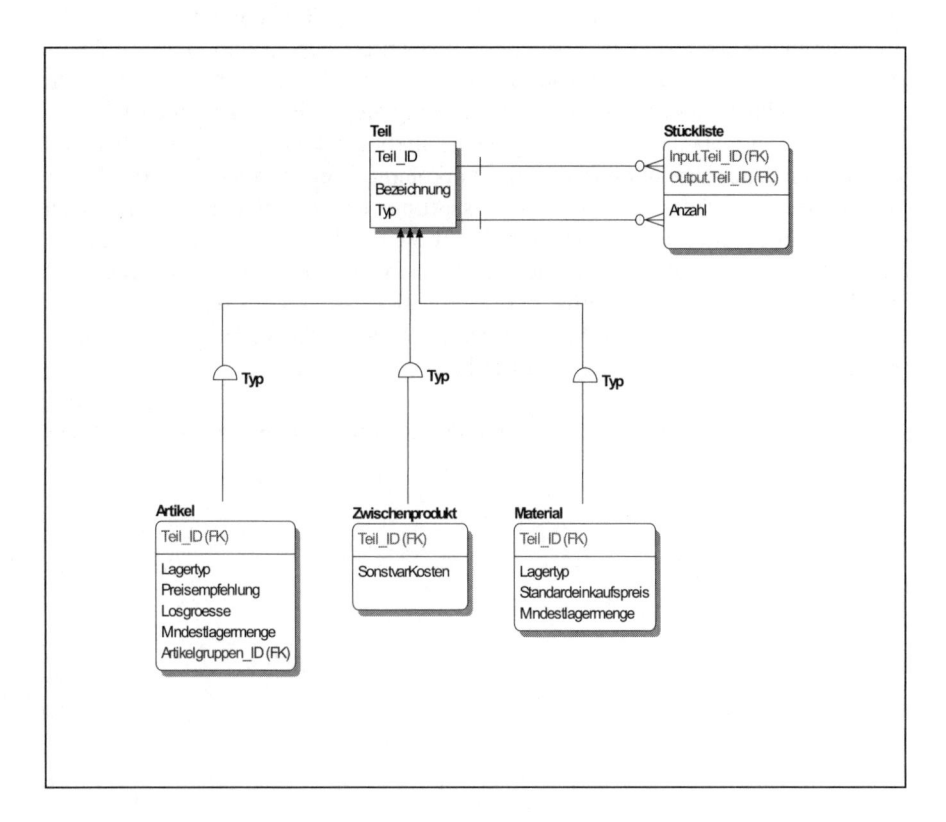

Abb. 4.6: Subtype-Cluster mit Stückliste in der IE-Notation

Die obere optionale 1:N-Verknüpfung (IST TEIL VON) zwischen der Informationsobjektklasse TEIL und STÜCKLISTE signalisiert, dass einige Teile Komponenten von mehreren zusammengesetzten Teilen (Zwischenprodukte oder Artikel) sein können, aber nicht unbedingt jedes Teil als Input Verwendung findet. Letzteres ist bei Artikeln der Fall, da sie den Endpunkt der Verkettung darstellen. Die untere optionale 1:N-Verknüpfung (BESTEHT AUS) zwischen der Informationsobjektklasse TEIL und STÜCKLISTE zeigt, dass Zwischenprodukte und Artikel aus mehreren Teilen (Zwischenprodukte und Materialien) bestehen, aber einige

Teile, nämlich die elementaren Materialien, nicht in der Stückliste auftauchen, da sie nicht aus anderen Teilen zusammengesetzt sind.

Das Informationsstrukturmodell des Materialbereichs wird vervollständigt durch die Informationsobjektklasse PRODUKTIONSAUFTRAG, die die Informationsobjekte PRODUKTIONSAUFTRAG abbildet. Darüber hinaus identifiziert das Projektteam eine Informationsobjektklasse MANGEL, um jegliche jemals aufgetretenen Mängel zu dokumentieren. Bei der Verknüpfung der beiden genannten Informationsobjektklassen wird die bestehende M:N-Verknüpfung in zwei 1:N-Verknüpfungen aufgespalten. Schließlich können bei den Rädern eines Produktionsauftrages verschiedene Mängel aufgefallen sein. Umgekehrt ist leider auch damit zu rechnen, dass ein ganz spezieller Mangeltyp (z.B. Lackschaden am Rahmen, defekte Lichtanlage oder mangelnde Funktionsfähigkeit der Vorderbremse) bei verschiedenen Produktionsaufträgen vorkommt. Die entsprechende Anzahl der betroffenen Fahrräder pro Produktionsauftrag sowie weitere Informationen werden in der Informationsobjektklasse QUALITÄT registriert. Erst wenn die Fahrräder eines Produktionsauftrages, der Qualitätsmängel aufwies, nachgebessert worden sind, können mit Hilfe der Merkmalsklasse QUALITÄT_OK in der Informationsobjektklasse PRODUKTIONSAUFTRAG die komplett hergestellten Fahrräder zur Lagerung freigegeben werden.

Das vollständige Informationsstrukturmodell des Produktionsbereichs wird in der Abb. 4.7 illustriert.

Kapitel 4 165

Teil
- Teil_ID
- Bezeichnung
- Typ

Stückliste
- Input.Teil_ID (FK)
- Output.Teil_ID (FK)
- Anzahl

Typ

Artikel
- Teil_ID (FK)
- Lagertyp
- Preisempfehlung
- Losgroesse
- Mindestlagermenge
- Artikelgruppen_ID (FK)

Zwischenprodukt
- Teil_ID (FK)
- SonstvarKosten

Material
- Teil_ID (FK)
- Lagertyp
- Standardeinkaufspreis
- Mindestlagermenge

Produktionsauftrag
- Produktionsauftrag_ID
- Auftragsdatum
- Fertigungsdatum
- Produktionsmenge
- Qualitaet_ok
- Teil_ID (FK)

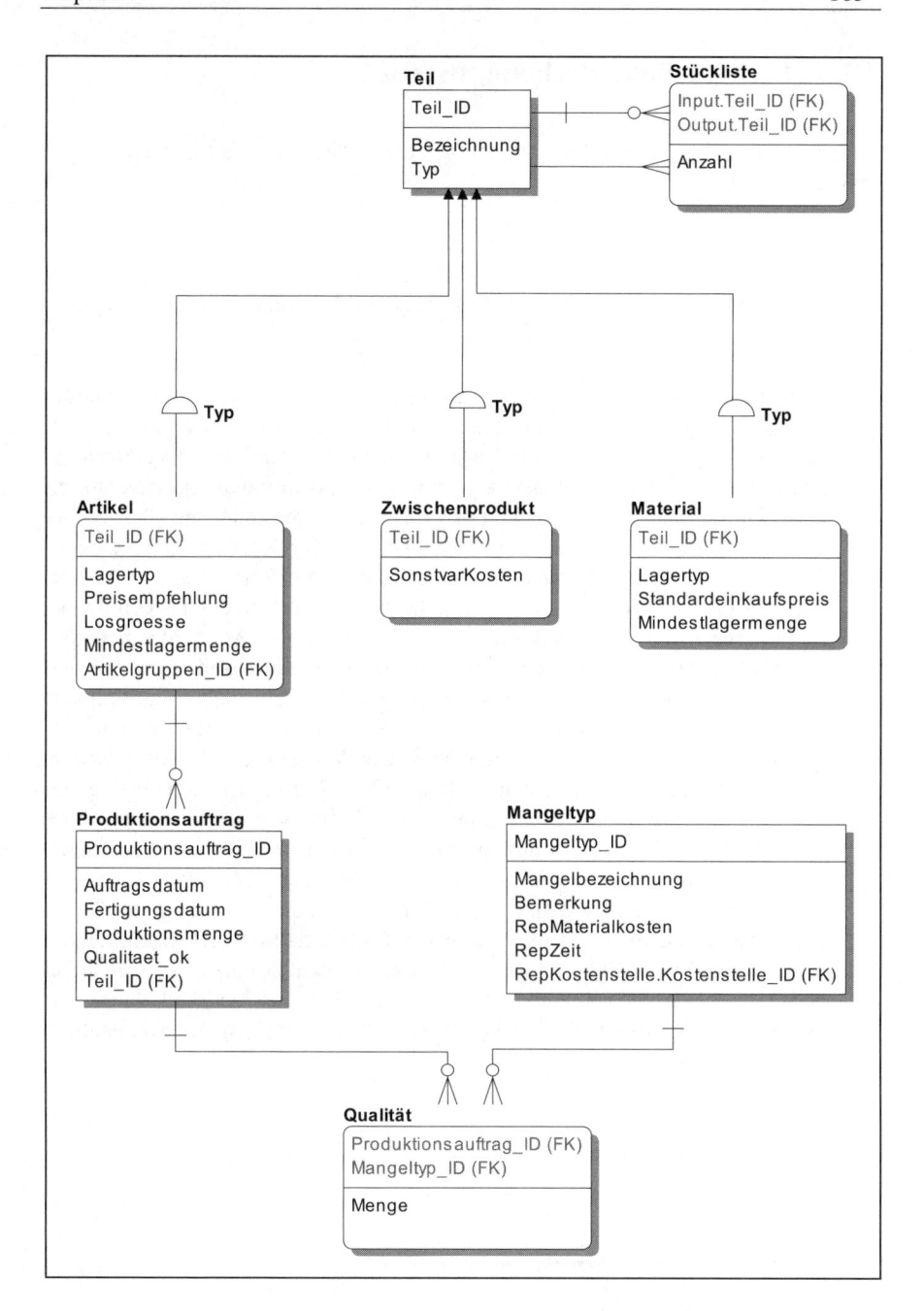

Mangeltyp
- Mangeltyp_ID
- Mangelbezeichnung
- Bemerkung
- RepMaterialkosten
- RepZeit
- RepKostenstelle.Kostenstelle_ID (FK)

Qualität
- Produktionsauftrag_ID (FK)
- Mangeltyp_ID (FK)
- Menge

Abb. 4.7: Informationsstrukturmodell für den Produktionsbereich in der IE-Notation

4.2.4 Fachabteilung Rechnungswesen

Folgende Prozesse sind im Rechnungswesen durch das geplante Informationssystem zu unterstützen:

- Die Rechnungserstellung erfolgt nach der Lieferung der Artikel, die der Kunde in einem Auftrag bestellt hat. Die Zahlungsbedingungen werden dabei durch die Abteilung Vertrieb in Abhängigkeit der Kundenbeziehung festgelegt und entsprechend einem Kunden zugeordnet.

- Eine weitere Aufgabe des Rechnungswesens ist es, Verkaufspreise für die Fertigprodukte zu kalkulieren. Dazu wurde eine Kostenstellenrechnung in der Produktion installiert. Aus Vereinfachungsgründen hat man jeder Kostenstelle einen Standard-Stundensatz zugeordnet, der einmal im Jahr ermittelt wird. Dieser Standardsatz enthält sowohl die Kostenstelleneinzelkosten als auch die variablen Kostenstellengemeinkosten. Zur Kostenträgerstückrechnung werden unter Zuhilfenahme der Stücklistenauflösung aus der Produktion zunächst die Herstellkosten ermittelt, die sich vereinfacht aus den durchschnittlichen Materialeinzelkosten, einem festgelegten Materialgemeinkostenaufschlag in Höhe von z.Zt. 30 % auf die Materialeinzelkosten und den Fertigungskosten (zeitliche Beanspruchungen der Kostenstellen multipliziert mit Standard-Stundensätzen) ergeben. Die durchschnittlichen Materialeinzelkosten (MEK) ergeben sich mit Hilfe der Angaben des Lieferspektrums der verschiedenen Lieferanten (EINKAUFSPREIS). Ergänzt um einen festgelegten prozentualen Verwaltung- und Vertriebsgemeinkostenaufschlag in Höhe von z.Zt. 19,5 % auf die Herstellkosten und einem prozentualen Gewinnaufschlag auf die Selbstkosten in Höhe von z.Zt. 20 % lässt sich daraus dann ein empfohlener Verkaufspreis je Fahrrad errechnen. Durch dieses Schema kann auch eine erste Angebotskalkulation (vgl. Ausführungen zum Vertrieb) erfolgen, indem die angefragten Mengen entsprechend bewertet werden. Das Kalkulationsschema der Zuschlagskalkulation ist exemplarisch für den Artikel „Öko-X" in Euro in Abbildung 4.8 dargestellt.

Materialeinzelkosten (MEK)	88,00	Σ (Standardeinkaufspreise * Materialmenge)
Materialgemeinkosten (MGK)	26,40	30% auf MEK
= MATERIALKOSTEN (MK)	114,40	MEK + MGK
Fertigungskosten (FK)	217,28	Σ (Fertigungszeit* Standard-Kostensätze) (über alle KST)
= HERSTELLKOSTEN (HK)	331,68	MK + FK
Verwaltungs- und Vertriebsgemeinkosten (VVGK)	64,68	19,5% auf HK
= SELBSTKOSTEN (SK)	396,36	HK + VVGK
Gewinnaufschlag (GA)	79,27	20% auf SK
= VERKAUFSPREIS (VP)	475,63	SK + GA

Abb. 4.8: Zuschlagskalkulation für einen ausgewählten Artikel

- Sind bei der Radmontage Mängel aufgetreten, dann erhöhen sich die zurechenbaren Kosten um die zusätzlich benötigten Materialien und Montagezeiten, die in der Hauptabteilung Produktion verwaltet werden. Im Zuge einer Nachkalkulation sollen die tatsächlich angefallenen Kosten je Produktionslos berechnet werden, um daraus Implikationen für die Gemeinkostensätze abzuleiten.

- Das Management erwartet vom Rechnungswesen aussagekräftige Kennzahlen zur Fundierung von Entscheidungen. Vor allem ist man an Aussagen zum gebundenen Kapital interessiert. Hierzu müssen die vorhandenen Lagerbestände bewertet werden können. Zudem zeigen einige der Kunden (Fahrrad-Einzelhändler) eine schlechte Zahlungsmoral. Im Rahmen der „Offene-Posten-Betrachtung" sollen die bereits ausgestellten jedoch noch nicht bezahlten Rechnungen zusammengestellt werden. Insbesondere die Rechnungen mit Überschreitung der Zahlungsfrist sind von besonderem Interesse.

- Für eine DV-Unterstützung resultieren daraus folgende Anforderungen:
Die verschiedenen Kostenstellen müssen im Informationssystem abgebildet werden. Darüber hinaus muss natürlich den einzelnen Kostenstellen die jeweilige zeitliche Beanspruchung bei der Montage der Artikel bzw. der Zwischenprodukte zugeordnet werden. Die Gemeinkostensätze sind zentral zu verwalten.

Es müssen Möglichkeiten vorhanden sein, um einzelne Fahrradpreise, aber auch komplette Angebote mit unterschiedlichen Positionen und Stückzahlen zu kalkulieren (siehe Vertrieb). Im Zuge der Nachkalkulation sind die tatsächlich angefallenen Kosten für einzelne Produktionschargen zu ermitteln. Auf Knopfdruck sollen für diese Aufgaben auch Auswertungen generierbar sein. Neben der Rechnungserstellung sind weiterführende Berichte für die Lagerbestandsbewertung und für die offenen Posten erforderlich.

Auch für die Fachabteilung Rechnungswesen wird auf Basis der gegebenen Anforderungen ein Informationsstrukturmodell erstellt. Die Projektbeteiligten stellen fest, dass vielfach die Bedürfnisse des Rechnungswesens durch die entsprechende Aufnahme von Merkmalsklassen innerhalb bestehender Informationsobjektklassen befriedigt werden können. So wird z.B. in gewissen Abständen ein Standardeinkaufspreis für die verschiedenen Materialien als Mittelwert ermittelt, der in der Informationsobjektklasse MATERIAL durch die Merkmalsklasse STANDARDEINKAUFSPREIS abgelegt wird. Mit Hilfe der Angaben aus der Stückliste ist somit die Ermittlung der Materialkosten sichergestellt. Dabei sind auch die zusätzlichen variablen Kosten, die beim Zusammensetzen eines Zwischenprodukts entstehen, zu berücksichtigen (Merkmalsklasse SONSTVARKOSTEN des Informationsobjektes ZWISCHENPRODUKTION).

Zur Ermittlung der Fertigungskosten ist es jedoch notwendig, zwei weitere Informationsobjektklassen einzuführen. Die Projektgruppe identifiziert die einzelnen Kostenstellen als eigenständige Informationsobjekte und fasst sie in der Informationsobjektklasse KOSTENSTELLE zusammen. Bei jedem Produktionsprozess werden die verschiedenen Kostenstellen mit einem unterschiedlichen Zeitbedarf beansprucht. Um die Komplexität gering zu halten, wird ein Produktionsprozess hier so definiert, dass diverse Materialien und/oder Zwischenprodukte kombiniert werden und als Output ein Zwischenprodukt der höheren Hierarchieebene, bezogen auf die Stückliste, bzw. ein fertiger Artikel hergestellt wird. Somit werden bei allen Zwischenprodukten und Artikeln mehrere Kostenstellen belastet. Die resultierende M:N-Verknüpfung separiert man in zwei eigenständige 1:N-Verknüpfungen und die Informationsobjektklasse BEANSPRUCHUNG wird somit eingefügt. Die Merkmalsklasse ZEITBEANSPRUCHUNG nimmt dabei für jede einzelne Teil/Kostenstelle-Kombination die benötigte Zeit auf. Durch Multiplikation dieser Werte mit den entsprechenden Angaben der Merkmalsklasse STUNDENSATZ aus der Informationsobjektklasse KOSTENSTELLE kann man die Fertigungskosten bzgl. eines Zwischenprodukts bzw. Artikels berechnen. Mit Hilfe der Stückliste können so die Fertigungskosten für ein komplettes Fahrrad ermittelt werden.

Die Merkmalsklasse PREISEMPFEHLUNG der Informationsobjektklasse ARTIKEL soll das Ergebnis der Kalkulation aufnehmen, da von der Projektgruppe eine Berechnung zur Laufzeit aus Performancegründen abgelehnt wird. Außerdem ist man bei der TOPBIKE GmbH der Meinung, dass die jeweiligen Kostenstellenstundensätze und Standardeinkaufspreise der Materialien für eine gewisse Periode Gültigkeit besitzen. Das Funktionsstrukturmodell muss jedoch sicherstellen, dass bei einer durch den Benutzer des Datenbanksystems ausgelösten Neukalkulation aufgrund von Wertänderungen als auch aufgrund von Änderungen der prozentualen Zuschlagssätze, die bei jeder Kalkulation aufs Neue abgefragt werden sollen und somit nicht Bestandteil des Informationsstrukturmodells sind, ein Update auf die entsprechenden Preisempfehlungen der Informationsobjektklasse ARTIKEL erfolgen muss.

Da auch die Mehrkosten für Mängel berücksichtigt werden sollen, wird jedem Mangeltyp eine Kostenstelle zugeordnet, die für die Beseitigung des Mangels verantwortlich ist. Die hierbei entstehenden Standardkosten sollen in der Informationsobjektklasse MANGELTYP in entsprechenden Merkmalsklassen abgelegt werden.

Das Projektteam stellt fest, dass die vom Management gestellten Anforderungen an das Berichtswesen durch die Informationen, die in den Informationsobjektklassen für den Vertriebs- und Materialbereich verarbeitet werden, gedeckt sind. Die Abb. 4.9 gibt einen Überblick über die neuen Informationsobjektklassen, die in das Informationsstrukturmodell eingefügt worden sind, um die Anforderungen des Rechnungswesens zu erfüllen.

Abschließend bietet die Abb. 4.10 einen Überblick über das komplette Informationsstrukturmodell der Unternehmung, das als wichtiges Teilergebnis der Phase Istanalyse und Anforderungsdefinition in das Fachkonzept (z.B. in Form eines Pflichtenheftes) einfließt. Durch die beschriebene Einführung eines Subtype-Cluster können nun im Gesamtmodell die beiden optionalen 1:N-Verknüpfungen zwischen den Informationsobjektklassen ARTIKEL bzw. MATERIAL und LAGERPOSITION durch die Zuordnung einer einzigen optionalen 1:N-Verknüpfung zwischen den Informationsobjektklassen LAGERPOSITION und TEIL ersetzt werden. Gleiches gilt für die beiden Verknüpfungen zwischen den Informationsobjektklassen ARTIKEL bzw. MATERIAL und LAGERJOURNAL.

Mit der Erstellung des Informationsstrukturmodells (ISM) ist eine wichtige Phase im Gestaltungsprozess eines Datenbanksystems abgeschlossen. Nach einer systematischen Evaluierung wird das Modell als Basis für die weiteren Entwicklungsaktivitäten zugrunde gelegt.

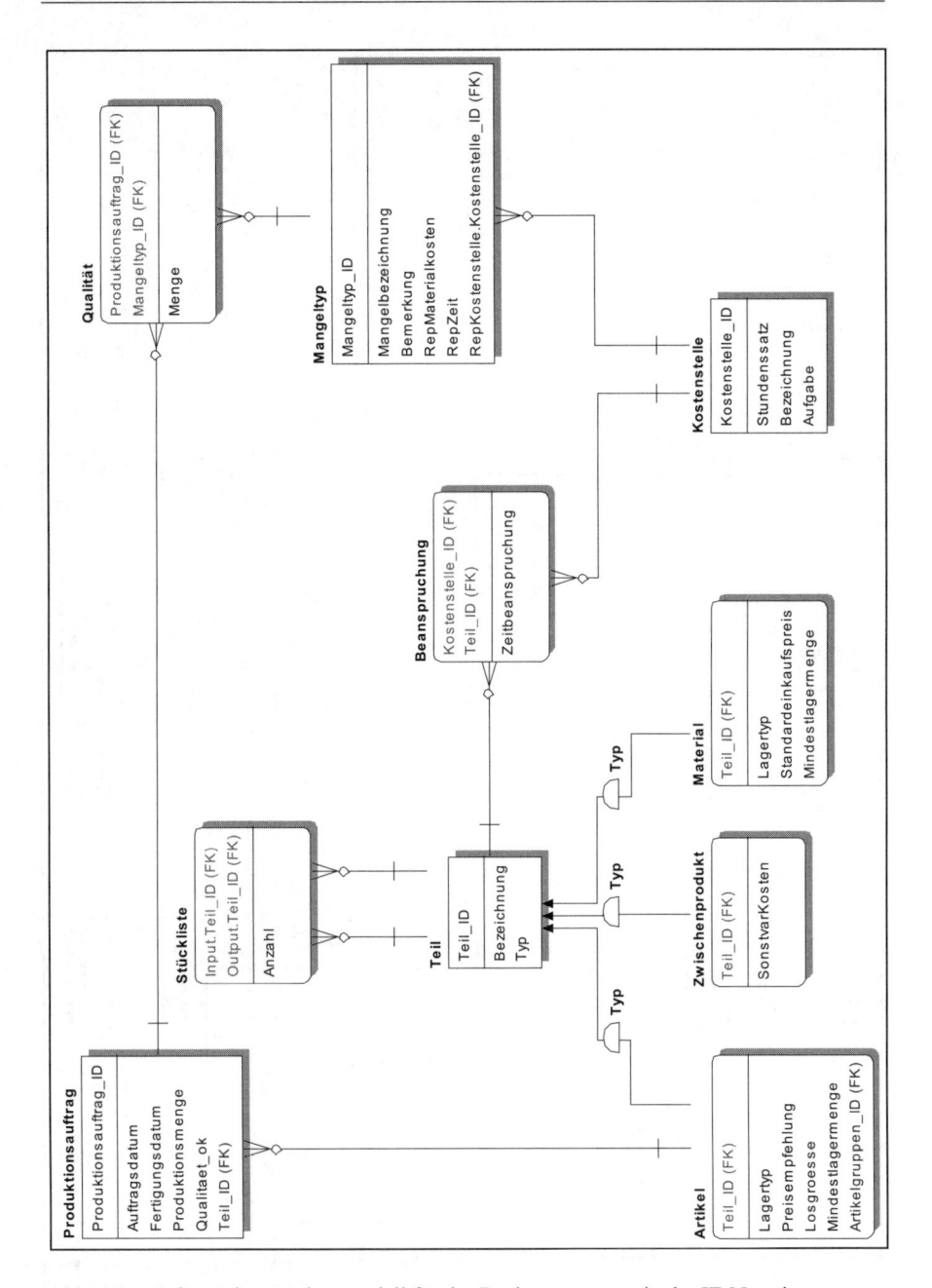

Abb. 4.9: Informationsstrukturmodell für das Rechnungswesen in der IE-Notation

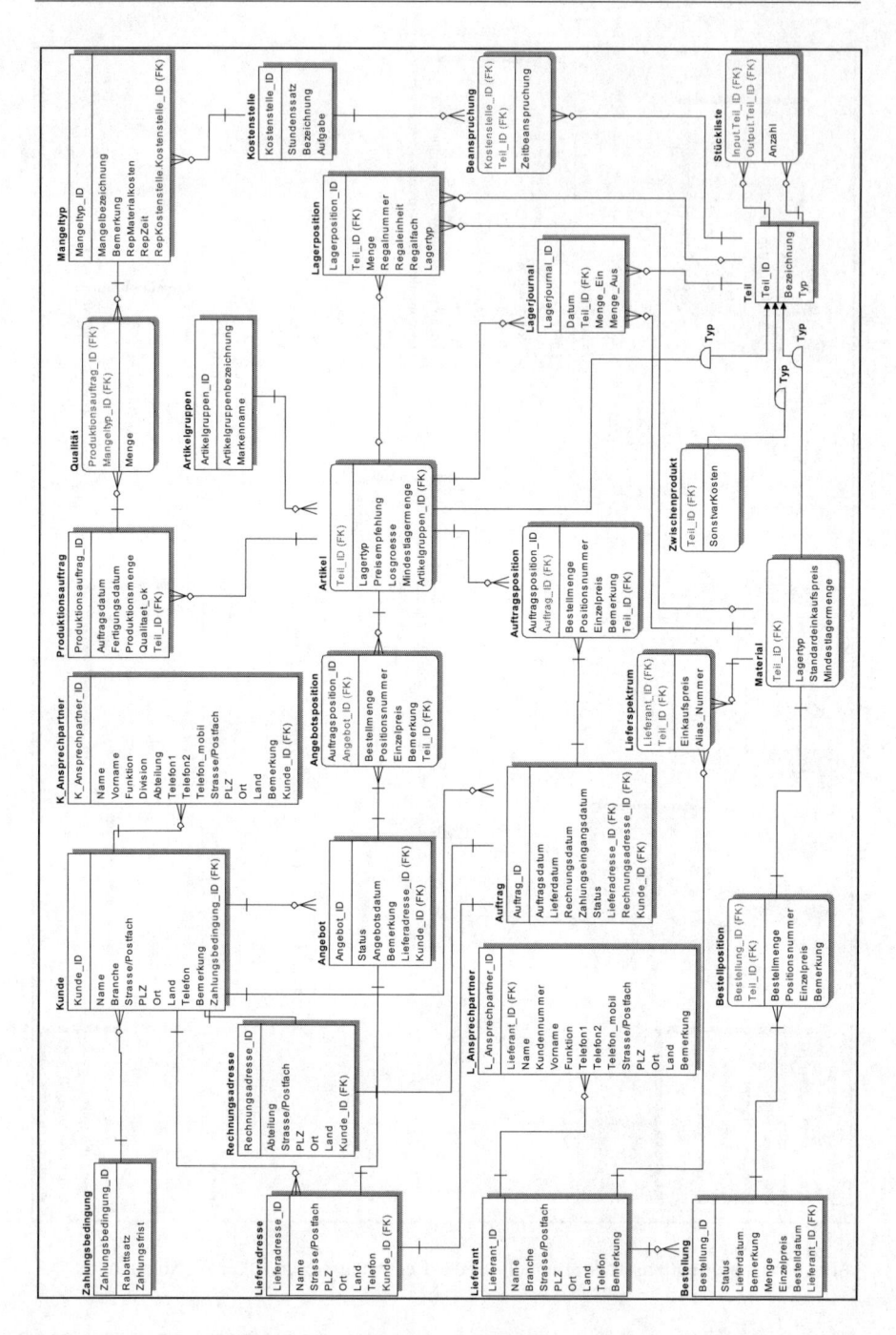

Abb. 4.10: Informationsstrukturmodell für die TOPBIKE GmbH in der IE-Notation

4.3 Auswahl und Beschaffung eines Datenbanksystems und eines Datenbankentwicklungssystems

Nach der Erstellung eines Fachkonzepts in Abschnitt 4.2 soll dieses in ein Systemkonzept umgewandelt und in einem DV-System implementiert werden. Voraussetzung hierfür ist jedoch das Vorhandensein eines geeigneten DB-Systems mit einer entsprechenden Datenbanksystemsprache (DB-Entwicklungssystem), das auf der gegebenen Hardware- und Betriebssystemplattform und der Netzwerkplattform ablauffähig ist.[204] Im Zuge des Aufbaus einer neuen DV-Infrastruktur wird ein modernes Client-Server-System auf der Basis leistungsfähiger Rechner (Workstations) eingerichtet, mit dem alle Fachabteilungen vernetzt werden. Auf die technischen und organisatorischen Gegebenheiten des Client-Server-Konzepts (Hardware, Betriebssystem, Netzwerk) wird an dieser Stelle nicht weiter eingegangen.[205]

Zunächst werden grundsätzliche Anforderungen an das zu beschaffende Datenbanksystem gestellt. Geschätzt werden hierzu der Umfang der zu verwaltenden Daten und die Häufigkeit der Nutzung der Datenbank durch die Endbenutzer. Da die gegebenen Informationen sich alle sehr gut in Tabellen strukturieren lassen (vgl. die Ausführungen in Abschnitt 4.2 zum IKSM), entscheidet man sich für ein relationales Datenbanksystem, das eine Nutzung in einem vernetzten DV-System gewährleistet (vgl. die Ausführungen in Abschnitt 4.1). Bei den Auswahlkriterien orientiert man sich an einem entsprechenden Kriterienkatalog, wobei vor allem die Benutzungsfreundlichkeit mit im Vordergrund steht.[206]

Zum Aufbau des Datenbanksystems soll ein Werkzeug bzw. Entwicklungssystem ausgewählt werden, das selbstverständlich mit dem zu beschaffenden Datenbanksystem kompatibel ist. I.d.R. ist das Werkzeug als Datenbanksystemsprache fester Bestandteil des Datenbanksystems und dementsprechend angepasst. Zum Aufbau des Fachkonzepts wurde bereits in Abschnitt 4.2 das Entwicklungssystem ER/Studio ausgewählt und genutzt, das auch einen systemtechnischen Übergang zum auszuwählenden Datenbanksystem bzw. zur Datenbanksystemesprache gewährleisten soll.

Nach einer Marktanalyse der kommerziell angebotenen relationalen DB-Systeme entscheidet man sich für das Produkt ACCESS 2000 der Firma Microsoft, mit dem die gestellten Anforderungen erfüllt werden können.

---

[204] Vgl. hierzu die Ausführungen in Kapitel 2 und 3.
[205] In Kapitel 6 wird wird das Client-Server-Konzept ausführlich behandelt.
[206] Vgl. die Ausführungen in Kapitel 1, Abschnitt 1.3.3.

ACCESS wurde in seiner ersten Version 1992 von der Firma Microsoft vorgestellt. Das relationale Datenbanksystem ACCESS entwickelte sich schnell zur meistgenutzten Desktop-Datenbank im Bereich des Betriebssystems WINDOWS.[207] Der Erfolg von ACCESS ist insbesondere auf die zunehmende Integration in die Office-Produktfamilie und die benutzungsfreundliche Oberfläche zurückzuführen. Weiterhin erlauben eine Reihe von Assistenten auch dem unerfahrenen Anwender, schnell einfache Lösungen mit beschränkter Funktionalität zu realisieren. Die Thematik „Relationale Datenbanksysteme" wurde so einer breiten Masse von Anwendern zugänglich gemacht und war nicht mehr nur eine Angelegenheit von Spezialisten.

Der anfangs relativ beschränkte Befehlsumfang der Makrosprache innerhalb von ACCESS wurde in den verschiedenen Versionen ständig erweitert. Dadurch können Anwender auch ohne Programmierkenntnisse in ACCESS leistungsfähige Makros entwickeln, mit denen ACCESS-Aktionen wie das Öffnen von Formularen, das Ausdrucken von Berichten oder das Suchen nach gewissen Datensätzen automatisiert werden können. Für komplexere Anwendungen steht durch die Integration der objektorientierten Programmiersprache VISUAL BASIC (VB) in Form von VISUAL BASIC FOR APPLICATIONS (VBA) ein mächtiges Werkzeug zur Verfügung, mit dem auch Anwendungen innerhalb der anderen Produkte aus der Office-Palette entwickelt werden können. Auf die einzelnen Elemente von ACCESS kann über ein Objektmodell zugegriffen werden. Für den Zugriff auf die Datenbank, im Wesentlichen auf Tabellen, Beziehungen, Abfragen und Zugriffsrechte, stellt ACCESS die Objektbibliotheken Data Access Objects (DAO) bzw. ActiveX Data Objects (ADO) zur Verfügung. Die in dieser Bibliothek vereinten Objekte mit ihren Methoden und Eigenschaften bieten umfassende Möglichkeiten, auf Daten lesend, schreibend und definierend zuzugreifen.

Insbesondere die aktuelle Version ACCESS XP[208] bietet darüber hinaus noch vielfältige Integrationsmöglichkeiten für das World Wide Web (WWW), um den Datenaustausch über eine breite Vielzahl von Plattformen hinweg zu ermöglichen.

4.4 Erstellung eines Systemkonzeptes für das Datenbanksystem TOPBIKE

Die Projektgruppe der TOPBIKE GmbH entschließt sich, auf Basis der Entscheidung für das Datenbanksystem ACCESS der Firma Microsoft zunächst einen Ent-

---

[207] Vgl. Albrecht/Nicol (1997), S. 29ff.
[208] Vgl. hierzu z.B. Doberenz/Kowalski (2001).

wurf für die Systemarchitektur zu erstellen. Das geplante Client-Server-Konzept wird entsprechend der Möglichkeiten des Systems abgewandelt. Als Alternativen werden zwei Konzepte ausgearbeitet. Innerhalb des bestehenden Netzwerkes könnte man zum einen die entstehende MDB-Datei[209] in einem zugänglichen Verzeichnis des File-Servers zur Verfügung stellen. Die zweite Alternative besteht in der Trennung von Daten und Anwendung, indem zentral auf einem Server ein Back-End mit den Daten (Objekt „Tabelle") gehalten wird. Die einzelnen Anwender greifen über ein lokal installiertes Front-End, welches die Anwendungslogik in Form der Objekte „Abfrage", „Formulare", „Berichte", „Makros" und „Module" enthält, auf das Back-End mit Hilfe von sogenannten verknüpften Tabellen auf die Daten zu. In beiden Fällen wird durch die Standardeinstellungen von ACCESS ein Mehrbenutzerzugriff weitgehend gewährleistet, der gegebenenfalls um anwendungsspezifische Belange erweitert werden kann. Der erste Lösungsvorschlag wird nach einigen Testversuchen abgelehnt. Die zweite Alternative bietet einen geringen Datenverkehr über das Netzwerk, da nur Daten und nicht auch die damit arbeitenden sonstigen Datenbankobjekte (Abfragen, Formulare, Berichte, Makros, Module) transferiert werden müssen. Weiterhin ist durch die damit einhergehende Trennung zwischen Anwendung (Applikation) und Daten ein Applikationsupdate problemloser durchzuführen, da die bestehenden Daten im Back-End unangetastet bleiben und nur die Front-Ends entsprechend ersetzt werden müssen.

Die Anforderungen des Datenschutzes werden durch die Zuweisung eines Datenbankkennwortes (Passwort) an das Back-End gewährleistet, welches impliziter Bestandteil der verknüpften Tabellen der Front-Ends wird. Ohne dieses Kennwort kann niemand die Back-End-Datei öffnen und gegebenenfalls in den Tabellen bzw. an der Tabellenstruktur Änderungen vornehmen. Darüber hinaus wird eine Verschlüsselung der Back-End-Datei in Erwägung gezogen, die jedoch mit einem leichten Performance-Verlust einher geht. Das Front-End wird zum einen durch eine individuelle Benutzeranmeldung, die in zusätzlichen Tabellen vom Datenbankadministrator zu verwalten ist, und durch die Konvertierung in eine MDE-Datei geschützt. MDE-Dateien bieten u.a. den Vorteil, dass der Entwurf für Formulare, Berichte und Module nicht eingesehen werden kann, dass das Exportieren gewisser Datenbankobjekte nicht zur Verfügung steht und dass die Speicherausnutzung optimiert wird, indem alle Module automatisch im kompilierten Zustand abgelegt werden.

Durch den Einsatz des Werkzeugs ER/Studio lässt sich das entwickelte Entity-Relationship-Modell (ER-Model) in das Systemkonzept überführen. Das vorge-

---

[209] Die Dateiendung MDB steht für Microsoft Data Base und kennzeichnet die Standarddatei, in der ACCESS sowohl die Daten als auch die Anwendungslogik in Form von Objekten (Tabellen, Abfragen, Formulare, Berichte, Web-Seiten, Makros und Module) abspeichert.

stellte Informationsstrukturmodell (ISM) wird durch weitere Angaben (z.B. Datentypen der Merkmalsklassen) innerhalb des CASE-Tools vervollständigt. Anschließend lässt sich über mehrere Schritte die Transformation in eine Zieldatenbank durchführen. Als Resultat dieses Prozesses erhalten die Projektmitglieder eine leere Datenbank (DB) ohne Daten, in der jedoch die Strukturen der Relationen klar vorgegeben sind. Darüber hinaus unterstützt das Werkzeug diverse Dokumentationsanforderungen und ermöglicht ein Synchronisieren zwischen den Informationsstrukturmodellen und den physisch existierenden Datenbanken bzw. ein sogenanntes Reverse-Engenieering, bei dem auf Basis einer bestehenden Datenbank ein passendes Informationsstrukturmodell in Entity-Relationship-Darstellung erstellt wird. Somit ist gewährleistet, dass Anpassungen, die nachträglich im Modell vorgenommen werden, auch im Fachkonzept z.B. zu Dokumentationszwecken nachvollzogen werden können.

Das Resultat der durchgeführten Transformation zeigt die Abb. 4.11. Die in Abschnitt 4.2 vorgestellte Beziehungsstruktur der einzelnen Informationsobjektklassen, die jetzt in einzelne Relationen umgewandelt wurden, wird ersichtlich und dient im weiteren Projektverlauf als gegeben.

Kapitel 4 177

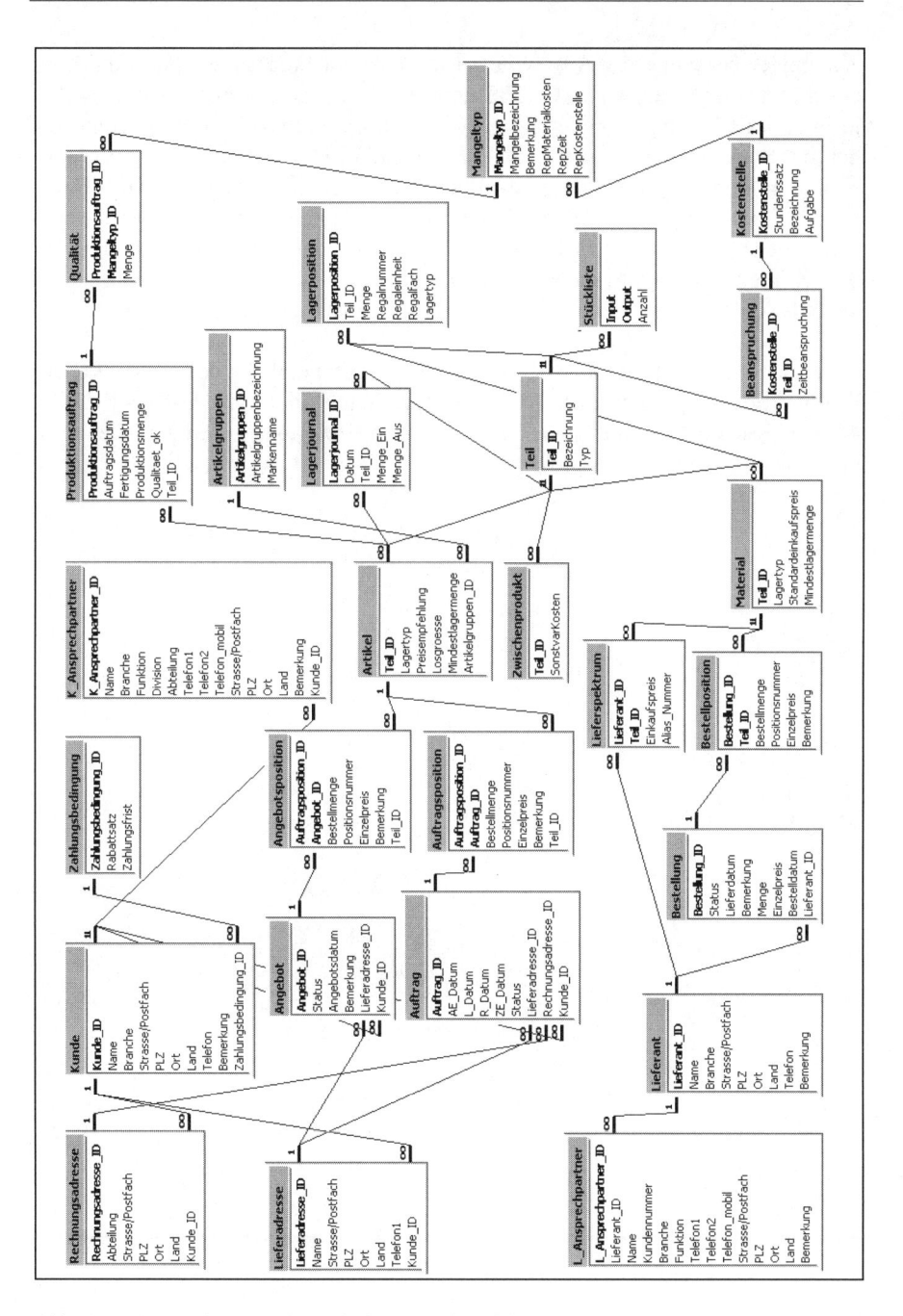

Abb. 4.11: Systemkonzept der Relationen und Beziehungen

Zur Implementierung der Anwendung sind noch entsprechende Anpassungen an der Struktur innerhalb von ACCESS notwendig. Da diese Aspekte jedoch schon in die Phase der Implementierung gehören, entschließen sich die Projektmitglieder, das Systemkonzept insoweit zu vervollständigen, dass der Aufbau der Menüstrukturen und Eingabemasken sowie der Papierberichte konzipiert wird. Unter anderem sollen auf diese Art im Sinne des Prototyping[210] einzelne Eingabemasken in Form von noch nicht funktionsfähigen Formularen entworfen werden, um die entsprechenden Anwender mit dem Entwurf zu konfrontieren und gegebenenfalls Änderungswünsche aufzunehmen (Partizipation der Endbenutzer).[211]

An dieser Stelle soll exemplarisch der Entwurf der zentralen Übersichtsmaske für den Vertrieb vorgestellt werden. Der entsprechende Prototyp wird in der Abb. 4.12 vorgestellt. Um eine anwendungsbezogene Bewertung zu ermöglichen, gibt das Projektteam einige Beispieldaten ein.

---

[210] Vgl. Abschnitt 1.2.3.
[211] Vgl. Abschnitt 1.2.6.

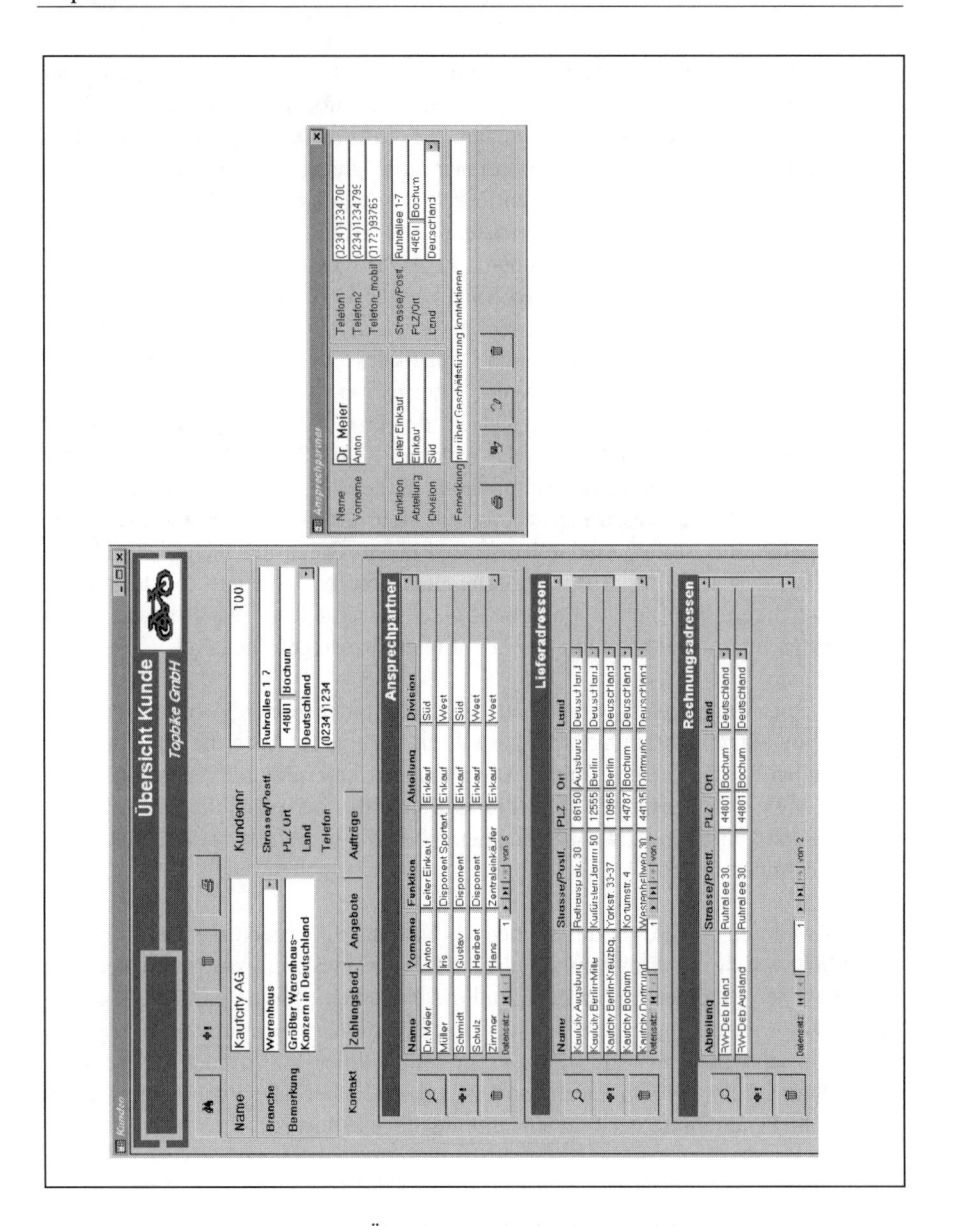

Abb. 4.12: Prototyp der zentralen Übersichtsmaske für den Vertrieb

Das erstellte Formular soll nach einer Selektionsmaske zur Kundenauswahl über verschiedene Kriterien mit den gesuchten Kundeninformationen am Bildschirm erscheinen. Im oberen Bereich werden die Informationen aus der Relation KUNDE dargestellt. Weitere Informationen zum gewählten Kunden liefern die Informationen, die den verschiedenen Registerkarten des Steuerelements Register zugeordnet sind. Die erste Registerkarte KONTAKT gibt einen Ausschnitt der Informationen aus den Relationen K_ANSPRECHPARTNER, LIEFER-ADRESSE und RECHNUNGSADRESSE. Um die Formulare nicht mit zu vielen Informationen zu überfrachten, werden nur gewisse Attribute aus den Relationen am Bildschirm dargestellt. Durch einen Doppelklick auf einzelne Datensätze werden in einem zusätzlichen Fenster die Informationen angezeigt und auch zur Bearbeitung freigegeben. Am Beispiel ist der erste Ansprechpartner selektiert worden und die Informationen aus der Relation K_ANSPRECHPARTNER sind in dem zweiten Fenster „Ansprechpartner" aufgelistet. Die Projektgruppe entscheidet, dass diese Detail-Fenster jeweils mit dem Hauptfenster „Kunden" synchronisiert sein sollen. Dadurch wird bei einem Datensatzwechsel im Hauptdialog „Kunde" auch der Ansprechpartner entsprechend variiert. Weiterhin soll die Möglichkeit bestehen, dass gleichzeitig verschiedene Detail-Fenster zum Ansprechpartner und zur Rechnungs- und Lieferadresse geöffnet sind.

Anhand eines Fragebogens werden anschließend die einzelnen Formular-Prototypen den jeweiligen Abteilungen vorgestellt und evaluiert. Auch die einheitlich zu benutzenden Symbole zum Ändern, Löschen, Drucken oder zur Neuanlage eines Datensatzes werden diskutiert. Die Projektmitglieder berücksichtigen die Kritikpunkte der zukünftigen Anwender in einem überarbeiteten Entwurf und dokumentieren die Anpassungen.

Um im weiteren Projektverlauf schnell zu lauffähigen Ergebnissen zu kommen, entschließen sich die Projektmitglieder, die Programmierungsaufgaben den vier verschiedenen Modulen zuzuordnen und die einzelnen Module parallel zu entwickeln. Die Anforderungen, die sich aus dem Funktionsstrukturmodell[212] ergeben, werden anschließend den einzelnen Programmmodulen zugeordnet und notwendige Schnittstellen werden spezifiziert. Somit sind sämtliche Vorbereitungen für die anschließende Phase der Implementierung abgeschlossen.

---

[212] Funktionsstrukturmodelle (FSM) werden hier nicht weiter vorgestellt; vgl. Abschnitt 4.2.

4.5 Implementierung und Testen des Datenbanksystems TOPBIKE

Die beschriebene Anwendung wird nun vollständig mit Hilfe der Datenbankobjekte, die das Datenbanksystem ACCESS zur Verfügung stellt, realisiert. Dabei handelt es sich grundsätzlich um die Datenbankobjekte „Tabellen", „Abfragen", „Formulare", „Berichte", „Makros" und „Module".[213] In den Tabellen als Grundbestandteil eines relationalen Datenbanksystems werden die Daten der Anwendung verwaltet. Darauf basieren Abfragen, die die Datenbestände aus den Tabellen entsprechend der SQL-Logik[214] zusammenstellen. Dies geschieht mit Hilfe eines Query-By-Example (QBE)-Editors, der es dem Benutzer auch ohne umfassende Kenntnisse von SQL ermöglicht, Selektionen, Projektionen und/oder Verbünde sowie weiterführende Funktionen zu verwirklichen und damit die Daten entsprechend auszuwerten. Formularobjekte dienen der Bearbeitung der Daten in Masken am Bildschirm. Mit Hilfe von Berichtsobjekten kann die Ausgabe auf Papier, insbesondere der Ausdruck von Listen, gestaltet werden. Zur Steigerung der Flexibilität und Modularisierung wird von der Projektgruppe als Qualitätsstandard bestimmt, dass jegliche Formulare und Berichte nie direkt als Datenherkunft auf einer Tabelle basieren, sondern immer ein entsprechendes Abfrageobjekt zwischengeschaltet wird.

Weiterhin beschließt die Projektgruppe aufgrund des beschränkten Befehlsumfangs, den die Makros bieten, sämtliche Programmlogik in Form von Sub-Prozeduren bzw. Funktionen in der Programmiersprache VISUAL BASIC FOR APPLICATIONS (VBA) auszuführen. Die Sub-Prozeduren und Funktionen, die nur die Funktionalität einzelner Formular- oder Berichtobjekte betreffen, werden in den Klassenmodulen der entsprechenden Objekte zusammengefasst. Dort werden zumeist sog. Ereignisprozeduren abgelegt, die als Reaktion auf ein Ereignis in dem Formular oder Bericht ausgeführt werden. Die Funktionalitäten, die übergreifend von verschiedenen Datenbankobjekten verwendet werden, verwaltet man in den allgemeinen Standardmodulen. Diese Standardmodule erscheinen direkt im Datenbankfenster, das als zentrale Verwaltungsinstanz einer ACCESS-Anwendung dient. Das Zusammenspiel der verschiedenen Datenbankobjekte ist in der folgenden Abb. 4.13 skizziert.

---

[213] Auf die Verwendung von Web-„Seiten" zur Gestaltung von Web-fähigen Masken, um z.B. auch einen Zugriff auf die Daten über das Intranet zu realisieren, wird im Moment in Absprache mit der Geschäftsleitung noch verzichtet.

[214] Vgl. die Ausführungen zur Datenbanksystemsprache SQL in Kapitel 2.

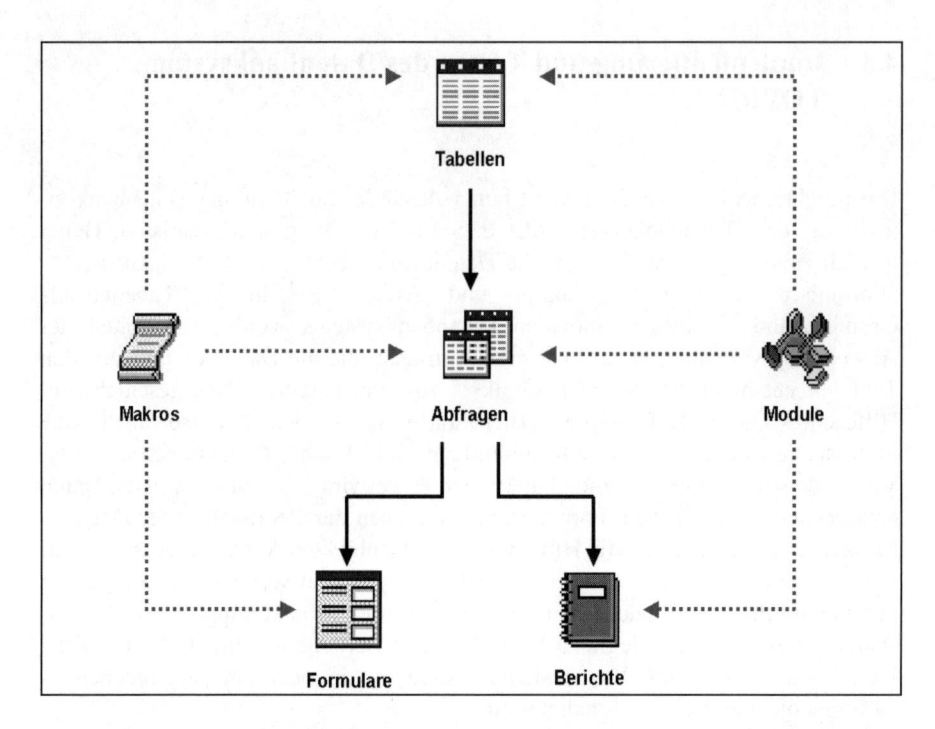

Abb. 4.13: Das Zusammenspiel der Datenbankobjekte einer ACCESS-Anwendung

An den Tabellenobjekten, die durch die Transformation aus dem Entwicklungswerkzeug ER/Studio vorgegeben wurden, sind leichte Anpassungen vorzunehmen.[215] So sind z.B. die Eigenschaften Standardwert, Gültigkeitsregel und Gültigkeitsmeldung auf Feldebene zu vervollständigen.

Auf Basis der im Systemkonzept entwickelten Masken-Prototypen werden nun Abfragen generiert, die auf die passenden Tabellenobjekte zugreifen und als Datensatzherkunft für die entsprechenden Formularobjekte dienen. Darüber hinaus werden neue Formularobjekte für bestimmte Anwendungsbereiche generiert. Der in ACCESS integrierte Assistent zur Formularerstellung liefert dabei insbesondere zur Abbildung von Master-Detail-Beziehungen in Haupt- und Unterformularen eine wichtige Hilfestellung, indem er die Basisobjekte für weitere Programmiertätigkeiten automatisch anlegt. Um eine einfache Zuordnung der diversen Objekte zu ermöglichen, wird auf die Einhaltung der sogenannten ungarischen Namenskonvention bei der Benennung der Objekte geachtet. Der

---

[215] Vgl. Abschnitt 4.4.

„ungarische" Stil gibt dabei eine Syntax zur Aufteilung der Bezeichnungen in mehrere sprechende Teile vor.[216]

Die Funktionalitäten der einzelnen Formularobjekte werden anschließend schrittweise mit Hilfe von VBA-Sub-Prozeduren umgesetzt und jeweils auf Basis von Beispieldaten getestet. Parallel dazu erfolgt die Entwicklung der Berichtsobjekte, die zumeist eng mit den Daten eines speziellen Formulars zusammenhängen, so dass häufig auf gleiche Abfrageobjekte zurückgegriffen werden kann. Den entsprechenden Fachabteilungen werden jeweils nach Abschluss zentraler Aufgabenstellungen die Programmversionen vorgestellt, um frühzeitig eventuell vorhandenen Änderungsbedarf berücksichtigen zu können.

In einem nächsten Schritt werden die verschiedenen Objekte in eine entsprechende Oberfläche mit Menüstrukturen und Symbolleisten eingebunden und exemplarisch der Geschäftsführung präsentiert. Aufgrund der positiven Reaktionen dieses Gremiums unterzieht man die Anwendung einem Test mit Echtdaten. Dazu müssen zum einen aus den bestehenden Systemen die entsprechenden Datenbestände extrahiert und in die ACCESS-Datenbank importiert werden. Zum anderen bedarf es der manuellen Eingabe großer Bestandteile der Daten in das System, da sie bisher nicht elektronisch erfasst wurden. Mit dieser Arbeit beschäftigt man zum Teil externe Mitarbeiter, die von einer Zeitarbeitsfirma vermittelt wurden. Um parallel dazu auch weitere Programmierarbeiten an der Anwendung vorzunehmen, wird das in Abschnitt 4.4 beschriebene Client-Server-Konzept aufgebaut und somit eine klare Trennung von Daten und Anwendung hergestellt.

In Zusammenarbeit mit den Fachabteilungen werden schließlich auf Basis der Echtdaten Tests durchgeführt, die noch einige kleinere Mängel des Systems aufzeigen, die die Projektmitglieder umgehend beseitigen. Die sich hieran anschließende Entwicklung einer geeigneten Einführungsstrategie des Systems ist Gegenstand der nächsten Arbeitsphase.

---

[216] Vgl. Albrecht/Nicol (1997), S. 803ff.

4.6 Integration und Einführung des erstellten Datenbanksystems TOPBIKE

Nachdem das Datenbanksystem implementiert und getestet wurde, gilt es nun, dieses Anwendungssystem in eine bestehende Organisation zu integrieren und in den Betrieb einzuführen. Erst wenn diese Arbeiten abgeschlossen sind, kann das Datenbanksystem für den produktiven Einsatz freigegeben werden.

Die technische Integration wurde bereits während der Entwicklung des Datenbanksystems gewährleistet, da neue Arbeitsplatzrechner mit entsprechenden Leistungsmerkmalen beschafft wurden, die für den Einsatz der ausgewählten Softwareprodukte geeignet sind.

Für die personelle Integration wurden ebenso bereits wichtige Aktivitäten durchgeführt, die vor allem in der Einbeziehung der späteren Benutzer bei der Entwicklung des Datenbanksystems liegen. Es wurde darauf geachtet, dass auch die Endbenutzer in den Fachabteilungen stets bei der Entwicklung beteiligt wurden (Prinzip der Partizipation). So konnten sie das Softwaresystem in einer frühen Phase kennenlernen und ihre Wünsche und Anforderungen äußern. Mit Hilfe geeigneter Partizipationsstrategien[217] wurden beispielsweise Prototypen von Eingabenmasken vorgegeben, die in den Fachabteilungen vorab überprüft wurden (Ansatz des Prototyping).[218] Durch gezielte Schulungsmaßnahmen werden die Endbenutzer qualifiziert, so dass das neue Anwendungssystem besser benutzt und akzeptiert wird. Wichtig ist es auch, dass beim Aufbau von Informationssystemen, insbesondere von Datenbanksystemen, auch der Betriebsrat und der Datenschutzbeauftrage der Unternehmung miteinbezogen werden.

Das Datenbanksystem wird parallel in die einzelnen Abteilungen integriert (organisatorische Integration). Für diesen Prozess hat man sich einen Zeitraum von einem Monat vorgegeben. Bei dieser Integration über die einzelnen Fachabteilungen werden zeitgleich die bisher bestehenden Systeme abgeschaltet. Durch die vorab durchgeführten sorgfältigen Tests konnte gewährleistet werden, dass das neue System das Aufgabenspektrum der alten Systeme vollständig abdeckt und somit keine Notwendigkeit besteht, die Systeme über einen gewissen Zeitraum parallel zu fahren. Somit konnte ein erheblicher Mehraufwand zur Doppeleingabe vermieden werden.

Den Anwendern wurden bereits die betrieblichen Abläufe bzw. Prozesse erläutert, so dass sie die Arbeitsweise des Systems sehr gut nachvollziehen und seine Vorteile gegenüber der herkömmlichen konventionellen Arbeitsweise direkt erkennen

---

[217] Vgl. Lehner/Hildebrand/Maier (1995), S. 150ff. und Abschnitt 1.2.6 in Kapitel 1.
[218] Vgl. Abschnitt 1.2.3 in Kapitel 1.

konnten. Eine systematische Dokumentation der durchgeführten Organisationsanalyse, die sich vor allem auf die neu zu gestaltenden Prozesse bezieht, gewährleistet eine erfolgreiche Integration und Einführung des entwickelten Softwaresystems. Da auch während der Einführungsphase keinerlei Fehler des Systems auftreten, wird es termingerecht endgültig freigegeben. Die Projektgruppe hat damit ihr Aufgaben erfüllt und löst sich wieder auf. Die beiden neu eingestellten Mitarbeiter sind weiterhin für die Funktionsfähigkeit des Datenbanksystems sowie deren Wartung und Pflege verantwortlich.

4.7 Einsatz des Datenbanksystems TOPBIKE mit Wartung und Pflege

Der konkrete Einsatz des Datenbanksystems liegt im Verantwortungsbereich der EDV-Abteilung der Unternehmung, die die neue Bezeichnung Informationswirtschaft erhält und direkt der Geschäftsführung unterstellt wird. Die Abteilung erstellt vor allem die Pläne zur Wartung und Pflege des Systems und hat darauf zu achten, dass das System stets effektiv und effizient eingesetzt wird. Um die Akzeptanz auf Seiten der Endbenutzer zu fördern, müssen diese weiterhin aktiv betreut werden. Hierzu wird ein Benutzerservice eingerichtet, der durch ein Helpdesksystem unterstützt wird. Die neue Mitarbeiterin der Informationswirtschaft-Abteilung wird als Datenbankadministratorin bestellt, ein Mitarbeiter der Abteilung Rechnungswesen als Datenschutzbeauftragter.

Sehr schnell sind die Endbenutzer in den Fachabteilungen mit dem neuen Anwendungssystem vertraut und nutzen dieses mit großer Zufriedenheit. Lobenswert ist auch die Betreuung durch den Benutzer-Service. Die Zusammenarbeit läuft so gut, dass sehr schnell Erweiterungen für das Datenbanksystem erarbeitet werden. Diese liegen vor allem in dem Aufbau eines leistungsfähigen Berichtswesens, das insbesondere auf der operativen ACCESS-Datenbank basiert. Unter Leitung eines Mitarbeiters der Controlling-Abteilung wird eine Arbeitsgruppe „Analyseorientierte Informationssysteme" gebildet, der Mitarbeiter der verschiedenen Fachabteilungen angehören und die sich mit neuen Ansätzen mehrdimensionaler Datenbanksysteme und mit Data Warehouse-Konzepten auseinandersetzt.[219] Eine weitere Arbeitsgruppe unter Leitung des neu eingestellten Informatikers beschäftigt sich mit dem Thema Internet und E-Commerce.

---

[219] Vgl. hierzu die Ausführungen in Kapitel 8.

4.8 Kritische Bewertung des Gestaltungsprozesses der Fallstudie und Ausblick

Der gesamte Gestaltungsprozess, der hier für eine Fallstudie erarbeitet wurde, lässt sich als sehr erfolgreich bewerten, da er im Vergleich zu einer Umsetzung in der Praxis idealtypisch ablaufen konnte.

Der Erfolg stellte sich vor allem durch eine systematische Vorgehensweise ein, die auch im konkreten praktischen Fall beachtet werden muss. So lassen sich durch ein computergestütztes Projektmanagement die gesetzten Ziele am besten erreichen. Die Vorgehensweise ist stets zu dokumentieren, und die Qualitätskriterien sind im gesamten Gestaltungsprozess zu beachten. Entscheidend für eine erfolgreiche Arbeit sind auch die eingesetzten Entwicklungswerkzeuge und -systeme, die sich beim Aufbau der Fallstudie als sehr benutzungsfreundlich und leistungsfähig erwiesen haben.

Der Erfolg konkreter Projekte zur Gestaltung eines Datenbanksystems in der Praxis hängt natürlich in erster Linie von den Projektmitarbeitern ab. Die Projektgruppe sollte daher so zusammengesetzt sein, dass sowohl theoretisches als auch praktisches Wissen über Datenbanksysteme und ihre Modellierung besteht. Darüber hinaus sollten auch erfahrene Mitarbeiter aus der Unternehmung eingebunden sein, die die betriebliche Ablauf- und Aufbauorganisation gut kennen. Sie können schnell die richtigen Ansprechpartner finden und drohende Risiken aufgrund ihrer Erfahrung und Kenntnis der Unternehmungskultur vermeiden. Der Projektleiter sollte dabei in erster Linie endbenutzerorientiert denken und handeln. Schließlich steht nicht die Technik zur Realisierung, sondern die Anwendung selbst im Vordergrund. Anzustreben ist ein ganzheitlicher Gestaltungsansatz, der das gesamte Informations- und Kommunikationssystem (IuK-System) berücksichtigt, d.h. neben den Hard- und Softwaresystemen (Technologien) müssen auch die Anwendungen und das Personal beachtet werden, die in der konkret betrachteten Organisation durch ihre Auf- und Ablaufstrukturen gegeben ist. Mit der Gestaltung von Informations- und Kommunikationssystemen in Unternehmungen setzt sich die Informationswirtschaft auseinander, die von einem Informationsmanagement[220] geleitet wird.

---

[220] Vgl. Krcmar (1999).

4.9 Übungsaufgaben zur Fallstudie

Aufgabe 4-1: Geben Sie jeweils ein Beispiel für eine optionale und eine feste 1:N-Verknüpfung nach der IE-Notation aus dem Anwendungsbereich der Volkshochschule. Erläutern Sie dabei die Parent- und Child-Entities.

Aufgabe 4-2: Erläutern Sie die Verknüpfung von Informationsobjekt KUNDE und Informationsobjekt ANGEBOT und die Verknüpfung von Informationsobjekt KUNDE und Informationsobjekt AUFTRAG in Abbildung 4.3.

Aufgabe 4-3: Erläutern Sie die Subtype-Cluster in Abbildung 4.5.

Aufgabe 4-4: Diskutieren Sie die Abhängigkeiten der Aktivitäten der Phase „Auswahl und Beschaffung eines Datenbanksystems und eines Datenbankentwicklungssystems" (vgl. Abschnitt 4.3) einerseits und der Aktivitäten der Phase „Erstellung eines Systemkonzepts für ein Datenbanksystem" (vgl. Abschnitt 4.4) andererseits. Erklären Sie die Zusammenhänge am konkreten Beispiel der Fallstudie.

Aufgabe 4-5: Welche konkreten Möglichkeiten bestehen, um die Endbenutzer bei der Gestaltung eines Datenbanksystems zu beteiligen?

Aufgabe 4-6: Erstellen Sie einen Plan mit seinen Aktivitäten zur Pflege und Wartung eines Datenbanksystems, z.B. für die Beispielunternehmung der Fallstudie.

Aufgabe 4-7: Diskutieren Sie die Möglichkeiten, die das E-Commerce der Beispielunternehmung in der Fallstudie bietet.

Aufgabe 4-8: Erläutern Sie das Spiralmodell als Entwicklungsansatz für das Datenbanksystem TOPBIKE (vgl. Kapitel 1).

Aufgabe 4-9: Diskutieren Sie die Integrationsaktivitäten für das Datenbanksystem TOPBIKE.

Aufgabe 4-10: Beschreiben Sie die Erfolgsfaktoren des Einsatzes des Datenbanksystems für die Unternehmung TOPBIKE GmbH.

4.10 Literatur zu Kapitel 4

Albrecht, R.; Nico, N. (1997): VBA-Programmierung mit Access 97: Professionelle Anwendungsentwicklung mit Access und VBA, Bonn 1997.

Barker, R. (1989): CASE*Method™: Entity Relationship Modelling, Wokingham u.a. 1989.

Doberenz, W.; Kowalski, T. (2001): Microsoft Access Version 2002 Programmierung, Grundlagen, Anwendungsbeispiele und Praxislösungen zur Datenbankprogrammierung mit Access 2002, Microsoft Press Deutschland, München 2001.

Embarcadero Technologies (1998): ER/Studio User's Guide, San Francisco 1998.

Finkelstein, C. (1989): An Introduction to Information Engineering: From Strategic Planning to Information Systems, Wokingham u.a. 1989.

Gabriel, R.; Röhrs, H.-P. (1995): Datenbanksysteme: Konzeptionelle Datenmodellierung und Datenbankarchitekturen, 2. verb. Auflage, Berlin u.a. 1995.

Gersch, M. (2000): E-Commerce – Einsatzmöglichkeiten und Nutzungspotenziale, Arbeitsbericht Nr. 82 des Instituts für Unternehmungsführung und Unternehmensforschung der Ruhr-Universität Bochum, Bochum 2001.

Krcmar, H. (1999): Informationsmanagement, 2. Auflage, Heidelberg, Berlin 1999.

Lehner, F.; Hildebrand, K.; Maier, R. (1995): Wirtschaftsinformatik: Theoretische Grundlagen, München u.a. 1995.

Martin, J. (1993): Principles of Object-Oriented Analysis and Design, Englewood Cliffs, New Jersey 1993.

Merz, M. (1999): Electronic Commerce, Marktmodelle, Anwendungen und Technologien, Heidelberg 1999.

Teil B

Moderne Datenbank-Konzepte in der betrieblichen Praxis; Architekturen und Einsatzmöglichkeiten von Datenbanksystemen

Der Teil B beinhaltet moderne Konzepte und Architekturen von Datenbanksystemen, wie sie zurzeit in Theorie und Praxis behandelt und genutzt werden.

Zunächst werden in Kapitel 5 Klassifikationsansätze für mögliche Konzepte und Architekturformen vorgestellt, die sich beispielsweise an den Einsatzformen und Anwendungsbereichen von Datenbanksystemen und an ihren Organisationsformen orientieren. Mögliche Klassifikationsansätze leiten sich auch aus den unterschiedlichen Datenstrukturen und Modellierungsformen ab, ebenso aus den Nutzungsformen und Zugriffsarten. Kapitel 5 zeigt somit die Vielfalt der unterschiedlichen Einsatzmöglichkeiten auf.

Mit den Datenbanksystemen in verteilten Informationssystemen wird in Kapitel 6 eine wichtige und weitverbreitete Klasse von leistungsfähigen Datenbanksystemen vorgestellt. Sie weichen von dem Konzept eines zentral gehaltenen Datenbanksystems ab und bauen auf den zahlreichen Formen vernetzter Informationssysteme auf. Hauptvertreter dieser Klasse sind neben den Multidatenbanksystemen die verteilten und föderierten Datenbanksysteme.

Neben den relationalen Datenbanksystemen haben in den letzten Jahren die objektorientierten Systeme eine große Bedeutung. Ausgangspunkt ist das objektorientierte Datenmodell, das aus dem konkreten Anwendungsbereich gewonnen wird. Neben der Technologie eines objektorientierten Datenbanksystems werden deshalb auch das objektorientierte Datenmodell und das objektorientierte Entwicklungskonzept vorgestellt.

Neben den zahlreichen Datenbanksystemen, die vorwiegend in operativen Anwendungsbereichen genutzt werden, werden die Systeme immer wichtiger, mit denen Analysen durchgeführt werden können. Wichtige und bekannte Vertreter dieser Klasse, die als Analyseorientierte Datenbanksysteme in Kapitel 8 vorgestellt werden, sind die Data Warehouse-Systeme. Neben ihren Architekturformen werden Modellierungsansätze und Nutzungsmöglichkeiten behandelt.

Abschließend werden in Kapitel 9 mögliche Entwicklungstendenzen von Datenbanksystemen diskutiert.

5 Architekturen und Konzepte von Datenbanksystemen

Bisher wurde ein Datenbanksystem (DBS) als eine in sich geschlossene, zentrale Einheit betrachtet, bestehend aus den drei Komponenten Datenbank (DB), Datenbankverwaltungssystem (DBVS) und Datenbankkommunikationsschnittstelle (DBKS).[221] Umfangreiche Datenbestände werden in dieser Form zwar zentral in einer Einheit gespeichert und verwaltet, der Zugriff auf die Daten ist jedoch von vielen Stellen sowohl im lokalen als auch im (welt-) weiten Umfeld über Datenübertragungssysteme bzw. -netze möglich. Neben der geschlossenen, zentralen Form wurden bereits weitere Architekturformen von Datenbanksystemen kurz vorgestellt, so das Konzept der verteilten Datenbanksysteme und das des Verbundes von mehreren selbständigen Datenbanksystemen.[222] Im Vordergrund der Betrachtung standen bisher die relationalen Datenbanksysteme. Vorgestellt wurden weiterhin die netzwerkorientierten Systeme, die in hierarchischer Form und als CODASYL-System historisch betrachtet Vorgängersysteme der relationalen Datenbanksysteme darstellen.[223] Ein kurzer Überblick wurde auch über die objektorientierten Datenbanksysteme gegeben.[224]

Die bisher dargestellten Formen zeigen bereits die Vielfalt möglicher Architekturen und Konzepte von Datenbanksystemen auf. Ihr zunehmender Einsatz in den letzten Jahren zeigt, dass immer größere Datenbestände aufgebaut und in vielfältiger Form von zahlreichen Benutzern genutzt werden. Damit werden hohe Leistungsanforderungen an die Systeme gestellt. Neue Anforderungen an die Datenbanktechnologien führen zu einem Umbruch in der klassischen „Datenbank-Welt", einer Welt, die überwiegend auf einer zentralen Architekturform und einem relationalen Datenmodell basiert.

Bevor im Folgenden konkrete Architekturen und Konzepte in Abschnitt 5.2 vorgestellt werden, soll zunächst einmal ein Überblick über mögliche Klassifikationsansätze in Abschnitt 5.1 gegeben werden, die aus unterschiedlichen Sichtweisen entstehen. Die daraus abgeleiteten Architekturen, die sich i.d.R. nicht gegenseitig ausschließen, sondern in vielen Kombinationen zu finden sind, orientieren sich schließlich am Bedarf nach konkreten Einsatzmöglichkeiten der Datenbanksysteme. Eine Zusammenfassung der unterschiedlichen Architekturen und Konzepte erfolgt in Abschnitt 5.3.

---

[221] Vgl. Gabriel/Röhrs (1995), S. 189ff. und S. 255ff.
[222] Vgl. Gabriel/Röhrs (1995), S. 277ff.
[223] Vgl. Gabriel/Röhrs (1995), S. 135ff.

5.1 Klassifikationsansätze für Architekturen und Konzepte von Datenbanksystemen

Wie einleitend bereits angesprochen, existieren viele unterschiedliche Formen von Datenbanksystemen in Theorie und Praxis, die alle die grundlegenden Anforderungen an die Systeme erfüllen: Speicherung und Verwaltung großer Datenmengen und effiziente, gleichzeitig mehrfache Zugriffsmöglichkeiten auf die Datenbestände. Dabei sollen Redundanzfreiheit, Daten- und Programmunabhängigkeit und Datenintegrität gewährleistet werden. Weiterhin soll das System leistungsfähig, flexibel und benutzungsfreundlich sein.[225]

Die in ihrer Architektur unterschiedlichen Datenbanksysteme zeichnen sich durch bestimmte Leistungsmerkmale aus, die bereits durch ihre Bezeichnung in den Vordergrund gestellt werden. So spricht man z.B. von „Objektorientierten Datenbanksystemen", von „Verteilten Datenbanksystemen" von „Deduktiven Datenbanksystemen" und von „Temporalen Datenbanksystemen". Die Frage stellt sich, welche charakteristischen Eigenschaften die Systeme aufweisen und wie sie sich klassifizieren lassen. Im Folgenden soll ein Versuch gemacht werden, die „bunte Datenbank-Welt" zu ordnen und ihre Eigenschaften mit ihren Verarbeitungsfunktionen und Leistungspotenzialen herauszuarbeiten. Hierzu sollen zunächst einmal auf einer ersten Ebene grundlegende Kriterien herausgearbeitet werden, die dann weiter zu spezifizieren sind. Dabei orientieren wir uns zunächst einmal an den Zielen des Einsatzes und den Aufgaben der Datenbanksysteme, wie oben formuliert, und betrachten anschließend die Komponenten eines Datenbanksystems, aus denen sich weitere Klassifikationskriterien ableiten lassen.

a) Analyse der Ziele des Einsatzes und der grundlegenden Aufgaben der Datenbanksysteme

Als erster Kriterienbereich sollen die Ziele des Einsatzes und die grundlegenden Aufgaben der Datenbanksysteme betrachtet werden. Aus den Zielen lassen sich für konkrete Anwendungen die Einsatzformen ableiten. Die Ziele bestimmen letztlich die Art und Weise des Einsatzes und haben somit einen entscheidenden Einfluss auf die auszuwählende Architektur des Datenbanksystems.

---

[224] Vgl. Gabriel/Röhrs (1995), S. 156ff.
[225] Vgl. die Anforderungen in Gabriel/Röhrs (1995), S. 197ff.

Die grundlegende Anforderung liegt in der Speicherung und Verwaltung umfangreicher Datenbestände und im schnellen Zugriff auf die Daten. Die daraus abgeleiteten ersten Fragen, die sich ausschließlich auf die Anwendung von Datenbanksystemen beziehen, lauten:

- Welche Anwendungsbereiche sollen durch ein Datenbanksystem unterstützt werden?

- In welcher Organisations- bzw. Nutzungsform soll die Unterstützung durch ein Datenbanksystem gegeben werden?

- Welche Aufgaben sollen mit Hilfe des Datenbanksystems ausgeführt und welche Ergebnisse gewonnen werden?

Weitere Fragen, die bei einer Analyse der Ziele und Aufgaben zu beantworten sind, lauten:

- Welche Daten sollen gespeichert und verwaltet werden?

- Wie sollen die Daten gespeichert und verwaltet werden?

- Wie soll der Zugriff auf die Daten gewährleistet werden?

Mit der Beantwortung dieser rein anwendungsorientierten Fragen (vgl. Abschnitt 5.2.1) lassen sich weitere Ziele und damit weitere Klassifikationskriterien aus verschiedenen Sichten ableiten, die sich zunächst auf die Organisation des Datenbanksystems und auf die Organisation der Zugriffsmöglichkeiten auf die Daten beziehen.

Zur systematischen Ableitung von weiteren Kriterienbereichen für eine Klassifikation soll das grundlegende Konzept eines Datenbanksystems (DBS), wie es bisher vorgestellt wurde, dienen (vgl. Abb. 5.1).[226] Zu betrachten ist hierbei die Organisation des gesamten Datenbanksystems (DBS), d.h. die Datenbank (DB) selbst, die Datenbankkommunikationsschnittstelle (DBKS) und die Anbindung des DBS an ein DV-System. Das Datenbankverwaltungssystem (DBVS) soll die Funktionen des DBS gewährleisten und wird hier nicht weiter betrachtet.

---

[226] Vgl. auch Gabriel/Röhrs (1995), S. 255ff.

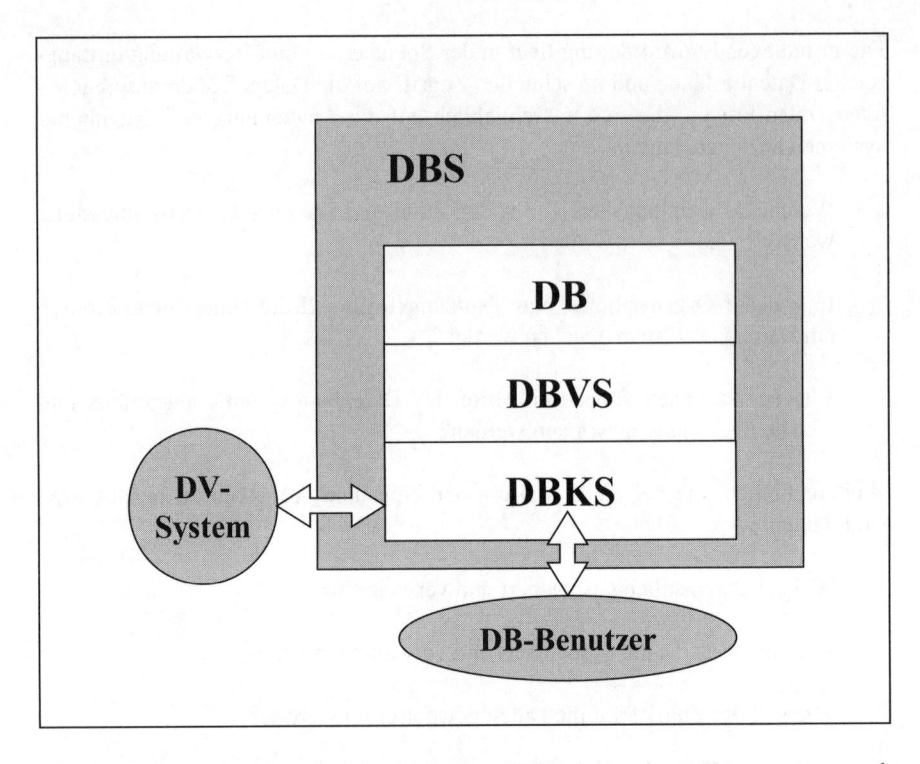

Abb. 5.1: Konzept eines Datenbanksystems (DBS) mit seinen Komponenten und Schnittstellen

In den folgenden Punkten b) – e) werden die einzelnen Bereiche getrennt behandelt, die später in Abschnitt 5.2 mit den entsprechenden Architekturen und Konzeptformen konkretisiert werden.

b) Organisation des gesamten Datenbanksystems (DBS)

Einen wichtigen Kriterienbereich zur Klassifikation von Datenbanksystemarchitekturen bilden die unterschiedlichsten Organisationsformen, die einen direkten Einfluss auf die einzusetzenden Datenbanksystemtechnologien haben. Die Frage, die sich hier stellt, lautet:

- Wie ist das Datenbanksystem in seiner Gesamtheit, d.h. mit all seinen Komponenten, in seinem Aufbau (Verteilung der Komponenten) und Ablauf (Zusammenarbeit der Komponenten) zu organisieren?

Diese allgemeine Frage muss weiter konkretisiert werden, wobei die Beantwortung folgender Teilfragen hilfreich ist:

- Wo fallen die Daten an und wo und wie sollen sie eingegeben werden?

- Wo und wie sollen die Daten gepflegt werden?

- Wo werden die Daten benötigt und wie soll auf die Daten zugegriffen werden?

Diese Fragen führen zum Problem der Verteilung der Daten und schließlich zum Problem der Verteilung des gesamten Datenbanksystems mit seinen Komponenten. Die Datenbanktechnologie bietet hier, wie später zu zeigen ist (in Abschnitt 5.2.2), unterschiedliche Architekturen an, um dieses Problem zu lösen.

c) Festlegung der Datenstrukturen und der Aufbaustrukturen der Datenbank (DB)

Die Datenbank (DB) ist die Komponente eines Datenbanksystems (DBS), die die zu verarbeitenden Daten enthält, die durch das Datenbankverwaltungssystem (DBVS) verwaltet werden. Die Fragen, die sich hier stellen, lauten:

- Welche Daten- bzw. Informationsarten und -strukturen werden in der Datenbank gespeichert?

- Wie soll die Datenbank in ihrer Struktur aufgebaut werden, d.h. welche Datenmodelle werden zugrunde gelegt?

Die Beantwortung der ersten Frage führt zur Analyse der zu speichernden Daten bzw. Informationen. Zunächst werden die Informationsformen festgelegt, d.h. die Ausprägungen der zu verarbeitenden Informationen wie z.B. Zahlenwerte, Texte, Formeln, Grafiken, Bilder oder Sprachanmerkungen. Da multimediale Systeme die Verarbeitung unterschiedlicher Informationsformen gewährleisten, sind auch multimediale Formen zu untersuchen.

Die Beantwortung der zweiten Frage zielt in Richtung Datenmodellierung, wobei bisher die relationalen Systeme im Vordergrund standen. In Abhängigkeit von Daten- bzw. Informationsart und vom Datenmodell werden unterschiedliche Architekturen von Datenbanksystemen angeboten, die in Abschnitt 5.2.3 beschrieben werden.

d) Analyse der Nutzungsformen und der Zugriffsarten auf die Datenbank

Neben der Art der Daten bzw. Information und der der Datenmodelle stellen die Nutzungsformen der Daten ein wichtiges Kriterium zur Charakterisierung eines Datenbanksystems dar. Die Nutzungsformen der Daten leiten sich aus den Einsatzzielen eines konkreten Datenbanksystems ab und bestimmen damit die Zugriffsarten auf die Daten, die in der Datenbank verwaltet und von ihr zur Verfügung gestellt werden.

Die Fragen, die sich hier stellen, lauten:

- Welche konkreten Ergebnisse sollen mit Hilfe der Datenbank gewonnen werden?

- Welche Unterstützung soll die Datenbank bei der Durchführung der Aufgaben bzw. bei der Lösung der anstehenden Probleme anbieten?

Die Möglichkeiten, die sich hier ergeben, werden durch die Art und Weise der Verarbeitung der Daten geschaffen. So lassen sich beispielsweise die Daten aus der Datenbank abrufen, oder die Datenbank wird selbst aktiv und liefert bereits ausgewertete Informationen. Die Nutzungsformen haben direkten Einfluss auf die Zugriffsarten und damit auf die Gestaltung der Datenbankkommunikationsschnittstelle (DBKS), die die Verbindung zum Anwendungsprozess bzw. zum Benutzer gewährleistet. Neben einem Abfragesystem bietet die Datenbanktechnologie in den letzten Jahren ausgezeichnete Konzepte und Architekturformen, die den Einsatz eines Datenbanksystems immer erfolgreicher bezüglich der Unterstützung bei Problemlösungen werden lassen. Neue Ansätze hierfür werden in Abschnitt 5.2.4 vorgestellt.

e) Analyse der Einbindungsmöglichkeiten des Datenbanksystems (DBS) in ein DV-System

Das Datenbanksystem (DBS) muss schließlich in ein DV-System eingebunden werden, damit es auch genutzt werden kann. Das DV-System ist gekennzeichnet durch seine Hardware und Software, wobei das Betriebssystem eine wichtige Rolle spielt und i.d.R. die Leistungsfähigkeit des Datenbanksystems mit bestimmt. Das DV-System gewährleistet auch mit seinem Betriebssystem die vielfältigen Betriebsarten und Nutzungsformen des DB-Systems. Wichtig ist auch die Frage, ob es sich um ein vernetztes oder um ein nicht-vernetztes DV-System handelt.

Die sich hier stellenden Fragen sind durchweg technischer Art, wie z.B.:

- Auf welcher Hardware- bzw. Betriebssystemplattform soll das Datenbanksystem eingesetzt werden?

- Auf welcher Netzwerkkonfiguration und mit welchen Zugriffsmöglichkeiten soll das Datenbanksystem eingerichtet werden?

Das grundlegende Problem, das hier gegeben ist, liegt zunächst in der möglichen alternativen Ausgangssituation, ob bereits ein DV-System vorhanden ist und damit das neu einzurichtende Datenbanksystem angepasst werden muss oder ob umgekehrt ein neu zu beschaffendes DV-System einem Datenbanksystem angepasst werden muss. Leistungsfähige Datenbanksysteme bieten neue, innovative Nutzungsmöglichkeiten an, so dass ein bereits vorhandenes DV-System gegebenenfalls ausgebaut werden muss, z.B. bezüglich externer Speichersysteme mit entsprechenden Speicherkapazitäten und schnellen Zugriffszeiten oder bezüglich leistungsfähiger Arbeitsplatzrechner, über die auf die Datenbank zugegriffen werden kann. Ganz neue Aspekte bieten die Online-Anbindungen von Lieferanten und vor allem von Kunden, die beispielsweise über Internet Geschäfte mit einer Unternehmung (z.B. im Handel oder bei Banken) abwickeln können. In Abschnitt 5.2.5 werden Möglichkeiten hierzu aufgezeigt.

Wie die Diskussion zeigt, lassen sich mehrere Klassifikationsansätze beschreiben, die auf unterschiedlichen Sichten aufbauen. Die Kriterienbereiche, die in den fünf Punkten a) bis e) erläutert wurden, lassen sich in der folgenden Auflistung zusammenfassen, in der die fünf Kriterien mit ihren Auswirkungen stichwortartig genannt werden. Sie bilden die Basis für die Beschreibung der konkreten Architekturen und Konzepte von Datenbanksystemen im folgenden Abschnitt 5.2.

a) Ziele des Einsatzes und grundlegende Aufgaben des Datenbanksystems

→ Konkrete Einsatzformen und Anwendungen von Datenbanksystemen
(vgl. Abschnitt 5.2.1)

b) Organisation des gesamten Datenbanksystems

→ Organisations- und Verteilungsformen, Architekturen
(vgl. Abschnitt 5.2.2)

c) Organisation der Daten der Datenbank

→ Datenstrukturen, Datenmodelle
(vgl. Abschnitt 5.2.3)

d) Organisation der Nutzungsformen und Zugriffsarten

→ Datenbankschnittstellen, Datenbanksystemsprachen
(vgl. Abschnitt 5.2.4)

e) Einbindung des Datenbanksystems in ein DV-System

→ Hardware- und Betriebssystemplattformen, Netzwerkplattformen
(vgl. Abschnitt 5.2.5)

5.2 Konkrete Architekturen und Konzepte von Datenbanksystemen

Nachdem im vorherigen Abschnitt mögliche Klassifikationsansätze zur Beschreibung unterschiedlicher Architekturen und Konzepte von Datenbanksystemen vorgestellt wurden, werden nun konkrete Anwendungen dieser Formen beschrieben und diskutiert, so wie sie auch in der Praxis genutzt werden. Dabei orientieren wir uns an den fünf Kriterienbereichen a) – e) von Abschnitt 5.1, die sich in gleicher Reihenfolge in den folgenden Abschnitten 5.2.1 bis 5.2.5 wiederfinden.

5.2.1 Einsatzformen und Anwendungsbereiche von Datenbanksystemen

Nach der Analyse der Ziele des Einsatzes eines Datenbanksystems und ihrer Aufgaben lassen sich vorab grundlegende Bedingungen festlegen, die einen großen Einfluss auf die Architekturen haben. Die Einsatzformen bestimmen in einem starken Maße die notwendige Leistungsfähigkeit eines Datenbanksystems, dessen Ausgestaltung bei einer DV-Organisation unbedingt zu berücksichtigen ist. Dabei kann es sich um eine Neuorganisation, aber auch um eine Reorganisation (Reengineering) handeln. Nach der Vorstellung grundlegender Einsatzformen (in Abschnitt 5.2.1.1) werden mögliche Anwendungsbereiche von Datenbanksystemen (in Abschnitt 5.2.1.2) und weitere Einsatzformen beschrieben (in Abschnitt 5.2.1.3).

5.2.1.1 Grundlegende Einsatzformen von Datenbanksystemen

In Abhängigkeit der Zielsetzung des Einsatzes von Datenbanksystemen lassen sich fünf unterschiedliche grundlegende Einsatz- bzw. Nutzungsformen beschreiben, die in den folgenden Punkten a) bis e) erläutert werden.

a) Datenbanksysteme als (reine) Informationsabfragesysteme

Ziel dieser Einsatzform von Datenbanksystemen ist es, die gespeicherten Daten nach bestimmten Suchkriterien auszuwählen bzw. abzufragen. Bei diesen sogenannten Abfrage- bzw. Retrievalsystemen kann es sich um sehr einfache Abfragen (z.b. die Telefonnummer eines Teilnehmers), aber auch um sehr komplexe Abfragen handeln (z.B. Auswahl eines Lieferanten, der bestimmte Bedingungen erfüllt). Beispiele für solche Einsatzformen von Datenbanksystemen findet man vor allem bei den Systemen, die extern angeboten werden, so z.b. bei den Online-Datenbanken und bei den Datenbanken im Internet (im WWW), beispielsweise als Auskunftssystem der Verkehrsbetriebe, als Informationssystem von Hotels, als Stadtinformationssystem oder als Literatur-Recherchesysteme. Sie stellen in dieser Form reine Informationssuch- bzw. -abfragesysteme bzw. Auskunftsdatenbanksysteme dar, die nur lesend genutzt werden können und bei denen keine weiteren Verarbeitungsfunktionen ausgeführt werden. Die notwendigen Leistungsfähigkeiten dieser Ausprägungen von Datenbanksystemen beziehen sich vor allem auf die Speicherung und Verwaltung großer Datenbestände und auf die schnellen Zugriffsmöglichkeiten durch die Endbenutzer. Fehlende Verarbeitungsfunktionen führen zu relativ einfachen Sicherheitsmechanismen.

Informationsabfragesysteme, die intern in Organisationen genutzt werden, werden beispielsweise als Intranetlösung aufgebaut und dienen als internes Auskunftssystem. Systeme, die unabhängig von den operativen Systemen laufen und bei denen die Informationen themenorientiert verwaltet werden, werden zurzeit unter der Bezeichnung Data Warehouse[227] in der Praxis aufgebaut und genutzt. Sie dienen zunächst der Informationsbereitstellung und verstehen sich somit als Abfragesysteme. Darüber hinaus lassen sie sich auch als anspruchsvolle Analysesysteme nutzen, bei denen gezielt Auswertungsmethoden eingesetzt werden (vgl. Abschnitt 5.2.4.3). Leitungsfähige Abfragesysteme basieren häufig auf Hypersystemen, die später in Abschnitt 5.2.3.2 beschrieben werden.

b) Datenbanksysteme als Informationssysteme zur Durchführung definierter Verarbeitungsfunktionen

Eine Erweiterung der oben geschilderten reinen Informationsabfragesysteme als Auskunftssysteme bilden die Systeme, die zusätzlich die Ausführung vorab definierter Funktionen erlauben, d.h. es lassen sich Transaktionen durchführen. Beispiele hierfür sind vor allem auf der Schnittstelle zwischen Unternehmungen und ihren Kunden zu finden, so bei den vielfältigen Buchungs- und Bestellsystemen, die online genutzt werden. Diese sogenannten Transaktionsdatenbanksysteme lassen sich direkt durch die Mitarbeiter der Unternehmungen ausführen (z.B.

---

[227] Ausführlich werden diese analyseorientierten Datenbanksysteme in Kapitel 8 behandelt.

Platzbuchung bei Verkehrsunternehmungen (Deutsche Bahn AG) und bei Reiseunternehmungen) oder durch die Kunden selbst, die ihre Transaktionen von zu Hause aus über das Internet ausführen (z.B. Banktransaktionen, Bestellungen bei einer Versandunternehmung). Mit der Vergrößerung der weltweiten Vernetzung gewinnen diese Systeme als Masseninformationssysteme[228] (Massendatenbanksysteme) immer mehr an Bedeutung. Transaktionsdatenbanken setzen höhere Leistungen voraus als Informationsabfragesysteme, so z.B. das Vorhandensein von Transaktionsschutzmechanismen[229].

c) **Datenbanksysteme zur Unterstützung bestimmter (dedizierter) Anwendungen**

Diese Einsatzformen von Datenbanksystemen sind auf die Durchführung bestimmter Aufgaben in Unternehmungen bzw. Verwaltungen ausgerichtet. Sie können dabei mit einem Anwendungsprogramm zusammenarbeiten (Zugriff auf die Datenbank aus dem Anwendungsprogramm) oder über ein Dialogprogramm mit dem Endbenutzer. Beispiele hierfür bieten die unterschiedlichsten betrieblichen Funktionsbereiche, so z.B. das Rechnungswesen (Buchhaltungssysteme oder Kostenrechnungssysteme), Personalbereich (für die Lohn- und Gehaltsrechnung), der Vertrieb (für die Verkaufsabwicklung) oder der Beschaffungsbereich (für den Kauf von Rohstoffen auf Lager). Diese Datenbanksysteme, die häufig auch über vorab genau definierte Funktionen (Transaktionen) genutzt werden, sind somit speziell für einen Einsatzbereich aufgebaut, z.B. in Form einer Personaldatenbank, einer Produktdatenbank oder einer Lagerdatenbank. Diese dedizierten Datenbanksysteme, die auch Transaktionsdatenbanksysteme darstellen und die gegenüber den bereits vorgestellten anspruchsvoller bezüglich ihrer Verarbeitungsfunktion sind, verlieren immer mehr an Bedeutung, da die Integration der IT-Systeme der verschiedenenen Anwendungsbereiche in Unternehmungen fortschreitet.

d) **Datenbanksysteme zur Unterstützung von integrierten Prozeßabläufen**

In den letzten Jahren werden immer mehr Standardanwendungssysteme in Unternehmungen und Verwaltungen eingesetzt, die zwar modular aufgebaut sind, die Integration der gesamten Informationsverarbeitung jedoch maßgeblich beschleunigen (z.B. durch das Produkt R/3 von SAP). Ein wichtiger Bestandteil dieser Standardsoftwaresysteme bzw. ERP-Systeme (Enterprise Resource Planning-System) sind Datenbanksysteme, in denen die für den Anwendungsbereich relevanten Daten gespeichert und verwaltet werden.

---

[228] Vgl. Hansen (1996).
[229] Vgl. Gabriel/Röhrs (1995), S. 302ff.

Zunehmend werden in den letzten Jahren Vorgänge bzw. Prozessketten (Geschäftsprozesse) beschrieben, die ein erfolgreiches Arbeiten gewährleisten sollen. Zur Durchführung von Vorgängen bzw. Prozessen müssen die relevanten Daten bearbeitet werden, die durch eine Datenbank zur Verfügung gestellt werden. Ein Musterbeispiel hierfür bildet der Produktionsbereich, der durch das CIM-Konzept (Computer Integrated Manufacturing) unterstützt wird, oder das CIO-Konzept (Computer Integrated Office) im Büro- und Verwaltungsbereich. Mit der Integration der Daten, der Funktionen und der Prozesse ist in diesen Anwendungsbereichen ein hoher Integrationsgrad erreicht, womit viele Leistungspotenziale der betrieblichen Informationsverarbeitung ausgeschöpft werden können.[230] Diese Einsatzformen stellen jedoch hohe Anforderungen an die Datenbanksysteme, vor allem an die vielfältigen Funktionen, die in vernetzten Systemen vorausgesetzt werden.

e) Datenbanksysteme zur Archivierung von Informationen

Bei den grundlegenden Einsatzformen soll abschließend noch der Zweck der Archivierung der Informationen als eine mögliche Einsatzform eines Datenbanksystems genannt werden. Eine Archivierung kann aus verschiedenen Gründen durchgeführt werden, so z.B. durch Gesetzesvorschriften bedingt oder zur Informationssicherung. Archivierung stellt stets eine langfristige Aufbewahrung bzw. Speicherung von umfangreichen Datenmengen dar, auf die i.d.R. eher selten zugegriffen wird. Die gespeicherten Daten dürfen auch nicht mehr verändert werden, so dass spezielle Sicherheitsmechanismen gegeben sein müssen. Zunächst wurden früher die Informationen nach bestimmten Kriterien geordnet und systematisch auf sequenziellen Speichermedien abgelegt, so z.B. auf Magnetbandsystemen. Heute arbeiten Datenbanksysteme mit Direktzugriffsspeichern als Massenspeicher, die sich durch ein günstiges Preis-Leistungsverhältnis auszeichnen, so dass auch diese Speichermedien für die Archivierung in Frage kommen (z.B. Magnetplattensysteme oder optische Speichersysteme). Darüber hinaus lassen sich die zu archivierenden Informationen auf Direktzugriffsspeichern auch besser nutzen, so z.B. als Informationssystem für Analysezwecke (vgl. Punkt a) dieses Abschnitts).

5.2.1.2 Anwendungsbereiche von Datenbanksystemen

Datenbanksysteme lassen sich auch nach ihren Anwendungsbereichen ordnen. Durch den zunehmenden Einsatz von leistungsfähigen PCs zu Hause (Homecomputer) werden auch die Datenbanksysteme für den privaten Bereich immer wichtiger. So lassen sich beispielsweise Adressverzeichnisse, Bücherlisten, CDs, Videos und Briefmarkensammlungen mit Hilfe eines Datenbanksystems verwalten (z.B. mit dem kommerziellen Systemprodukt MS-ACCESS).

---

[230] Vgl. Mertens (2001) und Mertens/Griese (2000).

Bei den Datenbanksystemen spielen die Anwendungen in Unternehmen und öffentlichen Verwaltungen die wichtigste Rolle. Aber auch Vereine, Parteien und Interessengemeinschaften nutzen den Einsatz von Datenbanksystemen, um ihre Aufgaben effizient durchzuführen, z.B. zur Verwaltung von Mitgliederlisten. Wir konzentrieren uns im Folgenden auf die Datenbanksysteme in Unternehmungen, die in verschiedenen Branchen (z.B. in Industrie, Handel, Banken und Versicherungen) für unterschiedliche Betriebsgrößen (Klein-, Mittlere und Großunternehmungen) eingesetzt werden (vgl. die fünf möglichen Einsatzformen in Abschnitt 5.2.1.1).

Für die Datenbanksysteme in den Verwaltungen werden beispielhaft die Einsatzbereiche in Kommunalverwaltungen (z.B. beim Einwohnermeldeamt), in den Finanzverwaltungen und in den Polizeibehörden genannt. Hier sind umfangreiche Daten der Bürger, der Steuerzahler bzw. der Straßenverkehrsteilnehmer zu speichern und zu verwalten, um diese zielgerecht auszuwerten.

Ähnlich große Datenmengen haben Energieversorgungsunternehmen zu bewältigen, um beispielsweise die Strom-, Gas- und Fernwärmeabrechnungen der zahlreichen Kunden durchzuführen. Massendaten verarbeiten auch die Telekommunikationsgesellschaften zur Abrechnung der Telefonkosten oder die Versandhäuser zur Verwaltung ihrer Kunden und zur Geschäftsabwicklung[231].

Die Anwendungsbereiche lassen sich weiterhin für den kaufmännischen oder den allgemeinen Bürobereich beschreiben, der durch Bürodatenbanksysteme in Unternehmungen und öffentlichen Verwaltungen unterstützt wird. Im technischen oder im Fabrikbereich spricht man z.B. von Produktions- bzw. Fertigungsdatenbanken, wobei auch die Systeme für die Logistik (Transport und Lagerhaltung) zu berücksichtigen sind. Zahlreiche Datenbanksysteme werden in Unternehmungen gerade für die Unterstützung in den Schnittstellenbereichen nach außen eingesetzt, so vor allem für den Beschaffungs- und Absatzmarkt (Lieferanten- bzw. Kundendatenbanken). Aber auch für die Schnittstellen zum Finanz- und Arbeitsmarkt und zum Staat baut man Datenbanksysteme auf.

Im Wissenschafts- und Forschungsbereich läßt sich eine Einteilung nach Datenbanksystemen in der Medizin (Medizinische Datenbanksysteme), in den Naturwissenschaften und in den Ingenieurwissenschaften (Datenbanksysteme im Maschinenbau, im Bauwesen und in der Elektrotechnik) und in den Geistes- und Sozialwissenschaften vornehmen. Diese verschiedenen Anwendungsbereiche zeichnen sich durch sehr unterschiedliche Informationsobjekte aus, die spezielle Anforderungen an Datenbanksysteme stellen. So liegen in medizinischen Datenbanken u.a. Befunde von Patienten vor, die Daten (Werte von Laboruntersuchun-

---

[231] Konkrete Anwendungsbeispiele von Datenbanksystemen sind in Gabriel/Röhrs (1995), S. 8ff. gegeben.

gen), Texte (Erläuterung zum Krankheitsverlauf) und/oder Abbildungen (Röntgenbilder) enthalten. Datenbanksysteme in der Chemie enthalten beispielsweise chemische Formeln und Beschreibungen chemischer Prozesse, die auch durch Videosequenzen anschaulich dargestellt werden können. Datenbanken in der Mathematik sind u.a. durch mathematische Formeln und durch Regeln zur Beweisführung gekennzeichnet. Geographische Datenbanken müssen vor allem auch in der Lage sein, dreidimensionale Gebilde abzubilden. Diese Anforderungen gelten auch für die ingenieurwissenschaftlichen Bereiche Maschinenbau und Bauwesen, die Konstruktionszeichnungen (z.B. für CAD-Systeme) bzw. Bauzeichnungen enthalten. Geisteswissenschaftler haben schließlich einen großen Bedarf an textverarbeitenden Systemen (Textdatenbanksysteme), die immer mehr auch inhaltliche Interpretationen ausführen sollen (z.B. in der Sprach- und Übersetzungsforschung). Eine große Bedeutung in der Wissenschaft und Forschung haben die Literaturdatenbanksysteme, auf die man im Bibliothekswesen nicht mehr verzichten kann.

Für die zahlreichen Gebiete in der Forschung und Wissenschaft haben sich bereits selbständige „Angewandte Informatiken" etabliert, so neben der Wirtschaftsinformatik die Medizinische Informatik, die Bio-Informatik, die Bau- und Maschinenbauinformatik oder die Rechtsinformatik. Einen Schwerpunkt dieser Bereiche stellen vor allem die Datenbanksysteme dar, die sich, wie oben gezeigt, universell einsetzen lassen.

Einen besonderen Anwendungsbereich von Datenbanksystemen findet man in der Softwareentwicklung, die als Software Engineering ein wichtiger Kernbereich der Informatik darstellt. Datenbanksysteme bieten hier ausgezeichnete Unterstützungsmöglichkeiten an und sind in Form von Entwicklungsdatenbanken notwendiger Teil eines Softwareentwicklungssystems bzw. CASE-Systems (Computer Aided Software Engineering-System). Die Entwicklungsdatenbanken, häufig auch als Repository bezeichnet, enthalten die erstellten Versionen bzw. Varianten der zu entwickelnden Softwaresysteme. An die Datenbanksysteme zur Unterstützung der Softwareentwicklung werden somit spezifische Anforderungen gestellt, da sie Programmteile speichern und verwalten müssen. [232]

5.2.1.3 Weitere Einsatzformen von Datenbanksystemen (Anwendungstypen)

Bei den Datenbanksystemen in Organisationen lassen sich organisationsinterne und -externe Datenbanksysteme unterscheiden. So ist z.B. für eine Unternehmung eine Personaldatenbank eine unternehmungsinterne, eine Online-Datenbank, die

---

[232] CASE-Systeme und Repositories werden auch bei der Entwicklung von Datenbanksystemen genutzt. Vgl. die Ausführungen in Kapitel 3.

Branchendaten enthält und von einer Fremdunternehmung angeboten wird, eine unternehmungsexterne Datenbank.

Datenbanksysteme sind i.d.R. auf stationären DV-Systemen installiert und sind somit selbst auch stationäre Systeme. Es sind aber auch Nutzungsmöglichkeiten auf mobilen DV-Systemen möglich, so z.b. auf Laptops, so dass man von mobilen Datenbanksystemen sprechen kann (z.b. Datenbanken, die auf der Festplatte, auf Disketten oder auf CD-ROM verwaltet werden). Die mobile Nutzungsmöglichkeit lässt sich auch mit stationär gegebenen Datenbanksystemen (z.B. auf einem Großrechner in einer Unternehmung) über mobile Dialogsysteme durchführen (z.b. mit Hilfe eines Laptops), die über Datenübertragungssysteme mit dem stationären Datenbanksystem verbunden werden können (z.b. über Inhouse-Netze oder Mobilkommunikation). Sehr gute Nutzungsmöglichkeiten bieten sich hier für Vertriebsbeauftragte, für Geschäftsreisende, für Versicherungsvertreter oder für Betriebsprüfer an.

Ein Datenbanksystem in einer Organisation kann weiterhin von einer geschlossenen Benutzergruppe eingesetzt werden (geschlossenes Datenbanksystem), so z.B. die Personaldatenbank oder die Kostenrechnungsdatenbank, oder es handelt sich um ein offenes Datenbanksystem, wobei wiederum in Bezug auf die Benutzer ein offenes System innerhalb einer Unternehmung (z. B. Datenbank für Mitarbeiterinformationen) von einem völlig offenen System zu unterscheiden ist (z. B. Datenbank im Internet).

Die Einsatzziele von Datenbanksystemen führen, wie bereits oben angeführt, zu ersten, wichtigen Anforderungen an ein Datenbanksystem, die auch seine Architekturen mitbestimmen. Sicherlich soll ja der Einsatz eines Datenbanksystems wirtschaftlich sein, d.h. er soll Nutzen erbringen, der den Aufwand der Erstellung und Bereitstellung der Datenbank überwiegt.

5.2.2 Organisationsformen von Datenbanksystemen

Ein weiteres wichtiges Merkmal von in der Praxis eingesetzten Datenbanksystemen bezieht sich auf die Organisation des gesamten Datenbanksystems. Die bekannten Bezeichnungen wie „Verteilte Datenbanksysteme" und „Föderierte Datenbanksysteme" zeigen die Bedeutung dieser Architekturformen. Im Folgenden sollen vier grundlegende Organisationsformen von Datenbanksystemen näher vorgestellt werden,[233] die auch in kombinierter Form genutzt werden können.

5.2.2.1 Zentrale Datenbanksysteme (ZDBS)

Bei einem Zentralen Datenbanksystem (ZDBS) ist das gesamte Datenbanksystem (DBS) mit all seinen Komponenten auf einem DV-System (z.B. auf einem Rechner bzw. einem Knoten bei einem Rechnerverbundsystem) gegeben und präsentiert sich nach außen hin als ein in sich geschlossenes, zentrales System. Die Nutzung kann jedoch von vielen Benutzern B_j an den Stationen (S_i) im Umfeld vorgenommen werden, und zwar sowohl im lokalen als auch im weiten Bereich. In der Abb. 5.2 sollen die Stationen S_1, S_3, S_4 und S_5 Arbeitsplätze im lokalen Unternehmungsbereich darstellen, die Station S_2 liegt im weiten Bereich und greift beispielsweise über eine Telefonleitung auf das Zentrale Datenbanksystem zu. Die meisten Datenbanksysteme, die in der Praxis eingesetzt werden, sind nach einem zentralen Konzept aufgebaut und werden in einem vernetzten DV-System genutzt.

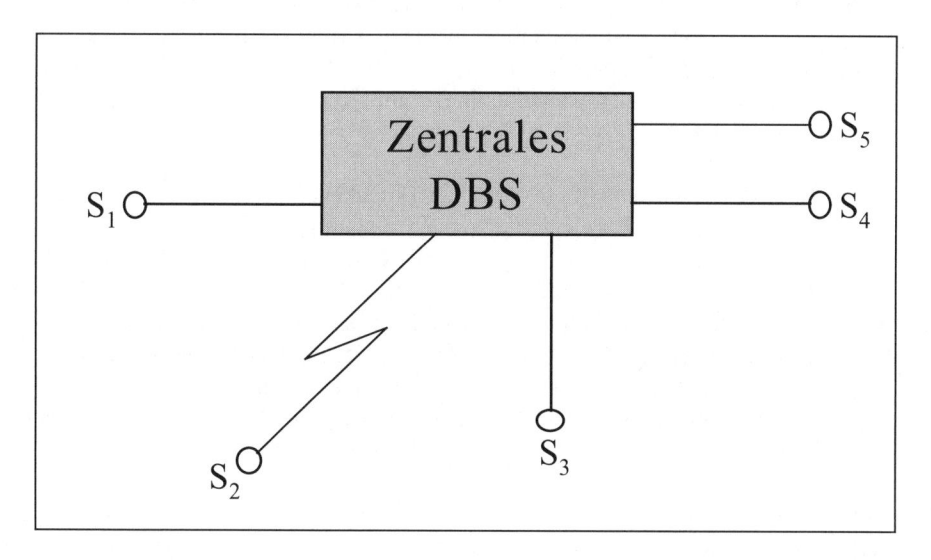

Abb. 5.2: Konzept eines Zentralen Datenbanksystems (ZDBS)

Es ist möglich, dass in einer Unternehmung mehrere Zentrale Datenbanksysteme installiert sind, die alle für sich abgeschlossen sind und keine Verbindungen mit-

---

[233] Vgl. auch die Ausführungen bei Gabriel/Röhrs (1995), S. 277ff.; Schwarze (1997), S. 302ff.; Stahlknecht/Hasenkamp (2002), S. 162ff.; Meier (1995), S. 139ff. Ausführlich werden diese Systeme in Kapitel 6 behandelt.

einander besitzen (z.B. ein Datenbanksystem in der Personalabteilung, eines in der Buchhaltung und eines im Vertriebsbereich). Zunehmend werden diese getrennten Datenbanksysteme miteinander verbunden (vgl. z. B. die Abschnitte 5.2.2.3 und 5.2.2.4)

5.2.2.2 Verteilte Datenbanksysteme (VDBS)

Voraussetzung für den Aufbau und die Nutzung eines Verteilten Datenbanksystems (VDBS) ist das Vorhandensein eines vernetzten Rechnersystems bzw. eines Rechnerverbundsystems, bestehend aus Knoten und diese verbindende Übertragungswege. Bei einem Verteilten Datenbanksystem ist die Datenbank, die logisch eine Einheit darstellt, auf mehrere Knoten verteilt (physisch verteilt). Die gesamte Datenbank DB besteht somit aus mehreren Teildatenbanken DB_i (i=1,...,n), die nicht unbedingt disjunkte Teilmengen darstellen müssen[234].

Das Datenbankverwaltungssystem (DBVS) bei einem VDBS kann zentral in einem ausgewählten Knoten (Zentralknoten für das VDBS) gegeben sein oder auch physisch auf mehrere Knoten (nach Bedarf) verteilt sein. Jeder Knoten enthält jedoch i.d.R. eine Kommunikationsschnittstelle und entsprechende Teile des Datenbankverwaltungssystems, um mit der Teildatenbank zu arbeiten, aber auch um Teildatenbanken auf den weiteren Knoten im Netz zu erreichen (Arbeiten mit dem gesamten VDBS).

In der Abb. 5.3 ist beispielhaft ein Verteiltes Datenbanksystem mit seiner Verbindungsstruktur skizziert, bei dem die logisch einheitliche DB physisch in vier Teildatenbanken DB_i (i=1,...,4) aufgeteilt ist. Der Kern des Datenbankverwaltungssystems (DBVS) ist im Zentralknoten bei DB_1 gegeben. Teile des DBVS befinden sich auch in den weiteren Knoten, damit eine Verwaltung des gesamten Datenbanksystems auch möglich ist. Die Zugriffe der Benutzer B_i auf die gesamte Datenbank bzw. auf alle vier Teildatenbanken sind bei allen vier Knoten über entsprechende Kommunikationsschnittstellen (Dialogschnittstellen) und Übertragungssysteme, die alle vier Knoten verbindet, gewährleistet.

Verteilte Datenbanksysteme gehören schon seit den 1970er Jahren zum Angebotsspektrum aller großen Hersteller von Datenbanksystemen, haben sich jedoch in der Praxis nicht durchsetzen können. Der Vorteil der schnellen Verfügbarkeit der Daten, die sich durch die Verteilung direkt am Bedarfsort befinden, wird heute durch leistungsfähige Übertragungssysteme aufgehoben. Ebenso lassen sich Datenbestände aus der Ferne recht gut warten und pflegen. Da die Literatur keine einheitliche Begriffserklärung gibt, werden häufig alle Arten von vernetzten Datenbanksystemen als Verteilte Datenbanksysteme bezeichnet. Wir wollen uns

---

[234] Vgl. hierzu z.B. Lusti (1997), S. 261ff.; Dadam (1996); Lamersdorf (1994); Rahm (1994).

jedoch an der oben gegebenen Definition orientieren, die die physische Verteilung einer logisch einheitlichen Datenbank als charakteristische Eigenschaft eines VDBS herausstellt.

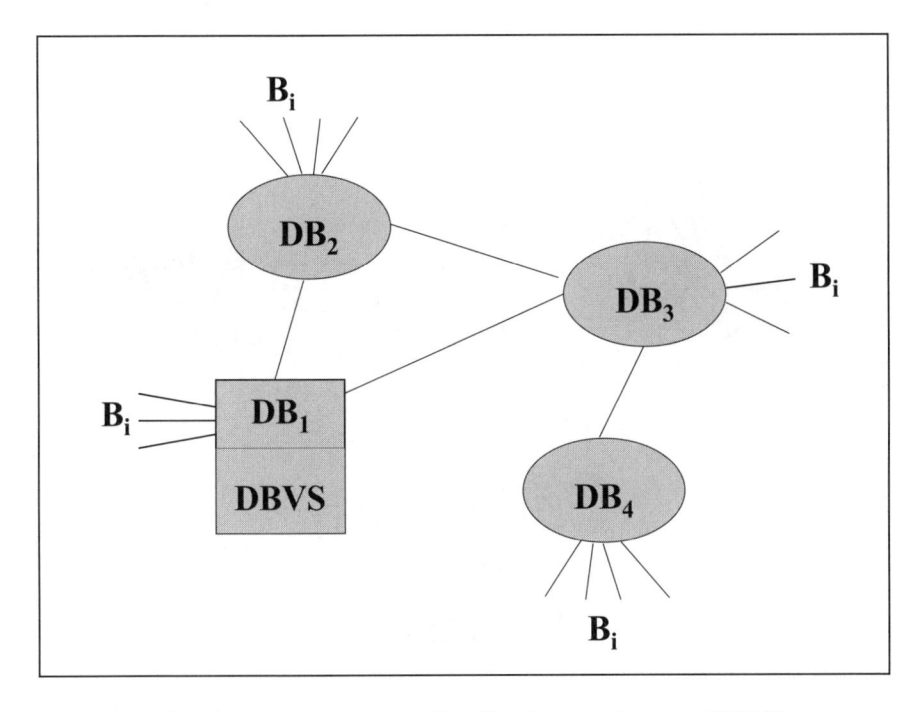

Abb. 5.3:   Beispiel für ein Konzept eines Verteilten Datenbanksystems (VDBS)

5.2.2.3   Föderierte Datenbanksysteme (FDBS)

Bei einem Föderierten Datenbanksystem (FDBS) sind mehrere selbstständige Datenbanksysteme so zusammengeschlossen, dass über ein Föderierungsdienstsystem (FDS) ein bereichsübergreifender Zugriff auf die Daten der einzelnen selbständigen Datenbanksysteme möglich ist. Selbstverständlich ist auch ein getrennter Zugriff auf die einzelnen Datenbanksysteme möglich, die alle eigene logische Sichten besitzen (im Gegensatz zu dem Verteilten Datenbanksystem VDBS, das eine logische Gesamtsicht bei physischer Verteilung der Daten hat). Ein FDBS kann beispielsweise aus vorhandenen selbstständigen Datenbanksystemen (vgl. Abschnitt 5.2.2.1) entstehen, die über ein Netz physikalisch und durch ein FDS logisch verbunden werden.

Die Abbildung 5.4 zeigt den prinzipiellen Aufbau eines Föderierten Datenbanksystems (FDBS).

FDBS

DBS$_1$ DBS$_2$ ... DBS$_n$

Föderierungs-
dienstsystem
(FDS)

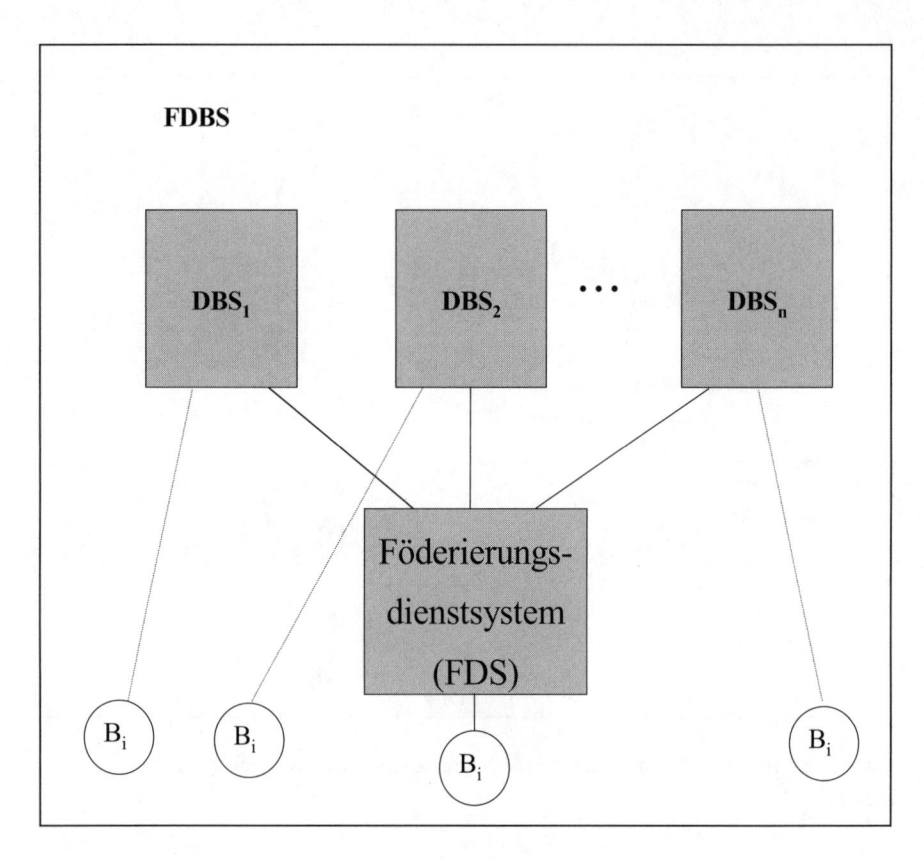

B$_i$ B$_i$ B$_i$ B$_i$

Abb. 5.4: Konzept eines Föderierten Datenbanksystems (FDBS)

In der Abbildung 5.4 sind n selbständige Datenbanksysteme DBS$_j$ (j=1,...,n) über ein Föderierungsdienstsystem (FDS) verbunden, über das der Benutzer auf alle Datenbanken zugreifen kann. Der Zugriff auf die entsprechende Datenbank wird durch das FDS gewährleistet, das eine integrierte Sicht auf die einzelnen Datenbanksysteme bietet. Darüberhinaus können die Benutzer (B$_i$) auch die einzelnen Datenbanksysteme DBS$_j$ gezielt ansprechen, ohne den Förderungsdienst zu beanspruchen.

In der Abbildung 5.5 sind beispielhaft drei selbständige Datenbanksysteme DBS$_j$ (j=1,2,3) gegeben, die auf getrennten Rechnerknoten in einem Netz liegen. In dem Knoten 1 und 3 ist jeweils ein Föderierungsdienstsystem implementiert, so dass von jedem der beiden Knoten aus auf alle Daten der drei Datenbanksysteme zugegriffen werden kann. In Knoten 2 (DBS_2) ist kein FDS implementiert, so dass von hier aus dieser Dienst nicht beansprucht werden kann. Ein Zugriff auf alle Daten von Knoten 2 aus ist jedoch durch die Verwaltung der drei Datenbanksysteme auch gewährleistet. Die gesuchten Daten müssen allerdings gezielt mit Angaben des Datenbanksystems angegeben werden. Gezielte Zugriffe der Benutzer B_i auf die einzelnen Datenbanksysteme von DBS_1 und DBS_3 sind ebenfalls in den beiden Knoten 1 und 3 möglich, ohne den Föderierungsdienst zu beanspruchen.

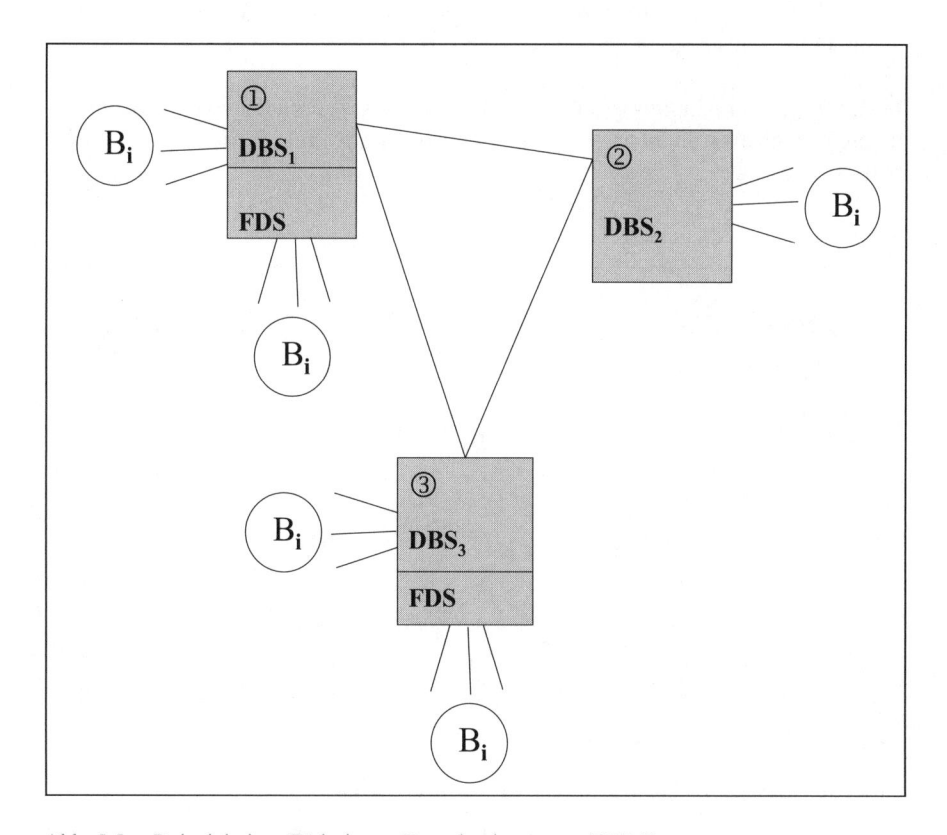

Abb. 5.5: Beispiel eines Föderierten Datenbanksystems (FDBS)

Die einzelnen Datenbanksysteme in einem föderierten System können lokal, aber auch (welt-)weit gegeben sein bzw. genutzt werden. Ein FDBS kann auch Verteilte Datenbanksysteme als Teilsysteme enthalten. Föderierte Datenbanksysteme gewinnen in letzter Zeit an Bedeutung.

5.2.2.4 Multidatenbanksysteme (MDBS)

Ein letzter wichtiger Architekturtyp bezogen auf die Organisationsform des Datenbanksystems ist der allgemeine Verbund von mehreren selbständigen Datenbanksystemen zu einem Multidatenbanksystem (MDBS). Hier existiert kein Föderierungsdienstsystem, so dass die integrierte Sicht fehlt. Es existieren jedoch Kopplungs- bzw. Verbundmechanismen, die einen Datenaustausch bzw. einen Zugriff gewährleisten und somit auch Verbundvorteile anbieten. Die Zugriffe auf die verschiedenen Datenbanksysteme müssen jedoch genau definiert werden und auch erlaubt sein. So lassen sich Datenbanksysteme in weltweiten Netzen von jedem Ort aus ansprechen und nutzen (z.B. im Internet).

In der folgenden Abbildung 5.6 ist ein Beispiel des Verbundes von fünf selbständigen Datenbanksystemen gegeben, die gemeinsam ein Multidatenbanksystem (MDBS) bilden.

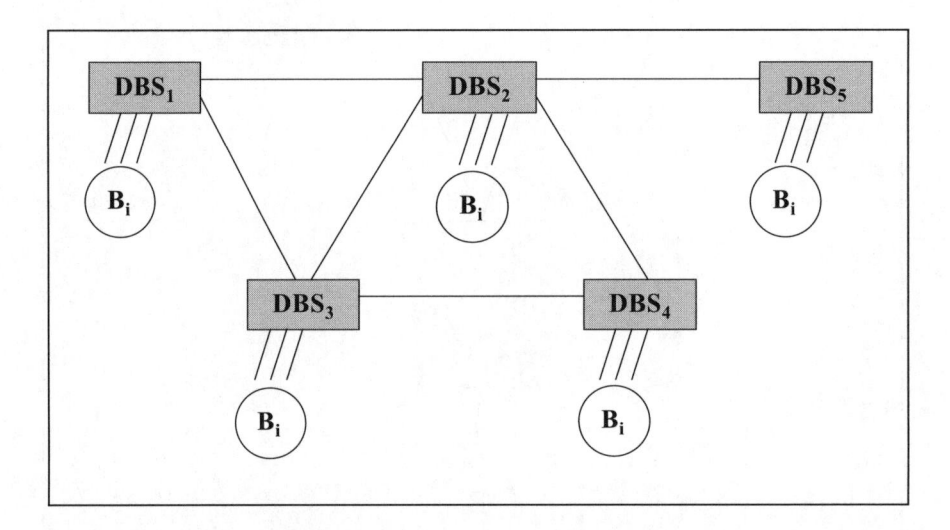

Abb. 5.6: Beispiel für ein Multidatenbanksystem (MDBS)

Bei einem Multidatenbanksystem (MDBS) bzw. einem Verbund von selbstständigen Datenbanksystemen können einzelne Datenbanksysteme Verteilte Datenbanksysteme (VDBS) darstellen, aber auch Teilmengen von Datenbanksystemen können zu einem Föderierten Datenbanksystem (FDBS) zusammengeschlossen werden (vgl. das Beispiel in Abbildung 5.7).

Kapitel 5   211

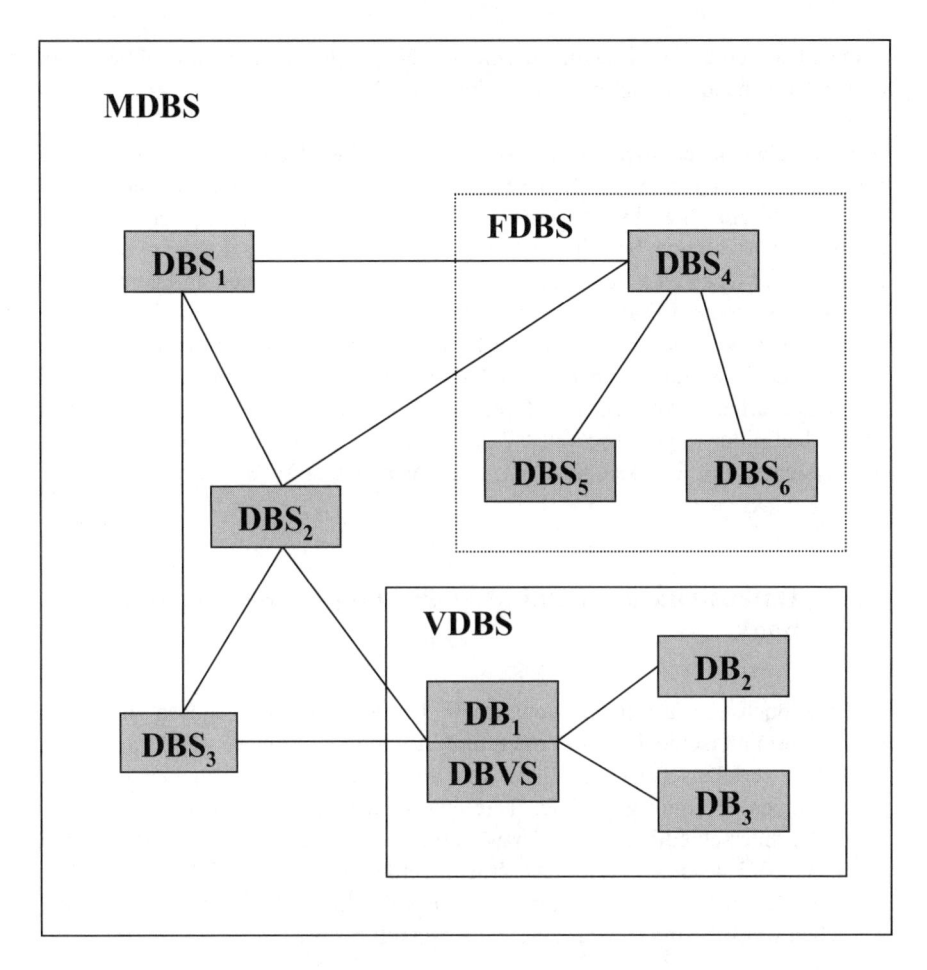

Abb. 5.7: Beispiel eines Multidatenbanksystems (MDBS)

Das Beispiel zeigt ein Multidatenbanksystem (MDBS) einer Unternehmung, das drei selbständige miteinander verbundene Datenbanksysteme DBS_j (j = 1, 2, 3) enthält. Drei weitere Datenbanksysteme DBS_j (j = 4, 5, 6) sind als Föderiertes Datenbanksystem (FDBS) definiert. Der Zugang zu diesem Teilsystem (FDBS) innerhalb des Multidatenbanksystems wird über das DBS_4 gewährleistet (der Föderierungsdienst gilt nur für die drei Datenbanksysteme DBS_4, DBS_5 und DBS_6). Ein weiteres Teilsystem ist in Form eines Verteilten Datenbanksystems (VDBS) aufgebaut, das aus den drei Datenbanken DB_1, DB_2 und DB_3 besteht (sie bilden zusammen eine logische Einheit). Der Zugang zum VDBS wird über den Knoten gewährleistet, der das Datenbankverwaltungssystem (DBVS) von VDBS enthält. Das gesamte Multidatenbanksystem soll im Beispiel als lokales System verstanden werden, ein Zugang zu einem (welt-)weiten System ist denkbar (über eine entsprechende Kommunikationsschnittstelle).

Verteilte Datenbanksysteme (VDBS), Föderierte Datenbanksysteme (FDBS) und Multidatenbanksysteme (MDBS) setzen ein vernetztes DV-System voraus, das sich sowohl auf einen lokalen (z.B. in einer Unternehmung) als auch auf einen (welt-)weiten Bereich beziehen kann (z.B. Verbindung der Rechner in einem Konzern, der weltweit tätig ist, oder Verbindung vieler Stationen im Internet). Die Datenbanksysteme VDBS, FDBS und MDBS werden häufig auch als vernetzte Datenbanksysteme bezeichnet, da hier Datenbanken bzw. Datenbanksysteme nach verschiedenen Kriterien über ein DV-Netz miteinander verbunden sind und zusammen arbeiten können. Ein Zentrales Datenbanksystem (ZDBS) weist nach obiger Definition (vgl. Abschnitt 5.2.2.1) keine Verbindung mit weiteren Datenbanksystemen auf, lässt sich jedoch in einem vernetzten DV-System nutzen.

5.2.3 Datenstrukturen und Modellierungsformen der Datenbank

Informationen, die in Organisationen bzw. Unternehmungen gegeben sind, können in sehr unterschiedlichen Formen und Strukturen auftreten, so beispielsweise als Zahlenwerte, als Texte, als Bilder oder als Sprache einerseits und als Berichte, Aktennotizen, Formulare, Briefe, Telefongespräche oder Rechnungen andererseits. Die unterschiedlichen Daten bzw. Informationsarten bzw. -strukturen, die in den Datenbanksystemen verwaltet werden, werden in Anschnitt 5.2.3.1 behandelt. Die übergreifenden Aufbaustrukturen der Datenbank, die durch Datenmodelle beschrieben werden, sind Gegenstand von Abschnitt 5.2.3.2.[235]

5.2.3.1 Daten- bzw. Informationsarten und -strukturen

Zu Beginn des Einsatzes von Datenbanksystemen konnten nur einfach-strukturierte Daten gespeichert bzw. verarbeitet werden, die vor allem in klar definierten Satzstrukturen (Recordstrukturen) vorlagen, so z.B. die Personal- und Artikeldaten, die als Personal- bzw. Artikelsatz in den entsprechenden Dateien verwaltet wurden. Diese sogenannten konventionellen Datenbanksysteme stellen somit i.d.R. satzorientierte Datenbanksysteme dar, für die leistungsfähige Modelle entwickelt wurden (wie vor allem die relationalen Modelle, die im nächsten Abschnitt 5.2.3.2 behandelt werden).

---

[235] Vgl. hierzu auch Lusti (1997), S. 1ff.

Neben diesen konventionellen Datenbanksystemen mit einfach-strukturierten Datenbanken gewährleistete die Datenbanktechnologie in den folgenden Jahren auch die Möglichkeit, komplex-strukturierte Datenbanken aufzubauen, d.h. neben einfach-strukturierten Daten können auch weitere Informationsarten gespeichert werden. Zunächst war es möglich, auch Texte in Datenbanken aufzunehmen und zu verarbeiten (Textdatenbanksysteme). Das Arbeiten mit Textdatenbanken vollzog sich zunächst mit den sogenannten Information Retrieval-Systemen (IR-Systeme), mit denen gezielt Texte mit Hilfe von Schlagwörtern (Keywords, Deskriptoren) aus einem Datenbestand gesucht werden konnten (z.B. bei Literaturdatenbanken). Der technische Fortschritt führte dazu, dass auch Grafiken (Abbildungen, Diagramme, Skizzen) in Datenbanksystemen gespeichert und verwaltet werden konnten, später auch Bilder, Animationen, Film- bzw. Videosequenzen und Ton- bzw. Sprachsequenzen. Entsprechend wurden die Datenbanksysteme nach Bedarf aufgebaut, die z.B. als Bild- und/oder Sprachdatenbanksysteme eingesetzt werden (z.B. Systeme bei Video-on-Demand-Anwendungen).

Sind mehrere Informationsarten in einer Datenbank enthalten, z.B. Daten, Texte, Bilder und Sprache, so spricht man von einem Multimediadatenbanksystem. Multimediale Informationen lassen sich durch Multimediasysteme verarbeiten, die die Integration der multimedialen Informationen und ein interaktives Arbeiten mit dem System voraussetzen.

Im Rahmen der Forschung auf dem Gebiet der Künstlichen Intelligenz (KI) bzw. Artificial Intelligence (AI) setzt man sich in den letzten Jahren intensiv mit der Informationsart Wissen (Knowledge) auseinander. Es entstanden die Wissensbasierten Systeme bzw. Expertensysteme[236], die gezielt eine Problemlösung anstreben. In diesem Zusammenhang werden auch Wissensbasen geschaffen, die als Wissensspeicher bzw. Wissensbank eine wichtige, notwendige Komponente eines Wissensbasierten Systems darstellen. Der spezielle Aufbau eines Datenbanksystems mit Wissen, das man in deklaratives und prozedurales Wissen einerseits und in sicheres und unsicheres bzw. ungenaues Wissen andererseits einteilen kann, bezeichnet man als Wissensbanksystem. Beispiele hierfür sind betriebliche Know How-Datenbanksysteme, in denen das Wissen einer Unternehmung langfristig gesichert wird. In letzter Zeit spricht man in diesem Zusammenhang in der Praxis häufig von Wissensmanagement (Knowledge Management) und Wissensmanagementsystemen.

Die meisten Datenbanken, die heute in der Praxis eingesetzt werden, sind immer noch die satzorientierten Systeme, bei denen die Datenstruktur einen Datensatz (Record) darstellt. Diese Systeme, zu denen auch die relationalen Systeme gehören, bezeichnet man auch, wie oben bereits angemerkt, als konventionelle oder als Standard-Datenbanksysteme. Mehrere gleichartige Datensätze bilden eine Datei,

---

[236] Vgl. Gabriel (1992).

die man sich in Form einer Tabelle (Relation) darstellen kann. Alle Datenbanksysteme, die nicht-satzorientiert sind, werden als Non-Standard-Datenbanksysteme bezeichnet. Die Informatik stellt weitere Datenstrukturen zur Verfügung, die beim Aufbau von Datenbanksystemen genutzt werden können, so z.b. die Strukturen ARRAY oder FILE, die auch in Programmiersprachen (z.b. bei PASCAL) eingesetzt werden. Weiterhin lassen sich Datenstrukturen frei definieren, die sich aus mehreren Strukturen zusammensetzen. So lässt sich beispielsweise ein Formular definieren, das Datensatz- und Textstrukturen beinhaltet. Eine zentrale Rolle im Bürobereich spielt das Dokument, das als eine logische Informationseinheit beschrieben werden kann. Ein Dokument lässt sich definieren über Tabellen (Relationen), über Texte, Bilder und/oder Grafiken. Sind mehrere Informationsarten in einem Dokument gegeben, so spricht man von einem Multimediadokument. Dokumente lassen sich auch in einer Datenbank verwalten, es handelt sich dann um ein Dokumentenverwaltungssystem bzw. ein Dokumentendatenbanksystem.

Datenbankysteme, die nicht nur die aktuellen Daten (z.B. aktueller Preis eines Produktes, aktuelle Bilanz- und Buchhaltungsdaten, aktuelle Umsatzwerte der Produkte), sondern auch Vergangenheitsdaten (historische Daten) enthalten werden als Temporale Datenbanksysteme bezeichnet (Beispiele finden sich z.B. in Kundendatenbanken und in Datenbanken der Finanzverwaltung). Vergangenheitsdaten bzw. historische Daten werden beispielsweise auch in einem Data Warehouse verwaltet. Systeme, die keine zeitabhängigen Daten enthalten, stellen Non-Temporale Datenbanksysteme dar.

Die meisten Datenbanken, die in der Praxis eingesetzt werden, enthalten feste Daten, d.h. eindeutige Werte, die als bekannte (deterministische) Größen gegeben sind (Fakten), so z.B. Preise von Produkten, Umsatzzahlen, Maschinenlaufzeiten, Kundennamen und ihre Anschriften. Diese Datenbanksysteme werden im Vergleich zu den Systemen, die auch ungenaue, unsichere bzw. unvollständige Werte enthalten können, wie dies z.B. bei Wissensbanken der Fall sein kann, als Faktendatenbanken bezeichnet.

Datenbanksysteme können auch Modelle (Modellstrukturen) enthalten, z.B. Strukturen für betriebliche Planungsmodelle wie Optimierungsmodelle oder Simulationsmodelle, die man in einer Modellbank speichert und verwaltet. Lösungsverfahren bzw. Methoden zur Lösung lassen sich in einer speziellen Datenbank, der Methodenbank, verwalten (z.B. mathematische Methoden (Algorithmen) zur Optimierung und zur Simulation). Konkrete Problemstellungen in Unternehmungen, wie z.B. die Planung der Produktion für die nächsten vier Monate, werden mit Hilfe vorgegebener Modelle bzw. Modellbausteine abgebildet (modelliert), mit den relevanten Daten belegt und mit geeigneten Methoden gelöst. Diese Konzepte sind beispielsweise in Entscheidungsunterstützungssystemen (Decision Support Systeme / DSS)[237] realisiert, bei denen Datenbanken mit Modell- und Methodenbanken verknüpft werden (Modell- Methodenbanksystem).

5.2.3.2 Aufbaustrukturen von Datenbanken und Datenmodellen

Von Beginn der Beschäftigung mit Datenbanksystemen an stand die Datenmodellierung mit im Vordergrund der wissenschaftlichen Diskussion und beim praktischen Einsatz. Ziel war es, adäquate Abbildungen der realen Welt zu schaffen, d.h. ein Modell für den konkreten Anwendungsbereich aufzubauen, das eine computergestützte Verarbeitung gewährleistet. Die in Abschnitt 5.2.3.1 beschriebenen Datenstrukturen lassen sich in einem Datenmodell zusammenfassen, das den gegebenen Problembereich (Ausschnitt der Realität) beschreiben soll.

Über eine Informationsstrukturierung[238] soll ein (logisches) Datenmodell[239] aufgebaut werden, das in einem Datenbanksystem implementiert werden kann (physisches Datenmodell). Den gesamten Prozess des Aufbaus eines Datenbanksystems bezeichnen wir als Data Base Engineering.[240]

Datenbanksysteme lassen sich sehr gut durch das zugrundeliegende (logische) Datenmodell kennzeichnen, so dass hierfür die Bezeichnung des Datenmodells auch für das Datenbanksystem selbst gewählt wird. Zurzeit sind die relationalen Datenmodelle (Relationenmodelle)[241] sehr weit verbreitet, so dass auch der Name Relationale Datenbank bzw. Relationales Datenbanksystem sehr gern genutzt wird. Das älteste Datenmodell (Hierarchische Datenbanksysteme) gilt als ein eingeschränkter Spezialfall des Netzwerkmodells, das auch als CODASYL-Datenmodell[242] bekannt wurde (CODASYL-Datenbanksystem). Die genannten Datenbanksysteme, insbesondere das Relationale Datenbanksystem, werden i.d.R. als Standard-Datenbanksysteme bezeichnet. Datenbanksysteme, die auf weiteren, wie oben bereits festgestellt, neuen Modellierungsansätzen basieren, bezeichnet man zu ihrer Abgrenzung als Non-Standard-Datenbanksysteme. Hierzu zählen vor allem die objektorientierten Datenmodelle[243], die zu den Objektorientierten Datenbanksystemen führen. Datenbanksysteme, die sowohl relationale als auch objektorientierte Datenstrukturen besitzen, werden als relational-objektorientierte

---

[237] Vgl. Gluchowski/Gabriel/Chamoni (1997), S. 165ff.
[238] Vgl. Gabriel/Röhrs (1995), S. 43ff.
[239] Vgl. Gabriel/Röhrs (1995), S. 103ff.
[240] Vgl. die Ausführungen in Kapitel 1.
[241] Vgl. Gabriel/Röhrs (1995), S. 114ff.; Kleinschmidt/Rank (1997), S. 8ff.; Meier (1995), Kapitel 1 und 2.
[242] Vgl. Gabriel/Röhrs (1995), S. 154ff.
[243] Vgl. Gabriel/Röhrs (1995), S. 156f.; Lusti (1997), S. 293ff.; Schader (1997); Saake/Türker/Schmitt (1997); Heuer (1997).

bzw. objekt-relationale oder als hybride Datenbanksysteme bezeichnet. Die objekt-relationalen Datenbanksysteme gewinnen in letzter Zeit immer mehr an Bedeutung, wobei bekannte leistungsfähige relationale Datenbanken um objektorientierte Ansätze erweitert werden.[244]

Seit einigen Jahren werden auch Datenbanken entwickelt und genutzt, die man als mehrdimensionale Datenbanken bezeichnet. Hier sind nicht nur die Daten in einer Relation bzw. Tabelle angeordnet, sondern in mehreren Dimensionen, die sich durch einen mehrdimensionalen Würfel definieren lassen.[245]

Auch bei der Datenmodellierung kann man starke Einflüsse der Künstlichen Intelligenz-Forschung feststellen, die sich auch mit der Modellierung von Information und insbesondere mit der von Wissen (Wissensmodellierung) auseinandersetzt. Ziel ist es, beim Aufbau von Wissensbasen bei den Wissensbasierten Systemen bzw. Expertensystemen und von Wissensbanken geeignete Modellierungstechniken zu finden, die das Wissen eines Bereiches adäquat abbilden. Man spricht hier auch von Wissensrepräsentationstechniken bzw. -formen, die mehr Semantik enthalten als konventionelle Modellierungsformen. Geeignete Formen, die hier entwickelt wurden, sind neben den Objekten vor allem Rules (Regeln) und Frames (Rahmen).[246] Diese Repräsentationsformen werden bereits bei Bedarf in Datenbanksysteme aufgenommen, so dass man auch von regelbasierten bzw. von framebasierten Datenbanksystemen sprechen kann. Diese Systeme zeichnen sich durch eine „gewisse Intelligenz" aus („Intelligente" Datenbanksysteme), die teilweise auch selbständig (automatisch) neues Wissen aufnehmen und ableiten können (lernende Datenbanksysteme).

Umfangreiche Informationssysteme wie z.B. das WWW im Internet werden nach dem Hyperkonzept aufgebaut. Hier sind Knoten als Informationsobjekte gegeben, die durch zahlreiche Verbindungen (Links) untereinander verknüpft sind. Nach diesem Konzept lassen sich auch Datenbanksysteme aufbauen (Hyperbasierte Datenbanksysteme). Das Hypersystem kann sich sowohl auf eine Datenbank beziehen, aber auch auf mehrere Datenbanken, die untereinander verbunden sind (z. B. im Internet). Stellen die Informationsobjekte Texte dar, so spricht man von Hypertextsystemen, werden auch andere Informationsformen genutzt wie Bild und Ton, so handelt es sich um Hypermediasysteme. Wir erhalten somit hyperbasierte Multimediadatenbanksysteme. Anwendungsbeispiele lassen sich vor allem bei reinen Informationsabfragesystemen finden, bei Präsentationssystemen (Firmen- bzw. Produktinformationen) und bei den vielfältigen tutoriellen Systemen (Lehr- und Lernsysteme, CBT-Systeme (Computer Based Training)), die zur Aus- und Weiterbildung genutzt werden.

---

[244] Vgl. hierzu die Ausführungen in Kapitel 7.
[245] Vgl. hierzu die Beschreibung der Analyseorientierten Datenbanksysteme in Kapitel 8.
[246] Vgl. z.B. Gabriel (1992), S. 224.

Hyperbasierte Datenbanksysteme zeichnen sich häufig auch durch intelligente Ansätze aus, so vor allem durch Techniken, die den Benutzer bei der Arbeit mit dem System unterstützen (so z.B. durch intelligente Benutzungsschnittstellen bei den tutoriellen Systemen).

Der Datenmodelltyp gilt mit seinen Ausprägungen als eine besondere Eigenschaft von Datenbanksystemen, er besitzt direkte Auswirkung auf die Gestaltung und die Nutzung des Systems bzw. die Verarbeitung der Daten. Datenbanksysteme werden daher häufig nach ihrem Modelltyp bezeichnet.

5.2.4 Nutzungsformen und Zugriffsarten auf die Datenbank

Die Nutzungsform eines Datenbanksystems lässt sich direkt aus den Einsatzzielen und den Aufgaben ableiten, die mit dem System ausgeführt werden sollen. Die Nutzungsform wird durch die Zugriffsart auf die Datenbank gewährleistet, die unterschiedliche Leistungsanforderungen an das System stellt. Im Folgenden werden bekannte Formen der Nutzung von Datenbanksystemen vorgestellt, die mit den Einsatzformen (vgl. Abschnitt 5.2.1) zusammenhängen.

5.2.4.1 Abfragedatenbanksysteme

Eine einfache Zugriffsart stellt die Abfrage von Daten bzw. Informationen dar, wie sie beispielsweise bei den „reinen Informationsabfragesystemen" genutzt werden (vgl. Punkt a) in Abschnitt 5.2.1.1). Mit Hilfe von Abfragekriterien, die z.B. durch eine Abfragesprache erklärt werden können, lassen sich die gesuchten Daten bzw. Informationen aus der Datenbank auswählen. Systeme, die überwiegend der Abfrage von Daten dienen, bezeichnet man als Abfragedatenbanksysteme (Query-Systeme), wobei es sich bei den Abfragen auch um sehr komplexe logische Bedingungen handeln kann (z.B. „Suche alle Artikel in einer Artikeldatei, für die gilt: Die Artikel sollen älter als 5 Jahre sein, einen Umsatz kleiner als 1 Mio. haben, jedoch keine Exportartikel sein"). Die abgefragten Daten lassen sich beliebig zusammenstellen und selbstverständlich weiterverarbeiten, so z.B. durch ein Programm, das seinerseits auf die vom Datenbanksystem bereitgestellten Daten zugreift (z.B. in der Programmiersprache COBOL).

5.2.4.2 Transaktionsdatenbanksysteme

Bei den Transaktionsdatenbanksystemen werden Arbeitsfunktionen bzw. -prozesse mit Hilfe der Daten einer Datenbank ausgeführt. Dabei handelt es sich vor allem um die Datenverarbeitung in Organisationen (Unternehmungen und Verwaltungen), die das operative Tagesgeschäft darstellt (vgl. die Punkte b) und

c) in Abschnitt 5.2.1.1), so z.B. in der Buchhaltung und im Beschaffungswesen. Eine Transaktion ist als eine logische Verarbeitungseinheit definiert, die mit Hilfe der Datenbank ausgeführt wird (z.B. eine Buchung oder eine Bestellung). Datenbanksysteme bieten hierfür einen Transaktionsschutz, d.h. die Gewährleistung, dass eine Transaktion entweder vollständig oder überhaupt nicht ausgeführt wird.[247] Die meisten Datenbanksysteme in der Praxis sind Transaktionsdatenbanksysteme, bei denen viele Benutzer gleichzeitig auf die Daten zugreifen können und sich dabei nicht stören.

5.2.4.3 Analysedatenbanksysteme

Immer mehr werden in der Praxis Datenbanksysteme eingesetzt, die der Analyse dienen, d.h. der analytischen Auswertung der Informationen für Planungs- und Kontrollzwecke und auch für Aufgaben der Unternehmungsführung (Managementaufgaben). Moderne Managementunterstützungssysteme (Management Support Systeme – MSS),[248] wie z.B die Management Information Systeme (MIS), die Executive Information Systeme (EIS) und die Executive Support Systeme (ESS), basieren ebenso wie das Data Warehouse-Konzept auf solchen analyseorientierten Datenbanksystemen bzw. Analysedatenbanksystemen und bieten mächtige Analysefunktionen für das Management an.[249]

5.2.4.4 Aktive Datenbanksysteme

Datenbanken, die nicht nur der Abfrage von Daten und der Transaktionsverarbeitung im obigen Sinne dienen, sondern in der Lage sind, die Daten selbständig (aktiv) auszuwerten, bezeichnet man als Aktive Datenbanksysteme. Im Vergleich hierzu nennt man die nicht-aktiven Systeme passive Datenbanksysteme.

Aktive Systeme sind i.d.R. in einem Verarbeitungsprozess z.B. als Transaktionsdatenbanksystem integriert, so dass bestimmte Aktionen vom Datenbanksystem selbstständig ausgelöst werden (z.B. durch Triggerprogramme), wenn Daten bestimmte Werte annehmen bzw. Wertbereiche über- oder unterschreiten. Solche Aktionsdatenbanksysteme lassen sich beispielsweise in der Lagerhaltung einsetzen, bei der beim Unterschreiten einer bestimmten Lagermenge eines Produktes seine Bestellung automatisch ausgelöst wird.

---

[247] Vgl. Gabriel/Röhrs (1995), S. 302ff.
[248] Vgl. Gluchowski/Gabriel/Chamoni (1997).
[249] Vgl. die Ausführungen in Kapitel 8.

5.2.4.5 Deduktive Datenbanksysteme

Moderne Datenbanksysteme, bei denen beispielsweise die Daten als Objekte implementiert sind, enthalten neben den Beschreibungen des Datenobjekts (z.B. über seine Attribute) auch Verfahren (Methoden), die das Objekt ausführen kann, und Kommunikationsschnittstellen zu den weiteren Objekten. Bei den regelbasierten Systemen lassen sich ebenso direkte Aktionen ableiten, wenn bestimmte (logische) Bedingungen gegeben sind (Trigger-Datenbanksysteme). Die Datenbank enthält somit weitere Logik der Verarbeitung, die bezüglich der gegebenen Daten ausgewertet wird. Ergebnisse werden direkt und aktiv vom System abgeleitet (Deduktion), so dass man von Deduktiven Datenbanksystemen[250] spricht. Hierbei sind einige Zusammenhänge von Datenbanksystemtechnologie und KI-Technologie zu finden. Deduktive Datenbanksysteme gelten als eine Art intelligenter aktiver Systeme, die sich auch durch effiziente Zugriffs- bzw. Suchverfahren auszeichnen (intelligente Suchverfahren, Data-Mining- bzw. Data Discovery-Verfahren)[251] und durch leistungsfähige Auswertungsmethoden unterstützt werden.

5.2.5 Einbindungsformen des Datenbanksystems in ein DV-System

Als letzter Kriterienbereich zur Klassifikation von Datenbanksystemen sollen deren Einbindungsmöglichkeiten in ein DV-System herangezogen werden. Ein DV-System wird durch seine Hardware- und Softwareeigenschaften bestimmt. Bezüglich der unterschiedlichen DV-Systeme, die man nach Rechnergruppen[252] einteilen kann, lassen sich Datenbanksysteme unterscheiden, die auf Personal Computer (PC-Datenbanksysteme) laufen, auf Workstations, auf Mini- bzw. Abteilungsrechnern, auf Großrechnern (Universalrechner) oder gar auf Superrechnern (Großrechner- bzw. Superrechner-Datenbanksysteme). Ebenso wichtig ist es, zu wissen, ob vernetzte Rechnersysteme vorliegen und welche Netzstrukturen auf lokaler oder gar (welt-) weiter Ebene gegeben sind (Datenbanken in Rechnernetzen, Datenbanken im Internet bzw. Web-Datenbanken). Für den Einsatz der Datenbanksysteme in Unternehmungen spielen die Client-Server-Architekturen[253] eine große Rolle, bei denen die Server u. a. Datenbankfunktionen übernehmen können (Server-Datenbanksysteme).

---

[250] Vgl. Cremers u.a. (1994).
[251] Vgl. die Beiträge in Chamoni/Gluchowski (1999).
[252] Vgl. Hansen/Neumann (2001), S. 57ff.
[253] Vgl. Hansen/Neumann (2001), S. 162ff.; Lusti (1997), S. 225ff.

Die Datenbanken sind an ein Datenträgermedium[254] bzw. an Speichereinheiten gebunden. Im Vordergrund stehen dabei die magnetischen Direktzugriffsspeicher, vor allem Magnetplattensysteme. Zunehmende Bedeutung gewinnen auch die optischen Datenträger, wie z.B. die optischen Speicherplatten (CD-ROM, Laser-Disk und DVD)[255], und die elektronischen Datenträger,[256] wie z.B. die Flash-Speicherkarten und die RAM-Disks (Halbleiterplatten).

Die Leistungsfähigkeit eines Datenbanksystems ist auch von der Architektur der Zentraleinheit[257] eines Rechners abhängig. Hierbei unterscheidet man, unabhängig von der Größe des DV-Systems, Zentraleinheiten mit einem Prozessor (Ein-Prozessor-Systeme bzw. Single Processing-Systeme) oder mit mehren Prozessoren. Bei den Mehr-Prozessor-Systemen (Multi-Processing-Systemen) ist die Verbindungs- bzw. die Kopplungsart der Prozessoren wichtig, die ein Spektrum von lose-gekoppelten bis hin zu massiv-gekoppelten Systemen (massiv parallele Rechner) abdecken. Diese Mehr-Prozessor-Systeme sind zur Nutzung von Parallelrechner-Datenbanksystemen geeignet. Auch der Aufbau des Zentralspeichers[258], die internen Verbindungsstrukturen[259] und die Verbindungen zu den externen Speichern[260], die die Datenbanken enthalten, sind für die Leistungsfähigkeit sehr wichtig.

Mit der Hardware direkt verbunden ist das Betriebssystem[261] einer DV-Anlage, das auch die Betriebsarten und Nutzungsformen des DV-Systems und damit auch die des Datenbanksystems bestimmt. Bei den PCs und Workstations sind die bekannten Microsoft-Produkte bzw. UNIX-Systeme vorherrschend. Mittlere Rechner und Großrechner laufen vorwiegend unter proprietären Betriebssystemen (herstellerspezifische Systeme), wie zum Beispiel VMS (DEC), OS/390 und VM/ESA (IBM) und BS2000 (Siemens).

Datenbanksysteme arbeiten direkt mit dem Betriebssystem eines DV-Systems zusammen, so dass für eine Nutzung die Kompatibilität vorausgesetzt wird. Ist ein Datenbanksystem mit einem Betriebssystem nicht-kompatibel, so ist es auf diesem System nicht lauffähig. Die Hersteller haben das Ziel, für die bekannten Betriebssysteme kompatible Datenbanksysteme zu schaffen, die sich dann ohne großen Aufwand auch von einem DV-System auf ein anderes übertragen lassen (portable

---

[254] Vgl. Hansen/Neumann (2001), S. 699ff.; Stahlknecht/Hasenkamp (2002), S. 52ff.
[255] Vgl. Hansen/Neumann (2001), S. 699ff.
[256] Vgl. Hansen/Neumann (2001), S. 795ff.
[257] Vgl. Hansen/Neumann (2001), S. 649ff.; Stahlknecht/Hasenkamp (2002), S. 22ff.; Schwarze (1997), S. 90ff.
[258] Vgl. Hansen/Neumann (2001), S. 656ff.
[259] Vgl. Hansen/Neumann (2001), S. 669ff.
[260] Vgl. Hansen/Neumann (2001), S. 699f.
[261] Vgl. Hansen/Neumann (2001), S. 915ff.; Stahlknecht/Hasenkamp (2002), S. 75ff.

Datenbanksysteme). Die Hersteller von Datenbanksystemen verfolgen das Ziel, offene Datenbanksysteme anzubieten, die auf keinen Fall proprietäre Systeme (herstellerspezifische Systeme) darstellen, sondern sich an anerkannten Standards und Normen orientieren. Die Offenheit der Systeme bezieht sich sowohl auf die Systemschnittstellen (Schnittstellen zu den Betriebsystemen und zu den Anwendungssystemen) als auch auf Benutzungsschnittstellen. Diese systemorientierte Offenheit der Datenbanksysteme ist nicht zu verwechseln mit der Offenheit, die sich auf die Benutzer bzw. -gruppen bezieht (vgl. Abschnitt 5.2.1.3).

Bezüglich der Betriebsarten von DV-Systemen lassen sich Datenbanksysteme im Ein- oder Mehrprogrammbetrieb nutzen. Für den Benutzer wichtig ist es, ob es sich um einen Einbenutzerbetrieb (Single User-System), wie z.B. bei einem Datenbanksystem auf einem PC unter WINDOWS (Einbenutzer-Datenbanksystem), oder um einen Mehrbenutzerbetrieb (Multi User-System) handelt wie z.B. auf einem DV-System unter UNIX (Mehrbenutzer-Datenbanksystem). Ebenso wichtig ist es für den Benutzer zu wissen, ob die Nutzung des Datenbanksystems in Form der Stapelverarbeitung (Batch Processing) und/oder in einer interaktiven Verarbeitungsform (Interactive Processing) möglich ist. Je nachdem, ob der Auftraggeber bei der interaktiven Arbeit mit dem Datenbanksystem ein Mensch oder ein technisch-physikalischer Prozess ist, unterscheidet man die Dialogverarbeitung und die Prozessverarbeitung. Bei der Dialogverarbeitung, die i.d.R. bei Datenbanksystemen gegeben ist, lässt sich eine ständige Kommunikation zwischen Benutzer und Rechner (bzw. Datenbanksystem) zur schrittweisen Aufgabenerledigung durchführen. Hierbei sind kurze Antwortzeiten sehr wichtig. In der Praxis findet man häufig Datenbanksysteme vor, auf die gleichzeitig viele Benutzer zugreifen. Diese Systeme bezeichnet man als Teilhabersysteme bzw. als Transaktionssysteme, die man beispielsweise bei Buchungssystemen (Reisebuchung, Buchhaltung) (transaktionsorientierte Datenbanksysteme) oder bei den Masseninformationssystemen[262] (z.B. Bestellsysteme im Internet) vorfindet.

Schließlich ist die räumliche Abgrenzung bei der Nutzung von Datenbanksystemen wichtig, d.h. zu wissen, ob es sich um Anwendungen in lokalen Umgebungen (z.B. in lokalen Netzen) oder in (welt-) weiten Netzen handelt (z.B. im Internet). Die Datenfernverarbeitung (Remote Processing) wird bei Datenbankanwendungen immer wichtiger, da weltweit auf Daten zugegriffen wird (z.B. im WWW).

---

[262] Vgl. Hansen (1996).

5.3 Zusammenfassung der Architekturen und Konzepte von Datenbanksystemen

Wie der vorhergehende Abschnitt zeigt, ist die Datenbanksystem-Landschaft sehr vielfältig und bunt. Viele Bezeichnungen werden in Theorie und Praxis genutzt, die sich teilweise nur schwer einordnen lassen. Wichtig für den Anwender ist es, dass er die Leistungspotenziale der Systeme kennt, so dass letztlich seine Anforderungen vom Datenbanksystem erfüllt werden. Um die Vorteile der einzelnen Systeme mit ihren unterschiedlichen Ausprägungen besser beschreiben zu können und die Systeme zu klassifizieren, haben wir fünf Kriterienbereiche ausgewählt (vgl. Abschnitt 5.1) und konkrete Datenbanksysteme danach eingeordnet und beschrieben (vgl. Abschnitt 5.2).

Im Folgenden sollen die unterschiedlichen Architekturen und Konzepte noch einmal stichwortartig zusammengefasst werden, wobei die oben genutzte Einordnung der Kriterien von a) bis e) in Abschnitt 5.1 und die entsprechenden Abschnitte 5.2.1 bis 5.2.5 zugrundegelegt werden.

a1) Einsatzformen (vgl. Abschnitt 5.2.1.1)

- Datenbanksysteme als (reine) Informationsabfragesysteme (Retrievaldatenbanksysteme, Querydatenbanksysteme).

- Datenbanksysteme zur Durchführung definierter Funktionen (Transaktionsdatenbanksysteme, Massendatenbanksysteme).

- Datenbanksysteme zur Unterstützung bestimmter Anwendungen (z.B. Personaldatenbanksysteme, Kostenrechnungsdatenbanksysteme, Materialwirtschaftsdatenbanksysteme, Lagerhaltungsdatenbanksysteme, Vertriebsdatenbanksysteme).

- Datenbanksysteme zur Unterstützung von Prozessabläufen (z. B. CIM-Datenbanksysteme).

- Datenbanksysteme zur Archivierung von Informationen (Archivierungsdatenbanksysteme).

a2) Anwendungsbereiche (vgl. Abschnitt 5.2.1.2)

- Datenbanksysteme in Unternehmungen und Verwaltungen (Unternehmungsdatenbanksysteme)

- Datenbanksysteme im kaufmännischen und im Bürobereich (Bürodatenbanksysteme)

- Datenbanksysteme im technischen und Fabrikbereich und in der Produktion (Produktionsdatenbanksysteme)

- Datenbanksysteme in der Forschung und Wissenschaft
  (z. B. Medizin, Chemie, Psychologie, Wirtschaftswissenschaften)
- Entwicklungsdatenbanksysteme (Repositories)

a3) **Anwendungstypen** (vgl. Abschnitt 5.2.1.3)
- Interne bzw. Externe Datenbanksysteme
- Stationäre bzw. Mobile Datenbanksysteme
- Geschlossene bzw. Offene Datenbanksysteme (bezüglich der Benutzer).

b) **Organisationsformen** (vgl. Abschnitt 5.2.2)
- Zentrale Datenbanksysteme (ZDBS)
- Verteilte Datenbanksysteme (VDBS)
- Föderierte Datenbanksysteme (FDBS)
- Multidatenbanksysteme (MDBS)
- Vernetzte Datenbanksysteme

c1) **Datenstrukturen** (vgl. Abschnitt 5.2.3.1)
- Satzorientierte bzw. Konventionelle Datenbanksysteme
- Standard- bzw. Non-Standard-Datenbanksysteme
- Information Retrieval-Systeme
- Bild- bzw. Sprachdatenbanksysteme
- Multimediadatenbanksysteme
- Wissensbanksysteme
- Temporale Datenbanksysteme
- Faktendatenbanksysteme
- Modell- und Methodenbanksysteme

c2) **Datenmodelle** (vgl. Abschnitt 5.2.3.2)
- Hierarchische Datenbanksysteme
- Netzwerkorientierte Datenbanksysteme
- Relationale Datenbanksysteme
- Objektorientierte Datenbanksysteme
- Objekt-Relationale Datenbanksysteme

- Mehrdimensionale Datenbanksysteme
- Wissensbasierte Datenbanksysteme
- Hyperbasierte Datenbanksysteme

d) Nutzungsformen und Zugriffsarten (vgl. Abschnitt 5.2.4)
- Abfragedatenbanksysteme
- Transaktionsdatenbanksysteme
- Analysedatenbanksysteme
- Aktive Datenbanksysteme (Aktionsdatenbanksysteme)
- Deduktive Datenbanksysteme (Trigger-Datenbanksysteme)

e) Einbindungsformen in das DV-System (vgl. Abschnitt 5.2.5)
- PC-Datenbanksysteme
- Großrechnerdatenbanksysteme
- Datenbanksysteme in Rechnernetzen
- Datenbanksysteme in Client-Server-Systemen
- Kompatible/portable/offene Datenbanksysteme

In der folgenden Abbildung 5.8 sollen die wichtigsten Datenbanksysteme angeordnet und somit besonders hervorgehoben werden.

Kapitel 5   225

Anwendungsbereiche der DBS und ihre Einsatzziele	Datenbanksysteme in unterschiedlichen Anwendungsbereichen in Praxis und Wissenschaft
Informationsarten des DBS	Datenbanksysteme für Daten, Texte, Grafiken, Bilder, Sprache, Ton (multimediale Informationen)
Einsatzformen des DBS	Datenbanksysteme für Transaktionen bzw. Abfragen / Datenbanksysteme zur Analyse
Organisationsformen des DBS	Zentrale Datenbanksysteme / Vernetzte Datenbanksysteme
Modellstrukturen des DBS	Relationale Datenbanksysteme / Objektorientierte Datenbanksysteme
Arbeitsweisen des DBS	Passive Datenbanksysteme / Aktive Datenbanksysteme

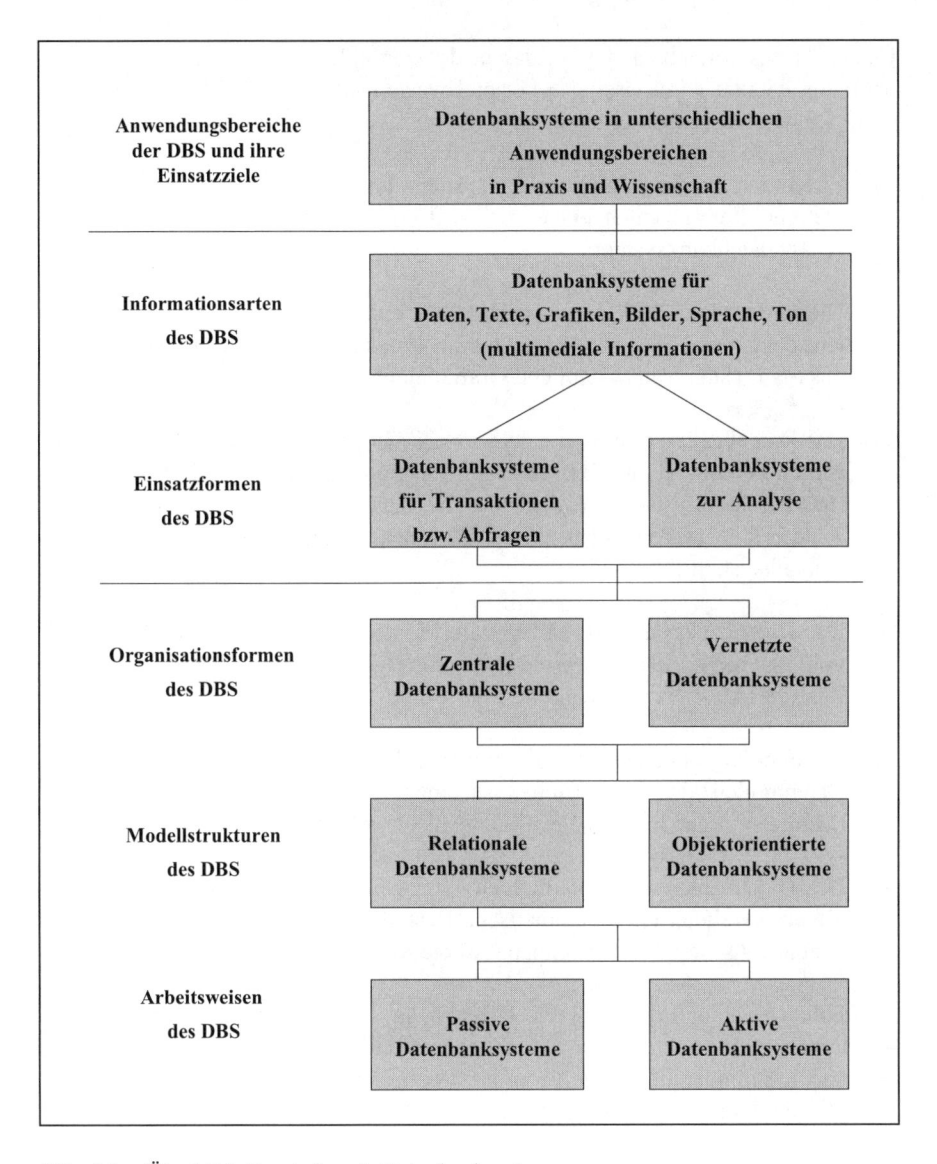

Abb. 5.8:   Überblick über bekannte Datenbanksysteme

Ein konkretes Datenbanksystem, das in der betrieblichen Praxis in einer Unternehmung genutzt wird, lässt sich beispielsweise nach den sechs Stufen in Abbildung 5.8 wie folgt beschreiben:

1) Es handelt sich um ein Datenbanksystem, das in der Materialwirtschaft eines Automobilproduzenten eingesetzt wird (Anwendungsbereich: Materialwirtschaftsdatenbanksystem).

2) Die in der Datenbank gespeicherten Informationen bestehen aus Zahlenwerten, Texten und auch aus Grafiken bzw. Fotos (z.B. Produktfotos) (Informationsarten: Datenbanksystem und Grafikdatenbanksystem).

3) Das Datenbanksystem wird einerseits als Abfragesystem für den Lagerdisponenten benutzt und andererseits auch als Transaktionssystem in einem Materialwirtschaftssystem, mit dem u.a. die Lagerung und die Beschaffung der Teile erfolgt (Einsatzformen: Transaktionsdatenbanksystem und Abfragedatenbanksystem).

4) Das Datenbanksystem ist als zentrales System aufgebaut, wobei der Zugriff von mehreren, lokalen Arbeitsplätzen erfolgen kann (Organisationsform: Zentrales Datenbanksystem).

5) Bei dem zugrundeliegenden Datenmodell handelt es sich um ein relationales Datenmodell, das Schnittstellen zu einem Grafikdatenbanksystem aufweist (Modellstruktur: Relationales Datenbanksystem).

6) Das Datenbanksystem enthält auch Triggerfunktionen für eine automatische Lagerverwaltung (z.B. automatische Bestellungen) und ist damit als aktives Datenbanksystem zu bezeichnen (Arbeitsweise: Aktives Datenbanksystem).

Schließlich lässt sich das konkrete Datenbanksystem in der Automobilproduktionsunternehmung noch weiter als stationäres und internes System beschreiben, das jedoch Schnittstellen nach außen zu den Lieferanten und auch zu den Händlern (Kunden) aufweist (Anbindung an das Internet).

5.4 Übungsaufgaben zu den Architekturen und Konzepten von Datenbanksystemen

Aufgabe 5-1: Diskutieren Sie die Ziele des Einsatzes von Datenbanksystemen und ihre grundlegenden Aufgaben anhand konkreter Anwendungsbeispiele.

Aufgabe 5-2: Geben Sie ein Anwendungsbeispiel für die Archivierung von Informationen und erläutern Sie den Zweck der Archivierung.

Aufgabe 5-3: Geben Sie ein Konzept zum Aufbau einer Literaturdatenbank. Definieren Sie die mögliche Struktur einer Datei für diese Anwendung.

Aufgabe 5-4: Beschreiben Sie die Funktionen eines Repository zum Aufbau einer Datenbank.

Aufgabe 5-5: Diskutieren Sie die unterschiedlichen Begriff eines „offenen" Datenbanksystems.

Aufgabe 5-6: Erläutern Sie die Vorteile und Nachteile eines Verteilten Datenbanksystems (VDBS).

Aufgabe 5-7: Beschreiben Sie das Konzept eines Föderierten Datenbanksystems (FDBS). Vergleichen Sie dieses Konzept mit dem eines Verteilten Datenbanksystems.

Aufgabe 5-8: Diskutieren Sie den Einsatz eines Multimediadatenbanksystems in der betrieblichen Praxis.

Aufgabe 5-9: Erläutern Sie die Eigenschaften eines Datenbanksystems einerseits und eines Wissensbanksystems andererseits. Vergleichen Sie die beiden Systeme.

Aufgabe 5-10 Geben Sie ein Anwendungsbeispiel für ein Temporales Datenbanksystem und erläutern Sie seine Eigenschaften.

Aufgabe 5-11: Was versteht man unter Aktiven Datenbanksystemen einerseits und unter Deduktiven Datenbanksystemen andererseits?

Aufgabe 5-12: Beschreiben Sie ein Kundendatenbanksystem einer Unternehmung nach den sechs Stufen der Abbildung 5.8.

5.5 Literatur zu Kapitel 5

Chamoni, P.; Gluchowski, P. (1999): Analytische Informationssysteme, 2. Auflage, Berlin, Heidelberg, New York 1999.

Cremers, A. B.; Griefahn, U.; Hinze, R. (1994): Deduktive Datenbanken, Braunschweig, Wiesbaden 1994.

Dadam, P. (1996): Verteilte Datenbanken und Client/Server-Systeme, Berlin u.a. 1997.

Gabriel, R. (1992): Wissensbasierte Systeme in der betrieblichen Praxis, London 1992.

Gabriel, R.; Röhrs, H.-P. (1995): Datenbanksysteme. Konzeptionelle Datenmodellierung und Datenbankarchitekturen, 2. Auflage, Berlin u.a. 1995.

Gluchowski, P.; Gabriel, R.; Chamoni, P. (1997): Management Support Systeme, Berlin u.a. 1997.

Hansen, H.-R. (1996): Klare Sicht am Info-Highway, Wien 1996.

Hansen, H.-R.; Neumann, G. (2001): Wirtschaftsinformatik I, 8. Auflage, Stuttgart 2001.

Heuer, A. (1997): Objektorientierte Datenbanken: Konzepte, Modelle, Standards und Systeme, 2. Auflage, Bonn 1997.

Kleinschmidt, P.; Rank, Ch. (1997): Relationale Datenbanksysteme, Berlin u.a. 1997.

Lamersdorf, W. (1994): Datenbanken in verteilten Systemen, Konzepte, Lösungen, Standards, Berlin u.a. 1994.

Lusti, M. (1997): Dateien und Datenbanken, Berlin u.a. 1997.

Meier, A. (1995): Relationale Datenbanken, 2. Auflage, Berlin u.a. 1995.

Mertens, P. (2001): Integrierte Informationsverarbeitung 1, 13. Auflage, Wiesbaden 2001.

Mertens, P.; Griese, J. (2000): Integrierte Informationsverarbeitung 2, 8. Auflage, Wiesbaden 2000.

Rahm, E. (1994): Mehrrechner-Datenbanksysteme, Grundlagen der verteilten und parallellen Datenbankverarbeitung, Bonn u.a. 1994.

Saake, G.; Türker, C.; Schmitt I. (1997): Objektdatenbanken, Bonn u.a. 1997.

Schader, M. (1997): Objektorientierte Datenbanken, Berlin u.a. 1997.

Schwarze, J. (1997): Einführung in die Wirtschaftsinformatik, 4. Auflage, Herne, Berlin 1997.

Stahlknecht, P.; Hasenkamp, U. (2002): Einführung in die Wirtschaftsinformatik, 10. Auflage, Berlin u.a. 2002.

6 Datenbanksysteme in verteilten Informationssystemen

Verteilte Informationssysteme bzw. verteilte Anwendungssysteme haben in den letzten 20 Jahren eine zunehmende Bedeutung in der Unternehmungs- und Verwaltungspraxis erlangt. Auf die Motivation zum Einsatz dieser Art von computergestützten Systemen, die inzwischen sogar zur Dominanz dieser Informationssystemarchitektur bei Neuentwicklungen geführt hat, gehen wir im folgenden Abschnitt 6.1 ein. Anschließend beschreiben wir die resultierende zeitlich parallele Entwicklung im Hinblick auf Datenbanksysteme, die wir zur besseren Abgrenzung als nicht-zentrale Datenbanksysteme bezeichnen (Abschnitt 6.2)[263].

Dabei geht es zunächst um die technologische Entwicklung und ihren Einfluss auf die Informationssystemarchitekturen, bevor die Konsequenzen für die Datenbanksystemkommunikationsschnittstellen und die Datenbanksystemarchitekturen dargestellt werden. Die Abschnitte 6.3 bis 6.5 sind dann der näheren Betrachtung jeweils eines nicht-zentralen Datenbanksystemtyps gewidmet. Wir beginnen dabei mit den Multidatenbanksystemen, die ihre Existenz vielfach einer historisch erklärbaren, aber in der Wirkung für integrative Zwecke äußerst hinderlichen schlecht oder kaum koordinierten Entstehung von einander unabhängiger, autonomer Datenbanksysteme verdanken (Abschnitt 6.3).

Dominiert bei Multidatenbanksystemen die Autonomie der beteiligten Datenbanksysteme, so steht bei Verteilten Datenbanksystemen im krassen Gegensatz dazu ein gezielt entwickeltes, gemeinsames konzeptionelles Schema zur Verfügung. Die damit verbundenen Besonderheiten der bewussten Datenverteilung und der übergreifenden Transaktionslogik stellen zwangsläufig die Schwerpunkte des Abschnitts 6.4 dar.

Föderierte Datenbanksysteme können im jeweiligen Extremfall ein Multidatenbanksystem oder ein Verteiltes Datenbanksystem sein. Ausgangspunkt für ein Föderiertes Datenbanksystem ist grundsätzlich ein Multidatenbanksystem, das durch einen sogenannten Föderierungsdienst für ausgewählte Daten der beteiligten Datenbanksysteme den Charakter eines Verteilten Datenbanksystems annimmt. Umfasst die Auswahl alle Daten der beteiligten Systeme, so liegt ein Verteiltes Datenbanksystem vor. In Abschnitt 6.5 werden wir die Bandbreite dieses Typs nicht-zentraler Datenbanksysteme diskutieren und dabei besonders auf die nachträglich zu bewirkende Homogenität der Daten und ihrer Beschreibungen eingehen.

---

[263] Vgl. hierzu die Klassifikationsansätze in Abschnitt 5.2.2.

Abschnitt Kapitel 6.6 fasst die Erkenntnisse zu nicht-zentralen Datenbanksystemen kurz zusammen und geht dabei speziell auf Nutzungstendenzen der Datenbanksysteme im Rahmen von Verteilten Informationssystemen ein.

6.1 Motivation für verteilte Informationssysteme

Die Motivation für den Aufbau und die Nutzung verteilter Informationssysteme soll an Beispielen aufgezeigt werden:

Deutschland ist eine Föderation, bei der die 16 Bundesländer, die Kreise und die Kommunen jeweils eigene Kompetenzen besitzen. Damit werden Entscheidungen möglichst ereignis- bzw. sachverhaltsnah getroffen, die Verantwortung für Lokales wird bei lokalen oder regionalen politischen Instanzen angesiedelt. Dezentrale bzw. verteilte Kompetenz im Rahmen bundeseinheitlicher Regelungen kann man beispielhaft auf den Kraftfahrzeugkennzeichen ablesen, deren Vergabe in den Kraftfahrzeugzulassungsstellen der Kreise oder Kommunen in eigener organisatorischer Verantwortung erfolgt.

Ein weiteres anschauliches Beispiel für die Dezentralisierung und Verteilung bietet die Finanzverwaltung. Die Finanzverwaltung des Landes Nordrhein-Westfalen (NRW) besteht aus Behörden, die auf viele der 396 Kommunen verteilt sind (vgl. Abb. 6.1). Das Rechenzentrum der Finanzverwaltung (RZF) des Landes NRW als zentrale Institution mit Sitz in Düsseldorf versorgt die 148 Finanzämter, die in dezentraler Form organisiert sind.

Zahlreiche Unternehmungen sind über mehrere Standorte verteilt, multinationale Konzerne wiederum besitzen häufig mehrere Unternehmungen, die weltweit verteilt sind. Seit einigen Jahren führt eine stärkere Wettbewerbs- und Kostenorientierung darüber hinaus zu einer Divisionalisierung bei bestehenden Unternehmungen, die tendenziell selbständig operierende, nach Märkten gegliederte Unternehmungsbereiche zur Folge haben[264].

---

[264] Vgl. Hansen (1992), S. 741f.

Kapitel 6   231

**Das RZF versorgt
150 Finanzämter in NRW**

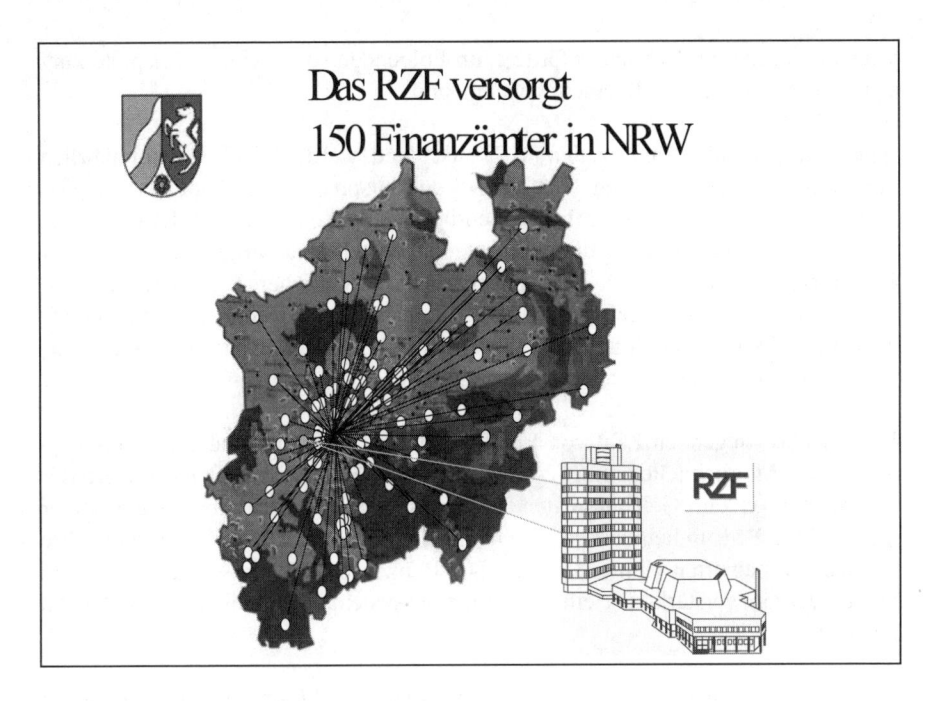

Abb. 6.1:   Vernetzung der Finanzämter in NRW

Dezentralisierung und Verteilung setzen eine geeignete Kommunikationsinfrastruktur voraus. Wir erleben eine sehr schnelle Entwicklung der Kommunikationstechnologie, die es uns wie selbstverständlich erlaubt, mit dem Mobiltelefon von nahezu jedem beliebigen Ort aus zu telefonieren. Konferenzschaltungen über Tausende von Kilometern, Live-Übertragungen aus der ganzen Welt (auch von Weltraumflügen und -spaziergängen) werden per Fernsehen oder über das Internet in die Wohnungen transportiert und wie selbstverständlich konsumiert. Gleichzeitig mit der Informationsflut aus aller Welt im Fernsehen und bei den überregionalen Rundfunkstationen jedoch erleben insbesondere die Lokalradios in Nordrhein-Westfalen eine anfangs wohl kaum erwartete Hörbeteiligung. Die lokale, von vielen Hörerinnen und Hörern nachvollziehbare oder sogar nachprüfbare Berichterstattung aus einem Umkreis von vielleicht 50 km entspricht offenbar dem Zeitgeist, der allgemein eine Verantwortlichkeit vor Ort für die örtlichen Belange immer stärker in den Vordergrund stellt.

Auch für Informationssysteme, deren Leistung an geografisch verteilten Standorten – mit jedoch mitunter stark differierenden Entfernungen – nutzbar sind, gibt es zahlreiche Beispiele, die damit auch gleichzeitig die Bedeutung entsprechender Verteilungsstrategien und das Vorhandensein einer geeigneten Kommunikationsinfrastruktur unterstreichen. Das Internet als weltweites Netz hat eine rasante Entwicklung in diesem Bereich gefördert. Im Folgenden sollen einige Beispiele kurz vorgestellt werden, die allgemein bekannt sind.

Alle Telefonkunden und -zellen in Deutschland werden i.d.R. einmal jährlich zumindest mit dem aktuellen Telefonbuch der entsprechenden Stadt bzw. Region versorgt, das dann zu Auskunftszwecken bei der Suche nach der Telefonnummer eines anderen Teilnehmers dient. Zusätzlich besteht die Möglichkeit, eine der Fernsprechauskünfte mit für ganz Deutschland einheitlicher Rufnummer zu nutzen. Im Handel sind Telefonbuch und Telefaxbuch sowie die „Gelben Seiten" auch auf CD-ROM erhältlich. Das Telefonsystem lässt sich als weltweites verteiltes Informationssystem beschreiben.

Bei der überwiegenden Zahl von Filialen der Kreditinstitute finden sich mindestens einige Möglichkeiten zum "24-Stunden-Banking", wie beispielsweise Kontoauszugsdrucker und Geldautomaten. Über das Internet ist die Abwicklung vieler Geschäfte z. B. vom heimischen PC aus möglich in Form des Ende der 90er Jahre erstmals propagierten Home-Banking. Die Banken und Sparkassen bauen in den letzten Jahren verstärkt verteilte Informationssysteme auf, um ihre Kunden zu bedienen.

Seit vielen Jahren bereits verfügen die meisten Reisebüros über Anschlüsse an Reservierungssysteme, die es ermöglichen, den Kunden unmittelbar eine verbindliche Auskunft und/oder Reisebestätigung zu geben. Die lokal gegebenen Reisebüros sind somit Teil eines verteilten Informationssystems, bei dem von vielen dezentralen Orten auf zentral verwaltete Datenbestände zugegriffen werden kann und entsprechende Buchungen durchgeführt werden können.

In vielen Warenhäusern und Supermärkten stellen die Registrierkassen gleichzeitig den Teil eines Datenerfassungssystems für ein Informationssystem dar, das Fakturierung, Lagerbestandsführung und Bestellwesen automatisiert. Moderne Warenwirtschaftsysteme sind als verteilte Anwendungssysteme organisiert.

Reisezugauskunfts-, Fahrkartenausstellungs- und Platzreservierungssysteme der Deutschen Bahn AG, die es an fast allen Bahnhöfen und in ausgewählten Reisebüros gibt, ermöglichen für den Kunden vor Ort unmittelbare und aktuelle Dienstleistungen wie die Ausgabe von Fahrkarten, den Ausdruck von Reisezugverbindungen und die Platzreservierung mit sofortigem Ausdruck der Platzkarte.

Ampelanlagen zur Verkehrslenkung werden – zum Teil zusätzlich verkehrsabhängig – durch entfernt platzierte EDV-Anlagen gesteuert, die mit den zahlreichen dezentralen Stationen vor Ort über ein verteiltes Informationssystem verbunden sind.

Kapitel 6   233

Alle dafür zuständigen Bediensteten in den Finanzämtern des Landes Nordrhein-Westfalen können die eingegangenen Steuererklärungen an ihrem Bildschirmarbeitsplatz im Dialog abschließend bearbeiten. Die resultierenden Steuerbescheide werden dann zentral vom Rechenzentrum der Finanzverwaltung in Düsseldorf (RZF) versandt. Abbildung 6.2 zeigt den prinzipiellen Ablauf bei der "**G**esamt**f**estsetzung **d**ezentral" (GFD), einem zeichenorientierten Dialogsystem, das estmals Anfang der 1990er Jahre eingesetzt und seit Februar 2002 in allen Finanzämtern durch das grafische Dialogframework WinGF abgelöst wurde. Das Bearbeitungsprinzip blieb bei diesem Wechsel unverändert.

Die Daten aus der Steuererklärung werden am Arbeitsplatz im Finanzamt in das System eingegeben und einer Prüfberechnung unterzogen. Daraus resultierende Fehler- und Prüfhinweise werden am Bildschirm angezeigt, können entsprechend bearbeitet werden und resultieren in einer erneuten Prüfberechnung. Liegt als Prüfberechnungsergebnis ein korrekter Bescheid vor, so werden die Daten über das Netz an das zentrale RZF geschickt, wo der Bescheid auf Basis des Erhebungskontostands komplettiert, gedruckt, kuvertiert und versandt wird.

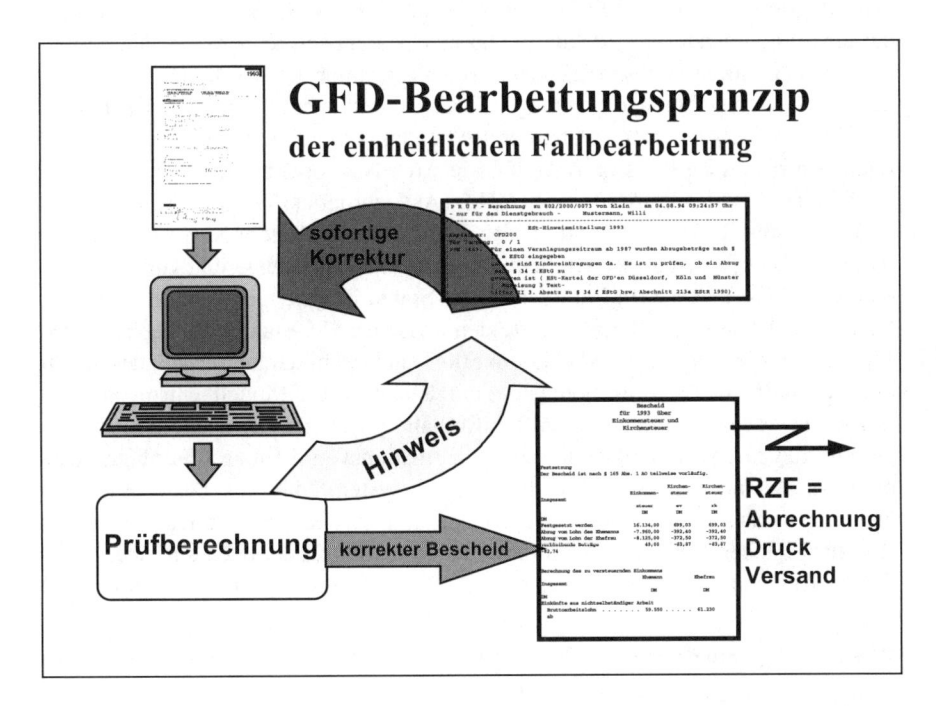

Abb. 6.2: Bearbeitungsprinzip der Einkommensteuerfestsetzung in Nordrhein-Westfalen nach Einführung von GFD

Die Ursachen für den Dezentralisierungstrend sind vielschichtig, sie reichen vom natürlichen Autonomiestreben der Menschen über arbeitspsychologische Aspekte und ökonomische Gründe hin zu veränderten technologischen Rahmenbedingungen. So wurde bereits 1987 weltweit mehr Geld für Mikrocomputer als für Großrechner ausgegeben[265]. Damit war die Chance – und auch das Risiko – der völlig losgelösten Entwicklung und des isolierten Einsatzes von DV-Leistungen gegeben. Damit verbunden war dann in zunehmendem Maß kaum kontrollierbare Mehrfachentwicklung und Redundanz und Inkonsistenz bei den Daten.

Dem verstärkten Wunsch nach Integration derartiger Insellösungen in eine globale unternehmungsweite Informationsverarbeitung und gleichzeitig dem Wunsch nach lokaler Autonomie und Verantwortung konnte und kann schließlich durch die enorme Entwicklung im Bereich der Kommunikation Rechnung getragen werden. Die technischen Datenübertragungsmöglichkeiten und -geschwindigkeiten haben bei gleichzeitig zunehmender Standardisierung erst die vielen Varianten und die wirtschaftlichen Voraussetzungen einer verteilten Informationsverarbeitung geschaffen.

Das integrierte weltweite Telefon- und Datennetz ISDN bietet seit 1984 eine Standardübertragungsrate von 64 kbit/s. Die hierfür gentzten Kuperdoppeladerleitungen können durch die spezielle Netzzugangstechnik DSL (Digital Subscriber Line) inzwischen bei der Sendung 128Kbit/s und beim Empfang 768 Kbits/s Durchsatz verarbeiten.[266] Anfang der 1990er Jahre werden bereits Übertragungsraten von bis zu 2 Mbit/s in WAN (Wide Area Network) erreicht[267]. Breitband-Verfahren auf Glasfaserbasis wie ATM (Asynchronous Transfer Mode) sehen standardmäßig 155 Mbit/s und in der Spitze über 600 Mbit/s vor[268]. Zeitlich parallel gab es im LAN-Bereich beim Ethernet z.B. eine Steigerung von standardmäßig 10 Mbit/s auf 100 Mbit/s mit in der Spitze Übertragungsraten im Gigabit-Bereich[269]. Die Gartner Group führte den zwischen 1994 und 1998 beobachteten Zuwachs des WAN-Datenverkehrs um 500% außerdem darauf zurück, dass mehr als die Hälfte neuer Anwendungen dem Client-Server-Modell entsprechen[270]. Diese Anwendungen bilden verteilte Informationssysteme, die wiederum Voraussetzung für eine verteilte Daten- bzw. Informationsverarbeitung (distributed data processing) sind. Ein verteiltes Informationssystem, das aus der Vernetzung mehrerer dezentral gegebener Arbeitsplätze und/oder Rechner besteht, kann sich auf einen lokalen Bereich, z.B. in einer Unternehmung, aber auch auf einen weltweiten Anwendungsbereich beziehen, so z.B. auf der Basis der sich sprunghaft

---

[265] Vgl. Hannan (1988), S. 8.
[266] Vgl. Gabriel/Knittel u.a. (2002), S. 77.
[267] Vgl. Hansen (1992), S. 643.
[268] Vgl. Stahlknecht/Hasenkamp (2002), S. 108.
[269] Vgl. Stahlknecht/Hasenkamp (2002), S 123.
[270] Vgl. Gartner Group (1999).

verbreitenden Internettechnologie. Ein wichtiger Bestandteil eines verteilten Informationssystems ist das Datenbanksystem, das in unterschiedlicher Form gegeben sein kann. Es wandelte sich in den letzten Jahren immer häufiger von einem zentralen zu einem nicht-zentralen bzw. verteilten System.

6.2 Vom zentralen zum nicht-zentralen Datenbanksystem

Mit Datenbanksystemen ist häufig der Gedanke an einen zentral vorliegenden und gleichzeitig unternehmungsweit gültigen und einheitlichen Datenbestand verbunden. Dabei war für lange Jahre historisch und damit technologisch bedingt mit logischer Zentralisierung auch die physische Zentralisierung des Datenbestandes verbunden[271].

Wir wollen im Abschnitt 6.2.1 die Entwicklung der Informationssysteme aus Sicht der Dezentralisierung bzw. Verteilung kurz skizzieren. Dabei wird auch die Bedeutung der technologischen Entwicklung für die Informationssystemarchitekturen deutlich.

Im Abschnitt 6.2.2 zeigen wir die Veränderungen bei den Datenbankssystemkommunikationsschnittstellen auf. Die Datenbanksystemhersteller reagieren hier mit Datenbank-Gateways auf die zunehmende Forderung nach transparenten Umgebungen. Der besonderen Bedeutung ensprechend gehen wir dabei insbesondere auf den von der Firma Microsoft weltweit etablierten Industriestandard *O*pen *Data*base *C*onnectivity (ODBC) ein.

In Abschnitt 6.2.3 stellen wir die 1987 von Date aufgestellten 12 Gebote für nicht-zentrale Datenbanksysteme vor und diskutieren ihre Bedeutung für die drei Grundtypen nicht-zentraler Datenbanksysteme[272], die anschließend behandelt werden.

6.2.1 Entwicklung der Informationssystemarchitekturen

Datenbanksysteme haben sich zwischen 1965 und 1985 – zunächst als Basis für Administrationssysteme[273] – in allen großen Rechenzentren etabliert. Diese

---

[271] Vgl. Gabriel/Röhrs (1995).
[272] Vgl. Gabriel (1999), Abschnitt 2.2.
[273] Vgl. Gabriel/Röhrs (1995), Abschnitt 1.2.

Administrationssysteme waren im Wesentlichen geprägt durch Datenhaltung und -verarbeitung auf einem Großrechner[274], der im sogenannten Closed-Shop-Betrieb in einem eigens dafür eingerichteten, klimatisierten Rechenzentrum bzw. Rechenzentrumsbereich von Operateuren meist im Zwei- oder Drei-Schicht-Betrieb bedient wurde.

Die zentrale Batch-Verarbeitung, unabhängig vom Ort der Datenentstehung bzw. der Datenverwendung, führte typischerweise zu Verfahrensabläufen, bei denen am Arbeitsplatz in der Fachabteilung keine zusammenhängende Bearbeitung eines Vorgangs mehr gewährleistet werden konnte. Beispielhaft zeigt dies auch die Abbildung 6.3, die den Ablauf bei der Einkommensteuerveranlagung vor der Einführung der in Abbildung 6.2 dargestellten Gesamtfestsetzung in dezentraler Form skizziert. Ein i.d.R. aus Sicht der sachbearbeitenden Stelle "von außen" initiierter Vorgang führte zu einer bei der Sachbearbeitung im Finanzamt ermittelten und/oder geprüften Menge von "Eingabedaten" für einen Rechenprozess, für dessen Ausführung das Administrationssystem im Rechenzentrum (RZF) zuständig war. Dazu galt es, die Eingabedaten – soweit nicht bereits formularmäßig bei der Datenentstehung erfolgt – erfassungsgerecht zu gestalten und zur meist an einer oder an wenigen Stellen in der Unternehmung konzentrierten (Massen-)Datenerfassung weiterzuleiten (Teilvorgang 1 in Abb. 3, d.h. der Weg von der im Finanzamt eingegangenen Erklärung über die personelle Eingabevorbereitung in der Veranlagungsstelle zur im Finanzamt zentralisierten Erfassungsstelle). Die erfassten Daten wurden dann bis zum aufgabenabhängig beispielsweise allmonatlichen, wöchentlichen oder täglichen Verarbeitungslauf des Administrationssystems gesammelt. Die Rechenergebnisse und/oder zugehörige Verarbeitungsnachweise, Fehler- und Prüfhinweise wurden zentral im Rechenzentrum ausgedruckt (Teilvorgang 2 in Abb. 6.3) und zur weiteren Bearbeitung der Fachabteilung übermittelt – in den frühen Jahren auf dem Weg des "Autoprocessing" (d.h. mit dem Lieferwagen vom Rechenzentrum zum Ort der Datenverwendung), später auch über Datenfernübertragung mit dezentralem Ausdruck im zuständigen Fachbereich. Im Fall eines Fehlerhinweises wie in Abbildung 6.3 wiederholt sich dieses Ablaufprinzip in Form der Teilvorgänge 3 und 4. Abgeschlossen wird die Fallbearbeitung des Beispiels mit dem Bescheidversand durch das Finanzamt in Teilvorgang 5.

Eine weitere, speziell in den 1980er Jahren aufgekommene Variante bestand darin, die für die Sachbearbeitung im Fachbereich relevanten Daten nach dem Verarbeitungslauf des Administrationssystems in einem Auskunftssystem zu aktualisieren und für Dialogabfragen bereitzustellen. In allen Fällen jedoch war der Sachbearbeiter bzw. die Sachbearbeiterin im Finanzamt mindestens im Fall von Fehler- und Prüfhinweisen Tage nach der ersten Vorgangsbearbeitung erneut

---

[274] Vgl. Klassifizierung bei Hansen (1996), S. 49.

gefordert, sich mit dem Vorgang zu befassen, um einen Abschluss der Vorgangsbearbeitung zu erreichen.

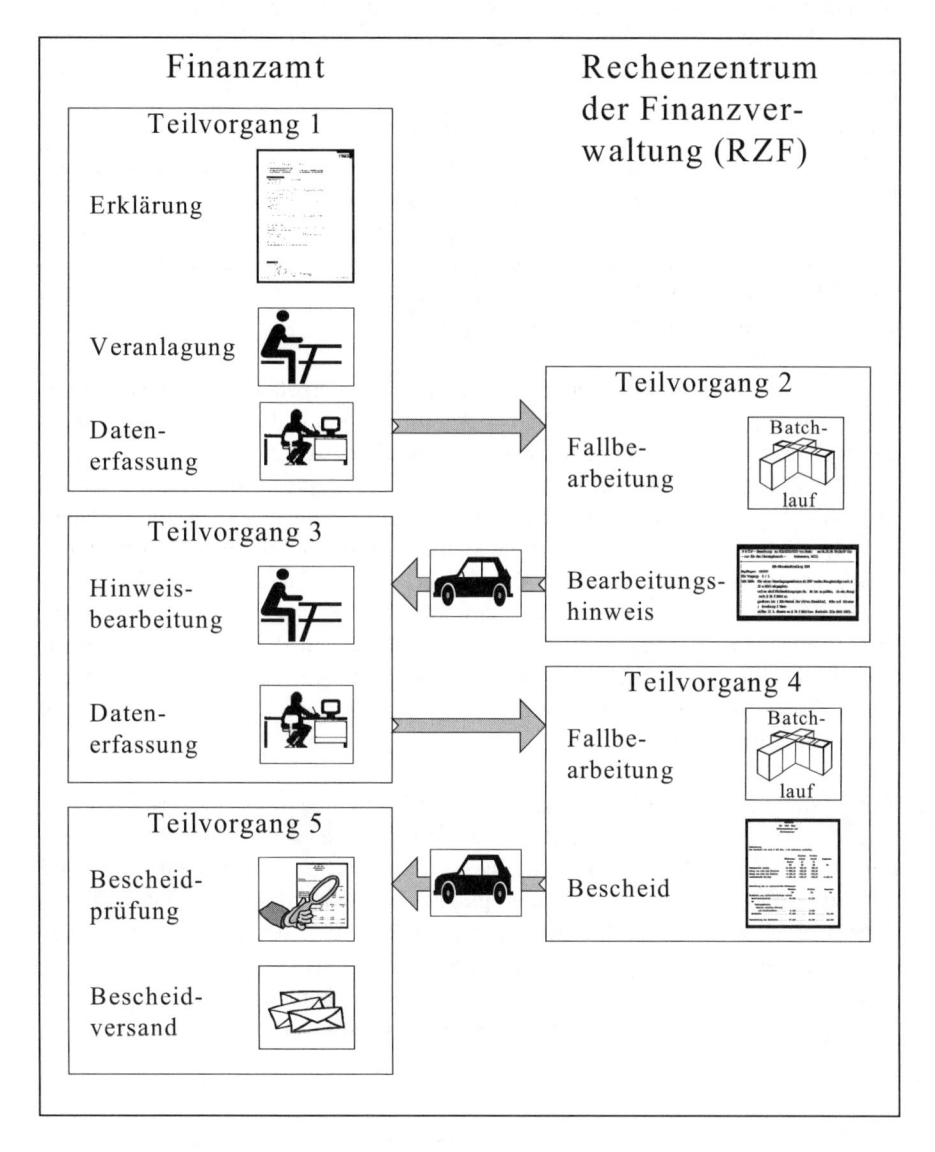

Abb. 6.3: Bearbeitungsablauf der Festsetzung z.B. der Einkommenssteuer in NRW vor Einführung von GFD

Der Einsatz von Datenbanksystemen diente in diesem Zusammenhang nur selten dem unmittelbaren Nutzen bei der Sachbearbeitung im Fachbereich, ja der Fachbereich sollte den Einsatz von Datenbanksystemen möglichst überhaupt nicht bemerken, war er doch weiterhin im Wesentlichen über "Papierschnittstellen" mit dem Administrationssystem verbunden. Benutzer des Datenbanksystems waren stattdessen zunächst die Anwendungsprogrammierer und die Rechenzentrumsbetreiber. Für die Anwendungsprogrammierung folgte auf die in den 1960er Jahren durch Betriebssystemmittel erreichte Geräteunabhängigkeit nun die weitgehende Unabhängigkeit der Programme von den Bestands- und Stammdaten bzw. von deren Struktur. Für den Rechenzentrumsbetrieb schlug positiv zu Buche, dass die zuvor häufig kaum kontrollierbaren Redundanzen in der Datenhaltung durch die vom Datenbankverwaltungssystem gewährleistete minimale und zugleich kontrollierte Redundanz abgelöst wurden. Gleichzeitig gab es dadurch verbesserte Möglichkeiten der Datenintegrität[275].

Auswirkungen auf das Personal in der Fachabteilung ergaben sich jedoch mit der zunehmenden Verbreitung des Dialogbetriebs, der unter der Regie eines Transaktionsmonitors für den Endbenutzer weitgehend transparent auf dem Großrechner ablief. Ein Transaktionsmonitor kann eine Komponente des Betriebssytems sein, wie UTM (*U*niverseller *T*ransaktions*m*onitor) beim BS2000 auf Rechnern der Firma Siemens. Er kann jedoch auch als hochprioer Job unter Steuerung des Betriebssystems ablaufen, wie CICS (*C*ustomer *I*nformation *C*ontrol *S*ystem) unter MVS der Firma IBM[276]. Jetzt ermöglichte die Datenverwaltung in einem Datenbanksystem prinzipiell auch ad-hoc Auskünfte auf der Basis unterschiedlicher Suchschlüssel. Gestützt wurde diese Nutzungsform der EDV, die über die traditionellen Administrationssysteme hinausgeht, durch immer leistungsfähigere Datenbankabfragesprachen[277].

Doch wie wir bisher gesehen haben[278], sind Datenbanksysteme grundsätzlich integrierend und damit – traditionell – zugleich zentralisierend in ihrer Wirkung. Alle Daten einer Unternehmung befinden sich in „einer" Datenbank, die unter Kontrolle eines Datenbankverwaltungssystems steht, das integritätsfördernd, zugriffsregulierend und -optimierend den Mehrbenutzerbetrieb unterstützt. Die Zugriffsmöglichkeiten sind i.d.R. dezentralisiert, d.h. der Zugriff auf die zentrale Datenbank ist von vielen dezentralen Stellen aus gegeben, die sowohl in unmittelbarer Nähe als auch in weit entfernten Orten liegen können.

---

[275] Zu Anforderungen an und damit zugleich Vorteilen der Datenbanksysteme siehe Gabriel/Röhrs (1995), Kapitel 5.
[276] Vgl. Stahlknecht (1993), S. 100f.
[277] Vgl. Röhrs (1999).
[278] Vgl. Gabriel/Röhrs (1995).

Die technologische Entwicklung hat jedoch neben dem Großrechner als ursprünglich einzige Form des Universalrechners den Bau und massenweisen Vertrieb von Mikro- und Minirechnern ermöglicht, die gleichfalls für nahezu beliebige Zwecke bei mit dem Großrechner vergleichbaren Prozessorleistungen (MIPS-Raten) einsetzbar sind.

So finden sich seit Anfang der 80er Jahr zunehmend heterogene Rechnerlandschaften insbesondere in Großunternehmungen und in der öffentlichen Verwaltung. Dabei folgen diese IV-Anwender dem Trend zur Informationsverarbeitung und -speicherung da, wo die Daten und die Funktionalität benötigt werden. Dabei spielt die Bedeutung der Information als Produktionsfaktor und damit die jederzeit verfügbare aktuelle Information – unabhängig von Datenentstehung und -verarbeitung – eine wichtige Rolle. Zeitgleich wuchs in Forschung und Entwicklung die Bedeutung des Themas "Verteilte Datenbanksysteme", das in Abschnitt 6. 4 behandelt wird.

Neuere Konzepte zur Informationsbereitstellung aus beliebigen operativen, von Administrationssytemen gepflegten Datenbeständen werden unter dem Begriff „Data Warehouse" zusammengefasst. „Ein Data Warehouse hat die Aufgabe, inhaltsorientiert, integriert und dauerhaft Daten zu sammeln, zu transformieren und zu verteilen[279]." Daneben finden sich verschiedene Formen der Individuellen Datenverarbeitung (IDV). Wird sie z. B. datenmäßig aus einem Data Warehouse versorgt, so ist die Datenhaltungsfrage und -konsistenz relativ problemlos für die IDV-Anwender und die Unternehmung. Ansonsten ist prinzipiell jeder IDV-Anwender verantwortlich für seine individuellen Daten ohne Koordinierungs- und Konsistenzverpflichtung hinsichtlich der übrigen Daten in der Unternehmung. Die IDV-interne Datenhaltung ist in diesem Sinn zu verstehen als persönlicher Notizblock.

Sind jedoch dezentrale PC's nicht in einem Netz untereinander, mit einem anderen Rechner (Server) oder einem Großrechner (Mainframe) verbunden, so kann es schnell zu inkonsistenten Insellösungen kommen. Die dezentralen Rechner (gleich ob PC's oder UNIX- oder Windows-NT-Rechner) müssen in geeigneter Form untereinander verbunden sein und miteinander kommunizieren können.

Die Verbindungen geografisch z. T. weit entfernter Rechner über Datenleitungen gibt es schon seit den 1970er Jahren, und sie hat auch schon immer die Verteilung von Aufgaben auf die beteiligten Rechner ermöglicht und beeinflusst. Stahlknecht unterscheidet dabei die horizontale und vertikale Form der Verteilung.[280] Eine horizontale Form liegt in unserem VHS-Beispiel dann vor, wenn Rechner in

---

[279] Gluchowski/Gabriel/ Chamoni (1997), S. 29; Gabriel/Chamoni/Gluchowski (2000); detailliert behandelt wird diese bedeutende Thematik in Kapitel 8.
[280] Vgl. Stahlknecht (1993), S. 153.

Korschenbroich und Kaarst jeweils mit der Abwicklung aller dezentralen Aufgaben wie lokalspezifischer Raumverwaltung, Teilnehmerbetreuung und Öffentlichkeitsarbeit befasst sind. Bei der vertikalen Form werden z. B. in Korschenbroich und Kaarst erfasste, verarbeitete und gespeicherte Daten an den z. B. in Kaarst platzierten Rechner zur gemeinsam Weiterverarbeitung geschickt.

Als aktuelles Konzept für verteilte Verarbeitung hat sich seit Anfang der 1990er Jahre das sogenannte Client-Server-Modell etabliert. Hansen versteht darunter „eine Architektur, bei der eine IT-Anwendung in einen benutzernahen Teil (Client, Frontend), der auf dem Endsystem der Benutzer abläuft, und einen von allen Benutzern gemeinsam genutzten Teil (Server, Backend) aufgeteilt ist"[281]. Unterschiedliche Formen von Client-Server-Architekturen zeigt in einer Erweiterung der Darstellung bei Hansen[282] die Abbildung 6.4.

Die "klassische" Form der Client-Server-Architektur ist zweistufig und wird häufig als two tier-Architektur bezeichnet[283]. In Abbildung 6.4 sind im linken Teil drei Varianten der two tier-Architektur dargestellt. Sie unterscheiden sich in der Art der Verteilung von Informationssystemkomponenten auf die Client- bzw. Serverebene. Dabei können die Server, wie in den Varianten (a) und (b) dargestellt, ausschließlich zur Datenhaltung verwendet werden. Sie werden dann auch als passiv bezeichnet. Die Verarbeitung findet jeweils auf der Client-Ebene statt, und man spricht daher auch vom Modell der „Dezentralen Verarbeitung". Variante (c) beschränkt die Client-Ebene auf die reine Präsentation, und man bezeichnet dies auch als Modell der „Dezentralen Präsentation"[284]. Diese Variante ist bei der rasanten Verbreitung von Internet und Intranet heute häufig so ausgestaltet, dass auf dem Client ausschließlich ein internetfähiger Browser läuft. Dadurch wird wiederum der Einsatz leistungsschwacher und preisgünstiger Arbeitsplatzrechner und eine Aufwandsreduzierung bei deren Administration ermöglicht (sogenannte "thin clients"), wie sie inzwischen an mehr als 10000 Arbeitsplätzen in den Finanzämtern in NRW betrieben werden.

---

[281] Hansen (1996), S. 1031.
[282] Vgl. Hansen (1996), S. 66.
[283] Vgl. Grauer (2000), S. 83.
[284] Zu den Modellbezeichnungen vgl. Stahlknecht/Hasenkamp (2002), S. 128.

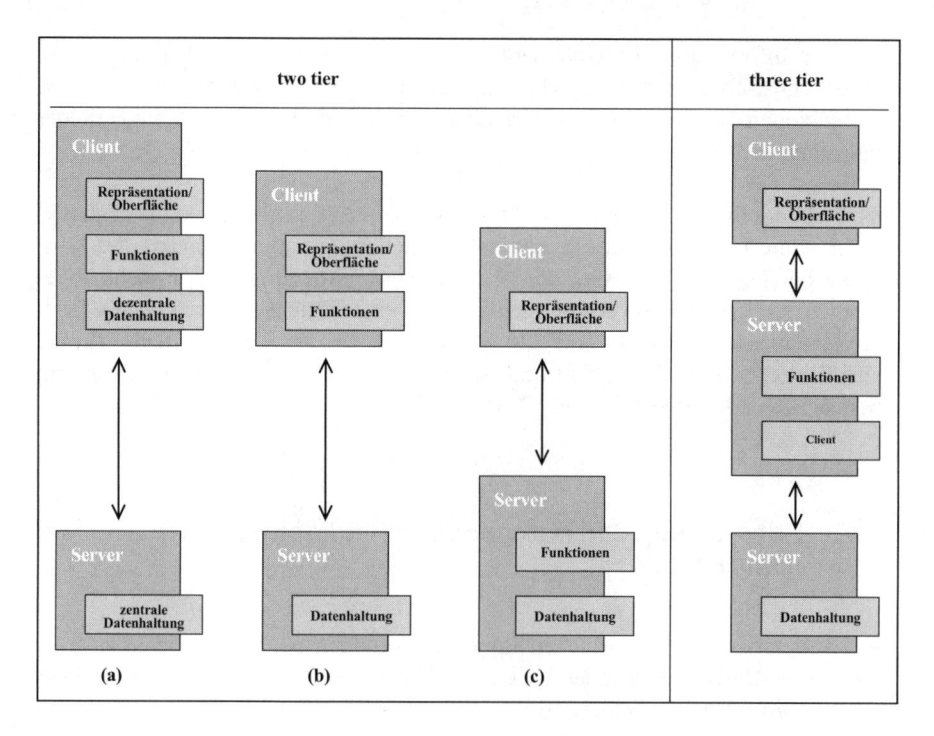

Abb. 6.4: Formen von Client-Server-Architekturen (nach Hansen (1996), S. 66)

Selbstverständlich ist in der Praxis keine 1:1-, sondern i.d.R. eine m:n-Abbildung zwischen der Client- und Serverebene gegeben. Zunächst nutzen n Clients einen Server, bei steigender Belastung jedoch kommt es dann meist zu einer Server-Vervielfachung, um die erforderliche Performance der Anwendung zu gewährleisten. Dabei ist in jeder konkreten Transaktion allerdings weiterhin für einen Client genau ein Server tätig.

Eine andere Form der allmählichen Anpassung an wachsende Leistungsanforderungen stellen multi tier-Architekturen dar. Dabei übernehmen die Server der ursprünglich zweistufigen Architektur nun ihrerseits die Client-Rolle gegenüber einem oder mehreren Servern auf einer weiteren Ebene und so weiter. Eine Prinzipdarstellung einer dreistufigen, also einer three tier-Architektur ist im rechten Teil der Abbildung 6.4 dargestellt. Man sieht im dargestellten Beispiel, dass auch hier wieder die Nutzung von "thin clients" am Arbeitsplatz möglich ist. Auf eine Darstellung weiterer, in der Praxis durchaus vorkommender Varianten der multi tier-Architektur wollen wir jedoch hier verzichten.

Entscheidend aus der Sicht dieses Lehrbuchs über Datenbanksysteme und natürlich auch in der betrieblichen Praxis ist – gerade wegen der besonderen Bedeutung der Information für Unternehmungen und öffentliche Verwaltung – die hinreichend schnelle Verfügbarkeit korrekter, d.h. insbesondere konsistenter, Informationen unabhängig vom Ort. Damit ergibt sich die Notwendigkeit der kontrollierten Datenverteilung.

Hat man dem Programmierer bzw. Anwender mit der Einführung von Datenbanksystemen die Last der Kontrolle der Datenspeicherung und inbesondere der Konsistenz bei korrekter Nutzung der Transaktionsverarbeitung immer mehr abgenommen, so darf sie ihm vernünftigerweise bei einer Datenverteilung nicht wieder auferlegt werden. Dies ist eine der Anforderungen, an der sich nicht-zentrale Datenbanksysteme messen lassen müssen. Auf alle Anforderungen gehen wir im übernächsten Abschnitt 6.2.3 detailliert ein.

6.2.2 Entwicklung der Datenbanksystemkommunikationsschnittstellen

Die zahlreichen unterschiedlichen Implementierungen auch des standardisierten CODASYL-Datenmodells oder des Codd'schen Relationenmodells erschwerten es den Rechenzentrumsbetreibern in den 1970er und 1980er Jahren, von einem auf ein anderes Datenbanksystem umzustellen bzw. zusätzliche Datenbanksysteme in existierenden Anwendungen zu nutzen. Auch die in den 1980er Jahren zunehmend verwendeten Programmiersprachen der 4. Generation (4GL) waren zunächst bewusst maßgeschneidert für die Verwendung genau eines Datenbanksystems, z.B. NATURAL für ADABAS der Firma Software AG. Wachsender Flexibilisierungsdruck und die zunehmende Forderung von Kunden nach offenen Systemen, u.a. zur Verbesserung des Investitionsschutzes, führten schnell dazu, dass z.B. die Software AG ihr System NATURAL auch zur Verarbeitung von Daten aus VSAM-Dateien, IMS- und DB2-Datenbanken der Firma IBM anbot. Das Interesse an der Marktposition der eigenen 4GL erzwang Anbieterinvestitionen in zusätzliche Schnittstellenprogramme, die Datenbankbefehle umwandeln und die Reaktion des Zieldatenbanksystems wieder als Reaktion des "eigenen" Datenbanksystems erscheinen lassen.

Für den NATURAL-Programmierer war dieser Zugriff z.B. auf DB2 weitgehend transparent, denn er musste lediglich das Ziel-Datenbanksystem in geeigneter Form bekanntmachen. Für das Ziel-Datenbanksystem wiederum verhält sich das Schnittstellenprogramm wie ein Anwendungsprogramm. Derartige Schnittstellenprogramme haben also eine Brückenfunktion zwischen zwei DML's (Data Manipulation Language)[285] und ermöglichen mit Mitteln der einen DML den Zugang zu einem Datenbanksystem mit abweichender DML, ohne diese Sprache

---

[285] Vgl. z.B. Gabriel/Röhrs (1995), S. 236.

und das von ihr unterstützte Datenmodell beherrschen zu müssen. Sie werden deshalb auch als Datenbank-Gateway oder – wenn keine Missverständnisse möglich sind – kurz als Gateway bezeichnet.

Um den Nutzerkreis des eigenen Datenbanksystems zu erhöhen, gab es auch Interesse an zusätzlichen Gateways und dementsprechende Entwicklungen bei Datenbanksystem-Herstellern, die mit diesen Produkten gleichsam ihre DBKS (Datenbankkommunikationsschnittstelle) erweiterten. Andererseits erhöhte sich die Nachfrage nach Gateways für transparente Zugriffe auf mehrere Datenbanksysteme auf der Betreiberseite. Ein typischer Anwendungsfall vor allem der 1980er Jahre war der Wunsch bei Rechenzentrumsbetreibern, neben netzwerkorientierten oder anstelle netzwerkorientierter Datenbanksysteme relationale Datenbanksysteme einzusetzen. Gateways zur transparenten Nutzung von Datenbanken beider Datenmodelltypen blieben jedoch am Markt eher selten.

Die Wunschwelt aus Rechenzentrumssicht ist geprägt durch eine Verknüpfbarkeit von Programmen beliebiger Programmiersprachen mit DBKSen beliebiger Datenbanksysteme (DBS), ohne mehr als eine DBKS in einem Programm berücksichtigen zu müssen (vgl. Abbildung 6.5).

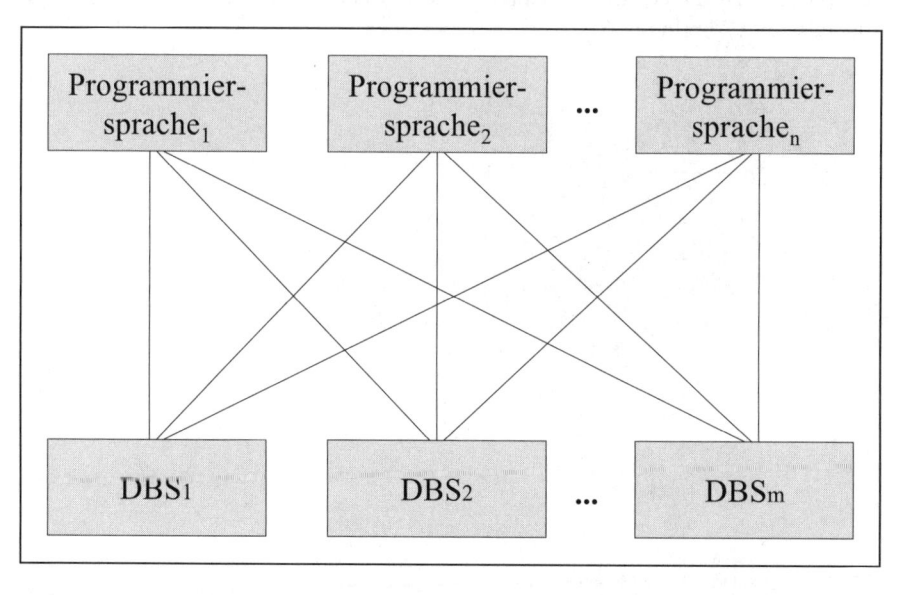

Abb. 6.5: Allgemeines Verknüpfungsmodell zwischen Programmen und Datenbanksystemen (DBS)

Der Zugriff von Programmiersprachen $Prog_k$ ($k \in \{1,..., m\}$) unter Nutzung von DML_l auf DBS_l ($l \in \{1,...,m\}$) sei als Standardfall gegeben. Dann bedeutet die transparente Nutzung aller m Datenbanksysteme DBS_i ($i = 1, ..., m$) durch alle n Programmiersprachen $Prog_j$ ($j = 1, ..., n$) außer dem Standardfall ($j = k$ und $i = l$) gemäß Abbildung 6.5, dass es insgesamt (n x m-1) Gateways geben muss. Dabei kann jeweils entweder der DBS_i-Hersteller seine DBKS entsprechend erweitern oder der DML_i-Hersteller seine Zugriffsbefehle an der DBKS von DBS_i ausrichten.

Mit der Standardisierung von SQL und der Dominanz der relationalen Datenbankmodelle jedoch reduzierte sich die Komplexität der Aufgabe, während gleichzeitig die Marktchancen für Produkte stiegen, die als Gateways für mehrere Datenmanipulationssprachen bzw. mehrere Datenbanksysteme einsetzbar waren. Vor diesem Hindergrund und i.V.m. den strategischen Zielen der Firma Microsoft wurde mit der OPEN DATABASE CONNECTIVITY, kurz ODBC, ein Industriestandard für Zugriffe von SQL auf allen Datenbanksystemen mit einem entsprechenden Gateway (hier allgemein Treiber genannt) geschaffen[286]. Mit der ODBC-Schnittstelle muss jeder DBS_l-Hersteller die Kopplung in Form eines Treibers für ODBC genau einmal realisieren. Für Compiler-Hersteller gilt es gleichermaßen, lediglich eine ODBC-Unterstützung – zusätzlich ggf. zu einer vorhandenen DML-Kopplung – zu bieten. Eine entsprechende Prinzipdarstellung dieses Kopplungsmodells zeigt Abbildung 6.6.

---

[286] Für eine ausführliche Beschreibung zur Nutzung von ODBC vgl. Geiger (1994).

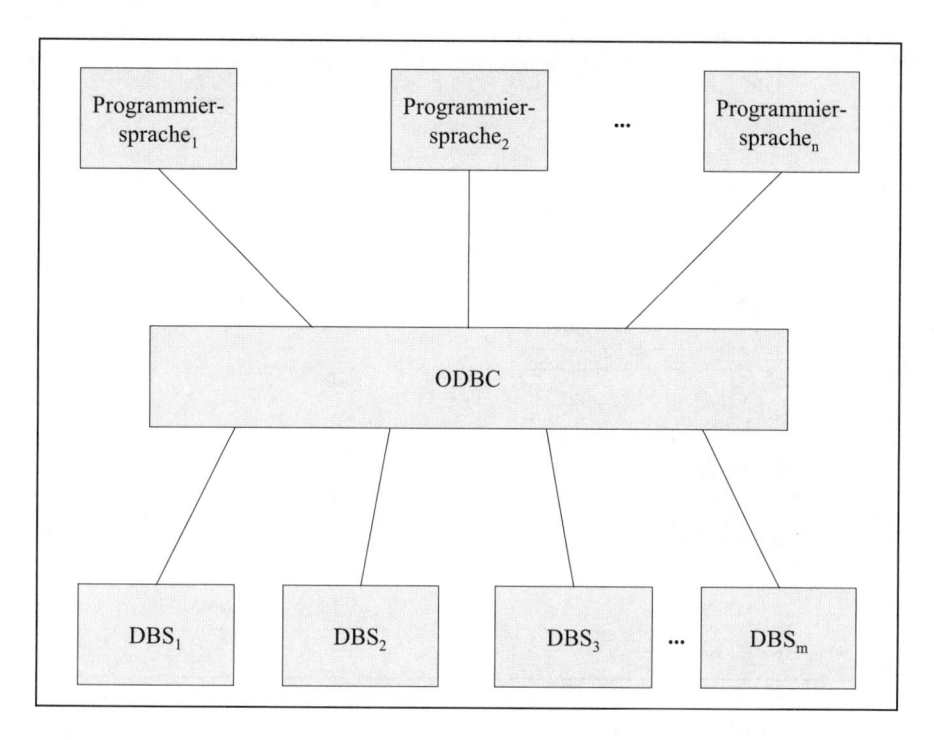

Abb. 6.6: ODBC-Kopplungsmodell zwischen Programmen und Datenbanksystemen

Beim Einsatz von Gateways ist der Verlust von Semantik für beide "Partner" die Regel, denn die Transformation in Gateways bietet die mit vertretbarem Entwicklungs- und Laufzeitaufwand transformierbare gemeinsame Schnittmenge der Leistungen, die DML_i bzw. DBS_j allgemein zur Verfügung stellen. Bei Nutzung des gleichermaßen einschränkenden ODBC-SQL-Dialektes wird dieser Nachteil jedoch i.d.R. mindestens kompensiert durch die transparente Zugriffsmöglichkeit auf viele Datenbanksysteme und das auch noch unabhängig davon, ob die Anwendung und das DBS auf demselben oder auf durch ein Netz verknüpften verschiedenen Rechnern laufen. Für die Hersteller von Datenbanksystemen wiederum ist wegen des Verbreitungsgrades der Programmiersprachen, die ODBC-Aufrufe erlauben, wie z.B. Visual Basic, COBOL und C, das Angebot eines geeigneten Gateways (Treiber) gleichsam Pflicht, um am Markt zu bestehen. Eine Prinzipdarstellung eines Nutzungsbeispiels für ODBC zeigt Abbildung 6.7.

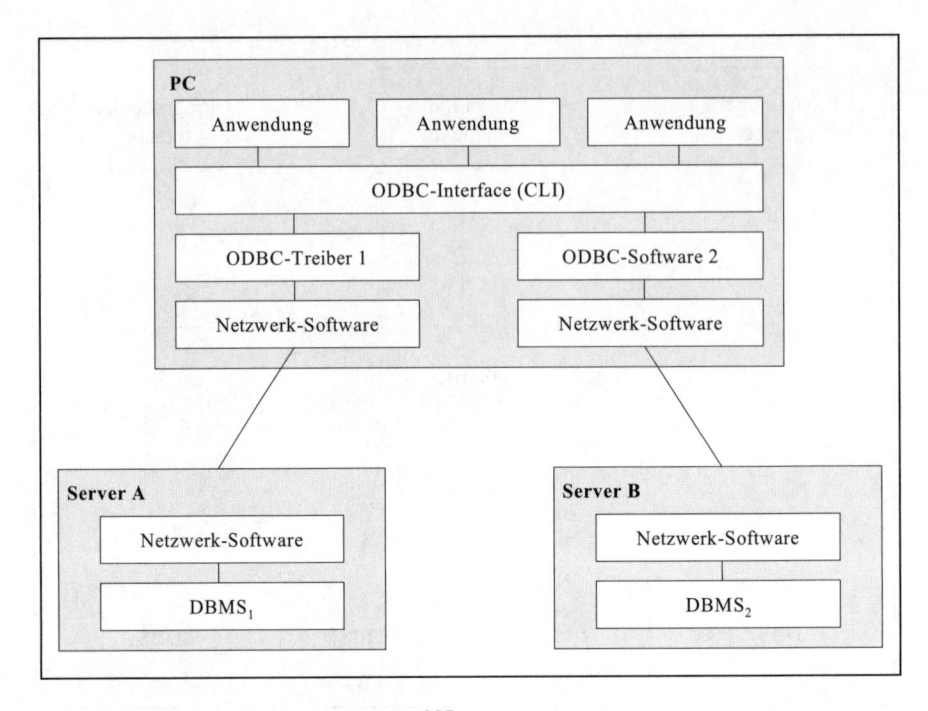

Abb. 6.7: ODBC-Kopplungsarchitektur[287]

Ergänzt wurde der Microsoft-Standard ODBC 1996 durch *OLE* (*O*bject *L*inking and *E*mbedding)/DB[288] als strategischen Teil der Microsoft Komponententechnik *COM* (*C*omponent *O*bject Model), die zur Entwicklung von Komponentensoftware dient und inzwischen in der Version 2.5 vorliegt. Die Objekte einer Komponentensoftware verfügen mit OLE/DB über eine Menge von Datenzugriffsschnittstellen, die nicht auf die Nutzung von relationalen Datenbanksystemen bzw. SQL beschränkt sind, sondern beliebige Datentypen unterstützen. So kann OLE/DB auch als aufwärts kompatible Weiterentwicklung von ODBC gesehen werden, denn es unterstützt auch die Nutzung aller ODBC-Treiber und ODBC-fähigen Datenbanksystemen[289].

Eine größere Hersteller-Unabhängigkeit als OLE/DB verspricht die von der Firma SUN bzw. JAVASOFT propagierte JDBC-Technologie[290]. *JDBC* (*J*ava *Data*base

---

[287] Vgl. Rahm (1999), Kap. 7-21.
[288] Vgl. Beauchemin (2000), S. 32-36.
[289] Vgl. Microsoft (2000).
[290] Vgl. die offizielle Dokumentation von Hamilton et al. (1998).

Connection) bietet für die objektorientierte Programmiersprache Java[291] eine Schnittstelle zur Nutzung von SQL-fähigen Datenbanksystemen.

Eine Sonderform stellt dabei die sogenannte JDBC-ODBC-Brücke dar, die einen – allerdings wenig performanten – einfachen Zugriff auf alle ODBC-fähigen Datenbanken bietet. Andere Varianten mit Verwendung jeweils originärer Datenbankkommunikationsschnittstellen und -protokolle unterscheiden sich durch Zuordnung zum Client oder zum Server. Daher kann standardmäßig zwischen den in Abbildung 6.8 dargestellten two tier- und three tier-Modellen gewählt werden. Fragestellungen zu zentralen oder nicht-zentralen Datenbanksystemen können demnach weitestgehend frei von gewählten oder vorhandenen Programmiersprachen und Datenbanksystemen bearbeitet werden. Die Kommunikationsfähigkeit kann über ODBC, OLE/DB, JDBC ggf. in Verbindung mit zusätzlicher Middleware wie *CORBA* (*C*ommon *O*bject *R*equest *B*roker *A*rchitecture) unabhängig von physikalischen Entfernungen gewährleistet werden.

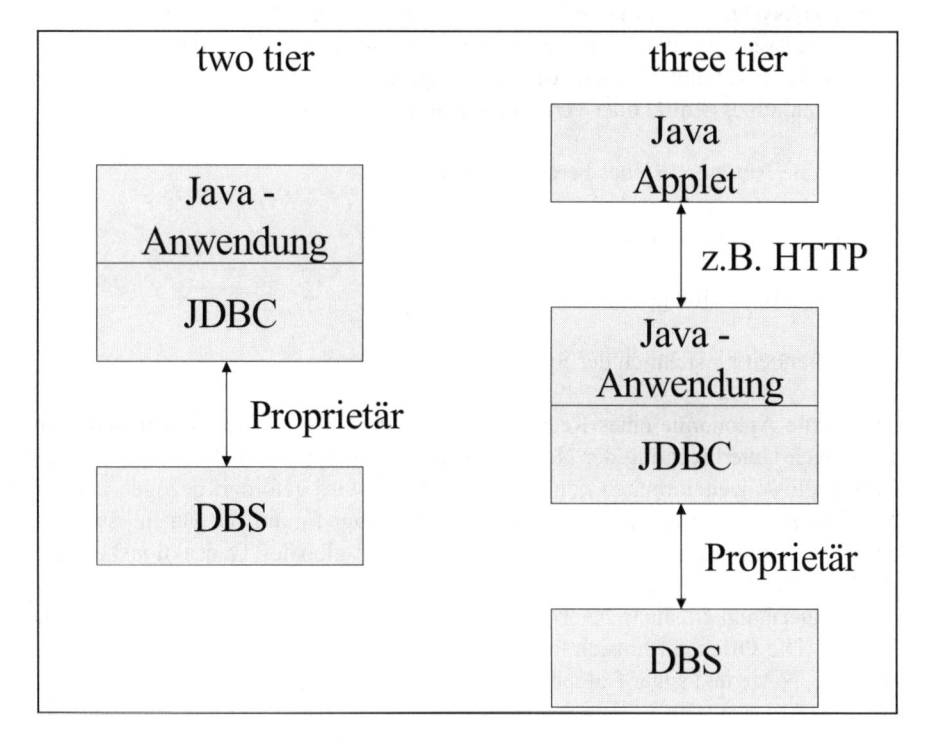

Abb. 6.8: JDBC-Modelltypen[292]

---

[291] Zur Marktsituation bei Java vgl. Boll et al. (1999).

6.2.3 Nicht-zentrale Datenbanksysteme: Anforderungen und Typen

Ein zentrales Datenbanksystem liegt auf genau einem Rechner, unabhängig davon, ob dieser Rechner in einem Netz mit anderen Rechnern verbunden ist oder nicht. Im Gegensatz dazu sind die Daten bei einem nicht-zentralen Datenbanksystem über zumindestens zwei in einem Netz verbundene Rechner verteilt. Wie im Überblick zur Datenbanksystem-Klassifikation bereits gezeigt, lassen sich die nicht-zentralen Datenbanksysteme ihrerseits in Verteilte Datenbanksysteme (VDBS), Multidatenbanksysteme (MDBS) und Föderierte Datenbanksysteme (FDBS) einteilen[293].

Als sich die Datenbanksystemforschung gerade mal ein paar Jahre damit befasst hatte, den kommunikations- und hardwaretechnischen Optionen entsprechende Datenbanksystemfunktionalitäten gegenüberzustellen, stellte der amerikanische Datenbanksystemspezialist Chris Date 1987 plakativ 12 Regeln für Verteilte Datenbanksysteme auf, die seitdem in der einschlägigen Literatur und in Schulungsunterlagen zu VDBS grundsätzlich zitiert werden[294]. Mit dem Globalziel, dass weder Endbenutzer noch Anwendungsprogrammierer einem System anmerken sollen, ob es zentral oder verteilt ist, plädiert Date darin für

– lokale Autonomie jedes beteiligten Rechners,

– vollständige Transparenz,

– systemweite Integrität,

– Offenheit hinsichtlich der Systemplattform.

Die lokale Autonomie eines Rechners bedeutet u.a., dass seine lokalen Benutzer auch nach Unterbrechung der Netzverbindung zu den anderen Rechnern im Netz unbeeinflusst weiterarbeiten können. Transparenz wird gefordert bezogen auf die Speicherungsorte, die Verteilungsform und die Zugriffe auf die Daten. Systemweite Integrität kann nur erreicht werden, wenn ein globales Transaktionskonzept dafür sorgt, dass die vier Transaktionsprinzipien Atomarität, Konsistenz, Isolation und Dauerfähigkeit auch bei rechnerübergreifenden Transaktionen eingehalten werden. Die Offenheit hinsichtlich der Systemplattform soll Hardware, Betriebssysteme, Netze und sogar Datenbanksysteme umfassen.

---

[292] Vgl. Hamilton et al. (1998), Abschnitt 1.2.4.
[293] Diese drei Typen werden in den nachfolgenden Abschnitten 6.3, 6.4 und 6.5 behandelt.
[294] Vgl. z.B. die besonders ausführliche Darstellung bei Kudlich (1992), Kapitel 6.

Offenkundig können die Regeln von Date bei keinem konkreten Einsatz eines nicht-zentralen Datenbanksystems vollständig eingehalten werden, stehen doch die Autonomie- und Integritätsforderungen im Widerspruch zueinander. Aufgabenabhängig ist hier eine Entscheidung durch den IS-Betreiber zwingend erforderlich. Gleichwohl – und das ist Dates Verdienst – können die Regeln gleichsam als Kriterienkatalog für die Bewertung am Markt erhältlicher Datenbanksystemlösungen verwendet werden, wobei die einzelnen Regeln dazu vorab unternehmensspezifisch zu gewichten sind.

Betrachten wir an dieser Stelle nochmals die drei bekannten Grundtypen nichtzentraler Datenbanksysteme, so wird schnell klar, dass aus heutiger Sicht VDBS, bei denen ein logisch-integrierter Datenbestand basierend auf einem globalen konzeptionellen Schema unter der Regie des VDBMS physisch auf mehreren Rechnern im Netz verteilt ist, die Autonomieforderung allenfalls teilweise – vorbehaltlich konstruierter Spezialfälle – erfüllen. Hier ist also auf die Zuverlässigkeit und Ausfallsicherheit der Hardware und des Netzes besonderer Wert zu legen, da mit Ausfall eines Knotens oder einer Netzverbindung i.d.R. alle anderen Knoten ebenfalls betroffen sind und somit keinem Benutzer ein normales Weiterarbeiten möglich ist.

Das höchste Maß an lokaler Autonomie ist zweifellos bei einem MDBS vorhanden, sind doch hier alle zusammen betrachteten Datenbanksysteme auch isoliert voll einsatzfähig. Von einem Knotenausfall betroffen sind hier lediglich i.d.R. nachträglich ggf. mittels einer MDBS-Sprache – mit dem Bewusstsein mehrerer DBS – entwickelte Anwendungen und deren Benutzer.

Wird aus mehreren Datenbanksystemen ein FDBS gebildet, so sollte für außerhalb des Föderierungsdienstumfangs bleibende Daten und deren Anwendung die lokale Autonomie erhalten bleiben, während für die dem Förderierungsdienst bekanntgemachten Daten föderationsweite Integrität angestrebt werden kann.

Zunehmende Autonomie der beteiligten Rechnerknoten erlaubt zwangsläufig eine größere Heterogenität der Plattformen. Im Gegensatz dazu werden Transparenz und Konsistenz durch zunehmende Autonomie und Offenheit erschwert bis verhindert. Insbesondere bei MDBS müssen die beteiligten Datenbanksysteme explizit adressiert werden und den Benutzern alle benötigten verteilten Schemata bekannt sein. Autonomie, also lokale Selbstbestimmung über die jeweiligen lokalen Schemata, erzwingt wiederholt entsprechende Änderungen aus der MDBS-Sicht.

Auch Gateways, wie wir sie im vorigen Abschnitt kennengelernt haben, unterstützen in der Regel keine verteilten Transaktionen. Heterogenität bei den beteiligten Datenbanksystemen behindert somit die systemweite, verlässliche Datenkonsistenz. Aber selbst bei homogenen Datenbanksystemen ergeben sich potenzielle

Konflikte zwischen autonomem lokalen und konsistenzförderndern verteilten Transaktionshandling.

Da die Grenzen zwischen den drei Typen von nicht-zentralen Datenbanksystemen fließend sind, ergibt sich hinsichtlich der vier Hauptforderungen von Chris Date aus der bisherigen Analyse ein Zusammenhang, wie wir ihn in Abbildung 6.9 skizziert haben. In den folgenden Abschnitten werden die gezeigten Platzierungen der drei DBS-Typen im Zuge der detaillierten Darstellung ihrer Charakteristika nochmals herausgearbeitet.

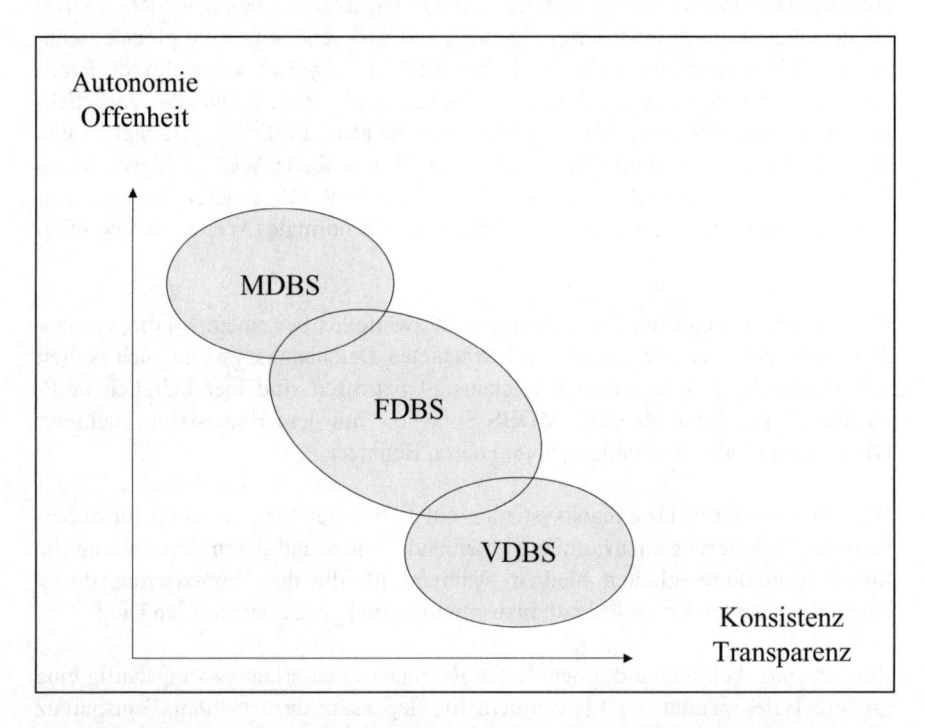

Abb. 6.9: Einordung der nicht-zentralen Datenbanksysteme in die Anforderungsklassen von Date[295]

Dabei beginnen wir der Praxisentwicklung entsprechend mit dem Multidatenbanksystem (MDBS) in Abschnitt 6.3. Die Verteilten Datenbanksysteme (VDBS) wurden als erster DBS-Typ von der Informatik-Forschung und den Datenbanksystemherstellern zeitlich parallel zur Entstehung von Multidatenbanksystemen in der Praxis untersucht bzw. entwickelt. Wir stellen diese Entwicklung in Abschnitt 6.4

---

[295] Zu den Anforderungsklassen vgl. die Ausführungen zu Beginn dieses Abschnitts 6.2.3.

dar. In Abschnitt 6.5 zeigen wir wie die Föderierten Datenbanksysteme (FDBS) zur zunehmend transparenten logisch integrierten Nutzung von Multidatenbanksystemen eingesetzt werden können.

6.3 Multidatenbanksysteme (MDBS)

Multidatenbanksysteme (MDBS) dienen der gemeinsamen Nutzung mehrerer unabhängiger Datenbanksysteme mit datenbankübergreifender Datenkonsistenz. Im Abschnitt 6.3.1 gehen wir ausführlicher auf die Ausgangssituation für MDBS ein. Im Abschnitt 6.3.2 behandeln wir zunächst Architekturmodelle, die im konkreten Rechenzentrumsbetrieb zur Synchronisation autonomer Datenbanksysteme entstanden sind, und stellen danach eine allgemeine Referenzarchitekur für MDBS vor[296]. In Abschnitt 6.3.3 setzen wir auf der im Abschnitt 6.3.1 begründeten Ausgangssituation mehrerer unabhängiger Datenbanksysteme auf. Beschrieben wird dann die nachträgliche Homogenisierung, die bei MDBS überwiegend bis ausschließlich in Anwendungssystemen, bei FDBS (vgl. Abschnitt 6.5) im Föderierungsdienstsystem geleistet wird.

6.3.1 Motivation für Multidatenbanksysteme

Die Ausgangssituation für die Entwicklung bzw. den Einsatz eines Multidatenbanksystems (MDBS) in einer Unternehmung ist dadurch gekennzeichnet, dass bereits mehrere Datenbanksysteme (relativ) unabhängig voneinander sind und zunächst nicht miteinander vernetzt betrieben werden. Daneben kann der Auslöser für den MDBS-Einsatz auch ein einziges eingesetztes Datenbanksystem sein, dem ein aktuelles zusätzliches Datenbanksystem hinzugefügt wird. Betrachten wir zuerst das Nebeneinander mehrerer vorhandener unabhängiger Datenbanksysteme, dann lässt sich diese Ausgangssituation historisch meist gut erklären.

Insbesonders bei seit den 1960er und 1970er Jahren stark verbreiteten Datenbanksysteme der 1. Generation mit hierarchischem oder netzwerkartigem Datenmodell waren die Anwendungsprogramme in erheblichem Maß an die jeweilige Datenorganisation angepasst. Somit bedarf es zum Austausch eines derartigen Datenbanksystems einer weitgehenden Neuprogrammierung auch der häufig zahlreichen und mitunter schlecht dokumentierten Anwendungsprogramme. Daraus folgte nahezu zwangsläufig in den 1980er Jahre die Ergänzung durch ein eigen-

---

[296] Vgl. hierzu auch die Grundlagen in Kapitel 5, Abschnitt 5.2.2.4.

ständiges relationales Datenbanksystem, auf das dann die neuen Anwendungen aufsetzten.

Weitere zwingende Motive für die Ergänzung des Systemportfeuilles einer Unternehmung um ein zusätzliches DBS eines anderen Herstellers liegen z.B.

- im Investitionsschutz, den die Produkte des "alten" DBS-Herstellers einer Marktanalyse zufolge nicht mehr versprechen,

- in der mangelnden Integrationsfähigkeit der Produkte des "alten" Herstellers in die Zielinformationssystemarchitektur des Kunden,

- in der überlegenen Technologie eines Nachfolgeproduktes, die beim eingesetzen Produkt nicht oder zu spät verfügbar gemacht wird und

- im Zusammenschluss zuvor unabhängiger Unternehmungen.

Da in allen Fällen jedoch in der Regel die alten Anwendungen mit dem alten DBS noch jahrelang weiter im Einsatz bleiben, wächst die Zahl der eingesetzten Datenbanksysteme in Unternehmungen an mit allen unschönen Konsequenzen bei Lizenzkosten, Wartungskosten und Betriebskosten (maschinelle und personelle Ressourcen).

Die Ausgangsposition für MDBS ist jedoch nicht nur durch Datenbanksysteme unterschiedlicher Hersteller oder Datenbanksysteme unterschiedlicher Datenmodelle gekennzeichnet, sondern ggf. auch durch mehrere im Prinzip homogene Datenbanksysteme. Dies wiederum kann damit begründet sein, dass die Menge der zu verwaltenden Daten die Grenzen eines Datenbanksystems "sprengt" oder dass zwischen von den beiden Datenbanksystemen zu verwaltenden Daten keine oder zumindest zum Entwicklungszeitpunkt keine relevanten Beziehungen bestehen bzw. bestanden.

6.3.2 Architekturkonzepte für Multidatenbanksysteme

Der Betrieb mehrerer voneinander unabhängiger Datenbanksysteme kann solange unkoordiniert und asynchron ablaufen, wie weder Beziehungen zwischen den Daten z.B. der beiden betroffenen Datenbanksysteme existieren, noch eine gemeinsame Sicht auf diese Daten erforderlich ist.

Sofern jedoch beide Datenbanksysteme zumindest teilweise denselben Realitätsausschnitt abbilden, so ergibt sich bereits die zwingende Notwendigkeit, beide Datenbanksysteme als Komponenten eines Multidatenbanksystems (MDBS) zu betrachten. Denn unter einem MDBS versteht man einen allgemeinen Verbund von mehreren selbständigen Datenbanksystemen, die Datenaustausch bzw. Zugriff über Verbundmechanismen gewährleisten, und deren Daten dadurch auch datenbankübergreifend konsistent sind[297]. Die notwendige Datenkonsistenz kann dann im konkreten Fall z.B. durch zusätzliche, stapelorientierte und nur zum Zwecke der Synchronisierung eigens entwickelte Anwendungsprogramme gewährleistet werden.

Eine typische Konstellation aus der Rechenzentrumspraxis dazu zeigt die Prinzipdarstellung in Abbildung 6.10. Im Zuge der stapelorientierten fachlichen Verarbeitung werden die Daten zur Aktualisierung der beiden Datenbanken DB_1 und DB_2 in eine Weiterverarbeitungsdatei geschrieben. Diese DB-Update-Daten dienen dann als Eingabe für die beiden auf unterschiedlichen Rechnern unabhängig voneinander laufenden Updateprogramme für das Datenbanksystem 1 (DBS_1) bzw. das Datenbanksystem 2 (DBS_2) und können somit für das jeweilige Datenmodell und -schema "maßgeschneidert" sein. Relative Unabhängigkeit ergibt sich auch für die Programmierer der beiden Updateprogramme, die jeweils nur in der "eigenen Welt" kompetent sein müssen.

---

[297] Vgl. auch Abschnitt 5.2.4.

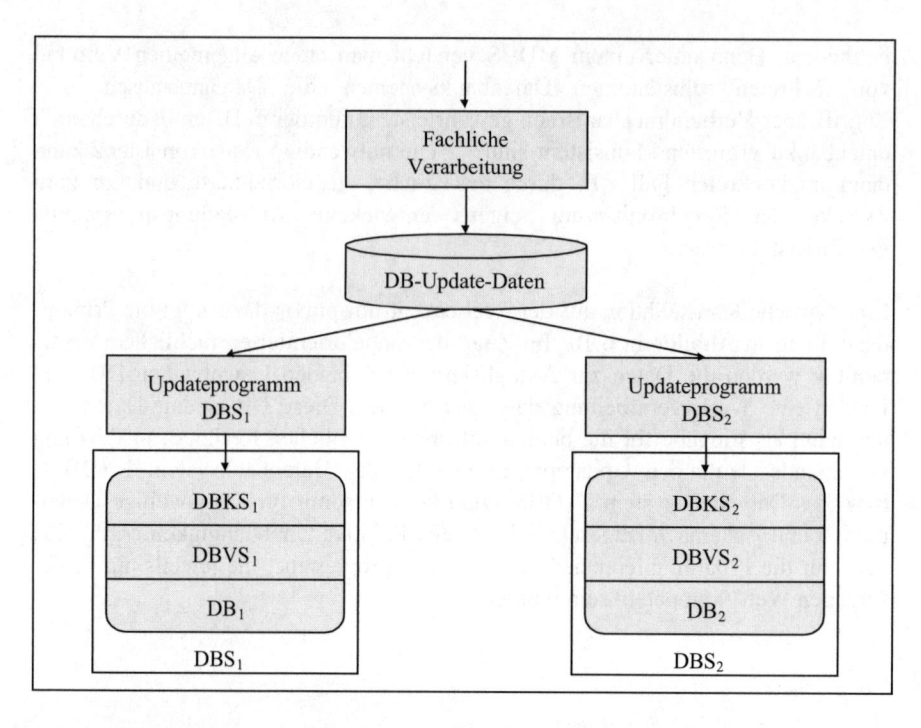

Abb. 6.10: Asynchrone Aktualisierung von zwei Datenbanken durch unabhängige Anwendungsprogramme

Bei einer losen Kopplung der Datenbanksysteme kann u. U. bereits von einem MDBS gesprochen werden, nämlich dann, wenn ein Anwendungsprogramm die externen bzw. konzeptionellen Schemata beider Datenbanksysteme kennt und die Zugriffe zu beiden Datenbanksystemen beinhaltet.

Abbildungen 6.11 und 6.12 zeigen zwei Varianten dazu. In Abbildung 6.11 erfolgt die Aktualisierung der Datenbanken sukzessive, was für eine betriebliche Entwicklung typisch ist, in der dem operativen Geschäft mit Verwaltung der Daten in DBS_1 eine für dispositive Zwecke gedachte zweite, dezentrale Datenbank hinzugefügt wird. Der "alte" operative Ablauf bleibt unverändert. Das Updateprogramm für DBS_2 muss in der Lage sein, sich – beispielsweise im Nachtbetrieb – die Daten aus DBS_1 zu holen und sie an DBS_2 weiterzugeben.

Kapitel 6 255

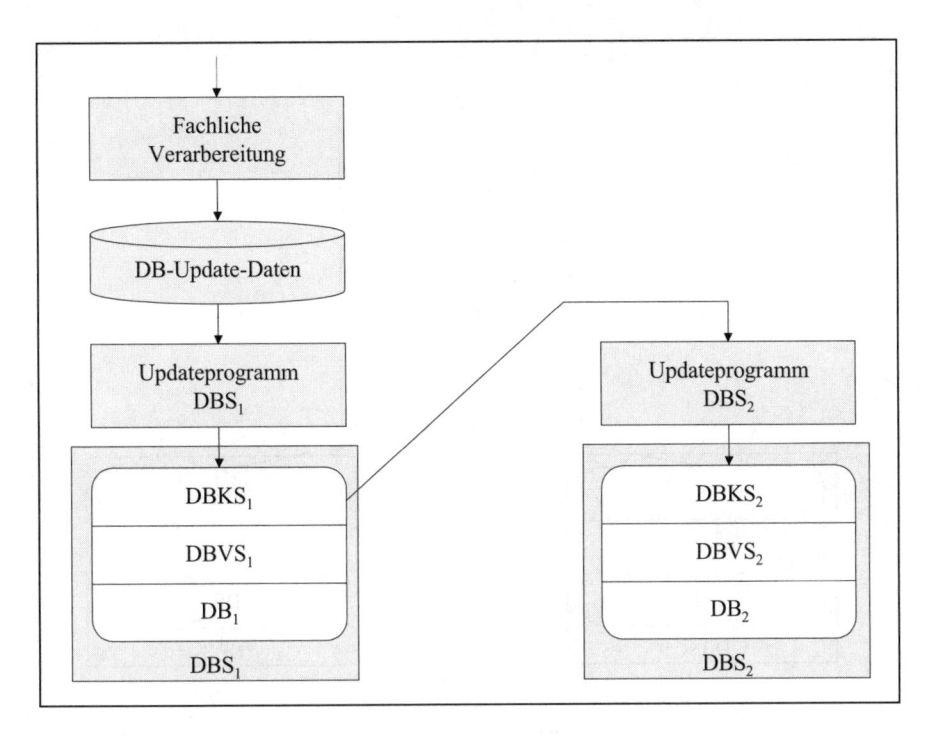

Abb. 6.11: Sukzessive Aktualisierung von zwei Datenbanken durch lose gekoppelte Anwendungsprogramme

Abbildung 6.12 zeigt nur *ein* einheitliches Updateprogramm für *beide* Datenbanksysteme, was ein entsprechendes selbstentwickeltes Transaktionshandling in diesem Programm voraussetzt, um die synchronen Änderungen der beiden Datenbanken auch in Fehlerfällen zu beherrschen bzw. ein Auseinanderlaufen der Datenbankstände zu verhindern.

Eine derartige Lösung setzt außerdem eine möglichst 100%ige Verfügbarkeit beider Datenbanksysteme voraus und ist somit im WAN-Bereich und bei deutlich mehr als zwei Datenbanksystemen nicht mehr oder – in Erwartung der weiteren technologischen Entwicklung – noch nicht geeignet. Beispielsweise gilt dies für die Finanzverwaltung eines Flächenlandes wie NRW mit zu synchronisierenden Datenbankservern in 148 Finanzämtern.

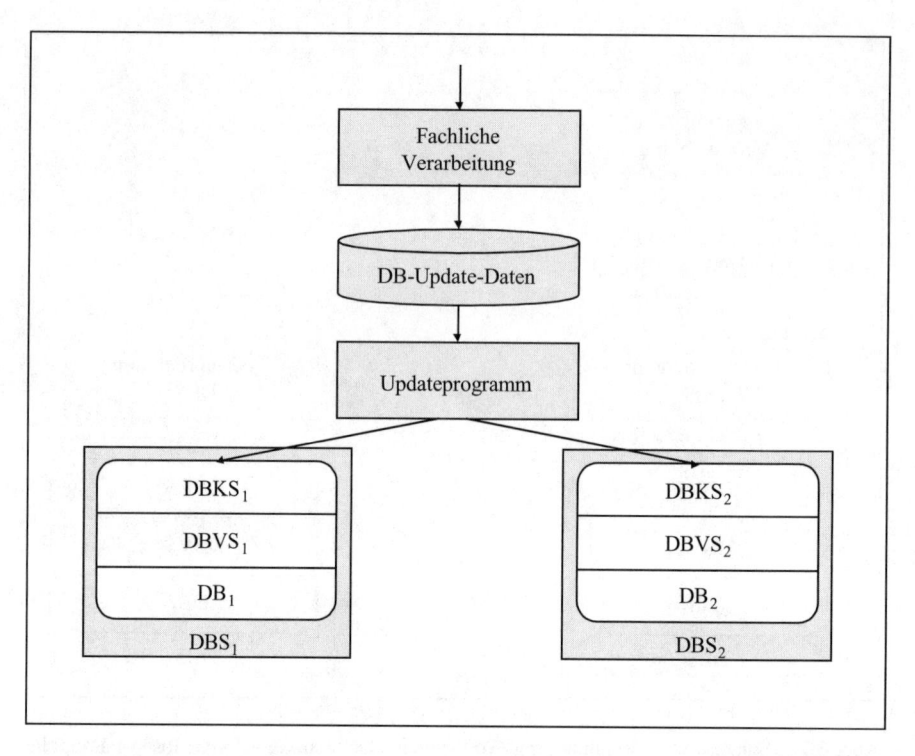

```
                    ↓
         ┌─────────────────────┐
         │     Fachliche       │
         │    Verarbeitung     │
         └─────────────────────┘
                    ↓
            ╱‾‾‾‾‾‾‾‾‾‾‾╲
           │ DB-Update-Daten │
            ╲_____╱
                    ↓
         ┌─────────────────────┐
         │   Updateprogramm    │
         │                     │
         └─────────────────────┘
            ↙                 ↘
   ┌──────────────┐       ┌──────────────┐
   │   DBKS₁      │       │   DBKS₂      │
   ├──────────────┤       ├──────────────┤
   │   DBVS₁      │       │   DBVS₂      │
   ├──────────────┤       ├──────────────┤
   │    DB₁       │       │    DB₂       │
   ├──────────────┤       ├──────────────┤
   │    DBS₁      │       │    DBS₂      │
   └──────────────┘       └──────────────┘
```

Abb. 6.12: Synchrone Aktualisierung von zwei Datenbanken durch ein Anwendungsprogramm

Diese Problematik tritt verschärft auf, wenn die Daten der beteiligten Datenbanksysteme auch im Dialog geändert werden können. Eine weitere Erhöhung der Komplexität wird dann erreicht, wenn mindestens zwei der Datenbanksysteme gleichzeitig aus verschiedenen Anwendungen heraus, aber bezogen auf ggf. dieselben Daten geändert werden können. Hier hilft sich der Rechenzentrumsbetreiber zumeist in Ermangelung einer einsatzfähigen synchronen Lösung mit beispielsweise einem optimistischen Änderungsverfahren, das zunächst alle Änderungen verarbeitet und bei einer späteren asynchronen gegenseitigen Aktualisierung lediglich bei aufkommenden Konflikten reagiert.

Für die Kopplung mehrerer unabhängiger Datenbanksysteme in Form eines Multidatenbanksystems ist kein übergreifendes konzeptionelles Schema nutzbar[298]. Gleichwohl ist erstmals 1985 eine allgemeine Schema-Architektur für MDBS veröffentlicht worden[299]. Wir wollen uns jedoch an der aktuellen Darstellung in

---

[298] Sobald ein übergreifendes Schema vorhanden ist, sprechen wir von einem Föderierten Datenbanksystem, vgl. Abschnitt 6.5.

[299] Vgl. Heimbigner/McLeod (1985).

Abbildung 6.13 ausrichten, die eine aus Übersichtlichkeitsgründen auf zwei beteiligte Datenbanksysteme beschränkte Schema-Architektur in Anlehnung an die Multidatenbankarchitektur von Litwin et al. wiedergibt[300]. Dabei bleibt die Autonomie der beiden Komponentendatenbanksysteme mit der klassischen 3-Schema-Architektur (Externes Schema (ES_{ij}), Konzeptionelles Schema (KS_i), Internes Schema (IS_i); i = 1, 2; j = 1,..., n_i) erhalten.

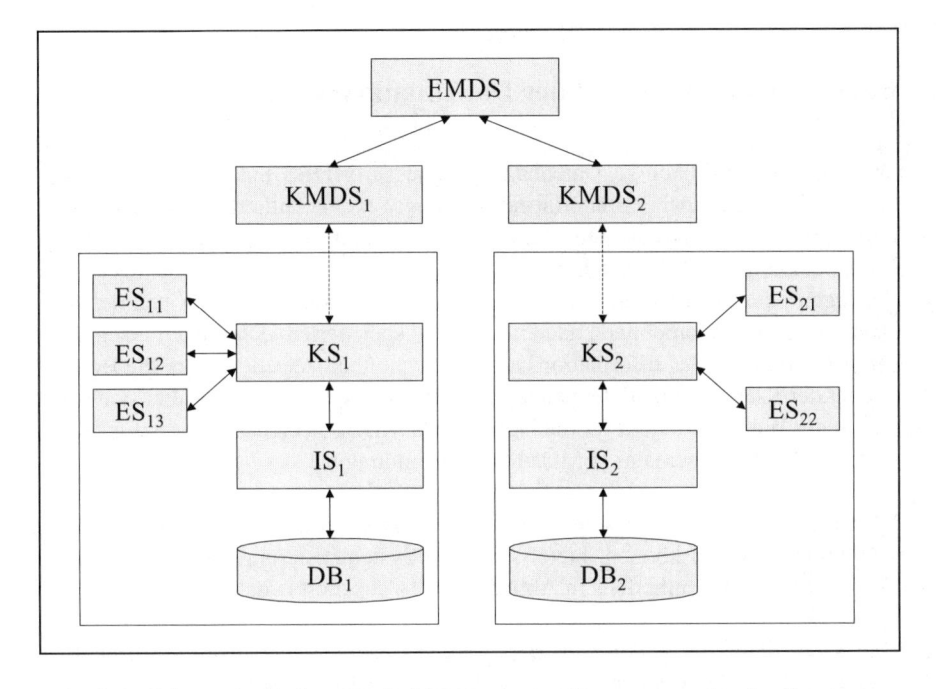

Abb. 6.13: Schema-Architektur für ein MDBS mit zwei Komponentendatenbanksystemen

Vorgesehen ist für jedes der beiden Komponentendatenbanksysteme ein eigenes zusätzliches Konzeptionelles Multidatenbankschema ($KMDS_i$, i = 1, 2). Durch dieses Schema werden ausgewählte Daten der jeweiligen Komponentendatenbank für eine komponentensystemübergreifende Nutzung ggf. in veränderter Darstellungsform angeboten. Benutzer des Multidatenbanksystems können sich dann basierend auf den beiden $KMDS_i$ beliebige Externe Multidatenbanksystemschemata (EMDS) schaffen bzw. schaffen lassen[301].

---

[300] Vgl. Litwin et al. (1990).
[301] In Abbildung 6.13 ist aus Übersichtlichkeitsgründen ohne Beschränkung der Allgemeinheit genau ein EMDS dargestellt.

Zur Erhaltung der vollen Autonomie der Komponentendatenbanksysteme ist zu gewährleisten, dass Änderungstransaktionen entweder ausschließlich lokal zugelassen sind oder durch übergreifende prozesssteuernde Maßnahmen zumindest konkurrierende verteilte und lokale Transaktionen verhindert werden. Für die Anpassung der $KDMS_i$ an Änderungen des entsprechenden KS_i sind sogar ausschließlich organisatorische oder von den DBS-Betreibern selbstentwickelte IT-gestützte Lösungen vorhanden.

6.3.3 Homogenisierung der Datenbanksysteme

Wer mehrere unabhängige Datenbanksysteme als MDBS nutzen bzw. zur Nutzung vorbereiten möchte, benötigt notwendigerweise detaillierte Kenntnisse über alle betroffenen Komponentendatenbanksysteme und über den Zugang zu deren Datenbankkommunikationsschnittstellen (DBKS). Vorausgesetzt ist dabei die Festlegung des Informationsbedarfs, den das MDBS befriedigen soll und dem auf Basis der in den Komponentendatenbanken gespeicherten Daten auch ein grundsätzlich hinreichendes Informationsangebot gegenüber steht. Je größer die Heterogenität der Komponentendatenbanksysteme, umso aufwendiger gestaltet sich prinzipiell der Weg bis zu dem für die Nutzung als MDBS geeigneten Externen Multidatenbanksystemschematas (EMDS) (vgl. Abbildung 6.13).

Weil die Unterschiede zwischen den beteiligten Komponentendatenbanksystemen vielfältiger Art sein können, bietet sich eine Systematisierung an, wie wir sie in Form eines 6-Schalenmodells in Abbildung 6.14 skizziert haben.

Den Kern bilden die in den betroffenen Komponentendatenbanken gespeicherten Daten. Die Schalen trennen gleichsam den Gestalter eines MDBS von der homogenen Nutzung dieser Daten, er muss auf dem Weg zum MDBS "durch alle Schalen hindurch".

Jede der den Kern umhüllenden 6 Schalen definiert spezifische Anforderungen, die bei Verwendung der Daten im Rahmen eines MDBS erfüllt sein müssen. Soll also z.B. ein Homogenisierungsprozess zur Gestaltung eines MDBS aufwandsmäßig abgeschätzt werden, so bedeutet dies beim Schalenmodell die Addition der schalenspezifischen Aufwände.

Die äußerste Schale, Schale 6, behandelt den Zugang zu den Rechnern, auf denen die KDBSe implementiert sind. Sie ist nur von Bedeutung, wenn die Komponentendatenbanksysteme auf unterschiedlichen in einem Netz verbundenen Rechnern betrieben werden. Dann gilt es, den jeweiligen Zugang über die vorhandene Middleware und mit einer rechnerspezifischen Identifikation und Authentifikation zu ermöglichen. Insbesondere unterschiedliche Betriebssysteme und Administrationssysteme können diese Aufgabe erschweren. Der Aufwand, den die Schale 6 im konkreten Fall bedingt, ist jedoch immer unabhängig vom konkreten Informationsbedarf.

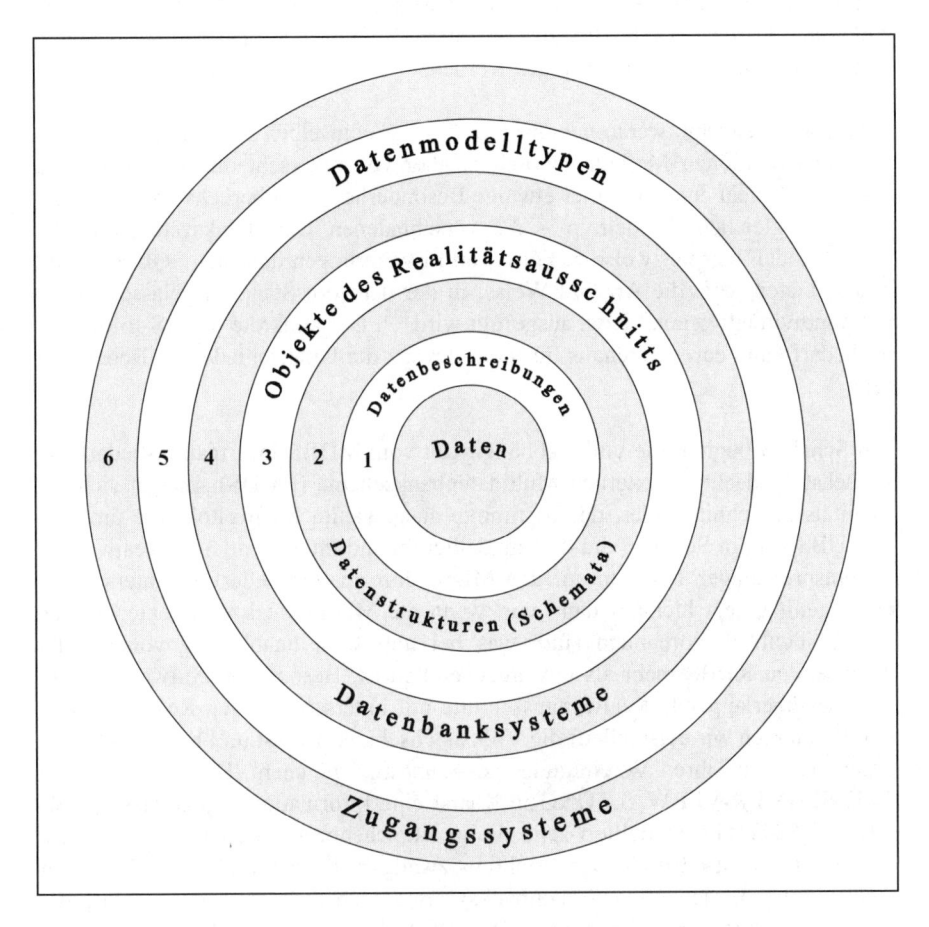

Abb. 6.14: 6-Schalenmodell für die Homogenisierung von Komponentendatenbanksystemen

Auch der Weg durch Schale 5 ist informationsbedarfsunabhängig. Konkret muss der MDBS-Gestalter das Wissen über den Datenmodelltyp aller Komponentendatenbanksysteme haben. Handelt es sich um ein und denselben Datenmodelltyp, so liegt keine Heterogenität und somit kein Aufwand bei Schale 5 vor.

Als Modelltypen kommen die hierarchischen, netzwerkartigen, relationalen, objektorientierten, objektrelationalen oder auch multidimensionalen Datenmodelle in Frage und erfordern ggf. unterschiedliche Detailkenntnisse sogar über die konzeptionelle Ebene hinaus bis zu den Unterschieden auf der internen Ebene[302].

Es empfiehlt sich, bei der Bildung der KMDSi möglichst alle Ausgangsmodelltypen auf ein einheitliches Modell abzubilden, um die auf den KDMSi basierende Ableitung des oder der EMDS zu erleichtern. Zuvor jedoch müssen die weiteren Schalen bis zum Kern durchdrungen werden.

Schale 4 ist relevant, wenn mehrere KDBS zwar demselben Datenmodelltyp, also z.B. dem relationen Modell, gehorchen, aber von unterschiedlichen Herstellern stammen. Genau dann sind hier etwaige Besonderheiten zu berücksichtigen, die – auch bei gleichem Modelltyp – die verschiedenen Datenbanksystemhersteller ihren Kunden beispielsweise in Form von Erweiterungen über den SQL-Standard hinaus bieten bzw. die Art und Weise, in der der vom Standard gelassene Freiraum individuell genutzt bzw. ausgefüllt wird[303]. Der konkrete MDBS-Informationsbedarf kann dabei durchaus für die Relevanz der Unterschiede von Bedeutung sein.

Mit Schale 3 beginnt die volle Abhängigkeit vom MDBS-Informationsbedarf. Im zunächst "gedachten" externen Multidatenbankschema (EMDS) spiegelt sich ein Realitätsausschnitt wider, der bestimmte ausgewählte Realweltobjekte umfasst. Je KDBS sind in Schale 3 die dort modellierten und implementierten Realweltobjektentsprechungen bezogen auf den MDBS-Informationsbedarf zu untersuchen. Homogenität liegt hier nur dann vor, wenn die MDBS-Realweltobjekte in allen KDBS identisch vorhanden sind, was bei unterstellt unabhängig voneinander entwickelten KDBS mehr als unwahrscheinlich ist. Besonderen Aufwand bedingen hier überlappende Realweltausschnitte mit unterschiedlichen Realweltobjekten. Betrachten wir beispielhaft die Volkshochschulen Kaarst und Korschenbroich unmittelbar vor ihrer Vereinigung, so kann im "gleichen" Realweltausschnitt TEILNEHMER-VERWALTUNG in Kaarst eine Informationsobjektklasse (IOK) GELDINSTITUTE modelliert sein, die in Korschenbroich wegen des dort nicht eingesetzten Lastschrifteinzugsverfahrens zwangsläufig entbehrlich ist. Bei einer Überführung der jeweiligen Datenbanksysteme nach dem Zusammenschluss der beiden Volkshochschulen in ein MDBS bedingt dies in Schale 3 Aufwand.

In Schale 2 findet eine detaillierte Analyse der jeweiligen Schemata bezogen auf die Strukturen statt. Auch hier ist wieder entscheidend der MDBS-Informationsbedarf und dessen Verteilung auf die Schemata. Bei einer disjunkten Verteilung ist die Analyse auf das Verständnis des jeweiligen Schemas beschränkt. Bei Überlappungen jedoch sind potenziell verschiedene Konflikte zu untersuchen. Als Anschauungsbeispiel hierzu betrachten wir die beiden Relationen, die in den

---

[302] Vgl. die Ausführungen in Kapitel 5.
[303] Vgl. Kapitel 2, Abschnitt 2.3.

Kapitel 6   261

vormals unabhängigen VHS Kaarst bzw. Korschenbroich für die Verwaltung von Dozenteninformationen geführt werden. In Abbildung 6.15 ist oben die Kaarster Variante unter der Bezeichnung PERSONAL dargestellt mit einer Personalnummer (PNR) als Primärschlüssel. Im unteren Teil ist die Korschenbroicher Dozententabelle wiedergegeben, bei der zur Identifikation die Attribute NACHNAME, VORNAME und GEBURTSDATUM gemeinsam verwendet werden.

PERSONAL (Kaarst)

PNR	NAME	VORNAME	HONORAR	GEBURTS-DATUM	EIN-STELLUNG	FB
192	Krug	Hanne	18	13.06.95	18.01.95	1
113	Witz	Walter	20	27.02.74	18.01.93	2
208	Sturm	Heinz-Peter	24	12.03.56	01.10.92	1
144	Dr. Wulf	Rita	18	02.01.59	18.06.94	1

DOZENTEN (Korschenbroich)

TITEL	NAME	VORNAME	GEBURTS-DATUM	HONORAR	PNR	FACH	SEIT
0	Reisig	Ralf	13.01.1842	1	12	1	89
1	Schmitz	Otto Karl	09.03.1957	1	15	1	92
1	Schmitz	Manfred	18.01.1966	1	22	2	91
0	Treu	Eva	01.07.1964	2	13	1	89

Abb. 6.15: Dozentendatenverwaltung bei den unabhängigen VHS Korschenbroich und Kaarst

Schon die Bezeichnung PERSONAL weist daraufhin, dass in Kaarst die Dozentendaten als Teil der Personaldaten in derselben Tabelle geführt werden (könnten) wie beispielsweise die Daten der VHS-Angestellten. In Korschenbroich hingegen gibt es eine spezielle Relation ausschließlich für Dozentendaten, die übrigen personalbezogenen Daten werden hier in einer gesonderten Relation ANGESTELLTE geführt[304]. Derartige strukturelle Unterschiede bringt die Analyse in Schale 2 hervor. Schauen wir uns die interne Struktur der beiden zu vergleichenden Tabellen in Abbildung 6.15 an, so wird zum einen sofort klar, dass gleiche bzw. vergleichbare semantische Aussagen mit unterschiedlichen Attributen bzw. Attributkombinationen bewirkt werden (Identifikation, Titelzuordnung). Darüber hinaus gibt es Aussagen, die nur aus jeweils einer der beiden

---

[304] Beide Varianten weisen offensichtliche – für dieses Beispiel jedoch unerhebliche – Schwächen hinsichtlich der Normalformenlehre von Codd auf; vgl. Gabriel/Röhrs (1995), Abschnitt 3.3.

Tabellen gewonnen werden können (Fachbereichszuordnung in Kaarst, PNR (= Prüfernummer) und Fachangabe in Korschenbroich).

Bevor wir das Anschauungsbeispiel in Abbildung 6.15 für die Schale 1 und den Kern erneut aufgreifen, wollen wir an einem zweiten konstruierten Anschauungsbeispiel die offenkundige Vermischung von Konflikten der verschiedenen Schalen und die daraus resultierende Homogenisierungskomplexität darstellen.

Gegenübergestellt werden zwei Tabellen mit Namen FACHBEREICHS-HONORARSTATISTIK, die bei der unabhängigen Modellierung des entsprechenden Realitätsausschnitts jeweils durchaus berechtigt entstanden sein können. Ergebnis beider Tabellen ist, dass für 2 Honorarstufen und 3 Fachbereiche die statistische Dozentenzuordnung in jeder der möglichen Paare aus Honorarstufe und Fachbereichsnummer erfolgt. Beiden Entwürfen liegt der Matrixgedanke zugrunde, jedoch zeigt Abbildung 6.16, dass die Attribute der einen Tabelle in der anderen als Wert vorkommen. Dieser Aufbau erfordert natürlich konsequenterweise völlig unterschiedliche Programme beispielsweise zur Beantwortung der Frage, welcher der Fachbereich mit den meisten Dozenten in Honorarstufe 1 ist.

HONORARSTUFE	FB1	FB2	FB3
1	13	18	12
2	28	16	10

FBNR	HONORARSTUFE 1	HONORARSTUFE 2
1	13	28
2	18	16
3	12	10

Abb. 6.16: Modellierungsvarianten für eine Fachbereichshonorarstatistik

Zu den Datenbeschreibungskonflikten in Schale 1 zeigt Abbildung 6.15 gleich Beispiele zu mehreren Konflikttypen.

So werden für die Fachbereichsnummer die Attribute FB und FACH synonym verwendet, wohingegen die Spalte mit der Bezeichnung PNR in der Kaarster-Tabelle die Personalnummer, in der Korschenbroicher-Tabelle die Prüfernummer beinhaltet. Derartige Abweichungen werden unter dem Konflikttyp "Homonyne und Synonyme" subsumiert. Datentypkonflikte, d.h. unterschiedliche Wertebereiche für die gleiche Eigenschaft, sind beispielhaft bei den Attributen HONORAR und GEBURTSDATUM erkennbar. In Kaarst werden die Honorare in Form von

Stundensätzen (18, 20, 24), in Korschenbroich in Form von Honorarschlüsseln und die Geburtsjahre hier 2- und dort 4-stellig geführt. Dabei handelt es sich jedoch jeweils um Konflikte, bei denen eine Umrechnung der Werte in beiden Richtungen eindeutig möglich ist. Derartige Datentypkonflikte werden meistens als Skalierungskonflikte bezeichnet.

Im Kern, d.h. bei den Daten selbst, gibt es inkorrekte Einträge wie das Geburtsjahr von Ralf Reisig in Abbildung 6.15, veraltete Einträge (Honorarsatz 18 Euro in Abbildung 15 wurde bereits abgeschafft), widersprüchliche Einträge (im Beispiel nicht aufgezeigt) und unterschiedliche Schreibweisen z.B. für Ortsnamen (Düsseldorf, Düsseld., D'dorf) zu analysieren.

Dabei muss wegen der Autonomie der Komponentendatenbanksysteme auf Änderungen der lokalen Schemata zugunsten einer Homogenisierung grundsätzlich verzichtet werden. Die ermittelten Datenkonflikte jedoch müssten zur Gewährleistung eines verlässlichen MDBS-Betriebs in Abstimmung mit den Verantwortlichen für die KDBS und deren Daten zu Datenbereinigungen und stärker vereinheitlichten Konsistenzbedingungen führen, um nach der Datenbereinigung erneute Datenkonflikte zu verhindern.

Zur Erleichterung des Umgangs mit MDBS über die Bildung geeigneter $KMDS_i$ hinaus hat es in den 1990er Jahren mehrere Ansätze gegeben, eine Erweiterung von SQL zu MDBS-Zwecken zu spezifizieren. So wurde Anfang der 1990er Jahre insbesondere MSQL viel diskutiert[305]. 1996 stellten dann Lakshmanan et al. SchemaSQL vor[306]. Beide Sprachen konzentrieren sich auf die Unterstützung des Relationenmodells und erweitern die Datenbanksystemsprache SQL um Elemente, die es dem Programmierer erlauben, in einem Programm, ggf. sogar in einem Befehl, mehrere unterschiedliche Datenbanken anzusprechen. Conrad bewertet beide Ansätze besonders deshalb skeptisch, weil die Komplexität der Sprachen den Benutzern viel Verständnis und Fähigkeit zu deren Umsetzung abverlangt[307]. Außerdem weist er auf die künftig wachsende Bedeutung der Unterstützung objektorientierter Datenmodelle hin. Hinzu kommt noch die Aufgabe, die SQL-Erweiterungen auch dem jeweils neuesten SQL-Standard bzw. den wichtigsten der implementierten SQL-Dialekte flexibel und schnell anzupassen.

Tatsächlich haben die MDBS-Sprachen auch bis zum Ende der 1990er Jahre noch keine nennenswerte Praxisrelevanz erfahren. Die Betreiber von Datenbanksystemen als MDBS sorgen i.d.R. weiterhin mit eigenen Lösungen für eine übergreifende Verwendbarkeit der autonomen Datenbanksysteme. Im Aufgabengebiet der Homogenisierung können sie hierbei ggf. auch von Lösungen bzw. Lösungsansät-

---

[305] Vgl. Litwin (1990).
[306] Vgl. Lakshmanan (1996).
[307] Vgl. Conrad (1997), S. 236ff.

zen profitieren, die zu vergleichbaren Zwecken i.V.m. "Datenpumpen" als Teilleistung der Data Warehouse-Systeme gefunden wurden[308].

6.4 Verteilte Datenbanksysteme (VDBS)

Unter einer Verteilten Datenbank verstehen wir einen logisch zusammengehörigen Datenbestand, der physisch auf mehrere in einem Rechnernetz verbundene Rechner verteilt ist. Ein Verteiltes Datenbanksystem (VDBS; englisch: Distributed Data Base System, DDBS) besteht dann konsequenterweise aus einer verteilten Datenbank und einer Menge von Software zu Aufbau und Verwaltung dieser verteilten Datenbank, dem verteilten Datenbankverwaltungssystem (VDBVS) sowie der jeweiligen Datenbankkommunikationsschnittstelle (DBKS)[309].

Verteilte Datenbanksysteme sind in Forschungsbereichen bereits in der zweiten Hälfte der 1970er Jahre untersucht worden. Erste anwendungsorientierte Prototypen wurden dann als Erweiterung zentraler Datenbanksysteme in den 1980er Jahren auch auf dem Markt angeboten und in der Praxis genutzt.

VDBS zeichnen sich durch eine Systemarchitektur aus, bei der das VDBVS mit Hilfe seiner lokalen Komponenten die lokalen Datenbanken verwaltet, als seien sie alleinige Datenbank, und mit seiner globalen Komponente die mit der Verteilung anfallenden Aufgaben übernimmt. Die Kommunikation zwischen den verteilten Datenbankverwaltungssystemen wird durch eine Netzwerkkomponente geregelt. Abbildung 6.17 zeigt ein Beispiel für ein VDBS, bei dem zwei Datenbanken DB_1 und DB_2 zu einer logischen Gesamtheit zusammengeschlossen sind.

---

[308] Vgl. die Ausführungen in Kapitel 8.
[309] Vgl: Abschnitt 5.2.2.2.

Kapitel 6 265

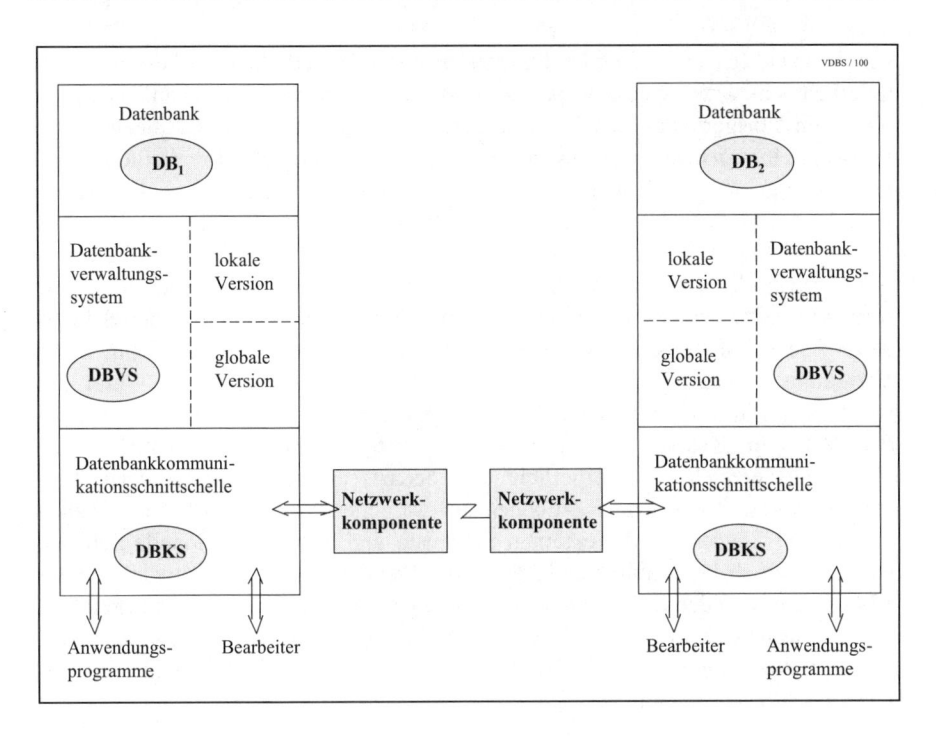

Abb. 6.17: VDBS-Architektur bei zwei Datenbanken DB_1 und DB_2

Im folgenden Abschnitt 6.4.1 werden wir aus dem "klassischen" 3-Ebenen-Modell mit dem 5-Schema-Modell ein VDBS-geeignetes Datenverteilungsschema ableiten. Abschnitt 6.4.2 geht dann anhand konkreter Beispiele aus der VHS Kaarst-Korschenbroich ausführlich auf die verschiedenen Partitionierungsformen zur Aufteilung des logischen globalen Schemas in lokale Schemata ein. Kriterien, die für die Auswahl der jeweils besten Partitionierungsvariante geeignet sind, stehen im Mittelpunkt des Abschnittes 6.4.3. Die besondere Problematik verteilter Transaktionen insbesondere im Hinblick auf Konsistenzerhalt und Deadlockerkennung, ist Gegenstand des Abschnitts 6.4.4, bevor wir in Abschnitt 6.4.5 kurz auf die Zugriffsoptimierung eingehen.

6.4.1 Datenverteilungsschema

Ausgangspunkt für Forschung und Entwicklung eines VDBS war eine zentralorientierte "IV-Welt", die sich – wie in Abschnitt 6.1 und 6.2 bereits dargestellt – gerade zu einer verteilten "IV-Welt" entwickelte. Motivation in Forschung und Entwicklung war es, die beim zentralen DBS-Einsatz erreichten Verbesserungen[310] auch bei zunehmender Dezentralisierung zu erhalten, insbesonders als unternehmensweite Datenkonsistenz. Mit einer zentralen Datenbanklösung in einem im Übrigen verteilten Informationssystem war allenfalls im Rahmen eines LAN eine hinreichende Performanz zu erzielen. Bei geografisch verteilten Rechnerstandorten mit der Notwendigkeit, ein WAN einzusetzen, galt es den Benutzern der räumlich entfernten Rechnern die für ihre Arbeit erforderlichen Daten so günstig wie möglich "nahe zu bringen", d.h. in erforderlichem Umfang die Daten auch physisch auf den entfernten Rechnern vorzuhalten. Sind nun die Informationsbedürfnisse der Benutzer(gruppen), die sich in dem externen Schema des 3-Ebenen-Modells der ANSI widerspiegeln, disjunkt, so kann die physische Verteilung sich an den externen Schemata orientieren. Sobald jedoch – und dies ist der Regelfall – überlappende Zugriffsrechte existieren, weil beispielsweise bei der VHS in Kaarst und in Korschenbroich Zugang zum elektronischen Vorlesungsverzeichnis erforderlich ist, bedarf es eines zusätzlichen Entwurfsschrittes, der aus dem 3-Ebenen ein 5-Ebenen-Modell macht[311]. Erhalten bleiben die Ebenen für die externen Schemata und das Konzeptionelle Schema, das jetzt jedoch im Hinblick auf den noch folgenden Verteilungsentwurf und zur Abgrenzung von den dort entstehenden Schemata als globales Schema bezeichnet wird. Unterhalb des globalen Schemas folgt dann das Partitionierungsschema als logische Aufteilung des globalen Schemas in disjunkte Teilschemata, die als Partitionen (P_i) bezeichnet werden.

Die Partitionierung selbst zielt dabei natürlich bereits auf die im nächsten Schritt vorzunehmende Allokation der Partitionen, womit im Ergebnis für alle beteiligten Rechner – nun nicht mehr notwendigerweise disjunkte – lokale konzeptionelle Schemata entstehen, die dann, dem klassischen 3-Ebenen-Modell entsprechend, noch jeweils in ein lokales internes Schema zu überführen sind. Eine Übersichtsdarstellung eines 5-Schema-Modells zeigt Abbildung 6.18.

---

[310] Vgl. Gabriel/Röhrs (1995), Kapitel 9.
[311] Vgl. Dadam (1996), Abschnitt 4.2

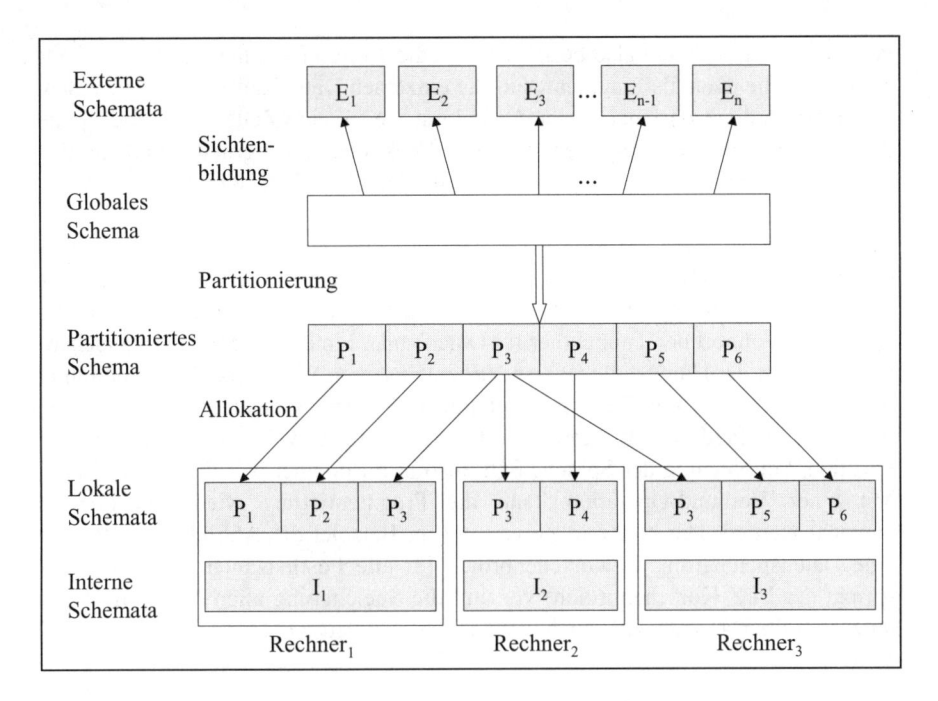

Abb. 6.18: 5-Schema-Modell für VDBS

Die externen Schemata (E_i) und das globale Schema müssen dem Benutzer an allen beteiligten Rechnern zur Verfügung stehen. Die Partitionen des globalen Schemas sind auf genau einem oder mehreren – in Abbildung 6.18 die Partition P_3 z.B. auf allen – Rechnern auch physikalisch vorhanden. Die grundsätzlich zur Verfügung stehenden Partitionierungs- und Allokationsmöglichkeiten werden wir im Detail in den nächsten beiden Abschnitten behandeln.

6.4.2 Partitionierungsformen

Die Verteilung von Daten auf die verschiedenen Datenbanken in einem VDBS erfolgt in Form von allokierten Partitionen, die wir auch als Fragmente bezeichnen können. Dabei kann ein Fragment bei einer relationalen Datenbank z.B. eine vollständige Relation des Globalen Schemas (konzeptionelles Schema der logischen Gesamtdatenbank) sein, aber auch Teile der Relation enthalten, die durch Partitionierung entstanden sind. Wir unterscheiden dabei außerdem zwischen einer redundanten und einer redundanzfreien Verteilung von Daten.

Partitionierung bedeutet also beispielsweise die Aufteilung einer Relation in Teilrelationen, die dann als Fragmente auf die einzelnen Datenbanken verteilt werden. Selbstverständlich darf bei dieser Aufteilung weder eine Zeile noch eine Spalte der Ausgangsrelation „vergessen" werden. Wir können zwei grundlegende Partitionierungsarten unterscheiden: horizontale und vertikale Partitionierung.

Bei einer horizontalen Partitionierung werden ganze Zeilen mit sämtlichen Attributen einer Relation abhängig von Werten eines oder mehrerer Attribute auf verschiedene Partitionen verteilt. Als Beispiel kann man sich hier eine Aufteilung nach dem Wohnort der Teilnehmer für Datenbanken in der Außenstelle Korschenbroich und in der Hauptstelle Kaarst der gemeinsamen VHS vorstellen. Abbildung 6.19 zeigt, dass in der Teilnehmerrelation das Attribut Postleitzahl genommen wird, und an Hand der Attributwerte erfolgt dann die Zuweisung auf die jeweilige Partition, bei Nutzung der Sprache SQL also in Form einer SELECT-Anweisung. Mit einer Verbund-Operation kann die Fragmentierung wieder rückgängig gemacht werden. Die konkrete Zuweisung im Beispiel der Abbildung 6.19 sieht eine Datenspeicherung in Korschenbroich für alle Postleitzahlen = 41352 (entspricht der PLZ Korschenbroich) vor und die Speicherung aller Zeilen mit Postleitzahlen über 41352 , z.B. auch Teilnehmer aus Neuss (414xx), in Kaarst (PLZ 41564).

Teilnehmer VHS Kaarst-Korschenbroich

TEIL.NR	NAME	POSTLEITZAHL	WOHNORT
3275	Lustig	41564	Kaarst
3389	Hurtig	46487	Wesel
2020	Flott	41564	Kaarst
2118	Schnell	41352	Korschenbroich
4001	Rasch	41460	Neuss
2311	Froh	41066	Mönchengladbach

Teilnehmerpartition Kaarst

TEIL.NR	NAME	POSTLEITZAHL	WOHNORT
3275	Lustig	41564	Kaarst
3389	Hurtig	46487	Wesel
2020	Flott	41564	Kaarst
4001	Rasch	41460	Neuss

Teilnehmerpartition Korschenbroich

TEIL.NR	NAME	POSTLEITZAHL	WOHNORT
2118	Schnell	41352	Korschenbroich
2311	Froh	41066	Mönchengladbach

Abb. 6.19: Beispiel einer horizontalen Partitionierung

Bei der vertikalen oder auch spaltenweisen Aufteilung einer Relation auf verschiedene Knoten verteilen wir gleichsam nach Zuständigkeit oder auch Sachgebieten auf verschiedene Partitionen, für die dann unterschiedliche Instanzen zuständig sind. Wichtig ist natürlich, dass das oder die Attribute des Primärschlüssels in allen Partitionen verhanden sind. Diese Art der Fragmentierung kann man im Sinne der Relationenalgebra bzw. der Sprache SQL durch eine Projektion erreichen. Eine Rekonstruktion der Ausgangsrelation ist durch eine Join-Operation möglich. Für unser Volkshochschulbeispiel kann man sich eine vertikale Partitionierung z.B. der Teilnehmerdaten in die Daten, die für die Buchhaltung in der VHS erforderlich sind, und die Daten, die für den Dozenten und die Leistungsnachweise erforderlich sind, vorstellen (vgl. Abb. 6.20).

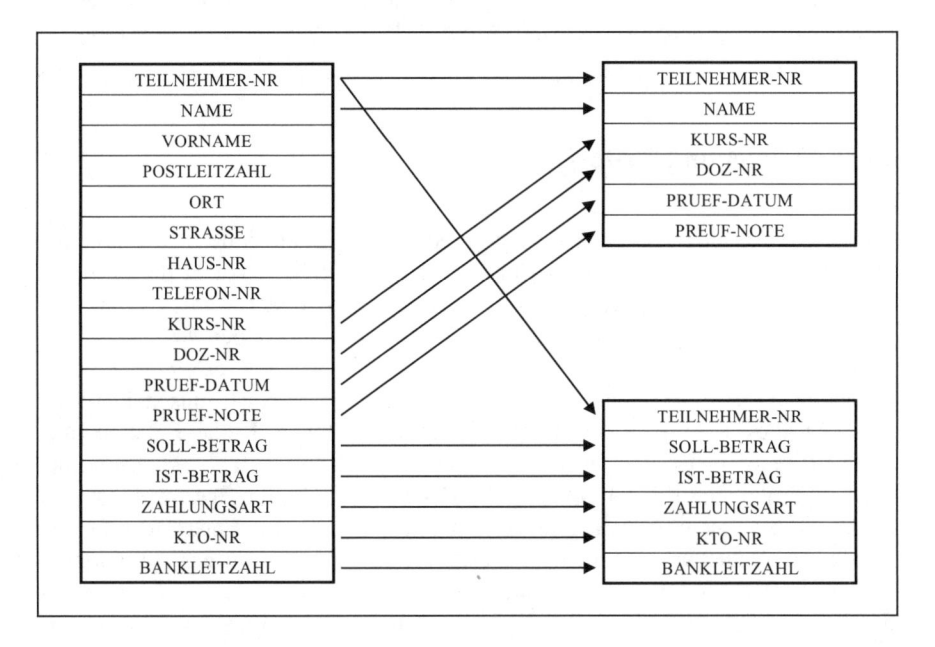

TEILNEHMER-NR		TEILNEHMER-NR
NAME		NAME
VORNAME		KURS-NR
POSTLEITZAHL		DOZ-NR
ORT		PRUEF-DATUM
STRASSE		PREUF-NOTE
HAUS-NR		
TELEFON-NR		
KURS-NR		
DOZ-NR		
PRUEF-DATUM		
PRUEF-NOTE		TEILNEHMER-NR
SOLL-BETRAG		SOLL-BETRAG
IST-BETRAG		IST-BETRAG
ZAHLUNGSART		ZAHLUNGSART
KTO-NR		KTO-NR
BANKLEITZAHL		BANKLEITZAHL

Abb. 6.20: Beispiel einer vertikalen Partitionierung

Selbstverständlich ist bereits im Zuge der Normalisierung eine gemischte Partitionierung möglich, bei der zum Teil horizontal, zum Teil vertikal verteilt wird.

Im Zuge der Allokation wird dann über die konkrete Rechnerzuordnung und damit auch über Replikation einer Partition entschieden. Eine Replikation bedeutet die bewusst redundante Speicherung derselben Daten einer oder mehrerer Relationen in mehr als einer, gegebenenfalls allen Datenbanken des VDBS. Ist auf allen Rechnern des Netzes, in dem das VDBS eingesetzt wird, eine Kopie des Fragments gespeichert, so nennt man dies auch eine vollständige Replikation.

Replikationen sind in besonderem Maße geeignet für Daten, auf die selten oder gar nicht ändernd zugegriffen werden muss, die jedoch in allen betroffenen Stellen, an denen Rechner mit lokalen Datenbanken eingesetzt sind, häufig für Auskünfte oder Abfragen verwendet werden. Ein Beispiel könnte hier für die VHS Kaarst-Korschenbroich während des Semesterbetriebs das Kursverzeichnis (bzw. die entsprechenden Relationen) sein, da es vor Beginn des Semesters abgeschlossen wird und erst zum nächsten Semester in einer neuen Version wieder entsteht. Repliziert man jedoch Daten, die häufigen Änderungen unterliegen, so müssen diese Änderungen auf allen Knoten, gegebenenfalls in Echtzeit, vorgenommen werden. Dies führt trotz entsprechender Transaktionsmechanismen zu einem in der Regel nicht vertretbaren Aufwand[312].

6.4.3 Verteilungskriterien

Im vorigen Abschnitt haben wir die grundlegenden Varianten der Partitionierung und Allokation allgemein und beispielhaft vorgestellt. Jetzt sollen die Kriterien betrachtet werden, nach denen im konkreten Fall entschieden werden kann, welche Daten physikalisch an welchem Ort gehalten werden. Dabei wenden wir uns zunächst der nicht redundanten Partitionierung zu, bei der bekanntlich jedes Datenobjekt immer an genau einem Ort im Netz gespeichert ist. Entscheidend für die Wahl dieses Ortes ist eine Kosten-/Nutzenbetrachtung. In diese Betrachtung fließt für jeden möglichen Ort das Verhältnis zwischen der Zahl lokaler und der Zahl entfernter Zugriffe zur Nutzung der Daten ein. In diesem Zusammenhang ist ferner die bei einem Zugriff minimal, maximal und im Mittel betroffene Datenmenge von Bedeutung. Außerdem gilt es, die Erwartungen an das Antwortzeitverhalten am Bildschirm zu beachten. Das Antwortzeitverhalten selbst wird außer durch die Datenmenge durch den Weg der Daten und die Anzahl paralleler bzw. quasi-paralleler Zugriffe auf den Datenbestand sowie die Leistungsfähigkeit und Lastsituation des Netzwerkes bestimmt. Schließlich muss berücksichtigt werden, wie hoch die Erwartungen hinsichtlich der Verfügbarkeit der Anwendung für den Endbenutzer sind. Soll ein weitestgehend garantierter Non-Stop-Betrieb gewährleistet werden, so ist bei weitestgehender Autonomie und Autarkie des Endbenutzer-Rechners auch bei Ausfall anderer Rechner oder Verbindung zu anderen Rechnern im Netz der Betrieb und die Weiterarbeit mit der Anwendung möglich. Allgemein lässt sich also festhalten, dass mit zunehmenden Forderungen nach kurzen Antwortzeiten und hoher Anwendungsverfügbarkeit die Bedeutung der aus Benutzersicht lokalen Datenspeicherung wächst.

---

[312] Transaktionen werden in Abschnitt 6.4.4 detailliert behandelt.

Bei Daten, die von mehreren oder gar von allen Benutzern an unterschiedlichen Orten und damit auf unterschiedlichen Rechnern im Netz benötigt werden, ist die Möglichkeit der Replikation in Betracht zu ziehen. Für replizierte Daten gilt bekanntlich, dass sie auf mehreren, ggf. sogar allen Rechnern im Netz auch physisch vorhanden sind (vgl. Abschnitt 6.4.2). Doch es sind eine Reihe zusätzlicher Kriterien zu beachten, um eine Replikationsentscheidung bewusst zu treffen.

So ist zunächst der notwendige Aktualitätsgrad zu bestimmen, d.h. die Änderungshäufigkeit und der maximale zeitliche Abstand zwischen Bekanntwerden einer Änderung im Unternehmen und der Verfügbarkeit der Daten an den Arbeitsplätzen der Endbenutzer. Eine Extremsituation ist hier gegeben, wenn gar keine Aktualisierung erfolgt, sondern der Datenbestand in größeren zeitlichen Abständen komplett ersetzt wird. Beispiele hierfür sind die Vorlesungsverzeichnisse der VHS, die genau wie die Fahrpläne der Verkehrsbetriebe jeweils für ein halbes Jahr Gültigkeit haben. Etwas anders ist die Situation bei einer Postleitzahldatei oder einem Telefonbuch. Beide werden zwar auch in größeren zeitlichen Abständen vollständig neu geliefert, dann jedoch sind die tatsächlichen, während der vergangenen Monate eingetragenen Änderungen im neuen Gesamtwerk integriert. Ein neues Vorlesungsverzeichnis und ein neuer Fahrplan sind rechtzeitig ggf. zum Stichtag verfügbar zu machen, aktualisierte Postleitzahl- und/oder Telefonnummerndaten sind auch in größerem zeitlichen Abstand zum Erscheinen noch nutzbar, da üblicherweise die Masse der darin enthaltenen Angaben gegenüber den vorherigen Angaben unverändert bleibt.

Allgemein gilt, je geringer die Anforderungen an den Aktualitätsgrad, umso unkritischer ist eine Replizierung dieser Daten. Das bedeutet im Umkehrschluss, dass Daten, die im Zuge des Tagesgeschäfts aktualisiert werden müssen, sich jedenfalls hinsichtlich dieses Kriteriums kaum oder garnicht für eine Replizierung eignen. Das gilt in besonderem Maße dann, wenn es sich außerdem um viele Änderungen handelt und deren Wirkung sofort bei allen Nutzern sichtbar sein soll. Natürlich muss gerade bei Replizierungsentscheidungen auch die Datenmenge besonders beachtet werden, die von Änderungen betroffen ist. Vor allem bei synchroner Bearbeitung für alle betroffenen Rechner im Netz wird dann der Systembetrieb und das Netz durch die Übertragung der Daten an alle betroffenen Rechner und die dortige Einarbeitung in die Datenbank besonders belastet.

Unabhängig von der zu übertragenden Menge ist jedoch bereits der synchrone Änderungsdienst an sich sehr aufwendig, denn in das Transaktionskonzept sind jetzt alle betroffenen Rechner einzubeziehen (mehr dazu im Abschnitt 6.4.4, in dem u.a. der 2-Phasen-Commit für netzweite Update-Transaktionen behandelt wird). Weniger belastend für den normalen Dialogbetrieb des Anwendungssystems ist ein asynchroner Änderungsdienst, bei dem die innerhalb einer festgelegten Zeitspanne lokal vorgenommenen Änderungen nach Ablauf der Zeitspanne, d.h. i.d.R. losgelöst vom Dialoggeschäft als Batchverarbeitung in die entfernte

Datenbank bzw. die entfernten Datenbanken eingearbeitet werden (vgl. Abbildung 6.10 und 6.11).

6.4.4 Verteilte Transaktionen

Eine Transaktion ist eine Folge von Operationen, die eine Datenbank ununterbrechbar von einem konsistenten in einen erneut konsistenten Zustand überführt. Das Datenbankverwaltungssystem sorgt dafür, dass

- eine Transaktion entweder vollständig oder gar nicht ausgeführt wird (Atomizität),

- eine Transaktion immer einen konsistenten Zustand erzeugt (Konsistenz),

- das Rücksetzen einer Transaktion kein Rücksetzen anderer Transaktionen erfordert (Isolation),

- die Ergebnisse einer abgeschlossenen Transaktion nicht mehr verlorengehen (Dauerhaftigkeit)[313]

Auch beim Betrieb eines VDBS gibt es vergleichbare Transaktionen, denn deren Wirkung ist auf die lokale Datenbank genau des beteiligten Rechnerknotens beschränkt, auf dem sie abläuft. Wir bezeichnen eine solche Transaktion auch als lokale Transaktion, und die von nicht verteilten Datenbanksystemen bekannten Mechanismen des DBVS[314] können unverändert genutzt werden. Besondere Aufmerksamkeit wollen wir deshalb nur knotenübergreifenden Transaktionen schenken, die auch als globale oder verteilte Transaktionen bezeichnet werden. Zu beachten ist hierbei wiederum der Sonderfall, dass eine beim Rechnerknoten A gestartete Transaktion lediglich die lokale Datenbank des Rechnerknotens B berührt. Die beteiligten Programme auf den beiden Rechnerknoten können etwaige Störfälle problemlos in Analogie zur Ein-Rechner-Lösung abhandeln. Deshalb betrachten wir nachfolgend stets verteilte Transaktionen, die Datenbankveränderungsoperationen an mindestens zwei Rechnerknoten ausführen. Die Initiative kann dabei prinzipiell von jedem Rechnerknoten ausgehen, und wir bezeichnen den auslösenden Rechnerknoten als Koordinator bezogen auf die von ihm initiierte verteilte Transaktion. Die verteilte Transaktion wiederum besteht aus der beim Koordinator ablaufenden sogenannten Primärtransaktion und n (n > o) sogenannten Subtransaktionen, die auf anderen Rechnerknoten unter der Regie des jeweiligen lokalen DBVS ablaufen (Abb. 6.21).

---

[313] Vgl. Gabriel/Röhrs (1995), Abschnitt 8.2.
[314] Vgl. Gabriel/Röhrs (1995), Kap. 8.

Kapitel 6   273

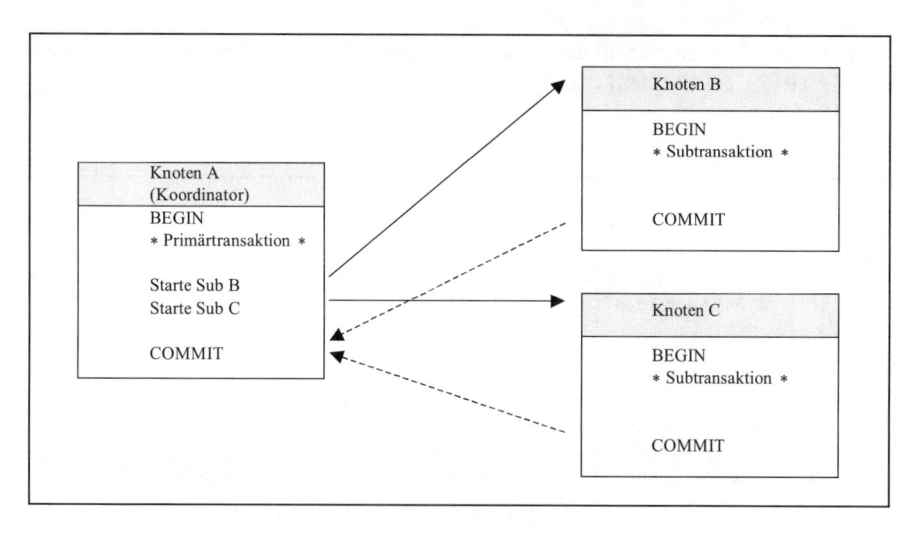

```
┌─────────────────────────────────────────────────────────────────┐
│                                        ┌──────────────────┐     │
│                                        │     Knoten B     │     │
│                                        ├──────────────────┤     │
│                                        │  BEGIN           │     │
│   ┌──────────────────┐         ───►    │   * Subtransaktion * │ │
│   │    Knoten A      │                 │                  │     │
│   │   (Koordinator)  │                 │  COMMIT          │     │
│   ├──────────────────┤                 └──────────────────┘     │
│   │  BEGIN           │                                          │
│   │   * Primärtransaktion *                                     │
│   │                  │                 ┌──────────────────┐     │
│   │  Starte Sub B    │                 │     Knoten C     │     │
│   │  Starte Sub C    │          ───►   ├──────────────────┤     │
│   │                  │                 │  BEGIN           │     │
│   │  COMMIT          │ ◄─────          │   * Subtransaktion * │ │
│   └──────────────────┘                 │                  │     │
│                                        │  COMMIT          │     │
│                                        └──────────────────┘     │
└─────────────────────────────────────────────────────────────────┘
```

Abb. 6.21: Prinzipdarstellung einer verteilten Transaktion

Im folgenden Abschnitt 6.4.4.1 werden wir das "2-Phasen-Commit" als Mittel zur Umsetzung verteilter Transaktionen vorstellen. Abschnitt 6.4.4.2 ist dann der im verteilten Umfeld besonders beachtenswerten Deadlock-Problematik gewidmet.

6.4.4.1   2-Phasen-Commit für verteilte Transaktionen

Laufen die Primärtransaktion und die Subtransaktionen unkoordiniert lediglich unter der Regie des jeweiligen lokalen DBVS, so ist das für jede Transaktion gültige Konsistenzkriterium in kaum einem Fall für die verteilte Transaktion als ganzes erfüllbar. Werden alle beteiligten Teiltransaktionen abgeschlossen, so ist dies i.d.R. zu völlig unterschiedlichen Zeitpunkten der Fall.

Also bedarf es einer übergeordneten Regie, die vom jeweiligen Koordinator übernommen wird. Ausschließlich der Koordinator entscheidet dann, ob die verteilte Transaktion insgesamt erfolgreich ist (COMMIT) oder insgesamt erfolglos (ABORT, ROLLBACK). Verwendet wird dabei zumeist das 2-Phasen-Commit-Protokoll, das eine Synchronisation aller beteiligten Rechner hinsichtlich des Abschlusses der verteilten Transaktion durch eine ggf. langwierige Vorbereitungsphase und eine sehr kurze Ausführungsphase zu garantieren versucht.

Die Vorbereitungsphase (Abb. 6.22) beginnt, wenn der Koordinator in der Lage ist, seine Primärtransaktion zu beenden. Da dies nur passieren darf, wenn auch alle Subtransaktionen erfolgreich sind, unterbricht er die Abschlussbearbeitung (das COMMIT) der Primärtransaktion unmittelbar vor dem letzten Teilschritt, der dann nur noch einen extrem geringen Zeitbedarf hat. Dieser Zustand wird auch als 'PREPARED TO COMMIT' (PTC) bezeichnet.

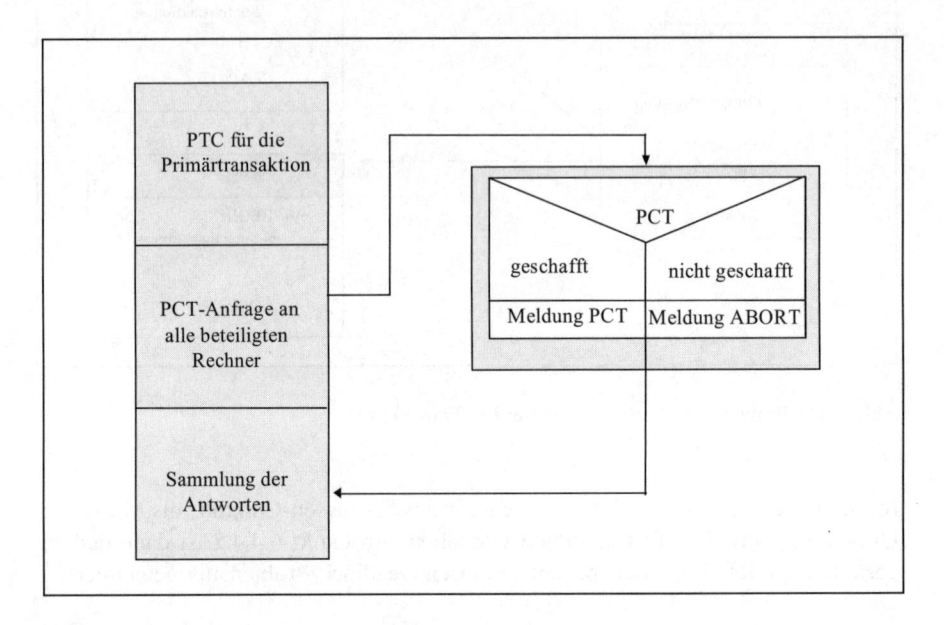

Abb. 6.22: Vorbereitungsphase des 2-Phasen-Commit

Ist also der Koordinator im Zustand PTC, so beginnt er die Vorbereitungsphase des 2-Phasen-Commit, indem er alle an der verteilten Transaktionsbearbeitung beteiligten Rechner auffordert, ihm mitzuteilen, wenn sie ihrerseits bezogen auf die Subtransaktion im PTC-Zustand sind oder aber sicher sind, dass sie ihn nicht erreichen werden. Ein beim Koordinator gesetztes Zeitlimit verhindert, dass er zu lange auf Antworten warten muss. Das Ende der Vorbereitungsphase ist dann durch einen von zwei Fällen bestimmt: den Erfolgsfall, der vorliegt, wenn von allen Knoten vor Ablauf des Zeitlimits PCT-Meldungen eingegangen sind, den Misserfolgsfall sonst (vgl. Abb. 6.23).

Kapitel 6

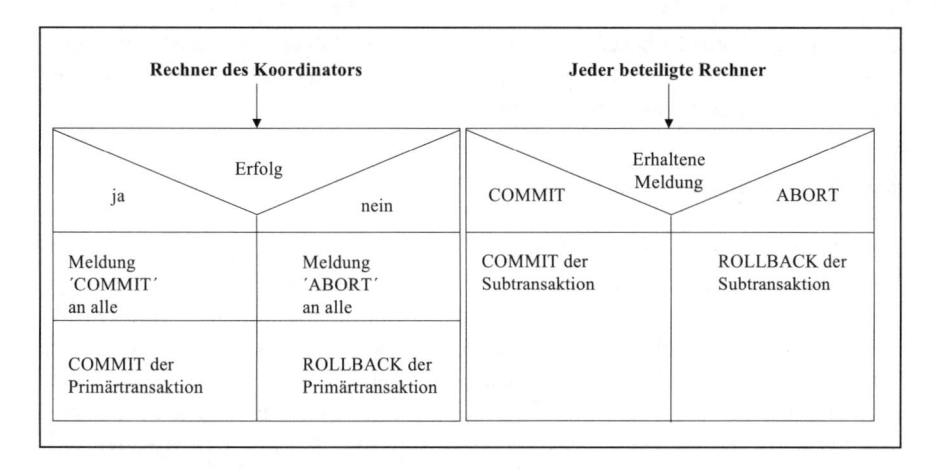

	Rechner des Koordinators			Jeder beteiligte Rechner	
ja	Erfolg	nein	COMMIT	Erhaltene Meldung	ABORT
Meldung 'COMMIT' an alle		Meldung 'ABORT' an alle	COMMIT der Subtransaktion		ROLLBACK der Subtransaktion
COMMIT der Primärtransaktion		ROLLBACK der Primärtransaktion			

Abb. 6.23: Ausführungsphase des 2-Phasen-Commit

Die Ausführungsphase wird wieder vom Koordinator eingeleitet. Im Erfolgsfall meldet der Koordinator 'COMMIT' an alle beteiligten Rechner, woraufhin alle Subtransaktionen abgeschlossen werden, während er gleichzeitig seine Primärtransaktion abschließt. Im Misserfolgsfall meldet der Koordinator 'ABORT' an alle beteiligten Rechner, woraufhin alle Subtransaktionen zurückgerollt werden, während er gleichzeitig seine Primärtransaktion zurückrollt.

Offenbar gewährleistet das 2-Phasen-Commit im Normalfall die gewünschte Synchronisation beim Abschluss einer verteilten Transaktion. In Kauf zu nehmen ist dabei, dass die Sperrdauer der durch die verteilte Transaktion exklusiv benötigten Objekte sich aus der Dauer der längsten Teiltransaktion ergibt, denn eine Freigabe von Sperren erfolgt erst in der Ausführungsphase. Somit ergibt sich bei (n - 1) der beteiligten Rechner eine aus lokaler Sicht teilweise unnötige Beeinträchtigung des Mehrbenutzerbetriebs. Kaum erträglich wird die Situation für die Rechner mit Subtransaktionen jedoch dann, wenn sie PCT gemeldet haben und der Koordinator sich z.B. infolge Rechnerausfalls nicht wieder bei ihnen meldet.

Mit der PCT-Meldung verliert ein Rechner jegliche Möglichkeit, ohne erneuten Anstoß durch den Koordinator irgend etwas mit der Subtransaktion zu tun, und während dieses PCT-Zustands bleiben bekanntlich alle von der Subtransaktion zuvor exklusiv genutzten Objekte weiterhin für den Zugriff durch andere Transaktionen gesperrt. Wir wollen diese Konfliktsituation in Verbindung mit dem 2-Phasen-Commit-Protokoll lediglich exemplarisch verstanden wissen, denn trotz Funktionsfähigkeit im Regelfall ist für zahlreiche Sonder- bzw. Fehlerfälle Vorsorge zu treffen durch ergänzende Maßnahmen der beteiligten DBVS und / oder

Erweiterungen am 2-Phasen-Commit-Protokoll[315]. Allgemein jedoch gilt sogar, dass es auch durch umfassende Weiterführung der wechselseitigen Quittierung eine 100%ige Lösung nicht geben kann[316].

6.4.4.2 Deadlocks beim VDBS

Im Mehrbenutzerbetrieb eines Datenbanksystems können sich durch parallele Transaktionen Deadlocks ergeben[317]. Mit Deadlocks bezeichnen wir eine Situation, bei der zwei oder mehr Transaktionen auf die Eintragung einer Sperre warten, die nicht möglich ist, weil das betroffene Objekt exklusiv einer anderen der wartenden Transaktionen zugewiesen ist. Abb. 6.24 zeigt beispielhaft eine Sperrmatrix, bei der 'SL' bei (T_i, O_j) bedeutet, dass für Transaktion i eine Schreibsperre auf Objekt j eingetragen ist. Ein 'W' bei (T_i, O_j) bedeutet, dass Transaktion i auf die Zuweisung des Objekts j wartet. Somit befinden sich im Beispiel der Abbildung 6.24 die 3 Transaktionen T_1, T_2, T_3 in einem Deadlock.

Transaktion \ Objekt	O_1	O_2	O_3	O_4	..
T_1	SL			W	
T_2		W	SL	SL	
T_3	W	SL			
..					

Abb. 6.24: Beispiel für eine Sperrtabelle mit Deadlock

Als Mechanismus zur Erkennung bzw. Auflösung von Deadlocks dient das Grafenverfahren und das Zeitlimit-Verfahren[318]. Beim Grafenverfahren wird durch grafentheoretische Analyse der Sperrtabelle in vorgegebenen zeitlichen Abständen nach Zyklen gesucht. Bei einem Zyklus wird der offenbar vorliegende Deadlock aufgelöst, in dem diejenige der verklemmten Transaktionen zurückgesetzt wird, die bisher die wenigsten Ressourcen verbraucht hat.

Bei einem VDBS lässt sich dieses Verfahren auf jede lokale Sperrtabelle erfolgreich anwenden. Nicht einfach lösbar ist jedoch die Erkennung eines verteilten

---

[315] Kudlich (1992), S. 77ff.
[316] Siehe auch das Alltagsbeispiel in Kudlich (1992), S. 79ff.
[317] Vgl. Gabriel/Röhrs (1995), Abschnitt 8.3.
[318] Vgl. Gabriel/Röhrs (1995), S. 314ff.

Deadlock. Darunter wollen wir einen Deadlock verstehen, der durch einen rechnerübergreifenden Zyklus bestimmt ist. Abbildung 6.25 zeigt ein einfaches Beispiel dafür.

Transaktion \ Objekt	A
PT_1	W
ST_1	SL
..	

Transaktion \ Objekt	B
PT_2	W
ST_2	SL
..	

Abb. 6.25: Beispiel für rechnerübergreifenden Deadlock

Dabei weisen die lokalen Sperrtabellen offenbar keine Zyklen auf. Ein Zyklus entsteht jedoch, wenn man den Zusammenhang von Primär- und Subtransaktion beachtet. So können die beiden Subtransaktionen ST_1 und ST_2 ihre Sperren der Objekte A bzw. B erst aufheben, wenn der Koordinator die Ausführungsphase des 2-Phasen-Commit auslöst. Die Primärtransaktionen der Koordinatoren PT_1 bzw. PT_2 können jedoch nicht einmal in die Vorbereitungsphase des 2-Phasen-Commit eintreten, da sie auf die Zuweisung der Objekte A bzw. B warten und somit ihren eigenen PTC-Zustand gar nicht erst erreichen. Da das Zeitlimit erst zu Beginn der Vorbereitungsphase gesetzt wird, haben wir es mit einer eindeutigen Deadlock-Situation zu tun. Zur Erkennung eines verteilten Deadlocks mittels Grafenverfahren gibt es eine Fülle von Möglichkeiten[319], die jedoch allein durch die laufende Einbeziehung der Sperrtabellen der beteiligten Rechner erheblichen Kommunikationsaufwand erfordern. Dabei ist außerdem zu berücksichtigen, dass sich während einer Deadlockanalyse (Datensammlung bei den Rechnern und anschließender Auswertung in einem ausgewählten Rechner) die Sperrtabellen dynamisch weiterentwickeln können. Dadurch kann es sogar zur Auflösung von Deadlocks kommen, die gar keine waren, den sogenannten Pseudo-Deadlocks[320].

Ein einfacherer Weg zur Auflösung von verteilten Deadlocks ist daher wiederum das Zeitlimit-Verfahren, das bekanntlich auch bei nicht verteilten Datenbanksystemen in der Praxis erfolgreich eingesetzt wird. Zu beachten ist jedoch, dass es schon bei einem Rechner bei hoher Systemauslastung mitunter zum Rücksetzen nicht verklemmter Transaktionen kommen kann, wenn das Zeitlimit erreicht ist. Rücksetzen und Wiederanlauf erhöhen jedoch dann die Systemlast erneut, so dass

---

[319] Vgl. die ausführliche Behandlung bei Dadam (1996), Abschnitt 8.4.
[320] Vgl. Dadam (1996), S. 223.

es nicht auszuschließen ist, dass das System immer nur mit sich selbst beschäftigt ist und der Durchsatz sinkt bzw. die Antwortzeit steigt. Beim Rücksetzen eines Teils einer verteilten Transaktion (Sub- oder Primärtransaktion) verschärft sich diese Problematik, weil die gesamte verteilte Transaktion daraufhin zurückzusetzen ist, was den evtl. unnötigen Doppelaufwand vervielfacht. Gleichzeitig wird die Festlegung eines realistischen Zeitlimits erschwert, weil die Situation mehrerer Rechner prognostisch zu berücksichtigen ist.

6.4.5 Optimierung von Zugriffen

Die wichtige Datenbanksystemsprache SQL ist zwar weltweit standardisiert, lädt jedoch nicht zuletzt aufgrund ihrer Deskriptivität zu unterschiedlichen Formulierungen (Programmen) zur Erreichung ein und desselben funktionalen Ergebnisses geradezu ein[321]. Die dadurch implizierten elementaren Datenbankoperationen unterscheiden sich jedoch mitunter erheblich in Anzahl, Komplexität und Ressourcenbedarf. Soll sich also der Endbenutzer bei der Formulierung seines SQL-Programmes nicht um physische Implementierungsdetails und die Folgen seiner Programmierung für die Rechnerbelastung kümmern, so liegt das u.a. daran, dass das Datenbankverwaltungssystem über sogenannte Query-Optimierer die deskriptive Ergebnisbeschreibung in eine möglichst ressourcenverbrauch-optimierte Prozedur überführt.

Tatsächlich kann jedoch beim konkreten Betrieb eines Datenbanksystems ein im Wortsinn optimaler Zugriff nicht regelmäßig erreicht werden, da ausgehend von einem vereinfachten Modell des Informationssystemverhaltens und einer nur unvollständigen Prognose der zu transportierenden Ergebnisdaten die Wahl aus mehreren Zugriffsalternativen zumeist lediglich die schlechtesten Lösungen ausschließen kann[322].

Bei einem VDBS erweitert sich das Zugriffsoptimierungsproblem durch die Berücksichtigung der Netzbelastung bzw. der Frage, welche Operationen auf welchem Rechner unter Übertragung welcher Ausgangs- und Ergebnisdatenmenge ausgeführt werden sollten. Die für zentrale Datenbanksysteme bewährten Optimierungsstrukturen werden jetzt als lokale Optimierung bezeichnet, denen eine globale, rechnerübergreifende Optimierung vorgeschaltet ist.

Geht es bei der lokalen Optimierung primär um die Reduzierung bzw. Minimierung der Plattenzugriffe, so richtet sich die globale Optimierung auf den Übertragungsaufwand bzw. auf die Parallelisierung von Schritten auf dem Weg zum

---

[321] Vgl. Kapitel 2.
[322] Vgl. Ceri (1985), S. 127.

Ergebnis. Zu den wünschenswerten Eigenschaften und Leistungen eines globalen Optimierers gehören u.a. die Optimierung von Prädikaten (OR, UNION, LIKE, BETWEEN), dynamisches Indizieren, Beachtung von Clustern und Puffern sowie netzweite Einblicke in umfangreiche Statistiken[323].

Eine detaillierte Betrachtung der Ausführungsalgorithmen und deren Bewertung ist aus Sicht der Wirtschaftsinformatik entbehrlich.

Umfangreiche mathematisch fundierte Darstellungen vor allem zum vielleicht wichtigsten Optimierungsteil, der bestmöglichen Join-Strategie, finden sich jedoch in der Literatur zu VDBS[324].

6.5 Föderierte Datenbanksysteme (FDBS)

Föderierte Datenbanksysteme (FDBS) setzen autonome, in der Regel zentrale Datenbanksysteme voraus, die im Rahmen eines FDBS dann als Komponentendatenbanksysteme bezeichnet werden (vgl. die Ausführungen in Abschnitt 6.3). Zusätzlich zu den konzeptionellen Schemata der Komponentendatenbanksysteme (auch private Schemata genannt) verfügen sie über ein sogenanntes föderiertes Schema, das eine homogenisierte Vereinigung von den Teilen der privaten Schemata darstellt, die in den Föderierungsdienst einbezogen worden sind. Auf Basis des föderierten Schemas können dann neue Anwendungssysteme mit einer entsprechenden logischen Gesamtsicht auf die verteilten Datenbanken zugreifen, ohne – in Analogie zu VDBS – von der Existenz der Komponentendatenbanksysteme etwas zu wissen bzw. zu bemerken[325].

Föderierte Datenbanksysteme sind demnach eine transparente und (teil-) integrierende Weiterentwicklung von Multidatenbanksystemen (MDBS), wie wir sie im Abschnitt 6.3 vorgestellt haben. Sie sind somit geeignet, mehrere isoliert von einander entwickelte Datenbanksysteme durch sukzessive Ausweitung des Föderierungsdienstes bzw. -umfangs in immer größerem Maß zu integrieren, ohne die Autonomie der Komponentendatenbanksysteme für die nicht in die Föderation einbezogenen Teile der privaten Schemata aufzuheben. Damit ist ein weiterer wichtiger Anwendungsbereich für FDBS die sukzessive Migration von Anwendungssystemen von einer alten Datenbanksystemlösung, z.B. netzwerkartigen

---

[323] Der ausführliche Katalog findet sich bei Kudlich (1992), S. 68.
[324] Vgl. Ceri (1985), S. 128ff.; Dadam (1996), Kapitel 7.
[325] Vgl. die Ausführungen in Abschnitt 5.2.2.3.

CODASYL-DBS, zu einer modernen, z.B. relationalen oder objektrelationalen Datenbanksystemlösung.

In einem derartigen Fall ist abweichend von der Voraussetzung mehrerer in einem Netz verbundener Rechnerknoten auch eine Implementierung der "alten" Ausgangsdatenbank und der "neuen" Zieldatenbank auf demselben Rechner möglich.

Mit Ausnahme der entbehrlichen Netzkommunikation bleiben die Aufgaben zur Gestaltung und Durchführung einer Migration auf einem Rechner jedoch dieselben wie bei einer Mehrrechnersitutation. Wir werden deshalb diesen Sonderfall nachfolgend nicht weiter betrachten. Stattdessen wollen wir im Abschnitt 6.5.1 die in Abbildung 6.26 dargestellte allgemeine Architektur föderierter Datenbanksysteme spezieller, insbesondere im Vergleich zum 5-Schema-Modell der VDBS und zum Architekturmodell für MDBS näher behandeln. Abschnitt 6.5.2 ist sodann dem Entwurf eines föderierten Schemas, also den Aufgaben gewidmet, die bei der (Teil-) Integration der privaten Schemata zu lösen sind.

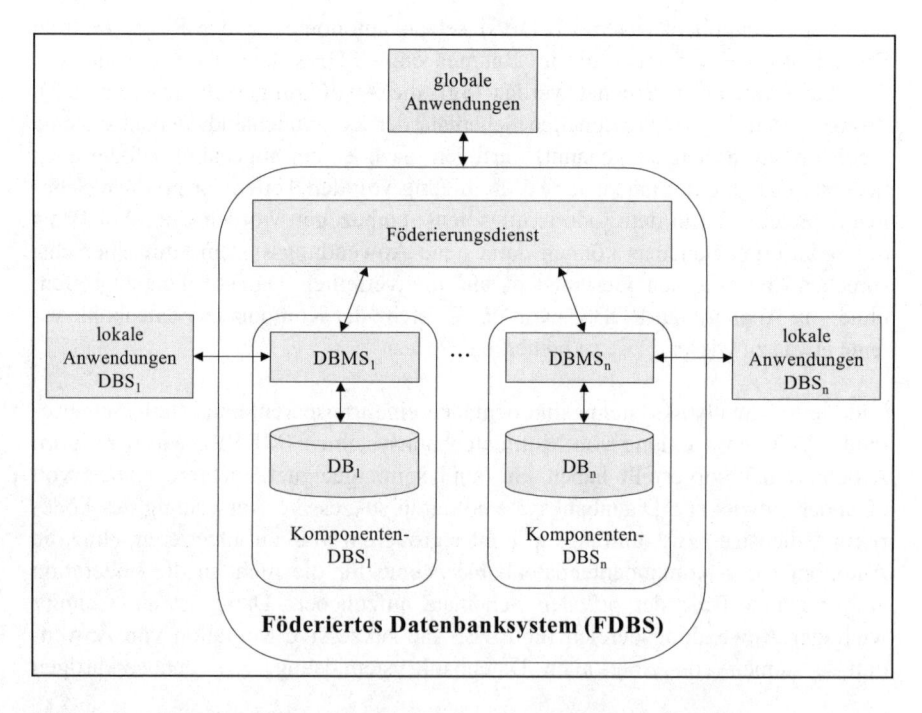

Abb. 6.26: Allgemeine Skizze eines Föderierten Datenbanksystems (FDBS)

6.5.1 Architekturkonzept für Föderierte Datenbanksysteme

Da es sich bei Föderierten Datenbanksystemen (FDBS) im Prinzip um Multidatenbanksysteme zuzüglich eines Föderierungsdienstsystems handelt, kann die Schema-Architektur von FDBS auch aus der Schema-Architektur für MDBS abgeleitet werden, die wir o.B.d.A. in Abbildung 6.13 für ein MDBS mit zwei Komponentendatenbanksystemen dargestellt haben[326].

Wie Abbildung 6.27 zeigt, steht für die Gestalter wie die Nutzer der föderierten externen Schemata (FES$_i$) nunmehr ein einheitliches föderiertes konzeptionelles Schema (FKS) zur Verfügung, über dessen Datenmodell und Inhalt hinaus sie keine weiteren Kenntnisse benötigen, um mit den Komponentendatenbanksystemen zu arbeiten. Mit sukzessiver Ablösung lokaler Anwendungen durch globale Anwendungen, die dann das föderierte Schema anstelle des lokalen konzeptionellen Schemas KS$_i$ als Basis für ihr nun föderiertes externes Schema nutzen, kann allmählich auf immer mehr lokale externe Schemata (E$_{ij}$) verzichtet werden. Verringern gegenüber der MDBS-Architektur kann sich der Aufwand für die Transformation zwischen den KS$_i$ und den darüberliegenden FKS$_i$ bzw. MDSi, da hier bei FDBS gegebenenfalls lediglich eine reine Filterfunktion, ggf. noch ergänzt um eine Datenmodelltransformation, stattfindet. Die Hauptlast liegt jetzt bei der Transformation zwischen FKS$_i$ und FKS, weil hier zusätzlich zur Schemaanalyse (vgl. Abschnitt 6.3.2) und ggf. zur Datenmodelltransformation noch eine echte Schemaintegration zu erfolgen hat, die wir im folgenden Abschnitt detailliert behandeln werden. Gegenüber der gleichfalls 5 Ebenen umfassenden und auch entsprechend bezeichneten 5-Schema-Architektur für VDBS (vgl. Abbildung 6.18) gibt es bei FDBS mindestens übergangsweise noch auf die lokalen konzeptionellen Schemata unmittelbar aufsetzende externe Schemata, die beim VDBS durch den "Top-Down"-Entwurf selbstverständlich nicht entstehen können.

---

[326] Eine ausführliche Architekturdiskussion findet sich vor allem in Conrads (1997), Abschnitt 3.3.

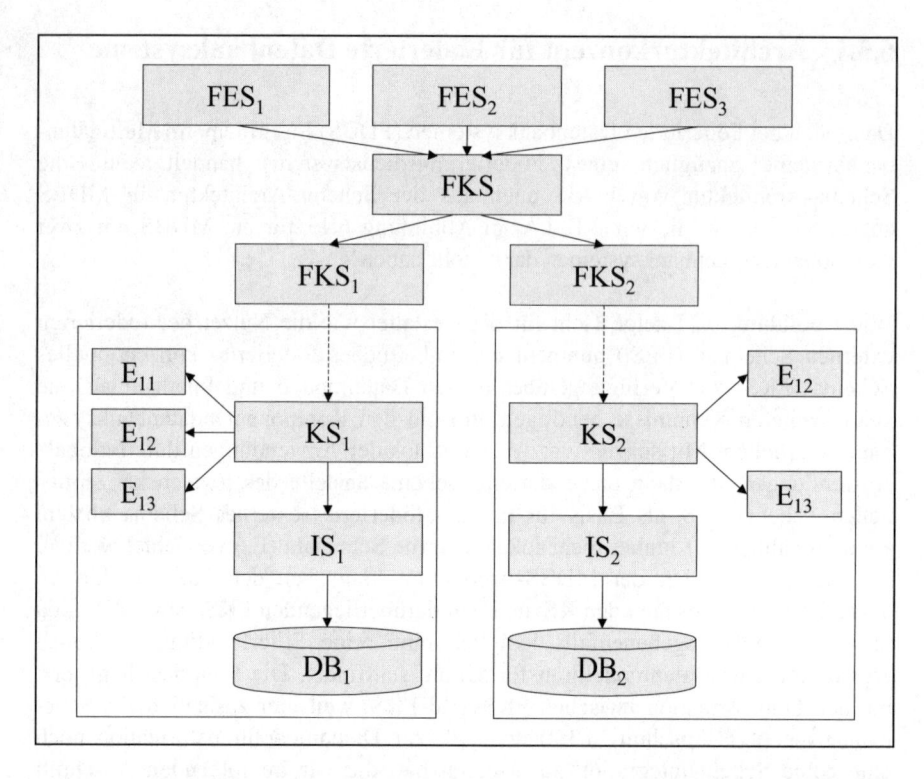

Abb. 6.27: Schema-Architektur für ein FDBS mit zwei Komponentendatenbanksystemen

Darüber hinaus symbolisieren die Richtungen der Pfeile in Abbildung 6.18 die Entwicklung eines globalen Schemas, wohingegen beim FDBS gleichsam "Bottom-up" aus existierenden Komponentenschemata ein integriertes föderiertes Schema zu entwickeln ist.

6.5.2 Aufbau von Föderierungsdienstsystemen

Bei der im Gegensatz zu den VDBS nachträglichen Gestaltung eines globalen Schemas, das für dessen Nutzer gleichwohl wie das konzeptionelle Schema eines einzigen Datenbanksystems wirkt, muss ausgehend von den vorhandenen Komponentenschemata ein systematischer Integrationsprozess stattfinden. Kriterien für die Qualität des Integrationsprozesses wurden schon in einem Artikel 1986 veröffentlicht[327].

Danach ist die Integration optimal verlaufen, wenn

a) alle Informationen der lokalen Schemata berücksichtigt wurden (Vollständigkeit),

b) alle Informationen des föderierten Schemas auf die lokalen Schemata zurückgeführt werden können (Korrektheit),

c) in den lokalen Schemata redundante Informationen im föderierten Schema nur einmal vorkommen (Minimalität),

d) das föderierte Schema sich seinen Nutzern schnell erschließt (Verständlichkeit).

Auf alle konkreten Integrationsmethoden und deren prinzipiell unterschiedliche Herangehensweisen wollen wir hier nicht detailliert eingehen, zumal eine Praxisrelevanz bisher in keinem Fall bewiesen ist[328]. Allen Ansätzen gemeinsam ist die grundsätzlich ohne nennenswerte IT-Unterstützung personell vorzunehmende Analyse der lokalen Schemata in Analogie zum 6-Schalen-Modell bei den Multidatenbanksystemen (vgl. Abschnitt 6.3.2).

Darüberhinaus sind sie grundsätzlich unabhängig von der gewählten Integrationsstrategie. Die Integrationsstrategie legt fest, ob bei der Integration alle zu integrierenden lokalen Schemata gemeinsam und in einem oder mehreren Schritten in ein föderiertes Schema überführt werden (n-äre Integration) oder ob jeder Integrationsschnitt jeweils nur genau zwei Ausgangsschemata betrifft (binäre Integration).

Für ein kleines Anschauungsbeispiel haben wir die Methode der zusicherungsbasierten Integration[329] gewählt und demonstrieren sie anhand einer einstufigen binären Integration je eines Schemas der einstmals selbständigen Volkshochschulen von Kaarst und Korschenbroich. Die beiden in Abbildung 6.28 dargestellten Schemata stellen selbstverständlich jeweils nur einen kleinen Ausschnitt aus dem jeweiligen vollständigen konzeptionellen Schema dar[330]. Die Darstellung erfolgt als Informationsstrukturmodell (ISM) und ist somit weitgehend selbsterklä-

---

[327] Vgl. Batini et al. (1986).
[328] Eine Übersicht dazu gibt Conrad (1997), Abschnitt 4.3.
[329] Vgl. die Erstveröffentlichung dieser Methode von Spaccapietra et al. (1992).
[330] Ein umfassenderes Beispiel für die zusicherungsbasierte Integration findet sich bei Conrad (1997), S. 93ff.

rend[331]. Vor der eigentlichen Integration gilt es nun zunächst herauszufinden, welche Komponenten der beiden ISMs einander entsprechen oder in einer integrationsrelevanten Beziehung stehen. Diese Entsprechungen bzw. Beziehungen werden dann als Zusicherungen bezeichnet.

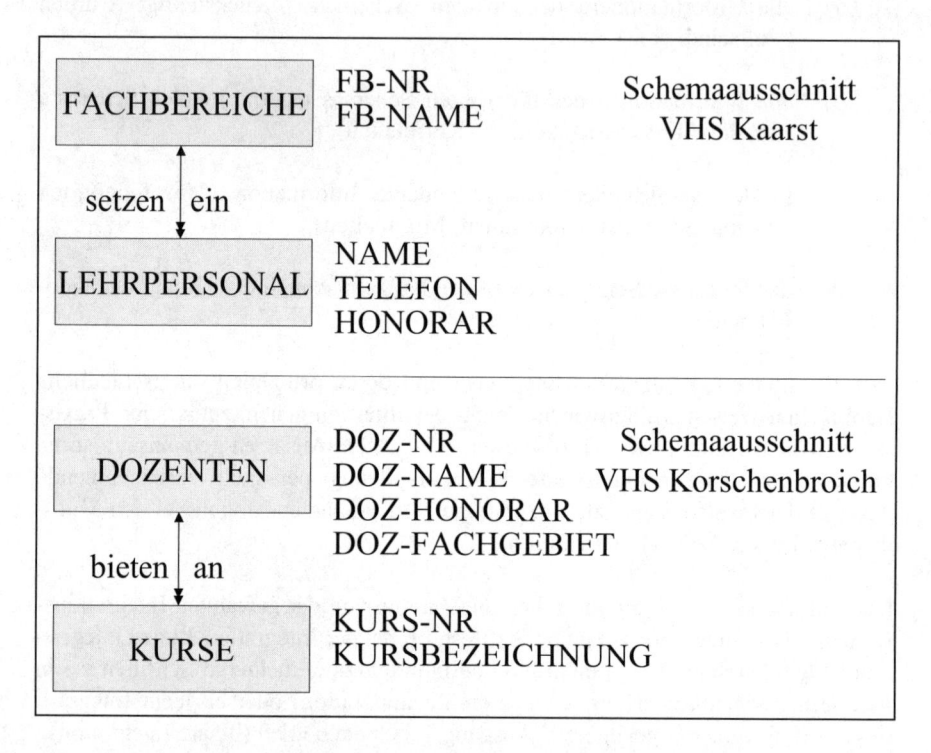

```
FACHBEREICHE     FB-NR              Schemaausschnitt
                 FB-NAME            VHS Kaarst
      ↕
   setzen ein
      ↕
                 NAME
LEHRPERSONAL     TELEFON
                 HONORAR


                 DOZ-NR             Schemaausschnitt
DOZENTEN         DOZ-NAME           VHS Korschenbroich
                 DOZ-HONORAR
      ↕          DOZ-FACHGEBIET
  bieten an
      ↕
                 KURS-NR
   KURSE         KURSBEZEICHNUNG
```

Abb. 6.28: Ausgangsschema für ein Integrationsbeispiel der VHS Kaarst-Korschenbroich

Im konkreten Fall der Abbildung 6.28 zeigt sich eine Äquivalenz zwischen den Informationsobjektklassen LEHRPERSONAL und DOZENTEN, repräsentieren doch beide IOKs die in der inzwischen gegründeten VHS Kaarst-Korschenbroich eingesetzten Dozenten, also denselben Ausschnitt der Realwelt. Daten zu denselben Dozenten finden sich also sowohl in der IOK LEHRPERSONAL als auch in der IOK DOZENTEN. Bei den jeweils zugehörigen Merkmalsklassen gibt es Äquivalenz-Zusicherungen zwischen NAMEN und DOZ-NAME sowie HONORAR und DOZ-HONORAR.

---

[331] Vgl. Gabriel/Röhrs (1995), Kapitel 2.

Komponenten der Ausgangsschemata, für die es keine Zusicherungen gibt, sind im integrierten Schema, ggf. unter anderem Namen, dem jeweiligen Ausgangsschema entsprechend zu berücksichtigen. Als äquivalent erkannte Komponenten hingegen werden nur einmal, entweder unter neuem Namen oder unter einem der beiden Ausgangsschematanamen, in das Ergebnisschema übernommen. Für die Ausgangsschemata der VHS Kaarst und Korschenbroich mit je zwei IOKs ergibt sich daraus für die VHS Kaarst-Korschenbroich ein Schema mit drei IOKs wie in Abbildung 6.29.

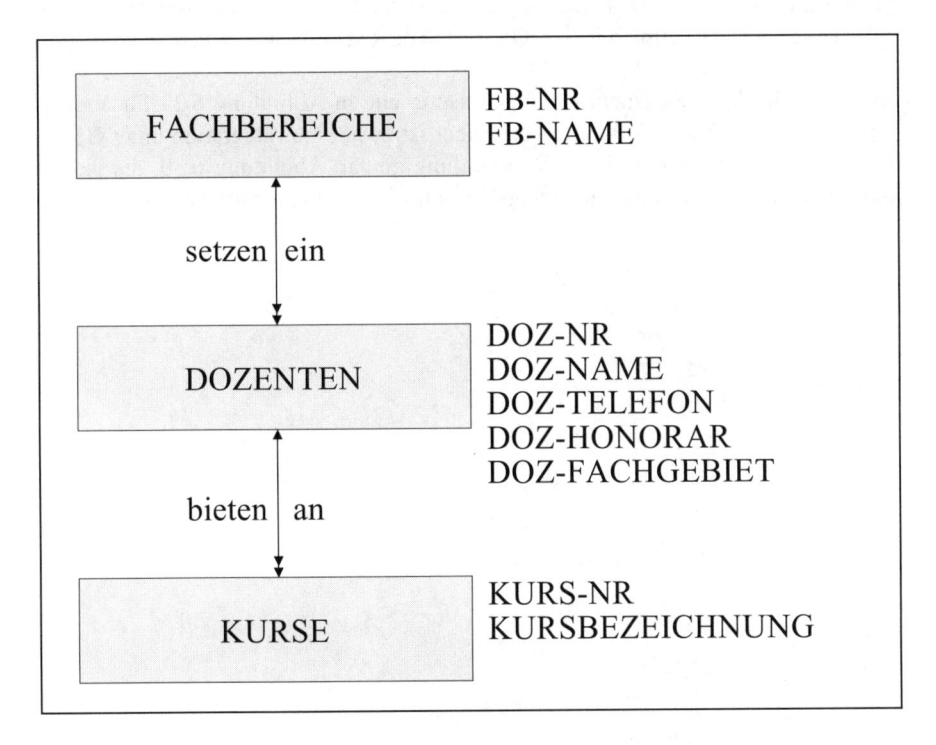

```
┌──────────────────────────────────────────────────────┐
│                                                      │
│   ┌──────────────────────┐   FB-NR                   │
│   │   FACHBEREICHE       │   FB-NAME                 │
│   └──────────┬───────────┘                           │
│              │                                       │
│      setzen  │  ein                                  │
│              │                                       │
│   ┌──────────┴───────────┐   DOZ-NR                  │
│   │                      │   DOZ-NAME               │
│   │     DOZENTEN         │   DOZ-TELEFON            │
│   │                      │   DOZ-HONORAR            │
│   └──────────┬───────────┘   DOZ-FACHGEBIET         │
│              │                                       │
│      bieten  │  an                                   │
│              │                                       │
│   ┌──────────┴───────────┐   KURS-NR                 │
│   │      KURSE           │   KURSBEZEICHNUNG        │
│   └──────────────────────┘                           │
│                                                      │
└──────────────────────────────────────────────────────┘
```

Abb. 6.29: Integriertes Schema zum Integrationsbeispiel aus Abb. 6.28

Problematisch hierbei ist die zu vermutende Redundanz, die sich aus der Merkmalsklasse DOZ-FACHGEBIET bei der IOK DOZENTEN und der Merkmalsklasse FB-NAME bei der IOK FACHBEREICHE ergeben kann. Die zusicherungsbasierte Integrationsmethode bietet hierfür keine Lösung an, wodurch das Kriterium der Minimalität zwangsläufig nicht erfüllt sein kann.

Auch die Integrationsregeln für Schematakomponenten, die nicht äquivalent sind, zwischen denen jedoch andere integrationsrelevante Beziehungen existieren, werden zwar benötigt, sind jedoch noch nicht abschließend untersucht[332]. Zur Erläuterung betrachten wir erneut die Schemata in Abbildung 6.28. Legen wir nun für das Schema der VHS Kaarst eine semesterübergreifende Betrachtung und für das Schema der VHS Korschenbroich eine semesterbezogene Betrachtung zugrunde, so gibt es in der Regel Angehörige des Lehrkörpers, die in einem konkreten Semester gerade nicht als Dozenten eingesetzt sind (z.B. der Skilehrer im Sommersemester). Somit liegt zwischen den IOKs LEHRPERSONAL und DOZENTEN keine Äquivalenz vor, sondern eine Inklusion, d. h. alle IOs der IOK DOZENTEN sind auch in der IOK LEHRPERSONAL vertreten, die Umkehrung jedoch gilt nicht. Conrad nennt diese Zusicherung, bei der im konkreten Fall die IOK DOZENTEN Teilmenge der IOK LEHRPERSONAL ist, "Einschluss".

Damit ist der Weg zu einem Ergebnisschema wie in Abbildung 6.29 für äquivalente IOKs nicht mehr definiert. Vorstellbar ist zwar eine Integration unter Beibehaltung beider IOKs und deren Verknüpfung gemäß Abbildung 6.30, die jedoch das Kriterium der Minimalität zwangsläufig noch weniger erfüllen kann.

---

[332] Vgl. die Aufzählung aller Einschränkungen zur zusicherungsbasierten Integration bei Conrad (1997), S. 99.

Kapitel 6

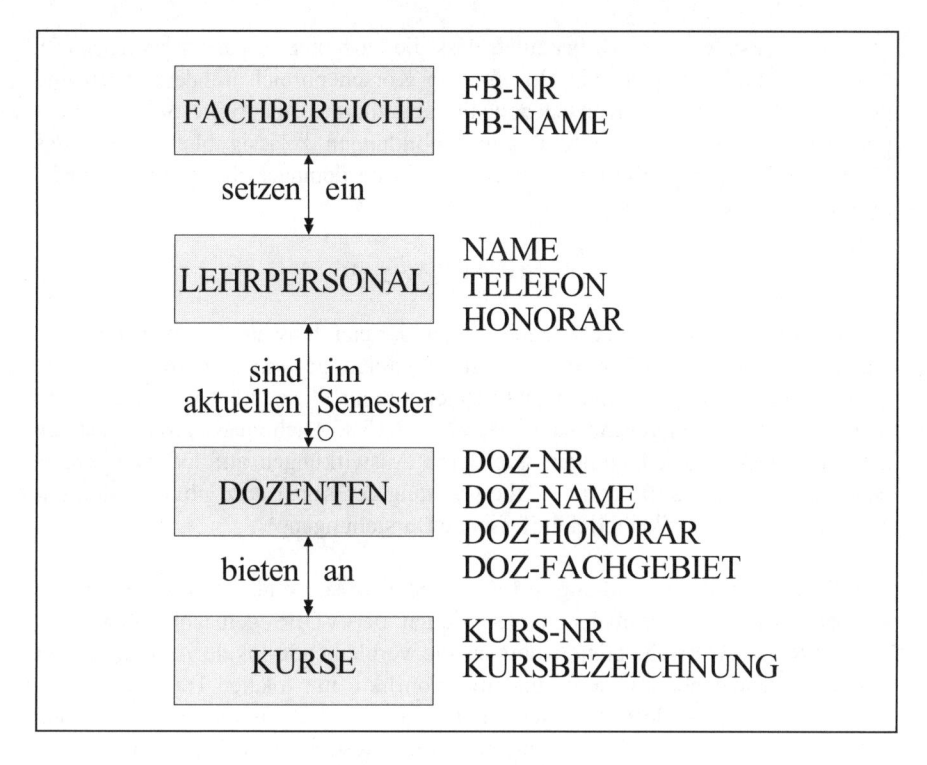

```
┌─────────────────────────────────────────────────┐
│                                                 │
│   ┌─────────────────┐    FB-NR                  │
│   │  FACHBEREICHE   │    FB-NAME                │
│   └─────────────────┘                           │
│           ▲                                     │
│    setzen │ ein                                 │
│           │                                     │
│   ┌─────────────────┐    NAME                   │
│   │  LEHRPERSONAL   │    TELEFON                │
│   └─────────────────┘    HONORAR                │
│           ▲                                     │
│      sind │ im                                  │
│   aktuellen│ Semester                           │
│           ○                                     │
│   ┌─────────────────┐    DOZ-NR                 │
│   │    DOZENTEN     │    DOZ-NAME               │
│   └─────────────────┘    DOZ-HONORAR            │
│           ▲              DOZ-FACHGEBIET         │
│    bieten │ an                                  │
│           │                                     │
│   ┌─────────────────┐    KURS-NR                │
│   │     KURSE       │    KURSBEZEICHNUNG        │
│   └─────────────────┘                           │
│                                                 │
└─────────────────────────────────────────────────┘
```

Abb. 6.30: Fiktives Integrationsschema bei Einschluss-Zusicherung

Ergänzt werden müssen die Integrationsmethoden noch um die Ableitung globaler, auf das föderierte Schema aufbauender Konsistenzbedingungen aus den vorhandenen lokalen Konsistenzbedingungen[333]. Im konkreten Fall sind dabei grundsätzlich zunächst mit vermutlich erheblichem personellen Aufwand die jeweiligen lokalen Konsistenzbedingungen erst einmal zu ermitteln, die nur im optimalen, eher theoretischen Fall alle an zentraler Stelle, z.B. in einem Data Dictionary, abgelegt sind. Stehen dann alle lokalen Konsistenzbedingungen zur Verfügung, so ist beim Bezug auf Komponenten beider Schemata, für die es Zusicherungen gibt, die jeweils grundsätzlich schwächere Konsistenzbedingung für den Föderierungsdienst zu übernehmen. Betrachten wir dazu beispielhaft noch einmal die Abbildung 6.28 und die beiden Merkmalsklassen HONORAR und DOZ-HONORAR. Wir ermitteln als Konsistenzbedingungen

$$\text{HONORAR} \leq 28 \text{ sowie}$$
$$10 \leq \text{DOZ-HONORAR} \leq 30,$$

---

[333] Konsistenzbedingungen sind ausführlich behandelt in Gabriel/Röhrs (1995), Abschnitt 8.2.

was für die Realwelten z.B. bedeutet, dass die Dozenten in Kaarst höchstens 28 Euro pro Stunde erhalten, die Dozenten in Korschenbroich mindestens 10 und höchstens 30 Euro. Die Konsistenzbedingung für das integrierte Schema muss nun gewährleisten, dass beide Realweltabbildungen zulässig bleiben. Für das integrierte Schema in Abbildung 6.29 ergibt sich demnach die globale Konsistenzbedingung

$$\text{DOZ-HONORAR} \leq 30.$$

Dieses einfache Beispiel darf jedoch nicht darüber hinweg täuschen, dass die Ableitung globaler aus lokalen Konsistenzbedingungen durch deren vielfältige Abhängigkeiten bei größerem Objektmengenumfang[334] eine höchst komplexe und damit auch noch weitgehend ungelöste Aufgabe ist. Auch zu weiteren Aspekten globaler Konsistenzbedingungen wie deren Auswirkungen auf föderale schreibende Datenbankzugriffe und die Überwachung der Konsistenz gibt es bisher nur ansatzweise und auch keinerlei umfassende Darstellungen[335].

Für die Transaktionsverwaltung in FDBS gelten zunächst alle Ausführungen, die wir zu insbesondere globalen Transaktionen bei VDBS gemacht haben (vgl. Abschnitt 6.4.4). Erschwerend kommen die verbleibende lokale Autonomie der Komponentendatenbanksysteme und die Konflikte mit lokaler Transaktionsverwaltung hinzu. Als lösbar eingeschätzt wird die Transaktionsverwaltung bei FDBS ausschließlich in Verbindung mit harten Restriktionen, wie der Beschränkung globaler Transaktionen auf höchstens eine ändernde lokale Teiltransaktion[336].

6.6 Zusammenfassung und Nutzungstendenzen von Datenbanksystemen in verteilten Informationssystemen

In den vorhergehenden Abschnitten wurde gezeigt, dass auch für die Nutzung in verteilten Informationssystemen Datenbanksystemkonzepte existieren und teilweise noch weiter entwickelt werden. Die Konzepte basieren auf grundsätzlich immer genau einer von zwei möglichen Ausgangssituationen. So konnte bis Mitte der 1980er Jahre in den meisten Fällen bei der Planung eines verteilten Informationsystems datenbankmäßig von einer "grünen Wiese" ausgegangen werden, da seinerzeit 70% der Daten noch nicht in Datenbanken gespeichert waren. Kon-

---

[334] Vgl. Gabriel/Röhrs (1995), Abschnitt 8.2.11.
[335] Vgl. auch die Ausführung bei Conrad (1997), Abschnitt 5.4.
[336] Vgl. Rahm (1999), Kap. 7-28.

sequenterweise reiften in dieser Zeit Konzepte und marktfähige Lösungen für Verteilte Datenbanksysteme. Verteilte Datenbanksysteme (VDBS). Sie verfügen über ein von vorn herein entworfenes globales Konzeptionelles Datenbankschema für alle physisch auf unterschiedliche in einem Netz verbundene Rechner verteilte Datenbanken.

Als Hauptmotive für die lokale Speicherung galten u.a. die damalige Kostenentwicklung mit sinkenden Hardwarepreisen und hohen Datenübertragungskosten sowie die Skalierbarkeit bei lokal unterschiedlich wachsenden Anforderungen an die Datenverarbeitung[337]. Mit der Zeit jedoch veränderte sich mit dem zunehmenden, mittlerweile grundsätzlich selbstverständlichen Einsatz von Datenbanksystemen die Ausgangssituation bei der Planung und Gestaltung verteilter Informationssysteme. Insbesondere in größeren Unternehmungen und auch in der öffentlichen Verwaltung waren darüber hinaus häufig Datenbanksysteme von i.d.R. auch unterschiedlichen Herstellern im Einsatz. Somit sind zwar Basisfunktionen von VDBS wie das 2-Phasen-Commit weiter bedeutsam, Neuentwicklungen "auf der grünen Wiese" jedoch die absolute Ausnahme.

Betreiber von großen Rechenzentren schufen sich teilintegrative Lösungen durch Nutzung der existierenden autonomen Datenbanksysteme in Form eines Multidatenbanksystems (MDBS). Dabei musste und muss in erheblichem Umfang individueller personeller Aufwand betrieben werden, der umso größer ist, je heterogener die Ausgangsdatenbanksysteme sich präsentieren. Vor allem gilt es, nicht nur einmalig im Zuge der Schaffung eines externen Multidatenbanksystems, sondern auch während der zumeist mehrjährigen Betriebsphase das Detailwissen über alle Ausgangsdatenbanksysteme zu erhalten und bei allen Schemaänderungen – auch denen auf lokaler Ebene – zu verwenden, um die Funktionsfähigkeit auf globaler und allen lokalen Ebenen zu erhalten.

Die größte Zukunftsbedeutung dürfte daher den Föderierten Datenbanksystemen (FDBS) zukommen, die über den Föderierungsdienst auch Automatismen bereitstellen (sollen), die Schemaänderungen für die Nutzer auf allen Ebenen transparent umsetzen. Der Bedarf an derartigen Lösungen wird mit der voraussichtlich weiter zunehmenden Zahl von Unternehmungszusammenschlüssen und der Verfügbarkeit von Datenbanken über das Internet zweifellos steigen. Ein weiterer Schub zu FDBS dürfte ausgelöst werden durch Wunsch oder – allmählich – auch Zwang zur Nutzung von komplexen Datentypen, wie sie in der Objektorientierung selbstverständlich sind. Dabei ist es unerheblich, ob dafür rein objektorientierte Datenbanksysteme oder objekt-relationale Datenbanksysteme eingesetzt werden[338]. Ein erfolgreicher Einsatz dieser Technologien setzt zumeist zwingend voraus, in Datenbanken bereits vorhandene und von zumeist komplexen Anwen-

---

[337] Vgl. Zehnder (1989), Kapitel 9.
[338] Vgl. die Ausführungen in Kapitel 7.

dungen genutzte Daten so autonom zu erhalten wie möglich, die Nutzung der neuen Möglichkeiten jedoch ohne Wissen um die alten Bestände und Strukturen zu gewährleisten[339].

Trotz einiger am Markt verfügbarer erster Produkte mit FDBS-Fähigkeiten[340] ist jedoch insbesondere die Transaktionsproblematik keineswegs zufriedenzustellend gelöst und Erweiterungen des von VDBS benutzten 2-Phasen-Commit werden noch wissenschaftlich untersucht[341]. Zur Unterstützung lesender Transaktionen wurde vor allem in den Bereichen zur Anfrageoptimierung und zur Datenqualität weitere Erkenntnisse angestrebt, wobei es ggf. zu Synergieeffekten mit der Data Warehouse-Forschung kommen kann[342].

In letzter Zeit ist vor allem auf Grund schnell sinkender Datenübertragungskosten bei gleichzeitig heute so hohen Übertragungsgeschwindigkeiten im WAN (Wide Area Network) wie vor einigen Jahren lediglich im LAN (Local Area Network) eine zunehmende Rezentralisierung beim Rechenzentrumsbetrieb zu beobachten. Da der Endbenutzer die Verlagerung eines Servers aus seiner Filiale in die Zentrale nicht mehr spürt, lassen sich die mit der Dezentralisierung verbundenen Sicherheitsrisiken vermeiden und der erhebliche Administrationsaufwand für die dezentralen Komponenten drastisch reduzieren.

Auf die Nachfrage und Leistungen Föderierter Datenbanksysteme jedoch dürfte dies keinen Einfluss haben, denn durch die Rezentralisierung werden lediglich Entfernungen zwischen den vorhanden Komponentendatenbanken verringert, die komplexe Logik bleibt unverändert. Dafür ist im Gegenteil durch unternehmungsübergreifende Geschäftsprozesse auch eine unternehmungsübergreifende, im Internet ggf. weltweite Anwendung mit mehreren beteiligten Datenbanksystemen Aufgabe für FDBS, die wiederum ihre Leistungsfähigkeit bei Antwortzeitverhalten und Durchsatz in der Praxis noch unter Beweis stellen müssen[343]. Für VDBS hingegen ist und wird eine breite Praxisnutzung wohl nicht zustande kommen.

---

[339] Vgl. Mattos et al. (1999).
[340] Vgl. Conrad/Hasselbring (1999), Kapitel 5.
[341] Vgl. Türker/Schwarz (1999).
[342] Vgl. Conrad et al. (1999), S. 309.
[343] Vgl. Conrad (1997), Kapitel 9.

6.7 Übungsaufgaben zu Datenbanksystemen in verteilten Informationssystemen

Aufgabe 6-1: Skizzieren Sie die Randbedingungen, die zur Entwicklung von den klassischen zentralen hin zu verteilten Informationssystemen geführt haben. Überlegen Sie auch, weshalb aktuell in der IT-Welt auch über eine sogenannte Rezentralisierung diskutiert wird und was damit gemeint ist.

Aufgabe 6-2: Belegen Sie die Aussage der Abbildung 6.9 anhand eines selbstgewählten Beispiels. Wählen Sie als Ausgangsbasis das Ergebnis der Fallstudie in Kapitel 4.

Aufgabe 6-3: Stellen Sie die Gemeinsamkeiten und die Unterschiede von Multidatenbanksystemen und Föderierten Datenbanksystemen dar.

Aufgabe 6-4: Erläutern Sie die Begriffe Fragment, Allokation und Partition allgemein und anhand eines selbstgewählten Beispiels.

Aufgabe 6-5: Die VHS Kaarst-Korschenbroich partitioniert die Relation DOZENTEN mit den Attributen DOZNR, NAME, PLZ, WOHNORT, HONORAR, FBNR analog dem in Abbildung 6.19 illustrierten Beispiel für die Relation TEILNEHMER. Formulieren Sie die SELECT-Anweisungen zur Auswahl der n-Tupel für die beiden Partitionen. Erläutern Sie – auch anhand von SQL-Anweisungen – die Varianten bei der Aktualisierung, wenn

a) die Honorare für die in Kaarst geführten Dozenten um 10 % steigen,

b) das Mindesthonorar der VHS auf 20 Euro angehoben wird,

c) ein Dozent von Kaarst nach Korschenbroich umzieht.

Aufgabe 6-6: Sie kommen als Unternehmensberater zu einem Kreditinstitut A mit mehreren Zweigstellen, das gerade ein anderes Kreditinstitut B übernommen hat. Im Kreditinstitut A wird seit einigen Wochen an der Planung eines Projektes gearbeitet, das zur Ablösung der laufenden Mainframe-Anwendungen, die auf einem zentralen Datenbanksystem basieren, durch ein verteiltes Informationssystem unter Nutzung eines VDBS führen soll. Wie gehen Sie vor?

Aufgabe 6-7: Erläutern Sie an einem auf der VHS Kaarst-Korschenbroich basierenden Beispiel die besondere Problematik von verteilten Transaktionen und versuchen Sie einen Fall zu konstruieren, bei dem das 2-Phasen-Commit nicht ausreichend ist.

Aufgabe 6-8: Überlegen Sie, welche Bedeutung die Entwicklung der Kommunikationsleistungen und der Kommunikationskosten im WAN-Bereich für die Gestaltung verteilter Informationssysteme hat und skizzieren Sie insbesondere die Auswirkungen auf die Datenbanksysteme.

Aufgabe 6-9: Sie kommen als Wirtschaftsinformatiker zu einer Unternehmung, in dem in Kürze die Entscheidung für den Einsatz eines Föderierten oder eines verteilten Datenbanksystems fallen soll. Erarbeiten Sie einen Fragen- und Kriterienkatalog, der zur Entscheidung zwischen den Alternativen dienen kann.

Aufgabe 6-10: Beschreiben Sie die Ziele bei der Zugriffsoptimierung für Verteilte Datenbanksysteme und vergleichen Sie diese Zugriffsoptimierung mit der bei einem zentralen Datenbanksystem.

Aufgabe 6.11: Diskutieren Sie die zukünftigen Entwicklungen der Datenbanksysteme in verteilten Informationssystemen, insbesondere unter dem Aspekt der Nutzung des weltweiten Netzes Internet.

6.8 Literatur zu Kapitel 6

Batini, C.; Lenzerini, M.; Navathe, S. B. (1986): A Comparative Analysis of Methodologies for Database Schema Integration, in: ACM Computing Surveys 18/1986, S. 323-364.

Beauchemin, B. (2000): Nicht lineare Daten mit OLE/DB und ADO 25 in: Microsoft system journal 1/2000, S. 32-36.

Boll, S.; Klas, W.; Wandel, J. (1999): Die wichtigsten Java-Konzepte für unternehmungsweite Anwendungsentwicklung, Seminarunterlagen der Deutschen Informatik Akademie 09.-10.12.1999, Bonn 1999.

Ceri, S.; Pelagatti, G. (1985): Distributed Databases, Singapur 1985.

Conrad, S. (1997): Föderierte Datenbanksysteme, Berlin u.a. 1997.

Conrad, S.; Hasselbring, W. (1999): Verteilte Informationssysteme: Konzepte und Techniken zur Integration, Begleitunterlagen zum Tutorium der Deutschen Informatik Akademie 4.3.1999, Bonn 1999.

Conrad, S.; Saake, G.; Sattler, K.-U. (1999): Informationsfusion – Herausforderungen an die Datenbanktechnologie, in: Buchmann, A.P. (Hrsg.), Datenbanksysteme in Büro, Technik und Wissenschaft, 8. GI-Fachtagung 1.-3.3.1999, Berlin u.a. 1999, S. 307-316.

Dadam, P. (1996): Verteilte Datenbanken und Client/Server-Systeme, Berlin u.a. 1996.

Gabriel, R.; Chamoni, P.; Gluchowski, P. (2000): Data Warehouse und OLAP, Analyseorientierte Informationssysteme für das Management, in: ZfbF 52, Februar 2000, S. 74-93.

Gabriel, R.; Knittel, F.; Reif-Mosel, A.-K.; Taday, H. (2002): Computergestützte Informations- und Kommunikationssysteme in der Unternehmung, Technologien, Anwendungen und Gestaltungskonzepte, Berlin u.a. 2002.

Gabriel, R.; Röhrs, H.-P. (1995): Datenbanksysteme, Konzeptionelle Datenbankmodellierung und Datenbankarchitekturen, 2. Auflage, Berlin u.a. 1995.

Gartner Group (1999): Datennetzwerke am Ende des Jahrhunderts, in: I Tip Juli 1999.

Geiger, K. (1995): Inside ODBC, Microsoft Press 1995.

Gluchowski, P.; Gabriel, R.; Chamoni, P. (1997): Management Support Systeme, Computergestützte Informationssysteme für Führungskräfte und Entscheidungsträger, Berlin u.a. 1997.

Grauer, H.: Client/Server Computing, in: IT FOKUS 1/2000.

Hamillon, G.; Cattell, R.; Fisher, M. (1998): JDBC^{TM}, Datenbankzugriff mit Java^{TM}, Bonn u.a. 1998.

Hannan, J. (Hrsg) (1988): Management der dezentralen Datenverarbeitung, Braunschweig 1988.

Hansen, H.-R. (1992): Wirtschaftsinformatik I, 6. Auflage, Stuttgart 1992.

Hansen, H.-R. (1996): Wirtschaftsinformatik I, 7. Auflage, Stuttgart 1996.

Hansen, H.-R.; Neumann, G. (2001): Wirtschaftsinformatik I, 8. Auflage, Stuttgart 2001.

Heimbigner, D.; McLeod, D. (1985): A Federated Architecture für Information Management, in: ACM Transactions on Office Information Systems, 3(3) 1985, S. 253-278.

Kudlich, H. (1992): Verteilte Datenbanken, Berlin; München 1992.

Lakshmanan, F. S.; Subramanian, I. N. (1996): Schema SQL: A language for Interoperability in Relational Multidatabase Systems, in: Vijayaraman, T.M. èt.al. (HRSG.): Proceedings of the 22nd International Conference on Very large Data Base, 1996, S. 239-250.

Litwin, W.; Mark, L.; Roussopoulos, N.: Interoperability of Multiple Autonomous Databases, in: ACM Computing Surveys, 22(3) 1990, S. 267-293.

Mattos, N. M.; Kleewein, J.; Roth, M. T.; Zeidenstein; K. (1999): From Object-Relational to Federated Databases, in: Buchmann, A.P. (Hrsg.), Datenbanksysteme in Büro, Technik und Wissenschaft, 8. GI-Fachtagung 1.-3.3.1999, Berlin u.a. 1999, S. 185-209.

Microsoft (2000): OLE/DB White Paper, www.microsoft.com.

Rahm, E. (1999): Datenbanksysteme II, Online-Skript, Universität Leipzig, Sommersemester 1999, Leipzig 1999.

Spaccapietra, S.; Parent, C.; Dupont, Y. : Model Independent Assertions for Integration of Heterogeneous Schemas, in: VLDB Journal, 1, 1992, S.81-126.

Stahlknecht, P. (1993): Einführung in die Wirtschaftsinformatik, 6. Auflage, Berlin u.a. 1993.

Stahlknecht, P.; Hasenkamp, U. (2002): Einführung in die Wirtschaftsinformatik, 10. Auflage, Berlin u.a. 2002.

Türker, C.; Schwarz, K. (1999): Abhängigkeiten zwischen Transaktionen in föderierten Datenbanksysteme, in: Buchmann, A.P. (Hrsg.), Datenbanksysteme in Büro, Technik und Wissenschaft, 8. GI-Fachtagung 1.-3.3.1999, Berlin u.a. 1999, S. 271-290.

Zehnder, C. A. (1998): Informationssysteme und Datenbanken, 6. Auflage, Stuttgart 1998.

7 Objektorientierte und Objekt-Relationale Datenbanksysteme

Bisher wurden bei unseren Betrachtungen die objektorientierten Ansätze in der Informatik und damit die objektorientierte Modellierung bzw. Systementwicklung und vor allem die objektorientierten Datenbanksysteme bewusst im Hintergrund gehalten. Dies gilt sowohl für den ersten Band über Datenbanksysteme, in dem sich die konzeptionelle Datenmodellierung hauptsächlich am relationalen Datenmodell orientiert (für das objektorientierte Datenmodell wird lediglich ein Überblick gegeben)[344], als auch für die vorstehenden Kapitel des vorliegenden Bandes, in dem in Teil A der gesamte Gestaltungsprozess von Datenbanksystemen unabhängig von der Objektorientierung behandelt wird (die objektorientierte Entwicklung wird lediglich als ein Gestaltungsansatz kurz erläutert).[345]

Wir haben bisher bewusst den Schwerpunkt auf den relationalen Modellansatz gelegt, da dessen Modelle und die entsprechenden Datenbanksysteme heute in der betrieblichen Praxis einen hohen Stellenwert besitzen und auch in Zukunft noch behalten werden. Die relationalen Datenbanksysteme, die seit den 1970er Jahren stets weiterentwickelt wurden, weisen große Leistungspotenziale gerade für betriebswirtschaftliche und kaufmännische Anwendungsbereiche auf und zeichnen sich auch durch eine bewährte und allgemein akzeptierte Modellierungs- und Benutzungsfreundlichkeit aus. Viele Anwender nutzen seit vielen Jahren mit inzwischen unternehmungsweiter Bedeutung Relationale Datenbanksysteme (RDBS) und werden Objektorientierte Datenbanksysteme (OODBS) – wenn überhaupt – zunächst pilotweise als Ergänzung für Spezialaufgaben einsetzen. Eine interessante Verbindung von RDBS und OODBS bilden die Objekt-Relationalen Datenbanksysteme (ORDBS) (vgl. Abschnitt 7.5).

Einige Anwender nutzen erst seit einigen Jahren erfolgreich relationale Datenbanksysteme und wollen dies auch weiterhin tun. Relationale Datenbanksysteme erfreuen sich einer breiten Akzeptanz bei einer Vielzahl von Benutzern in unterschiedlichen Anwendungsbereichen und selbst bei heterogenen Benutzergruppen, die mit unterschiedlichen Ansprüchen und DV-Kenntnissen diese Systeme nutzen. Dies gilt vor allem für die Datenbankanwendungen, die auf Personal Computern (PC) bzw. Workstations laufen.[346]

---

[344] Vgl. Gabriel/Röhrs (1995), Abschnitt 3.3.3, S. 156ff.
[345] Vgl. Abschnitt 1.2.4 im ersten Kapitel.
[346] So vor allem für Produkte, die unter dem System MS-WINDOWS laufen, z.B. das Datenbanksystem MS-ACCESS.

Die Objektorientierung ist jedoch auch in den letzten Jahren in vielen Bereichen der angewandten Informatik erfolgreich eingezogen und wird sich wohl langfristig – zumindest in einigen Anwendungsbereichen und als Ergänzung vorhandener Systeme und Techniken – durchsetzen. Dies gilt vor allem für die objektorientierte Systementwicklung auf der Basis objektorientierter Sprachen[347], aber auch für Objektorientierte Datenbanksysteme, die teilweise bereits in der Praxis genutzt werden. Man muss jedoch auch feststellen, dass die Objektorientierung zurzeit noch überwiegend Forschungsgegenstand ist, für ausgewählte Anwendungen als Prototyp eingesetzt wird, und die Durchdringung in der Praxis doch sehr langsam vor sich geht. Dies mag auch dadurch begründet sein, dass für die Objektorientierung auch über 35 Jahre nach der Veröffentlichung der ersten objektorientierten Programmiersprache noch keine geschlossene Theorie existiert (vergleichbar der Theorie der relationalen Modelle). Sowohl im Programmiersprachenbereich als auch auf der Datenbankseite wird noch viel experimentiert, um zu einheitlichen Prinzipien und effizienten Implementierungen zu gelangen.[348] Trotzdem ist es wichtig, dass der Objektorientierung, d.h. der objektorientierten Modellierung und Systementwicklung und den objektorientierten Datenbanksystemen, ein eigenes Kapitel im vorliegenden Buch gewidmet wird.[349] Behandelt werden hier auch die Objekt-Relationalen Datenbanksysteme, die beide Ansätze miteinander verbinden.[350]

Zunächst wird im Abschnitt 7.1 allgemein in das Thema Objektorientierung eingeführt, wobei vor allem der Begriff "Objekt" definiert werden muss. Der folgende Abschnitt 7.2 beschreibt die objektorientierte Datenmodellierung und die objekt-orientierten Datenbanksystemsprachen. In Abschnitt 7.3 gehen wir dann auf Objektorientierte Datenbanksysteme ein (OODBS). In Abschnitt 7.4 wird in Anlehnung an Kapitel 1 der objektorientierte Entwicklungsansatz für die Gestaltung von Datenbanksystemen erörtert. Abschnitt 7.5 setzt sich mit den Objekt-Relationalen Datenbanksystemen (ORDBS) auseinander. Abschließend wird der Einsatznutzen der Objektorientierten Datenbanksysteme in Abschnitt 7.6 diskutiert.

---

[347] Vgl. Balzert (1999a); Saake (1993). So werden z.B. bei den vielfältigen Internet-Anwendungen objektorientierte Sprachen genutzt, so vor allem die Sprache JAVA, vgl. Knoblauch (1997).
[348] Vgl. Hughes (1992), S.54.
[349] Vgl. auch Saake/Türker/Schmitt (1997); Schader (1997).
[350] Vgl. Stonebraker/Moore (1999).

7.1 Objektorientierter Systemansatz

In der Forschung und Wissenschaft werden häufig die Untersuchungsgegenstände als System beschrieben, wobei unterschiedliche Ansätze (approach) bzw. Paradigmen unterschieden werden. Auch in der Informatik bzw. Wirtschaftsinformatik werden Systeme betrachtet und untersucht, die vor allem als Informations-, Software- und Hardwaresystem gegeben sind. Wir beschäftigen uns hier mit dem speziellen System "Datenbanksystem", das als ein Informations- bzw. Softwaresystem beschrieben werden kann. Zur Gestaltung eines Datenbanksystems existieren eine Reihe von unterschiedlichen Ansätzen, so z.B. der relationale Ansatz oder der hier zu behandelnde objektorientierte Ansatz. Nach einer allgemeinen Einführung in den Aufbau einer objektorientierten Datenbank (Abschnitt 7.1.1) wird ein einführendes Beispiel zur Objektorientierung vorgestellt (Abschnitt 7.1.2). Anschließend wird die Bedeutung der Objektorientierung in der Informatik zusammenfassend herausgestellt (Abschnitt 7.1.3).

7.1.1 Aufbau einer objektorientierten Datenbank

Datenbanksysteme dienen überwiegend zur systematischen Aufbewahrung und gezielten Nutzung (i.d.R. durch einfache Verarbeitungsmethoden) von Faktenwissen in Organisationen (z. B. in Unternehmungen bzw. in der öffentlichen Verwaltung). Beim Aufbau eines Datenbanksystems muss das zu speichernde und zu verarbeitende Wissen (bzw. die Information) analysiert, strukturiert, aufbereitet und implementiert werden, so dass es durch das DV-System auch verarbeitbar ist. Die real in einer Organisation gegebenen Informationen (bzw. das Wissen oder die Daten) müssen deshalb in ein Informations- bzw. Datenmodell umgesetzt werden, das dann mit Hilfe einer Datenbanksprache bzw. eines Datenbankentwicklungssystems im DV-System implementiert wird. Kernarbeitsbereiche dieses Entwicklungsprozesses (Data Base Engineering)[351] sind die vorbereitenden Analyse-, Strukturierungs- und Modellierungstätigkeiten, d.h. die Umsetzung eines realen Systems in ein Modellsystem. Dies sind vor allem die Aufgaben der Informationsstrukturierung und der Datenmodellierung,[352] die sich verschiedener Strukturierungs- und Modellierungsmethoden und -werkzeuge bedienen. Die Implementierung des gewonnenen Datenmodells erfolgt danach durch geeignete Datenbankentwicklungssysteme.

---

[351] Vgl. die Ausführungen in Kapitel 1.
[352] Vgl. Gabriel/Röhrs (1995), Kapitel 2 und 3.

In der folgenden Abbildung 7.1 ist der Prozess vom Problem der Realität über das Datenmodell bis zur nutzbaren Datenbank skizziert, wobei hier auf die Objektorientierung abgestellt ist.

Zur Informationsstrukturierung und Datenmodellierung wurden im Rahmen des Aufbaus von Datenbanksystemen unterschiedliche Methoden und Techniken entwickelt. Historisch gesehen wurden in der Praxis zunächst hierarchische Modellierungsansätze benutzt, später dann allgemein netzwerkorientierte (CODASYL) bis hin zu relationalen Ansätzen.[353] Die relationalen Modelle mit den relationalen Datenbanksystemen stehen heute in der praktischen Anwendung im Vordergrund, wenn auch ältere hierarchische und Netzwerk-Datenbanksysteme immer noch (nach entsprechenden Weiterentwicklungen) erfolgreich eingesetzt werden.

Wichtiges Ziel beim Aufbau von Datenbanksystemen (unabhängig vom gewählten Modellansatz) ist es, die zu speichernden und zu verarbeitenden Informationen so im DV-System abzubilden, so dass sie der Realität entsprechen und bestens genutzt werden können. Ein wichtiger Schwerpunkt in der Datenbankforschung lag und liegt immer noch in der Neukonzeption und Bereitstellung leistungsfähiger Modellierungs- und Repräsentationstechniken bzw. -verfahren. Mit der intensiven wissenschaftlichen Auseinandersetzung im Bereich der Künstlichen Intelligenz (KI bzw. Artificial Intelligence (AI)) in den 1980er Jahren entstanden neue Innovationsschübe. Ziel war u.a. die Berücksichtigung und Darstellung von "mehr Semantik" (inhaltliche Bedeutung) in DV-Systemen und nicht nur das Ablegen von Fakten (mit relativ wenig semantischen Inhalten) wie in den herkömmlichen Datenbanksystemen. Entwickelt wurden in der KI-Forschung neue Repräsentationstechniken zum Aufbau von wissensbasierten Systemen bzw. von Expertensystemen, so beispielsweise Regeln (Rules) und Frames[354] Es war offensichtlich, dass zunächst die Datenbankforschung von diesen neuen KI-Ansätzen profitierte, da beide Bereiche gemeinsame Interessen verfolgten. So werden beispielsweise zur Modellierung Semantische Netze sowohl bei Datenbanken (Semantische Datenmodelle) als auch bei Wissensbasierten Systemen genutzt. Ein dominierender Ansatz in der KI ist in der Objektorientierung (Objektbildung als Modellierungs- und Repräsentationsansatz) zu erkennen, von der man sich eine erfolgreiche Modellierung verspricht.

---

[353] Vgl. Gabriel/Röhrs (1995), Abschnitt 3.3.
[354] Vgl. Gabriel (1992), Kapitel 4 und Abschnitt 10.2.

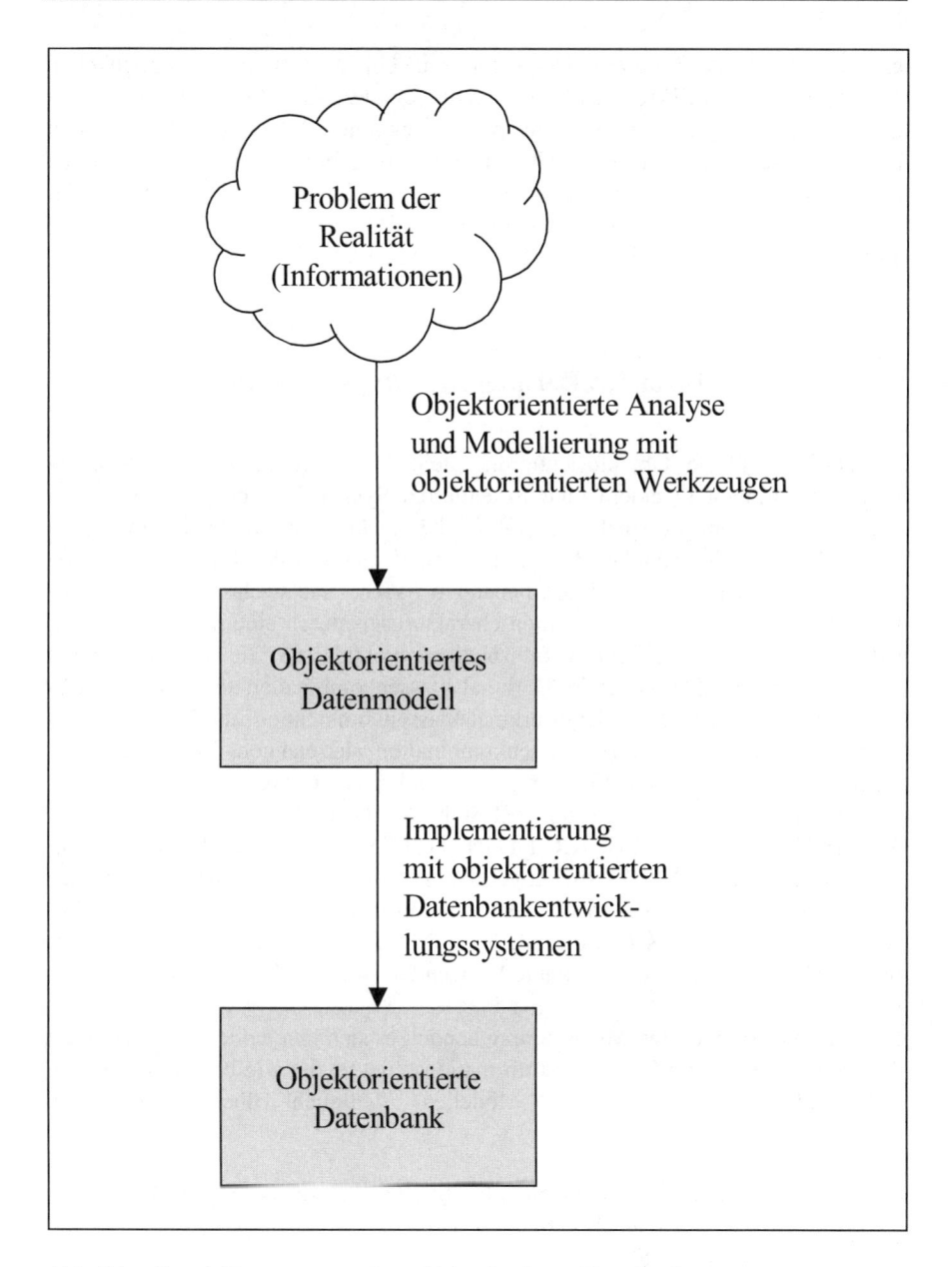

Abb. 7.1: Entwicklungsprozess einer objektorientierten Datenbank

Die Objektorientierung (OO) wurde bereits vor vielen Jahren – zunächst im Programmiersprachenbereich – als Mittel zur besseren Softwareentwicklung propagiert.[355] Als erste Programmiersprache mit objektorientierten Möglichkeiten wurde schon 1966 SIMULA als Weiterentwicklung von ALGOL60 spezifiziert und vornehmlich im Hochschulbereich auch verwendet.[356] In den 1970er Jahren bereits wurde die jetzt in den 1990er Jahren weitverbreitete und wichtige, reine objektorientierte Programmiersprache SMALLTALK entwickelt.[357] Anfang der 1980er Jahre wurde die Objektorientierung dann bereits als ein "universell anwendbares und menschlich flexibles Denkhilfsmittel"[358] erkannt.

7.1.2 Ein einführendes Beispiel zur Objektorientierung

Im Vordergrund der Objektorientierung steht das Objekt, mit dem jede abgeschlossene Einheit in einem objektorientierten System bezeichnet wird.[359] Zur Festlegung der Objekte spielen für zahlreiche objektorientierte Analysemethoden Entity-Relationship-Modelle, die wir prinzipiell in Form des Informationsstrukturmodells (ISM) im ersten Band behandelt haben, eine wichtige Rolle.[360] Die Informationsobjekte des ISM werden charakterisiert durch eine Merkmalskombination und zusammengefasst zu Informationsobjektklassen, die sich durch ihren Namen, ihre charakterisierende Merkmalsklassenkombination und eine identifizierende Merkmalsklasse oder Merkmalsklassenkombination als Teilmenge der charakterisierenden Merkmalsklassenkombination auszeichnen. Im Rahmen des Demonstrationsbeispiels VHS Kaarst-Korschenbroich entstanden so beispielsweise Informationsobjektklassen für PERSONEN, TEILNEHMER, DOZENTEN, KONTOVERBINDUNGEN, KREDITINSTITUTE, FACHBEREICHE, KURSE und KURSANGEBOTE[361] Im Zuge der zugrundeliegenden datenorientierten Vorgehensweise folgte erst nach Fertigstellung des vollständigen ISM die Entwicklung des Funktionsstrukturmodells (FSM) und die spätere Verbindung der beiden Modelle durch die sogenannte Verwendungsmatrix.[362]

Bei der objektorientierten Modellierung handelt es sich nun jedoch nicht mehr um "einfache" Objekte im Sinne der Informationsobjekte, die wie beispielsweise bei Entity-Relationship-Modellen (ER-Modellen) "lediglich" über Eigenschaften

---

[355] Vgl. z.B. die allgemeine Einführung bei Stahlknecht/Hasenkamp (2002), S. 277ff.; Ferstl (2001) und die Beiträge in Heilmann (1989).

[356] Vgl. Dahl/Nygaard (1966).

[357] Vgl. Goldberg/Robson (1980); Schäffer (2001); Bothner/Kähler (1999).

[358] Vgl. hierzu Ricken (2002).

[359] Vgl. z.B. Balzert (1999a); Stahlknecht/Hasenkamp (2002), S. 277ff.

[360] Vgl. Hughes (1992), Kap. 3.2.

[361] Vgl. Gabriel/Röhrs (1995), Abschnitt 2.1.

[362] Vgl. Gabriel/Röhrs (1995), Abschnitt 2.3.

verfügen, sondern um "anspruchsvollere" Objekte, die "mehr Wissen" (mehr Semantik) über sich selbst beinhalten (man spricht auch von "intelligenten" Objekten). Ein Objekt enthält neben seinen Beschreibungen (im herkömmlichen Sinne, z.B. über Attribute) jetzt auch Methoden, die seine Arbeitsweise beschreiben. Die jeweiligen aktuellen Werte der Attribute bestimmen den Zustand eines Objekts zu einem gegebenen Zeitpunkt. Die zum Objekt gehörenden Methoden können zur Veränderung der Attributwerte und damit des Objektzustands führen, entsprechen also in ihrer Wirkung im Prinzip den bei der datenorientierten Vorgehensweise nach Abschluss der Informationsstrukturierung gesondert entwickelten und auch gesondert verwalteten Funktionen. Weiterhin besitzt ein Objekt eine Kommunikationsschnittstelle, mit der es über Nachrichtenprotokolle mit seiner Umwelt kommuniziert. Das Ansprechen von Objekten erfolgt über Nachrichten (Botschaften), welche die Ausführung jeweils einer oder mehrerer der zum Objekt gehörenden Methoden bewirken.

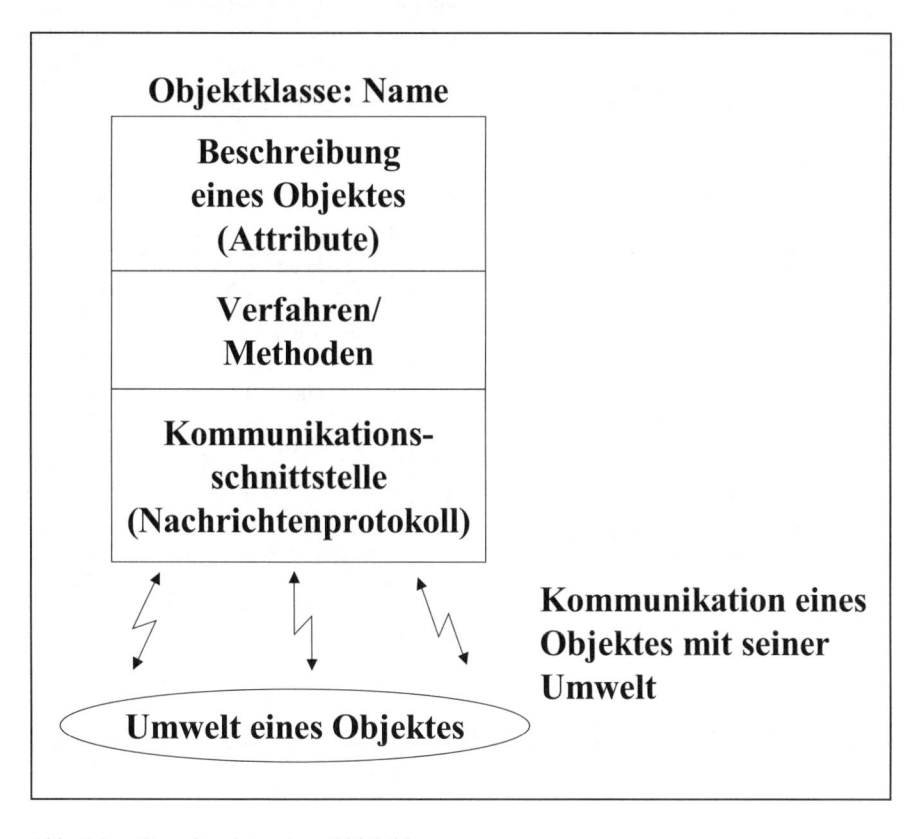

Abb. 7.2: Grundstruktur einer Objektklasse

Die bisher beschriebene Nutzung von Objekten setzt – analog zur Informationsstrukturierung – die Bildung von Objektklassen durch Zusammenfassung aller (potenziell möglichen) gleichartigen Objekte unter einem Namen voraus. Die Objekte einer Objektklasse verfügen dann über gleiche Attribute, identische Methoden und eine einheitliche Kommunikationsschnittstelle. In der folgenden Abbildung 7.2 ist die Grundstruktur einer Objektklasse im Sinne der Objektorientierung dargestellt.

Aufbauend auf dem Informationsstrukturmodell zur VHS Kaarst-Korschenbroich im ersten Band ergibt sich bei der objektorientierten Vorgehensweise beispielsweise anstelle der Informationsobjektklasse KURSE mit der Merkmalsklassenkombination (KURS_NR, KURS_BEZEICHNUNG, KURS_GEBÜHR) und Verknüpfungen zu den Informationsobjektklassen KURSORTE und DOZENTEN jetzt eine Objektklasse KURSE mit den Attributen aus der Merkmalsklassenkombination sowie zusätzlichen nicht notwendigerweise atomaren Attributen für die einem Kurs zugehörigen Angaben zum Kursort und Dozenten sowie mit Methoden zur Initiierung eins Kurses, Zuordnung eines Kursortes und Festlegung eines Dozenten. Eine schematische Darstellung dieses Beispiels zeigt Abb. 7.3, die das ISM „Kurse/Dozenten/Kursorte" der Objektklasse „Kurse" gegenüberstellt.

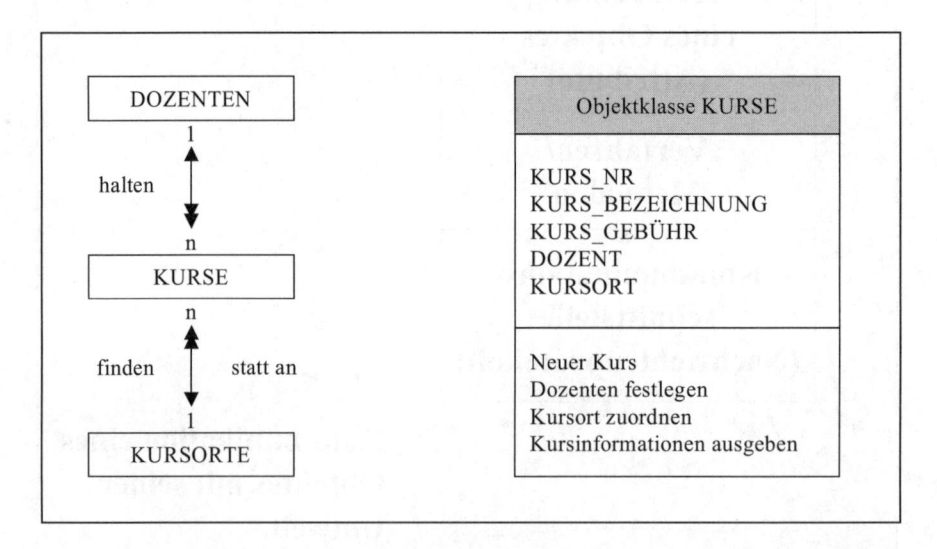

Abb. 7.3: Informationsstrukturmodell "Kurse" und die korrespondierende Objektklasse KURSE

Im Jahre 1972 bereits hat D. Parnas den Begriff des "Information hiding" als Prinzip der strukturierten Programmierung geprägt. Die Verwendung dieses Prinzips führte dann in der Praxis häufig zu Datenbeständen, deren Struktur vor den Nutzern dieser Bestände durch eine Schnittstelle verborgen blieb, oder zu Prozeduren, deren Verhalten über eine Schnittstelle gesteuert und deren Implementierung vor den Nutzern verborgen wurde.[363] Bei der objektorientierten Vorgehensweise wird dieses alte Prinzip nun konsequent auf Objekte angewandt. Man bezeichnet es jetzt als Konzept der Einkapselung und meint damit, dass die Kommunikationsschnittstelle die einzige Möglichkeit darstellt, mit dem Objekt in Kontakt zu treten, und dass der interne Aufbau eines Objekts, d.h. die Implementierung des Objektzustands und der Methoden, von außerhalb des Objekts nicht erkennbar ist.[364] Durch die Einkapselung wird die Produktivität bei der Systementwicklung und die Möglichkeit der Qualitätssicherung nachhaltig verbessert.

Eine weitere Produktivitätserhöhung bei der Systementwicklung verspricht das mit der Objektorientierung verbundene Konzept der Vererbung. Die Vererbung liefert die Möglichkeit, sowohl die Attribute als auch die Methoden (mitunter auch Operationen genannt) innerhalb einer Vererbungshierarchie von einer Klasse (der sogenannten Oberklasse, von der aus vererbt wird) an eine oder mehrere andere Klassen (in diesem Zusammenhang Subklasse(n)) weiterzugeben. Grundsätzlich, jedoch nicht in allen objektorientierten Programmiersprachen unterstützt, ist es auch möglich, dass eine Unterklasse von mehr als einer Oberklasse erbt (Mehrfachvererbung, multiple inheritance). Ohne an dieser Stelle auf z.B. syntaktische Einzelheiten einzugehen, wollen wir gleichwohl anhand eines einfachen Vererbungsbeispiels in Abb. 7.4 das grundsätzliche Verständnis für das Vererbungskonzept erleichtern. Dabei wird die bereits kurz betrachtete Objektklasse KURSE zur Oberklasse der neuen, spezialisierten Subklasse EXKURSIONEN. Die Subklasse EXKURSIONEN als eine spezielle Kursform kann dabei die bekannten Attribute der Oberklasse wie KURS_NR, KURS_BEZEICHNUNG nutzen (diese bekommt sie vererbt). Zusätzlich werden ihr die allgemein bei den übrigen Kursen irrelevanten Attribute REISEVERLAUF, REISEUNTERNEHMER zugeordnet. Selbstverständlich sind alle allgemein für Kurse zugelassenen Methoden auch für Exkursionen gewollt. Zusätzlich erhält die Subklasse die Methoden zur Zuordnung eines Reiseunternehmers und Festlegung des Reiseverlaufs.

---

[363] Vgl. Parnas (1972).
[364] Vgl. Schönthaler/ Nemeth (1992), S. 257ff.

KURSE	**EXKURSIONEN**
KURS_NR	Erbe von KURSE
KURS_BEZEICHNUNG	
KURS_GEBÜHR	REISEVERLAUF
DOZENT	REISEUNTERNEHMER
KURSORT	
Neuer Kurs	Neue Exkursion
Dozenten festlegen	Reiseverlauf festlegen
Kursort zuordnen	Reiseunternehmer beauftragen
Kursinformationen ausgeben	Exkursionsinformationen ausgeben

Abb. 7.4: Einfaches Vererbungsbeispiel KURSE, EXKURSIONEN

Wie bereits eingangs dieses Abschnitts erwähnt kommunizieren die Objekte über Nachrichten (Botschaften, messages) und werden durch das Empfangen von Nachrichten aktiviert. Damit die Nachrichten jeweils auch das richtige Objekt eindeutig erreichen können, muss für jedes Objekt ein eindeutiger Bezeichner existieren. Im Informationsstrukturmodell wird die Eindeutigkeit eines Informationsobjekts innerhalb einer Informationsobjektklasse über das Merkmal/die Merkmale der identifizierenden Merkmalsklasse/n erzielt und ist bei jedem einzelnen Informationsobjekt durchaus veränderlich. Im Gegensatz dazu gilt bei der Objektorientierung das Prinzip der Objektidentität. Der eindeutige Bezeichner eines Objekts wird in einer objektorientierten Programmiersprache durch den Variablennamen realisiert und bleibt dauerhaft (für die Programmlaufzeit) Bezeichner ein- und desselben Objekts.

Wird nun ein Objekt durch eine Nachricht aktiviert, so kann es z.B. mit einer Nachricht direkt antworten oder seinen inneren Zustand ändern und dann erst reagieren. Aktivierte Objekte können ebenso Nachrichten an andere Objekte senden oder gar die erhaltene Nachricht nicht akzeptieren und zurückweisen. Das Ablaufschema lässt sich auf drei wichtige Fähigkeiten eines bestehenden Objektes zurückführen:

1) Nachrichten senden,

2) Nachrichten empfangen und

3) seinen Zustand ändern.

In objektorientierten Systemen sind es die Objekte selbst, die agieren, d.h. sie können zielorientiert mit ihrer Umwelt kommunizieren und ihren Zustand ändern.

Wie bereits eingangs des Abschnitts kurz behandelt, sind Objekte in Klassen eingeteilt, die abhängig von der Vererbungsform (single inheritance oder multiple inheritance) eine Hierarchie oder ein Netzwerk bilden. Eine Klasse enthält einen Namen, Klassenvariable, Instanzvariable und Methoden. Der Name einer Klasse ist im Rahmen der syntaktischen Regeln des jeweiligen objektorientierten Systems frei wählbar. Klassenvariable beziehen sich auf den Zustand der Klasse selbst. Eine Instanzvariable dient zur Zustandsbeschreibung eines Objektes der Klasse, denn jedes einzelne Objekt wird innerhalb der Klasse, der es angehört, auch als Instanz bezeichnet. Methoden werden in der jeweiligen objektorientierten Programmiersprache verfasst. Zusammengefasst werden dann in einer Klasse Objekte mit ähnlichen Eigenschaften (Attributen), mit gemeinsamem Verhalten (Operationen, Methoden) und gemeinsamen Beziehungen zu anderen Objekten (Kommunikationsschnittstelle, Nachrichtenprotokolle). Die einzelnen Objekte werden Instanzen der Klasse genannt. Neue Instanzen der Klasse können dynamisch durch den Aufruf von Methoden, die ggf. als Klassenmethoden abgelegt sind, erzeugt werden. Die Klasse ist auf der Metaebene selbst ein Objekt. Abb.7.5 zeigt beispielhaft Objektklassen aus dem Demonstrationsbeispielbereich der VHS Kaarst-Korschenbroich und deren Kommunikation.

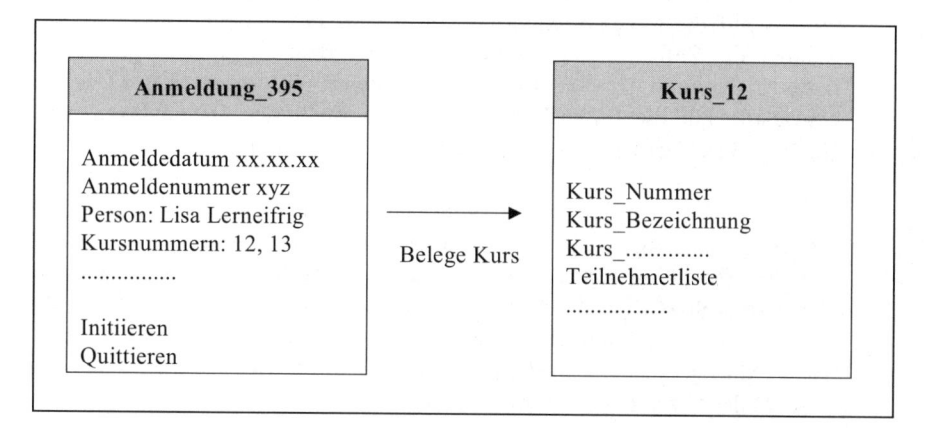

Anmeldung_395		Kurs_12
Anmeldedatum xx.xx.xx Anmeldenummer xyz Person: Lisa Lerneifrig Kursnummern: 12, 13 .... Initiieren Quittieren	⎯⎯Belege Kurs⎯⎯▶	Kurs_Nummer Kurs_Bezeichnung Kurs_.............. Teilnehmerliste ....

Abb. 7.5:   Objektklassen und deren Kommunikation

Eine weitere Eigenschaft der Objekte ist der Polymorphismus, d.h. die Fähigkeit, dieselbe Botschaft an Objekte verschiedener Klassen zu senden und jeweils unterschiedliche Aktionen auszulösen. Durch dynamisches Binden wird erst zur Laufzeit des Programmes die auszuführende Methode ermittelt und zugeordnet. So löst die Botschaft "Stornieren", wenn ein Teilnehmer sie einem Objekt der Klasse ANMELDUNGEN sendet, ganz andere Operationen aus, als wenn sie der Fachbereichsleiter an ein Objekt der Klasse KURSE adressiert, um die Durchführung eines Kurses zu verhindern, dessen Mindestteilnehmerzahl nicht erreicht wurde.

7.1.3 Bedeutung der Objektorientierung in der Informatik

Die Objektorientierung hat in den letzten Jahren in der Informatik sehr an Bedeutung gewonnen, wobei der Kernbereich die objektorientierte Modellierung (Objektmodellierung)[365] darstellt.

Die Objektorientierung (OO) spielt eine große Rolle in der Informations- und Wissensmodellierung bzw. -repräsentation und ist somit in vielen Informatikbereichen präsent (wenn auch häufig noch in der Theorie und in der Forschung), so vor allem in folgenden Bereichen:

- **Systementwicklung (OO-Systementwicklung)[366] und Entwicklungswerkzeuge (OO-Entwicklungswerkzeuge/OO-Tools)**

    Bei diesem Entwicklungsansatz konzentriert sich der gesamte Gestaltungsprozess auf die Objektorientierung. In diesem Zusammenhang wurden im Rahmen des Software Engineering spezielle Techniken für die objektorientierte Analyse und den objektorientierten Entwurf (objektorientiertes Design) entwickelt. Für die Entwicklung von objektorientierten Datenbanken wird ein spezielles Data Base Engineering-Konzept vorgestellt.[367]

    Als formale objektorientierte Modellierungssprache hat sich UML (Unified Modeling Language), die zur Spezifikation, Visualisierung, Konstruktion und Dokumentation sehr gut geeignet ist, etabliert. Sie wurde standardisiert und wird weltweit bei objektorientierten Entwicklungsprojekten mit Erfolg genutzt. Die Pflege und die Weiterentwicklung von UML werden von der Objekt Management Group (OMG) durchgeführt.[368] Im folgenden Abschnitt 7.2 wird das UML-Konzept vorgestellt.

- **Objektorientierte Programmiersprachen (OO-Sprachen)** [369]

    Die objektorientierten Sprachen haben in den Sprachen SIMULA und SMALLTALK Wegbereiter. Bekannte (prozedurale) Sprachen wurden erweitert um objektorientierte Bestandteile, so z.B. die Sprache PASCAL mit

---

[365] Vgl. Balzert (1999a).
[366] Vgl. die Beiträge in Heilmann (1989); Ferstl (2001) und Meyer (1990).
[367] Vgl. Abschnitt 7.4.
[368] Vgl. Erler (2000).
[369] Vgl. Schäffer (2001); Bothner/Kähler (1999); Balzert (1999).

PASCAL OBJECT und C mit C++ und auch COBOL mit Microfocus' OBJECT-COBOL. Weit bekannt und anerkannt durch die Internet-Anwendungen ist vor allem die Sprache JAVA.[370] JAVA wurde Anfang der 1990er Jahre von dem Hard- und Softwarehersteller SUN Microsystems Inc. entwickelt und gilt vor allem zur Unterstützung der Softwareentwicklung in verteilten Informationssystemen, so insbesondere für Internet- und Intranet-Anwendungen. JAVA bietet zwei Konzepte der Softwareentwicklung an: Applets und Applications. Applets werden in HTML-Seiten (Hypertext Markup Language) des WWW (World Wide Web) integriert und über Web-Browser gestartet. JAVA dient hier zur Erweiterung von HTML-Seiten. Weiterhin können mit der Programmiersprache JAVA eigenständige Anwendungen (Applications) entwickelt werden.

Als Ergebnis der Systementwicklung und Programmierung finden die entwickelten Softwareprodukte eine große Beachtung in Theorie und Praxis, so vor allem:

- **Objektorientierte Anwendungssysteme (OO-Anwendungssysteme)**

    Dies sind Softwaresysteme auf der Basis objektorientierter Sprachen. Weiterhin existieren spezielle Anwendungssysteme, wie vor allem

- **Objektorientierte Datenbanksysteme**[371] **(OO-Datenbanksysteme) und**

- **Objektorientierte Wissensbasierte Systeme (OO-Wissensbasierte Systeme).**[372]

    Bei den Objektorientierten Wissensbasierten Systemen bzw. Expertensystemen stellen die Objekte (Objekte im Sinne der Objektorientierung) die Wissensrepäsentationsform (Knowledge Representation)[373] dar. Weitere Repräsentationsformen sind Rules (Regeln) und Frames (Rahmen), die zum Aufbau von Wissensmodellen dienen.

Eine große Bedeutung in der Praxis besitzen schließlich noch

- **die objektorientierten Benutzungsschnittstellen (OO-Schnittstelle).**

    Sie gewährleisten leistungsfähige und benutzungsfreundliche Dialogschnittstellen (user interface).[374]

---

[370] Vgl. z.B. Knoblauch (1997); Wolf (2001); Balzert (1999), S. 73ff.
[371] Vgl.Saake/Türker/Schmitt (1997); Hansen/Neumann (2001), S. 1076ff; Dittrich (2001); Geppert (2002), S. 251ff.
[372] Vgl. Gabriel (1992).
[373] Vgl. Stoyan (2001).
[374] Vgl. Kemper (2001).

Im Folgenden werden wir uns zunächst den objektorientierten Datenmodellen (OO-Datenmodelle) und Datenbanksystemsprachen (OO-Datenbanksystemsprachen) widmen, anschließend beschreiben wir die objektorientierten Datenbanken und den objektorientierten Systementwicklungsansatz zum Aufbau von Datenbanksystemen (in Anlehnung an den in Kapitel 1 vorgestellten allgemeinen Gestaltungsansatz).

7.2 Objektorientierte Datenmodelle und Datenbanksprachen

Die bekannten Datenbanksysteme, die als sogenannte klassische Systeme in der Praxis erfolgreich eingesetzt werden, basieren auf Datenmodellen, für die Datensätze (Record-Strukturen) bzw. n-Tupel charakteristisch sind. Diese hierarchischen, netzwerkartigen und relationalen Modelle werden deshalb auch als satz- bzw. n-Tupel-orientierte Datenmodelle bezeichnet. Neue Ansätze sind, wie im vorhergehenden Abschnitt beschrieben, durch objektorientierte Datenmodelle[375] gegeben, die die Grundlage objektorientierter Datenbanken[376] bilden.

Im Folgenden wird zunächst das Objektmodell der „Object Database Mangement Group" (ODMG) vorgestellt, die sich mit der Normierung und Standardisierung objektorientierter Datenbanksystemsprachen auseinandersetzt (Abschnitt 7.2.1). Es folgen Konzepte des Strukturteils (Abschnitt 7.2.2) und des Operationenteils (Abschnitt 7.2.3) objektorientierter Datenmodelle. Abschließend wird die Unified Modeling Language (UML) als formale Sprache zur objektorientierten Spezifikation kurz beschrieben (Abschnitt 7.2.4).

7.2.1 Das ODMG-Objektmodell

Ein Datenmodell lässt sich als Abbildung einer realen Welt (genauer eines Auschnittes der realen Welt) verstehen, die in ihrem Aufbau durch Objekte (Objekte der realen Welt) gekennzeichnet ist. Objekte sind zunächst einmal als individuelle, eindeutig identifizierbare Exemplare von Dingen, Personen oder Begriffen der realen oder der Vorstellungswelt gekennzeichnet. Objekte lassen sich weiter beschreiben durch Merkmale (Attribute) und ihre Beziehungen zu anderen Objekten. So lässt sich z.B. das Objekt STUDENT XY (ein Objekt der

---

[375] Vgl. Saake/Türker/Schmitt (1997), S. 187ff.
[376] Vgl. Dittrich/Kotz (1989); Göpfert (1993); Hansen/Neumann (2001), S. 1076ff; Dittrich (2001).

realen Welt "Universität") weiter durch seine Merkmale beschreiben, wie z.B. Name XY, Vorname Heinrich, Matrikelnummer 95444, Studienfach Wirtschaftswissenschaften, Semesterzahl 8. Das Objekt STUDENT XY lässt sich beispielsweise in Beziehung setzen zu den Objekten LEHRVERANSTALTUNG DATENBANKSYSTEME, PROFESSOR VIELWEISS, HÖRSAAL_HGC_10 und PRÜFUNGSFÄCHER CONTROLLING, WIRTSCHAFTSINFORMATIK, ALLG. BWL. Dabei lassen sich die Beziehungen auch beschreiben. Fasst man dann die obigen Objekte als Exemplare einer Klasse auf, so lässt sich mit den fünf Klassen und ihren Attributen bereits ein umfangreiches Datenmodell aufstellen, das die Objektklassen mit ihren Beziehungen enthält. Eine bekannte Beschreibungs- bzw. Modellierungstechnik ist z.B. der Entity-Relationship-Ansatz (ER-Ansatz), mit dem sich ER-Modelle aufstellen lassen, im Prinzip gemäß der Vorgehensweise bei der Bildung eines Informationsstrukturmodells im ersten Band[377]. Bekannte Datenmodelle auf der konzeptionellen Ebene und damit wegweisend für Datenbankschemata sind weiterhin das hierarchische, das netzwerkorientierte (CODASYL-) und das relationale Modell.[378] Kernbestandteil sind stets die Datenobjekte.

In die Objekte im Sinne des objektorientierten Ansatzes gehen bei der Abbildung der realen Welt mehr Information (mehr Semantik) ein, wie wir im vorhergehenden Abschnitt bereits erläutert haben. Mit einem objektorientierten Datenmodell wird das Schema einer objektorientierten Datenbank beschrieben. Anders als beim relationalen Modell gibt es hier jedoch bisher keinen Konsens über eine formale Theorie der objektorientierten Datenmodelle. Die Objektorientierung wird sehr unterschiedlich definiert und abgegrenzt, so dass viele Datenmodelle als objektorientierte Modelle bezeichnet werden, die diese Bezeichnung nicht verdienen (dies gilt auch für Datenbanksysteme). Tendenzen zu einer klaren Beschreibung sind zu erkennen; so wurden bereits 1990 charakteristische Eigenschaften für die Objektorientierung von führenden Datenbankwissenschaftlern aufgelistet[379] und 1991 wurde die Arbeitsgruppe "Object Database Management Group" (ODMG) innerhalb der "Object Management Group" (OMG) gebildet. Anfänglich umfasste sie 5 Anbieter von Objektorientierten Datenbanksystemen, nach der Veröffentlichung einer ersten Version eines Schnittstellenstandards 1993[380] wurden bald alle Anbieter von Objektorientierten Datenbanksystemen aktive Mitglieder der ODMG. Gleichzeitig verpflichteten sie sich, mit zukünftigen

---

[377] Vgl. Gabriel/Röhrs (1995), S. 43ff.
[378] Vgl. Gabriel/Röhrs (1995), S. 103ff.
[379] Vgl. Atkinson u.a. (1989).
[380] Vgl. Cattel/Rick et al. (1994); Saake/Türker/Schmitt (1997), S. 489ff.; Geppert (2002), S. 253ff.

Versionen ihrer Datenbanksysteme den Standard letztendlich vollständig zu implementieren.[381]

Ziele der ODMG war die Standardisierung einer Objektdefinitionssprache, einer Objektmanipulationssprache und einer Anfragesprache. Ziel der Standardisierung ist es vor allem, dass entsprechende standardkonforme Anwendungsprogramme auf unterschiedlichen Datenbankprodukten und in verschiedensten Hard- und Softwareumgebungen lauffähig sind. Ebenso sollen in verschiedenen Programmiersprachen entwickelte Anwendungsprogramme gleichzeitig auf die Datenbanken eines ODMG-konformen Datenbanksystems zugreifen können. So soll z.B. eine C++-Anwendung durch eine Smalltalk-Anwendung ersetzbar sein.

Die Version (Revision 1.2) des Standards besteht aus fünf Komponenten:[382]

- Objektmodelle zur Definition der Objekte, ihrer Eigenschaften und ihres Verhaltens.

- Objektdefinitionssprachen (Object Definition Lanugage – ODL) zur Beschreibung der für eine Anwendung benötigten Klassen mit ihren Schnittstellen, Vererbungsstrukturen und Objektbeziehungen (Objektschema). ODL ist stark an C++ angelehnt, jedoch programmiersprachenunabhängig.

- C++-Anwendung, die festlegt, wie Anwendungen die in der Datenbank gespeicherten Objekte manipulieren, löschen usw. mit der Sprache C++ (C++-Objektmanipulationssprache bzw. C++-Object Manipulation Language: C++-OML).

- Anfragesprache, die eine Sprache zur Ad-hoc-Anfrage an eine Datenbank zur Verfügung stellt (Object Query Language: OQL). OQL basiert auf SQL; OQL-Anfragen lassen sich auch in Anwendungsprogramme einbetten.

- Smalltalk-Anbindung, die analog zur C++-Anbindung auch eine Anwendungsentwicklung in Smalltalk erlaubt.

Die ODMG arbeitet mit anderen Gremien des ANSI (American National Standards Institute) zusammen, die sich mit der SQL- bzw. C++-Standardisierung befassen. Ebenso besteht eine Kooperation innerhalb der „Object Management Group" (OMG), die sich hauptsächlich um die Verbreitung und Standardisierung der Objekttechnologie bemüht, so z.B. UML[383] oder CORBA (Common Object

---

[381] Mehr zu diesem Standard weiter unten im Abschnitt 7.3.
[382] Vgl. hierzu z.B. Schader (1997), S. 2ff.
[383] Vgl. Erler (2000); Stevens/Pooley (2000) und die Ausführungen in 7.2.4.

Request Broker Architecture), die die Nachrichtenübermittlung in Rechnernetzen beschreibt. Allgemein soll durch die Standardisierung, so auch für die ODMG-konformen Objektorientierten Datenbanksysteme, die Akzeptanz und der Absatz der Systeme gefördert werden.

Objektorientierte Datenmodelle werden allgemein durch die Aufzählung objektorientierter Konzepte definiert, wobei diese unterschiedlich interpretiert werden. Man unterscheidet hier Konzepte im Strukturteil und Konzepte im Operationenteil des Datenmodelles. Die einzelnen Konzepte lassen sich oftmals nicht scharf voneinander trennen, sie ergänzen sich teilweise gegenseitig und sind miteinander verzahnt. Sie stehen in einem engen Zusammenhang zu den objektorientierten Programmiersprachen, mit denen sie i.d.R. erklärt werden. Zunächst soll der Strukturteil beschrieben werden, anschließend der Operationenteil.

7.2.2 Konzepte des Strukturteils des objektorientierten Datenmodells

Der Strukturteil besteht aus objektorientierten Konzepten, die die statischen Eigenschaften des Datenmodells beschreiben.

- **Objekte und deren Identifizierung**

    Zentraler Begriff bei den objektorientierten Datenmodellen ist das Objekt selbst[384]. Ein Objekt stellt eine abgeschlossene Einheit dar, die sich auf Phänomene der realen und abstrakten Welt bezieht. Jedes Objekt ist im objektorientierten Datenmodell unabhängig von seinem dynamisch veränderlichen Zustand eindeutig identifizierbar, da ihm vom System ein Identifikator zugeordnet wird, der für die Lebensdauer des Objekts unverändert bleibt und nach dessen Löschung nicht erneut verwendet wird.[385] Im Objekt wird sein Zustand und sein Verhalten beschrieben. Der Zustand wird durch die Beschreibung der Eigenschaften eines Objekts vorgenommen (z.B. über die Werte der zugeordneten Attribute), das Verhalten durch zugewiesene Methoden, die die Verarbeitungs- und Reaktionsmöglichkeiten des Objekts beschreiben. Die Definition und Abgrenzung eines Objektes ist situationsbedingt und von der Sichtweise des Betrachters und seiner Zielsetzung abhängig.

---

[384] Vgl. die Ausführungen im vorhergehenden Abschnitt 7.1 und in Saake/Türker/Schmitt (1997), S. 60ff.

[385] Vgl. Dittrich (1989), S. 216.

Insbesondere kann man Objekte auf unterschiedlichen Abstraktionsebenen betrachten. Der Dozent Gottschalk besitzt als Mensch wie jeder Mensch einen komplexen Körperbau, der jedoch beim VHS-Informationssystem nicht betrachtet wird. Mitunter jedoch wird der Körper oder auch nur ein Teil desselben zum Objekt, z.B. bei einer ärztlichen Untersuchung. Die Gentechnologie wiederum sieht die Eigenschaften einzelner Gene und betrachtet somit ein einzelnes Gen als Objekt.

Allgemein ist die Vorgehensweise zur Ermittlung von Informationsobjekten aus der Informationsstrukturanalyse[386] auch bestens geeignet, um Objekte für ein objektorientiertes Datenmodell zu finden.

- **Komplexe Objekte und Typkonstruktoren**

Objekte können neben den üblichen Standarddatentypen auch Bestandteile haben, die ihrerseits selbst wiederum Objekte sind. Durch das Vorhandensein von Typkonstruktoren besteht die Möglichkeit, komplexe Typen zu bilden (vgl. das Beispiel für die Objektklasse KURSE in Abb. 7.4 von Abschnitt 7.1.) Somit ist zwar die Identifizierung von Objekten analog der Ermittlung von Informationsobjekten zu gestalten, auf die Anwendung der IOK-Definitionsregeln ist jedoch zu verzichten[387], da sie u.a. gerade der Vermeidung komplexer Attribute dienen. Mittels Aggregation kann in einer Objektklasse auch die Beziehung zwischen Objekten eingeschlossen werden. Der Anwender von Objekten dieser Objektklasse braucht sich dann um Details der darin enthaltenen Objekte nicht zu kümmern. Nehmen wir an, beim Informationsstrukturmodell sei zur Darstellung einer Kursbelegung eine m:n-Verknüpfung zwischen den Informationsobjektklassen PERSONEN und KURSE modelliert worden. Dann ergibt sich im Relationenmodell eine zusätzliche Relation KURSBELEGUNGEN, von der aus dann wiederum eine Verknüpfung zu ANMELDUNGSBESTÄTIGUNGEN über Fremdschlüssel erfolgt. Die im objektorientierten Modell für diesen Sachverhalt durch Aggregation erreichte Darstellung zeigt Abb. 7.6. Bei der Nutzung der Klasse KURSBELEGUNGEN braucht man sich nicht mit Details wie Schlüsselwerten von PERSONEN und KURSE auseinanderzusetzen, um eine Bestätigung zu erzeugen oder in anderem Zusammenhang darauf zuzugreifen. Alle Attribute von PERSONEN und KURSE sind in der Klasse gekapselt und sie können ohne explizite Verbundoperation genutzt werden.

---

[386] Vgl. die Ausführungen in Gabriel/Röhrs (1995), S. 43ff.
[387] Vgl. Gabriel/Röhrs (1995), S. 72ff.

```
┌─────────────────────────────────────────────────────────┐
│                                                         │
│      KLASSE KURSBELEGUNGEN                              │
│                                                         │
│      ┌──────────────┐              ┌──────────┐         │
│      │  PERSONEN    │◄── belegen ──►│  KURSE   │         │
│      └──────────────┘              └──────────┘         │
│                     ▲                                   │
│                     │                                   │
│                  erzeugen                               │
│                     │                                   │
│                     ▼                                   │
│           ┌──────────────────────────┐                  │
│           │ ANMELDUNGSBESTÄTIGUNGEN  │                  │
│           └──────────────────────────┘                  │
│                                                         │
└─────────────────────────────────────────────────────────┘
```

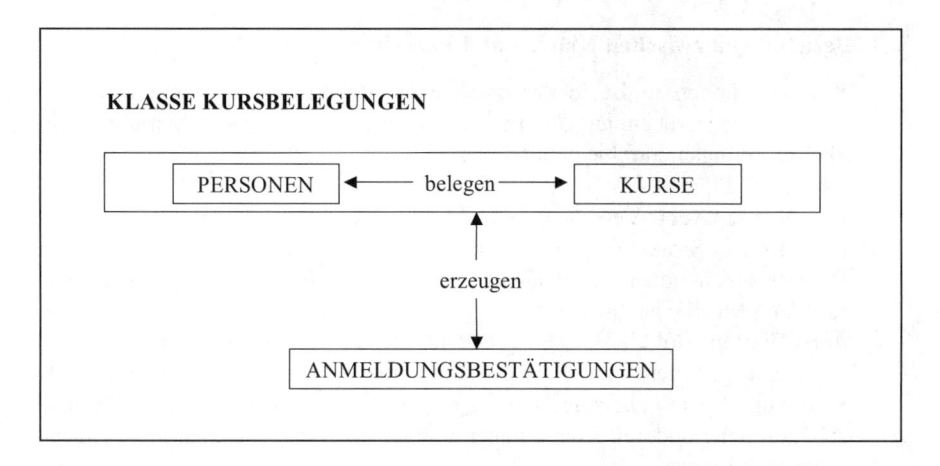

Abb. 7.6: Objektmodell nach erfolgreicher Aggregation

- **Einkapselung**

  Einkapselung bedeutet, dass die Strukturen der Daten und Funktionen sowie deren Implementierung nach außen hin, insbesondere gegenüber anderen Objekten, verborgen bleiben (Prinzip des "information hiding").[388]

- **Klassen**

  Wie Informationsobjekte in Informationsobjektklassen[389] lassen sich auch Objekte der objektorientierten Datenmodelle in Klassen einteilen. Objekte, die gleiche Daten- und gleiche Verhaltensstruktur aufweisen (sich also nur unterscheiden durch die Ausprägungen (Werte) der Datenstrukturen und des Verhaltens), lassen sich in einer Klasse zusammenfassen. Die konkreten Objekte bezeichnet man als Instanz oder Exemplar einer Klasse. Klassen lassen sich wiederum in einer Klassenhierarchie ordnen.

Statt einzelne Objekte zu beschreiben, erfolgt die Beschreibung einer Klasse, und diese gilt dann für alle Instanzen der Klasse. Der Zustand eines Objektes wird dann durch seine Attributwerte (Werte der gekapselen Datenstruktur) und sein Verhalten durch eine Menge von Funktionen in Form von Prozeduren bzw. Methoden dargestellt, die zusammen mit der Datenstruktur verkapselt werden.

---

[388] Vgl. die Ausführungen in Abschnitt 7.1.
[389] Vgl. Gabriel/Röhrs (1995), S. 43ff.

- **Beziehungen zwischen Klassen und Vererbung**

    Klassen können in Beziehung zueinander stehen, so vor allem zwischen Klassen und sogenannten Unterklassen innerhalb einer Klassenhierarchie, die als Vererbungshierarchie genutzt werden kann.

    Das Konzept der Vererbung erlaubt Objekten unterschiedlicher Klassen, gemeinsame Strukturen und gemeinsames Verhalten mit ihren konkreten Werten anzunehmen und doch ihre spezifischen Eigenschaften beizubehalten. Der Mechanismus der Weitergabe von Strukturen und Verhalten mit ihren Werten wird als Vererbung bezeichnet, die von der gebildeten Klassenhierarchie gesteuert wird. Es handelt sich hierbei somit auch um eine Wertvererbung. So kann beispielsweise eine Instanz einer Klasse auch alle Eigenschaften einer anderen Klasse haben und darüberhinaus noch weitere Eigenschaften besitzen.

    Man unterscheidet zwischen vollständiger und partieller Vererbung. Während bei vollständiger Vererbung die gesamte Struktur und das gesamte Verhalten an die Unterklasse vererbt werden, wird bei der partiellen Vererbung nur ein speziell dafür ausgezeichneter Bestandteil der Objektklasse vererbt.

    Weiterhin bieten wie oben bereits schon erläutert, objektorientierte Datenmodelle die Möglichkeit der Mehrfachvererbung (multiple inheritance) oder der Einfachvererbung (single inheritance). Bei der Mehrfachvererbung kann eine Klasse mehrere Oberklassen haben, von denen sie Eigenschaften geerbt hat. Bei der Einfachvererbung kann eine Klasse nur eine Oberklasse besitzen, so dass sich die entsprechende Klassenhierarchie als Baumstruktur darstellen lässt (ein Beispiel zur einfachen Vererbung zeigte bereits Abb. 7.4 in Abschnitt 7.1)

- **Polymorphismus: Overloading, Overriding, Late Binding**

    Polymorphismus beschreibt die Fähigkeit, dass verschiedene Objekte auf den gleichen Methodenaufruf unterschiedlich reagieren. So besteht z.B. die Möglichkeit, mit einem gleichen Methodennamen unterschiedliche Operationen zu bezeichnen (als overloading (überladen) bezeichnet). Weiterhin ist es möglich, die Implementierung einer vererbten Operation innerhalb einer Unterklasse zu redefinieren (als overriding (überschreiben) bezeichnet). Schließlich ist ein dynamisches Binden möglich (dynamic/late binding).

7.2.3 Konzepte des Operationenteils des objektorientierten Datenmodells (DB-Sprachen)

Die Konzepte des Operationenteils beschreiben die dynamischen Eigenschaften des Objekts. Zu ihrer Identifizierung bedarf es einer detaillierten Analyse der Verarbeitungsanforderungen des geplanten Informationssystems. Diese Verarbeitungsanforderungen werden dann in Form von Operationsfolgen umgesetzt, und jede Operation wird eindeutig einer bestimmten Klasse zugeordnet. Zur Implementierung der Methoden stehen mächtige objektorientierte Sprachen zur Verfügung.[390] Es lassen sich verschiedene Operationen unterscheiden. Dabei kann man zunächst zwischen objektspezifischen, "privaten" Operationen und denen, die öffentlich und deshalb an der Klassenschnittstelle erkennbar sind, differenzieren. Des weiteren bietet sich eine Dreiteilung an:[391]

- **Konstruktor-Operationen**

    Konstruktoren dienen zur Erzeugung neuer Instanzen einer Klasse, werden deshalb auch oft Erzeuge (create) oder Neu (new) genannt, und erlauben es dem Anwender, dynamisch Objekte zu generieren und den Eigenschaften Werte zuzuweisen. Destruktoren dienen zum Löschen überflüssiger Objektexemplare.

- **Zugriffs-Operationen**

    Zugriffsoperationen dienen dazu, die Attributwerte existierender Objekte einer Klasse zu liefern. Sie entsprechen im Prinzip den von der Relationalgebra bzw. der relationalen Datenbanksystemsprache SQL[392] bekannten Möglichkeiten wie Projektion, Selektion, Vereinigung und Verbund. Dabei besteht also durchaus die Möglichkeit, Objekte aufgrund ihrer Attributwerte zu lokalisieren. Die generischen Operationen sind Teil einer objektorientierten Abfragesprache (Object Oriented Query Language, bei der ODMG als Object Query Language, OQL, im 93er Standard spezifiziert).

- **Umsetzungs-Operationen**

    Diese Operationen dienen zur Manipulation der Zustände der Objekte. Sie erzeugen neue Objekte einer Klasse aus vorhandenen Objekten mit veränderten Attributwerten. Ein Beispiel ist die Aufnahme eines weiteren Teilnehmers in einen Kurs, die dann die Teilnehmerliste des Kurses verändert.

---

[390] Vgl. z.B. Saake/Türker/Schmitt (1997), S. 229ff. und S. 525ff.
[391] Vgl. Hughes (1992), S.80f.
[392] Vgl. die Ausführungen in Kapitel 3.

Zusammenfassend lässt sich festhalten, dass es trotz OMG-93 für die Praxis noch nicht das objektorientierte Datenmodell gibt, sondern zahlreiche Ausprägungen der Konzepte des Struktur- und Operationenteils. Ein großer Interpretationsspielraum ist vor allem bei den dynamischen Aspekten des Operationenteils gegeben.

Saake, Türker und Schmitt[393] beschreiben unterschiedliche Datenbanksystemsprachen. Zunächst setzen sie sich allgemein mit Anfragesprachen auseinander und orientieren sich an der Sprache SQL mit ihren Varianten (z.B. die Sprache O_2SQL des O_2-Systems).[394] Ferner wird ausführlich die Sprache SQL3 als objektorientierte Erweiterung von SQL-92 vorgestellt.[395]

7.2.4 Objektorientierte Entwicklung mit UML

In Wissenschaft und Praxis hat sich in den letzten Jahren als formale Sprache zur objektorientierten Spezifikation, Visualisierung, Konstruktion und Dokumentation von Softwaresystemen die Unified Modeling Language (UML) durchgesetzt. Die UML-Version 1.1 wurde 1997 bei der Object Management Group (OMG) zur Standardisierung eingereicht und akzeptiert. OMG ist seitdem verantwortlich für die Pflege und Weiterentwicklung von UML. Bedingt durch die objektorientierten Sprachen JAVA und C++ und die unterschiedlichen Internet-Applikationen hat die Objektorientierung an Bedeutung gewonnen. Auch Objektorientierte Datenbanksysteme werden häufiger aufgebaut, da komplexe bzw. multimediale Daten stärker genutzt werden. Die erfolgreiche Anwendung setzt eine systematische, wissenschaftlich fundierte Entwicklung voraus, die durch die Erkenntnisse im Software Engineering unterstützt wird. Wichtige Phasen neben der eigentlichen Programmierung und Implementierung sind die Analyse der Problemstellung und der Entwurf bzw. die Modellierung der Anwendung. Für die objektorientierte Entwicklung ist die Sprache UML sehr gut geeignet, die mittlerweile zu einem Standard geworden ist.[396] Aktuell arbeitet die OMG an der UML-Version 2.0.

---

[393] Vgl. Saake/Türker/Schmitt (1997), S. 229ff.
[394] Vgl. Saake/Türker/Schmitt (1997), S. 260ff.
[395] Vgl. Saake/Türker/Schmitt (1997), S. 525ff. und die Ausführungen in Kapitel 3 zu SQL3.
[396] Zur Einführung in UML vgl. Oestereich (2001); Erler (2000) und Forbrig (2001). Eine ausführliche Beschreibung liefern Stevens/Pooley (2000).

UML stellt verschiedene Diagramme zur Verfügung, mit denen sich der Modellierungsgegenstand aus unterschiedlichen Sichten darstellen lässt, so z.B.[397]

- Anwendungsfalldiagramme (use case diagramm), die die Beziehungen zwischen Akteuren und Geschäftsvorfällen beschreiben;
- Klassendiagramme, die die identifizierten Klassen mit ihren Beziehungen aufzeigen;
- Verhaltensdiagramme, die die Darstellung dynamischer Aspekte ermöglichen. Diese Diagramme können sein:
    - Zustandsdiagramme (Objektzustände),
    - Aktivitätsdiagramme (spezielle Zustandsdiagramme),
    - Sequenz- und Kollaborationsdiagramme (die Interaktionen zwischen Objekten);
- Implementierungsdiagramme, die zur Abbildung von Implementierungsvorgaben dienen.

UML-Modelle umfassen zwei Arten von Objektmodellen:[398]

- Statische Modelle (Strukturmodelle), die die Struktur von Objekten erklären, so vor allem die Klassen, Schnittstellen, Attribute und Beziehungen zu anderen Objekten, und
- Dynamische Modelle (Verhaltensmodelle), die das Verhalten der Objekte in einem System aufzeigen, so vor allem die Methoden, Zustände und Interaktionen.

Die Architektur der UML baut auf einer vierschichtigen Metamodellstruktur auf. Folgende vier Schichten (Layer) sind gegeben:

- Objekte,
- Modell,
- Metamodell und
- Meta-Metamodell.

UML unterstützt die Anforderungsanalyse mit Hilfe von Anwendungsfällen (use cases), die Modellierung statischer Aspekte durch Klassendiagramme sowie dyna-

---

[397] Vgl. Erler (2000), S. 37ff.
[398] Vgl. Erler (2000), S. 41ff.

mischer und Verhaltensaspekte und die Darstellung von Implementierungsaspekten. UML ist insgesamt programmiersprachenunabhängig, unterstützt jedoch zahlreiche programmiersprachenspezifische bzw. -typische Konzepte.

7.3 Objektorientierte Datenbanksysteme (OODBS)

Durch die Implementierung eines objektorientierten Datenmodells in ein DV-System erhält man eine objektorientierte Datenbank (OODB). Da bereits die Beschreibung eines objektorientierten Datenmodells (OODM), wie im vorhergehenden Abschnitt 7.2 erläutert, sehr unterschiedlich sein kann, wird auch die Definition einer objektorientierten Datenbank entsprechend unterschiedlich vorgenommen. Dies drückt sich bereits durch folgende Definition aus: "Eine Datenbank heißt objektorientiert, wenn sie auf logischer Ebene nach einem objektorientierten Datenmodell (OODM; auch „Objektmodell") organisiert ist."[399] Das objektorientierte Datenmodell ist Grundlage der Datenbank, die somit als objektorientierte Datenbank bezeichnet werden kann. Das Datenbankverwaltungssystem (DBVS) muss in der Lage sein, die Objekte der Datenbank zu verwalten, zu steuern und zu kontrollieren. Die Datenbankkommunikationsschnittstelle (DBKS), als dritte Komponente eines Datenbanksystems[400], bildet die Schnittstelle zur Umwelt des Datenbanksystems und enthält vor allem eine Datenbanksystemsprache zum Aufbau und zur Nutzung der Datenbank.[401] Die Datenbanksystemsprache muss somit in der Lage sein, eine Kommunikation mit den Objekten zu gewährleisten. Sie lässt sich deshalb als objektorientierte DBS-Sprache bezeichnen. Das ganze System wird Objektorientiertes Datenbanksystem (OODBS) genannt.

In Abschnitt 7.3.1 werden zunächst die Eigenschaften Objektorientierter Datenbanksysteme erörtert. Anschließend werden in Abschnitt 7.3.2 kommerzielle Produkte Objektorientierter Datenbanksysteme vorgestellt.

7.3.1 Eigenschaften Objektorientierter Datenbanksysteme

Es lassen sich hier wieder die Kriterien diskutieren, die im vorhergehenden Abschnitt behandelt wurden, wie vor allem die Konzepte für die Repräsentation

---

[399] Dittrich (2001), S. 336; vgl. hierzu auch Geppert (2002), S. 251ff.
[400] Vgl. Gabriel/Röhrs (1995), S. 256ff.
[401] Vgl. die Ausführungen in Abschnitt 7.2.

von Struktur und Verhalten durch Datenobjekte. Wichtige Forderungen an objektorientierte Datenbanken bzw. -modelle sind

- Objektidentität,
- Datenkapselung
- Vererbung,
- Objektversionen.

Ein objektorientiertes Datenbanksystem muss natürlich neben den grundlegenden Anforderungen an ein Datenbanksystem wie

- Speicherung, Verwaltung und Kontrolle (umfangreicher) Datenbestände und
- Zugriffsregelung bei Mehrbenutzerbetrieb bzw. Mehrprogrammbetrieb

auch die sonst üblichen notwendigen Anforderungen [402] erfüllen, wie vor allem

- Redundanzfreiheit,
- Datenunabhängigkeit (Daten-Programm-Unabhängigkeit) und
- Datenintegrität: Datenkonsistenz, Datensicherheit und Datenschutz.[403]

Zunächst erörtern wir die objektorientierten Kriterien. Weiterhin sollte ein Objektorientiertes Datenbanksystem auch die Kriterien der Leistungsfähigkeit, der Flexibilität und der Benutzerfreundlichkeit erfüllen und den anwendungsspezifischen Anforderungen nachkommen.

Auf Kapselung und Vererbung wurde im Abschnitt 7.2 auf der Modellebene bereits ausführlich eingegangen. Zur Objektidentität haben wir jedoch bisher lediglich ausgeführt, dass sie sich in Programmiersprachen durch Variablennamen implementieren lässt. Bei persistenten Objekten über die Ausführungszeit eines Programms hinaus, wie sie in Datenbanken gespeichert werden, muss das Datenbanksystem die Objekte identifizieren können. Im Gegensatz zu relationalen Datenbanksystemen verwenden objektorientierte Datenbanksysteme dafür keine Attributwerte. Die Objektidentität soll hier unabhängig vom Inhalt, von der Struktur oder dem Speicherplatz eines Objekts sein. Eine effiziente Vorgehensweise, die von objektorientierten Datenbanksystemen genutzt wird, ist hier die Verwendung von Surrogaten, systemseitig festgelegten, global eindeutigen Bezeichnern, die unabhängig von der Speicheradresse sind. Jedes Objekt erhält

---

[402] Vgl. Gabriel/Röhrs (1995), S. 197ff.
[403] Vgl. Gabriel/Röhrs (1995), Kapitel 8.

bei Instantiierung vom System "sein" Surrogat und behält es während seiner ganzen Lebensdauer. Wird das Objekt dann beispielsweise außerhalb des Datenbanksystems archiviert, so wird sein Surrogat nicht anderweitig wiederverwendet, so dass auch eine spätere Rückführung vom Archiv in die Datenbank problemlos möglich ist. Für den Benutzer sind die Surrogate weder lesbar noch manipulierbar. Deshalb ist es üblich, dass anwendungsseitig gleichwohl vorhandene identifizierende Merkmalsklassen des ISM zu Attributen von Objekten werden, wie z.B. die KURS_NR, die DOZENTEN_NR, die KONTONUMMER usw. Für ein Anwendungsprogramm ist es bei der Verwendung und Referenzierung eines Objekts transparent, ob ein Objekt im flüchtigen Hauptspeicher liegt oder im persistenten Plattenbereich. Dafür sorgt das Datenbankverwaltungssystem (DBVS) des Objektorientierten Datenbanksystems. Durch die Implementierung des Objektidentifiers als Zeiger in den Objekten, die darauf referenzieren, können beliebig viele Anwendungen den jeweils gültigen Objektzustand sehen und nutzen.

Die Versionierung von Objekten ist von großer Bedeutung insbesondere für CAD-Systeme und CASE-Werkzeuge. Hier arbeitet der Benutzer typischerweise lange an jeweils weiterentwickelten Versionen eines Objekts wie z.B. Entwürfen für eine Kraftfahrzeugkarosserie oder für eine Systemfunktion. Außerdem können andere Nutzer (Ingenieure, Software-Entwickler) informativ vor allem auf ältere Versionen zugreifen. Aber auch die Vertragsdokumente oder Gesetzentwürfe werden häufig von einer Version zur nächsten fortgeschrieben und ggf. aus einer älteren Version heraus zum endgültigen Dokument weiterentwickelt. Da die Objektorientierten Datenbanksysteme die Verwaltung und logische Speicherung von Objekten als Ganzes unterstützen, ist die Verwaltung einer prinzipiell unbegrenzten Anzahl von Versionen für ein persistentes Objekt eine zwangsläufige Forderung. Anwendungen sollen dann wahlweise auf die aktuelle Version (lesend und schreibend) oder auf ältere Versionen (lesend) zugreifen können. Es muss ferner möglich sein, eine ältere Version wieder zur aktuellen Version zu machen. Für die Objektorientierten Datenbanksysteme ORION und ODE sind beispielsweise entsprechende Leistungen implementiert[404]. Auch das Datenbanksystem, das in den 1990er Jahren vom damaligen Marktführer Object Design angeboten wurde, unterstützte Objektversionen für den Autor eines Objekts, aber auch die kooperative Nutzung durch eine Autorengruppe.[405] Das Objektorientierte Datenbanksystem GemStone[406] kennt hingegen eine Versionierung auf Schemaebene und unterstützt in Version 4 die ggf. erforderliche Datenmigration, um die Nutzung einer Entwicklungs- neben der Produktionsversion einer Klasse in derselben Datenbank zu ermöglichen.

---

[404] Vgl. Hughes (1992), S.216ff.
[405] Vgl. Object Design, Objectstore Technical Overview, Release 3, März 1994, S.13.
[406] Vgl. Servio Corporation, An Introduction to GemStone Version 4.0, Juni 1994, S.2-9f.

Die allgemeine Forderung an ein Datenbanksystem nach Redundanzfreiheit wird bei Objektorientierten Datenbanksystemen bereits durch das Konzept der Objektidentität grundsätzlich erfüllt. Das Objekt befindet sich im physikalischen Speicher (Haupt-, Puffer- oder externer Speicher) an einem für den Anwender oder das Anwendungsprogramm unbekannten Ort und ist durch DBVS-gepflegte Zeiger auf eine Objekttabelle, in der wiederum zu jedem Objekt seine aktuelle physische Adresse enthalten ist, stets referenzierbar.

Die Objektidentität leistet außerdem einen wichtigen Beitrag zur Integrität einer Objektorientierten Datenbank, da sie unabhängig von Orts-, Struktur- und Wertänderungen fest mit dem Objekt verbunden ist und ausschließlich unter der Kontrolle des DBVS steht. Die Zugehörigkeit der für eine Klasse zugelassenen Methoden (Prozeduren, Operationen) zur Klassendefinition und deren Speicherung in der Datenbank ermöglicht es, dort – und damit an zentraler Stelle – auch die erforderlichen Konsistenzprüfungen zu implementieren. Diese Methoden sind dann automatisch und unabänderlich durch alle Anwendungen zu verwenden, die Manipulationen an Objekten vornehmen lassen wollen. Ein Beispiel für die Definition einer Klasse mit Konsistenzbedingungen zeigt die Abbildung 7.7. Darüberhinaus verfügen auch Objektorientierte Datenbanksysteme für die Koordination und Kontrolle des Mehrbenutzerbetriebs und zur Konsistenzerhaltung in Fehlerfällen über ein Transaktionskonzept und Recovery-Mechanismen. Sperrgranulate sind abhängig vom konkreten Datenbanksystem beispielsweise Objekte, Cluster oder wie bei dem System Gemstone Segmente.

Anforderungen an und Maßnahmen für Datensicherheit und Datenschutz gelten unabhängig vom zugrundeliegenden Datenmodell für alle Datenbanksysteme. Einerseits lassen sich Objekte als geschlossene Einheiten besser sichern und schützen, andererseits stellen sie wiederum eine größere Gefahr dar, da in einem Objekt mehr Information bzw. Wissen gegeben ist.

Die Datenunabhängigkeit wird bei Objektorientierten Datenbanksystemen durch die Kapselung der Objekte insoweit gewährleistet, dass die Objektverwendung unabhängig von der Implementierung der objektinternen Datenstruktur ist. Auf der anderen Seite verschmelzen Datenbank und nutzendes Anwendungsprogramm hinsichtlich der Objektverwendung gleichsam zu einer Einheit, denn für das Anwendungsprogramm ist ein Objekt aus der Datenbank ganz genauso verwendbar wie ein programminternes, nicht persistentes Objekt. Es gibt nur eine Objektbeschreibung, und diese gilt für Programm und Datenbank. Damit entfällt der sogenannte "Impedance mismatch", d.h. die Transformation der in einer relationalen Datenbank anders dargestellten Daten für deren Nutzung in einem Anwendungsprogramm. Wir sollten also differenzieren: Die Datenunabhängigkeit ist bei Objektorientierten Datenbanksystemen gewährleistet, doch für die Objekte besteht – gewolltermaßen – eine Abhängigkeit zwischen Anwendungsprogramm(en) und Datenbank.

```
┌─────────────────────────────────────────────┐
│                                             │
│         ┌─────────────────────────┐         │
│         │      EXKURSIONEN        │         │
│         ├─────────────────────────┤         │
│         │  Erbe von KURSE         │         │
│         │                         │         │
│         │  REISEVERLAUF           │         │
│         │  REISEUNTERNEHMER       │         │
│         │                         │         │
│         │  Neue Exkursion         │         │
│         │  Reiseverlauf festlegen │         │
│         │  Reiseunternehmer       │         │
│         │     beauftragen         │         │
│         │  Exkursionsinformation  │         │
│         │     ausgeben            │         │
│         │                         │         │
│         │  Konsistenzbedingungen  │         │
│         │  IF mehrtägig THEN      │         │
│         │   Übernachtungsfestlegung;│       │
│         │  IF Hauptsaison THEN    │         │
│         │   Hauptsaisonzuschlag   │         │
│         └─────────────────────────┘         │
│                                             │
└─────────────────────────────────────────────┘
```

Abb. 7.7:   Klassendefinition mit Konsistenzbedingungen

7.3.2 Kommerzielle Objektorientierte Datenbanksystem-Produkte

Eine gelungene Klassifizierung und Beschreibung objektorientierter Datenbanksysteme ist bei Saake, Türker und Schmitt zu finden[407], die von drei unterschiedlichen Entwicklungsansätzen ausgehen und diesen kommerzielle Produkte zuordnen.

1) **Erweiterung von objektorientierten Programmiersprachen um Datenbankkonzepte**

    Diese Datenbankkonzepte bauen hauptsächlich auf den Programmiersprachen C++ und Smalltalk auf, die um Datenbankfunktionalitäten erweitert wurden. Der Vorteil dieses Ansatzes liegt darin, dass nur eine einzige Sprache für die Datenbank- und Anwendungsprogrammierung benötigt wird.

---

[407] Vgl. Saake/Türker/Schmitt (1997), S. 187ff.

Große Probleme entstehen, wenn weitere Datenbankkonzepte integriert werden sollen.

Produkte, die dieser Datenbankkategorie zuzuordnen sind, sind die Systeme GemStone, Objectivity/DB, ObjectStore, ONTOS, POET und Versant. Das Datenbanksystem ONTOS der Firma ONTOS, Inc. beispielsweise wird seit 1989 kommerziell angeboten.[408] Es ist an die Programmiersprache C++ angelehnt, sein Objektmodell entspricht im Wesentlichen dem C++ -Objektmodell. Für das Arbeiten mit dem System wird die Sprache Object SQL angeboten.

2) **Erweiterung herkömmlicher Datenbanksysteme, insbesondere Erweiterung von relationalen Datenbanken**

Bei diesem Ansatz werden herkömmliche Datenbanksysteme um objektorientierte Konzepte erweitert, so wie z.B. beim Ansatz SQL3 als Erweiterung von SQL2.[409] Kommerzielle Systeme, die diesen Ansatz verfolgen, sind die Produkte Informix, UniSQL und OpenODB. Man bezeichnet diese Systeme auch als strukturelle Objektorientierte Datenbanksysteme. Eine neue Tendenz innerhalb dieses Ansatzes ist die Entwicklung objekt-relationaler Datenbanken, die aufgrund ihrer Bedeutung später noch eingehend behandelt werden.[410] Der große Vorteil dieser Ansätze liegt in der Unterstützung wichtiger vorhandener und verbreiteter Datenbankkonzepte, so vor allem der relationalen Systeme.

3) **Entwicklung völlig neuer objektorientierter Datenbanken**

Diese Ansätze besitzen ihr eigenes Datenmodell mit dem Ziel, möglichst viele der relevanten objektorientierten und datenbankspezifischen Konzepte zu vereinen. Der Vorteil liegt in dem konzeptionell sauberen Datenmodell. Ein klassischer Vertreter dieser Entwicklungslinie ist das Produkt O_2, das seit 1992 von der Firma O_2 Technology kommerziell angeboten wird.[411] O_2 basiert auf einem eigenen Datenmodell. Mit O_2 C wird eine an die Programmiersprache C angelehnte Sprache zur Verfügung gestellt. Ferner wird die objektorientierte Variante von SQL angeboten, die als O_2 SQL bezeichnet wird.

---

[408] Vgl. Saake/Türker/Schmitt (1997), S. 202ff.
[409] Vgl. die Ausführungen in Kapitel 2.
[410] Vgl. Abschnitt 7.5.
[411] Vgl. Saake/Türker/Schmitt (1997), S. 190ff.

7.4 Objektorientiertes Data Base Engineering

Der Weg zum Einsatz eines Objektorientierten Datenbanksystems lässt sich durch ein systematisches Data Base Engineering begleiten, wie in Abschnitt 1.3 des ersten Kapitels vorgestellt. Unabhängig vom Datenbankansatz lassen sich die Phasen ausführen, die sich auf ein logisch konsistentes Entwicklungskonzept stützen. Bereits in der ersten Phase, der Problemanalyse und Planung, kann die Entscheidung für ein objektorientiertes System fallen. Spätestens in der zweiten Phase, bei der Istanalyse, der Anforderungsdefinition und der Erstellung eines Fachkonzeptes muss die Entscheidung gefällt sein, da hier bereits die Auswahl eines Datenbankentwicklungssystems angestoßen wird.

Schwerpunkte eines objektorientierten Data Base Engineering sind die drei Phasen

- Objektorientierte Analyse (OOA),
- Objektorientiertes Design (OOD) und
- Objektorientierte Implementierung (OOI) und Testen.

Die ersten gravierenden Abweichungen von der allgemeinen Vorgehensweise zeigen sich bereits bei der objektorientierten Analyse und dem objektorientierten Design, und zwar unabhängig davon, ob sich die konkrete Vorgehensweise an der Object-Oriented Analysis von Coad/Yourdon, dem Object Lifecycle von Shlaer/Mellor, der Object-Oriented Analysis von Grady Booch, dem Object-Oriented Modeling and Design (OMT) von Rumbaugh, Blaha, Premerlani, Eddyund Lorensen oder einer von anderen vorgeschlagenen Methode ausrichtet.[412]

Das objektorientierte Data Base Engineering lässt sich wie in der folgenden Abbildung 7.8 strukturieren (vgl. hierzu auch die Abbildung 1.5 in Kapitel 1).

Beim "klassischen" Vorgehen, wie wir es auch ausführlich im ersten Band, insbesondere im dortigen Kapitel 2, beschrieben haben, erfolgen zumindest methodisch unabhängig voneinander die Informations- und Funktionsstrukturanalyse, die dann über die Verwendungsmatrix miteinander verbunden werden. Auch in der folgenden Phase werden "klassisch" die Verfeinerungen getrennt für den Datenbereich z.B. in Form der Umsetzung in ein Relationenmodell unter Anwendung der Normalformenlehre, und den Funktionsbereich in Form von Zerlegungen der zunächst groben fachlichen Funktionen in elementare Funktionen und deren Umsetzung in Software-Module. Das konzeptionelle, relationale Modell wird dann als Datenbankschema zum Aufbau der relationalen Datenbank genutzt, die

---

[412] Vgl. hierzu Balzert (1999a); Ferstl (2001); Forbrig (2001); Hetzel-Herzog (1994); Meyer (1990); die Beiträge in Heilmann (1989) und Geppert (2002), S. 35ff.

Module werden zu einem Programmsystem integriert und in einer entsprechenden Bibliothek abgelegt.

Bei der objektorientierten Vorgehensweise wird zunächst i.d.R. dasselbe Herangehen wie bei der Informationsstrukturanalyse praktiziert, d.h. es werden (Informations-)Objekte identifiziert, zu (Informations-)Objektklassen zusammengefasst und dabei durch geeignete Merkmalsklassen (Attribute) beschrieben. Zusätzlich erfolgt jedoch nun bei jeder Objektklasse unmittelbar die Festlegung von Funktionen (häufig als Methoden oder Operationen bezeichnet), die auf die Objekte der Klasse angewendet werden können. Diese Funktionen werden dann im Rahmen der Objektklassendefinition, d.h. im objektorientierten Schema, auch mit beschrieben (vgl. die entsprechenden Darstellungen in den ersten Abschnitten dieses Kapitels). Eine Gegenüberstellung der prinzipiellen Unterschiede und Gemeinsamkeiten im konventionellen und objektorientierten Data-Base-Engineering zeigt zusammenfassend Abb. 7.9.

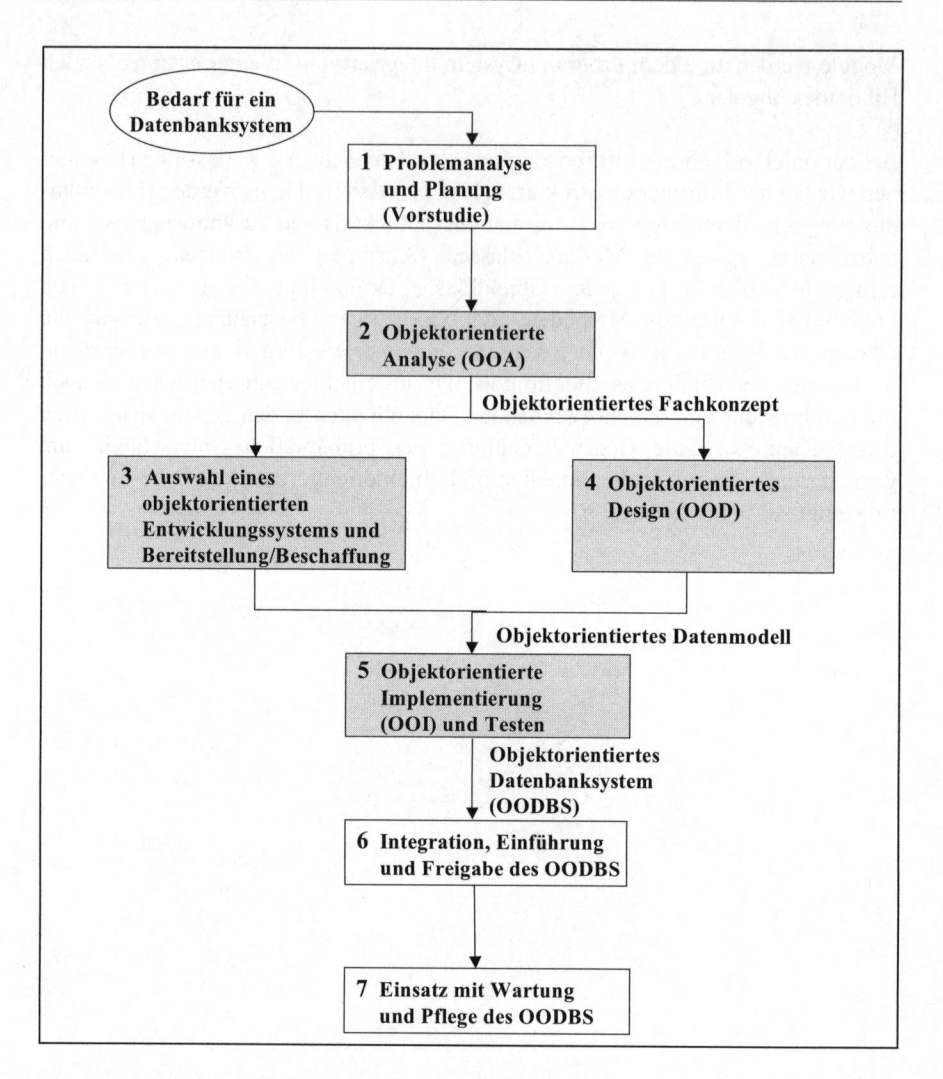

Abb. 7.8: Objektorientiertes Data Base Engineering

In Abwandlung des in Abb. 7.9 dargestellten "rein" objektorientierten Vorgehens wird in vielen Fällen für die Speicherung der Objekte (noch) eine "klassische" relationale Datenbank verwendet. Die Anbieter entsprechender Datenbanksysteme sind dabei bemüht, eine "Brücke" zwischen den Ergebnisses der objektorientierten Analyse und des objektorientierten Designs zum relationalen Modell anzubieten. Eine substanzielle Verbesserung ist an dieser Stelle jedoch vor allem durch den SQL-3-Standard (vgl. Kapitel 2) mit seinem objektorientierten Ansatz zu erwarten. Vorher müssten die Anbieter objektorientierter Datenbanksysteme versuchen, ihre Verbreitung am Markt über Spezialanwendungen hinaus auszudehnen, was jedoch aufgrund der vielen Investitionen der IuK-Anwender in "klassische" Datenbankanwendungen sehr schwierig werden dürfte. Dazu kommt, dass auch die Anbieter selbst ihre Systeme am ehesten für Anwendungen mit komplexen Objekten, an denen dann in langen Transaktionen gearbeitet wird, für geeignet halten und die Nutzung für operatives "Massengeschäft" wie z.B. die Steuererhebungsanwendung der Finanzverwaltung mit bis zu 1 Million Buchungen pro Tag allein in Nordrhein-Westfalen nicht empfehlen. Gelingt das Vordringen auch in diese Anwendungsbereich nicht schnell genug, und die Wahrscheinlichkeit dafür ist recht groß, so werden rein objektorientierte Datenbanksysteme nach der SQL-Implementierung in relationalen Datenbanksystemen wie ORACLE, INFORMIX, DB2 oder dem hybriden System ADABAS möglicherweise wieder schnell vom Markt verschwinden. Eine Stärkung des Marktes für OODBS könnte sich jedoch in Verbindung mit dem zunehmenden Einsatz von XML nicht nur für Datenaustauschzwecke ergeben, da OODBS grundsätzlich zur Speicherung der in XML üblichen Baumstrukturen besser geeignet sind als relationelle DBS.[413]

Klassisches Vorgehen

ISM
Konzeptionelles Modell (nach Normalisierung)
Datenbankschema
Datenbank

FSM (fachlich / grob)
FSM (fein)
FSM (systemseits)
Module / Programme

Data-Dictionary /
Repository /
Bibliothekssystem

Objektorientiertes Vorgehen

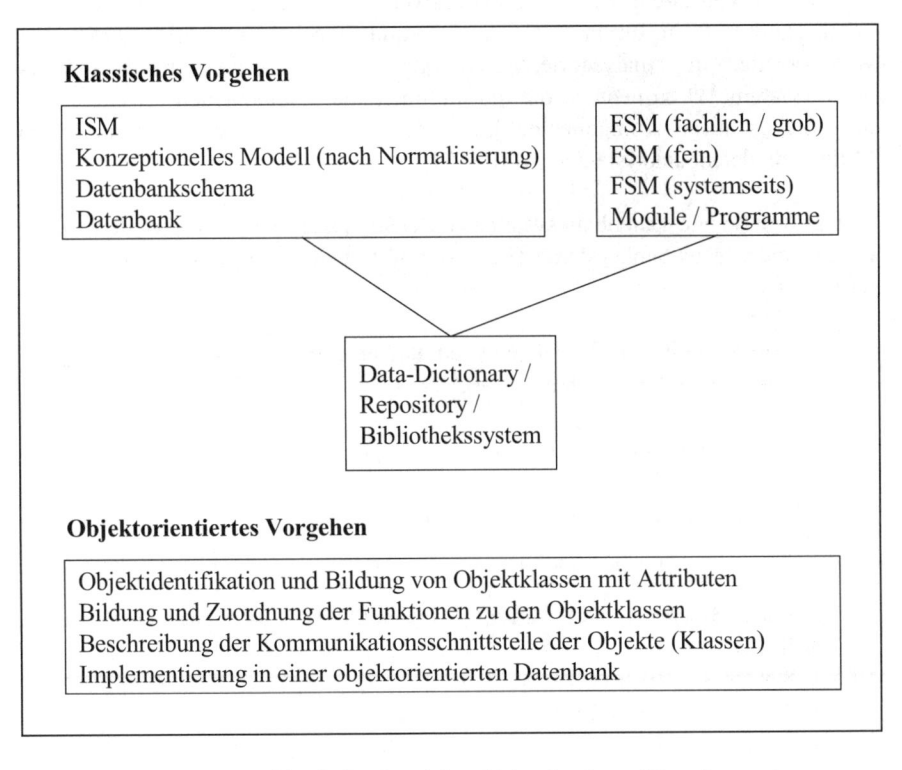

Objektidentifikation und Bildung von Objektklassen mit Attributen
Bildung und Zuordnung der Funktionen zu den Objektklassen
Beschreibung der Kommunikationsschnittstelle der Objekte (Klassen)
Implementierung in einer objektorientierten Datenbank

Abb. 7.9: Vergleich der „klassischen" und der objektorientierten Vorgehensweise

---

[413] Vgl. Beyer (1999); Sommergut (2001).

7.5 Objekt-Relationale Datenbanksysteme (ORDBS)

Die Objekt-Relationalen Datenbanksysteme (ORDBS) wurden bereits Anfang der 1990er Jahre als eine neue und vielversprechende Klasse von Systemen und als eine neue große Welle im Datenbankbereich angekündigt, da relationale Systeme um objektorientierte Konzepte erweitert wurden, d.h. die relationale Tabellenstruktur wird um objekt-orientierte Merkmale ergänzt.[414]

Das steigende Wachstum der Objekt-Relationalen Datenbanksysteme lässt sich vor allem durch die Zunahme von Multimedia-Anwendungen begründen.[415]

Bei multimedialen Systemen werden Daten und Texte mit Bildern, Videosequenzen und Sprache integriert und im Dialog verarbeitet. Unterstützt wird diese Entwicklung durch neue Anwendungen im Internet bzw. World Wide Web (WWW), in dem multimediale Daten verwaltet, gespeichert und angeboten werden. Auch werden in Unternehmungen selbst immer mehr multimediale Anwendungssysteme genutzt, so vor allem zu Präsentationszwecken, aber auch zur Informationsbeschaffung (z.B. im Intranet), zur Analyse und Entscheidungsvorbereitung. Hier sind vor allem die Analyseorientierten Datenbanksysteme bzw. die Data Warehouse-Systeme[416] zu nennen, die um multimediale Komponenten erweitert werden. Stehen diese Komponenten im Vordergrund, so spricht man auch von Multimediadatenbanksystemen (MMDBS).

Objekt-Relationale Datenbanksysteme (ORDBS) lassen sich als Erweiterung der Relationalen Datenbanksysteme (RDBS) mit folgenden Eigenschaften betrachten[417]:

- Erweiterbarkeit der Basisdatentypen um anwendungsbezogene Datentypen und benutzerdefinierte Funktionen.[418]

- Unterstützung komplexer Objekte.[419]

- Unterstützung von Verarbeitungskonzepten.[420]

---

[414] Vgl. Hansen/Neumann (2001), S. 1081; Schlundt (2001), S. 342f. und Geppert (2002), S. 53ff.
[415] Vgl. Stonebraker/Moore (1999), S. 20.
[416] Vgl. die Ausführungen in Kapitel 8.
[417] Vgl. Schlundt (2001), S. 342 und Stonebraker/Moore (1999), S. 14ff.
[418] Vgl. Stonebraker/Moore (1999), S. 23ff.
[419] Vgl. Stonbraker/Moore (1999), S. 51ff.
[420] Vgl. Stonebraker/Moore (1999), S. 77ff.

– Integration von objektorientierten Konzepten in Event- und Triggermechanismen.[421]

Bei den Entwicklungsansätzen objektorientierter Systeme wurde bereits auf die Erweiterung herkömmlicher Datenbanksysteme hingewiesen.[422] Dabei wurde die Erweiterung von SQL2 in SQL3 und das kommerzielle Produkt UniSQL als Beispiel für Objekt-relationale Datenbanksysteme (ORDBS) genannt.

UniSQL wird seit 1990 entwickelt und angeboten. Das Modell wurde unter dem Motto „Evolution statt Revolution" vermarktet, um die Verallgemeinerung, Erweiterung bzw. Weiterentwicklung des relationalen Modells besonders zu verdeutlichen. Die wichtigsten Erweiterungen lassen sich wie folgt zusammenfassen:[423]

– Kollektionstypen: Ein Attribut kann einen Kollektionstyp als Wertebereich haben. Dort können einem Attribut auch mehrere Werte zugeordnet werden.

– Objektidentifikatoren und Referenzen: Jede Klasse wird um ein systemdefiniertes Attribut, dem eindeutigen und unveränderlichen Objektidentifikator versehen. Der Wert des Attributs ist für den Benutzer unsichtbar.

– Spezialisierungshierarchien: In einer Spezialisierungsbeziehung stehende Klassen werden in einer kontinuierlichen Spezialisierungshierarchie organisiert.

– Benutzerdefinierte Funktionen: Neben Attributen und Integritätsbedingungen kann eine Klasse auch Methoden besitzen.

Wichtig ist es, dass die Begriffe Klasse und Tabelle in UniSQL synonym verwendet werden. Ferner werden die Begriffe Objekt und Tupel, Attribut und Spalte sowie Methode und Funktion äquivalent benutzt.[424]

UniSQL ist eines der ersten kommerziellen Datenbanksysteme, das die Eigenschaften relationaler Systeme mit den Konzepten objektorientierter Ansätze verbindet. Weitere Objekt-relationale Datenbanksysteme sind die Systeme Informix (Universal Server) und OpenODB sowie Caché 4.[425] Sie sind sowohl relational, da sie SQL unterstützen, als auch objektorientiert, da sie komplexe Daten verar-

---

[421] Vgl. Stonebraker/Moore (1999), S. 89ff.
[422] Vgl. die Ausführungen in Abschnitt 7.3.2.
[423] Vgl. Saake/Türker/Schmitt (1997), S. 213ff.
[424] Zur Modellierung bzw. zum Entwurf von ORDBS vgl. Stonebraker/Moore (1999), S. 189ff.
[425] Vgl. Schäfer (2002).

beiten können. Ein Grund für die weitere Ausbreitung der Objekt-relationalen Datenbanksysteme liegt vor allem in der Zunahme von Web-orientierten Multimediaanwendungen, so z.B. im E-Commerce. ORACLE bietet seit Version 8i objekt-relationale Features und mit dem zweiten Release von Oracle 9i ab 2002 zusätzlich die XML-Integration.

7.6 Einsatz der Objektorientierten Datenbanksysteme

Ein großer Vorteil der Objektorientierten Datenbanksysteme liegt in der ausgezeichneten Unterstützung komplex strukturierter Daten, die sich durch objektorientierte Datenmodelle sehr gut abbilden und weiterverarbeiten lassen. Als Einsatzmöglichkeiten kommen deshalb alle Anwendungen in Frage, die komplex strukturierte Daten enthalten.

Ein wichtiges Anwendungsgebiet stellt die Bildverarbeitung (Image processing) dar.[426] Hierunter versteht man automatische Verfahren zur Verarbeitung, Auswertung und Interpretation von Bildern und Bildfolgen, die als stehende Bilder oder bewegte Bilder (Animationen, Videosequenzen) auftreten können. Bei den Bilddaten handelt es sich um komplexe Daten, die den Bildinhalt beschreiben. Einsatzmöglichkeiten der Bildverarbeitung, die häufig auf wissensbasierten Systemen basiert, sind vor allem in technischen bzw. produktionstechnischen Bereichen zu sehen, so z.B. bei Robotersystemen und flexiblen Fertigungssystemen. Aber auch in medizinischen Bereichen (z.B. Diagnosesysteme), bei Verkehrssystemen (z.B. Überwachung von Verkehrsströmen), in der Meteorologie und in der Geographie (Auswertung von Satellitenaufnahmen) und schließlich in den militärischen Bereichen findet die Bildverarbeitung und damit auch die objektorientierte Datenbank Anwendung.

Ein weiteres Anwendungsbeispiel bildet die grafische Datenverarbeitung, die ähnlich wie die Bildverarbeitung aus einzelnen Grafiken oder Grafikfolgen in statischer oder bewegter Form bestehen können. Hier sind vor allem CA-Technologien wie CAD (Computer Aided Design), CAM (Computer Aided Manufacturing) und CAP (Computer Aided Planning) zu nennen. Die CAD-Systeme werden für Entwerfen und Konstruieren von technischen Systemen genutzt, wobei einzelne Komponenten, die komplexe Daten darstellen, zusammengefasst werden.

Neben den technischen bzw. produktionstechnischen Bereichen bieten komplexe Daten auch im Bürobereich (Bürosysteme) auf. Hier handelt es sich vor allem um

---

[426] Vgl. Hansen/Neumann (2001), S. 337ff.; Niemann (2001).

Dokumente, die unterschiedliche Informationsformen enthalten, so z.B. Texte, Grafiken, Sprache und Bilder (multimediale Dokumente).[427] Insgesamt enthalten die multimedialen Informationssysteme komplexe Daten, so dass die Multimediadatenbanken i.d.R. durch objektorientierte Datenmodelle erstellt und genutzt werden. Multimediasysteme findet man insbesondere im Vertriebs- und Marketingbereich der Unternehmungen (Multimediale Präsentationssysteme und Produktkataloge) und auch bei Lehr- und Lernsoftware zur Aus- und Weiterbildung (E-Learning-Anwendungen).

Objektorientierte Datenbanken sind häufig auch Bestandteil von Wissensbasierten Systemen bzw. Expertensystemen.[428] Sie dienen zur Lösung anspruchsvoller Problemstellungen, bei der Wissen aus vorhandenem Wissen abgeleitet wird. Da es sich bei den Wissensbestandteilen i.d.R. um komplexe Daten handelt, bieten die objektorientierten Datenbanken auch hier eine gute Unterstützung. Das Wissen wird in Form von Objekten modelliert, repräsentiert und verarbeitet. So stützt sich das Wissensmanagement, das Wissen auch in Form komplexer Daten generiert, verwaltet und speichert, auswertet und weiterleitet, auf objektorientierte Datenbanken.

---

[427] Vgl. Hansen/Neumann (2001), S. 279ff.
[428] Vgl. Hansen/Neumann (2001), S. 470ff.

7.7 Übungsaufgaben zu den Objektorientierten und Objekt-Relationalen Datenbanksystemen

Aufgabe 7-1: Beschreiben Sie die Grundstruktur einer Objektklasse anhand eines Anwendungsbeispiels.

Aufgabe 7-2: Diskutieren Sie die Vorteile des objektorientierten Systemansatzes im Vergleich zu der konventionellen Systementwicklung. Worin sehen Sie den Erfolg des objektorientierten Ansatzes in der Praxis?

Aufgabe 7-3: Welche Eigenschaften hat die Programmiersprache JAVA?

Aufgabe 7-4: Erörtern Sie die Beziehungsstrukturen zwischen Objekten und beschreiben Sie Möglichkeiten der Vererbung anhand eines Anwendungsbeispiels.

Aufgabe 7-5: Was versteht man unter Polymorphismus? Geben Sie ein Beispiel.

Aufgabe 7-6: Beschreiben Sie die Eigenschaften einer objektorientierten Datenbanksystemsprache.

Aufgabe 7-7: Erörtern Sie die grundlegenden Eigenschaften einer objektorientierten Datenbank. Geben Sie einen Vergleich zu den relationalen Datenbanken.

Aufgabe 7-8: Beschreiben Sie die Phasen der objektorientierten Analyse und des objektorientierten Designs.

Aufgabe 7-9: Skizzieren Sie den Aufbau eines Objekt-relationalen Datenbanksystems und erörtern Sie seine Vorteile gegenüber den „rein" objektorientierten Systemen.

Aufgabe 7-10: Beschreiben Sie sinnvolle Einsatzmöglichkeiten objektorientierter bzw. objekt-relationaler Datenbanken.

7.8 Literatur zu Kapitel 7

Atkinson, M.; Bancillon, F.; De-Witt, D.; Dittrich, K.; Maier, D.; Zdonik, S. (1989): The Object-oriented Database Manifesto, in: Proceedings of 1st International Conference on Deductive and Object-oriented Databases 1989, S. 40-57.

Balzert, H. (1999): Lehrbuch Grundlagen der Informatik, Heidelberg, Berlin 1999.

Balzert, H. (1999a): Lehrbuch der Objektmodellierung, Berlin 1999.

Beyer, G. (1999): OO-Datenbanken: Neue Chance oder das Ende?, in: Computerwoche Nr. 43 vom 29.10.1999.

Bothner, P. P.; Kähler, W.-M. (1999): SMALLTALK, Einführung in die objektorientierte Programmierung, Braunschweig, Wiesbaden 1999.

Cattell, R. (2000): Object Database Standard 2.0, 2000.

Cattell, R. G. G. et al. (Hrsg.) (2000): Object Database Standard: ODMG 3.0, 2000.

Dahl, O.; Nygaard, K. (1966): Simula, an Algol-based Simulation Language, in: CACM, Band 9 (1966), S 671-678.

Dittrich, K. R. (1989): Objektorientierte Datenbanksysteme, in: Informatik-Spektrum 12 (1989), S. 215-220.

Dittrich, K. R. (2001): Objektorientierte Datenbank, in: Mertens, P. (Hrsg.): Lexikon der Wirtschaftsinformatik, 4. Auflage, Berlin, Heidelberg, New York 2001, S. 336-337.

Dittrich, K. R.; Kotz, A. M. (1989): Objektorientierte Datenbanksysteme, in: Heilmann, H. (Hrsg.): Handbuch der modernen Datenverarbeitung, Heft 145, Januar 1989, S. 94-105.

Erler, T. (2000): UML, das Einsteigerseminar, Landsberg 2000.

Ferstl, O. K. (2001): Objektorientierte Entwicklungsmethode, in: Mertens, P. (Hrsg.): Lexikon der Wirtschaftsinformatik, 4. Auflage, Berlin, Heidelberg, New York 2001, S. 337-339.

Forbrig, P. (2001): Objektorientierte Softwareentwicklung mit UML, München, Wien 2001.

Gabriel, R. (1992): Wissensbasierte Systeme in der betrieblichen Praxis, London u.a. 1992.

Gabriel, R.; Röhrs, H.-P. (1995): Datenbanksysteme, 2. Auflage, Berlin, Heidelberg 1995.

Geppert, A. (2002): Objektrelationale und objektorientierte Datenbankkonzepte und -systeme, Heidelberg 2002.

Goldberg, A.; Robson, D. (1980): Smalltalk-80, the language and its implementation; Reading, MA 1980.

Göpfert, J. (1993): Objektorientierte Datenbanksysteme, in: Handbuch der modernen Datenverarbeitung (HMD), Heft 170, 1993.

Hansen, H.-R.; Neumann, G. (2001): Wirtschaftsinformatik I, 8. Auflage, Stuttgart 2001.

Heilmann, H. (Hrsg.) (1989): Objektorientierte Systementwicklung, Handbuch der modernen Datenverarbeitung (HMD), Heft 145, 26. Jg., Januar 1989.

Hetzel-Herzog, W. (1994): Objektorientierte Softwaretechnick, Braunschweig, Wiesbaden 1994.

Hughes, J. G. (1992): Objektorientierte Datenbanken, München, Wien 1992.

Kemper, H.-G. (2001): Benutzungsoberfläche, in: Mertens, P. (Hrsg.): Lexikon der Wirtschaftsinformatik, 4. Auflage, Berlin, Heidelberg, New York 2001, S. 67-68.

Kemper, A.; Moehoth, G. (1993): Object-oriented Database Management: Applications in Engineering and Computer Science, Prentice Hall, 1993.

Knoblauch, F. (1997): JAVA, Kaarst 1997.

Mertens, P. (Hrsg.) (2001): Lexikon der Wirtschaftsinformatik, 4. Auflage, Berlin, Heidelberg, New York 2001.

Meyer, B. (1990): Objektorientierte Softwareentwicklung, München, Wien 1990.

Niemann, H. (2001): Bildverarbeitung, in: Mertens, P. (Hrsg.): Lexikon der Wirtschaftsinformatik, 4. Auflage, Berlin, Heidelberg, New York 2001, S. 76-77.

Oestereich, B. (2001): Unified Modeling Language (UML), in: Mertens, P. (Hrsg.): Lexikon der Wirtschaftsinformatik, 2001, S. 483-484.

Parnas, D. (1972): On the criteria to be used in decomposing systems into modules, in: CACM, Band 15 (1972), S. 1053-1058.

Ricken, M. (2002): Objektorientierte Systemgestaltung – Ein kommunikationsbasierter Ansatz im Spannungsfeld zwischen Kognition und Konstruktion, Wiesbaden 2002.

Rumbaugh, J.; Blaha, M.; Premerlani, W.; Eddy, F.; Lorensen, W. (1993): Objektorientiertes Modellieren und Entwerfen, München, Wien 1993.

Saake, G. (1993): Objektorientierte Spezifikation von Informationssystemen, Stuttgart, Leipzig 1993.

Saake, G.; Türker, C.; Schmitt, I. (1997): Objektdatenbanken, Bonn 1997.

Schader, M. (1997): Objektorientierte Datenbanken, Berlin, Heidelberg, New York 1997.

Schäfer, A. (2002): Neue Datenbanktechnologie für e-Business-Applikationen, in : IT FOKLES, 1/2 2002, S. 58-61.

Schäffer, B. (2001): Objektorientierte Programmierung (OOP), in: Mertens, P. (Hrsg.): Lexikon der Wirtschaftsinformatik, 4. Auflage, Berlin, Heidelberg, New York 2001, S. 339-341.

Schlundt, M. (2001): Objektrelationale Datenbank, in: Mertens, P. (Hrsg.): Lexikon der Wirtschaftsinformatik, 4. Auflage, Berlin, Heidelberg, New York 2001, S. 341-342.

Schönthaler, F.; Nemeth, T. (1992): Software-Entwicklungswerkzeuge: Methodische Grundlagen, 2. Auflage, Stuttgart 1992.

Sommergut, W. (2001): Neue Produkte und Initiativen für die XML-Speicherung, in: Computerwoche online, 03.05.2001.

Stahlknecht, P.; Hansenkamp, U. (2002): Einführung in die Wirtschaftsinformatik, 10. Auflage, Berlin, Heidelberg, New York 2002.

Stevens, P.; Pooley, R. (2000): UML, Softwareentwicklung mit Objekten und Komponenten, München 2000.

Stonebraker, M.; Moore, D. (1999): Objektrelationale Datenbanken, München, Wien 1999.

Stoyan, H. (2001): Wissensrepräsentation, in: Mertens, P. (Hrsg.): Lexikon der Wirtschaftsinformatik, 4. Auflage, Berlin, Heidelberg, New York 2001, S. 511-512.

Wolf, S. (2001): JAVA, in: Mertens, P. (Hrsg.): Lexikon der Wirtschaftsinformatik, 4. Auflage, Berlin, Heidelberg, New York 2001, S. 255-256.

8 Analyseorientierte Datenbanksysteme

Neben Arbeit, Kapital und Rohstoffen wird die Information häufig bereits als vierter Produktionsfaktor verstanden. In der Tat wächst das Gewicht stetig an, das der richtigen Information zum richtigen Zeitpunkt am richtigen Ort beigemessen werden kann. Aus diesem Grund sind viele Unternehmungen bemüht, analyseorientierte Informationssysteme bzw. Datenbanksysteme mit spezieller Ausrichtung auf das Informationsbedürfnis betrieblicher Führungskräfte und Entscheidungsträger (Manager) aufzubauen und zu betreiben. Analyseorientierte Datenbanksysteme bieten die relevanten Informationen zur weiteren Auswertung (Analyse) in einem Planungs- und Entscheidungsprozess an. Diese Systeme unterscheiden sich sowohl hinsichtlich der Architektur als auch bezüglich der Nutzungsmöglichkeiten grundlegend von den transaktionsorientierten Datenbank- bzw. Anwendungssystemen, die vorwiegend im operativen Bereich eingesetzt werden. In letzter Zeit richtet sich das Interesse vor allem auf die Konzeption der zur Verfügung stehenden Informationsspeicher, die losgelöst von den für die Abwicklung des betrieblichen Tagesgeschäftes eingesetzten operativen Datenbanken als analyseorientierte Datenbanken gestaltet und genutzt werden.[429]

Im Vordergrund stehen hierbei Datenbanken, die auf dem Paradigma der Multidimensionalität beruhen, da es mit ihnen möglich ist, das Geschäftsverständnis bzw. die Geschäftssicht betrieblicher Fach- und Führungskräfte bei der Wahrnehmung ihrer Aufgaben in geeigneter Weise zu repräsentieren. Besonders die intuitive Nutzbarkeit multidimensionaler Systeme mit der Möglichkeit zur flexiblen und interaktiven Generierung unterschiedlichster Sichten auf den Datenbestand macht die verfügbaren Systeme heute zu unverzichtbaren Werkzeugen bei der Analyse entscheidungsrelevanter Informationen.

Multidimensionalität steht hierbei für die Art der logischen Anordnung quantitativer Größen bzw. betriebswirtschaftlicher Variablen (wie z.B. Umsatz- oder Kostengrößen), die durch mehrere sachliche Kriterien (wie z.B. Perioden, Kunden, Artikel, Niederlassungen oder Regionen) beschrieben sind. Versinnbildlicht erscheinen diese Größen dann als Sammlung von Würfeln, wobei die einzelnen Dimensionen durch die zugehörigen textindizierten Würfelkanten repräsentiert werden.

Nach einer kurzen Beschreibung und Einordnung analyseorientierter Datenbanksysteme in den historischen Kontext in Abschnitt 8.1 sollen zunächst mit dem

---

[429] Analyseorientierte Datenbanksysteme werden häufig auch als analyseorientierte bzw. analytische Informationssysteme bezeichnet. Vgl. hierzu die Beiträge in Chamoni/Gluchowski (1999).

Data Warehousing und dem On-Line Analytical Processing (OLAP) aktuelle Konzepte der analyseorientierten Datenbanksysteme präsentiert werden (Abschnitt 8.2). In Abschnitt 8.3 werden anschließend Architekturen und Komponenten analyseorientierter Datenbanksysteme vorgestellt. Dabei erfolgt eine Differenzierung nach der Art der verwendeten Speicherkomponente in relationale und multidimensionale Architekturkonzepte. Anschließend wird in Abschnitt 8.4 vertiefend auf die Modellierung und Implementierung analyseorientierter Datenbanken eingegangen. Abschnitt 8.5 beschreibt mögliche Nutzungsformen und Einsatzbereiche analyseorientierter Datenbanksysteme, bevor in Abschnitt 8.6 eine zusammenfassende Bewertung dieser Datenbanksystemkategorie mit einem Ausblick vorgenommen wird.

8.1 Beschreibung und Einordnung Analyseorientierter Datenbanksysteme (ADBS)

Als analyseorientierte Datenbanksysteme werden an dieser Stelle ausschließlich die Systeme diskutiert, die auf multidimensionalen Datenstrukturen basieren sowie multidimensionale Zugriffs- und Auswertetechniken aufweisen. Systemkategorien, die auf anderen Paradigmen beruhen wie z.B. objektorientierte Datenbank- und Anwendungssysteme wurden bereits in Kapitel 7 behandelt. In das Umfeld der hier betrachteten analyseorientierten Datenbanksysteme sind indes die derzeit intensiv diskutierten Data Warehouse-Konzepte und On-Line Analytical Processing (OLAP)-Lösungen einzuordnen, die in den folgenden Abschnitten aufgegriffen und hinsichtlich ihrer multidimensionalen Aspekte beleuchtet werden.

Allerdings beschränkt sich die Realisierung analyseorientierter Systeme durchaus nicht auf die letzten Jahre. Vielmehr wird die Entwicklung der benötigten Softwarewerkzeuge von verschiedenen Produktanbietern, die im Bereich der Managementunterstützung tätig sind, bereits seit längerer Zeit forciert (vgl. Abb. 8.1). Zunächst nur auf den Großrechnerbereich (z.B. Express, System-W) ausgerichtet und als Planungssprachen vertrieben, sind die entsprechenden Produkte bereits seit mehr als einer Dekade auch für Personal Computer (z.B. One Up, PC-Express) verfügbar. Einen massiven Aufschwung konnten diese Werkzeuge in den späten 1980er Jahren verzeichnen, als sie mit ergänzter Funktionalität als Generatoren für den Aufbau von Executive Information Systemen (EIS) bzw. Executive Support Systemen (ESS) vermarktet wurden. [430]

---

[430] Vgl. Gluchowski/Gabriel/Chamoni (1997).

1962:	Ken Iverson (IBM) publiziert **APL** (A Programming Language als kommerzielle Etwicklungsumgebung
1972:	**Express** (IRI-Software – heute Oracle
1981:	**System-W** (Comshare)
1984:	**TM1** (Sinper Corp. – heute Applix)
1985:	**Command Center** (Pilot)
1988:	**Holos** (Holistic Systems) – heute Crystal Decisions
1991:	IMRS, heute **Hyperion** (Hyperion)
1992:	**Essbase** (Arbor Software) – heute Hyperion
1994:	**DSS-Agent** (MicorStrategy)
1995:	**Meta Cube** (Stanford Technology Group – heute IBM)

Abb. 8.1: Wurzeln und Meilensteine analyseorientierter Software-Systeme[431]

Auch heute sind die klassischen analyseorientierten Systeme und Generatoren in diesem Marktsegment präsent. Allerdings hat sich der Wettbewerb durch neue Anbieter und deren Produkte drastisch verschärft, so dass sich einige Firmen mit ihrem Produktsortiment auf Nischenpositionen zurückgezogen haben. Das verfügbare Werkzeugspektrum reicht dementsprechend von problemspezifischen Lösungen für dedizierte Problembereiche bis hin zu allgemeinen, anwendungs- und anwenderneutralen Werkzeugen mit abgegrenztem Aufgabengebiet (z.B. Datenimport). Neuen Aufschwung erfahren die Systeme vor allem durch innovative analyseorientierte Konzepte und Techniken, die Gegenstand des folgenden Abschnitts sind.

8.2 Konzepte für Analyseorientierte Datenbanksysteme

Durch neue Schlagworte wurde die Diskussion um die Ausgestaltung analyseorientierter Datenbanksysteme zu Beginn der 1990er Jahre abermals entfacht. Vor allem die Gestaltung unternehmungsweiter Data Warehouse-Lösungen (vgl. Abschnitt 8.2.1) sowie die Nutzung multidimensionaler On-Line Analytical Processing (OLAP)-Techniken (vgl. Abschnitt 8.2.2) wird in vielen Unternehmungen kritisch evaluiert.

---

[431] Vgl. Pendse/Creeth (1995).

8.2.1 Data Warehouse-Konzepte und Data Warehouse-Systeme (DWS)

Ein Data Warehouse[432] bietet eine Entscheidungsdatenbasis zur Unterstützung der dispositiven bzw. analyseorientierten Aufgaben betrieblicher Fach- und Führungskräfte. Derartige Datenbasen sind heute nicht als fertiges Produkt verfügbar, sondern unternehmungsindividuell zu konzipieren und zu realisieren, weshalb es angebracht erscheint, eher von einem Konzept als von einem System zu sprechen. Wie bei einem realen Lager- bzw. Warenhaus soll der Endbenutzer (bzw. das entsprechende Endbenutzersystem) die relevanten Informationen entnehmen und diese nutzen können.

Heute gilt als unstrittig, dass eine anforderungsgerechte Bereitstellung entscheidungsrelevanter Informationen nur durch eine Abkopplung der benötigten Problemdaten von den unterschiedlichen operativen Systemen und unternehmungsexternen Quellen erfolgen kann – auch um das Antwortzeitverhalten der operativen Anwendungen nicht durch komplexe, ressourcenintensive Abfragen und Berechnungen zu beeinträchtigen. Zweckmäßigerweise soll sich die technische Realisierung an modernen Client-Server-Architekturformen orientieren. Damit lässt sich definieren:

Unter einem Data Warehouse ist ein unternehmungsweites Konzept zu verstehen, das als logisch zentraler Speicher eine einheitliche und konsistente Datenbasis für die vielfältigen Anwendungen zur Managementunterstützung bietet und losgelöst von den operativen Datenbanken betrieben wird.[433] Eine grobe Skizze der Architektur einer Data Warehouse-Lösung ist in Abb. 8.2 im Vergleich zum Aufbau eines Datenbanksystems dargestellt.[434]

---

[432] Häufig wird das Data Warehouse auch als Information Warehouse bezeichnet. Vgl. hierzu auch die Beiträge in Chamoni/Gluchowski (1999).

[433] Vgl. Holthuis/Mucksch/Reiser (1995).

[434] Vgl. Gabriel/Röhrs (1995), S. 189ff. und S. 256ff.

Kapitel 8 341

```
┌─────────────────────────────────────────────────────────┐
│                   Data Warehouse                        │
│                   ┌──────────────┐                      │
│                   │  Datenbasis  │                      │
│                   └──────┬───────┘                      │
│                          ↕                              │
│  ┌──────────┐    ┌──────────────────┐    ┌──────────┐  │
│  │ Externe  │    │                  │    │Operative │  │
│  │Informa-  │───▶│ Verwaltungssystem│◀───│(interne) │  │
│  │tions-    │    │                  │    │Informa-  │  │
│  │systeme   │    └──────┬───────────┘    │tions-    │  │
│  └──────────┘           ↕                │systeme   │  │
│                   ┌──────────────┐       └──────────┘  │
│                   │ Benutzungs-  │                      │
│                   │ schnittstelle│                      │
│                   └──────┬───────┘                      │
│                          ↕                              │
│                  ╱───────────────╲                      │
│                 ( Endbenutzer/    )                     │
│                  ╲Endbenutzersysteme╱                   │
│                   ╲───────────────╱                     │
└─────────────────────────────────────────────────────────┘
```

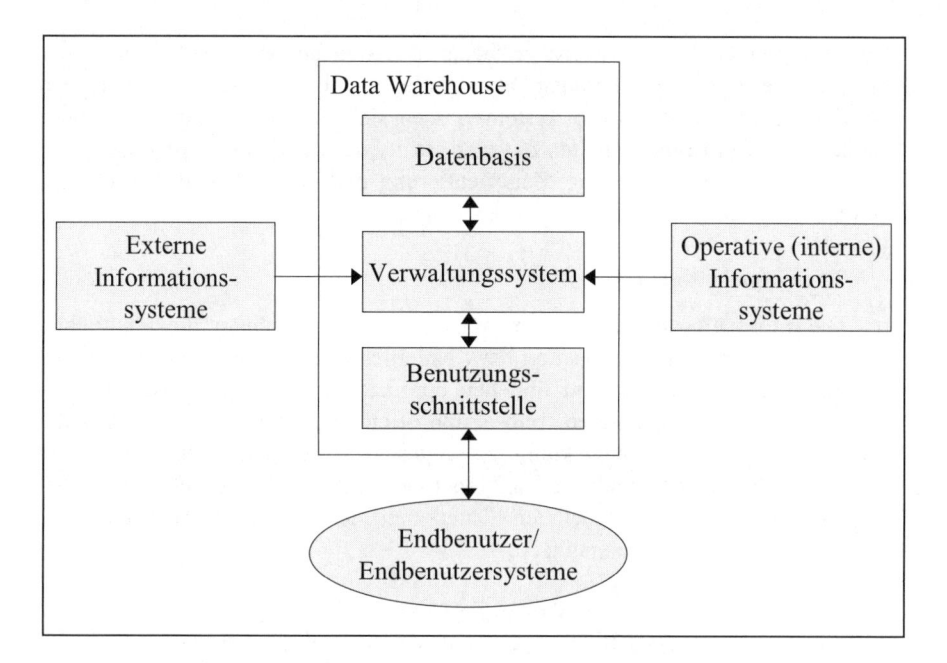

Abb. 8.2:   Data Warehouse-Architektur

In dieser vereinfachten Darstellung präsentiert sich das Data Warehouse mit den drei Komponenten Datenbasis, Verwaltungssystem und Benutzungsschnittstelle. Als zentraler Bestandteil regelt das Verwaltungssystem alle internen Vorgänge im Data Warehouse. Jeder Zugriff auf die Datenbasis, in der sowohl die Problemdaten als auch die zugehörigen Metadaten abgelegt sind, wird vom Verwaltungssystem kontrolliert und koordiniert. Als Datenlieferanten kommen sowohl operative (interne) Informationssysteme als auch (unternehmungs-)externe Informationslieferanten (z.B. für Marktforschungsdaten und volkswirtschaftliche Daten) in Betracht. Einen Zugang zum System erhalten die angeschlossenen Endbenutzer bzw. Endbenutzersysteme über eine Benutzungsschnittstelle. Auch Verwalter bzw. Administratoren von Data Warehouse-Systemen haben über die Benutzungsschnittstelle Zugang zum System.

Zentrales Erfolgskriterium beim Aufbau von Data Warehouse-Konzepten ist der Nutzen für den Anwender. Aus diesem Grund ist neben dem leichten, intuitiven Zugang unbedingt besonderes Augenmerk auf hohe Flexibilität und Schnelligkeit bei der Bearbeitung von Endbenutzerabfragen zu legen. Die ausgeprägte Anwenderorientierung bedingt eine generelle Ausrichtung, die sich viel stärker an Managementbedürfnissen denn an einer Transaktionsverarbeitung – wie bei den operativen Systemen gebräuchlich – ausrichtet.

Aus der Orientierung am Informationsbedarf des Managements ergeben sich Konsequenzen für die zu speichernden Dateninhalte bzw. Informationen. Abweichend von den Daten der operativen Systeme lassen sich für die im Data Warehouse abgelegten Informationseinheiten die vier idealtypischen Eigenschaften Themenorientierung, Vereinheitlichung, Zeitorientierung und Beständigkeit formulieren, die im Folgenden näher erläutert werden sollen:

- **Themenorientierung**

    Die Informationseinheiten in einem Data Warehouse sind auf die inhaltlichen Kernbereiche der Organisation bzw. Unternehmung ausgerichtet. Dies bildet einen Unterschied zu den üblichen applikations- bzw. prozessorientierten Konzepten der operativen, transaktionsorientierten DV-Anwendungen, die auf eine effiziente Abwicklung des Tagesgeschäftes und damit auf Objekte wie "spezifischer Kundenauftrag" oder "einzelne Produktionscharge" abzielen. Die hierbei verarbeiteten Daten sind jedoch kaum dazu geeignet, Entscheidungen zu unterstützen.

    Vielmehr erfolgt im Data Warehouse-Umfeld die Konzentration auf Themenschwerpunkte, wie z.B. Produkte und Kunden, die in ihrer Gesamtheit mit ihrem Umfeld betrachtet werden. Operative Daten, die lediglich für die Prozessdurchführung wichtig sind und nicht der Entscheidungsunterstützung dienen können, finden in dieser Form keinen Eingang in ein Data Warehouse. Sie bilden lediglich die Basis für analyseorientierte Systeme und müssen bei ihrem Aufbau beachtet werden.

- **Vereinheitlichung**

    Ein zentrales Merkmal des Data Warehouse-Konzeptes ist, dass die Daten vereinheitlicht werden, bevor ihre Übernahme aus den operativen bzw. externen Systemen erfolgt. Diese Vereinheitlichung kann verschiedene Formen annehmen und bezieht sich häufig auf Namensgebung, Bemaßung und Kodierung. Zudem sind Vereinbarungen über die im Warehouse abgelegten Attribute zu treffen, da in den unterschiedlichen operativen Systemen oftmals gleiche Informationsobjektklassen durch verschiedene Merkmalsklassen beschrieben sind. Das Ziel dieser Vereinheitlichung ist ein konsistenter Datenbestand, der sich stimmig und akzeptabel präsentiert, selbst wenn die Datenquellen große Heterogenität aufweisen.[435]

    Die Integration der Daten in einem System führt dazu, dass ein gleichartiger Zugriff auf ein sehr breites inhaltliches Spektrum ermöglicht wird, was einen leicht verständlichen Zugang für den Endbenutzer entscheidend begünstigt. Da im Idealfall alle Managementanwendungen einer Unternehmung mit

---

[435] Vgl. auch die Homogenisierung im 6-Schichten-Modell in Abschnitt 6.

diesen Daten arbeiten, gibt es nur eine "Version der Wahrheit", d.h. dass in unterschiedlichen Berichten und Auswertungen auch abteilungsübergreifend keine abweichenden Zahlen vorkommen können.

– **Zeitorientierung**

Die Zeitorientierung der in einem Data Warehouse abgelegten Informationseinheiten dokumentiert sich auf unterschiedliche Arten. Zunächst ist hier – im Gegensatz zu operativen Anwendungen, die mit präziser Aktualität im Moment des Zugriffs aufwarten – lediglich eine zeitpunktbezogene Korrektheit gegeben, bezogen auf den Zeitpunkt des letzten Datenimports. Jeder Import bietet folglich einen Schnappschuss des Unternehmensgeschehens. Selbst der neueste Schnappschuss kann zum Zeitpunkt der Nutzung durch den Endanwender Stunden, Tage oder gar Wochen alt sein. Dieser zunächst als Nachteil des Ansatzes erscheinende Umstand erklärt sich jedoch aus den Nutzungsformen: Anwendungsschwerpunkte sind in der Analyse von Zeitreihen über längere und mittlere Zeiträume (Wochen-, Monats- oder Jahresbetrachtungen) gegeben. Entsprechend reichen für diese Auswertungen Informationen mit mäßiger Aktualität vollkommen aus. Zudem kann so der unliebsame Effekt ausgeschaltet werden, dass zwei kurz hintereinander gestartete Abfragen bzw. generierte Reports zu unterschiedlichen Ergebnissen führen, wie bei direktem Durchgriff auf den operativen Datenbestand möglich.

Des weiteren hat die Zeitorientierung Auswirkungen auf die identifizierende Beschreibung von Datenwerten. Im Falle von Bestandsgrößen können dies Datumsangaben, im Falle von Bewegungsgrößen Angaben zum entsprechenden Zeitraum (z.B. Monat Mai 1999, 45. Kalenderwoche 2000, Jahr 2002) sein.

– **Beständigkeit**

Die beständige Bevorratung von Zeitreihendaten über lange Zeiträume hinweg erfordert durchdachte, anwendungsgerechte Kumulationsverfahren und optimierte Speichertechniken, um den Umfang des zu speichernden Datenmaterials und damit die Zeit, die für einzelne Auswertungen und Abfragen benötigt wird, in erträglichen Grenzen zu halten. Schließlich verweilen die Daten der operationalen Anwendungen nur für einen begrenzten Zeitraum im System (z. B. bis zur Abwicklung eines konkreten Auftrages) und werden anschließend ausgelagert oder gelöscht, um die Performance (z.B. die Antwortzeiten) dieser Systeme nicht unnötig zu belasten.

Die inhaltliche Ausrichtung des Data Warehouses lässt sich damit unter Aufgabengesichtspunkten wie folgt zusammenfassen:

Ein Data Warehouse hat die Aufgabe, themenorientierte und integrierte (i.S.v. vereinheitlichte) Informationen über lange Zeiträume und mit Zeitbezug zur Unterstützung von Entscheidern aus unterschiedlichen internen und externen Quellen periodisch zu sammeln, nutzungsbezogen aufzubereiten und bedarfsgerecht zur Verfügung zu stellen.[436]

Mit einer derart integrierten Datenbasis lassen sich dann vielfältige Nutzungsformen realisieren. Beispielsweise kann durch den Einsatz zusätzlicher Werkzeuge eine multidimensionale Sichtweise auf den Datenbestand gewährleistet werden.

Auch die Suche nach Auffälligkeiten und Mustern innerhalb des Datenbestandes wird durch die Existenz eines konsistenten Datenpools erheblich erleichtert. Die zugehörigen Techniken werden unter dem Stichwort Data Mining intensiv diskutiert.

Data Mining-Ansätze, die auch als Datenmustererkennungs-Verfahren bezeichnet werden, bieten leistungsfähige Techniken zur Auswertung umfangreicher Informationsbestände aus Daten- bzw. Wissensbanken. Der Begriff Data Mining beschreibt "die Extraktion implizit vorhandenen, nicht trivialen und nützlichen Wissens aus großen, dynamischen, relativ komplex strukturierten Datenbeständen. (...) intelligente Verfahren der Datenanalyse versuchen, 'ungehobene Schätze aus den Fluten von Rohdaten zu bergen'. Nicht zuletzt erwartet man aus effizient maschinell analysierten und aufbereiteten Daten Wettbewerbsvorteile".[437]

Als Einsatzbereiche von Data Mining-Anwendungen finden sich heute vor allem die Klassifikation, das Clustern und das Aufdecken von Abhängigkeiten. Im Rahmen der Klassifikation sollen dabei einzelne Informationsobjekte bestimmten, vorgegebenen Klassen zugeordnet werden. Ein möglicher Einsatzbereich ist hierfür im Rahmen der Kreditwürdigkeitsuntersuchung bei Kreditvergaben zu sehen. Dagegen zielt das Clustern auf eine Segmentierung des Ausgangsdatenbestandes in Klassen ähnlicher Informationsobjekte, ohne dass dabei die Klassen vor der Analyse bereits festliegen. Anhand eines Ähnlichkeitsmaßes wird hier der relative Abstand einzelner Informationsobjekte gemessen, um Objekte mit geringem Abstand zu homogenen Teilmengen zusammenfassen zu können. Anwendung finden derartige Klassenbildungen z.B. im Bereich der Marktsegmentierung, bei der die Kunden in Kundengruppen eingeteilt werden, um kundengruppenspezifische Marketingaktionen durchführen zu können. Als letzter Einsatzbereich für Data Mining soll das Aufdecken von Abhängigkeiten im Datenbestand angeführt

---

[436] Vgl. Inmon (1996), S. 29-39.
[437] Bissantz/Hagedorn (1993), S. 481.

werden. Ziel der Analyse ist es hierbei, signifikante Korrelationen zwischen unterschiedlichen Attributen zu extrahieren. Anwendungsbereiche finden sich beispielsweise im Versicherungsbereich, wo aus der Struktur von Schadensfällen auf eine Gestaltung von Versicherungspolicen geschlossen werden soll.

Vor allem der Marketing-Sektor liefert heute ein interessantes und breites Betätigungsfeld für Data Mining-Systeme. Der häufig als Database Marketing umschriebene Anwendungsbereich beinhaltet Aufgabenstellungen wie Kundenbestandssicherung, Kampagnenmanagement, Markt-/Kanal-/Preisanalysen sowie neben der bereits angesprochenen Kundensegmentierung auch "Cross und Up-Selling"-Betrachtungen.[438] So wird zukünftig der Weg für ein Eins-zu-Eins-Marketing geebnet sein, bei dem die Unternehmung Marketingaktionen spezifisch auf die Bedürfnisse eines einzelnen Kunden zuschneidern kann. Als spezielles Anwendungsgebiet im Telekommunikationssektor stehen heute beispielsweise oftmals Fragen des sogenannten "Churn Managements" im Vordergrund. Hierbei geht es um den Verlust von Kunden bzw. das Wechseln von Kunden zu anderen Anbietern. Durch eine Analyse der einzelnen Kunden werden diejenigen mit einer hohen Kündigungswahrscheinlichkeit extrahiert und mit gezielten Marketingaktionen an die Telekommunikationsunternehmung gebunden.

Data Mining-Anwendungen finden sich bereits in vielen Unternehmungen unterschiedlicher Branchen.[439] Im Handel z.B. liefert Data Mining im Rahmen von Warenkorbanalysen wertvolle Erkenntnisse für die Angebotsstruktur und Regalgestaltung. Der Bank- und Finanzdienstleistungsbereich dagegen ist stark an der Aufdeckung von betrügerischen Finanztransaktionen (z.B. Aktiengeschäfte auf der Basis von Insiderinformationen) interessiert. Auch wird hier eine intensive Analyse der Kreditstrukturen im Rahmen eines "Risk-Managements" betrieben.

Data Mining-Systeme arbeiten heute mit den verschiedensten Methoden aus unterschiedlichsten Wissenschaftsdisziplinen. Neben Ansätzen aus den Bereichen Expertensysteme und Maschinelles Lernen der Künstlichen Intelligenz gelangen auch die klassischen Verfahren aus der Statistik sowie Datenvisualisierungstechniken zur Anwendung.

Insgesamt stellen damit Data Mining-Systeme hervorragende Werkzeuge zum Suchen in umfangreichen und diffusen Informationsbeständen dar. Falls die zwingende Voraussetzung der Verfügbarkeit einer breiten Datenbasis gewährleistet ist, eröffnen sich hohe Erfolgspotenziale für die Informationsaufbereitung und -analyse. Entsprechend konzipierte "intelligente" und aktive Such- und Analyseverfahren lassen gar auf eine automatisierte Informationsgenerierung hoffen. Wie so häufig scheint neben der gängigen Praxis, von Anbieterseite eine

---

[438] Vgl. Martin, 1998, S. C831.04
[439] Vgl. Soeffky, 1998, S. C833.07ff.

Marktbelebung durch Schlagwortprägung zu erzielen, auch ein wissenschaftlich begründ- und nachweisbares Quantum an Innovation im Data Mining enthalten zu sein. Dies bedeutet jedoch nicht, dass die jahrzehntealte Tradition der statistischen Datenanalyse überholt ist.

Eine andere Nutzungsmöglichkeit, die vor allem den intuitiven Zugriff auf entscheidungsorientierte Datenbestände, die in multidimensionalen Strukturen angeordnet sind, in den Vordergrund stellt, wird durch das im folgenden Abschnitt diskutierte On-Line Analytical Processing-Konzept geboten, das häufig im Rahmen von Data Warehouse-Lösungen umgesetzt wird.

8.2.2 On-Line Analytical Processing (OLAP)

Zur Erfüllung der Forderung von Führungskräften nach aufbereiteten und konsolidierten Daten im zeitlichen Vergleich müssen die zugehörigen Informationssysteme verschiedene Leistungsmerkmale aufweisen. Ein entsprechender Forderungskatalog wurde von Codd, Codd und Salley erstmalig unter dem Oberbegriff On-Line Analytical Processing (OLAP) in Form von zwölf Evaluationsregeln formuliert und veröffentlicht.[440] Die Bildung des neuen Schlagwortes war wichtig für die Initiierung der nun verstärkten Bemühungen in der Entwicklung von multidimensionalen Anwendungen und Zugriffsverfahren auf Datenbestände. Die zwölf Evaluationsregeln werden deshalb im Folgenden dargestellt und erläutert.

1) **Mehrdimensionale konzeptionelle Perspektiven**

    Entsprechend einer naturgemäß mehrdimensionalen Problemsicht der Unternehmensanalytiker sollte auch die konzeptionelle Sicht der OLAP-Modelle mehrdimensionaler Natur sein. Bedeutsame Dimensionen sind z.B. Kunden, Artikel und Regionen, entlang derer betriebswirtschaftliche Kenngrößen (z.B. Umsatz oder Kosten) im Zeitablauf untersucht werden. Als Aufgliederungsrichtungen von Kennzahlen lassen sich die Dimensionen beispielsweise einsetzen, um eine regionale produktbezogene Sicht auf die Unternehmungsdaten zu erwirken. Die wesentliche Abfragetechnik von OLAP-Systemen stellt infolgedessen der Dimensionsschnitt dar, der entsteht, wenn die Elemente bestimmter Dimensionen als konstant betrachtet werden, während die anderen Dimensionen mit den zugehörigen quantitativen Größen aufgespannt und dargestellt werden. Durch die Deklaration des gewünschten Abfrageergebnisses wird so die Extraktion beliebiger Aggregate aus dem originären Datenbestand veranlasst.

---

[440] Vgl. dazu Codd/Codd/Salley (1993).

Das Relationenmodell arbeitet mit eindimensionalen Datensichten, die durch flache n-Tupel darstellbar sind.[441] Multidimensionale Datenmodelle benutzen Dimensionen und Koordinaten, die einen "Hyperwürfel" repräsentieren. Ein Hyperwürfel stellt somit eine Datenstruktur dar, die drei oder mehr Dimensionen umfasst. Den Benutzern muss die Möglichkeit gegeben werden, sich intuitiv in dem Würfel zu bewegen und an beliebiger Stelle Schnitte (das sog. Slicing) durch den Würfel zu ziehen, um Informationen zu vergleichen und selbständig Berichte zu erstellen (vgl. Abb. 8.3, die Schnitte durch einen dreidimensionalen Würfel zeigt).

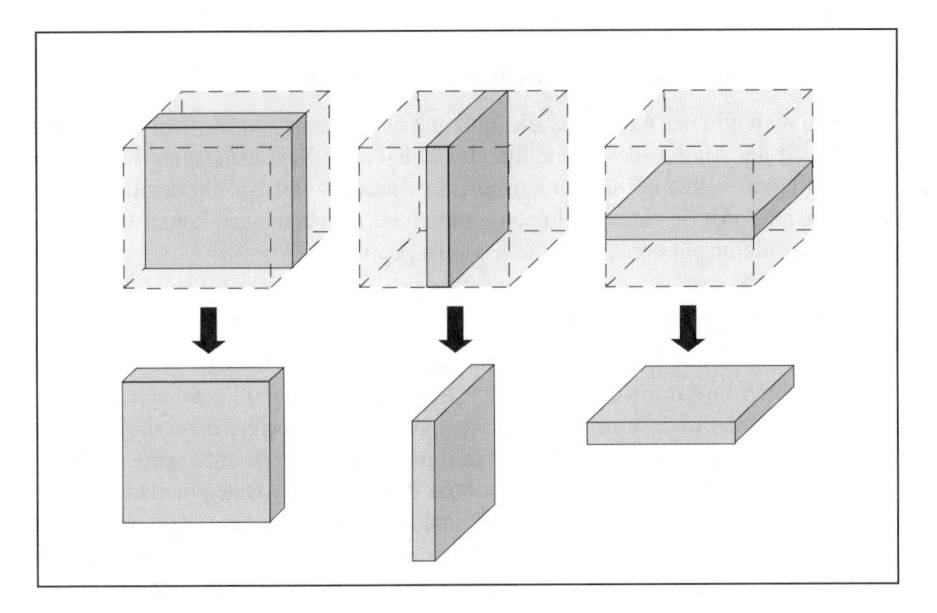

Abb. 8.3:   OLAP-Würfel mit Datenschnitten

2) Transparenz

OLAP-Werkzeuge sollten sich nahtlos in die angestammte Arbeitsumgebung (z. B. MS-Windows, MS-Excel) des Benutzers einfügen lassen und diese ergänzen. Ziel ist es, eine möglichst homogene Benutzungsoberfläche mit allen notwendigen Funktionalitäten zu schaffen.

Zudem sind alle verfügbaren Informationen dem Anwender nach gleichen optischen Gestaltungskriterien zu präsentieren. Dies führt dazu, dass der Anwender keinen formalen Unterschied mehr zwischen Informationseinhei-

---

[441] Vgl. Gabriel/Röhrs (1995), S. 114ff.

ten aus unterschiedlichen Quellen ausmachen kann, wenngleich ihm der Datenursprung (da wo es sinnvoll ist und die Interpretierbarkeit der Analyseresultate verbessert wird) als Zusatzinformation geliefert werden kann.

3) **Zugriffsmöglichkeit**

Durch eine offene Architektur der Systeme muss der Zugriff auf möglichst viele heterogene unternehmungsinterne und -externe Datenquellen und Datenformate unterstützt werden. Um diese Daten als Basis eines gemeinsamen analytischen Datenmodells nutzen zu können, sind mannigfaltige Konvertierungsregeln aufzustellen und zu implementieren. Nur so ist für den Anwender eine einheitliche, konsistente Datensicht zu gewährleisten.

4) **Stabile Antwortzeiten bei der Berichterstattung**

Ein wesentlicher Aspekt für die Nutzung eines derartigen Systems ist die Stabilität der Antwortzeiten und die gleichbleibende Berichtsleistung bei Datenabfragen. Selbst bei überproportionaler Zunahme der Anzahl der Dimensionen und/oder des Datenvolumens sollten die Anwendungen keine signifikanten Änderungen der Antwortzeiten aufweisen.

5) **Client-Server-Architektur**

Der Einsatz in Client-Server-Architekturen ist zu unterstützen, da die Menge an Daten und die Komplexität der Abfragen es sinnvoll erscheinen lassen, Speicherung und Zugriffe zentral statt auf lokalen Rechnern auszuführen. Es muss sowohl eine verteilte Programmausführung als auch eine verteilte Datenhaltung möglich sein. So sollten dann verteilte Datenquellen beliebig integriert und aggregiert werden können. Diese Forderung stellt eine hohe Anforderung an die Systementwickler, denn zurzeit sind noch die meisten benötigten Daten für On-Line Analytical Processing auf zentralen Großrechnersystemen gespeichert.

6) **Gleichgestellte Dimensionen**

In ihrer Wertigkeit sollten die Dimensionen gleichgestellt sein. Insbesondere wird ein einheitlicher, generischer Befehlsumfang zum Aufbauen, Strukturieren, Bearbeiten und Pflegen der Dimensionen gefordert. Allerdings lässt sich dieser Grundsatz in der geforderten Strenge nicht immer einhalten, da zumindest für die Zeitdimension oftmals zusätzliche Funktionen benötigt werden.

7) **Dynamische Verwaltung "dünn besetzter" Matrizen**

Ein spezielles Problem multidimensionaler Datenmodelle stellen "dünn besetzte" Matrizen dar. Sie resultieren aus dem Umstand, dass nicht alle denkbaren Kombinationen der definierten Dimensionselemente werttragende Verbindungen eingehen. Nicht jedes Produkt einer Unternehmung wird beispielsweise in jedem Land auch angeboten – somit sind verschiedene Länder-Produktkombinationen zwar strukturell vorgesehen, aber nicht mit Daten belegt. Die für große Matrizen typischen Lücken in den Hyperwürfeln müssen durch das System effizient gehandhabt und die Daten optimal gespeichert werden, ohne die mehrdimensionale Datenmanipulation zu beeinträchtigen. Durch die Kombination verschiedener Arten der Datenorganisation ist es möglich, ein angemessenes physikalisches Speicherschema zu implementieren.

8) **Mehrbenutzerfähigkeit**

Die Daten müssen gleichzeitig für eine Gruppe von Benutzern zur Verfügung stehen. Der Mehrbenutzerbetrieb ist eine Grundforderung an ein OLAP-System. Damit verbunden ist immer auch ein Sicherheitskonzept, das die Möglichkeit schafft, den Datenzugriff und die Datenverfügbarkeit für verschiedene Benutzer unterschiedlich stark zu begrenzen.

9) **Unbeschränkte kreuzdimensionale Operationen**

Über die verschiedenen Dimensionen hinweg werden Operationen für eine ausgereifte Datenanalyse z. B. zur Kennzahlenberechnung oder zur Konsolidierung benötigt. Neben der reinen Aggregation von Elementen innerhalb einer Dimension müssen Verfahren zur Verfügung stehen, die zur beliebigen Verknüpfung der Datenelemente innerhalb und zwischen Würfeln befähigen. Grundvoraussetzung für die Erfüllung der Forderung ist eine vollständige, integrierte Datenmanipulationssprache (DML) und die Systemoffenheit in Bezug auf die Abfragemöglichkeiten.

10) **Intuitive Datenmanipulation**

Eine einfache und ergonomische Benutzerführung und Benutzungsoberfläche soll das intuitive Arbeiten in der Datenbasis mit wenig Lernaufwand ermöglichen. Ein Beispiel hierfür ist die für den Nutzer verständliche Adressierung von Daten im multidimensionalen Raum und ein einfacher "Drill-Down" in weitere Detaillierungsebenen. Der Anwender benötigt hierfür direkten Zugriff auf die Elemente einer Dimension sowie Mechanismen zur beliebigen Zusammenstellung von neuen Konsolidierungsgruppen.

11) **Flexibles Berichtswesen**

Aus dem multidimensionalen Modell müssen leicht und flexibel Berichte generiert werden können. Das System soll den Benutzeranforderungen entsprechend dynamische (Ad-hoc-) Auswertungen und Grafiken bieten. Die OLAP-Schnittstelle soll den Benutzer dabei unterstützen, Daten in beliebiger Art und Weise zu bearbeiten, zu analysieren und zu betrachten.

12) Unbegrenzte Dimensions- und Aggregationsstufen

Als Maximalziel kann von der OLAP-Datenbank verlangt werden, eine unbegrenzte Anzahl an Dimensionen, Relationen und Variablen zu bieten. Zusätzlich soll keine Einschränkung bezüglich der Anzahl und Art der Aggregation von Daten bestehen.

Zusammenfassend lässt sich aus den Forderungen folgende Beschreibung für OLAP ableiten: On-Line Analytical Processing (OLAP) beschreibt eine Software-Technologie, die es betrieblichen Analysten, Entscheidungsträgern bzw. Führungskräften (Managern) ermöglicht bzw. erleichtert, Einsicht in relevante Daten zu erhalten. Eine breite Palette angebotener Sichten auf die vorhandenen Informationen, die aus den Basisdatenbeständen per Transformation gewonnen und mit externen Informationen angereichert werden, ist mittels schneller, konsistenter und interaktiver Zugriffe direkt nutzbar. Als charakteristisch für die OLAP-Funktionalität gelten dynamische, multidimensionale Analysen auf konsolidierten Unternehmungsdatenbeständen.

Der Begriff On-Line Analytical Processing (OLAP) impliziert, dass Analyseprozesse auf den Unternehmungsdaten interaktiv ("On-Line") durchführbar sind. Dies bedeutet, dass Rückmeldungen des Informationssystems mit kaum merkbaren Verzögerungen auftreten. Komplexe Operationen, die umfassende Analysetätigkeiten beinhalten, können von operationalen Transaktionssystemen (OLTP: On-Line Transaction Processing) nicht mit den geforderten Antwortzeiten umgesetzt werden. Vielmehr sind es besondere Datenverwaltungskomponenten mit spezifischen Speicherstrukturen, welche die gewünschte Abfrageperformance liefern und sich als Architekturkomponenten wiederfinden, wie im folgenden Abschnitt aufgezeigt.

8.3 Architekturen und Komponenten Aanalyseorientierter Datenbanksysteme

Multidimensionale Informationssysteme lassen sich auf sehr unterschiedliche Arten realisieren. Neben der Wahl der technologischen Komponenten sind vor allem eine ausreichende betriebswirtschaftliche Fundierung sowie die organisatorische Einbettung in die vorhandenen Strukturen entscheidend für ein erfolgreiches Projekt in diesem Bereich. Hinsichtlich der technologischen Ausgestaltung kann eine idealtypische Referenzarchitektur für Analyseorientierte Datenbanksysteme aufgestellt werden (vgl. Abschnitt 8.3.1). Als Alternativen hinsichtlich der eingesetzten Datenspeichersysteme stehen vor allem multidimensionale

Datenbanksysteme (Abschnitt 8.3.2) und relationale Datenbanksysteme (Abschnitt 8.3.3) zur Verfügung.

8.3.1 Referenzarchitektur für Analyseorientierte Datenbanksysteme

Analyseorientierte Informationssysteme weisen unterschiedliche (Software-) Komponenten auf, deren reibungsloses Zusammenwirken als ein zentrales Erfolgskriterium zu werten ist. Eine idealtypische Referenzarchitektur, die sich am Data Warehouse-Konzept orientiert, wird in Abb. 8.4 (mit den relevanten Komponenten und Informationsflüssen) aufgezeigt.[442]

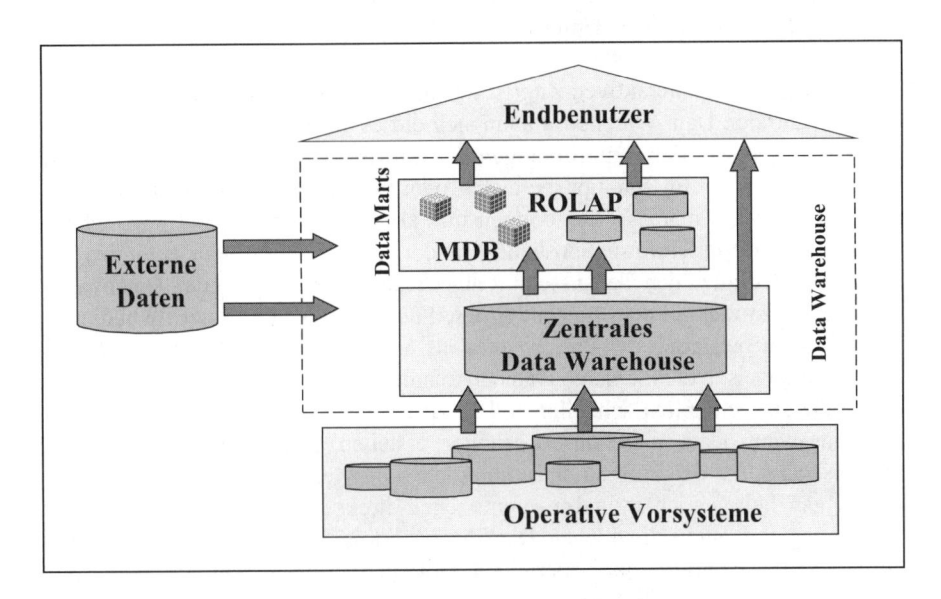

Abb. 8.4: Referenzarchitektur für Data Warehouse-Umgebungen

Als Kernkomponente einer Data Warehouse-Architektur ist der zentrale Datenspeicher (zentrales Data Warehouse) zu verstehen, der heute i. d. R. durch eine relationale Datenbank gebildet wird (vgl. die Ausführungen in Abschnitt 8.3.3). Verschiedene funktionale Erweiterungen der marktgängigen relationalen Datenbanken (so z. B. spezielle Indizierungsverfahren [Bit-Indexing] oder Abfragetech-

---

[442] Vgl. hierzu auch die Abb. 8.2.

niken [Star-Query])[443] tragen dazu bei, dass die spezifischen Anforderungen, die aus den Managementanwendungen erwachsen, auch bei großen Datenmengen erfüllt werden können.

Die bekannten Anbieter relationaler Datenbanksystems wie z. B. IBM, Microsoft, Oracle und Sybase haben diesen lukrativen Markt längst für sich entdeckt und ihre jeweiligen Kernprodukte um Zusatzfunktionalitäten erweitert, die speziell auf die Anforderungen in Data Warehouse-Umgebungen zugeschnitten sind.

Ein hoher Anteil des Aufwandes beim Aufbau eines Data Warehouse resultiert aus dem Aufbau geeigneter Zugriffsstrategien auf die operativen Vorsysteme und externen Informationssysteme. Die hier eingesetzten Import-Komponenten (wie beispielsweise Informatica Power Mart oder Acta Works leisten automatische, zeitgesteuerte Aktualisierungen der Data Warehouse-Datenbasis in belastungsarmen Zeiten und führen dabei vielfältige Transformations- und Aufbereitungsschritte auf den einzubindenden Daten durch.

Insbesondere beim interaktiven Zugriff auf die Datenbasis eines unternehmungsweiten, zentralen Data Warehouse kann sich dieses als zu unflexibel und schwerfällig erweisen, um den Anforderungen der Anwender zu genügen. Aus diesem Grunde werden häufig funktionsbereichs- oder personengruppenspezifische Extrakte aus dieser Datenbasis entnommen und als Data Marts separat gespeichert. Abgestimmt auf das Informationsbedürfnis der späteren Anwender enthalten die Data Marts lediglich den Teilausschnitt aus der unternehmungsweiten Datenbasis, der relevant ist und mit dem sich ein Großteil der Abfragen und Zugriffe bedienen lässt. Sowohl bezüglich der Performance als auch hinsichtlich Handhabung und Verwaltung weisen die kleineren Datenausschnitte erhebliche Vorteile auf. Zudem lassen sie sich erheblich schneller und zu deutlich geringeren Kosten als unternehmungsweite Data Warehouse-Lösungen erstellen. Aus diesem Grunde wird teilweise auch auf den Aufbau eines unternehmungsweiten, zentralen Data Warehouses gänzlich verzichtet, und man entwickelt direkt die Data Marts. Die Datenversorgung der unterschiedlichen Data Marts erfolgt dann unmittelbar aus den vorgelagerten externen und operativen (internen) Informationssystemen. Als problematisch kann sich dieses Architekturkonzept aufgrund der Vielzahl an Schnittstellen erweisen, die jeweils mit erheblichem technischem Aufwand zu installieren und zu pflegen sind. Als Mittelweg kann daher eine logisch zentralisierte Importschnittstelle etabliert werden, die die Versorgung der verschiedenen Data Marts koordiniert und dabei die Konsistenz der analyseorientierten Datenbestände garantiert.

Oftmals kommen beim Aufbau von Data Marts ebenso wie bei Data Warehouses dedizierte OLAP (On-Line Analytical Processing)-Server zum Einsatz.[444] Tech-

---

[443] Vgl. Gluchowski (1998).

nologisch kann hierbei zwischen multidimensionalem OLAP (MOLAP) und relationalem OLAP (ROLAP) differenziert werden. Als Basis von MOLAP-Lösungen (vgl. Abschnitt 8.3.2) dienen multidimensionale Datenbanksysteme, die mit speziellen Speichertechniken und Zugriffsverfahren vollständig auf die Verwaltung entsprechender Datenstrukturen ausgerichtet sind. Multidimensionale Datenbanksysteme sind z. B. von den Anbietern Applix (Produkt: TM/1), Hyperion (Essbase), MIS (Alea), Oracle (Express) und Pilot (Lightship) erhältlich. Dagegen greifen die Anbieter sogenannter ROLAP-Engines weiterhin auf relationale Datenbanksysteme als Speicherkomponenten zurück (vgl. Abschnitt 8.3.3), vollziehen jedoch eine Schematransformation von relationalen Datenstrukturen in die multidimensionale Sichtweise des Endanwenders. Entsprechende Software-Werkzeuge werden beispielsweise von Micro Strategy (DSS-Agent) angeboten.

Die angeschlossenen Front-End-Werkzeuge auf den Desktop-Rechnern der Endbenutzer (Endbenutzersystem) wie Abfrage- und Berichtsgeneratoren (z. B. das Produkt Impromptu des Anbieters Cognos) oder Tabellenkalkulationsprogramme sind keine Bestandteile des Data Warehouse im engeren Sinne, zumal sie durch die Nutzung offener Schnittstellen austauschbar bleiben sollen. In der Praxis ist allerdings häufig zur Gewährleistung bestmöglicher Performance eine enge technologische Verzahnung von Endbenutzer-Tools und Datenspeichern auszumachen (wie z. B. bei dem Produkt Alea des Anbieters MIS mit einer weitgehend integrierten multidimensionalen Datenbank sowie einer Spreadsheet-Add-On-Endbenutzerkomponente).

Zukünftig werden möglicherweise neue Werkzeuge die beschriebenen Komponenten erweitern bzw. ergänzen. So ist im Zuge der weltweiten Vernetzung (Internet) eine zunehmende Einbindung externer On-Line-Informationsquellen bei der Informationsversorgung des Managements zu erwarten. Die Nutzbarmachung der hier gebräuchlichen Netzwerktechnologien, Zugangstechniken und Benutzungsoberflächen für den unternehmungsinternen Bereich auf der Basis lokaler (interner) Netze wird bereits unter dem Stichwort Intranet gehandelt. Intelligente Agenten sollen – so die Versprechen von Produktanbietern von Data Mining-Tools – in Zukunft selbständig nach interessanten Datenmustern "schürfen" und bislang unerkannte Strukturen und Zusammenhänge aufdecken.

Wie auch bei den operativen Systemen müssen durch Data Warehouse-Systeme bestimmte elementare Anforderungen erfüllt sein, um eine effektive Nutzung zu gewährleisten. So sind Mechanismen vorzuhalten, die einen konkurrierenden Zugriff regeln. Zudem sollen neue Datenstrukturen und -verknüpfungen einfach anzulegen sowie bereits angelegte Strukturen flexibel änderbar sein. Da in der Datenbasis auch strategische und vertrauliche Informationen abgelegt sind,

---

[444] Vgl. Jahnke/Groffmann/Kruppa (1996), S. 321-324.

müssen Gesichtspunkte der Datensicherheit und des Datenschutzes besonders beachtet werden. Ein ausgereiftes Berechtigungskonzept erscheint unverzichtbar. Die genannten Punkte stellen nur einige Aspekte des benötigten Funktionsspektrums der Datenbasis dar, das durch eine geeignete Verwaltungskomponente (Data Warehouse-Management System) zu gewährleisten ist.

Zentrale Bausteine beim Aufbau multidimensionaler Informationssysteme sind die eingesetzten Datenspeichersysteme, die in den folgenden Abschnitten unter Architekturgesichtspunkten beleuchtet werden.

8.3.2 Multidimensionale Datenbanken (MDB)

Wie oben bereits erläutert sind multidimensionale Datenbanksysteme speziell auf die Verwaltung von multidimensionalen Datenstrukturen ausgelegt und bieten neben der effizienten Speicherung multidimensionaler Datenbestände auch die benötigte analytische Funktionalität. Der mögliche Aufbau eines derartigen multidimensionalen Datenbanksystems mit den unterschiedlichen logischen Softwarekomponenten wird in Abbildung 8.5 dargestellt.

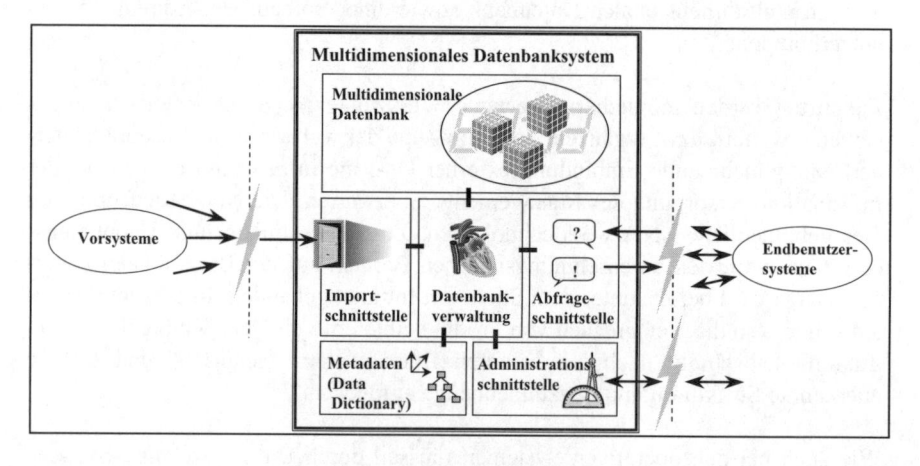

Abb. 8.5: Bestandteile multidimensionaler Datenbanksysteme

Aus den (internen) operativen und externen Vorsystemen fließen die Daten verdichtet und "gesäubert" über die Importschnittstelle – häufig als Datenpumpe bezeichnet – in die multidimensionale Datenbank ein. Der Zugang zu den in der Datenbank abgelegten Informationseinheiten erfolgt ausschließlich über das

Datenbankverwaltungssystem, das zudem die einzelnen Komponenten kontrolliert und koordiniert. Das Datenbankverwaltungsmodul kann damit getrost als Herzstück des Datenbanksystems bezeichnet werden. Hier wird die korrekte Zuordnung von eingehenden und ausgehenden Datenströmen, logischem Datenmodell und physikalisch gespeichertem Datenbestand vorgenommen. Überdies soll sowohl eine Transaktions- wie auch eine Benutzerverwaltung gewährleistet sein. Das konzeptionelle mehrdimensionale Datenmodell und damit die logische Organisation des Datenbestandes ist im Data Dictionary hinterlegt (Metadaten). Grundlegende strukturelle Änderungen dieses Datenmodelles sind dem Datenbankadministrator vorbehalten, der eine separate Schnittstelle zum System erhält und mit speziellen Administrationstools über die Administrationsschnittstelle seinen Aufgaben nachgehen kann. Alle Abfragen durch die angeschlossenen Endbenutzersysteme werden über die Abfrageschnittstelle an die Datenbankverwaltung weitergereicht. Dabei fängt das Schnittstellenmodul syntaktische Fehler ab und führt eine Optimierung der Abfrage durch. Somit sind es auch Leistungsvermögen und Sprachumfang dieser Verbindungskomponenten, durch die die Zugriffsmöglichkeiten determiniert werden, die den angeschlossenen Front-End-Werkzeugen zur Verfügung stehen.

Als überlegenes Architekturparadigma erweisen sich derzeit hard- und softwareseitige Kombinationen von Spezialkomponenten, die miteinander über genau spezifizierte, dokumentierte und anerkannte Schnittstellen interagieren. Bei den relationalen Datenbanken ist eine derartige Schnittstelle durch die Datenbanksystemsprache SQL gegeben.[445]

Auch im Bereich der Multidimensionalen Datenbanksysteme wurde im Januar 1995 eine Normierungs- und Standardisierungskommission namens OLAP-Council gegründet, die sich aus den führenden Produktanbietern dieses Bereichs zusammensetzt und das Ziel der Verabschiedung gemeinsamer Standards verfolgt. Zunächst mit der Definition grundlegender Begriffe befasst, erfolgte im April 1996 die Einigung auf einen Benchmark-Test, der über die Leistungsfähigkeit von multidimensionalen Systemen Auskunft geben soll. Seit September 1996 ist eine definierte Sprachschnittstelle für OLAP-Systeme verfügbar, die nicht zuletzt die Entwicklung multidimensionaler Datenbanksysteme zu offenen Systemen forcieren soll.[446] Anzumerken ist, dass diese API (Application Programming Interface) selbstverständlich auch für die Anbieter relationaler OLAP-Lösungen relevant ist. Allerdings, so wird aus Anbieterkreisen kritisiert, erweist sich diese Schnittstelle mit über hundert Funktionsaufrufen als sehr komplex. Ob es auch kleineren Anbietern in diesem Marktsegment gelingt, die API in ihre Produkte zu integrieren, bleibt abzuwarten.

---

[445] Vgl. z.B. Kleinschmidt/Rank (1997); Meier (1995) und die Ausführungen in Kapitel 2.
[446] Vgl. OLAP-Council (1996).

Ein weiterer Grund, der gegen den Einsatz multidimensionaler Datenbanksysteme spricht, ist sicherlich die bewusste Verschleierung ihrer internen Funktionsweise durch die Anbieter. Während sich nämlich die verwendeten systeminternen Speichertechniken, der Aufbau von Data Dictionaries oder das Zusammenwirken von Serverprozessen bei relationalen Datenbanksystemen als weitgehend offengelegt und leicht zugänglich bezeichnen lassen, werden multidimensionale Datenbanksysteme heute häufig noch als Black Box verkauft und betrieben. Als wesentlich bei der internen Datenablage erweist sich der effiziente Umgang mit sogenannten dünnbesetzten Datenwürfeln bzw. Matrizen, die in multidimensionalen Informationssystemen dadurch auftreten, dass nicht jede Kennzahl hinsichtlich jeder Kombination aus Dimensionselementen auch wertetragend ist, sondern vielmehr weite Bereiche des Würfels unbesetzt bleiben. Leistungsfähige Speicheralgorithmen sorgen dafür, dass auch im Falle einer dünnen Besetzung der benötigte Speicherplatz begrenzt bleibt und Zugriffe performant sind.

Derzeit lassen sich multidimensionale Datenbanksysteme nur bei einem Datenvolumen bis ca. 50 GB sinnvoll einsetzen. Bei größeren Datenbeständen nehmen Ladevorgänge bzw. Reorganisations- / Reindizierungsläufe inakzeptable Zeitspannen in Anspruch. Zu beachten ist jedoch bei diesen Kritikpunkten, dass multidimensionale Datenbanksysteme in ihrer heutigen Form erst seit wenigen Jahren verfügbar sind. Die Entwicklung relationaler Konzepte dagegen reicht bis in die frühen 1970er Jahre zurück, und auch die kommerziellen relationalen Datenbanksysteme hatten mehr als 15 Jahre Zeit, um zu reifen und zusätzliche Funktionalität zu erwerben. Somit bleibt insgesamt festzuhalten, dass – aufgrund ihrer spezifischen Ausrichtung auf die Modell- und Vorstellungswelt betrieblicher Entscheidungsträger – multidimensionale Datenbanksysteme einen vielversprechenden Ansatz darstellen, um als Speichertechnologie eine Verbesserung bei der Unterstützung der vielfältigen Managementaufgaben erreichen zu können.

Die Wünsche bestimmter Anwendergruppen, die OLAP-Funktionalität auch im mobilen Einsatz (z.B. auf dem Laptop) nutzen zu können, haben dazu geführt, dass sich neben den beschriebenen, server-orientierten Lösungen auch Werkzeuge am Markt behaupten konnten, die serverunabhängig ausschließlich auf dem Client-Rechner zu betreiben sind. Entsprechende Tools bieten eine eigene, würfelorientierte Datenhaltung auf dem lokalen Rechner an und müssen lediglich für den Datenabgleich Verbindungen zu zentralen Datenbeständen herstellen. Unter Gesichtspunkten von Datensicherheit und Datenschutz erweisen sich derartig Client-zentrierte Implementierungen sicherlich als kritisch. Auch sind längst nicht alle Probleme der notwendigen Datenreplikation zufriedenstellend gelöst.

Auch wenn durch verstärkte Transparenz bezüglich der Datenorganisation sowie standardisierte und allgemein unterstützte Schnittstellen eine deutlich verbreiterte Akzeptanz für multidimensionale Datenbanken erreicht werden könnte, wäre es vermessen zu behaupten, dass damit alle Probleme der multidimensionalen Technologie gelöst seien. Für einige der geschilderten Probleme bieten relationale OLAP-Systeme Lösungen an, wie im folgenden Abschnitt gezeigt wird.

8.3.3 Relationale OLAP-Architekturen (ROLAP)

Als leistungsfähige Datenspeichersysteme bilden relationale Datenbanksysteme heute in vielen Unternehmungen das Rückrat der betrieblichen Datenverarbeitung. Im Bereich der operativen Anwendungen koordinieren sie tausende elementarer Operationen pro Sekunde und verwalten Datenbestände im Giga- oder gar Terabyte-Bereich. Auch für analyseorientierte Zwecke werden relationale Datenbanksysteme als zentrale Data Warehouse-Speichersysteme eingesetzt, wenngleich sich hier die Einsatzbedingungen und das Einsatzumfeld anders darstellen. Schließlich sollen die Nutzer einen möglichst freien Zugriff auf die verfügbaren Datenbestände erhalten und nach eigenem Ermessen Dateninhalte zusammenstellen, um selbständig neue Verknüpfungen bilden und interessante Konstellationen und Muster entdecken zu können. Vorgedachte Datenbanksichten und Zugriffspfade mögen noch in einem Standardberichtswesen, das aus dem Data Warehouse gespeist wird, ihre Berechtigung haben, sind jedoch für eine Ad-Hoc-Navigation im Datenbestand eher hinderlich.

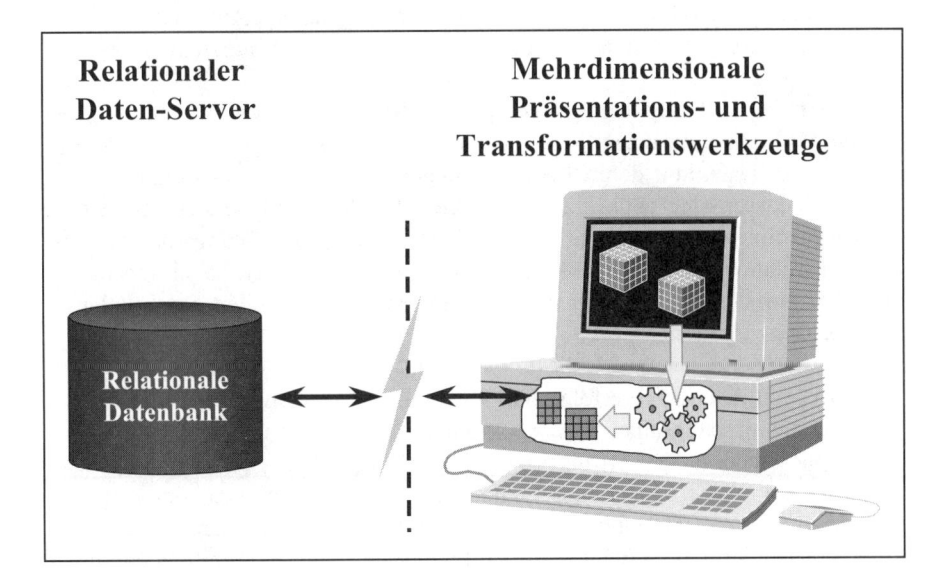

Abb. 8.6: ROLAP-Architektur mit Fat Client

Soll stattdessen eine multidimensionale externe Sichtweise gewährleistet werden, dann bedarf es einer Umsetzung der mehrdimensionalen Strukturen in Relationen und umgekehrt. Prinzipiell lassen sich diese Transformationsabläufe auf dem Endbenutzerrechner implementieren, wie Abb. 8.6 versinnbildlicht.

Nicht zu Unrecht wird diese Architekturvariante häufig als Fat Client-Lösung bezeichnet, da dem Client-Rechner nicht nur Repräsentationsaufgaben zugeordnet sind, sondern er neben der Umsetzung von multidimensionalen Abfragen in relationale Statements auch die sonstigen Funktionalitäten wie die Verwaltung eines multidimensionalen konzeptionellen Modells des Datenbestandes leisten muss. Zudem sind aufwendige Berechnungen, wie sie z.B. bei der Anwendung statistischer oder finanzmathematischer Verfahren anfallen und nicht von der relationalen Datenbank geleistet werden können, lokal durchzuführen. Dies jedoch bedeutet, dass alle Clients, die auf den relationalen Server zugreifen wollen, mit hoher Prozessorleistung und Speicherkapazität auszustatten sind. Auch die Netzwerkverbindung vom OLAP-Client zum Datenbank-Server ist hierdurch erheblichen Belastungen ausgesetzt, da bei Abfragen nicht die Abfrageergebnisse, sondern die für die Berechnung auf dem Client benötigten Rohdaten übertragen werden.

Schließlich erweist sich die Vorgehensweise als äußerst unpraktikabel, wenn Modifikationen der Datenstrukturen oder sonstige Administrationsaufgaben anstehen (Verstoß gegen das "Single Point of Administration"-Prinzip). Da – wie bereits angedeutet – eine lokale Verwaltung des konzeptionellen mehrdimensionalen Modells unerlässlich ist ("redundante Intelligenz"), ergibt sich im Wartungsfall Änderungsbedarf auf allen angeschlossenen Endbenutzermaschinen.

Insgesamt führen diese Überlegungen zu dem Schluss, dass die wie immer geartete OLAP-Engine auf einem Server zu positionieren ist und lediglich die Repräsentation der Daten auf dem Client zu erfolgen hat (Thin Client-Architektur).[447] Prinzipiell lassen sich auch hier zwei grundsätzlich unterschiedliche Strategien anwenden. Einerseits kann eine Erweiterung des Funktionsumfangs der handelsüblichen relationalen Datenbanksysteme erfolgen, andererseits sind spezifische OLAP-Engines einsetzbar, die über die Standard-Schnittstellen auf relationale Datenbanken zugreifen.

Bei der ersten Alternative erfolgt eine funktionale Ergänzung relationaler Datenbanksysteme um multidimensionale Aspekte mit spezifischen Zusatzkomponenten (z.B. Data Blades oder Cartridges). Allerdings handelt es sich hierbei um sehr fundamentale Änderungen, die umfangreiche Modifikationen des internen Aufbaus der Datenbank voraussetzen. Daneben kann eine Implementierung multidimensionaler Strukturen mit den zur Verfügung stehenden Bordmitteln der relati-

---

[447] Vgl. Abschnitt 6, Abschnitt 6.2.

onalen Datenbanksysteme (d.h. durch intensive Nutzung von Stored Procedures und Triggermechanismen) erfolgen, was jedoch neben erheblichem Entwicklungsaufwand die Hinwendung zu einem sehr proprietären System bedeutet, so lange nicht die 1999 verabschiedete SQL-3-Norm in den konkreten Implementierungen berücksichtigt ist.[448]

Als erfolgversprechend ist dagegen der Einsatz separater ROLAP-Engines auf einem Server einzuschätzen. Diese Engines greifen über die Standardschnittstellen auf die relationale Datenbank zu und garantieren damit Offenheit, Skalierbarkeit und Austauschbarkeit sowohl der Datenbank als auch der Engine. Zu beachten ist, dass die logische Trennung nicht gleichzeitig eine physikalische Installation auf unterschiedlichen Rechnern voraussetzt. Vielmehr können sowohl Datenbank als auch ROLAP-Engine auf einem Rechner – allerdings in Form separater Prozesse – ablaufen.

Durch diese Zwischenschicht lassen sich die benötigten OLAP-Funktionalitäten weitgehend von den relationalen Datenbanksystemen trennen. Allerdings erweisen sich die Aufgaben, die dann durch die Engine zu übernehmen sind, als weitreichend und komplex. Während die Datenbankfunktionalität in diesem Konzept fast ausschließlich auf die Speicherung und Zurverfügungstellung abgelegter Daten reduziert wird, übernimmt die Engine neben diversen Transformations- und Verwaltungsfunktionen alle dynamischen Berechnungsvorgänge, die über triviale Summierungen und Durchschnittsbildung hinausgehen und nicht bereits in vorkalkulierter Form vorliegen. In Abhängigkeit vom Anspruch des Endbenutzers können hier neben einfachen Aggregationsschritten und der Ermittlung prozentualer Anteile oder gleitender Durchschnitte auch mathematische Optimierungs- und Simulationsverfahren, statistische Schätz- und Prognosemethoden sowie betriebswirtschaftliche Kalküle zur Anwendung gelangen. Zudem sind Mechanismen zu integrieren, die eine flexible Navigation im Datenraum (Drill-Down und Roll-Up, Slicing und Dicing) ohne Zeitverzug garantieren.

Darüber hinaus sind es gerade die Möglichkeiten, die durch den verstärkten Einsatz von EIS-Generatoren zur Erstellung von Führungsinformationssystemen eröffnet worden sind, die sich hier als interessant und wünschenswert erweisen. Funktionen wie Exception Reporting oder Ranglisten-Erstellung müssen daher zum Standard-Funktionsangebot der Engine gehören, da sie durch den Sprachumfang von Standard-SQL nicht abgedeckt sind.

---

[448] Vgl. Kapitel 2, Abschnitt 2.4.

In versinnbildlichter Form stellt sich die Architektur dann wie folgt in Abb. 8.7 dar:

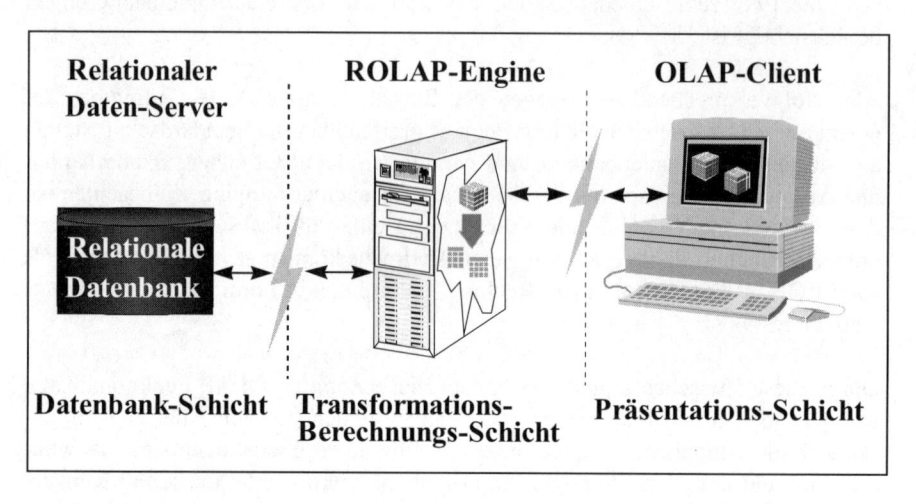

Relationaler Daten-Server	ROLAP-Engine	OLAP-Client
Relationale Datenbank		
Datenbank-Schicht	Transformations-Berechnungs-Schicht	Präsentations-Schicht

Abb. 8.7: OLAP-Architektur mit separater Transformations- und Berechnungs-Schicht

Ein weiteres Betätigungsfeld für die ROLAP-Engine ergibt sich aus dem historisch gewachsenen Umstand, dass relationale Datenbanksysteme wie bereits erläutert über Jahre hinweg auf kurze, überschaubare Transaktionen hin optimiert worden sind. Diese Ausrichtung hat tiefgreifende Konsequenzen z.B. hinsichtlich Sperrmechanismen, Konsistenzprüfungen und Cache Management. Business-Analysen jedoch betreffen mit einer einzelnen Abfrage u.U. eine Reihe von Tabellen und können je nach Komplexität und Datenmenge mehrere Stunden in Anspruch nehmen. Auf der anderen Seite kann nicht ausgeschlossen werden, dass ein Endanwender versehentlich und in Unkenntnis der internen Funktionsweise Abfragen gestartet hat, die das gesamte System für Stunden blockieren oder zumindest beeinträchtigen.

Relationale Datenbanksysteme jedoch verfügen heute nicht über die Mechanismen, mit denen zwischen "guten" (i.S.v. gewollten) und "bösen" langen Abfragen zu unterscheiden wäre. Folglich muss es Aufgabe der Engine sein, hier zu separieren und eine Abfrage-Kontrollfunktion (Query-Controller-Modul bzw. Abfrage-Stopper) mit zu übernehmen.

Da zudem hohe Anforderungen an die "intelligente" Formulierung multidimensionaler Abfragen gestellt werden müssen, sind ebenfalls Abfrageoptimierungsroutinen in der Engine (Query-Optimizer-Modul) zu implementieren. Zu beachten ist in diesem Zusammenhang, dass die Performance komplexer Abfragen durch die

Inanspruchnahme datenbankspezifischer Ergänzungen der Standardabfragesprache signifikant erhöht wird. Die Nutzung dieser spezifischen Möglichkeiten erscheint in der betrieblichen Praxis mit großen Datenbeständen und vielen angeschlossenen Nutzern quasi unerlässlich. Negativ muss gewertet werden, dass jede Abweichung von der Norm ein Schritt in Richtung proprietäre, herstellerspezifische Lösung bedeutet.

Wenngleich eine weitgehende Verlagerung der OLAP-Funktionalität und der Transformationsaufgaben in den Bereich der Engine erfolgen kann, bleibt das relationale Datenbanksystem nicht von verschiedenen Auswirkungen verschont.

Auch die Normalisierung als gebräuchliche Technik im OLTP-Bereich zur Vermeidung von Redundanzen erweist sich bei ROLAP-Lösungen aufgrund der dann hohen Zahl der an einzelnen Abfragen beteiligten Tabellen nicht immer als geeignet, um gute Antwortzeiten zu erreichen. Selbst extrem leistungsfähige (parallele) Hard- und Softwarelösungen können nur zum Teil und zu nicht mehr vertretbaren Preisen Abhilfe schaffen.

Zusätzlicher Geschwindigkeitsgewinn bei der Bedienung von Benutzeranfragen ist – wie auch bei OLTP-Anwendungen – durch den Einsatz von Indizierungen zu erzielen. Während bei OLTP-Lösungen jedoch oftmals ein Primärindex je Tabelle – gegebenenfalls ergänzt durch wenige Sekundärindizes – ausreicht, um die Anforderungen zu erfüllen, wird als Anliegen von OLAP-Applikationen gerade das wahlfreie Navigieren im Datenraum mit vielfältigen Selektionsmöglichkeiten gefordert. Dies bedeutet, dass für Ad-hoc-Analysen Datenselektionen über beliebige Tabellenspalten und Kombinationen von Spalten vorgenommen werden können. Um hierbei extrem lange Antwortzeiten sowie eine immense Belastung des Systems zu vermeiden, sind folglich alle (oder doch zumindest fast alle) Tabellenspalten zu indizieren. Als sehr mächtig erweisen sich hier neuartige Indizierungstechniken (z.B. Join-, Bitmap- oder Foreign Column-Indizes), die sich der Besonderheiten der zugrundeliegenden Datenstrukturen bedienen und sich als sehr kompakt und infolgedessen auch sehr schnell erweisen.[449] Allerdings ist eine Aufblähung des zu verwaltenden Datenbestandes sowie ein erheblicher Pflegeaufwand der angelegten Indizes nicht zu vermeiden, wodurch sich alle Formen von Datenmodifikationen verlangsamen.

Fraglich ist in diesem Zusammenhang, ob schreibende Operationen auf den multidimensionalen Datenbestand überhaupt zugelassen werden. Sicherlich sollen die importierten und verdichteten operativen Daten nachträglich nicht mehr verändert werden. Allerdings ist durchaus vorstellbar, dass der Endbenutzer die an seinem Desktop manuell erfassten Plandaten oder Szenarien ebenfalls zentral einstellen möchte.

---

[449] Vgl. Gluchowski (1998).

Insgesamt lässt sich damit festhalten, dass relationale Datenbanksysteme eine mögliche Basistechnologie für die Implementierung von multidimensionalen Informationssystemen darstellen. Allerdings verdeutlichen die aufgezeigten Probleme und Schwächen, dass dann Schwierigkeiten bei der Umsetzung der OLAP-Anforderungen unvermeidbar sind. Der Versuch, diese Probleme zu meistern, mündet darin, dass von den vielfältigen Funktionen, die moderne relationale Datenbanksysteme heute bieten, nur wenige unverändert genutzt und einige gar durch Zusatzwerkzeuge (z.B. für die Abfrageoptimierung und Transaktionsverwaltung) überdeckt werden müssen, die den Anforderungen hier eher genügen. Doch auch die verbliebenen Fragmente können nicht entsprechend ihrer ursprünglichen Bestimmung eingesetzt, sondern müssen an veränderte Anforderungen angepasst werden, z.B. durch Denormalisierungen und spezielle Datenmodelle wie im folgenden Abschnitt gezeigt wird.

8.4 Modellierung und Implementierung Analyseorientierter Datenbanksysteme

Im Gegensatz zur Vorgehensweise bei der Entwicklung operativer transaktionsorientierter Datenbanksysteme, die i.d.R. auf relationalen Datenmodellen basieren, wird beim Aufbau analyseorientierter Informationssysteme häufig sehr spontan vorgegangen und eine systematische konzeptionelle Systemplanung zugunsten eines iterativen Prototyping eher vernachlässigt. Als Begründung hierfür wird oft das sich rasch wandelnde Informationsbedürfnis betrieblicher Entscheidungsträger ins Feld geführt, das eine kurzfristige Entwicklung und Ad-Hoc-Anpassung der analyseorientierten Systeme erzwingt. In der Tat lassen sich durch diese Verkürzung der frühen Phasen des Systemgestaltungsprozesses Entwicklungszeiten erheblich reduzieren.[450]

Zu beklagen bleibt an dieser Stelle jedoch, dass viele Erkenntnisse, die während der Systemgestaltung gewonnen werden, sich nur im implementierten System widerspiegeln, nicht jedoch als dokumentiertes Wissen z.B. in Form von Anforderungsbeschreibungen, Fachkonzepten oder auch Systemspezifikationen vorliegen. Daraus ergeben sich weitreichende negative Konsequenzen für eine spätere Systemwartung und -pflege, insbesondere aber auch für eine mögliche Systemmigration, zumal die erstellten Systeme häufig stark auf die spezifischen Eigenarten der eingesetzten Entwicklungsplattformen ausgerichtet sind.

---

[450] Vgl. hierzu die Ausführungen in Müller (2000); Schelp (2000) und Hahne (2002), die sich mit der Modellierung mehrdimensionaler Datenbanksysteme auseinandersetzen.

Zentrale Bedeutung für einen erfolgreichen Einsatz erlangen bei multidimensionalen Informationssystemen die zugrundeliegenden Datenstrukturen bzw. -modelle, die zunächst hinsichtlich ihrer Bestandteile erörtert werden (Abschnitt 8.4.1). Auf dieser Basis lassen sich dann in Abschnitt 8.4.2 Gestaltungsempfehlungen für den Aufbau multidimensionaler Datenstrukturen aussprechen. Fragen der Implementierung der Datenstrukturen mit multidimensionalen Datenbanksystemen (Abschnitt 8.4.3) und relationalen Datenbanksystemen (Abschnitt 8.4.4) werden im Anschluss diskutiert.

8.4.1 Bestandteile multidimensionaler Datenstrukturen bzw. -modelle

In multidimensionalen Datensystemen wird der relevante Realweltausschnitt in Form randbeschrifteter Wertewürfel abgebildet. Zwar hat sich der Begriff des Würfels im allgemeinen Sprachgebrauch durchsetzen können, allerdings ist anzumerken, dass die gebräuchlichen Datenstrukturen keinesfalls auf drei Dimensionen beschränkt sind und auch die Würfelkanten – im übertragenen Sinne – nicht gleich lang sein müssen, sondern unterschiedlich viele Dimensionselemente aufweisen können. Die einzelnen Werte eines Würfels sind durch die zugeordneten Randbeschriftungen beschrieben und erhalten dadurch eine semantische Bedeutung.

Die Randbeschriftungen eines Würfels können verschiedene Informationsobjekte darstellen. Mit Blick auf die zu erstellende Anwendung werden diese Objekte sachlogisch gruppiert, indem die sie repräsentierenden Beschriftungen, die den gleichen Geschäftsaspekt betreffen bzw. inhaltlich verwandt sind, auf einer gemeinsamen Würfelkante abgetragen werden. Die Menge der Randbeschriftungen einer Würfelkante, zuzüglich der zwischen diesen Beschriftungen existierenden Über- und Unterordnungsbeziehungen, stellt eine Dimension des Systems dar, die in verschiedene Würfel eingehen kann. Die unterschiedlichen Würfel einer multidimensionalen Anwendung sowie die Zuordnung von Dimensionen zu den Würfeln lassen sich als Würfelstruktur bezeichnen.

Jeder Würfel benötigt Angaben zu den betrachteten betriebswirtschaftlichen Variablen bzw. Kennzahlen. Soll in einem Würfel nur eine einzelne Kennzahl nach unterschiedlichen Dimensionen betrachtet werden, dann muss diese Kennzahl Bestandteil der Würfelbezeichnung sein, um eine eindeutige semantische Zuordnung des betrachteten Zahlenmaterials zu gewährleisten. Allerdings lassen sich auch unterschiedliche Kennzahlen in einer Kennzahlendimension organisieren, wenn sie entlang der gleichen (übrigen Würfel-) Dimensionen zu analysieren sind.

Fast ebenso essenziell ist eine Zeitdimension, die i.d.R. auch zu den Bestandteilen eines jeden Würfels zählt. In Abhängigkeit von der betrachteten Kennzahl werden in der Zeitdimension Zeitintervalle oder Zeitpunkte abgebildet. Dominierend sind in multidimensionalen Systemen zeitraumbezogene Betrachtungen von Kennzahlen (Bewegungsgrößen wie Umsatz / Monat). Allerdings können in Einzelfällen auch zeitpunktbezogene Betrachtungen relevant sein (z.B. für Bestandsgrößen wie Lagerbestand).

In Abhängigkeit vom Untersuchungsgegenstand sind weitere Dimensionen sinnvoll und nötig, die das betriebswirtschaftliche Zahlenmaterial weiter aufgliedern. Dazu gehören beispielsweise Dimensionen für Artikel, Kunden, Lieferanten und Organisationseinheiten. Da mit multidimensionalen Systemen häufig Abweichungen aufgedeckt und analysiert werden sollen, findet sich regelmäßig auch eine Datenart-Dimension, welche die betrachteten Datenwerte näher charakterisiert und z.B. die Dimensionselemente Plan, Ist und Hochrechnung aufweist.

Die Repräsentationen der einzelnen Informationsobjekte innerhalb einer Dimension werden als (Dimensions-) Elemente bezeichnet. Hervorzuheben ist der Umstand, dass die einzelnen Objekte bzw. Elemente zueinander in Beziehung stehen können. Einige Dimensionselemente lassen sich aus anderen Dimensionselementen ableiten bzw. sind über Rechenvorschriften mit ihnen verknüpft. Durch die stufenweise Zusammenfassung von Dimensionselementen entstehen innerhalb der Dimensionen Elementhierarchien, über die eine spätere Navigation im Datenbestand durch den Endbenutzer (Drill-Down- und Roll-Up-Operationen, vgl. Abschnitt 8.5.1) vollzogen werden kann. Insofern erscheint es angebracht, auch von einer Dimensionsstruktur zu sprechen.

In der betrieblichen Praxis ist häufig zu beobachten, dass Dimensionselemente auf verschiedene Arten konsolidiert werden müssen. In diesem Fall weisen die Dimensionshierarchien multiple, parallele Konsolidierungspfade auf. Im Beispiel des folgenden Bildes könnte eine analytische Betrachtung der Erlöse über die Artikelgruppen, aber auch über die unterschiedlichen Vertriebswege oder über andere Kriterien gewünscht sein (vgl. Abb. 8.8).

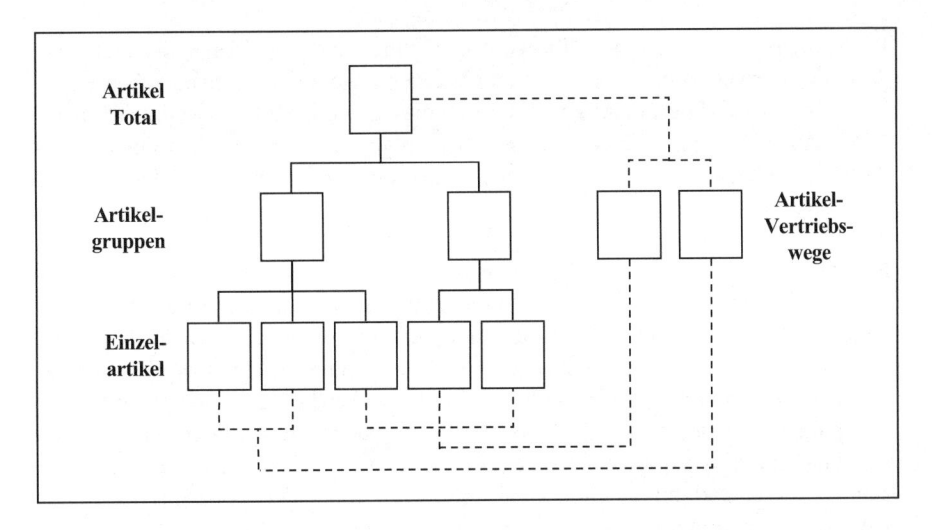

Abb. 8.8: Dimensionshierarchien mit multiplen Konsolidierungspfaden

Prinzipiell können im Rahmen von Rechenvorschriften alle mathematischen und statistischen Rechenoperationen vorkommen. Häufig jedoch gelangen die einfachen arithmetischen Rechenvorschriften (vor allem die Addition) zum Einsatz. Auch wenn sich diese Rechenvorschriften im Nachhinein auf die zugehörigen Datenwerte auswirken, verbirgt sich hier hinter einer derartigen arithmetischen Operation auch eine semantische Ebene. Durch eine additive Verknüpfung von Ausgangselementen zu einem zusammengesetzten Dimensionselement werden die Ausgangselemente logisch zusammengefasst (geklammert). Dies bedeutet, dass eine Addition in diesem Sinne keine reine Wertaddition bedeutet, sondern eine sachlogische Verdichtung bzw. Aggregation von Objekten.

Die Dimensionselemente, die nicht aus einer Berechnung anderer Elemente hervorgehen, werden als unabhängige Elemente bzw. Basiselemente einer Dimension bezeichnet und bilden i.d.R. die höchstmögliche Disaggregationsstufe der Dimension. Bei der Festlegung derartiger unabhängiger Dimensionselemente ist sehr sorgfältig vorzugehen, da hierdurch sowohl die Dimensionsbreite (Werden z.B. alle Kunden oder nur die aktiven Kunden erfasst?) als auch die Dimensionstiefe (Werden z.B. Einzelkunden oder nur Kundengruppen angelegt?) bestimmt wird. Vor allem die Wahl der Dimensionstiefe bzw. Granularität der Dimension hat sowohl erheblichen Einfluss auf die zu speichernde Datenmenge als auch auf die Nutzbarkeit der gespeicherten Inhalte und ist daher immer sorgfältig mit dem jeweiligen Anwendungszweck abzustimmen.

Durch die Würfel- und Dimensionsstrukturen sind nun die Rahmenbedingungen geschaffen, um konkrete Zahlenwerte (Skalare) in die Betrachtung aufzunehmen.

Ein Zahlenwert stellt die quantitative Ausprägung einer einzelnen Würfelzelle dar. Allerdings erweist sich der reine Wert ohne den zugehörigen semantischen Bezug als nichtssagend. Dieser Bezug wird durch die zugeordneten Dimensionselemente (u.U. zuzüglich der Würfelbezeichnung) hergestellt. Erst in Verbindung mit diesen Angaben wird der Zahlenwert für den Anwender verständlich und brauchbar.

Mit den Würfeln, Dimensionen, Dimensionselementen, Hierarchieebenen und Konsolidierungspfaden sind die grundlegenden Bestandteile multidimensionaler Datenstrukturen bzw. Datenmodelle eingeführt. Für eine umfassende Metadatenverwaltung wären sicherlich zusätzliche Modelle aufzubauen, die z.B. einzelne Benutzersichten und Zugriffsrechte beschreiben oder die Datenherkunft bzw. das Mapping auf die zugrundeliegenden operativen Quelldaten abbilden. Für das Verständnis multidimensionaler Datenstrukturen jedoch reichen die vorgestellten Bestandteile aus und bilden die Basis für die im folgenden Abschnitt erörterten Gestaltungsrichtlinien.

8.4.2 Allgemeine Richtlinien für die Gestaltung multidimensionaler Datenstrukturen bzw. -modelle

Für eine erfolgreiche Nutzung multidimensionaler Datensysteme müssen sich die zugehörigen Datenstrukturen verständlich und übersichtlich präsentieren. Die Verständlichkeit eines multidimensionalen Modells wird nicht zuletzt durch die Anzahl der Dimensionen bestimmt. Hier haben sich Größenordnungen von vier bis maximal zehn Dimensionen als handhabbar erwiesen.[451] Nach Möglichkeit sollte eine Beschränkung auf sechs bis acht Dimensionen erfolgen.

Für die Übersichtlichkeit multidimensionaler Datenmodelle sind insbesondere die Dimensionsstrukturen verantwortlich. Zwei Ziele, die miteinander konkurrieren, sollen hierbei beachtet werden. Einerseits ist die Anzahl der Hierarchiestufen innerhalb einer Dimension möglichst zu begrenzen. Ein Richtwert von sieben Hierarchiestufen sollte hier keinesfalls überschritten werden, auch weil sich ansonsten die Navigation von der höchsten Stufe bis auf die Basiselemente als zeitraubendes Unterfangen erweisen kann. Andererseits ist darauf zu achten, dass maximal fünfzehn bis zwanzig Elemente in einem Konsolidierungsobjekt gebündelt werden, da andernfalls der Überblick über die Struktur einer Dimension am Bildschirm rasch verloren geht. Fließen dagegen durchgängig jeweils nur wenige Elemente in übergeordnete Elemente ein, besteht die Gefahr der oben beschriebenen übermäßig vielen Hierarchieebenen.

---

[451] Vgl. Friesdorf (1998).

Parallele Hierarchien sind nach Möglichkeit zu vermeiden, haben aber durchaus ihre Berechtigung, wenn sich dadurch weitere Dimensionen vermeiden lassen und das Geschäftsverständnis der Endbenutzer ihre Existenz erforderlich macht.

Mit diesen Richtlinien ist ein allgemeiner Orientierungsrahmen für die Gestaltung multidimensionaler Datenstrukturen gegeben. Offen bleibt jedoch bislang, welche Dimensionen denn nun für den konkreten Anwendungsfall aufzubauen sind und wie diese zu Würfeln verbunden werden müssen. Insbesondere für den Endanwender gestaltet es sich in der fachlichen Diskussion um aufzubauende Datenstrukturen als schwierig, relevante Dimensionen zu identifizieren und den jeweiligen Kennzahlen zuzuordnen (Identifikation relevanter Dimensionen).

Als Ausgangspunkt bei der Modellierung multidimensionaler Datenstrukturen kann eine Aufstellung der benötigten Kennzahlen bzw. betriebswirtschaftlichen Variablen erfolgen. Anschließend sind hierfür die zugehörigen Aufgliederungsrichtungen bzw. Facetten festzulegen. Für die betriebswirtschaftliche Größe Umsatz könnten dies Kunden, Artikel und Zeit sein (vgl. Abb. 8.9). Weitere Dimensionen wie Mitarbeiter und Organisationseinheiten stellen in diesem Beispiel ebenfalls potenzielle Kandidaten für Dimensionen dar.

Für die Dimensionen eines multidimensionalen Würfels wird gefordert, dass sie orthogonal zueinander stehen, also unabhängig sind. Dies bedeutet, dass bei einem n-dimensionalen Datenwürfel durch das Festlegen jeweils eines Elementes aus n-1 Dimensionen nicht dadurch gleichzeitig determiniert ist, dass nur bei einem Element der verbleibenden Dimension Werte auftreten.

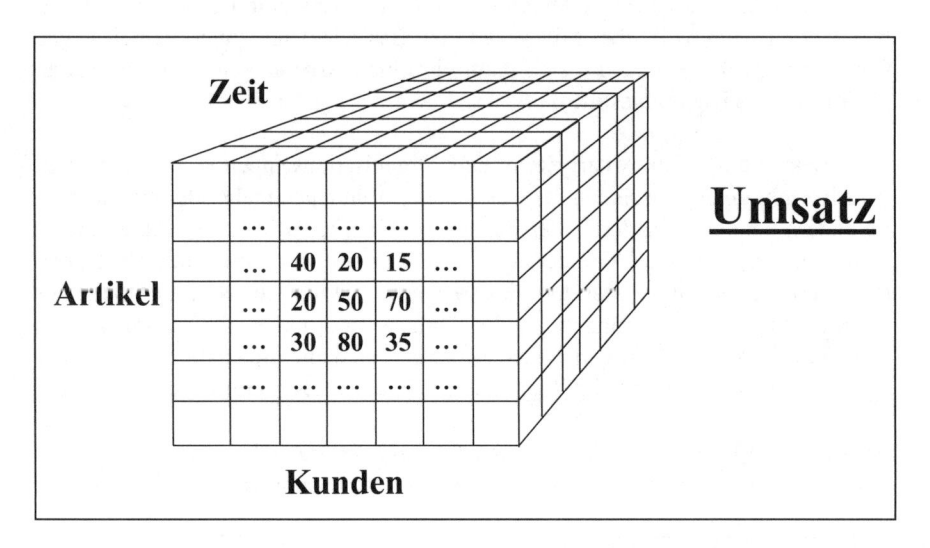

Abb. 8.9: Umsatzwürfel mit den Dimensionen Kunden, Artikel und Zeit

Eine Analyse der Kardinalitäten gibt Hinweise auf mögliche Abhängigkeiten zwischen Dimensionen. Dabei soll eine Beschränkung auf jeweils zwei Dimensionen die Betrachtung zunächst vereinfachen. Den Ausgangspunkt bilden die Basiselemente zweier Dimensionen, für die untersucht wird, ob sie m:n- oder 1:n-Beziehungen aufweisen. Der Fall einer 1:1-Beziehung zwischen den Basiselementen zweier Dimensionen soll an dieser Stelle nicht weiter betrachtet werden, da er prinzipiell ungeeignet für die Abbildung in multidimensionalen Datenstrukturen ist.[452] Allerdings bieten moderne Werkzeuge zur Gestaltung multidimensionaler Systeme hierfür Lösungsmöglichkeiten, z.B. indem sich einem Dimensionselement unterschiedliche Attribute zuweisen lassen, wie aus den relationalen Systemen seit langem bekannt.

Unkritisch ist zunächst der Fall einer m:n-Beziehung zwischen den Basiselementen zweier Dimensionen, da dann beide Dimensionen aus diesem Blickwinkel ihre Berechtigung haben. Als Beispiel sei die Umsatz-Betrachtung der Kombination aus Kunden und Artikeln angeführt. Sicherlich haben zumindest einzelne Kunden durch den Kauf unterschiedlicher Artikel Umsätze verursacht. Ebenso sind einzelne Artikel an unterschiedliche Kunden verkauft worden. Wichtig ist, dass nicht jeder Kunde bzw. Artikel zur anderen Dimension mehrere Verbindungen aufweisen muss, prinzipiell jedoch diese mehrfachen Verknüpfungen in beiden Richtungen auftreten können.

Schwieriger gestaltet sich die Situation, wenn 1:n-Verknüpfungen zwischen Dimensionen zu beobachten sind. Im Beispiel könnte sich dieser Fall bei der Betrachtung von Mitarbeitern und Organisationseinheiten einstellen. Bei einer statischen Betrachtung dieser Dimensionskandidaten wird sich bei klarer Zuordnung einzelner Mitarbeiter zu Abteilungen eine 1:n-Verknüpfung einstellen. Folglich wäre es sinnvoll, die Mitarbeiter als Basiselemente einer gemeinsamen Dimension zu definieren, die sich dann einzelnen Abteilungen zuordnen lassen (übergeordnete Hierarchiestufe).

Eine Betrachtung von Mitarbeitern und Organisationseinheiten im Zeitablauf jedoch ergibt unter Umständen, dass sich die Zuordnungen mehr oder minder häufig ändern können, z.B. durch Versetzung der Mitarbeiter in andere Abteilungen. Wird auch bei diesen Veränderungen am Konzept der einen übergreifenden Dimension festgehalten, dann hat dies sogenannte Dimensionsstrukturbrüche zur Konsequenz, also Änderungen an der Dimensionsstruktur im Zeitablauf. Als unbefriedigend bei derartigen Brüchen erweist sich die Behandlung des historischen Datenmaterials, das i.d.R. an die neue Hierarchiestruktur angepasst wird.

Als sinnvoller kann es sich dagegen erweisen, mit separaten Dimensionen z.B. für Mitarbeiter und Organisationseinheiten zu operieren, damit sich der Endbenutzer

---

[452] Vgl. Holthuis (1997), S. 176-178.

sowohl die korrekten Umsatzzahlen einzelner Mitarbeiter als auch die einzelner Organisationseinheiten im Zeitablauf ansehen kann.

Genau betrachtet wird bei dieser Vorgehensweise die Forderung nach Unabhängigkeit der Dimensionen aufgebrochen, da durch die Angabe eines Mitarbeiters und einer Periodenangabe die zugehörige wertetragende Organisationseinheit determiniert ist. Da sich jedoch auch andere Lösungsmöglichkeiten des Problems (wie z.B. eine Dimension mit kombinierten Basiselementen wie "Mitarbeiter 1 / Organisationseinheit 1") als nicht praktikabel erweist, wird die obige Forderung nach Unabhängigkeit in eine paarweise Unabhängigkeit der Dimensionen abgeschwächt.

Damit sind die wesentlichen Bestandteile und Gestaltungsrichtlinien für den Aufbau multidimensionaler Datenstrukturen in ihren Grundzügen ausreichend breit behandelt worden. Für die Umsetzung der multidimensionalen Datenstrukturen bzw. -modelle mit konkreten Datenbanksystemen stehen grundsätzlich zwei Implementierungsalternativen zur Verfügung. Zunächst kommen multidimensionale Datenbanksysteme (vgl. Abschnitt 8.4.3) als Speicherkomponenten in Betracht. Aber auch eine Implementierung auf der Basis relationaler Datenbanksysteme (vgl. Abschnitt 8.4.4) ist möglich.

8.4.3 Implementierung mit multidimensionalen Datenbanken

Durch ihre spezifische Ausrichtung auf multidimensionale Datenstrukturen lassen sich die in Abschnitt 8.4.1 vorgestellten Bestandteile multidimensionaler Datenstrukturen bzw. -modelle mit den verfügbaren multidimensionalen Datenbanksystemen i.d.R. problemlos abbilden. Allerdings ergeben sich bei der Abbildungsmethodik grundlegende Unterschiede. So erfordern einige Tools die Speicherung aller relevanten Dimensionen und Kennzahlen eines Anwendungsmodelles in einem einzigen, allumfassenden Datenwürfel (Hypercube-Ansatz), während die andere Extremposition dadurch gekennzeichnet ist, dass für jede betrachtete Kennzahl ein eigener Würfel aufgebaut werden muss (Multicube-Ansatz). Zukunftsweisend sind hier wohl Zwischenformen, bei denen die Kennzahlen, deren Aufgliederung durch die gleichen Dimensionen erfolgt, in einem Würfel gespeichert werden.

Dennoch kann es auch in diesem Fall zu unterschiedlichen Würfeln kommen, die u.U. zusammengeführt und simultan bearbeitet werden müssen. Die zugehörige Operation der Verknüpfung von Datenwürfeln über gleiche Kanten wird als OLAP-Join bezeichnet. Als Anwendungsfall kann hier z.B. eine Plan-Ist-Analyse verstanden werden, wenn die Ist-Daten (beispielsweise Umsatzgrößen) nach Kunden und Artikeln aufgegliedert vorliegen, Plangrößen dagegen nur bezogen auf die Kunden. Leicht abweichend präsentiert sich der Fall, dass unterschiedliche Größen zwar gleich dimensioniert sind, allerdings auf unterschiedlichen Hierarchiestufen. Als Beispiel dient erneut die Plan-Ist-Umsatzbetrachtung, wobei Ist-Daten tageweise gespeichert sind, Plangrößen dagegen lediglich quartalsweise. Ob hierbei aufgrund der abweichenden Granularität unterschiedliche Datenwürfel aufzubauen sind oder nicht, hängt von dem verwendeten multidimensionalen Datenbanksystem ab.

Als Nachteil der multidimensionalen Datenbanksysteme wird häufig deren Beschränkung auf ein überschaubares Datenvolumen verstanden. Um Lade- und Reorganisationsläufe im verfügbaren Zeitfenster abwickeln zu können, wird von einem maximalen Datenvolumen von ca. 50 GB ausgegangen. Falls ein im Zeitablauf wachsender Datenwürfel diesen Grenzwert übersteigt, muss über eine Auslagerungs- bzw. Archivierungsstrategie für historisches Datenmaterial nachgedacht werden. Möglicherweise lassen sich die Datenwürfel auch physikalisch segmentieren, z.B. in Teilwürfel für einzelne Perioden (Jahres- oder Quartalswürfel) oder nach anderen sachlichen Kriterien (Kunden- oder Artikelgruppenwürfel). Sinnvolle Segmente zeichnen sich dadurch aus, dass sie den Informationsbedarf einzelner Anwender bzw. Anwendungen möglichst komplett abdecken. So könnte beispielsweise eine Segmentierung in einem verteilten Konzern nach regionalen Gesichtspunkten erfolgen. Wichtig ist in diesem Zusammenhang eine zumindest logische Integration der einzelnen Teildatenbestände, um diese kompatibel zu halten.

Häufig werden multidimensionale Datenbanksysteme mobil genutzt, z.B. um dem Außendienstmitarbeiter auch beim Kunden zur Verfügung zu stehen. Dabei werden i.d.R. (Teil-)Datenbestände aus einem zentral gespeicherten Würfel extrahiert und in einem mobilen Computer gespeichert. Problematisch ist eine derartige Nutzung dann, wenn zwischen zwei Ladevorgängen Datenänderungen sowohl auf dem zentralen Würfel als auch im dezentral gespeicherten Teildatenbestand vollzogen werden können. Damit die zwischenzeitlichen Änderungen beim erneuten Abgleich nicht verloren gehen, müssen Replikationsmechanismen eingesetzt werden. Diese garantieren i.d.R. dass das jeweilige Datum der letzten Änderung einer Würfelzelle oder eines Dimensionselementes protokolliert wird. Beim erneuten Abschluss des mobilen Gerätes an den zentralen Server wird dann durch Replikationsregeln entschieden, welche Änderungen von welchem Rechner in den aktuellen Datenbestand zu übernehmen ist.

In der Regel erfolgt die Berechnung konsolidierter Werte in multidimensionalen Datenbanksystemen durch Addition der zugehörigen Werte auf der darunter liegenden Konsolidierungsebene. Abweichungen von dieser Vorgehensweise ergeben sich vor allem in der Kennzahlendimension. Bei der Berechnung abgeleiteter Kennzahlen lassen sich alle Grundrechenarten verwenden. So können beispielsweise auch prozentuale Anteile und Veränderungsraten ermittelt werden.

Bestimmte Kennzahlen haben sogar Auswirkungen auf die Konsolidierung in anderen Dimensionen. Derartige Ausnahmen sind in multidimensionalen Datenbanksystemen als Konsolidierungsregeln separat zu vereinbaren. Wird beispielsweise die Rentabilität im Zeitablauf betrachtet, dann erweist sich eine Addition von Monatsrentabilitätskennzahlen zu einer Quartalszahl als betriebswirtschaftlich nicht sinnvoll. Eher bietet sich eine Durchschnittsbildung über die einzelnen Monate an. Auch bei der Betrachtung von Bestandszahlen muss ggf. von der Standardkonsolidierung abgewichen werden. Bei einer Analyse von Kontosalden über die Zeit müsste zunächst darüber entschieden werden, welcher Wert bei einer Verdichtung von Tages- zu Monatswerten anzuzeigen wäre. Möglich wäre hier ein gewichtetes Mittel über alle Kontostände. In der Regel allerdings dürfte hier der letzte Tageswert des Monats anzuzeigen sein.

Multidimensionale Datenbanksysteme enthalten aufgrund ihrer speziellen Ausrichtung auf die analyseorientierten Aufgaben betrieblicher Fach- und Führungskräfte häufig besonders schützenswertes Zahlenmaterial. Ein ausgereiftes Berechtigungskonzept kann dazu beitragen, dass der Zugriff auf die hinterlegten Informationen nur durch die dazu autorisierten Mitarbeiter erfolgt. Hierzu müssen für die einzelnen Anwender bzw. Anwendergruppen Berechtigungsprofile angelegt werden, die eine bestimmte Sichtweise auf den Datenbestand zulassen. Einschränkungen der Datensicht sollen sich für ganze Würfel, bestimmte Dimensionen bzw. Dimensionselemente oder gar einzelne Würfelzellen hinterlegen lassen. Beim Zugriff auf den Datenbestand durch den Endanwender ist dann jeweils zu prüfen, ob die angeforderte Datensicht für den angemeldeten Benutzer freigeschaltet ist oder nicht.

8.4.4 Implementierung mit relationalen Datenbanken

Eine Abbildung multidimensionaler Datenstrukturen ist auch mit relationalen Datenbanksystemen möglich. Um den spezifischen Anforderungen, die aus den analyseorientierten Applikationen erwachsen, gerecht zu werden, sind die marktgängigen relationalen Datenbanksysteme heute mit verschiedenen funktionalen Erweiterungen (z.B. speziellen Indizierungsverfahren [Bit-Indexing] oder Abfragetechniken [Star-Joins]) ausgestattet. Ebenso wird beim Datenbankdesign zugunsten der erforderlichen Zugriffsperformance auf eine konsequente Normalisierung – wie bei operativen Systemen üblich – verzichtet. Vielmehr erfolgt der Aufbau denormalisierter Datenmodelle entsprechend den relevanten Geschäftsthemen, die als Star-Schema bezeichnet werden und durch ihre Struktur dem Anwender ein intuitives Verständnis der abgelegten Inhalte erleichtern. Nicht zuletzt kann dadurch den OLAP-Forderungen entsprochen werden, die eine multidimensionale Sicht auf die Daten verlangen.

Multidimensionale Informationssysteme erheben den Anspruch, dem Endanwender schnell relevantes Zahlenmaterial zur Verfügung stellen zu können. Diese Zahlenwerte werden in relationalen Umgebungen in sogenannten Faktentabellen abgelegt. Jede Faktentabelle enthält eine oder mehrere Spalten mit numerischen Inhalten, die quantitative Ausprägungen relevanter Mengen- oder Wertgrößen (z.B. Absatzmengen, Umsatzwerte oder Ausfallhäufigkeiten) darstellen. Die inhaltliche Beschreibung bzw. semantische Zuordnung zu einem konkreten betriebswirtschaftlichen Gegenstandsbereich erfolgt in den übrigen Spalten der Faktentabellen, die häufig auch als Dimensionen bezeichnet werden. Hier gelangen neben einer fast obligatorischen Zeitspalte Attribute wie Artikel, Region oder Kunde zur Anwendung. Eine konkrete Kombination von Ausprägungen der Dimensionsspalten charakterisiert folglich eine spezielle Facette der betrachteten Größe.

Naturgemäß kann die Zeilenanzahl derartiger Faktentabellen sehr groß werden, wenn die Tabelle viele Dimensionen aufweist und/oder die Anzahl der Elementausprägungen je Dimension hoch ist. Beispielsweise besteht eine Faktentabelle mit den Dimensionsspalten Perioden [Betrachtung über 60 Monate], Artikel [1000 Artikel] und Regionen [100 Vertriebsorte] bei vollständiger Realisierung aller möglichen Verknüpfungen aus insgesamt 6.000.000 Zeilen.

Um das Speichervolumen möglichst gering zu halten, werden in den Faktentabellen lediglich Schlüsselwerte für die einzelnen Dimensionsobjekte hinterlegt. Alle übrigen Angaben zu diesen Objekten, die für die Anwender von Bedeutung sind, befinden sich in den sogenannten Dimensionstabellen. Diese beinhalten neben dem Schlüsselwert, mit dem der eindeutige Bezug zur Faktentabelle hergestellt werden kann, alle weiteren Attribute der Dimensionselemente (z.B. Artikelbezeichnung, Maßeinheit, Packungsgröße oder Farbe).

Derartige Konstellationen von Fakten- und Dimensionstabellen, die das konzeptionelle Tabellengerüst von Data Warehouse-Datenstrukturen bilden, werden häufig mittels Tabellenbeziehungsdiagrammen abgebildet und als Star-Schema bezeichnet (vgl. Abb. 8.10).

Kapitel 8

```
┌─────────────────────────────────────────────────────────────┐
│  ┌──────────────┐                                           │
│  │   Artikel    │  1                                        │
│  ├──────────────┤ ┌─┐                                       │
│  │  Artikel-ID  │─┘ │                                       │
│  │  Bezeichnung │   │ ┌──────────────┐                      │
│  │  Maßeinheit  │ n │ │   Vertrieb   │                      │
│  │  Packung     │   └─┤──────────────│  n                   │
│  │  Farbe       │     │  Artikel-ID  │ ┌─┐                  │
│  └──────────────┘     │  Perioden-ID │─┘ │                  │
│                       │  Region-ID   │   │ ┌──────────────┐ │
│  ┌──────────────┐   n │  Absatzmenge │   │ │   Periode    │ │
│  │   Region     │ ┌─┐ └──────────────┘   ├─┤──────────────│ │
│  ├──────────────┤─┘ │                    1 │  Perioden-ID │ │
│  │  Region-ID   │   │                      │  Bezeichnung │ │
│  │  Bezeichnung │ 1 │                      └──────────────┘ │
│  │  Fläche in qkm│                                          │
│  │  Bevölkerung │                                           │
│  └──────────────┘                                           │
└─────────────────────────────────────────────────────────────┘
```

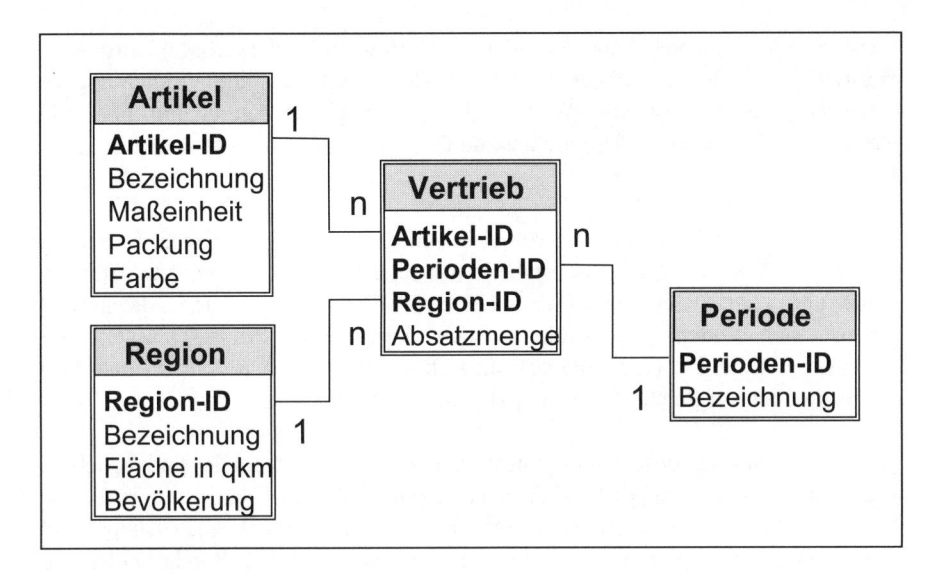

Abb. 8.10: Einfaches Star-Schema mit drei Dimensionen

Wenngleich das Star-Schema durch die 1:n-Anordnung von Dimensions- und Faktentabellen wesentlich dazu beiträgt, dass die benötigte Speicherkapazität für die Faktentabellen ebenso klein gehalten werden kann, wie die der zugehörigen Indizes, weist es noch wesentliche Defizite auf.

So lassen sich mit dem einfachen Star-Schema obiger Prägung keine Elementhierarchien innerhalb von Dimensionen aufbauen, mit denen neben den atomaren Detaildaten (z.B. Absatzzahlen auf Monatsbasis für Einzelartikel und -regionen) auch verdichtete Datenwerte verwaltet werden können (z.B. die Aggregation von Absatzmengen einzelner Artikel zu artikelgruppenspezifischen Werten oder die Zusammenfassung von Monatszahlen zu Quartals- oder Jahreswerten). Dennoch müssen geeignete Verfahren hierfür gefunden werden, da sich die aggregierende und disaggregierende Navigation im Datenbestand insbesondere beim Ad-hoc-Zugriff auf die Data Warehouse-Datenbestände im Rahmen von Drill-Down- und Roll-Up-Operationen als wesentliches Leistungsmerkmal entpuppt.

Grundsätzlich bereitet die Abbildung von Hierarchien mit relationalen Tabellen erhebliche Schwierigkeiten. Zwar gibt es unterschiedliche Lösungsansätze, die jedoch alle mit mehr oder minder großen Problemen behaftet sind. Am Beispiel der Dimension "Region" lassen sich die unterschiedlichen Vorgehensweisen darstellen. Dabei wird von einer regionalen Einteilung in Hierarchieebenen ausgegangen. Auf der untersten Ebene finden sich einzelne Städte wieder, in denen die Produkte des Beispiels vertrieben werden (z.B. Bochum, Duisburg, Düsseldorf, Essen, Hannover, München, Nürnberg). Diese Städte lassen sich logisch zusammenfassen und einzelnen Bundesländern (z.B. Bayern, Niedersachsen, Nordrhein-Westfalen) zuordnen. Auf der nächsten Stufe erfolgt dann die Verdichtung zu Vertriebsregionen (z.B. Nord-West, Süd). Eine mögliche Aggregation über alle Regionen (z.B. als eigene Hierarchiestufe Gesamt) wird hier nicht weiter betrachtet.

Ein erster Ansatz zur Abbildung von Hierarchien innerhalb der Dimensionstabellen besteht darin, die Dimensionstabelle mit separaten Spalten für Orte, Bundesländer und Vertriebsregionen sowie weiteren Attributen auszustatten. Als sinnvoll erweist sich zudem die Bildung eines künstlichen Primärschlüssels mit geeignetem Datentyp (z.B. Integer), da sich so die Indizes in Dimensions- und Faktentabellen vergleichsweise kompakt halten lassen.

Durch Erweiterung oder Umorganisation der Dimensionstabelle sind beliebige Hierarchiebildungen möglich. Zudem kann die beidseitige Navigation erfolgen: Sowohl gelingt der Schluss von jedem Ort zu dem entsprechenden Bundesland und zur Vertriebsregion als auch die Zusammenstellung aller Bundesländer und Orte zu einer vorgegebenen Vertriebsregion.

Region-ID	Ort	Bundesland	Vertriebs-region	Fläche	...	...
00	Bochum	Nordrhein-Westf.	Nord-West	...		
01	Duisburg	Nordrhein-Westf.	Nord-West	...		
02	Düsseldorf	Nordrhein-Westf.	Nord-West	...		
03	Essem	Nordrhein-Westf.	Nord-West	...		
04	Hannover	Niedersachsen	Nord-West	...		
05	München	Bayern	Süd	...		
06	Nürnberg	Bayern	Süd	...		
07	-	Nordrhein-Westf.	Nord-West	...		
08	-	Niedersachsen	Nord-West	...		
09	-	Bayern	Süd	...		
10	-	-	Nord-West	...		
11	-	-	Süd	...		
...	-	...	...	...		

Abb. 8.11: Abbildung von Hierarchien über separate Spalten in der Dimensionstabelle

Als großer Nachteil erweist sich die relativ starre Struktur dieses Schemas. Da hier für jede Hierarchieebene eine spezielle Spalte angelegt wird, führt die Einführung neuer Ebenen zu umfangreichen Reorganisationsläufen. Auch bei Änderungen in der Struktur der aufgebauten Hierarchie sind verschiedene Tabellenzeilen betroffen (z.B. Zuordnung eines Bundeslandes zu einer anderen Vertriebsregion).

Eine alternative Vorgehensweise bei der Verwaltung hierarchischer Verknüpfungen zwischen Dimensionselementen ist durch einen expliziten Verweis auf das zugeordnete Element der jeweils übergeordneten Ebene gegeben (z.B. durch den Verweis auf das betreffende Bundesland bei den einzelnen Ort-Einträgen, wie in Abb. 8.12 durchgeführt).

Region-ID	Bezeichnung	Übergeordnet	Ebene	...
00	Bochum	07	Ort	...
01	Duisburg	07	Ort	...
02	Düsseldorf	07	Ort	...
03	Essem	07	Ort	...
04	Hannover	08	Ort	...
05	München	09	Ort	...
06	Nürnberg	09	Ort	...
07	Nordrhein-Westf.	10	Bundesland	...
08	Niedersachsen	10	Bundesland	...
09	Bayern	11	Bundesland	...
10	Nord-West	-	VRegion	...
11	Süd	-	VRegion	...
...	-		...	...

Abb. 8.12: Abbildung von Hierarchien durch Verweis auf das übergeordnete Dimensionselement

Zunächst fällt auf, dass eine Dimensionstabelle dieser Form (vor allem bei vielen beteiligten Hierarchieebenen) mit weniger Spalten auskommt und sich daher kompakter präsentiert. Dennoch bleibt die logische Verknüpfung zwischen den Elementen unterschiedlicher Ebenen erhalten. Der geringere benötigte Speicherplatz, der in der Regel für Dimensionstabellen keine entscheidende Rolle spielt, wird allerdings durch aufwendigere Zugriffsverfahren vor allem beim Drill-Down erkauft. Zusätzlich benötigt dieses Schema eine Spalte (Level-Attribut), die eine Angabe darüber enthält, welche Regionen sich auf der gleichen logischen Ebene befinden, um Abfragen zu ermöglichen, die zum Beispiel die Selektion aller Bundesländer zum Gegenstand haben.

Als Variante dieses Darstellungstyps lässt sich eine Vorgehensweise verstehen, die eine Partitionierung der Dimensionstabelle vornimmt und als Snowflake-

Schema bezeichnet wird. Bei dieser Design-Technik erfolgt die Ablage der Dimensionselemente unterschiedlicher Hierarchiestufen in separaten, jedoch miteinander verknüpften Tabellen (vgl. Abb. 8.13).

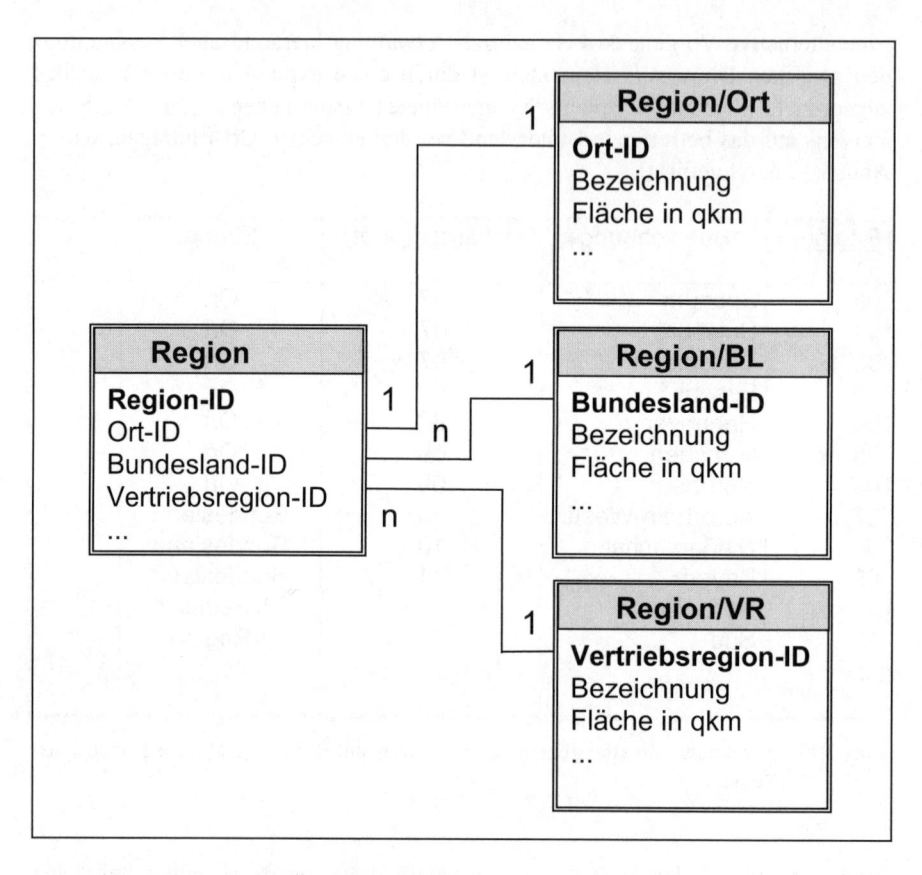

Abb. 8.13: Snowflake-Schema

Roll-Up- und Drill-Down-Operationen erfolgen über die zentrale Region-Tabelle, die die logische Verknüpfungsstruktur zwischen den einzelnen Ebenen vorhält. Die zusätzlichen Tabellen führen allerdings zu einer weiteren Aufblähung des Schemas, zumal hier bislang nur eine Dimension betrachtet wurde (entsprechende Teil-Tabellen lassen sich auch für die Perioden und für die Artikel [Artikelgruppen etc.] erstellen).

Bislang konzentrierte sich die Betrachtung schwerpunktmäßig auf unterschiedliche Varianten bei der Modellierung der Dimensionstabellen. Genauso lassen sich auch für die Fakten-Tabellen diverse Design-Techniken einsetzen, um bessere

Zugriffszeiten zu erreichen. Beispielsweise werden im Fact-Constellation-Schema für die einzelnen Konsolidierungsstufen verschiedene Fakten-Tabellen (decomposed stars) aufgebaut. Da die Tabellen mit konsolidierten Daten wesentlich kleiner sind als eine einzige, große Fakten-Tabelle, kann mit ihnen leichter und mit geringeren Zugriffszeiten gearbeitet werden (vgl. Abb. 8.14).

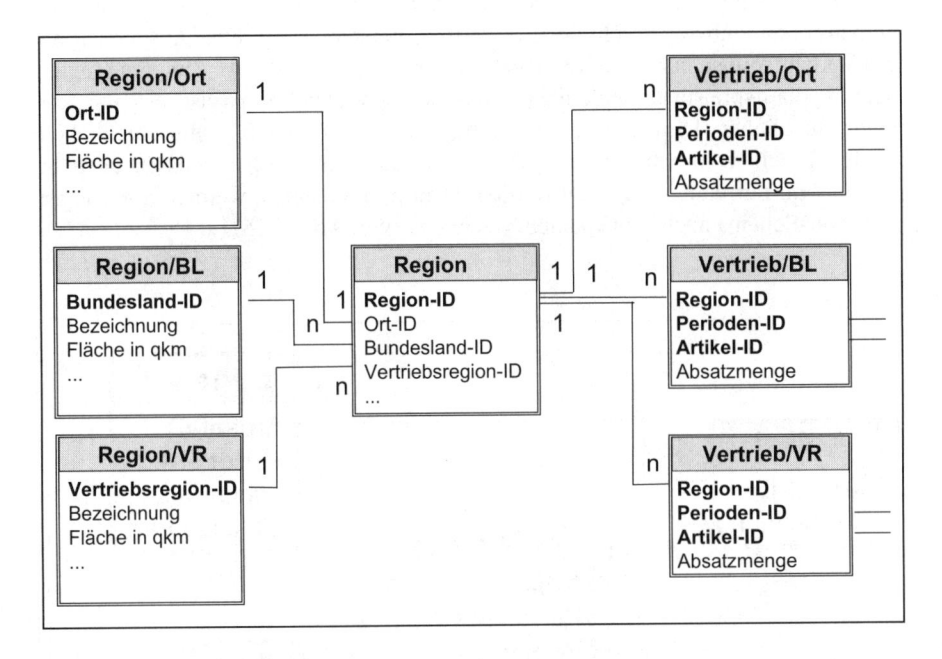

```
┌─────────────────────────────────────────────────────────────────────┐
│  ┌──────────────────┐                         ┌──────────────────┐  │
│  │   Region/Ort     │   1              n      │   Vertrieb/Ort   │  │
│  │ Ort-ID           │────┐         ┌──────────│ Region-ID        │  │
│  │ Bezeichnung      │    │         │          │ Perioden-ID      │  │
│  │ Fläche in qkm    │    │         │          │ Artikel-ID       │  │
│  │ ...              │    │         │          │ Absatzmenge      │  │
│  └──────────────────┘    │         │          └──────────────────┘  │
│                          │         │                                │
│  ┌──────────────────┐    │  ┌──────────────┐  ┌──────────────────┐  │
│  │   Region/BL      │  1 │  │   Region     │ 1│1  n  Vertrieb/BL │  │
│  │ Bundesland-ID    │────┤1 │ Region-ID    │──┴──────│ Region-ID  │  │
│  │ Bezeichnung      │   n│  │ Ort-ID       │  1      │ Perioden-ID│  │
│  │ Fläche in qkm    │    │  │ Bundesland-ID│         │ Artikel-ID │  │
│  │ ...              │    │  │ Vertriebs-ID │         │ Absatzmenge│  │
│  └──────────────────┘    │n │ ...          │         └────────────┘  │
│                          │  └──────────────┘                         │
│  ┌──────────────────┐    │                         ┌──────────────┐  │
│  │   Region/VR      │  1 │                      n  │ Vertrieb/VR  │  │
│  │ Vertriebsregion-ID│───┘                  ┌──────│ Region-ID    │  │
│  │ Bezeichnung      │                       │      │ Perioden-ID  │  │
│  │ Fläche in qkm    │                       │      │ Artikel-ID   │  │
│  │ ...              │                       │      │ Absatzmenge  │  │
│  └──────────────────┘                              └──────────────┘  │
└─────────────────────────────────────────────────────────────────────┘
```

Abb. 8.14: Fact-Constellation-Schema

Als wesentlicher Nachteil dieser Vorgehensweise ist zunächst die verminderte Übersichtlichkeit zu konstatieren. Während das einfache Star-Schema durch seinen klaren und leicht verständlichen Aufbau besticht, erweist sich das Fact-Constellation Schema als eher verwirrend. Unmittelbar resultiert auch ein höherer Verwaltungsaufwand im Meta-Datenbereich durch die Organisation zusätzlicher Tabellen. Verständlicherweise steigt die Anzahl der benötigten Aggregationstabellen sehr rasch, wenn auch für die anderen Dimensionen die einzelnen Konsolidierungsstufen sowie die daraus erwachsenden Kombinationsmöglichkeiten separat gespeichert werden. Zusätzlich sind bei dieser Art der Datenablage höhere Anforderungen an die Query-Mechanismen zu stellen, da jeweils zu entscheiden ist, welche Fakten-Tabellen durch bestimmte Abfragen betroffen sind.

Aufgrund des Trade-Off zwischen Zugriffszeiten und Modellkomplexität werden entsprechende Aggregatbildungen in kommerziellen Produkten für ein relationales OLAP (On-Line Analytical Processing) dynamisch den Anforderungen angepasst. Bei häufigen Zugriffen auf spezielle Verdichtungsstufen erfolgt die Generierung der zugehörigen Tabellen automatisch.

Nur in Ausnahmefällen lassen sich alle benötigten Fakten durch die gleichen Dimensionen sinnvoll beschreiben (so erfolgt beispielsweise eine Aufgliederung der Verkaufspreise nur durch die Dimensionen Zeit und Artikel, wenn eine regionale Verkaufspreisdifferenzierung unterbleibt). Vielmehr erweist es sich bei unterschiedlicher Dimensionalität häufig als sinnvoll, mit unterschiedlichen Fakten-Tabellen zu arbeiten. Die Dimensionstabellen dagegen müssen auch in diesem Fall nur einmal angelegt werden. Derartige Schemata werden in Analogie zum Star-Schema auch als Galaxien bezeichnet (vgl. Abb. 8.15).

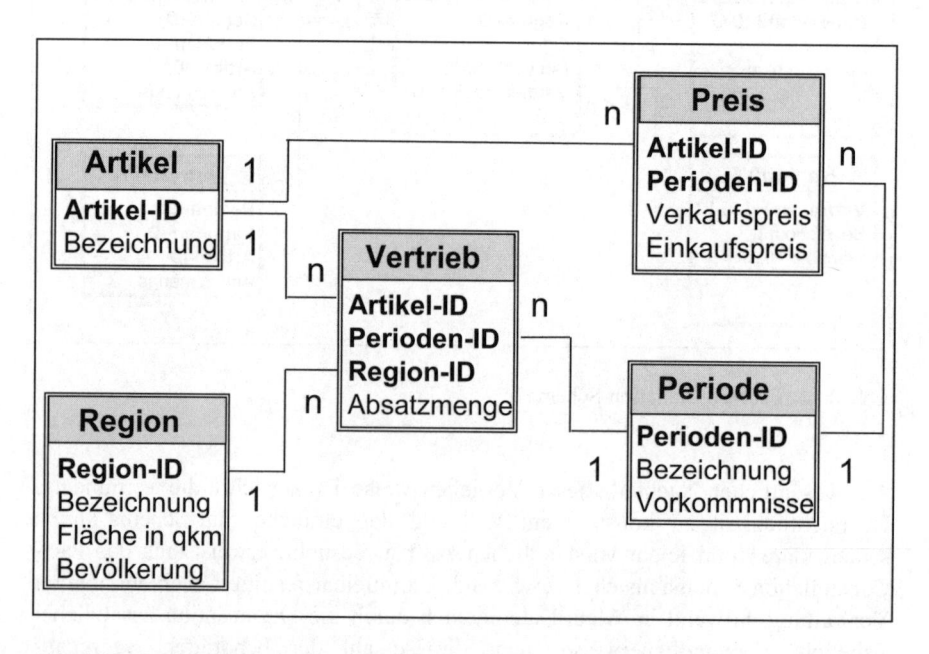

Abb. 8.15: Star-Schema mit mehreren Fakten-Tabellen (Galaxie)

Durch Aufnahme weiterer Fakten mit gegebenenfalls ebenfalls abweichender Dimensionalität lassen sich Star-Schemata beliebig komplex gestalten, insbesondere wenn entsprechend der oben vorgestellten Partitionierung verschiedene Tabellen je Dimension aufgebaut werden.

Kapitel 8

Eine weitere Verbesserung des Antwortzeitverhaltens lässt sich durch zusätzliche Tuningmaßnahmen erreichen. Eine gängige Technik besteht z.B. darin, logisch zusammengehörige Datenwerte in einer Faktentabellenzeile abzulegen, um dadurch die Anzahl der für Abfragen benötigten Eingabe-/Ausgabeoperationen auf den physikalischen Datenträgern zu reduzieren. Wenn im Beispiel bei Abfragen häufig unterschiedliche Periodenwerte der gleichen Region/Artikelkombination zu extrahieren sind, dann kann für jede Periode eine Tabellenspalte vorgesehen werden (vgl. Abb. 8.16).

Region-ID	Artikel-ID	A-0197	A-0297	...	A-Q197	...	A-97	A-0198	...
00	0001	1000	1100	...	...	...	...	...	...
01	0001	2000	2200	...	...	...	...	...	...
02	0001	...	...	...	...	...	...	...	...
03	0001	...	...	...	...	...	...	...	...
04	0001	...	...	...	...	...	...	...	...
05	0001	...	...	...	...	...	...	...	...
06	0001	...	...	...	...	...	...	...	...
07	0001	...	...	...	...	...	...	...	...
08	0001	...	...	...	...	...	...	...	...
09	0001	...	...	...	...	...	...	...	...
00	0002	...	...	...	...	...	...	...	...
01	0002	...	...	...	...	...	...	...	...
...	...	...	...	...	...	...	...	...	...

Abb. 8.16: Speicherung von Periodenwerten für Absatzmengen als Faktentabellenspalten[453]

Als Handicap dieser Vorgehensweise ist sicherlich zu werten, dass die Aufnahme zusätzlicher Ausprägungen der entsprechenden Dimension (wie z.B. Werte für weitere Jahre) nur über eine Änderung der Datenstruktur möglich ist und damit zu umfangreichen Reorganisationsläufen führt. Zudem weisen die handelsüblichen relationalen Datenbanksysteme eine Beschränkung in der maximalen Anzahl von Spalten je Tabelle auf. Aus diesem Grund kann ein derartiges Vorgehen sicherlich nicht für alle denkbaren Dimensionen eingeschlagen werden.

Insgesamt präsentiert sich das Star-Schema mit seinen Varianten als Design-Technik, die relationale Datenbanken für analyseorientierte Anwendungen besser nutzbar macht, auch wenn hier einige interessante Spezialprobleme wie z.B. die Abbildung alternativer Hierarchien nicht behandelt werden konnten. Bereits auf der Ebene der logischen Datenmodelle werden die zugehörigen Kennzahlen und Dimensionen so angeordnet, wie sie dem intuitiven Verständnis der Endanwender

---

[453] A-0197 steht z.B. für Absatzmenge Monat Januar 1997, A-Q197 für die Absatzmengen des 1. Qualtals 1997.

entsprechen. Von zentraler Bedeutung für die Gewährleistung niedriger Zugriffszeiten ist die geeignete Behandlung hierarchischer Dimensionsstrukturen. Als konfliktionäre Ziele stehen sich hierbei einerseits hohe Performance beim Zugriff aus variierenden Blickwinkeln und auf unterschiedliche Verdichtungsebenen sowie andererseits Modelltransparenz in Verbindung mit leichter Modifizierbarkeit und Wartbarkeit gegenüber.

Im folgenden Abschnitt 8.5 wird aufgezeigt, in welcher Form und für welche Zwecke sich die aufgebauten multidimensionalen Datenstrukturen durch den Endanwender nutzen lassen.

8.5 Nutzung Analyseorientierter Datenbanksysteme

Beim Aufbau analyseorientierter Informationssysteme steht der Einsatznutzen für den Endanwender immer im Vordergrund. Schließlich werden die Systeme erstellt, um Fach- und Führungskräften ein besseres Bild des betrieblichen Geschehens anbieten zu können. Vor allem dienen Analyseorientierte Datenbanksysteme der Planung und Entscheidungsvorbereitung und sollten einen benutzungsfreundlichen Zugang gewährleisten. Unterschiedliche Zugriffstechniken, deren Präsentation in Abschnitt 8.5.1 erfolgt, haben sich in diesem Bereich als besonders hilfreich erwiesen, zumal mit ihnen ein intuitiver Zugriff auf die abgelegten Informationseinheiten möglich ist. Potenzielle fachliche Anwendungsfelder für multidimensionale Informationssysteme werden im Anschluss in Abschnitt 8.5.2 exemplarisch vorgestellt.

8.5.1 Zugriffsmöglichkeiten durch den Endanwender

Für den Endanwender ist die gewählte Architektur von nachrangiger Bedeutung. Sein Interesse konzentriert sich dagegen auf die intuitive Nutzbarkeit und freie Navigierbarkeit im Datenbestand. Durch ausgereifte Techniken zur Visualisierung der mitunter hochdimensionalen Datenwürfel reduzieren die multidimensionalen Werkzeuge die vorhandene strukturelle Komplexität und ermöglichen damit ein leichtes Verständnis der angebotenen Zahlenwerte.

Aufgrund der darstellungsbedingten Notwendigkeit zur zweidimensionalen Projektion des Datenbestandes im Rahmen der Abfrage stellt der Dimensionsschnitt (in der multidimensionalen Terminologie als "Slicing" bezeichnet) die wesentliche Abfragetechnik dar. Durch die Deklaration des gewünschten Abfrageergeb-

Kapitel 8

nisses extrahiert der Anwender dabei beliebige Aggregate aus dem zugrundeliegenden Datenbestand. Im Standardfall werden dabei die Elemente zweier Dimensionen ggf. mit unterschiedlichen Hierarchiestufen angezeigt, während die übrigen Dimensionen jeweils auf ein Element fixiert bleiben.

Als wesentliches Qualitätskriterium einer analyseorientierten Lösung muss die Option zur intuitiven und spontanen Navigation im verfügbaren Datenbestand gewertet werden. Die problemgerechte Auswahl der gewünschten Informationsinhalte soll durch einfache Mausaktionen erfolgen, ohne dass sich der Benutzer durch verzweigte Menüstrukturen oder unübersichtliche Folgen von Bildschirmfenstern bewegen muss.

Als gebräuchliche Technik hierzu bieten die meisten Tools das sogenannte "Dicing" ("Würfeln") an. Möglichst per "Drag and Drop" soll der Datenkubus in alle Richtungen drehbar sein, um aus verschiedensten Perspektiven auf den Informationsfundus blicken zu können. Abb. 8.17 veranschaulicht diese Operation anhand eines Beispielwürfels, bei dem Umsatzzahlen nach Kunden, Mitarbeitern, Produkten und Zeiteinheiten aufgegliedert sind. Leicht kann hier in der Kopfspalte der Zahlentabelle statt der Anzeige bestimmter Produktaspekte wie im Ausgangszustand eine Auflistung der Mitarbeiter nebst Verdichtung erfolgen. Die zugehörigen Zahlenwerte werden automatisch entsprechend angepasst.

Das Beispiel in Abb. 8.17 zeigt zuerst den Umsatz von drei Produktgruppen für drei Monate, danach den Umsatz dreier Mitarbeiter für die gleichen Zeitperioden. Nach Kunden wird hier nicht differenziert.

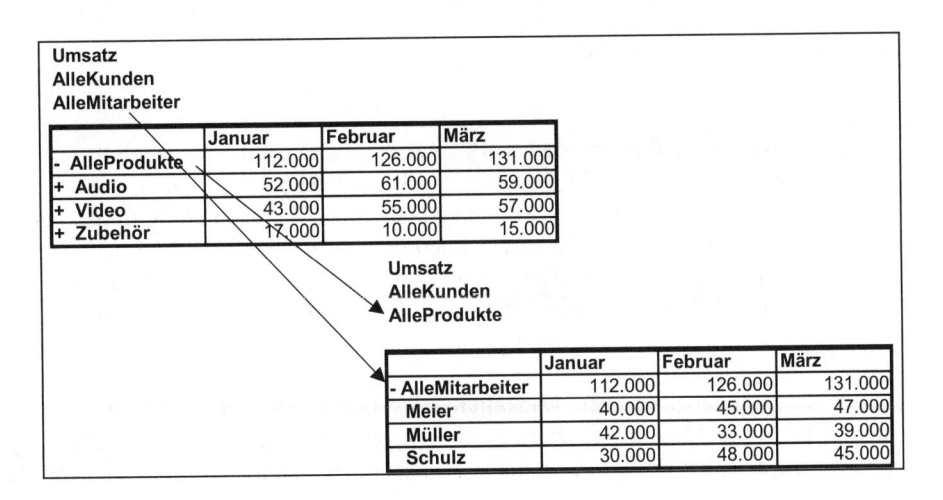

Umsatz
AlleKunden
AlleMitarbeiter

	Januar	Februar	März
- AlleProdukte	112.000	126.000	131.000
+ Audio	52.000	61.000	59.000
+ Video	43.000	55.000	57.000
+ Zubehör	17.000	10.000	15.000

Umsatz
AlleKunden
AlleProdukte

	Januar	Februar	März
- AlleMitarbeiter	112.000	126.000	131.000
Meier	40.000	45.000	47.000
Müller	42.000	33.000	39.000
Schulz	30.000	48.000	45.000

Abb. 8.17: Dice-Operation in OLAP-Anwendungen

Zudem wird fast durchgängig die Tiefensuche mittels "Drill-Down" bzw. "Drill-In" unterstützt, indem durch Mausklick weitere Hierarchieebenen bis hinunter auf die atomaren Werte der Datenbasis dargestellt werden können. Ein "Drill-Out" bzw. "Roll-Up" durch das Ausblenden niedrigerer Verdichtungsstufen lässt sich ebenso leicht erzielen. Durch Anklicken der Produktsparte "Audio" erfolgt in Abb. 8.18 die zugehörige Drill-Down-Aufgliederung in "Radio", "Cassette" und "CD".

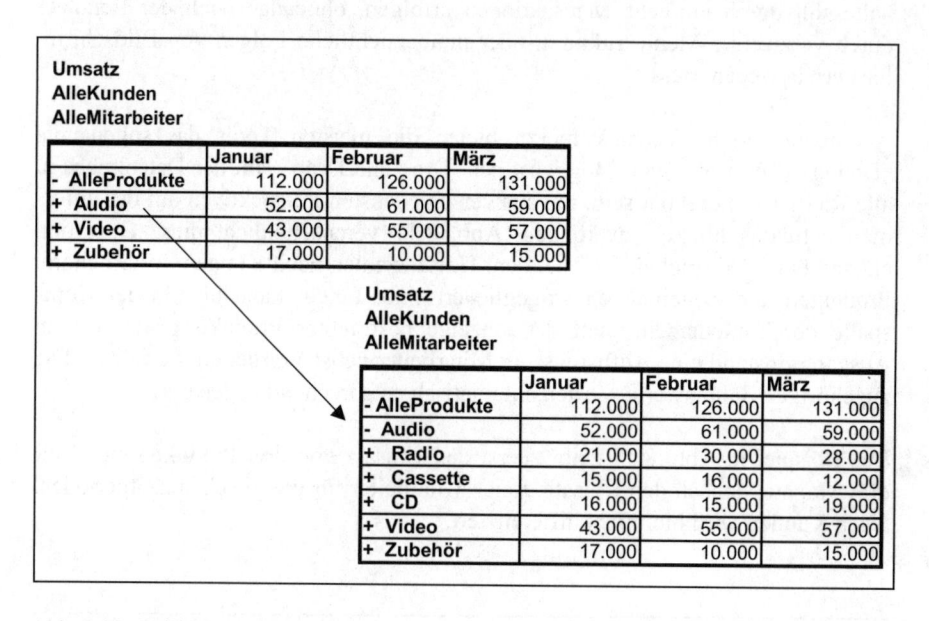

Umsatz
AlleKunden
AlleMitarbeiter

	Januar	Februar	März
- AlleProdukte	112.000	126.000	131.000
+ Audio	52.000	61.000	59.000
+ Video	43.000	55.000	57.000
+ Zubehör	17.000	10.000	15.000

Umsatz
AlleKunden
AlleMitarbeiter

	Januar	Februar	März
- AlleProdukte	112.000	126.000	131.000
- Audio	52.000	61.000	59.000
+ Radio	21.000	30.000	28.000
+ Cassette	15.000	16.000	12.000
+ CD	16.000	15.000	19.000
+ Video	43.000	55.000	57.000
+ Zubehör	17.000	10.000	15.000

Abb. 8.18: Drill-Down-Operation

Als Standardfunktionalität moderner Benutzungsoberflächen gilt ebenfalls das von den Executive Information Systemen (EIS) her bekannte Ausnahmeberichtswesen (Exception Reporting), das dazu dient, durch eine Farbcodierung frühzeitig auf Abweichungen vom Soll-Zustand aufmerksam zu machen.[454] Als zusätzliche Gestaltungsoption für die Benutzersicht auf den Datenbestand ist die Möglichkeit zur flexiblen Selektion und/oder Sortierung der Elemente einer Dimension zu verstehen.

Neben der rein tabellarischen Darstellung des Datenmaterials werden oftmals auch Geschäftsgrafiken als Gestaltungsform angeboten. Eine visuelle Anreicherung des angezeigten Datenausschnitts lässt sich zudem durch die Einbindung von

---

[454] Vgl. Gluchowski/Gabriel/Chamoni (1997), S. 216-219.

Bildern (z.B. Signets oder Logos) und durch Nutzung der vielfältigen Formatierungsalternativen (beispielsweise für Schriftarten und -größen) erreichen.

Wenngleich die Visualisierungs- und Navigationsfunktionalitäten der gebräuchlichen Tools damit nicht abschließend behandelt werden konnten, da sich jedes Werkzeug durch eigene Spezifika und zusätzliche Optionen abzuheben versucht, sind die grundlegenden Features in diesem Bereich genannt.

8.5.2 Einsatzbereiche analyseorientierter Informationssysteme

Der potenzielle Anwendungsbereich für analyseorientierte Informationssysteme erweist sich als breit gefächert und facettenreich. Prinzipiell lässt sich ein multidimensionaler Datenpool mit abgestimmten entscheidungsrelevanten Inhalten überall dort nutzen, wo dispositive bzw. analytische Aufgaben in Organisationen zu lösen sind. Damit finden die Ansätze sowohl im Rahmen einer reinen Informationsversorgung von Fach- und Führungskräften (data support) als auch als Datenbasis für anspruchsvolle statistische oder finanzmathematische Auswertungen (decision support) Anwendung, so z.B. bei Berechnungen im Rahmen von Marktprognosen und Investitionsentscheidungen.

Der Bedarf an einer entscheidungsorientierten Informationsbasis ist in allen betrieblichen Funktionsbereichen und in allen Branchen gegeben. Entsprechende Projekte wurden beispielsweise bei Handelsketten und Versandhäusern, Banken und Versicherungen, Energieversorgern, kommunalen Organisationen, Chemieunternehmen und Stahlerzeugern aufgesetzt.[455] Interessant ist der Aufbau einer verlässlichen analytischen Informationsbasis jedoch nicht nur für Großunternehmungen, sondern ebenso für kleinere und mittlere Organisationen.

Als Nutzer analyseorientierter Systeme kommen Mitarbeiter unterschiedlichster Hierarchiestufen aus allen Funktionsbereichen von Organisationen in Betracht. Im Data Warehouse-Bereich werden die meisten Lösungen heute zunächst für den Marketing- und Vertriebsbereich, für Kunden- und Produktanalysen sowie für den Finanzsektor konzipiert und in Betrieb genommen. Die Einbeziehung anderer Bereiche wie z. B. Personal oder Produktion erfolgt ggf. zu einem späteren Zeitpunkt (vgl. Abb. 8.19).

---

[455] Vgl. z.B. Martin (1997).

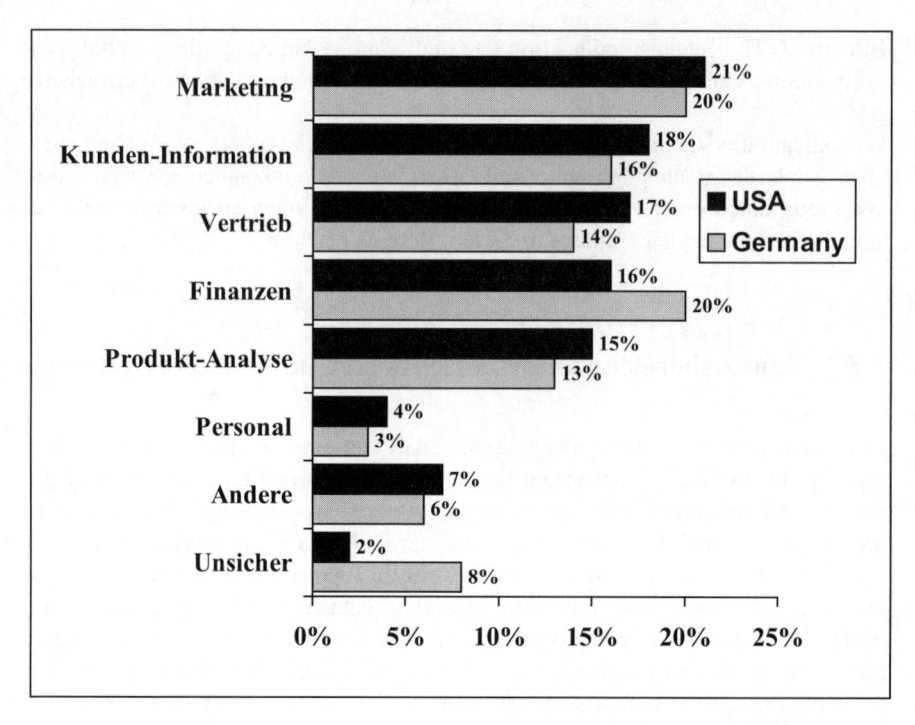

Abb. 8.19: Geschäftsbereiche für Data Warehouse-Projekte[456]

Im Folgenden werden vier mögliche betriebswirtschaftliche Einsatzbereiche von Data Warehouse-Konzepten herausgegriffen und exemplarisch kurz erläutert.

Database Marketing

Im Marketing-Sektor wird derzeit versucht, durch die Nutzung moderner Datenbanktechnologie kundenspezifischere Formen des Direktmarketings zu etablieren. Der Werbemitteleinsatz soll dadurch unmittelbar und individuell auf den einzelnen Kunden ausgerichtet werden können.[457] Als Voraussetzung dazu gilt es, eine zielgerichtete Sammlung aller relevanten Informationen über den Einzelkunden aufzubauen, die aus der Kommunikation und Interaktion mit ihm erwachsen. Diese Informationen sollen in einer Datenbasis gespeichert und zur Steuerung der Marketing-Prozesse eingesetzt werden. Diese Prozesse lassen sich durch das Internet beim Einsatz von Electronic Commerce sehr gut unterstützen.[458]

---

[456] Vgl. Martin (1996).
[457] Vgl. Mentzl/Ludwig (1997), S. 473.
[458] Vgl. hierzu z.B. Merz (1999).

Zwar handelt es sich bei derartigen Marketing-Datenbanken um analyseorientierte Datenbanken mit Fokussierung auf einen betrieblichen Funktionalbereich, die gemäß der obigen Abgrenzung eher als Data Marts zu bezeichnen wären, allerdings sind ebenso die wesentlichen Charakteristika für einen Data Warehouse-Datenbestand erfüllt. Die Datenbasis soll themenorientiert (am einzelnen Kunden ausgerichtet) und über lange Zeiträume (gesamte Kundenhistorie) Informationen vorhalten und im Bedarfsfall zur Verfügung stellen. Die Informationen gelangen aus unterschiedlichen Datenquellen (z. B. Vertriebssystem, Reklamationssystem und Finanzbuchhaltung) in die Marketing-Datenbank. Wesentlich ist dabei die Anbindung an externe Informationslieferanten, wie beispielsweise Marktforschungsinstitute oder Lieferanten von Adressdaten.

Vertriebscontrolling

Ein weites Anwendungsfeld für analyseorientierte Datenbanken offenbart sich im Vertriebsbereich. Durch die interaktive Navigation im vorhandenen Datenbestand lassen sich hier langfristige Absatzentwicklungen und -trends aufzeigen und zukunftsgerichtet analysieren. Die Einbeziehung von externem demografischen und makroökonomischem Datenmaterial dient der frühzeitigen Antizipation von Änderungen beim Verbraucherverhalten oder bei den globalen Rahmenbedingungen.

Mit speziellen vertriebsorientierten Funktionen wird versucht, den Endbenutzer adäquat zu unterstützen. Beispielsweise können neben den beliebten 80/20-Analysen auch Rangfolgenbildungen, Quadrantenanalysen und Werbewirksamkeitsauswertungen fest hinterlegt sein.

Konzerncontrolling

Für verteilt operierende Konzerne ist ein umfassendes Controlling und Berichtswesen unerlässlich, insbesondere wenn sie Planungs-, Koordinierungs- und Kontrollaufgaben für viele Tochterunternehmen u. U. über Landesgrenzen hinweg wahrnehmen müssen. Die Zusammenführung von Kennzahlen jedoch erweist sich bei derartigen Strukturen als erhebliches organisatorisches, betriebswirtschaftliches und auch technisches Problem.[459] Vor allem Data Warehouse-Konzepte mit ihrer Betonung der Transformationskomponente, die für den Transport und den Abgleich von Datenbeständen aus unterschiedlichen Vorsystemen zuständig ist, bieten hier akzeptable Lösungsansätze. Funktionen zur Währungsumrechnung können ebenso hinterlegt sein, wie Möglichkeiten zur Konsolidierung von Kapital- und Schuldenbeständen, die bis zu anspruchsvollen Optionen zum Controlling von Beteiligungen reichen.

---

[459] Vgl. Zeschau (1998), S. 279ff.

Unternehmungsführung

Ebenso scheint die Unterstützung der Top-Führungskräfte mit adäquatem Informationsmaterial im Rahmen von Executive Information Systemen (EIS) bzw. Führungsinformationssystemen (FIS)[460] mit dem Aufbau analyseorientierter Datenbanken wieder in greifbare Nähe zu rücken. Schließlich wird das häufig als kritisch eingestufte Problem der Datenversorgung von EIS-Systemen dann auf die analyseorientierte Datenbank verlagert. Die Konzeption geeigneter Benutzungsoberflächen, mit denen sich die benötigten aggregierten internen und externen Informationen visualisieren und präsentieren lassen, erweist sich heute bei den verfügbaren Werkzeugen zur Oberflächengestaltung meist als weniger problematisch.

Die Liste möglicher Einsatzbereiche für Analyseorientierte Datenbanksysteme ließe sich sicherlich verlängern und über alle Funktionsbereiche von Unternehmungen spannen. Doch obwohl an dieser Stelle nur wenige Anwendungsfelder exemplarisch herausgegriffen wurden, ist der potenzielle Nutzen einer entsprechenden Lösung offensichtlich.

8.6 Zusammenfassende Bewertung Analyseorientierter Datenbanksysteme und Ausblick

Heute werden bereits in vielen Unternehmungen Analyseorientierte Datenbanksysteme genutzt, um betrieblichen Fach- und Führungskräften für die Bearbeitung dispositiver Aufgaben das benötigte Datenmaterial zur Verfügung zu stellen. Die zugrundeliegenden Konzepte reichen von unternehmungsweiten Data Warehouses bis zu personengruppen-, themen- oder fachbereichsspezifischen Datenbeständen (Data Marts).

Als zentrales Gestaltungskriterium der Analyseorientierten Datenbanksysteme wurde die zumindest konzeptionell multidimensionale Sichtweise auf die Daten herausgestellt. Mit der Forderung eines On-Line Analytical Processing (OLAP) ist ein Gestaltungsrahmen gegeben, an dem sich konkrete Lösungen messen lassen müssen.

Hinsichtlich der technischen Umsetzung sind unterschiedliche Strategien, Verfahren und Werkzeuge zu beobachten. So können Systemlösungen auf der Basis relationaler Datenbanksysteme von anderen abgegrenzt werden, die auf multidimensionalen Datenbanksystemen aufbauen. Durch die Wahl der Speichertechnologie

---

[460] Vgl. Gluchowski/Gabriel/Chamoni (1997), S. 204ff.

wird die Architektur und Funktionalität des gesamten analyseorientierten Informationssystems in hohem Maße bestimmt.

Unabhängig von der gewählten Realisierungsform lassen sich die grundlegenden Bestandteile multidimensionaler Datenstrukturen identifizieren und allgemein beschreiben. Ihre Implementierung ist im Einzelfall stark abhängig von den eingesetzten Werkzeugen. Vor allem bei der Realisierung mit relationalen Datenbanksystemen ergeben sich Probleme, die jedoch zumindest teilweise durch Verwendung eines Star-Schemas gelöst werden können.

Für die Zukunft ist eine bessere Einbettung analyseorientierter Datenbanksysteme in die vorhandene IT-Infrastruktur zu fordern. Hierbei geht es nicht zuletzt um die erforderliche Transformation und Nutzbarmachung von internen operativen und externen Daten. Zudem ist bereits heute ein Zusammenwachsen von OLAP- und World Wide Web-Werkzeugen auszumachen. Zukünftig dürften sich Internet-Browser als dominierendes Medium zur Präsentation auch multidimensionaler Datenbestände entwickeln. Allerdings werden hier zunächst die Nutzer bedient, die insbesondere die flexiblen Navigationsmöglichkeiten im Datenbestand benötigen. Sollen die Datenbestände darüber hinaus für weitergehende Analysen genutzt werden, erscheint vor allem eine OLAP-Erweiterung der gängigen Tabellenkalkulationsprogramme als probates Mittel.

Abzuwarten bleibt, ob die Analyseorientierten Datenbanksysteme sich zu aktiveren Informationssystemen entwickeln, die beispielsweise den Endanwender selbständig auf interessante Datenkonstellationen aufmerksam machen. Durch eine ausgeprägte Integration von Data Mining-Techniken bzw. mittels der Einbeziehung von autonomen Softwareagenten in die Systemarchitekturen könnte dieses Ziel erreicht werden.

Abschließend bleibt anzumerken, dass der Aufbau eines Analyseorienten Datenbanksystems ein zeit- und kostenintensives Unterfangen darstellt. Nicht nur wegen der technischen Komplexität der Aufgabe, sondern auch wegen vielfältiger organisatorischer und fachlicher Probleme konnte nicht jedes Projekt in diesem Bereich zu einem erfolgreichen Abschluss gebracht werden. Sowohl die intensive betriebswirtschaftliche Unterstützung durch den Fachbereich als auch ein starkes und kompetentes Projektmanagement müssen als unabdingbare Rahmenbedingungen gewährleistet sein.

8.7 Übungsaufgaben zu Analyseorientierten Datenbanksystemen

Aufgabe 8-1: Grenzen Sie die Analyseorientierten Datenbanksysteme (OLAP-Systeme) gegenüber den operativen bzw. transaktionsorientierten Datenbanksystemen ab.

Aufgabe 8-2: Inwieweit lassen sich die Analyseorientieren Datenbanksysteme bei den Managementunterstützungssystemen (Management Support Systeme) nutzen?

Aufgabe 8-3: Beschreiben Sie das Paradigma der Multidimensionalität von Datenbanksystemen. Welche Eigenschaften besitzen multidimensionale Datenbanksysteme? Geben Sie ein Anwendungsbeispiel

Aufgabe 8-4: Welche Ziele verfolgt man beim Einsatz eines Data Warehouse-Systems? Erläutern Sie die Ziele anhand eines Beispiels.

Aufgabe 8-5: Erörtern Sie das Konzept eines Data Warehouse-Systems und beschreiben Sie die Data Warehouse-Architektur.

Aufgabe 8-6: Diskutieren Sie die vier idealtypischen Eigenschaften eines Data Warehouse (Themenorientierung, Vereinheitlichung, Zeitorientierung und Beständigkeit) anhand eines Anwendungsbeispiels.

Aufgabe 8-7: Beschreiben Sie den methodischen Ansatz von Data Mining-Verfahren und geben Sie ein Anwendungsbeispiel.

Aufgabe 8-8: Was versteht man unter den beiden OLAP-Regeln „Transparenz" und „Mehrbenutzerfähigkeit"?

Aufgabe 8-9: Grenzen Sie das „Zentrale Data Warehouse" von „Data Marts" ab. Diskutieren Sie die Vor- bzw. Nachteile beider Systeme.

Aufgabe 8-10: Beschreiben Sie die relationalen OLAP-Systeme (ROLAP-Systeme).

Aufgabe 8-11: Erläutern Sie die Bestandteile multidimensionaler Datenstrukturen bzw. -modelle anhand eines Anwendungsbeispiels.

Aufgabe 8-12: Vergleichen Sie das Star-Schema, das Snowflake-Schema und das Fact-Constellation-Schema beim Aufbau multidimensionaler Datenstrukturen bzw. -modelle.

Aufgabe 8-13: Inwieweit lassen sich Data Warehouse-Systeme im Electronic Commerce-Bereich nutzen?

8.8 Literatur zu Kapitel 8

Bissantz, N.; Hagedorn, J. (1993): Data Mining (Datenmustererkennung), in: Wirtschaftsinformatik, 35 Jg., Heft 5, 1993, S. 481- 487.

Chamoni, P.; Gluchowski, P. (1999): Analytische Informationssysteme, Data Warhouse, On-Line Analytical Processing, Data Mining, 2. Auflage, Berlin, Heidelberg, New York 1999.

Codd, E. F.; Codd, S. B.; Salley, C. T. (1993): Providing OLAP (On-line Analytical Processing) to User-Analysts: An IT Mandate, White Paper, E. F. Codd & Associates, o. O. 1993.

Friesdorf, H. (1998): OLAP-Modellierungskriterien, in: Martin, Wolfgang (Hrsg., 1998): Data Warehousing: Steuern und Kontrollieren von Geschäftsprozessen. Congressband VIII zur Online '98, Velbert 1998, S. C844.01-C844.19.

Gabriel, R.; Röhrs, H.-P. (1995): Datenbanksysteme. Konzeptionelle Datenmodellierung und Datenbankarchitekturen, 2. Auflage, Berlin, Heidelberg, New York 1995.

Gluchowski, P. (1998): Antwortzeit als Erfolgsfaktor. Schnelle Zugriffe bei Analyse-Datenbanken, in: Datenbank Fokus, Heft 3, März 1998, S. 16-22.

Gluchowski, P.; Gabriel, R.; Chamoni, P. (1997): Management Support Systeme. Computergestützte Informationssysteme für Führungskräfte und Entscheidungsträger, Berlin u. a. 1997.

Hahne, M. (2002): Theoretische Fundierung logischer Datenmodelle für mehrdimensionale Datenstrukturen in analyseorientierten Informationssystemen, Dissertation Ruhr-Universität Bochum, Bochum 2002.

Holthuis, J. (1997): Multidimensionale Datenstrukturen, in: Mucksch, Harry; Behme, Wolfgang (Hrsg. 1997): Das Data Warehouse-Konzept, 2. Auflage, Wiesbaden 1997, S. 137-186.

Holthuis, J.; Mucksch, H.; Reiser, M. (1995): Das Data Warehouse Konzept. Ein Ansatz zur Informationsbereitstellung für Managementunterstützungssysteme, Arbeitsbericht des Lehrstuhls für Informationsmanagement und Datenbanken 95-1, European Business School (ebs), Oestrich-Winkel 1995.

Inmon, W. H. (1996): Building the Data Warehouse, 2. Auflage, New York 1996.

Jahnke, B.; Groffmann, H.-D.; Kruppa, S. (1996): On-Line Analytical Processing (OLAP), in: Wirtschaftsinformatik, 38. Jg., Heft 3, 1996, S. 321-324.

Kleinschmidt, P.; Rank, C. (1997): Relationale Datenbanksysteme, Eine praktische Einführung, Berlin, Heidelberg, New York 1997.

Martin, W. (1996): Data Warehouse. The Enterprise in the Mirror of the Customer, in: Tagungsband zur DWE '96, Data Warehousing Europe, 18.-20. Juni 1996, München 1996.

Martin, W. (1997): Data Warehousing: Fortschritte des Informationsmanagements, Congressband VIII zur Online '97, Velbert 1997.

Martin, W. (1998): Der Data Mining Markt, in: Martin, Wolfgang (Hrsg., 1998): Data Warehousing: Steuern und Kontrollieren von Geschäftsprozessen, Congressband VIII, Online '98, Velbert 1998, S. C831.01-C831.14.

Meier, A. (1995): Relationale Datenbanken, Eine Einführung für die Praxis, 2. Auflage, Berlin, Heidelberg, New York 1995.

Mentzl, R.; Ludwig, C. (1997): Das Data Warehouse als Bestandteil eines Database Marketing-Systems, in: Mucksch, Harry; Behme, Wolfgang (Hrsg., 1997): Das Data Warehouse-Konzept, 2. Auflage, Wiesbaden 1997, S. 469-484.

Merz, M. (1999): Electronic Commerce, Marktmodelle, Anwendungen und Technologien, Heidelberg 1999.

Müller, J. (2000): Transformation operativer Daten zur Nutzung im Data Warehouse, Wiesbaden 2000.

OLAP-Council (1997): The OLAP-Council API, o.O. 1997 (URL: http:// www. olap-council. org /research /apily.htm).

Pendse, N.; Creeth, R. (1995): The OLAP-Report. Succeeding with On-Line Analytical Processing, o.O. 1995.

Schelp, J. (2000): Modellierung mehrdimensionaler Datenstrukturen analyseorientierter Informationssysteme, Wiesbaden 2000.

Soeffky, M. (1998): Knowledge Dicovery und Data Mining zwischen Mythos, Anspruch und Wirklichkeit, in: Martin, Wolfgang (Hrsg., 1998): Data Warehousing: Steuern und Kontrollieren von Geschäftsprozessen, Congressband VIII, Online '98, Velbert 1998, S. C833.01-C833.20.

Zeschau, D. (1998): Einsatz der OLAP-Technologie zur Unterstützung der weltweiten Konzernsteuerung bei der Thyssen Haniel Logistic GmbH, in: Chamoni, Peter; Gluchowski, Peter (Hrsg.): Analytische Informationssysteme. Data Warehouse, On-Line Analytical Processing, Data Mining, Berlin u. a. 1998, S. 277-288.

9 Zusammenfassung und Ausblick

Im ersten Band über Datenbanksysteme wurden bereits ausführlich mit der Konzeptionellen Datenmodellierung, dem Aufbau von Datenbanksystemen, den Datenbankarchitekturen und den Integritätsfragen die wichtigsten Lehrinhalte und damit Grundlagenwissen zu Datenbanksystemen vermittelt. Der vorliegende zweite Band rundet die Thematik mit Lehrinhalten zur Gestaltung und zum Einsatz von Datenbanksystemen ab. **Teil A** behandelt den gesamten Lebenszyklus eines Datenbanksystems und geht auf die Datenbanksystemsprachen ein. **Teil B** ist den modernen, aber bereits praxisrelevanten Konzepten und Architekturen von Datenbanksystemen gewidmet. Nachfolgend werden die beiden Teile in den **Abschnitten 9.1 und 9.2** knapp zusammengefasst, und jeweils unmittelbar nach der Zusammenfassung eines Teils wird ein Ausblick auf die absehbaren Zukunftstrends zu dieser Thematik gegeben. Das Kapitel endet dann in **Abschnitt 9.3** mit einer kurzen allgemeinen Standortbestimmung zur Rolle und Zukunftsentwicklung von Datenbanksystemen.

9.1 Teil A: Gestaltung von Datenbanksystemen und Datenbanksystemsprachen

In Teil A steht die Gestaltung von Datenbanksystemen im Vordergrund, die den gesamten Gestaltungsprozess von der Problemanalyse bis zum Einsatz des Systems betrachtet (Data Base Engineering). Hierbei werden vor allem die Datenbanksystemsprachen herausgestellt. In **Abschnitt 9.1.1** wird eine kurze Zusammenfassung der vier ersten Kapitel gegeben, anschließend folgt in **Abschnitt 9.1.2** ein Ausblick, der sich auf die Gestaltung von Datenbanksystemen bezieht.

9.1.1 Fazit Teil A

Gegenstand des **ersten Kapitels** ist der in Analogie zum Software Engineering mit Data Base Engineering bezeichnete Gestaltungs- und Einsatzprozess eines Datenbanksystems. Aufbauend auf Basisüberlegungen zur Gestaltung und zum Einsatz von Datenbanksystemen als integraler und bedeutender Bestandteil von IuK-Systemen und den Gestaltungsansätzen für Planung, Auswahl, Entwicklung und Einsatz von Datenbanksystemen werden sieben Phasen des Data Base Engineering dargestellt und in einer Zusammenfassung kritisch betrachtet.

Der konkrete Aufbau und die Nutzung eines Datenbanksystems erfolgt für alle Datenbanksystembenutzer (Administratoren, Entwickler und Endbenutzer) grundsätzlich durch die Verwendung von Datenbanksystemsprachen. Eine erste Einführung in diese Thematik hat bereits der erste Band bei der Betrachtung der Datenbankkommunikationsschnittstelle gegeben. Im **zweiten Kapitel** des vorliegenden zweiten Bandes wird zunächst die historische Entwicklung von Datenbanksystemsprachen skizziert, bevor als Schwerpunkt mit SQL die bedeutendste aller Datenbanksystemsprachen ausführlich vorgestellt und durch zahlreiche Beispiele zu einzelnen Sprachkonstrukturen veranschaulicht wird. Es werden bewusst die in SQL_2 bekannten Elemente und nicht die in SQL_3 1999 genannten Erweiterungen ausgewählt und damit dem Bezug zur betrieblichen Praxis der größere Wert beigemessen als den möglichen Zukunftsoptionen.

So wie zur Softwareentwicklung im Rahmen des Software Engineering Methoden und Werkzeuge entwickelt und in der Praxis verbreitet werden, die den Entwicklungsprozess rationeller gestalten, so ist auch das Methoden- und Werkzeugangebot für das im ersten Kapitel betrachtete Data Base Engineering grundsätzlich heute selbstverständliches Handwerkszeug für den Entwickler von Datenbanksystemen. Im **dritten Kapitel** werden deshalb etliche Werkzeuge und integrierte Entwicklungsumgebungen zunächst vorgestellt und später anhand des konkreten Beispiels des Oracle Designers illustriert. Im **vierten Kapitel** wird zur weiteren Abrundung des Lernprozesses beim Leser anhand einer ausführlichen Fallstudie das bisher eher abstrakt und theoretisch erarbeitete Wissen zum Data Base Engineering praktisch nachvollziehbar „mit Leben gefüllt". Bewusst wird hierbei der in beiden Bänden zumeist durchgängig beispielgebende Bereich der VHS Kaarst-Korschenbroich verlassen und ein Realitätsausschnitt aus der Fahrradbranche gewählt. So kann der Leser den Weg zum Datenbanksystemeinsatz unvoreingenommen und vollständig begleiten, begreifen und grundsätzlich auf beliebige Problemstellungen übertragen lernen.

9.1.2 Trend Teil A

Der aus der Industrie bekannte Produktlebenszyklus umfasst beispielsweise bei Konsumgütern die Phasen der Produktplanung und -entwicklung, Produkteinführung, Produktreife und -verbreitung bis zur Marktsättigung und Rückgang der Produktbedeutung mit parallel beginnendem Lebenszyklus des Nachfolgeprodukts. Als Software-Life-Cycle ist er beispielsweise bei Heinrich[461] auch für Software als immaterielles Produkt inzwischen etabliert und für die Datenbanksystementwicklung der Zukunft fester Orientierungsrahmen. Für Datenbanksysteme als Kern rechnergestützter betrieblicher Informationssysteme umspannt der Lebens-

---

[461] Vgl. Heinrich (1999), S. 235ff.

zyklus dem immer kürzer werdenden Innovationszyklus in der Informationstechnik zum Trotz Zeiträume von 10 – 20 Jahren.[462] Gerade diese enormen Zeitspannen haben bewirkt, dass die Vorteile der Orientierung an einem einheitlichen Vorgehensmodell in immer mehr Unternehmungen und Verwaltungen in zunehmendem Maß allgemein anerkannt werden. Der Weg zur unternehmungs- bzw. behördenweiten Einführung eines solchen Modells und zu den begleitenden Werkzeugen ist äußerst mühsam und langwierig, was den Informationsmanagern auch für die Zukunft ein hohes Maß an Beharrlichkeit abverlangen wird. Im Rechenzentrum der Finanzverwaltung des Landes Nordrhein-Westfalen beispielsweise wurden allein für die Anpassung des Vorgehensmodells des Bundes (VM-97) mehrere Jahre benötigt, und die hausweite Einführung läuft noch. Dies gilt in besonderem Maß auch für das Konfigurationsmanagement, dem generell, also auch unabhängig vom Vorgehensmodell, eine zunehmende Bedeutung im Software-Life-Cycle zukommt.[463] Zentrale Komponente des Konfigurationsmanagements ist natürlich selbst wieder ein Datenbanksystem, das zur Ausführung der Aufgaben eine sehr gute Unterstützung bietet.

IT-Projekte sind auch Anfang des 21. Jahrhunderts noch in unakzeptabel hohem Maß vom Scheitern bedroht.[464] Auch die Entwicklung eines Datenbanksystems ist, wie in Teil A gezeigt wird, ein in der Regel aufwendiges und komplexes Projekt. So kommt auch für die Zukunft der Datenbanksystemprojekte der wirkungsvollen IT-Unterstützung des Projektmanagements als einer der Säulen des Vorgehensmodells[465] eine große Bedeutung zu. Erfreulich daher, dass Microsoft als einer der Marktführer im IT-Bereich mit MS Project 2002 jetzt ein Produkt anbietet, das zu einem Markt-Standard werden könnte. Nach bereits ersten Schritten zur Unterstützung eines unternehmensweiten Projektmanagements mit MS-Project 2000 in Verbindung mit MS-Project Central wird bereits die Beta-Version von MS-Project 2002 als äußerst vielversprechendes Werkzeug gerade für das Multiprojektmanagement bewertet.[466] Kern von MS Project 2002 ist mit SQL Server 2000 von Microsoft selbstverständlich auch wieder ein Datenbanksystem. So helfen beim Konfigurations- und Projektmanagement künftig Datenbanksysteme, die Entwicklung und Weiterentwicklung von Datenbanksystemen im Rahmen des Data Base Engineering zu verbessern. Als grundlegendes Vorgehensmodell neben dem VM-97 des Bundes könnte sich für den Bereich der objektorientierten Systeme der Rational Unified Process (RUP) etablieren.[467]

---

[462] Vgl. Stahlknecht/Hasenkamp (2002), S. 218.
[463] Vgl. Saynisch (1998).
[464] Vgl. Schmitt (2001).
[465] Vgl. Hansen/Neumann (2001), S. 211ff.
[466] Vgl. Noack/Schienmann (1999) und Fritsch (2002).
[467] Vgl. Noack/Schienmann (1999) und Fritsch (2002).

Bei den Datenbanksystemsprachen wird sich auch künftig der Normungsprozess von SQL und der bereits in Arbeit befindlichen, aus SQL_3 bewusst ausgeklammerten Spezifikationen unter dem Arbeitstitel SQL_4 fortsetzen, ohne dass bisher von Datenbanksystemherstellern über SQL_3 konforme und entsprechend zertifizierte Funktionalitäten in aktuellen Releases ihrer Datenbanksysteme berichtet wurde. Die Schere zwischen den Anforderungen der Norm und den Leistungen der kommerziell nutzbaren Systeme dürfte sich damit zukünftig noch weiter öffnen.

Für die effiziente Nutzung ihrer objektrelationalen Datenbanken durch JAVA-Programme haben auf der anderen Seite bedeutende Hersteller wie Oracle, IBM, Sybase, Microsoft unter dem Namen SQLJ einen gemeinsamen Vorschlag zur Normung bei der ISO als SQL-Standard eingereicht. Einheitlich festgeschrieben werden sollen in SQLJ insbesondere die in aktuellen Datenbanksystemversionen bereits implementierten Möglichkeiten zur Einbettung von SQL in Java, in dem vorübersetzte SQL-Anweisungen auf Aufrufe der Kommunikationsschnittstelle JDBC abgebildet werden.[468]

9.2 Teil B: Moderne Datenbankkonzepte

In Teil B werden in vier Kapiteln moderne Datenbankkonzepte und Datenbanksystemarchitekturen vorgestellt, die zurzeit in der Praxis an Bedeutung gewinnen. Eine kurze Zusammenfassung gibt **Abschnitt 9.2.1**, ein Ausblick folgt in **Abschnitt 9.2.2**.

9.2.1 Fazit Teil B

Der Teil B zeigt im **fünften Kapitel** im Überblick anhand einzelner Klassifikationsansätze, wie sich die vielen inzwischen in Theorie und Praxis etablierten Datenbanksysteme systematisch ordnen bzw. einordnen lassen. Im ersten Band sind bereits die Datenbanksystemtypen mit der größten Praxisrelevanz, also Datenbanksysteme nach dem hierarchischen, dem Netzwerk- und vor allem dem Relationenmodell ausführlich vorgestellt worden, jedoch jeweils in zentraler Form, d.h. mit einer Datenbank, die physikalisch an einem Ort gegeben ist und von einem Rechner verwaltet wird. In den 1990er Jahren jedoch setzten sich in

---

[468] Details zu SQLJ und JDBC finden sich z.B. bei Mattos et al. (1999), Meyer et al. (2000).

der betrieblichen Praxis immer häufiger verteilte Informationssysteme durch. Daher wird im **sechsten Kapitel** zunächst diese allgemeine Entwicklung bei Informationssystemen betrachtet. Anschließend werden in jeweils einem eigenen Abschnitt die Besonderheiten der drei Typen nicht-zentraler Datenbanksysteme herausgearbeitet. Es zeigte sich, dass Multidatenbanksysteme (MDBs) aufgrund der nur losen Kopplung Defizite im Konsistenz- und Transparenzbereich aufweisen. Verteilte Datenbanksysteme (VDBS) auf der anderen Seite sind nur erfolgreich, wenn bereits bei der Konzeption aus einem globalen konzeptionellen Schema die Schemata der physisch verteilten Datenbanken abgeleitet werden. Da sich die Nutzungsquote von Datenbanksystemen in der betrieblichen Praxis jedoch inzwischen den 100% annähert, da in jeder größeren Unternehmung mindestens ein Datenbanksystem eingesetzt wird, kommt die größte Zukunftsbedeutung dem Konzept der Föderierten Datenbanksysteme (FDBS) zu, da es konsequent auf die Kopplung vorhandener Datenbanksysteme über ein gemeinsames Schema in Form eines Föderierungsdienstsystems setzt.

Im **siebten Kapitel** werden die zur Speicherung von Objekten aus objektorientiert entwickelten Softwaresystemen heraus entwickelten Objektorientierten Datenbanksysteme und ihre Besonderheiten vorgestellt. Aus den allgemeinen Grundsätzen der Objektorientierung wie komplexen Objekten, Bildung von Objektklassen, Kapselung und Vererbung werden die Anforderungen an Objektorientierte Datenbanksysteme abgeleitet und einige kommerzielle Systeme genannt, die diese Anforderungen erfüllen. Zur Absicherung ihrer Marktposition haben jedoch zwischenzeitlich die Marktführer bei Datenbanksystemen im Prinzip in Anlehnung an SQL_3 ihr Datenmodell in objektorientierter Hinsicht erweitert und bieten in ihren neuen Versionen sogenannte Objektrelationale Datenbanksysteme an, die es dem Betreiber freistellen, ob und in welchem Umfang er von den OO-Leistungen Gebrauch macht.

Das **achte Kapitel** ist dem Data Warehouse gewidmet. Bei diesem i.d.R. unternehmungsweiten Konzept zur Managementunterstützung mit entscheidungsrelevanter Information spielen Datenbanken gleich zwei Rollen. Zum einen sind die Datenquellen überwiegend operative Datenbanken, zum anderen wird eine Datenbank zur Speicherung im Data Warehouse selbst genutzt. Diese Data Warehouse-Datenbank gilt es in geeigneter Weise zu modellieren, um für den Nutzer des Data Warehouse eine multidimensionale Sicht und z. B. performantes Slicing and Dicing zu erreichen. Die Datenbank selbst kann „klassisch" (ROLAP) oder multidimensional (MOLAP) sein. Gerade relationale Datenbanksysteme zeigen bei ihrer Verwendung im Data Warehouse, dass die in über 30 Jahren erreichte Einsatzvielfalt und -performanz, die allerdings durch die Hardware-Entwicklung begünstigt wurde, auch für analyseorientierte Systeme förderlich ist.

9.2.2 Trend Teil B

Zu den in Kapitel 5 vorgestellten und in den weiteren Kapiteln ausführlicher betrachteten Datenbanksystemtypen dürften künftig die sogenannten Web-Datenbanken und XML-Datenbanken hinzukommen.[469] XML ist eine Metasprache für die Definition von anwendungsspezifischen Auszeichnungssprachen (Markuplanguages). XML beschreibt eine Klasse von Datenelementen, die XML-Dokumente genannt werden. XML-Dokumente sind intuitiv verständlich und maschinell weiterverarbeitbar.

Die Grundelemente von XML-Dokumenten sind Speichereinheiten, die als Entitäten bezeichnet werden. Der Inhalt einer Entität kann prinzipiell wieder aus anderen Entitäten bestehen. XML wird insbesondere zum Austausch von Daten eine überragende Bedeutung beigemessen. Aber XML hat auch gewisse Ähnlichkeiten mit Datenbanken, denn in XML-Dokumenten werden Daten gespeichert, die bestimmten, durch Dokumenttypdefinition oder XML-Schemata festgelegten Strukturen bzw. Regeln entsprechen müssen. So überrrascht es nicht, dass immer mehr Datenbanksystemhersteller eine Schnittstelle zur Speicherung von XML-Dokumenten anbieten.[470] Der geschachtelte Aufbau von XML-Dokumenten begünstigt dabei grundsätzlich die Anbieter objektorientierter Datenbanksysteme.[471] Die Firma Oracle bietet mit ihrem objektrelationalen Datenbank-System bereits ab Version 8i ein Tool zur XML-Speicherung an. Eine 1:1-Speicherung ohne Transformation und Transformationskosten bietet von den bedeutenden Herstellern lediglich die Software-AG mit ihrem genau zu diesem Zweck entwickelten XML-Server-Tamino.[472]

9.3 Allgemeine Standortbestimmung zu Datenbanksystemen

Für Datenbanksysteme gilt, dass kein neues betriebliches Anwendungssystem auf ihren Einsatz verzichten kann. Datenbanksysteme sind dem immens gestiegenen und weiter zunehmenden Speicherbedarf für Daten aller Typen sehr gut gerecht geworden. Schätzungen zufolge verdoppeln sich die Bestände ca. alle 18 Monate.[473] Für OLTP- und OLAP-Anwendungen gelten die Probleme als gelöst, die

---

[469] Vgl. z.B. Hansen/Naumann (2001) S.1092ff.; Rautenstrauch/Turowski (2000); Fiebig et al. (2001); Schöning (2001); Deßloch et al. (2002).
[470] Vgl. Courvoisier/Flach (2002).
[471] Vgl. Meyer et al. (2000).
[472] Vgl. Software AG (2001).
[473] Vgl. Anonymos (2001), S. 1.

Datenbanksystemtechnologie hat sich bewährt und flexibel an geänderte Anforderungen wie den Einsatz in Netzen anpassen lassen.[474]

Außerhalb von Datenbanken werden derzeit jedoch häufig noch Web-Inhalte und Click Streams gespeichert und verwaltet. Hier ist in Verbindung mit Content-Managementsystemen ein großer Zukunftsmarkt für Datenbanksysteme zu sehen, die schließlich bei inzwischen hinreichender Performance viele Vorteile bei der Verwaltung wie ausgefeilte Transaktions-, Integrations- und Recoverymechanismen bieten.[475]

Den Datenbanksystemmarkt teilten sich im Jahr 2000 im Wesentlichen die Firmen IBM, Oracle, Microsoft, Sybase und Informix. Letzterer Hersteller wurde inzwischen von IBM übernommen. IBM ist damit inzwischen Marktführer in Europa.[476] Volumenmäßig wird ein Umsatzwachstum für relationale und objektrelationale Datenbanksysteme auf 26 Milliarden Euro weltweit für 2004 erwartet, für objektorientierte Datenbanksysteme liegt die Umsatzerwartung für 2004 bei 380 Millionen Euro.[477]

Zu beachten sind darüber hinaus die Entwicklungen der Open source-Datenbanksysteme, bei denen derzeit „mysql" und „postgres" auch den Zugang zu Großunternehmungen finden.

In der Informatik setzt sich die Forschung im Datenbanksystembereich kontinuierlich fort, um insbesondere den Praxisforderungen zur Nutzung heterogener Datenbanksysteme sowie dem Non-Stop-Betrieb globaler Datenbanksysteme im Internet mit weiter explodierenden Datenmengen und mobiler Datenbanknutzung bei hohen Nutzerzahlen gerecht zu werden.

---

[474] Vgl. Stodder/Kestelyn (2002).
[475] Vgl. Dittrich (2000).
[476] Vgl. Anonymos (2002).
[477] Vgl. Hansen/Neumann (2001), S. 1089ff.

9.4 Literatur zu Kapitel 9

Anonymos (2001): Datenbanken, www.informationweek.de vom 17.04.2001.

Anonymos (2002): Dataquest: IBM führt im europäischen Datenbankmarkt, in: Computerwoche online; www computerwoche.de vom 29.04.2002.

Courvoisier, T; Flach, G. (2000): Integration relationaler Datenstrukturen in XML-Applikationen-Database to XML Servlet, Proceedings GI-Workshop „Internet Datenbanken", Berlin, September 2000, S. 1-11.

Deßloch, S.; Lin, E.; Mattos, N.; Wolfson, D.; Zeidenstein, K. (2002): Towards an Integrated Data Management Platform for the Web, in: Datenbank Spektrum 2, 2002, S. 5-13.

Dittrich, K. R., (2000): Datenbanken und das WWW – lose Gedanken zu Mythen, Wirklichkeit und Träumen, in: HMD 214, 2000, S. 3-4.

Fiebig, T.; Kanne, C.-C.; Moerkotte, G. (2001): Natix – ein natives XML-DBMS, in: Datenbank Spektrum 1, 2001, S. 5-13.

Hansen, H. R.; Neumann, G. (2001): Wirtschaftsinformatik I, 8. Auflage, Stuttgart 2001.

Heinrich, L. J. (1999): Informationsmanagement, 6. Auflage, München 1999.

Mattos, N.; Pistor, P.; Dessloch, S. (1999): SQL 3, Objektorientierung und Java als Standard: Ein Überblick über SQL3 und SQLJ; Unterlagen zum Tutorium anlässlich der BTW in Freiburg, März 1999.

Meyer, H.; Klettke, M.; Heuer, A. (2000): Datenbanken im WWW – von CGI bis JDBC und XML, in: HMD 214, 2000, S. 5-22.

Noack, J.; Schienmann, B. (1999): Objektorientierte Vorgehensmodelle im Vergleich, in: Informatik-Spektrum 22, 1999, S. 166-180.

Rautenstrauch, C.; Turowski, K. (2000): XML-Datenbanken: Technische Grundlagen und betriebliche Anwendungen, in: HMD 214, 2000, S. 35-46.

Saynisch, M. (1998): Grundlagen des Konfigurationsmanagements, in: HMD 202, 1998, S. 7-26.

Schmitt, K. (2001): Fast jedes fünfte IT-Projekt scheitert, Beitrag unter www.silicon.de/a43356 vom 25.06.2001.

Schöning, H. (2001): XML-Datenbanken, in: Datenbank Spektrum 1, 2001, S. 33-34.

Schönrock, S. (2000): in-Step angewendet auf ein unternehmerspezifisches Vorgehensmodell; Vortrag auf der microTOOL Nutzerkonferenz, 24./25.05.2000.

Software AG (2001): Tamino XML Server, White Paper, Darmstadt, Oktober 2001.

Stahlknecht, P.; Hasenkamp, U. (2002): Einführung in die Wirtschaftsinformatik, 10. Auflage, Berlin 2002.

Stodder, D.; Kestelyn, J. (2002): What's next for the database, www.intelligententerprice.com vom 09.05.2002.

Ueberhorst, S. (2002): MS Project 2002: Die Bewertung von Highend-Anwendern; www.computerwoche.de vom 11.06.2002.

Literaturverzeichnis

Albrecht, R.; Nico, N. (1997): VBA-Programmierung mit Access 97: Professionelle Anwendungsentwicklung mit Access und VBA, Bonn 1997.

Anonymos (2001): Datenbanken, www.informationweek.de vom 17.04.2001.

Anonymos (2002): Dataquest: IBM führt im europäischen Datenbankmarkt, in: Computerwoche online; www computerwoche.de vom 29.04.2002.

Atkinson, M.; Bancillon, F.; De-Witt, D.; Dittrich, K. ; Maier, D. ; Zdonik, S. (1989): The Object-oriented Database Manifesto, in: Proceedings of 1st International Conference on Deductive and Object-oriented Databases 1989, S. 40-57.

Balzert, H. (1989): Anforderungen an Software Engineering Environment Systeme. In: Balzert, Helmut (Hrsg.): CASE: Systeme und Werkzeuge, Mannheim 1989, S. 87-98.

Balzert, H. (1998): Lehrbuch der Softwaretechnik, Software-Management, Software-Qualitätssicherung, Unternehmensmodellierung, Heidelberg, Berlin 1998.

Balzert, H. (1999): Lehrbuch Grundlagen der Informatik, Heidelberg, Berlin 1999.

Balzert, H. (1999a): Lehrbuch der Objektmodellierung, Berlin 1999.

Balzert, H. (2000): Lehrbuch der Softwaretechnik, Software-Entwicklung, 2. Auflage, Heidelberg, Berlin 2000.

Barker, R. (1989): CASE*Method^{TM}: Entity Relationship Modelling, Wokingham u.a. 1989.

Bartels, U. (1998): Herstellerspezifische SQL-Varianten – Zwischen Norm und Wirklichkeit, in: Datenbank Fokus, 6 1998, S. 64-74.

Batini, C; Lenzerini, M.; Navathe, S.B. (1986): A Comparative Analysis of Methodologies for Database Schema Integration, in: ACM Computing Surveys 18/1986, S. 323-364.

Beauchemin, B. (2000): Nicht lineare Daten mit OLE/DB und ADO 25 in: Microsoft system journal 1/2000, S. 32-36.

Beyer, G. (1999): OO-Datenbanken: Neue Chance oder das Ende?, in: Computerwoche Nr. 43 vom 29.10.1999.

Bissantz, N.; Hagedorn, J. (1993): Data Mining (Datenmustererkennung), in: Wirtschaftsinformatik, 35 Jg., Heft 5, 1993, S. 481- 487.

Boll, S.; Klas, W.; Wandel, J. (1999): Die wichtigsten Java-Konzepte für unternehmungsweite Anwendungsentwicklung, Seminarunterlagen der Deutschen Informatik Akademie 09.-10.12.1999, Bonn 1999.

Bothner, P.P.; Kähler, W.-M. (1999): SMALLTALK, Einführung in die objektorientierte Programmierung, Braunschweig, Wiesbaden 1999.

Boyce, R. F.; Chamberlin, D. D. (1973): Using a structured English query language as a data definition facility, IBM Res. Rep. RJ1318, San José 1973.

Bundesministerium des Innern (1997): IT-WiBe: Empfehlung zur Durchführung von Wirtschaftlichkeitsbetrachtungen beim Einsatz der IT in der Bundesverwaltung, Bundesministerium des Innern, Schriftenreihe der Koordinierungs- und Beratungsstelle der Bundesregierung für Informationstechnik in der Bundesverwaltung, Band 26, Bonn 1997.

Cattell, R. (2000): Object Database Standard 2.0, 2000.

Cattell, R. G. G. et al. (Hrsg.) (2000): Object Database Standard: ODMG 3.0, 2000.

Ceri, S.; Pelagatti, G. (1985): Distributed Databases, Singapur 1985.

Chamberlin, D.D. (1976): SEQUEL 2: A unified approach to data definition, manipulation and control, in: IBM Journal Research Development, 20 (1976), S. 560-575.

Chamberlin, D.D.; Boyce, R.F. (1974): SEQUEL: A Structured English Query Language, in: Proc. ACM-SIGFIDET Workshop on Data Description, Access and Control, Ann Arbor, Mai 1974.

Chamoni, P.; Gluchowski, P. (1999): Analytische Informationssysteme, 2. Auflage, Berlin, Heidelberg, New York 1999.

Chen, P. P. (1976): The Entity-Relationship-Model – Toward a Unified View of Data, in: ACM TODS, Vol 1, No. 1, 1976, S. 9-36.

Chamoni, P.; Gluchowski, P. (Hrsg.) (1999): Analytische Informationssysteme, Data Warehouse, On-Line Analytical Processing, Data Mining, 2. Auflage, Berlin u.a. 1999.

Chen, P. P. S.; Knöll, H.-D. (1991): Der Entity-Relationship-Ansatz zum logischen Systementwurf, Mannheim 1991.

Chroust, G. (1992): Modelle der Software-Entwicklung, München, Wien 1992.

Cironne, B. (1993): Kompatibilität ist ein sehr relativer Begriff, in: Computerwoche 49/93, S. 33-36.

Codd, E. F. (1970): A Relational Model of Data for Large Shared Data Banks, in: CACM 13, Nummer 6, Juni 1970, S. 377-387.

Codd, E. F. (1971): A data sublanguage founded on the relational calculus, in: Proceedings 1971 ACM-SIGFIDET Workshop on Data Description, Access and control, New York 1971, S. 35-68.

Codd, E. F. (1972): Further normalization of the data base relational model, in: Rustin, R. (Hrsg.): Data Base Systems, New York 1972, S. 33-64.

Codd, E. F.; Codd, S. B.; Salley, C. T. (1993): Providing OLAP (On-line Analytical Processing) to User-Analysts: An IT Mandate, White Paper, E. F. Codd & Associates, o. O. 1993.

Conrad, S. (1997): Föderierte Datenbanksysteme, Berlin u.a. 1997.

Conrad, S.; Hasselbring, W. (1999): Verteilte Informationssysteme: Konzepte und Techniken zur Integration, Begleitunterlagen zum Tutorium der Deutschen Informatik Akademie 4.3.1999, Bonn 1999.

Conrad, S.; Saake, G.; Sattler, K.-U. (1999): Informationsfusion – Herausforderungen an die Datenbanktechnologie, in: Buchmann, A.P. (Hrsg.), Datenbanksysteme in Büro, Technik und Wissenschaft, 8. GI-Fachtagung 1.-3.3.1999, Berlin u.a. 1999, S. 307-316.

Courvoisier, T; Flach, G. (2000): Integration relationaler Datenstrukturen in XML-Applikationen-Database to XML Servlet, Proceedings GI-Workshop „Internet Datenbanken", Berlin, September 2000, S. 1-11.

Cremers, A. B.; Griefahn, U.; Hinze, R. (1994): Deduktive Datenbanken, Braunschweig, Wiesbaden 1994.

Dadam, P. (1996): Verteilte Datenbanken und Client/Server-Systeme, Berlin u.a. 1996.

Dahl, O.; Nygaard, K. (1966): Simula, an Algol-based Simulation Language, in: CACM, Band 9 (1966), S 671-678.

Deßloch, S.; Lin, E.; Mattos, N.; Wolfson, D.; Zeidenstein, K. (2002): Towards an Integrated Data Management Platform for the Web, in: Datenbank Spektrum 2, 2002, S. 5-13.

DIN 66315 (1993): Datenbanksprache SQL – identisch mit ISO/IEC 9075: 1992, August 1993.

Dittrich, K. R. (1989): Objektorientierte Datenbanksysteme, in: Informatik-Spektrum 12 (1989), S. 215-220.

Dittrich, K. R. (2001): Objektorientierte Datenbank, in: Mertens, P. (Hrsg.): Lexikon der Wirtschaftsinformatik, 4. Auflage, Berlin, Heidelberg, New York 2001, S. 336-337.

Dittrich, K. R.; Kotz, A. M. (1989): Objektorientierte Datenbanksysteme, in: Heilmann, H. (Hrsg.): Handbuch der modernen Datenverarbeitung, Heft 145, Januar 1989, S. 94-105.

Dittrich, K. R., (2000): Datenbanken und das WWW – lose Gedanken zu Mythen, Wirklichkeit und Träumen, in: HMD 214, 2000, S. 3-4.

Doberenz, W.; Kowalski, T. (2001): Microsoft Access Version 2002 Programmierung, Grundlagen, Anwendungsbeispiele und Praxislösungen zur Datenbankprogrammierung mit Access 2002, Microsoft Press Deutschland, München 2001.

Eicker, S. (1991): Anforderungen an ein zentrales Metadatenbanksystem. In: Handbuch der modernen Datenverarbeitung, Heft 161 (1991), S. 10-25.

Eisele, R. (1995): Neues von SQL: SQL goes Object-Oriented, in: Datenbank Fokus, 2 1995, S. 50-64.

Eisele, R. (1996): Der Stand der Standardisierung von SQL3 – Bei OO ist noch viel zu tun, in: Datenbank Fokus 11 1996, S. 52-57.

Eisele, R. (1998): SQL zwischen Norm und Wirklichkeit – Ist SQL3 mehr als ein Papiertiger?, in: Datenbank Fokus 03 1998, S. 50-58.

Embarcadero Technologies (1998): ER/Studio User's Guide, San Francisco 1998.

Erler, T. (2000): UML, das Einsteigerseminar, Landsberg 2000.

Ferstl, O. K.; Sinz, E. J. (1993): Grundlagen der Wirtschaftsinformatik, Band 1, München, Wien 1993.

Ferstl, O. K. (2001): Objektorientierte Entwicklungsmethode, in: Mertens, P. (Hrsg.): Lexikon der Wirtschaftsinformatik, 4. Auflage, Berlin, Heidelberg, New York 2001, S. 337-339.

Fiebig, T.; Kanne, C.-C.; Moerkotte, G. (2001): Natix – ein natives XML-DBMS, in Datenbank Spektrum 1, 2001, S. 5-13.

Finkelstein, C. (1989): An Introduction to Information Engineering: From Strategic Planning to Information Systems, Wokingham u.a. 1989.

Forbrig, P. (2001): Objektorientierte Softwareentwicklung mit UML, München, Wien 2001.

Frickel, J. (1990): Wie nützlich ist der SQL-Standard?, in: Automatisierungstechnische Praxis atp 32 (1990) 8, S. 408-411.

Friedrichs, K.; Quiel, G.; Werner, G. (1986): Sprachen der 4. Generation: für wen, für was?, Köln 1986.

Friesdorf, H. (1998): OLAP-Modellierungskriterien, in: Martin, Wolfgang (Hrsg., 1998): Data Warehousing: Steuern und Kontrollieren von Geschäftsprozessen. Congressband VIII zur Online '98, Velbert 1998, S. C844.01-C844.19.

Gabriel, R. (1990): Software Engineering in: Kurbel, K.; Strunz, H. (Hrsg.): Handbuch der Wirtschaftsinformatik, Stuttgart 1990, S. 257-273.

Gabriel, R. (1992): Wissensbasierte Systeme in der betrieblichen Praxis, London u. a. 1992.

Gabriel, R.; Begau, K.; Knittel, F.; Taday, H. (1994): Büroinformations- und -kommunikationssysteme, Aufgaben, Systeme, Anwendungen, Heidelberg 1994.

Gabriel, R.; Chamoni, P.; Gluchowski, P. (2000): Data Warehouse und OLAP, Analyseorientierte Informationssysteme für das Management, in: ZfbF 52, Februar 2000, S. 74-93.

Gabriel, R.; Knittel, F.; Taday, H.; Reif-Mosel, A.-K. (2002): Computergestützte Informations- und Kommunikationssysteme in der Unternehmung, Technologien, Anwendungen und Gestaltungskonzepte, Berlin u.a. 2002.

Gabriel, R.; Röhrs, H.-P. (1995): Datenbanksysteme, Konzeptionelle Datenmodellierung und Datenbankarchitekturen, 2. Auflage, Berlin u.a. 1995.

Gartner Group (1999): Datennetzwerke am Ende des Jahrhunderts, ind: I Tip Juli 1999.

Geiger, K. (1995): Inside ODBC, Microsoft Press 1995.

Geppert, A. (2002): Objektrelationale und objektorientierte Datenbankkonzepte und -systeme, Heidelberg 2002.

Gersch, M. (2000): E-Commerce – Einsatzmöglichkeiten und Nutzungspotenziale, Arbeitsbericht Nr. 82 des Instituts für Unternehmungsführung und Unternehmensforschung der Ruhr-Universität Bochum, Bochum 2001.

Gluchowski, P. (1998): Antwortzeit als Erfolgsfaktor. Schnelle Zugriffe bei Analyse-Datenbanken, in: Datenbank Fokus, Heft 3, März 1998, S. 16-22.

Gluchowski, P.; Gabriel, R.; Chamoni, P. (1997): Management Support Systeme, Computergestützte Informationssysteme für Führungskräfte und Entscheidungsträger, Berlin u.a. 1997.

Goldberg, A.; Robson, D. (1980): Smalltalk-80, the language and its implementation; Reading, MA 1980.

Göpfert, J. (1993): Objektorientierte Datenbanksysteme, in: Handbuch der modernen Datenverarbeitung (HMD), Heft 170, 1993.

Grauer, H.: Client/Server Computing, in: IT FOKUS 1/2000.

Habib, R. (1986): COBOL für PC`s, Vaterstetten bei München 1986.

Habib, R. (1988): COBOL/2 Workbench, 2. Auflage, Vaterstetten bei München 1988.

Hahne, M. (2002): Theoretische Fundierung logischer Datenmodelle für mehrdimensionale Datenstrukturen in analyseorientierten Informationssystemen, Dissertation Ruhr-Universität Bochum, Bochum 2002.

Hamillon, G.; Cattell, R.; Fisher, M. (1998): JDBC^{TM}, Datenbankzugriff mit Java^{TM}, Bonn u.a. 1998.

Hannan, J. (Hrsg) (1988): Management der dezentralen Datenverarbeitung, Braunschweig 1988.

Hansen, H. R. (1992): Wirtschaftsinformatik I, 6. Auflage, Stuttgart 1992.

Hansen, H. R. (1996): Klare Sicht am Info-Highway, Wien 1996.

Hansen, H. R. (1996): Wirtschaftsinformatik I, 7. Auflage, Stuttgart 1996.

Hansen, H. R.; Neumann, G. (2001): Wirtschaftsinformatik I, 8. Auflage, Stuttgart 2001.

Harbarth, J. (1998): Hybrides XML verbindet Tabelle und Objekte, in: Computerwoche 47/98, S. 17-18.

Heilmann, H. (Hrsg.) (1989): Objektorientierte Systementwicklung, Handbuch der modernen Datenverarbeitung (HMD), Heft 145, 26. Jg., Januar 1989.

Heimbigner, D.; McLeod, D. (1985): A Federated Architecture für Information Management, in: ACM Transactions on Office Information Systems, 3(3) 1985, S. 253-278.

Heinrich, L. J. (1999): Informationsmanagement, 6. Auflage, München 1999.

Hesse, T. (1991): Anwendungsentwicklung im Zeichen des Repository Managers: Einflüsse auf Datenmanagement und Methoden. In: Handbuch der modernen Datenverarbeitung, Heft 161 (1991), S. 85-91.

Hetzel-Herzog, W. (1994): Objektorientierte Softwaretechnick, Braunschweig, Wiesbaden 1994.

Heuer, A. (1992): Objektorientierte Datenbanken, Bonn, München 1997.

Heuer, A. (1997): Objektorientierte Datenbanken: Konzepte, Modelle, Standards und Systeme, 2. Auflage, Bonn 1997.

Heuer, A.; Saake, G. (2000): Datenbanken, Konzepte und Sprachen, 2. Auflage, Bonn 2000.

Hichert, R.; Moritz, M. (1995): Management-Informationssysteme, 2. Auflage, Berlin u.a. 1995.

Holthuis, J. (1997): Multidimensionale Datenstrukturen, in: Mucksch, Harry; Behme, Wolfgang (Hrsg., 1997): Das Data Warehouse-Konzept, 2. Auflage, Wiesbaden 1997, S. 137-186.

Holthuis, J.; Mucksch, H.; Reiser, M. (1995): Das Data Warehouse Konzept. Ein Ansatz zur Informationsbereitstellung für Managementunterstützungssysteme, Arbeitsbericht des Lehrstuhls für Informationsmanagement und Datenbanken 95-1, European Business School (ebs), Oestrich-Winkel 1995.

Hughes, J.G. (1992): Objektorientierte Datenbanken, München, Wien 1992.

Inmon, W. H. (1996): Building the Data Warehouse, 2. Auflage, New York 1996.

ISO 9075-1 (1999): SQL-Part 1: Foundation.

ISO 9075-2 (1999): SQL-Part 2: Framework.

ISO 9075-3 (1999): SQL-Part 3: Call level Untoface.

ISO 9075-4 (1999): SQL-Part 4: Persistant Stored Moduls.

ISO 9075-5 (1999): SQL-Part 5: Hostlanguage Bindings.

ISO/IEC (1996): International Standard ISO/IEC 9075: 1992: Information technology Database languages – SQL; Technical Corrigendum 1, 1996.

Jahnke, B.; Groffmann, H.-D.; Kruppa, S. (1996): On-Line Analytical Processing (OLAP), in: Wirtschaftsinformatik, 38. Jg., Heft 3, 1996, S. 321-324.

Janko, W. (2001): Projektplanungs- und -steuerungssystem, in: Mertens, P. (Hrsg.): Lexikon der Wirtschaftsinformatik, Berlin, Heidelberg, New York 2001, S. 385-386.

Kemper, A.; Moehoth, G. (1993): Object-oriented Database Management: Applications in Engineering and Computer Science, Prentice Hall, 1993.

Kemper, H.-G. (2001): Benutzungsoberfläche, in: Mertens, P. (Hrsg.): Lexikon der Wirtschaftsinformatik, 4. Auflage, Berlin, Heidelberg, New York 2001, S. 67-68.

Kleinschmidt, P.; Rank, C. (1997): Relationale Datenbanksysteme, Eine praktische Einführung, Berlin, Heidelberg, New York 1997.

Knittel, F. (1995): Technikgestützte Kommunikation und Kooperation im Büro, Entwicklungshindernisse, Einsatzstrategien, Gestaltungskonzepte (Bochumer Beiträge zur Unternehmungsführung und Unternehmensforschung, Band 47), Wiesbaden 1995.

Knoblauch, F. (1997): JAVA, Kaarst 1997.

Köhler, W.-M. (1990): SQL, Bearbeitung relationaler Datenbanken, Braunschweig 1990.

Krallmann, H.; Papke, J.; Rieger, B. (1992): Rechnergestützte Werkzeuge für das Management, Berlin u.a. 1992.

Krause, R. (1999): XML stellt Branche vor neue Herausforderungen, in : Computerwoche 43/99, S. 74f.

Krcmar, H. (1999): Informationsmanagement, 2. Auflage, Heidelberg, Berlin 1999.

Krüger, W. (1990): Organisatorische Einführung von Anwendungssystemen, in: Kurbel, K.; Strunz, H. (Hrsg.): Handbuch der Wirtschaftsinformatik, Stuttgart 1990, S. 275-288.

Kudlich, H. (1992): Verteilte Datenbanken, Berlin; München 1992.

Kurbel, K.; Strunz, H. (Hrsg.) (1990): Handbuch der Wirtschaftsinformatik, Stuttgart 1990.

Lakshmanan, F. S.; Subramanian, I. N. (1996): Schema SQL: A language for Interoperability in Relational Multidatabase Systems, in: Vijayaraman, T.M. et.al. (HRSG.): Proceedings of the 22nd International Conference on Very large Data Base, 1996, S. 239-250.

Lamersdorf, W. (1994): Datenbanken in verteilten Systemen, Konzepte, Lösungen, Standards, Berlin u.a. 1994.

Lehner, F.; Hildebrand, K.; Maier, R. (1995): Wirtschaftsinformatik: Theoretische Grundlagen, München u.a. 1995.

Litke, H.-D. (1996): DV-Projektmanagement, Wien 1996.

Litwin, W.; Mark, L.; Roussopoulos, N. (1990): Interoperability of Multiple Autonomous Databases, in: ACM Computing Surveys, 22(3) 1990, S. 267-293.

Lusti, M. (1997): Dateien und Datenbanken, 3. Auflage, Berlin, Heidelberg 1997.

Martin, J. (1993): Principles of Object-Oriented Analysis and Design, Englewood Cliffs, New Jersey 1993.

Martin, W. (1996): Data Warehouse. The Enterprise in the Mirror of the Customer, in: Tagungsband zur DWE '96, Data Warehousing Europe, 18.-20. Juni 1996, München 1996.

Martin, W. (1997): Data Warehousing: Fortschritte des Informationsmanagements, Congressband VIII zur Online '97, Velbert 1997.

Martin, W. (1998): Der Data Mining Markt, in: Martin, Wolfgang (Hrsg., 1998): Data Warehousing: Steuern und Kontrollieren von Geschäftsprozessen, Congressband VIII, Online '98, Velbert 1998, S. C831.01-C831.14.

Mattos, N. (1995): SQL: Ein Überblick über SQL – 92 und den zukünftigen SQL3 Standard, Begleitunterlage zu Tutorium 2 bei den Datenbank-Tutorientagen 1995 der Deutschen Informatik-Akademie, Bonn 1995.

Mattos, N.; Pistor, P.; Dessloch, S. (1999): SQL 3, Objektorientierung und Java als Standard: Ein Überblick über SQL3 und SQLJ; Unterlagen zum Tutorium anlässlich der BTW in Freiburg, März 1999.

Mattos, N. M.; Kleewein, J.; Roth, M. T.; Zeidenstein; K. (1999): From Object-Relational to Federated Databases, in: Buchmann, A.P. (Hrsg.), Datenbanksysteme in Büro, Technik und Wissenschaft, 8. GI-Fachtagung 1.-3.3.1999, Berlin u.a. 1999, S. 185-209.

Mayr, H. C.; Dittrich, K. R.; Lockemann, P. C. (1987): Datenbankentwurf, in: Lockemann, P.C.; Schmidt, J.W. (Hrsg.): Datenbank-Handbuch, Berlin u.a. 1987.

Meier, A. (1995): Relationale Datenbanken, Eine Einführung für die Praxis, 2. Auflage, Berlin, Heidelberg, New York 1995.

Meier, A. (1998): Relationale Datenbanken, 3. Auflage, Berlin, Heidelberg 1998.

Mentzl, R.; Ludwig, C. (1997): Das Data Warehouse als Bestandteil eines Database Marketing-Systems, in: Mucksch, Harry; Behme, Wolfgang (Hrsg., 1997): Das Data Warehouse-Konzept, 2. Auflage, Wiesbaden 1997, S. 469-484.

Mertens, P. (1997): Integrierte Informationsverarbeitung 1, Administrations- und Dispositionssysteme in der Industrie, 11. Auflage, Wiesbaden 1997.

Mertens, P. (2001): Integrierte Informationsverarbeitung 1, 13. Auflage, Wiesbaden 2001.

Mertens, P. (Hrsg.) (2001): Lexikon der Wirtschaftsinformatik, 4. Auflage, Berlin, Heidelberg, New York 2001.

Mertens, P.; Griese, J. (1991): Integrierte Informationsverarbeitung 2; Planungs- und Kontrollsysteme in der Industrie, 6. Auflage, Wiesbaden 1991.

Mertens, P.; Griese, J. (2000): Integrierte Informationsverarbeitung 2, 8. Auflage, Wiesbaden 2000.

Merz, M. (1999): Electronic Commerce, Marktmodelle, Anwendungen und Technologien, Heidelberg 1999.

Meyer, B. (1990): Objektorientierte Softwareentwicklung, München, Wien 1990.

Meyer, H.; Klettke, M.; Heuer, A. (2000): Datenbanken im WWW- von CGI bis JDBC und XML, in: HMD 214, 2000, S. 5-22.

Microsoft (2000): OLE/DB White Paper, www.microsoft.com.

Mittermeir, R. T. (1990): Requirements Engineering, in: Kurbel, K.; Strunz, H. (Hrsg.) Handbuch der Wirtschaftsinformatik, Stuttgart 1990.

Müller, J. (2000): Transformation operativer Daten zur Nutzung im Data Warehouse, Wiesbaden 2000.

Neumann, K. (1987): Netzplantechnik, in: Gal, T. (Hrsg.): Grundlagen des Operations Research, Band 2, Berlin, Heidelberg, New York 1987.

Niemann, H. (2001): Bildverarbeitung, in: Mertens, P. (Hrsg.): Lexikon der Wirtschaftsinformatik, 4. Auflage, Berlin, Heidelberg, New York 2001, S. 76-77.

Noack, J.; Schienmann, B. (1999): Objektorientierte Vorgehensmodelle im Vergleich, in: Informatik-Spektrum 22, 1999, S. 166-180.

Nußdorfer, R.; Bauer, R. (1998): ODBC und viel mehr, in: Datenbank Fokus 12, 1998, S. 52-56.

Oestereich, B. (2001): Unified Modeling Language (UML), in: Mertens, P. (Hrsg.): Lexikon der Wirtschaftsinformatik, 2001, S. 483-484.

OLAP-Council (1997): The OLAP-Council API, o.O. 1997 (URL: http:// www. olap-council. org /research /apily.htm).

Österle, H. (1990): Computer aided software engineering – Von Programmiersprachen zu Softwareentwicklungsumgebungen. In: Kurbel, K.; Strunz, H. (Hrsg.): Handbuch der Wirtschaftsinformatik, Stuttgart 1990, S. 345-361.

Österle, H. (1995): Business Engineering, Prozeß- und Systementwicklung, Berlin u.a. 1995.

Parnas, D. (1972): On the criteria to be used in decomposing systems into modules, in: CACM, Band 15 (1972), S. 1053-1058.

Pendse, N.; Creeth, R. (1995): The OLAP-Report. Succeeding with On-Line Analytical Processing, o.O. 1995.

Pernul, G.; Unland, R. (2001): Datenbanken in Unternehmen, Analyse, Modellbildung und Einsatz, München 2001.

Pliegl, W. (1998): Vom Datengrab zum Medien-Management, in: Informix Magazin 4/98, S. 12-14.

Pomberger, G. (1987): Softwaretechnik und Modula 2, 2. Auflage, München 1987.

Pomberger, G. (1990): Methodik der Softwareentwicklung, in: Kurbel, K.; Strunz, H. (Hrsg.): Handbuch der Wirtschaftsinformatik, Stuttgart 1990.

Pomberger, G.; Blaschek, G. (1993): Software Engineering, München, Wien 1993.

Progress Software Corporation (1994): SQL Guide and Reference, September 1994.

Rahm, E. (1994): Mehrrechner-Datenbanksysteme, Grundlagen der verteilten und parallellen Datenbankverarbeitung, Bonn u.a. 1994.

Rahm, E. (1999): Datenbanksysteme II, Online-Skript, Universität Leipzig, Sommersemester 1999, Leipzig 1999.

Rautenstrauch, C.; Turowski, K. (2000): XML-Datenbanken: Technische Grundlagen und betriebliche Anwendungen, in: HMD 214, 2000, S. 35-46.

Ricken, M. (2002): Objektorientierte Systemgestaltung – Ein kommunikationsbasierter Ansatz im Spannungsfeld zwischen Kognition und Konstruktion, Wiesbaden 2002.

Rumbaugh, J.; Blaha, M.; Premerlain, W.; Eddy, F.; Lorensen, W. (1993): Objektorientiertes Modellieren und Entwerfen, München, Wien 1993.

Saake, G. (1993): Objektorientierte Spezifikation von Informationssystemen, Stuttgart, Leipzig 1993.

Saake, G. Türker, C.; Schmitt I. (1997): Objektdatenbanken, Bonn u.a. 1997.

Saynisch, M. (1998): Grundlagen des Konfigurationsmanagements, in HMD 202, 1998, S. 7-26.

Schader, M. (1997): Objektorientierte Datenbanken, Berlin u.a. 1997.

Schäfer, A. (2002): Neue Datenbanktechnologie für e-Business-Applikationen, in : IT FOKLES, 1/2 2002, S. 58-61.

Schäffer, B. (2001): Objektorientierte Programmierung (OOP), in: Mertens, P. (Hrsg.): Lexikon der Wirtschaftsinformatik, 4. Auflage, Berlin, Heidelberg, New York 2001, S. 339-341.

Scheer, A.-W. (1994): Wirtschaftsinformatik, Referenzmodelle für industrielle Geschäftsprozesse, 4. Auflage, Berlin u.a. 1994.

Scheer, A.-W. (1998a): ARIS – Vom Geschäftsprozeß zum Anwendungssystem, 3. Auflage, Berlin u.a. 1998.

Scheer, A.-W. (1998b): ARIS – Modellierungsmethoden, Metamodelle, Anwendungen, 3. Auflage, Berlin u.a. 1998.

Schelp, J. (2000): Modellierung mehrdimensionaler Datenstrukturen analyseorientierter Informationssysteme, Wiesbaden 2000.

Schicker, F. (1997): Datenbanken und SQL, Stuttgart 1996.

Schlageter, G.; Stucky, W. (1983): Datenbanksysteme: Konzepte und Modelle, Stuttgart 1983.

Schlundt, M. (2001): Objektrelationale Datenbank, in: Mertens, P. (Hrsg.): Lexikon der Wirtschaftsinformatik, 4. Auflage, Berlin, Heidelberg, New York 2001, S. 341-342.

Schmitt, K. (2001): Fast jedes fünfte IT-Projekt scheitert, Beitrag unter www.silicon.de/a43356 vom 25.06.2001.

Schmitz, P. (1990): Softwarequalitätssicherung, in: Kurbel, K.; Strunz, H. (Hrsg.): Handbuch der Wirtschaftsinformatik, Stuttgart 1990.

Schöning, H. (2001): XML-Datenbanken, in: Datenbank Spektrum 1, 2001, S. 33-34.

Schönrock, S. (2000): in-Step angewendet auf ein unternehmerspezifisches Vorgehensmodell; Vortrag auf der microTOOL Nutzerkonferenz, 24./25.05.2000.

Schönthaler, F.; Nemeth, T. (1992): Software-Entwicklungswerkzeuge: Methodische Grundlagen, 2. Auflage, Stuttgart 1992.

Schreier, U. (1995): Datenbeschreibungssprache, in: Mertens, P. et al. (Hrsg): Lexikon der Wirtschaftsinformatik , 3. Auflage, Berlin u.a. (1995), S. 116.

Schumann, M. (2001): Wirtschaftlichkeitsrechung in der Informationsverarbeitung, in: Mertens, P. (Hrsg.): Lexikon der Wirtschaftsinformatik, 4. Auflage, Berlin et al. 2001, S. 504-505.

Schwarze, J. (1997): Einführung in die Wirtschaftsinformatik, 4. Auflage, Herne, Berlin, 1997.

Soeffky, M. (1998): Knowledge Dicovery und Data Mining zwischen Mythos, Anspruch und Wirklichkeit, in: Martin, Wolfgang (Hrsg., 1998): Data Warehousing: Steuern und Kontrollieren von Geschäftsprozessen, Congressband VIII, Online '98, Velbert 1998, S. C833.01-C833.20.

Software AG (1997): ADABAS SQL Server Version 1.4, Programmers Guide (ESQ 142-020ALL), Darmstadt, März 1997.

Software AG (2001): Tamino XML Server, White Paper, Darmstadt, Oktober 2001.

Sommergut, W. (2001): Neue Produkte und Initiativen für die XML-Speicherung, in: Computerwoche online, 03.05.2001.

Spaccapietra, S.; Parent, C.; Dupont, Y. : Model Independent Assertions for Integration of Heterogeneous Schemas, in: VLDB Journal, 1, 1992, S.81-126.

Stahlknecht, P. (1993): Einführung in die Wirtschaftsinformatik, 6. Auflage, Berlin u.a. 1993.

Stahlknecht, P.; Hasenkamp, U. (1999): Einführung in die Wirtschaftsinformatik, 9. Auflage, Berlin u.a. 1999.

Stahlknecht, P.; Hasenkamp, U. (2002): Einführung in die Wirtschaftsinformatik, 10. Auflage, Berlin u.a. 2002.

Stevens, P.; Pooley, R. (2000): UML, Softwareentwicklung mit Objekten und Komponenten, München 2000.

Stodder, D.; Kestelyn, J. (2002): What's next for the database, www.intelligententerprice.com vom 09.05.2002.

Stonebraker, M.; Moore, D. (1999): Objektrelationale Datenbanken, München, Wien 1999.

Stoyan, H. (2001): Wissensrepräsentation, in: Mertens, P. (Hrsg.): Lexikon der Wirtschaftsinformatik, 4. Auflage, Berlin, Heidelberg, New York 2001, S. 511-512.

Stucky, W.; Krieger, R. (1990): Datenbanksysteme, in: Kurbel, K.; Strunz, H. (Hrsg.): Handbuch der Wirtschaftsinformatik, Stuttgart 1990.

Stümer, G. (1999): Datenbanken IN oder OUT, in DVAG News 3/1999, S. 59ff.

Taday, H. (1995): Informationelle Selbstbestimmung in modernen IuK-Systemen von Unternehmen und öffentlichen Organisationen, Frankfurt am Main 1996.

Taday, H. (2000): Persönlichkeitsrecht und Datenschutz, 2. Auflage, Lehrmaterialien im Studienfach Wirtschaftsinformatik 32/00 der Ruhr-Universität Bochum, Bochum 2000.

Teschke, M. (1995): SQL, in: Mertens et al. (Hrsg.): Lexikon der Wirtschaftsinformatik, 3. Auflage, Berlin u.a. 1995, S. 377f.

Türker, C.; Schwarz, K. (1999): Abhängigkeiten zwischen Transaktionen in föderierten Datenbanksysteme, in: Buchmann, A.P. (Hrsg.), Datenbanksysteme in Büro, Technik und Wissenschaft, 8. GI-Fachtagung 1.-3.3.1999, Berlin u.a. 1999, S. 271-290.

Ueberhorst, S. (2002): MS Project 2002: Die Bewertung von Highend-Anwendern; www.computerwoche.de vom 11.06.2002.

Vetschera, R. (1995): Informationssysteme der Unternehmensführung, Berlin u.a. 1995.

Vossen, G. (2000): Datenmodelle, Datenbanksprachen und Datenbankmanagementsysteme, 4. Auflage, München, Wien 2000.

Wallmüller, E. (1990): Software-Qualitätssicherung in der Praxis, München, Wien 1990.

Wedekind, H. (1974): Datenbanksysteme I, Zürich 1974.

Wiederhold, G. (1981): Datenbanken: Analyse – Design – Erfahrungen, Bd. 2, München 1981.

Wolf, St. (2001): JAVA, in: Mertens, P. (Hrsg.): Lexikon der Wirtschaftsinformatik, 4. Auflage, Berlin, Heidelberg, New York 2001, S. 255-256.

Zehnder, C.-A. (1998): Informationssysteme und Datenbanken, 6. Auflage, Stuttgart 1998.

Zeschau, D. (1998): Einsatz der OLAP-Technologie zur Unterstützung der weltweiten Konzernsteuerung bei der Thyssen Haniel Logistic GmbH, in: Chamoni, Peter; Gluchowski, Peter (Hrsg.): Analytische Informationssysteme. Data Warehouse, On-Line Analytical Processing, Data Mining, Berlin u. a. 1998, S. 277-288.

Zimmermann, H.-J. (1971): Netzplantechnik, Berlin, New York 1971.

Abbildungsverzeichnis

Abb. 0.1: Inhalte der beiden Bände I und II 2

Abb. 1.1: Gestaltungs- und Einsatzprozess von Datenbanksystemen 11

Abb. 1.2: Komponenten eines betrieblichen Informations- und Kommunikationssystems (IuK-System) 14

Abb. 1.3: Aufbau (Komponenten) eines Datenbanksystems 14

Abb. 1.4: Betriebliche Anwendungssysteme und Datenbanksysteme 18

Abb. 1.5: Gestaltungs- und Einsatzprozess eines Datenbanksystems 42

Abb. 2.1: Programmiersprachengenerationen 49

Abb. 2.2: Alltagsbeispiel zur Gegenüberstellung von prozeduraler und deskriptiver Problembeschreibung 51

Abb. 2.3: Dozentensatzbeschreibung in COBOL 54

Abb. 2.4: CODASYL-Datenbankschemabeschreibung (für die Angaben zu VHS-Dozenten und Fachbereichen aus Abb. 2.3) 55

Abb. 2.5: Abfragevergleich in SQUARE, einer SQUARE-Variante und SEQUEL 60

Abb. 2.6: SEQUEL-Beispiel 61

Abb. 2.7: Schematische Darstellung der Kombinationsmöglichkeiten von SELECT-Anweisungen 65

Abb.2.8: Syntaxdiagramm der SELECT-Anweisung 66

Abb. 2.9: Syntaxdiagramm Relationsliste.................................... 67

Abb. 2.10: Beispiel für eine einfache SELECT-Anweisung und deren Wirkung... 68

Abb. 2.11: Beispielhafte Nutzung des "*" bei der SELECT-Anweisung und dessen Wirkung................................... 69

Abb. 2.12: Beispiel für die Nutzung der Statistikfunktion MINIMUM in der WHERE-Komponente der SELECT-Anweisung und deren Wirkung..................... 69

Abb. 2.13: Beispiel für die GROUP-BY-Komponente in Verbindung mit der SELECT-Anweisung und deren Wirkung.. 70

Abb. 2.14: Beispiel für die Nutzung der ORDER-BY-Komponente und deren Wirkung 71

Abb. 2.15: Beispiel für die in Abb. 2.7(a) skizzierte Schachtelung von SELECT-Anweisungen und deren Wirkung.......... 72

Abb. 2.16: Beispiel für eine in Abb. 2.7(b) skizzierte Relationenverknüpfung und deren Wirkung 73

Abb. 2.17: Syntaxdiagramm DELETE-Anweisung....................... 74

Abb. 2.18: Beispiel für die DELETE-Anweisung und deren Wirkung.. 74

Abb. 2.19: Syntaxdiagramm UPDATE-Anweisung 75

Abbildungsverzeichnis 415

Abb. 2.20: Beispiel für die UPDATE-Anweisung und deren Wirkung 76

Abb. 2.21: Syntaxdiagramm INSERT-Anweisung 77

Abb. 2.22: Beispiel für die INSERT-Anweisung und deren Wirkung 77

Abb. 2.23: DDL-Befehlsübersicht in SQL_2 78

Abb. 2.24: Syntaxdiagramm CREATE TABLE -Anweisung 80

Abb. 2.25: Auswahl von Standardtypen in SQL_2 81

Abb. 2.26: Beispiele für die Nutzung der DOMAIN-Vereinbarung 81

Abb. 2.27: Beispiel für eine Tabellenvereinbarung für die Dozentenrelation 82

Abb. 2.28: Syntaxdiagramm References-Klausel 83

Abb. 2.29: Syntaxdiagramm DROP-Anweisung 84

Abb. 2.30: Syntaxdiagramm ALTER TABLE-Anweisung 85

Abb. 2.31: Syntaxdiagramm CREATE VIEW-Anweisung 87

Abb. 2.32: VIEW-Einrichtung für ein öffentlich zugängliches Dozentenverzeichnis 87

Abb. 2.33: VIEW-Einrichtung für die Dozenten der Fachbereichsgruppe A 88

Abb. 2.34: Syntax-Diagramm GRANT-Anweisung 89

Abb. 2.35: Beispiel GRANT-Anweisung 90

Abb. 2.36: Syntaxdiagramm REVOKE-Anweisung 90

Abb. 2.37: Programmbeispiel Embedded SQL 92

Abb. 3.1: Entity Relationship-Modell 107

Abb. 3.2: Dialogbox zur Verwaltung von Metadaten bzgl. eines Entity 108

Abb. 3.3: CPM-Netzplan zur Erstellung eines Datenbanksystems 124

Abb. 3.4: Designer-Startbildschirm 128

Abb. 3.5: Objektdefinition im Repository 130

Abb. 3.6: Beispiel für einen Bericht aus dem Repository 131

Abb. 3.7: Definition eines Entity 133

Abb. 3.8: Das vollständige E/R-Diagramm 133

Abb. 3.9: Definition von Eigenschaften eines Entity-Typs 134

Abb. 3.10: Customizing der Transformationsregeln vom semantischen zum logischen Datenmodell 135

Abb. 3.11: Visualisierung des logischen Datenmodells 136

Abb. 3.12: Generiertes SQL-Script 137

Abb. 4.1: Organigramm der TOPBIKE GmbH 146

Abb. 4.2: Notation bei identifizierenden Beziehungen nach der IE-Notation 154

Abbildungsverzeichnis

Abb. 4.3: Informationsstrukturmodell für den Vertriebsbereich in der IE-Notation 155

Abb. 4.4: Informationsstrukturmodell für den Materialbereich in der IE-Notation 159

Abb. 4.5: Subtype-Cluster zur Abbildung der Materialien, Zwischenprodukte und Artikel in der IE-Notation 162

Abb. 4.6: Subtype-Cluster mit Stückliste in der IE-Notation 163

Abb. 4.7: Informationsstrukturmodell für den Produktionsbereich in der IE-Notation 165

Abb. 4.8: Zuschlagskalkulation für einen ausgewählten Artikel 167

Abb. 4.9: Informationsstrukturmodell für das Rechnungswesen in der IE-Notation 171

Abb. 4.10: Informationsstrukturmodell für die TOPBIKE GmbH in der IE-Notation 172

Abb. 4.11: Systemkonzept der Relationen und Beziehungen 177

Abb. 4.12: Prototyp der zentralen Übersichtsmaske für den Vertrieb 179

Abb. 4.13: Das Zusammenspiel der Datenbankobjekte einer ACCESS-Anwendung 182

Abb. 5.1: Konzept eines Datenbanksystems (DBS) mit seinen Komponenten und Schnittstellen 194

Abb. 5.2: Konzept eines Zentralen Datenbanksystems (ZDBS) . 205

Abb. 5.3: Beispiel für ein Konzept eines Verteilten Datenbanksystems (VDBS) 207

Abb. 5.4: Konzept eines Föderierten Datenbanksystems (FDBS) 208

Abb. 5.5: Beispiel eines Föderierten Datenbanksystems (FDBS) 209

Abb. 5.6: Beispiel für ein Multidatenbanksystem (MDBS) 210

Abb. 5.7: Beispiel eines Multidatenbanksystems (MDBS) 211

Abb. 5.8: Überblick über bekannte Datenbanksysteme 225

Abb. 6.1: Vernetzung der Finanzämter in NRW 231

Abb. 6.2: Bearbeitungsprinzip der Einkommensteuerfestsetzung in Nordrhein-Westfalen nach Einführung von GFD ... 233

Abb. 6.3: Bearbeitungsablauf der Festsetzung z.B. der Einkommensteuer in NRW vor Einführung von GFD 237

Abb. 6.4: Formen von Client-Server-Architekturen (nach Hansen (1996), S. 66) 241

Abb. 6.5: Allgemeines Verknüpfungsmodell zwischen Programmen und Datenbank- systemen (DBS) 243

Abb. 6.6: ODBC-Kopplungsmodell zwischen Programmen und Datenbanksystemen 245

Abb. 6.7: ODBC-Kopplungsarchitektur 246

Abb. 6.8: JDBC-Modelltypen 247

Abb. 6.9: Einordung der nicht-zentralen Datenbanksysteme in die Anforderungsklassen von Date 250

Abb. 6.10: Asynchrone Aktualisierung von zwei Datenbanken durch unabhängige Anwendungsprogramme 254

Abb. 6.11: Sukzessive Aktualisierung von zwei Datenbanken durch lose gekoppelte Anwendungsprogramme 255

Abb. 6.12: Synchrone Aktualisierung von zwei Datenbanken durch ein Anwendungsprogramm 256

Abb. 6.13: Schema-Architektur für ein MDBS mit zwei Komponentendatenbanksystemen 257

Abb. 6.14: 6-Schalenmodell für die Homogenisierung von Komponentendatenbank- systemen 259

Abb. 6.15: Dozentendatenverwaltung bei den unabhängigen VHS Korschenbroich und Kaarst 261

Abb. 6.16: Modellierungsvarianten für eine Fachbereichs- honorarstatistik 262

Abb. 6.17: VDBS-Architektur bei zwei Datenbanken DB_1 und DB_2 265

Abb. 6.18: 5-Schema-Modell für VDBS 267

Abb. 6.19: Beispiel einer horizontalen Partitionierung 268

Abb. 6.20: Beispiel einer vertikalen Partitionierung 269

Abb. 6.21: Prinzipdarstellung einer verteilten Transaktion 273

Abb. 6.22: Vorbereitungsphase des 2-Phasen-Commit 274

Abb. 6.23: Ausführungsphase des 2-Phasen-Commit 275

Abb. 6.24: Beispiel für eine Sperrtabelle mit Deadlock 276

Abb. 6.25: Beispiel für rechnerübergreifenden Deadlock............ 277

Abb. 6.26: Allgemeine Skizze eines Föderierten Datenbanksystems (FDBS)... 280

Abb. 6.27: Schema-Architektur für ein FDBS mit zwei Komponentendatenbanksystemen 282

Abb. 6.28: Ausgangsschema für ein Integrationsbeispiel der VHS Kaarst-Korschenbroich... 284

Abb. 6.29: Integriertes Schema zum Integrationsbeispiel aus Abb. 6.28 285

Abb. 6.30: Fiktives Integrationsschema bei Einschluss-Zusicherung 287

Abb. 7.1: Enwicklungsprozess einer objektorientierten Datenbank.. 299

Abb. 7.2: Grundstruktur einer Objektklasse............................... 301

Abb. 7.3: Informationsstrukturmodell "Kurse" und die korrespondierende Objektklasse KURSE 302

Abb. 7.4: Einfaches Vererbungsbeispiel KURSE, EXKURSIONEN... 304

Abb. 7.5: Objektklassen und deren Kommunikation 305

Abb. 7.6: Objektmodell nach erfolgreicher Aggregation............ 313

Abb. 7.7:	Klassendefinition mit Konsistenzbedingungen	322
Abb. 7.8:	Objekorientiertes Data Base Engineering	326
Abb. 7.9:	Vergleich der „klassischen" und der objektorientierten Vorgehensweise	327
Abb. 8.1:	Wurzeln und Meilensteine analyseorientierter Software-Systeme	339
Abb. 8.2:	Data Warehouse-Architektur	341
Abb. 8.3:	OLAP-Würfel mit Datenschnitten	347
Abb. 8.4:	Referenzarchitektur für Data Warehouse-Umgebungen	351
Abb. 8.5:	Bestandteile multidimensionaler Datenbanksysteme	354
Abb. 8.6:	ROLAP-Architektur mit Fat Client	357
Abb. 8.7:	OLAP-Architektur mit separater Transformations- und Berechnungs-Schicht	360
Abb. 8.8:	Dimensionshierarchien mit multiplen Konsolidierungspfaden	365
Abb. 8.9:	Umsatzwürfel mit den Dimensionen Kunden, Artikel und Zeit	367
Abb. 8.10:	Einfaches Star-Schema mit drei Dimensionen	373
Abb. 8.11:	Abbildung von Hierarchien über separate Spalten in der Dimensionstabelle	374

Abb. 8.12: Abbildung von Hierarchien durch Verweis auf das übergeordnete Dimensionselement 375

Abb. 8.13: Snowflake-Schema 376

Abb. 8.14: Fact-Constellation-Schema 377

Abb. 8.15: Star-Schema mit mehreren Fakten-Tabellen (Galaxie) 378

Abb. 8.16: Speicherung von Periodenwerten für Absatzmengen als Faktentabellenspalten 379

Abb. 8.17: Dice-Operation in OLAP-Anwendungen 381

Abb. 8.18: Drill-Down-Operation 382

Abb. 8.19: Geschäftsbereiche für Data Warehouse-Projekte 384

Überzeugende Konzepte für die Praxis

R. Teichmann, Deutscher Manager-Verband, Berlin; **F. Lehner,** Universität Regensburg (Hrsg.)

Mobile Commerce

Strategien, Geschäftsmodelle, Fallstudien

2002. VIII, 261 S. 54 Abb. Geb. € **39,95**; sFr 64,-
ISBN 3-540-42740-6

Mobile Commerce ist die Nutzung mobiler Technologie, um bestehende Geschäftsprozesse zu verbessern und zu erweitern, oder um neue Geschäftsfelder zu erschließen. Der Praxis-Leitfaden beschreibt den dynamischen Markt des Mobile Commerce und zeigt wichtige Erfolgsfaktoren auf, um im Wettbewerb zu bestehen. Das Hauptaugenmerk richtet sich auf die strategische Bedeutung der eingesetzten Technologien und Produktportfolios. Eine Vielzahl von Fallbeispielen macht das Buch zu einem wertvollen Kompendium.

R. Teichmann, Deutscher Manager-Verband e.V., Berlin (Hrsg.)

Customer und Shareholder Relationship Management

Erfolgreiche Kunden- und Aktionärsbindung in der Praxis

2002. VIII, 279 S. 98 Abb., 3 Tab. Geb. € **44,95**; sFr 72,- ISBN 3-540-43571-9

Dauerhafte Kundenbeziehungen sind Voraussetzung für den Unternehmenserfolg. Das Buch bietet Grundlagen und Instrumente für die Entwicklung und Erhaltung erfolgreicher und dauerhafter Kundenbeziehungen und stellt CRM-Konzepte für eine Neuausrichtung sämtlicher Geschäftsprozesse auf den Kunden vor. Daneben werden auch die Beziehungen zu den Aktionären behandelt (Shareholder Relationship Management). Neun Fallstudien aus teilweise weltbekannten Unternehmen zeigen die erfolgreiche Umsetzung der Konzepte und bieten praktische Lösungen.

R. Lackes, C. Tillmanns, Universität Dortmund

Data Mining für die Unternehmenspraxis

Entscheidungshilfen und Fallstudien mit führenden Softwarelösungen

2002. Etwa 300 S. Geb. € **39,95**; sFr 64,-
ISBN 3-540-43390-2

Ein echtes How-to-do-Buch für Praktiker in Unternehmen, die sich mit der Analyse von großen Datenbeständen beschäftigen. Im Mittelpunkt stehen vier Fallstudien aus dem Customer Relationship Management eines Versandhändlers. Die Fallstudien mit acht führenden Softwarelösungen machen die Stärken und Schwächen der einzelnen Lösungen transparent und verdeutlichen die methodisch-korrekte Vorgehensweise beim Data Mining. Beides liefert wertvolle Entscheidungshilfen für die Auswahl von Standardsoftware zum Data Mining und für die praktische Datenanalyse.

**Besuchen Sie uns im Internet:
www.springer.de/economics**

Bitte bestellen Sie bei Ihrem Buchhändler!

All Euro and GBP prices are net-prices subject to local VAT, e.g. in Germany 7% VAT for books.
Prices and other details are subject to change without notice. d&p · BA 43991/2

Springer

ARIS die Geschäftsprozessoptimierung

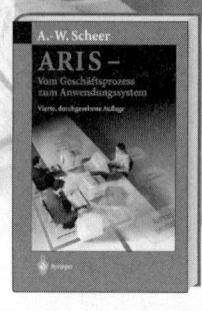

A.-W. Scheer, W. Jost (Hrsg.)
ARIS in der Praxis

Das ARIS Toolset ist das marktführende Softwarewerkzeug für die Gestaltung und Optimierung von Geschäftsprozessen und betriebswirtschaftlicher Anwendungssysteme. In diesem Buch werden konkrete Praxisbeispiele für den Einsatz des ARIS Toolsets und der damit verbundenen Methodik dargestellt. Das Buch vermittelt somit einen sehr guten Überblick über die Frage, wie das ARIS Toolset und die dahinterliegende Methode zur Erreichung der jeweiligen Unternehmensziele eingesetzt werden.

2002. VIII, 269 S., 131 Abb., 2 Tab.
Geb. € **39,95**; sFr 62,-
ISBN 3-540-43029-6

Aus der Praxis für die Praxis

A.-W. Scheer
ARIS - Vom Geschäftsprozess zum Anwendungssystem

In diesem Buch wird der Ansatz um die Beschreibung von Leistungsflüssen und die Einordnung moderner Softwarekonzepte erweitert. Auch die Anbindung der Geschäftsprozessorganisation an die strategische Unternehmensplanung wird stärker betont. Es vermittelt somit zwischen den Verständniswelten der Betriebswirtschaftslehre und der Informationstechnik. Praktische Beispiele von Standardsoftware, insbesondere SAP R/3, veranschaulichen die Ausführungen.

4., durchges. Aufl. 2002. XVIII, 186 S.
94 Abb. Geb. € **34,95**; sFr 54,50
ISBN 3-540-65823-8

A.-W. Scheer
ARIS - Modellierungsmethoden, Metamodelle, Anwendungen

In diesem Buch werden die ARIS-Methoden zur Modellierung und informationstechnischen Realisierung von Geschäftsprozessen mittels der Unified Modeling Language (UML) detailliert beschrieben. Das resultierende Informationsmodell ist Grundlage eines systematischen und rationellen Methodeneinsatzes bei der Entwicklung von Anwendungssystemen.

4. Aufl. 2001. XX, 219 S. 179 Abb.
Geb. € **39,95**; sFr 62,-
ISBN 3-540-41601-3

Besuchen Sie unsere homepage:
http:// www.springer.de/economics

Springer · Kundenservice
Haberstr. 7 · 69126 Heidelberg
Tel.: (0 62 21) 345 - 0
Fax: (0 62 21) 345 - 4229
e-mail: orders@springer.de

Springer

Die €-Preise für Bücher sind gültig in Deutschland und enthalten 7% MwSt.
Preisänderungen und Irrtümer vorbehalten. d&p · BA 43831/1